平凡社新書
836

新版
アニメーション学入門

津堅信之
TSUGATA NOBUYUKI

HEIBONSHA

新版 アニメーション学入門●目次

はじめに

二〇〇五年に刊行された旧版『アニメーション学入門』は、国内外のアニメーションについての基礎知識全般をまとめた、大学生向けの教科書、アニメに興味のある方々へのハンドブック・教養書として書いたものである。幸い、長く読み継いでいただいてきたが、出版から一〇年が過ぎ、内容的に古くなってきた。

一方、この一〇年間のアニメ界は激動期にあったと言ってよい。デジタル技術の発達によるアニメ制作環境の変化、宮崎駿監督の引退宣言とスタジオジブリの事実上の解散、深夜枠アニメの増大と定常化、クールジャパンをはじめとする国や自治体が関わるアニメ施策の増加、そして海賊版やＴＰＰ交渉など知的財産としてのアニメを多国間で捉える時代となったことなど、枚挙にいとまがない。

この一〇年間で、アニメーションは「日本を代表する大衆文化」としてますますグローバル化し、誰もがアニメーションの話題に、自然に触れるようになったのである。

こうしたことを受けて、旧版の内容を全面的に見直し、最近一〇年のアニメ界の動きを踏まえて大幅に加筆した新版を刊行することとした。

ところで、「アニメーション学」は今も聞きなれない言葉だが、「アニメーションの理論を整理してそれを体系化し、その理論と体系に基づいてアニメーションの真理を追究する」学問である。どんな分野であっても、学問とするためには、その分野とは何かという理論、つまりアニメーションの定義から始めなければならない。定義をあいまいにしていると、研究者A氏のいうアニメーションと、B氏のいうそれとにズレが生じて、議論はできないし研究にもならない。

このため、本書の出だしは、言葉の定義、アニメーションの技術面での定義など、アニメーションについて考えるにあたって最も基本的な内容を解説した。

国内外の作品・作家については、筆者の専門が歴史であるため、歴史の流れに沿って、またどちらかといえば古典的な内容を中心に取り上げた。最近一〇年の話題についても、筆者なりの歴史観に基づいて選択し、解説している。

また、本書はあくまで入門書、教養書としての位置づけを重視したので、あまりこみいった議論は盛り込まなかった。本書を読んでアニメーション学をさらに深めたいと思われた方々は、巻末に掲げた文献リストを参照していただければと思う。

ここ数年、筆者自身が大学の講義で旧版を使いながら、古くなった内容を補正し、新たな内容を書き加えたいという願望に駆られていた。こうして新版の刊行が実現できたことに、関係する方々には深く感謝したい。

本書が、日本アニメ一〇〇周年、つまり日本で最初に国産アニメーションが制作（一九一七年）されてからちょうど一〇〇年というタイミングで刊行できることも感慨深い。今回の新版が、日本のアニメーション学発展に少しでも役立てば嬉しく思う。

二〇一七年一月

津堅信之

第一部　総論

第一章　アニメーションとは何か

従来、アニメーションとは何か――、つまりアニメーションの定義はさまざまなされてきたが、明瞭に線引きするように、アニメーションと「それ以外」とを分けることは非常に困難だった。結果、「むやみに定義することはやめよう」という考え方が、アニメーション分野ではむしろ先進的だと考える風潮もあった。

しかし、定義づけとは、そこで定義されたことを学術的に活用する以前に、知的な作業でもある。アニメーションの定義が複数出されたとすれば、それらがどういう道筋、論理立てで出てきたものなのかを問うことこそが重要であり、そうした一連の作業がアニメーション学を育て、体系化につながるのである。

1、「アニメ」と「アニメーション」

まず、「アニメ」と「アニメーション」という言葉の違いから考えてみたい。
一般的に「アニメ」という語は、「アニメーション」の略語であり、両者の意味に違いはない。しかし、アニメーション学の場面では、この二語を別の意味をもつ語として使い分ける考え方がある。結論から言えば、「アニメ」は「アニメーション」の一分野で、日本で制作されたテレビアニメなど娯楽目的の作品群を限定的に指し、アニメを含むすべてを「アニメーション」と呼ぶ、という用法である。
ただ、この定義ではアニメとアニメーションとの間の明瞭な線引きは困難で、定義づけというよりも、言葉の用法、考え方の提案ということになる。
そもそも日本で、略語としての「アニメ」が登場した時期は意外に古く、昭和三〇年代から一部の映画雑誌などで使われるようになった。新聞の紙面上で「アニメ」が使われるようになったのは昭和五〇年代からで、それ以前に使われていた「漫画映画」「テレビまんが」といった語に代わって「アニメ」が一般化した。
一九九〇年代以降になると、海外、たとえば英語、フランス語などの記事で、「anime」

なる単語が使われるようになった。もちろん、現地の言語には、animation などアニメーションを示す語がある。その中で「anime」という単語が使われるということは、それらの地域のアニメーションとは使い分けられ、「anime」は、日本製の娯楽系アニメーションを指すということである。当時は、『ドラゴンボール』『遊☆戯☆王』『美少女戦士セーラームーン』などの日本製テレビアニメが海外で人気を得ていた頃でもあった。

日本でも一部のアニメファンの中で、娯楽系の日本のアニメと、それ以外のアニメーションとを意図的に使い分ける動きが一九八〇年代からあった。

以上のような経緯で、日本製アニメの特殊性・独自性を認識し、「アニメ」と「アニメーション」との二語を使い分ける動きが出てきたわけだが、現在のところ、アニメーション学に関係する研究者間で広く受け入れられている用法とはいえない。

しかし筆者は、日本のアニメの独自性をどう解釈し、それを言語化するかというプロセスにおいて、アニメとアニメーションとの定義づけを試みるのは重要なことと考えている。そのために、ここで、筆者による定義づけを明記しておきたい。

アニメ：アニメーションの一分野。日本で、映画・テレビ等の商業目的で制作され、かつ、主としてセルアニメーション（二〇〇〇年代以降はセルアニメーション的な２Ｄの絵柄を使ったデジタルアニメーション）の手法を使用し、さまざまなストーリー表現が重視され、加えて、キャラクターデザインが様式化されたアニメーション。

アニメの「さまざまなストーリー表現」とは、キャラクターの成長劇、恋愛、葛藤など複雑な心理描写、また国家や民族間の争いや環境問題など、時に重厚なテーマを扱うという意味である。キャラクターデザインの様式化とは、簡単に言えば「眼の大きな美少女キャラクター」といった、ファンに好まれる一定のパターン化されたデザインという意味で、それを海外では一般的なフル３ＤＣＧではなく、古典的なセルアニメをデジタルで再現した絵柄で表現しているのが、アニメの特徴である。

なお、海外で誕生した日本のアニメを示す語として、もう一つ「ジャパニメーション（Japanimation）」がある。ジャパニメーションは、「Japan」と「animation」との合成語とされ、一九九〇年代初頭にアメリカで生まれ、主に業界関係者が日本製アニメーションであることの説明として使っていた。九〇年代半ばには日本でも紹介され、「海外で評価されている日本のアニメ」を象徴的に表現した語と受け取られて急速に広まった。

しかし、ジャパニメーションはそもそもアメリカでもきわめて特殊な語であり、在米のファンは最初から使わなかった。

こうしたことから、日本でもジャパニメーションは使うべきではないし、実際、国内外のアニメ事情に通じた研究者や批評家は決して使わない語なのだが、現在でも、それもかなりのベテラン作家などが使っている例があるため、注意する必要がある。

2、映画技法としてのアニメーションの定義

アニメーションは、「動かないものを動いているように見せる」トリック映画の一種である。しかも、一九世紀末の映画の発明よりもずっと以前、静止画を動いているように見せる映像玩具に誕生のきっかけを求めることができる。

映像玩具として最も原始的なものがパラパラ漫画である。少しずつ異なる複数の絵を連続的にパラパラパラすると、絵は動いて見える。子どもの頃、ノートや教科書の隅に絵を描いてパラパラやった経験をもつ人も多いだろう。これがまさにアニメーションの原理そのものである。複数の絵、と書いたが、極端に言えば、二枚の異なる絵をパラパラすれば、絵は動いて見える。

「絵が動く」という意味で代表的な映像玩具は、「驚き盤」と呼ばれるフェナキスティス

コープ（phenakistiscope）である。これは、円盤状の紙の片面の円周沿いに複数の少しずつ異なる絵を描き、絵と絵の間にスリット状の窓を開けて、絵を描いた面を鏡に向け、円盤の中心を軸として回転させながらスリット越しに片目で鏡を覗くと、鏡に映った絵が動いて見える、という仕組みである。発明者は、ベルギーの物理学者J・プラトー（Joseph Plateau　一八〇一～八三）で、一八三二年のことであった。

驚き盤の仕組みをさらに改良した形で考案された映像玩具がゾートロープ（zootrope　ゾエトロープとも。図1）で、円筒形の金属（または木

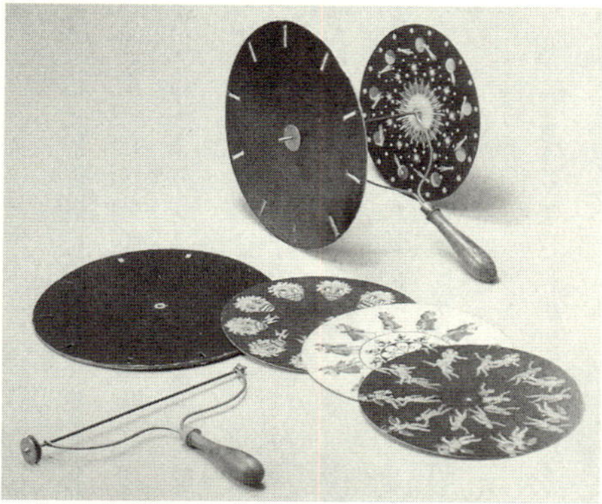

図1　フェナキスティスコープ（上）とゾートロープ（左）　出典「映像工夫館展2　アニメーション」（東京都写真美術館、1995）

製）にスリットを開けた装置である。円筒の内側にやはり少しずつ異なる絵が描かれており、絵と絵の間にスリットを開けて、円筒を回転させながら円筒の外側からスリットを覗くと、円筒の内側の絵が動いて見える、という仕掛けである。発明者はイギリスの数学者W・G・ホーナー（William George Horner 一七八六〜一八三七）で、一八三四年のことであった。

一九世紀に海外で考案された映像玩具は、主に物理学者など科学者の手によって考案と改良が繰り返された。つまり、アニメーションの元祖とされる映像玩具は、アニメーション作家の創作には直接結びついておらず、物体の運動や、人間の視覚にもたらされる効果といった観点から探求される、科学の領域に属するものだったのである。

ここまでみてきたのは、アニメーションの「絵が動いて見える」という仕組みにつながる映像玩具だが、もう一つ、「絵を映す」という仕組みにつながる映像玩具がある。その代表例が、幻燈である。

幻燈（magic lantern）は、金属製または木製の箱の中に光源を入れ、この光をレンズで集光して箱に組み込まれたガラス板に描かれた絵（カラーの絵）をスクリーンに投影するという仕掛けである。この光源入りの箱を幻燈器と呼ぶが、原理としては、後のスライド投影とまったく同じである。ただし、スライド投影では、画像をスクリーンの前面に投影するが、幻燈では、スクリーンの裏（つまり観客からは見えない位置）から画像を投影し、観客はスクリーン上に透けて見える画像を鑑賞するという仕掛けだった。

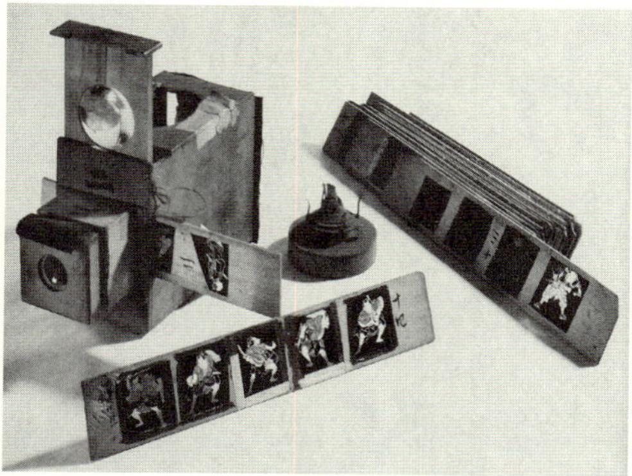

図2　写し絵のフロと種板　出典『幻燈の世紀』（岩本憲児、森話社、2002）

幻燈器の歴史は古く、最初に考案したとされるのは、ドイツ生まれの神父A・キルヒャー（Athanasius Kircher 一六〇一～八〇）で、一六四六年のことであった。

幻燈はオランダを通じて一八世紀後半に鎖国中の日本へ輸入されたと考えられているが、この装置を使って生まれた日本特有の映像芸能が、写し絵（図2）である。

写し絵では、幻燈器を「フロ（形が風呂に似ているところからこう呼ばれた）」、絵が描かれたガラス製のスライド板を「種板《たねいた》」と呼ぶが、基本的な構造は西洋幻燈と同じで、スクリーン（和紙を使用）の裏から投影する方法も同じだった。

ただし、西洋幻燈は幻燈器を固定して投影するのに対し、写し絵ではフロを操作する人がフロを手で持ちながら移動し絵を投影する、つまり、投影された絵が動くのである。演目によっては、複数の操作者がそれぞれフロを持ち、複数の絵を投影することで、より複雑なストーリーや動きをもつ演目の興行が行われた。

江戸で写し絵が最初に始まったのは一八〇三（享和三）年とされ、以後、明治中期まで盛んに上映されたが、映画の伝来などとともに急速に廃《すた》れてしまった。

フランスのE・レイノー（Émile Reynaud 一八四四〜一九一八）は、一八七六年、科学雑誌に掲載されていた万華鏡や驚き盤等の映像玩具に興味をもち、研究を始めた。そして、少しずつ異なる絵をスクリーンに連続投影することで、「動画」を創出する装置を開発した。これが、テアトル・オプティク（théâtre optique 図3）、つまり「光の劇場」と訳される興行であった。テアトル・オプティクは、細長い柔軟なフィルムを使用し、かつそのフィルムに送り穴（パーフォレーション）が付けられ、それを映写して動画を創出するという点で、「絵が連続的に動く」要素と「絵を映す」要素とが複合されており、後の映画フィルムに限りなく近い。テアトル・オプティクの第一回公開は、一八九二年一〇月であった。このテアトル・オプティクをアニメーションの直接的な元祖とする考え方が一般的である。

同時期、一八九一年にはアメリカの発明王T・エディスン（Thomas Alva Edison 一八四七〜一九三一）が、箱の中に収められたフィルムを一人ずつ覗きながら動かして「動く映像」を楽しむキネトスコープ（kinetoscope）を発明した。さらには、一八九五年一一月、フランスのリュミエール兄弟（Auguste Lumière 一八六二〜一九五四、Louis Lumière 一八六四〜一九四八）が、撮影されたフィルムを幕の前面に映写し、多くの観客が同時に動く映像を楽しむことができるシネマトグラフ（cinématographe 映画術）を公開し、今日の映画と同様の技術が確立された。

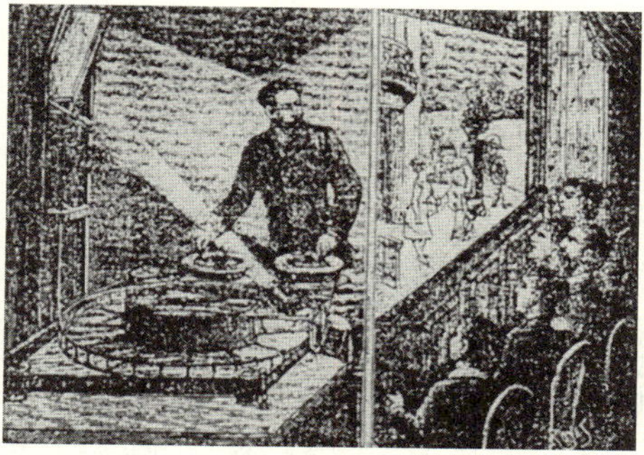

図3　テアトル・オプティクを演じるレイノー　©図版協力・東京都写真美術館

こうして映画前史を見てくると、アニメーションと映画は、どちらもフィルムに記録された画像を映写し、観客が鑑賞するという点で同じものだし、フィルムの一コマ一コマには静止画が記録されているという点も同じである。

以上の点を考慮して、アニメーションを定義すると、次のようになる。

「絵、人形等を素材として、その素材を少しずつ動かしながら、映画撮影用カメラ等を使用して、コマ撮り（stop-motion photography）によって素材を撮影して得られた映像をフィルム等に記録し、それを映写することで、動かない素材を動いているように見せる映画技法、またはその技法を使った作品」

つまり、動かす（アニメート）素材として絵を使用した場合では、少しずつポーズが違う絵を連続的に映写すると、一枚一枚の絵は動いていない文字通りの「絵」であるが、連続的に映写することによって動いた映像が出来上がるのである。

そして、アニメーションを映写するためには媒体（メディア）が不可欠であり、最も古いフィルム、ついでテレビ、ビデオ、そしてインターネットがアニメーションのメディアとして追加されていった。

ただ、ほとんどデジタル化された現在では、「映画撮影用カメラ」ではなく撮影用ソフトウェアになるし、上映も、「フィルム」などではなくデジタルデータで供するようになった。

その一方で、人形アニメーションなど物体（オブジェクト）を動かす場合は、デジタルカメラで一コマずつ撮影するという、かつてのフィルム撮影時代とあまり変わらない技法として現在に至っており、「コマ撮り」という概念は、決して失われたわけではない。

そうすると、アニメーションの最も「アニメーションらしい」特徴とは、やはりコマ（フレーム）を一単位として認識（フレーム・バイ・フレーム frame by frame）して、映像を管理し制作するという点である。

実験的なアニメーションの中には、コマを無視（フレームレス frameless）して制作された作品もあるため、コマを一単位として認識し制作される、という規定では、アニメーションと言われるすべての作品を包括できない。また、「実験的な」という意味では、上映という固定された形式によらず、上映される空間それ自体をメディアとして認識したインスタレーション（Installation art）も、アニメーションのメディアとして議論される余地がある。

しかし本書では、「コマ単位で管理された映画であること」を前提として、あらためて次のようなアニメーションの定義を提案したい。

アニメーションの定義：絵、人形等を素材として、素材を少しずつ変化させて描く、または素材のポーズや位置を少しずつ動かしながら、映画撮影用カメラ、またはその機能を有するソフトウェア等を使用して、コマ単位で管理された映像をメディアに記録し、それを映写することで、動かない素材を動いているように見せる映画技法、またはその技法を使った作品。

なお、animationという語は、ラテン語の「霊魂」を示すanima（アニマ）が語源と言われる。動かないものに魂を吹き込んだものがアニメーションであるということである。

3、アニメーションの分類

アニメーションの分類法は、研究者の考え方によって一様ではない。基本的には、技術面に着目した分類、制作された作品の目的に着目した分類の二つが考えられる。

(1) 技術面に着目した分類

アニメーションの歴史の中で生み出されてきた技術によって分類するものである。

アナログ時代であれば、まず、カメラを使う／使わないという二区分に始まる。カメラを使わないアニメーションとは、フィルムに直接絵を描くダイレクトペイントや、コンピュータを使用するCGアニメーションなどであり、それ以外のセルアニメーションや人形アニメーションなどはすべてカメラを使うアニメーション、という区分が成立した。

しかし現在、ほとんどすべてがデジタル技術化され、手描き系の素材を使う場合もコンピュータによって撮影を行い、カメラを使わないため、少なくともアナログ時代と同じ形でのカメラ使用／不使用という区分が困難になっている。その一方で、現在のアニメーション技術でも、コマ撮りという概念は厳然と生きている。

したがって、今日アニメーションの技術的分類を行うとすれば、カメラ使用／不使用を大分類とすることを止め、(a)アニメート素材に着目しながらアナログ時代の伝統的スタイルを有しているか、(b)手描き感にこだわらないコンピュータ作画中心か、この二つを大分類とするのが、より現代に適うと考えられる。

(a)　伝統的アニメーション

①平面アニメーション

さまざまな画材で絵を描き、それをアニメート素材とするアニメーションである。かつてのセルアニメーションが代表例であるが、紙に鉛筆、パステル等で描いた手描きアニメーションなど、使用する画材によってさまざまなスタイルがあり得る。

現在、セルは消滅しているが、日本では、絵の元になる原画・動画は紙に鉛筆で描く工程が残っており、これをスキャナでコンピュータに取り込み彩色（デジタル化）する中で、セルの質感や色彩を可能な限り再現しようという志向が強い。こうしたセル風のスタイルを「セルルック」と呼ぶことがある。

それ以外のさまざまな画材を使った手描きアニメーションは、国内外の多くのアニメーション作家によって継承されており、見た目にはアナログ時代とほとんど変わりない質感の作品も少なくない。国内外を問わず、描画系のアニメーション作家は、デジタル技術が進歩しようとも、手描き感にこだわる姿勢を保持している。

事実上セルアニメーションが消滅した現在、セルルックの作品も含めて、これら描画系のアニメーションを「描画アニメーション（hand-drawn animation）」という呼称で分類することを提案したい。ただし、ガラス板の上に油彩絵具を塗りながら制作される油彩アニメーション（oil painting animation）など、特殊な質感の技法はこの限りではなく、従来の呼称を用いることが望ましい。

一方、絵として描いた素材（多くは人物や動物などキャラクター）を切り抜いて、これを別に描いた背景画の上でアニメートする切り紙アニメーション（cutout animation）も、平面アニメーションの一種と考えることができる。

②半立体アニメーション

半立体というのは、平面と立体との中間的な素材を使っているという意味で、具体的には、粘土、木製の板などをレリーフのように扱ってアニメートしたもので、アニメーションの歴史の中で少ないながら作品が制作されてきた。

多くの場合、平板上に半立体の素材を置き、アニメートしつつ、上部にカメラを設置してコマ撮り撮影していく。砂を用いたサンド・アニメーション（sand animation）も、平面的ではあるが半立体に近い技法といえる。

③立体アニメーション

立体アニメーションは、文字通り立体物をコマ撮りによってアニメートする技法で、代表的なものは人形アニメーション（puppet animation）である。また、日用品などさまざまな物体（オブジェクト）をアニメートする技法（object animation）もこれに含まれ、いずれもアニメーションの歴史の最初期から制作されてきた。動かす素材にかかわらず、コマ撮りによるアニメーションということで、ストップモーション・アニメーション（stop-motion animation）という語で分類されることもある。

人形アニメーションの特殊技法として、パペトゥーン（puppetoon）がある。通常の人形アニメーションでは、人形の関節が自由に動かせるようになっており、人形のポーズを変えながらアニメートしていくが、あらかじめ少しずつポーズの違う人形を大量に用意し、それらを置き換えながらアニメートしていくのがパペトゥーンである。

また、粘土を人形のように造形しアニメートする技法も、広義には人形アニメーションに含まれるが、一般的な人形には可塑性《かそせい》がなく、粘土の人形には可塑性がある。これが作品の仕上がりに大きく影響するため、特に粘土アニメーション（clay animation）として区分される。

④フィルムへの直接描画

フィルムに直接絵を描き、アニメーションにする技法である。フィルムに絵を描く方法は主に二つあるが、一つは、感光剤が塗られたフィルムを真っ黒に現像し、それを針などで引っかきながら絵を描く方法で、これをシネカリグラフ（hand-engraving on black film）と呼ぶ。もう一つは、逆に感光剤をすべて除去して透明にしたフィルムにカラーのマーカー等で絵を描く方法で、これをダイレクトペイント（drawing on film animation）と呼ぶ。いずれも、フィルムに一コマ一コマ直接描くために、映写時に静止して見える絵を描くことは不可能で、絵が微妙にブレながら次々と写し出される独特の映像が出来上がる。

カメラを使用しないアニメーション技法の代表例で、何人かの作家が得意としてきた。手描き感、ライブ感の強さは他の技法では得にくく、フィルムを使用しないデジタル時代の現在でも、ダイレクトペイント的な造形のアニメーションを創出する作家がいる。

⑤特殊技術

・ピクシレーション(pixilation)

ピクシレーションとは、実際の人間が少しずつ異なるポーズをとり、それをコマ撮りすることで、超現実的な映像を得るアニメーションである。たとえば、人間が飛び跳ねて空中にとどまった瞬間をコマ撮りし、その飛び跳ねる位置を少しずつずらしながらコマ撮りしていくと、人間が空中に浮かんでいる映像となる。

・影絵アニメーション(silhouette animation)

主に切り紙で制作したキャラクターや背景画をガラス板の上に置き、後ろから光を当てて影絵にして、切り紙を動かしながら撮影し制作されるアニメーション。古くからある影絵による人形芝居をアニメーションにしたものと考えればよい。影を動かすため、原則として白黒映像である。

切り紙を使用するなど、原理としては平面アニメーションだが、影絵アニメーションは光と影が造形の主要素であり、作家によってはカラー影絵にするなど特殊性が高いため、平面アニメーションとは別に分類すべきである。

・ピンスクリーン (pin screen)

ピンスクリーン（ピンボードともいう）とは、ボード（板）に数万本ものピンがビッシリと差し込まれた装置で、これに斜めから光を当てると数万ものピンの影がボードに落ちて、ボード全体が暗く見える。そして、このピンの差し込み具合を調整することで影の長さが変えられ、ボードの明暗も変わるため、影の明暗を利用して絵を作製し、これを少しずつ撮影しながらアニメーションにする方法である。独創性の高い手法だが、出来上がった画面は木炭画がモコモコ動くような独特のものとなる。

・タイムラプス (time-lapse photography)

写真撮影された静止画を連続的に表示してアニメーションのように見せる技法は、「スチール・アニメーション」という呼称で、アナログ時代から存在した。広義の平面アニメーションと言えるのだが、近年、デジタル撮影技術やソフトウェアが多様に発展して、静止画を連続させて動画にしたタイムラプスによる作品が多く発表されるようになった。
　基本的にタイムラプスは、長時間にわたる出来事を短時間に凝縮して見せる技法だが、たとえば、建築中のビルやタワーの工事途上の静止画をつないで動画にしたり、昼間の街の景観が夜景に至るまでの静止画をつないで動画にしたりするなど、壮大な作風のタイムラプスが発表されている。
　かつてのスチール・アニメーションとタイムラプスとでは、映像制作における姿勢がかなり異なる。スチール・アニメーションは、静止画を連続表示するという基本的考え方を出発点にしつつ、あとは自由に、時に非現実的な映像を構築しようという発想だが、タイムラプスは、あくまで現実に起きていることを「どう見せるか」という姿勢である。このため、タイムラプスがアニメーションの一技法と言えるか、研究者によって考え方は一様ではないが、画像をフレーム（コマ）単位で管理したものという解釈は可能であり、海外の文献では、九〇年代からアニメーションの一技法として説明されている。[*1]

(b) コンピュータ・アニメーション

　多くの工程にデジタル技術が導入されている現在、「伝統的アニメーション」とは別に分類する「コンピュータ・アニメーション」とは、手描きやコマ撮りの工程を含まず、全工程をコンピュータによって制作するアニメーション技法という意味で区分される。

いわゆるペーパーレスによるアニメーションで、近年日本では「デジタル作画」という呼称を使うこともある。これは、たとえば動画用紙を使わずペンタブレットで作画するアニメーションという意味である。

⑥2Dアニメーション

アニメーターが紙に作画する伝統的手法が根強い日本では、一九九〇年代にデジタル技術が海外で一般的になる中で、その動きにどう対応するか、紙に鉛筆で描いた手描き感をどうコンピュータ上に反映させるかが大きな課題となった。既存のソフトウェアでは、日本の旧来からのセルアニメーションの微妙なタッチ、肌合いが再現できなかったのである。

こうした中で開発されたソフトウェアがレタス（現在のRETAS STUDIO）で、二〇〇〇年代には日本の商業アニメスタジオの大半に普及し、日本特有の「セルルック」のアニメ制作に供された。これにより、原画、動画はアニメーターが紙に鉛筆で描き、その原動画をスキャナでコンピュータに取り込んでデジタル化するという手順が可能となったが、この手順では、あくまで手描きの工程が残っている。

本項でいう2Dアニメーションとは、手描きの工程を含まない技法である。アドビの

Flash（現在のAdobe Animate）を使う、いわゆるフラッシュ・アニメーションも2Dアニメーションの一種である。それ以外にも海外で普及している2Dデジタル作画用のソフトウェアがあり、日本でも一部のスタジオが導入しはじめている。

しかし、デジタル作画の導入には巨額の設備投資が必要であり、またワークフロー（作業手順）の統一化を図らないと、日本で長らく行われてきた複数のスタジオによる分業に対応しづらい。日本でのデジタル作画の普及には、しばらく模索が続くと考えられる。

⑦3DCGアニメーション

コンピュータによるアニメーションとして一般的にイメージされるのが、3次元（3D）コンピュータ・グラフィックス（CG）であろう。3DCGアニメーションでは、キャラクターなど物体を造形するモデリング（modeling）、作成されたモデルへの質感の設定、着彩、ライティングの設定などを経て、それら設定されたデータを一つの画像として出力するレンダリング（rendering 計算）を行い、作品に登場させるモデルを完成させる。

次に、モデルに骨格と動きに関するデータを組み込み、モデルを変形、もしくは動かす、つまりはアニメートできる状態にする。これ以後、3DCGアニメーターによって、キャラクターなどに動きがつけられていく。

日本ではフル３ＤＣＧアニメーションよりも、セルルックの２Ｄの絵と、３Ｄによる背景やメカ、あるいはエフェクト（光や爆発、雨や雪などの自然現象）を合成する「ハイブリッド」の作品が多い。このため、２Ｄのキャラクターの絵柄と、３Ｄの素材とを違和感なく一つの画面として構成する技術が、日本では特異的に発達した。

（２）制作目的による分類

あるアニメーションが、どのような目的で制作されたのかに注目した分類法も、現在まで使用されている。

(a) 商業アニメーション

作品を商品として観客に提供し、利益を得る目的で制作されるアニメーションである。テレビで放映されるシリーズ作品（テレビアニメーション）、映画館で上映される作品（劇場用アニメーション）などは典型的な商業アニメーションであり、ビデオパッケージとして販売されるビデオアニメーション、ウェブ配信のアニメーションも商業アニメーションである。以上のように、作品内容や技術ではなく媒体の違いによって区分されている。

このほか、テレビやウェブで提供されるCM用アニメーション、学校教材として制作される教育用アニメーション、ミュージシャンの楽曲に合わせて制作されるミュージック・ビデオ（PV：プロモーション・ビデオ）アニメーションなども、商業アニメーションに分類される。

(b) 非商業アニメーション

商業目的ではない、自主制作のアニメーションである。作品を制作しようという企画が作家の自由意志によるものであり、以後の作品内容も作家の創作意識に支配され、完成した作品を商品として販売し利潤を得ることを主目的にしない作品が、非商業アニメーションに該当する。このため、非商業アニメーションは、作家が自分自身の作りたい作品を形にする、芸術活動として制作されることになる。

自主制作というと、作品制作に必要な経費から、上映、パッケージ制作など作品発表に必要な経費までを自己資本でまかなうのが本来の形だが、諸経費の助成を受けている作品も少なくない。近年は、国（文化庁など）などから助成を受けるほかにも、クラウドファンディング（crowdfunding）、つまりインターネットを介して不特定多数の人から出資を受けるシステムで経費をまかなう例が出てきている。

4、表現としてのアニメーションの特性

アニメーションは、動かないものを動いているように見せる映画であるから、その表現は作者の自由な発想に委ねられる。このため、アニメーションはしばしば「何でも描ける」と思われているが、表現としての特性を考慮すると、アニメーションはむしろ「省略の芸術」と言える。

なぜなら、アニメーションは実写映像に比べると、圧倒的に情報量が少ない。人間の顔を例にとれば、誰にでもある顔のしわや、髪や眉毛の一本一本などは、アニメーションで描く際には、いわゆるセルルックの平板な絵柄に省略され、様式化される。精緻な３ＤＣＧであっても、基本的な方向性は変わらない。

アニメーションの動きの表現についても、実際の人間の運動ではあり得ないデフォルメされた表現がアニメーションの醍醐味と考えられているが、それ以前に、アニメーションで表現される動きは、実写と比較するとやはり省略されている。この動きの問題を考えるにあたって重要なのが、描かれる絵の枚数と、絵の動きのスタイルを表す「フル・アニメーション」「リミテッド・アニメーション」という語である。

まず、絵の枚数というのは、一秒あたりの絵の枚数を示すことが多い。映画用フィルムはコマという単位で構成され、二四コマで一秒間に相当するが、アニメーションは現在もフィルム時代と同じく一秒間二四コマという原則である。したがって、一秒あたり二四枚の絵が描かれ、これを映写することになるが、一秒間の映像に二四枚もの絵を描くと、時間・コスト双方で対応できないため、通常は一秒あたり一二枚で描かれる。この場合、一枚の絵を二コマで撮影することになる。一秒二四枚で作画されることを一コマ撮り（制作現場では一コマ打ちという）、一秒一二枚で作画されることを二コマ撮りと呼び、一コマ撮りのほうが密度の高い動きの表現が可能であるが、手間やコストの問題から、特に動きを密度高く表現したいシーンで限定的に採用されるのが普通である。海外、たとえば伝統的に絵の動きを豊かに表現すると理解されているディズニーのセル画時代の作品でも、基本は二コマ撮りで作画されている。

これに加えて日本のアニメで、さらに絵の枚数を少なくした三コマ撮りが登場した。三コマ撮りの場合、一秒あたりの絵の枚数は八枚である。一九六〇年代以降、テレビアニメの量産に入った日本では、この三コマ撮りが多く実践された。

一方、絵の動きのスタイルを表す語についてだが、フル・アニメーション（full

animation）とは、キャラクターなど動く対象の全身を豊かに動かすスタイル、リミテッド・アニメーション（limited animation）とは、キャラクターの口だけパクパク動かす、眼の瞬きだけ描くなど、身体の一部分を限定的に動かすスタイルである。たとえば、ディズニー作品ではフル・アニメーションを基本として作画され、日本のテレビアニメではリミテッド・アニメーションで作画されているものが多い。

　ただ、このフル・アニメーション、リミテッド・アニメーションの定義は時代とともに変化してきており、現在、絵の動きのスタイルではなく枚数、つまり一コマ撮りと二コマ撮りで作画されたものをフル・アニメーション、三コマ撮りで作画されたものをリミテッド・アニメーションと呼ぶことが増えてきた。

　アニメーション学的には、フル・アニメーションやリミテッド・アニメーションの本来の定義を縦軸として、そこに時代性、作品の類型などを横軸として、複合的に検討する段階に入っている。

　たとえば、かつては一コマないし二コマ撮りが滑らかな動きで、三コマ撮りはぎこちない動き、あるいは、フル・アニメーションは滑らかでリミテッド・アニメーションはぎこちない、などと単純に評価されることが多かったが、現在、こうした考え方は時代遅れと言って差し支えない。二コマ撮りよりも三コマ撮りのほうがシャープな動きが表現できる、リミテッド・アニメーションでスタイリッシュに動かすなど、絵の枚数ではなく動きの質に注目することで、近年のアニメーションの動きは議論されている。つまり、三コマ撮りにしろリミテッド・アニメーションにしろ、実際の動きを省略したものだが、省略することによって、アニメーションならではの表現を獲得しているわけで、こうした点に、アニメーションは「省略の芸術」と言うべき要因がある。

次に、アニメーションでは、さまざまな素材を動かして表現する点にも注目したい。すでに解説したように、アニメーションでは、伝統的なセルルックの絵など平面素材から、人形など立体素材、また日用品まで、物であれば何でもコマ撮りによって動かして構わない。アニメーション作家は、特定の素材にこだわる作家も多いが、作品によってさまざまな素材を使い分ける作家も少なくない。

アニメーションは省略の芸術であると解説したが、一方で、アニメーションは何でも自由に表現できるという考え方に立った場合、「背景」の表現の自由度は顕著なものとなる。「背景」とはつまり、街並みや木立ち、青空、山や海などであるが、それだけではなく、風や雨、雷といった自然現象までを含む。こうした自然現象を実写映画で表現しようとすると、しばしば大掛かりな装置を必要とし、それでもなお思い通りの効果が得られないこともある。しかしアニメーションでは、作家の考え方と技術次第で、激しく風にあおられる巨樹や、闇を切り裂く稲妻、鏡のような水面など、多くの自然現象を表現することが可能となる。そしてその表現は、リアリズムに基づいた表現ばかりではなく、風や水、光をより美しく面白く表現するという発想につながる。

それから、音楽と馴染みやすいということも、アニメーションの特性である。NHKの「みんなのうた」に代表されるように、キャラクターの演技と音楽を合わせて制作された作品は多数あるが、アニメーションではセリフを全く使わなくとも、ストーリーやキャラクターの豊かな感情表現が可能である。

しかしながら、どんなに精緻に作られても、アニメーションは「作り物」であって、省略され、抽象化されており、映像の情報量は実写にはかなわない。
にもかかわらず、ストーリーに引き込まれ、キャラクターに感情移入し、描かれた自然現象を美しいと感じることができるのは、抽象化された映像や世界に、観客が何らかの想像力を付加し、観客自ら作品を完成させるとでも言えるような側面があるからである。

小説を読みながらその登場人物や世界を想像し、ラジオドラマで俳優の声や演技を聞くことで、登場人物の姿を想像することなどと類似しているとも言えようが、絵や人形を使って抽象化された映像から登場人物や自然現象に想像力を付加することができるというのは、やはりアニメーション独特のものと言えるだろう。

人形アニメーション作家の川本喜八郎は、「アニメーションは、アイデア、デザイン、造形、ドラマツルギー、美術、音楽、コンピュータまで、濃縮された芸術の宝庫で、しかも独自の個性こそ最も重要な鍵を握っている多様さを誇る芸術です。あなたは、たった3分間の作品の中にも、新鮮な発見をすることが出来るでしょう」と語った。[*2]

ここでは「独自の個性」という言葉が出てきているが、アニメーションでは、映像として構成されるすべてが作り物で、そうであればあるほど、それを作り出す作者の個性が際立ち、アニメーションならではの表現の密度が高くなっていくのである。

5、アニメーション制作の流れ

ここで、アニメーション制作の基本的な流れを解説しておきたい。本書ではここまで、さまざまなアニメーション技法、分類について述べてきたが、ここで解説するのは、我々が日常的に視聴しているテレビアニメを中心とした、商業アニメ制作の流れである。

①企画

企画は、どんな作品を制作するかを検討する段階で、漫画や小説などの原作つき作品では、その原作選びが最初の作業となる。次に、作品のテーマ、ターゲットとなる観客層、制作に要する予算等が書かれた「企画書」が作成される。企画書は、スポンサーとなる企業への説明、脚本家へ発注する際の資料としても重要である。

こうした、作品の企画、スポンサーとの協議・調整、脚本の発注、監督などのメインのスタッフ編成など、作品制作全体を統括するのがプロデューサーである。特にスタッフ編成が作品の方向性を決めてしまうと考えるプロデューサーは少なくない。

なお、アニメーションの役職表記で、「制作」と「製作」がある。この二つの語は異なる意味で使い分けられており、「制作」は現に作品をつくっているアニメ制作スタジオなどを指し、「製作」は出資者を指すものである。

②脚本

脚本は、物語の進行過程が文章で記述された設計書というべきもので、作品のシーン（場面）ごとに、場面の状況、登場人物のセリフや仕草などが記述される。劇映画の世界では、伝統的に脚本はきわめて重要な要素として扱われるが、アニメーションは絵（作画）

の完成度に左右される場合が多く、また脚本よりも絵コンテを重視する傾向がある。

③キャラクター、美術等の設定

設定は、企画書を元に、その作品の主要キャラクターや舞台等の絵を見本的に描く場合が多く、しばしば企画書にも添付される。その設定内容により、「キャラクター設定」「美術設定」と呼称されるが、日本のアニメが発祥と言ってもよい職分が、「メカニカル設定」である。一九七〇年代から爆発的なブームを呼んだ巨大ロボットや戦艦、兵器等のデザインは、このメカニカル設定の役割である。

④監督

監督は、その作品の制作に関して全責任を負う立場である。

通常、アニメ監督が行う最も重要な作業は、脚本を元に描かれる絵コンテ作成、またはそのチェックである。絵コンテには、作品の画面（カット）ごとに、画面内の絵の構成やセリフ、場面の説明が書かれており、各スタッフに伝えられる指示書の役割を果たしているが、絵コンテは決して単なる指示書ではなく、アニメーションにとって最も重要な絵を動かすタイミングやカメラワーク、そして作品の世界観そのものが反映されている。

職分としては、「監督」「演出」という二種類があり、かつてこの二つは同じ意味で使われていたこともあったが、現在は、「監督」はその作品制作の最高責任者、「演出」は、テレビアニメの各話において絵コンテを描いたり、各スタッフへの指示出しをしたりするなど、最高責任者である監督の意図を現場に具体的に伝える役割、という使い分けが一般的である。

その他、作画スタッフが仕上げた原画のチェックや、撮影が終了したフィルムのチェック等、アニメーション制作の節目にあたる場面で、監督は作業内容のチェックを行う。

⑤作画

作画とは、アニメーションになる絵を作成する作業で、職分は「原画」と「動画」に分かれ、両者を通常アニメーターという。

このうち「原画」は動きの基本となる絵、たとえば一〇枚の絵が必要となる動きの場合、その動きの基本となる数枚（たとえば三枚）が原画となる。一方「動画」は、その原画と原画の間を埋めて、最終的に必要な一〇枚の絵にする作業をいう。したがって、原画はある程度の経験を経たスタッフが担当し、動画は若いスタッフが担当する場合が多い。

原画を担当するアニメーター（原画家）は、人間の動きや、水の流れのような自然現象など、現実の動きをリアルに「再現」するのではなく、より魅力的に、印象深く見せるための動きを「作る」ことが求められる。このため、人間や自然物のあらゆる動きをあらゆる方向（視点）からイメージでき、それを絵に描ける技量が必須である。

原画は、続いて動画を担当するアニメーター（動画家）に委ねられ、原画のクリーンナップ（清書）や、原画と原画との間をつなぐ絵が描かれて（この作業を「中割り」ともいうが、原画と原画の間の動画枚数は、そのカットを担当した原画家が指定する）、カットごとに必要な絵がすべて揃えられる。

日本の商業アニメでは、通常、多くのアニメーターによって原画や動画が分担して描かれるため、その絵柄（キャラクターの表情等）が微妙に異なる。この絵柄を統一する役割を担うのが、「作画監督」である。

さらに、作画パートにおける原画家の最初の仕事に、監督が描いた絵コンテを元に、カットごとに描かれる「レイアウト」がある。レイアウトはそのカットの詳細な設計図であり、キャラクターと背景画との位置関係が描かれている。

⑥仕上

アニメーターによって描かれた絵は、すべて動画用紙と呼ばれる紙に鉛筆で描かれているが、描かれているのは、基本的にキャラクター等、動く対象の輪郭線のみである。これを、スキャナでコンピュータに取り込み、その絵にコンピュータ上で着彩する。この一連の作業を「仕上（仕上げ）」という。着彩する色を決める責任者は「色指定」と呼ばれる。加えて、着彩のみならず、絵にタッチをつけたりボカシを入れたりという作業（「特殊効果」と呼ばれる）も、仕上の仕事である。

セルを用いていたアナログ時代には、動画用紙をトレスマシンという特殊なコピー機にかけてセルに輪郭線を転写し、そのセルに専用の絵具で着彩していた。現在セルは消滅し、コンピュータによる作業となったが、アニメ制作工程がデジタル化されて最大の恩恵を受けたのが、この仕上である。

⑦ＣＧ

ＣＧとはコンピュータを使って図像を描画する作業や、その描かれた絵を示すが、慣例的には、コンピュータを使ってメカニックや背景など立体的な図像を三次元（３Ｄ）で作成する作業を特にＣＧと呼ぶことが多い。

すでに述べたように、日本では２Ｄのキャラクターの絵柄と、３Ｄの素材（メカや背景画など）とを「違和感なく一つの画面として構成する」技術が発達した。

コンピュータを使うと、何でも描ける、何でもできると思われがちだが、日本のアニメでは、現在でもアナログ的な手描き感を大切にしているため、ＣＧの理論上・仕様上の機能を最大限に発揮するという考え方よりも、その機能をいかにうまく使うか、つまりＣＧを「画材」としてどう使うかという点で、ＣＧ技術者のテクニックが問われている。

⑧背景画

作画作業と併せて、背景スタッフにより背景画の作成が行われる。職分名は一般的に「美術」と呼ばれ、この作業全体を統轄するのが「美術監督」である。

アナログ時代には、紙に水彩絵具で描かれるのが背景画だったが、二〇〇〇年代に入ると背景画もデジタル化が進み、背景原図（背景画の下描きに相当）をスキャナに取り込みコンピュータ上で着彩されることが多くなった。また、３ＤＣＧが併用される場合も少なくない。

⑨撮影

カットごとに必要な素材が揃えば、これらを組み合わせて撮影し、実際に観客が見るアニメーションへと仕上げる。撮影も現在はデジタル化され、キャラクターが描かれた絵と背景画がコンピュータ上で組み合わされる。カメラを使わず、本来の意味での「撮影」ではないため、コンポジット（composite 合成）と言われることもあるが、日本では変わらず「撮影」または「デジタル撮影」と言われることが多い。光やボカシ、さらには手持ちのカメラで撮影したような「手ブレ」などの特殊効果を加える作業も、撮影用のソフトウェアによって行われる。

なお、雨や雪などの気象現象、光の表現、さらには風に散る花びらなど、アニメーターの作画によらずソフトウェアの撮影機能を多用して動きを表現している作品を、俗に「撮影アニメ」「エフェクトアニメ」などと呼ぶことがある。

⑩音響制作（音楽、効果音、録音）

作画、背景画作成から撮影に至る工程と同時に、音響に関する工程がある。ここでは、音楽（BGM）の制作、効果音の作成、キャラクターの声となる声優の声の録音が主な仕事である。これらの個別に作成された音関係の素材は、「音響監督」によって合成され（この作業をダビングという）、一本の音データとして完成する。

一般によく知られる声優の声の録音だが、日本では完成された画面を見ながら声優が台本を元に演技し、セリフを録音するという工程が一般的で、これをアフレコ（アフター・

レコーディング〔和製英語〕の略）と呼ぶ。

⑪編集

撮影が終わった映像データを、カット順につなぎ合わせていく作業が編集である。アナログ時代は、撮影されたフィルムを切り貼りする作業が編集だったが、現在は撮影が終了した素材もデジタルデータなので、コンピュータ上で編集が行われる。

一方、音響制作で仕上がった音データがあり、映像データと音データを合わせる作業をビデオ編集（V編）という。

こうして、すべての編集作業が終わったデータを俗に「完パケ」と呼び、これがいわば完成品で、放送局等へ納品される。

＊1――Laybourne, Kit. The Animation Book. Three Rivers Press. 1998.
＊2――「第5回国際アニメーションフェスティバル広島大会」プログラムガイドブック。一九九四年、国際アニメーションフェスティバル広島大会事務局。

第二章　海外アニメーション史

1、アニメーション技術の発見

①世界最初期のアニメーション

E・レイノーが開発したテアトル・オプティクがアニメーションの直接の起源として理解されていることは前章で述べた。その後、リュミエール兄弟によって映画（映画術）の形式が整えられたが、今日のアニメーションと同様の作品が制作されるまでには、一〇年前後の年月を要した。

ただ、世界初のアニメーションを、いつ誰が制作したのかは、現在も明確に答えることは容易ではない。理由は、作品が残っていないからではなく、「何をもってアニメーションと呼べるか」という点で学説が分かれているためである。

アニメーションの定義でも述べた「コマ単位で映像を管理する」という技術は、それが映画の一分野として明確化され誕生したものではなく、スローモーション、早回し、中抜き（フィルムの途中のコマを抜き取る）など、映像を人為的に操作する多くのトリック技術の一つとしてコマ撮りが認識されたに過ぎないからである。

そうした、アニメーションにつながるトリック技術は、リュミエールの映画術開発直後から発見されていた。特撮映画の始祖と言えるフランスのG・メリエス（Georges Méliès 一八六一〜一九三八）は、置き換え（カメラを途中で止めて登場人物を置き換え、撮影を再開することで、画面から急に人物が消えたり移動したりする）や、二重露出、写真の合成等、さまざまな特撮技術を駆使して超現実的な映像を制作した。同様に、イギリス、ドイツ、スペインなどでも、同時期にコマ単位で映像を管理する作品が発表されていた。

それでも、「コマ撮りによって動かないものを動いているように見せるトリック映画」で「コマ単位で管理された映画」をアニメーションとすれば、アメリカのJ・S・ブラックトン、フランスのE・コールが制作した作品が、世界最初期のアニメーションであると言えるだろう。

ただし、繰り返すように、コマ撮り技術が開発された当時は、それが今日のアニメーション技術と同様に理解されていたわけではない。したがって、特定の一つの作品の誕生をもって「世界第一作のアニメーション」とは言えず、映画のトリック技術の一つとしてコマ撮りが試みられ、それがある程度の年月を経て、今日のアニメーションに近づいていったという流れに留意したい。

J・S・ブラックトン（James Stuart Blackton 一八七五〜一九四一）は、イギリスに生まれ、アメリカで活躍した人物で、一八九六年、発明家のエディスンにインタビューしたことがきっかけで映画人としてのキャリアをスタートさせた。もともと、「ライトニング・スケッチ[*1]（lightning sketch）」の経験をもち、絵心のあったブラックトンは、エディスンから、カメラの前で絵を描いてほしいと依頼され、黒板にチョークで少しずつ絵を描き、それをコマ撮りすることで、黒板上の絵が動くアニメーション技術を開発した。その結果完成した作品が、『愉快な百面相 Humorous Phases of Funny Faces』（一九〇六）である。

フランスのE・コール（Emile Cohl 一八五七〜一九三八）は、もともと画家で風刺画を得意として活動しており、絵心があったという点で、ブラックトンと類似している。一九〇七年、コールは映画会社のゴーモン社から依頼され、アメリカのトリック映画を研究した。そして、アニメーション第一作『ファンタスマゴリー Fantasmagorie』（一九〇八）を完成させた（図4）。『ファンタスマゴリー』は黒地の画面に白い線画（男の子や動物）

が自在に動くという内容で、劇場公開時に大好評で新作の注文が殺到し、以後コールは、『ファンタスマゴリー』と同様のキャラクターを登場させた『ファントーシュ』というシリーズ作品をはじめ、一九二三年までに三〇〇本以上の短編アニメーションを制作したという。

海外の最新の研究[*2]では、ブラックトンはレイノーなどの映画前史のクリエイターとして挙げられ、E・コールをサイレント時代のアニメーションのパイオニアとして挙げている。これは、コール作品のほうが、ほぼ全編が手描きアニメーションのスタイルに近いことが要因であろう。

同時期の一九一〇年、ロシアのL・スタレヴィッチ（Ladislas Starevitch 一八八二〜一九

図4　E・コール『ファンタスマゴリー』（1908）　出典「Le Dessin Animé Français」（Institut Lumière,1983）

六五）は、実物かと見間違えるほど精緻に作られた昆虫のパペットを使った人形アニメーションを発表した。代表作は、『カメラマンの復讐』（一九一二）である。

こうしたアニメーション最初期において、急激な発展を遂げたのがアメリカである。その背景には、技術革新があった。

アメリカでも、最初期にはキャラクターから背景まですべて紙に一枚ずつ描いていく手描きアニメーションや、背景画の上に人や動物など動く対象を切り抜いた画を置き、これを動かす切り紙アニメーションが使われていた。一九一四年、セルアニメーションが発明され、効率的にアニメーションが制作できるようになった。そして一九二〇年代に入ると、多数の短編アニメーションが制作されるようになった。

ここで注目すべきは、そうしたアニメーション作家の多くが漫画家だったことである。『リトル・ニモ Little Nemo』（一九一一）で著名なW・マッケイ（Winsor McCay 一八七一～一九三四）、黒ネコのフィリックスが登場する作品群で著名なP・サリヴァン（Pat Sullivan 一八八七～一九三三）とO・メスマー（Otto Messmer 一八九二～一九八三）らは、いずれも新聞漫画家出身である。

つまり、風刺画家や漫画家を本業とする彼らが、それぞれ何らかの理由で映画に接近して、「自分の絵を動かす」ためのアニメーションを制作したということであり、アニメーションの起源とされる映像玩具が前提となってはいないわけである。

驚くべきことに、アメリカでセルアニメーションが発明された頃、早くも日本でアニメーションが制作されはじめた。ここまで紹介した、アメリカなど海外で制作されたアニメーションが日本に輸入され公開されたことをきっかけに、アニメーション国産化を目指した人物が、日本初のアニメーション作家となったのだが、日本アニメーション史については別項で述べる。

②抽象アニメーションの誕生

アニメーションという表現手法は、もちろん漫画家のためだけの手法ではなく、トリック映画を創作するためだけでもない。元来動かないはずの絵や図形を自由に動かせるということで、芸術表現の一形式としてアニメーションに着目するアーティストが現われはじめたのである。

一九二〇年代のドイツで誕生した、抽象的な図形を音楽に合わせて動かし、その動きの美を表現しようとした、いわゆる抽象アニメーションは、そうしたアニメーションの一つである。もっとも、当時のドイツにおけるこうした動きは、アニメーション史における動きというよりも、映画から一切の現実的形態を排除して純然たる映像美のみを追求しようとした絶対映画運動に連動していた。

抽象アニメーションのパイオニアとなったのは、ドイツのH・リヒター（Hans Richter 一八八八〜一九七六）であるが、ドイツの抽象アニメーション作家の中でも最もポピュラーな存在が、O・フィッシンガー（Oskar Fischinger 一九〇〇〜一九六七）である。

フィッシンガーは元々音楽家志望だったが、第一次大戦の混乱の中でオルガン製作、建築、製図工などさまざまな仕事に従事した。その後、前衛映像作家のW・ルットマン（Walter Ruttmann 一八八七〜一九四一）と仕事をはじめたことをきっかけとしてアニメーションの世界に入り、一九二九年、『スタディ No.1 Studie Nr.1』を発表した。以後、この作品はシリーズとして一九三三年の『Nr.14』（未完）まで制作されたが、いずれもクラシック音楽やジャズなどBGMに合わせて図形が画面いっぱいに、そして自在に動き回り、その動きそのものを「視覚音楽」として見せようという作品で、後の多くの映像作家に影響を与えた。その後フィッシンガーは、CMアニメーションを多数制作するなどして活躍したが、ナチス政権台頭は彼の活動の継続を不可能にし、アメリカへ移住した。しかし、大スタジオでの制作、商業性重視というアメリカのアニメーション界とは馴染めず、ディズニーの傑作『ファンタジア Fantasia』（一九四〇）の制作に参加するも途中で降板した。
同時期のドイツでもう一人重要な作家が、Ｌ・ライニガー（Lotte Reiniger 一八九九～一九八一）である。当時は前衛的な手法だった影絵アニメーションによって、長編アニメーション『アクメッド王子の冒険 Die Abenteuer des Prinzen Achmed』（一九二六）を制作した。

フィッシンガーの仕事のような、娯楽というよりも芸術としてのアニメーションの拡大が起こると同時に、既存のアニメーション技法や表現に飽き足らず、アニメーションで表現できることとの「実験」を行おうとする作家が現れはじめた。こうした、実験アニメーション（experimental animation）の分野の重要な作家として、カナダで活躍したＮ・マクラレン（Norman McLaren 一九一四～一九八七）と、ロシア生まれでフランスで活躍したＡ・アレクセイエフ（Alexandre Alexeïeff 一九〇一～一九八二）が挙げられる。

マクラレンは、スコットランド生まれ。ドイツ表現主義に影響を受け、またイギリスのＬ・ライ（Len Lye 一九〇一～一九八〇）の抽象アニメーションにも興味をもって、カナダ移住後、シネカリグラフ、ダイレクトペイント、ピクシレーション等をはじめとするさまざまな手法を駆使して、実験的なアニメーションを多数制作し、実験アニメーションの

図5　N・マクラレン『隣人』（1952）　©National Film Board of Canada

パイオニアとなった。ピクシレーションによる『隣人 Neighbours』（一九五二）（図5）、シネカリグラフによる『線と色の即興詩 Blinkity Blank』（一九五五）等が代表作である。マクラレンの業績は、第二部で詳しく述べたい。

　アレクセイエフはピンスクリーンの開発者である。木炭画調の画面をアニメーションで実現させようとして、『禿山の一夜 Une nuit sur le mont chauve』（一九三三）、『鼻 Le nez』（一九六三）、『展覧会の絵 Tableaux d'une exposition』（一九七二）といった作品を発表した。

　実験アニメーションは、我々が日常的に視聴しているアニメとは対極的なもので、ストーリーもなく、馴染みにくいというイメージがつきまとうが、決して難解なものに限定されない。ストーリーがありキャラクターが登場してもアニメーションの「実験」は成り立ち得るし、実際、マクラレンの作品はあたかもショートギャグのような、子どもが見ても楽しめる作風である。
日本でも、一九六〇年代以降、実験アニメーションに挑戦する作家が増加するが、その中には手塚治虫が含まれている。

2、ディズニーの功績と影響

アニメーションという映画分野を今日のように成長させた立役者は、やはりディズニーであろう。
W・ディズニー（Walt Disney 一九〇一～一九六六）は、広告映画会社でCMアニメーション制作の仕事に従事し、アニメーションの世界に入るが、この頃からの同僚であり優秀なアニメーターであったU・アイワークス（Ub Iwerks 一九〇一～一九七一）と共同で生み出したキャラクターが、ミッキーマウスである。一九二八年、ミッキーが登場する第三作にあたる『蒸気船ウィリー Steamboat Willie』でアニメーションの本格的なトーキー化を成功させた。
ミッキーマウスは、アニメーションを映画から完全に独立させた「大スター」である。

ミッキー以前のアニメーションは、あくまで映画の一分野、一技法に過ぎなかった。しかしディズニーは、多くの動物の中でも特に嫌われもののネズミをモチーフにしたキャラクターを作り、実写映画では絶対に不可能な映像を創造したのである。

初のカラー長編アニメーションとなった『白雪姫 Snow White and the Seven Dwarfs』（D・ハンド監督、一九三七）は、日本はもちろん世界中のアニメーション作家に影響を与え、第二次大戦後のロシアや西欧各国で制作された長編アニメーションは、もっぱら『白雪姫』を目指す」形で発展していくことになった。そして、日本でも一九五六（昭和三一）年に設立された東映動画は、「東洋のディズニー」という旗印のもと活動を開始した。

ディズニーの功績は、セルアニメーションの作画・演出技術の多くを開発したこと、大スタジオにおける分業システムを確立し、作品の大量生産を可能にしたこと、子ども向けのファンタジー、ミュージカルといったキーワードで作品を制作したこと等の結果、アニメーションにおける商業性を拡大したことが挙げられる。映画からアニメーションを独立させたミッキーマウスに代表される人気キャラクターを前面に押し出して、ディズニーランドというテーマパークをも活用した点も見逃せない。

一方アメリカでは、ディズニーとは異なる方法や作風をもつ作家も数多い。

一九二一年にスタジオを設立したフライシャー兄弟はその代表で、ディズニーの動物を擬人化した「子どもっぽい」キャラクターとは対照的に、ベティ・ブープ、ポパイ等の「おとな」の人気キャラクターを生み出した。ストーリー仕立ても、メルヘン、ファンタジーではなく社会風刺、皮肉を盛り込む作風で、これもディズニーとは対照的だった。

図6　J・ハブリー『ルーティ・トゥート・トゥート』（1952）
出典「Le Dessin Animé Après Walt Disney」（R.Benayoun, Jean-Jacques Pauvert, 1961）

ディズニー『白雪姫』のわずか二年後に発表された長編アニメーション『ガリバー旅行記 Gulliver's Travels』（一九三九）、そして『バッタ君町に行く Mr. Bug Goes to Town』（一九四一）でも、社会風刺の色合いが濃く、結果的にディズニーの人気には及ばなかった。

ディズニーから分派し一九四四年に設立されたUPA（United Productions of America）は、ディズニーのリアリズムとは対照的な図形的キャラクターデザインとリミテッド・アニメーションを駆使して『ルーティ・トゥート・トゥート Rooty Toot Toot』（一九五二）（図6）等の作品を送り出し、日本を含む世界各国に影響を与えた点も見逃せない。

セルアニメーションという、アニメーションの一手法に過ぎない手法を拡大・発展させたディズニーとその作品が世界的に影響を与えたことは疑いないが、アメリカ以外でディズニーの方法を踏襲した国や地域となると、実はほとんどない。その方法を実践するためには、前提として多くの予算と人的資源、そしてなにより大量のアニメーションを消費するマーケットが必要だったからである。

テレビアニメシリーズという独自の形式主体になったとはいえ、セルアニメ中心、大スタジオによる大量生産・分業システム、そして人気キャラクターの創造による商業性重視という方法でアニメを発展させたのは、結果的に日本だけだったのである。

3、第二次世界大戦後の多様化

第二次世界大戦後、世界はいわゆる資本主義と社会主義との二つの体制に分かれるが、アニメーションの歴史も、この体制の影響を少なからず受けることになった。

①東欧地域

チェコやロシアをはじめとする東欧地域では、戦前から人形アニメーションや切り紙アニメーションといった、セルアニメーション以外の手法によるアニメーション制作が盛んである。アメリカを発端として世界中に普及したセルが東欧地域ではあまり普及しなかった理由として、セルは値段が高いため、材料費が安価に抑えられる人形や切り紙が多く使用されたという事情もあったらしい。一方、チェコのように人形劇の伝統をもっていたという地域性もあろうし、また社会主義の場合、アニメーション作家も公務員なので、商業性を重視せず仕事ができたという必然性が、さまざまな素材によるアニメーション制作を促したのかもしれない。いずれにしても、結果的に東欧地域からは、短編ながらも手間をかけた、個性的でアート性の高いアニメーションが生み出されるようになった。

まずチェコでは、一九四〇年代から人形アニメーションを発表し、戦後は人形だけではなくハンカチや毛糸等、独特の立体素材を使用してリリカルな作品を発表したH・ティールロヴァー（Hermína Týrlová　一九〇〇～一九九三）や、人形アニメーション最大の巨匠というべきJ・トルンカ（Jiří Trnka　一九一二～一九六九）（図7）、特撮的な要素を多く盛り込んだ長編作品を発表したK・ゼマン（Karel Zeman　一九一〇～一九八九）らが代表的な作家である。これらの作家が主に活動したのは一九五〇～六〇年代であるが、チェコでは現在

図7　J・トルンカ『真夏の夜の夢』（1959）　©2004 Kratky Film Praha a. s.

でも、J・シュヴァンクマイエル（Jan Švankmajer 一九三四〜）のように独特の立体（人形）アニメーションを制作する作家が多くいる。

　ロシアもアート性の高いアニメーションの伝統があり、『チェブラーシカ Cheburashka』シリーズをはじめとする人形アニメーションで知られるR・カチャーノフ（Roman Kachanov 一九二二〜九三）のほか、風刺性の強い作品を得意とするF・ヒートルーク（Fedor Khitruk 一九一七〜二〇一二）、『話の話 Skazka skazok』（一九七九）をはじめとする切り紙アニメーションで著名なY・ノルシュテイン（Yuri Norshtein 一九四一〜）らが代表的な短編アニメーション作家である。ただし、一九九一年のロシア民主化後には国営スタジオの体制維持も困難となり、以後しばらく、ロシアのアニメーションは勢力を縮小した。

　旧社会主義の国々では、一九九〇年前後の民主化以降、体制変革に適応できた国や作家と、そうでない国や作家が分かれている。現在でも多くの短編アニメーションを送り出しているのが、旧ユーゴスラヴィア時代からのスタジオであるザグレブ・フィルムを有するクロアチア、同じく旧ソ連時代から国営スタジオを有していたエストニアで、いずれも平面アニメーション主体だが、風刺性の強い、もしくはアニメーション独自の世界観を深く追求しようとする作品が多く誕生している。その他、ポーランド、ハンガリーも多くの作品を送り出しており、社会主義体制下でも、本数は少ないながら長編アニメーションも制作されている。古くから優れた短編アニメーションが制作されているハンガリーのJ・ギーメシュ（József Gémes 一九三九〜二〇一三）の長編『英雄時代 Daliás Idők』（一九八四）は油絵によるアニメーションで、アート系の長編アニメーションの代表作の一つである。

②カナダおよび西欧地域

一方、資本主義の国々の中で、短編アニメーション制作と作家の育成に対して独自色を出している国はカナダであるが、その象徴となっている組織が、NFBである。

NFB（National Film Board of Canada カナダ国立映画制作庁）は、一九三九年設立。カナダ国内だけではなく、アメリカ、チェコ、オランダ、そして日本等世界各国からアニメーション作家を集め、作家それぞれの個性に委ねたアート性の高い作品を多く送り出してきたことが特徴である。そして、このNFBを主な活動の場としたのが、先に挙げた実験アニメーションの大家N・マクラレンであった。

イギリスとフランスは、アメリカの影響を受けて長編アニメーションが制作され、テレビアニメも制作されてきた。同時に、それぞれ独自の短編アニメーションの歴史をもっている。イギリスでは一九九〇年代以降、短編アニメーション作家の台頭が著しく、『ウォレスとグルミット』シリーズのN・パーク（Nick Park 一九五八〜）はその一人である。フランスは、西欧の中でも長編アニメーション大国であるが、アメリカや日本で制作されている長編とは異なって、象徴的・風刺的な内容を含み、絵柄や技法も多彩な長編アニメーションが現在でも制作されている。古くは、『やぶにらみの暴君 La bergère et le ramoneur』（一九五二）のP・グリモー（Paul Grimault 一九〇五〜一九九四）、最近では『ベルヴィル・ランデブー Les triplettes de belleville』（二〇〇二）のS・ショメ（Sylvain Chomet 一九六三〜）が代表的な作家である。

イギリスとフランスに共通しているのは、いずれも何らかの形で国家が個人のアニメーション作家を資金的に助成するというシステムを有している点である。その意味ではカナダとも共通しており、こうした事情をみるにつけ、資本主義国で商業性を排除した短編アニメーションとその作家が育つためには、国家の助成が不可欠であると思われがちである。

確かにそうした面はあろうし、事実日本では、国家が個人アニメーション作家を助成しないことを批判される場面がしばしばあった。

しかし、短編アニメーションの世界では、アニメーション作家としてのそもそもの資質の有無や、個人作家として活動していくための処世術を鍛え上げる場面が不可欠である。そうすると、資金的な助成よりも、プロデュースを含む教育システムの充実と、その成果としての作品発表の機会を新人作家に多く提供することの二点が重要である。

4、「アニメーション・アート」の自立

前項でいくつか紹介したような、作家の芸術活動として制作される短編アニメーションのことを「アート・アニメーション」と呼ぶ習慣が、日本にはある。アート・アニメーションという語は、必ずしも最近できた言葉ではなく、一九八〇年代から使用されるようになった。そして、チェコやロシアの人形アニメーションが盛んに公開されるようになった一九九〇年代以降、この「アート・アニメーション」という語は一般化していった。

アート・アニメーションはいわば俗語で、明確な定義をすべき語ではないが、「主とし

て非商業の立場で、キャラクターやストーリーよりも、映像の美的・造形的な価値を追求することで、作者の個性が強く現われたアニメーション」と説明できる。結果的にアート・アニメーションは文字通り「アート」として手間をかけて制作されることが多く、一〇分前後の短編がほとんどである。

ただ、アート・アニメーションは和製英語で、アニメーション・アート（animation art）というほうが、より一般的で、世界的に通じる語、概念であろう。そして筆者は、「アート・アニメーション」は特定の作品群に線引きしようとする語であると誤解される度合いが大きいため、「アート系の短編アニメーション」という、少し緩《ゆる》い、用語ではなく概念であることを規定する語を用いている。

こうしたアート系短編アニメーション鑑賞の機会は、かつてならば数少ない上映会で接するか、国内で少量販売される、または海外から輸入されるビデオテープやＤＶＤを購入するしかなかった。同時に、国内外を問わず、自主制作に近い困難な環境で制作されるのが短編アニメーションで、優れた作品や作家が数多いにもかかわらず、なかなかメジャーにならないことへの、作家・ファン双方の悩みが続いた。

しかし近年、そうした状況に変化が生じている。アニメーション制作技術のデジタル化により、フィルム時代と比較して、アニメーション制作に入門しやすくなったこと、作品を発表する媒体としてインターネットが加わり、上映会やパッケージメディア（ビデオテープ、ＤＶＤなど）ではない形で自身の作品を発表できるようになったことが大きい。

　加えて、アニメーション制作を学ぶ場が増えたことも、近年の変化の一つである。日本では長らく、アニメーションを学ぶ場は専門学校とほぼ決まっていたが、美術大学を中心とした四年制大学でアニメーションを学ぶ学科や専攻領域が増加し、大学ならではの教養や多領域の技能を身につけながらアニメーションを学べるようになった。

　海外に眼を転じれば、かつては東欧と西欧に分かれ、それぞれの体制によって、制作される作品の作風に違いがあり、また作家も生まれ育った国や地域での制作活動に固定しがちだった。しかし九〇年代以降の、社会主義体制の崩壊と、ＥＵ圏の拡大による経済活動の自由化により、作家は複数の国を渡り歩きながら作品制作の機会を求め、一つの作品にクレジットされる「制作国」が複数の国になっている作品が珍しくなくなった。

　結果として、国や地域による特性ではなく、作家そのもの、作品そのものが自立してきたとも言える。近年の西欧を中心に、短編アニメーションだけではなく、莫大な予算を要する長編アニメーションが増えてきたことも、注目すべきである。日本で劇場公開された長編に限定しても、アイルランドのＴ・ムーア（Tomm Moore 一九七七〜）監督の『ソング・オブ・ザ・シー 海のうた Song of the Sea』（二〇一四）や、ブラジルのA・アブレウ（Alê Abreu 一九七一〜）監督の『父を探して O Menino e o Mundo』（二〇一三）などを挙げることができる。

芸術としてのアニメーションが自立し、「アニメーション・アート」として自立してきたことを示す現象ではないかと評価できる。

＊1――舞台上で大きな紙や黒板を前にして、即興で絵を描く舞台ショー。ライトニング・スケッチはイギリスでの呼称で、アメリカでは「チョーク・トーク」と呼ばれた。

＊2――Bendazzi, Giannalberto. Animation: A World History. Vol.1 CRC Press. 2016.

第三章　日本アニメーション史

1、一九二〇〜五〇年代——模倣から模索へ

①日本最初期のアニメーション

ブラックトンやコールがアニメーションを制作したのは、日本では明治三九〜四一年にあたる。日本で初めてアニメーションが公開された正確な時期は不明であるが、早くも明治四〇年代にはすでに何作品かが輸入・上映されていたと考えられている。

これらの作品は観客には好評で、「凸坊新《でこぼうしん》画帖《がちょう》」と呼ばれていた。「凸坊」とは、おでこが出っ張った坊や、というような意味で、コールが制作した『ファントーシュ』シリーズに登場する男の子を思わせるが、正確な語源は不明である。ただ、「凸坊新画帖」という語は、いわばanimationの最初の和訳として扱われ、輸入された多くの短編アニメーシ

ョンは、その原題や内容を参考としながら「凸坊新画帖〇〇の巻」といった邦題が付けられ、一般の映画館で他の劇映画との併映で公開されていた。

好評を博していたアニメーションを輸入するばかりでなく、国産品を制作したいと考えたのは、映画会社である。そこで、一九一六～一七（大正五～六）年にかけて、三人（下川凹天《おうてん》、北山清太郎、幸内純一《こううちじゅんいち》）にそれぞれ個別に国産アニメーション制作者として白羽の矢が立てられた。

下川凹天（一八九二～一九七三）は、時事漫画家の北澤楽天《きたざわらくてん》（一八七六～一九五五）のもとで漫画家として活動していた。一九一六（大正五）年、国産アニメーション制作を目指していた天然色活動写真（天活）という映画会社からアニメーション制作を打診され、翌一九一七年一月頃に自作漫画をアニメ化したと思われる『芋川椋三《いもかわむくぞう》 玄関番の巻』[*1]という作品を完成させた。

下川が制作した作品（五作品）は現在全く残っていないため、見ることはできないが、自作漫画を元にしたナンセンスな内容だったと推察される。技法は、黒板に絵を描きながら撮影するというブラックトンの手法に類似した技法と、背景画を印刷し、そこへ人や動物などの動く対象を少しずつ描いていく技法が採用されていた。

北山清太郎（一八八八〜一九四五）は、水彩画家、後に出版業や展覧会企画等に関わる実業家だったが、一九一六年夏頃、映画館でみた海外のアニメーションに興味をもち、独自にアニメーションの研究を始めた。翌一九一七年、映画会社の日活にアニメーション制作を打診し認められたため、制作を開始、同年五月に第一作『猿蟹合戦』を発表した。北山の作品は、二〜三作品が現存し、このうち『浦島太郎』（一九一八、二分）は全編が現存している。北山の技法は、当初は紙にすべてを一枚ずつ描く技法、後に切り紙アニメーションへ移行した（図8）。

図8　北山清太郎『太郎の番兵 潜航艇の巻』（1918）

　幸内純一（一八八六〜一九七〇）は、下川と同じく時事漫画家だったが、小林商会という映画会社からアニメーション制作を依頼され、北山清太郎の第一作から一ヶ月後の一九一七年六月に『なまくら刀（塙凹内《はなわへこない》　名刀之巻）』（二分）を発表した（図9）。この作品は二〇〇七年、公開から九〇年ぶりにフィルムが発見された。ナンセンスな小話で、ゆったりとしたアニメートが印象に残る。幸内作品は他にも数

図９　幸内純一『なまくら刀』（1917、東京国立近代美術館フィルムセンター所蔵）

作品が現存しているが、技法は、主に北山と同じ切り紙アニメーションの手法を採用していたようである。

国産アニメーションは以上のような経緯で歴史を刻むことになったが、留意すべき点は以下の三点である。

まず、当時は海外から作家が来日したり本格的な技術書が輸入されたりした形跡はないため、三人とも手探りでアニメーション制作に従事したこと。次に、採用した技法は、当時海外でも一般的だった切り紙アニメーションや、紙に描画するアニメーションだったことである。

そして、三人のうち、北山清太郎は、娯楽系の作品以外にも逓信省《ていしんしょう》や企業（ライオン歯磨等）の宣伝用アニメーションや、理科や算術等の教育用アニメーションを手がけ、日本初のアニメーション専門スタジオ「北山映画製作所」を設立（一九二一〔大正一〇〕年）するなど、アニメーションの発展に大きく貢献したことが挙げられる。

②「漫画映画」としての発達

海外、国内とも、草創期に制作されていたアニメーションは、おおむね一〇分以下の短編で、いわゆる「漫画映画」が主体であった。漫画映画の定義は困難だが、主に子どもや動物のキャラクターを登場させ、軽いタッチのギャグやおとぎ話、時としてファンタジックな内容をもつアニメーション、と言えばイメージできるだろうか。したがって、必ずしも雑誌や新聞に掲載される漫画を原作とするものばかりではない。

アメリカ草創期のアニメーション作家の多くが新聞漫画家だったことが影響し、制作される作品は漫画原作の作品が多かった。こうして生まれた作品群の中から、アメリカではフィリックス、オズワルドといったキャラクターが生まれ、後のミッキーマウスへと繋がる。キャラクターを人気スターとして登場させる漫画映画へと発達していくのである。

一方、日本でもその草創期に活躍した作家三人のうち、漫画家出身の下川と幸内の作品は、自作漫画を元にしたナンセンスものや時代劇ものなどの漫画映画だったようだし、水彩画家だった北山は、「猿蟹合戦」「兎と亀」「桃太郎」といった昔話を原作とした、やはり漫画映画だったようである。

そして、大正末期から昭和初期になると、「正チャンの冒険」「ノンキナトウサン」[*2]といった当時の人気漫画がアニメ化され、後の「のらくろ」のアニメ化へと繋がる系譜が形成されていく。子ども向けのアニメーションが生まれるのも、この頃からである。

こうした流れは、現在でも続いている。特に日本では、一九六三（昭和三八）年に手塚治虫の漫画を原作とする『鉄腕アトム』がテレビアニメ化されて以降、人気漫画をアニメ化するという流れが強くみられるからである。ただ、この点が日本のアニメの特殊性を高める要因となっているかと言えば必ずしもそうではなく、アニメ制作工程の省力化や絵の見せ方の工夫など、むしろアニメの「作り方」そのものに特殊性があったのだが、この点は後でもう一度詳しく述べる。

③太平洋戦争前後の諸状況

一九二〇年代（大正末期〜昭和初期）に入ると、海外ではセルアニメが一般的となったが、日本でセルアニメが普及したのは海外よりも一〇年ほど遅かった。アニメーションに適する良質なセルロイド板が国内では入手困難だったからと言われている。そのかわり、海外では時代遅れの技術として廃れてしまった切り紙アニメーションの技術を極めることになり、村田安司（一八九六〜一九六六）は切り紙アニメーションの名手として知られている。

昭和期に入ると、学校の道徳教育用の映画や、政党の宣伝用映画として、アニメーションが多く使われるようになった。主な作家は、村田のほか、後に東映動画の設立に参加した山本善次郎（雅号：早苗《さなえ》、一八九八〜一九八一）がいる。

図10　大藤信郎『幽霊船』（1956、写真提供・映像文化製作者連盟）

また、純粋に芸術作品としてアニメーションを制作しようとする作家も現われた。大藤信郎《おおふじのぶろう》（一九〇〇〜一九六一）は東京に生まれ、千代紙など独特の素材で切り紙アニメーションを制作した。特に、戦後発表した『くじら』（一九五二）、『幽霊船』（一九五六）は、カラーセロファンを使った影絵アニメーションという独創性で海外でも評価され、日本におけるアート系アニメーション作家の先駆けとなった（図10）。

そして、政岡憲三《まさおかけんぞう》（一八九八〜一九八八）である。政岡は大阪生まれ。アニメーションの質にこだわり、トーキー化やセルの大量使用などアニメーションの近代化を実現した。代表作は、太平洋戦争中に制作された『くもとちゅうりっぷ』（一九四三）で、作品後半の嵐のシーンにおける風や雨の緻密でリアルな作画表現は奇跡的な完成度を誇り、戦前〜戦時中の日本アニメーション史における金字塔である。また、政岡の弟子にあたる瀬尾光世《せおみつよ》（一九一一〜二〇一〇）は、日本初と言える長編アニメーション『桃太郎 海の神兵』（一九四五）を監督した。この作品は、桃太郎や動物のキャラクターを使いながら、オランダ領セレベス島における海軍の落下傘部隊の戦果を描いた戦意高揚映画で、海軍省がスポンサーとなった。

太平洋戦争中、海軍省、陸軍省、文部省といった省庁はしばしば戦意高揚の内容をもつアニメーションを制作し、子どもたちを啓蒙しようとした。映像情報が抽象化され、かつ動物のキャラクターなどが自由に使えるアニメーションのわかりやすい表現に、軍部が注目した結果だが、こうして制作された作品には、時に莫大な予算が投じられたため、それまで日本のアニメーターを悩ませてきた予算やスタッフ確保の問題が解決され、皮肉にも技術的な向上を図ることができたのである。

太平洋戦争前後の国内事情としては、アニメーションに専門的に関わる作家が増加したこと、軍部がアニメーションに関わることで技術的向上がもたらされたことが重要なポイントである。

戦後は、混乱期にありながらも中小のプロダクションが活動を再開したが、中でも政岡憲三らが主体となって設立した日動映画社は、後の東映動画の母体となり、戦後日本アニメの基礎を築いたスタジオの一つとなった。当時の政岡の代表作に『すて猫トラちゃん』（一九四七）がある。

2、テレビアニメの発明――東映動画と虫プロダクション

昭和三〇年代に入ると、日本アニメ界のその後の道筋を決定するスタジオが相次いで設立された。一つは、一九五六（昭和三一）年七月設立の東映動画、もう一つは、一九六二（昭和三七）年一月設立の虫プロダクションである。

東映動画は、ディズニーの長編アニメーションを手本とする形で、日本で初めて商業目的による長編アニメーション制作を目指したスタジオである。東映動画以前のアニメーションは、教育映画や宣伝映画として制作されていた側面が強く、作品そのものを商品として制作しようとした本格的なスタジオは、国内では東映動画が初めてだった。

東映動画の『白蛇伝』（藪下泰司監督、一九五八）（図11）は、初の全編カラーによる長編

図11　藪下泰司『白蛇伝』（1958）　©東映アニメーション

アニメーションで、公開当時も好意的に評価された。以後、東映動画は年一本というペースで長編を制作し、日本は世界的にも稀な長編アニメ大国への道を歩みはじめた。後に日本を代表するアニメ監督となる高畑勲（一九三五〜）や宮崎駿（一九四一〜）らはいずれも東映動画に入社し、これらの長編アニメに関わることで研鑽を積むことになった。

一方、虫プロダクションは、アニメーション制作に強い意欲を持っていた漫画家の手塚治虫（一九二八〜一九八九）が設立したスタジオである。虫プロの大きな業績は、一九六三（昭和三八）年一月放映開始のテレビアニメ『鉄腕アトム』（一九六三〜六六）である。『アトム』は、「毎週一回、一話三〇分、連続放映」という、それまで国内はもちろん世界的にも例がない方式で放映が開始された。しかし、正味二十数分のアニメーションを毎週制作・放映というのは、当時の常識を無視したもので、制作にあたっては徹底した省力化が図られた。特に動画枚数は、従来の1／10以下という徹底ぶりであった。その結果、動きは「紙芝居」と揶揄《やゆ》されるほどになった。

しかし『アトム』では、絵は動かなくとも、場面のスピーディな展開など見せ方の工夫や、キャラクターの感情表現など、後の日本のアニメが得意とする手法がさまざま実践された。虫プロ作品ではないが、『巨人の星』（一九六八～七一）のように、一人の主人公の成長を三年半にわたって描く大河ドラマ的な作品も登場した。これらは結果的に現在まで継承され、海外で日本のアニメが特異なものとして捉えられる要因となっている。

また、虫プロも多くの人材を輩出した。後に『機動戦士ガンダム』（一九七九～八〇）等のテレビアニメによってアニメブームをリードする作品を手がけることになった演出家の富野由悠季《よしゆき》（旧名・喜幸、一九四一～）やアニメーターの安彦良和《やすひこよしかず》（一九四七～）、『あしたのジョー』（一九七〇～七一）、『エースをねらえ！』（一九七三～七四）等の劇画調アニメを監督した出崎統《でざきおさむ》（一九四三～二〇一一）、劇場版『銀河鉄道９９９』（一九七九）等を監督したりんたろう（一九四一～）らはすべて虫プロ出身である。

虫プロが創始したテレビアニメは、『アトム』以降、他のプロダクションでも続々と制作されるようになった。劇場長編を専門的に制作するスタジオだった東映動画も、『アトム』放映開始のわずか一〇ヶ月後にはテレビアニメシリーズ『狼少年ケン』を制作し、

『魔法使いサリー』（一九六六〜六八）等の魔女っ子シリーズや、後に大ヒットする操縦者搭乗型の巨大ロボットものアニメの先駆けである『マジンガーZ』（一九七二〜七四）等を制作した。また、後に『タイムボカン』シリーズを制作するタツノコプロや、『ルパン三世』シリーズを制作する東京ムービーも、『アトム』に刺激される形でテレビアニメを制作しはじめている。

　東映動画と虫プロダクションの登場によって、日本では長編アニメとテレビアニメとの双方が発達し、世界アニメーション史の中でも独自の道を歩む方向性が決定づけられるとともに、多くの人材を送り出すこととなったのである。

3、アニメブーム

　一九七四（昭和四九）年一〇月から半年間放映されたテレビアニメ『宇宙戦艦ヤマト』は、以後約一〇年間続く空前のアニメブームの火付け役となった作品である。

『アトム』を契機として大量生産体制に入ったアニメの内容は、『宇宙パトロールホッパ』（一九六五）などSFもの、『魔法使いサリー』など魔女っ子もの、『巨人の星』などスポーツ根性ものなど、多様性を呈してはいたが、対象の観客は基本的に年少の子どもだった。『ヤマト』を支持したのは中高生を含む青年層で、草創期のテレビアニメを見て育った世代をうまく取り込むことができたと言える。そして、『機動戦士ガンダム』に始まる一連の巨大ロボットものの作品群では、敵味方関係がハッキリした従来の勧善懲悪型のストーリーから脱却して、敵方にも闘うための大義や葛藤があり、ある種の屈折した登場人物や世界観が前面に描かれるようになったことが、観客が青年層へと広がる大きな要因となった。こうした複雑なストーリー構造も、日本のアニメ特有で、海外で特異なものとして捉えられる要因の一つとなっている。

ここで、「アニメブーム」について整理しておきたい。

まず、アニメブームの定義であるが、「新たな様式や作風をもつ作品が現われることで、アニメ界の潮流に大きな影響をもたらし、作品が量産されると同時に観客層を著しく広げ、観客層の動向や好みが新たに制作される作品にフィードバックされる現象」とする。これは筆者による定義であるが、単に作品が量産されるだけではなく、観客層が広がることを重視したものである。

この定義になぞらえると、これまで日本では三度のアニメブームがあったと考えることができる。それは、次のようなものである。

・第一次ブーム（一九六〇年代半ば）

テレビアニメ『鉄腕アトム』放映開始をきっかけとして、画期的な省力化システムによってテレビアニメが続々と制作された時期。特に、宇宙ＳＦものが大流行した。アニメのメディアとしてテレビが加わり、アニメを見ることが身近になったことで、アニメ観客層が拡大した。

しかし、一九六〇年代後半からは、『ウルトラマン』シリーズなど特撮作品の登場で観客を分け合って、アニメの人気は相対的に低迷期に入り、ブームは終わる。

・第二次ブーム（一九七〇年代半ばから八〇年代半ば）

テレビアニメ『宇宙戦艦ヤマト』『機動戦士ガンダム』によって青年層がアニメの重要な観客となり、また宮崎駿監督の『風の谷のナウシカ』に至るまでの流れの中で、アニメ観客層に大人を含んで大幅に広げた時期。アニメに熱狂する若者を示す「アニメファン」という語も誕生した。すべての意味でアニメが一般化し、アニメが子どもから若者向けの大衆文化として認識されることになった。

しかし、八〇年代後半から、家庭用ゲーム機が普及し、「スーパーマリオ」「ファイナルファンタジー」「ドラゴンクエスト」といった人気タイトルが次々とリリースされた。『ガンダム』以降のアニメファン向けの作品群にもマンネリ化が指摘され、これらによってアニメの観客は減少し、制作される作品も減少した。これ以降は、アニメの不況期とも言える一〇年間となった。

・第三次ブーム（一九九〇年代半ばから二〇〇〇年代半ば）

一九九五年一〇月放映開始のテレビアニメ『新世紀エヴァンゲリオン』は、社会現象とも捉えられるインパクトを与えた。また、『エヴァ』が与えた影響は、再放映に深夜枠を使ってこれが成功し、アニメ放映時間帯としての深夜枠が注目されたことである。結果として、深夜枠で放映されるテレビアニメ（俗に「深夜アニメ」）が大量に制作された。

次に、宮崎駿監督の『もののけ姫』（一九九七）の成功と、海外でanimeという語が一般化し、アニメが日本発の大衆文化として認識された時期でもある。国や自治体がアニメを新たなコンテンツとして注目しはじめ、第一次、第二次ブームとは質的に異なって、元来アニメに縁のなかった人々がアニメを見直そうとする傾向が強くなった。

一方の深夜アニメは、第二次アニメブームを盛り上げたような、本来のアニメファンのための作品群、言い換えればマニアックな作品群という位置づけもできる。しかし、二〇〇五年からフジテレビの深夜アニメ枠として設定された「ノイタミナ」は、従来アニメを見ないとされた二〇～三〇代の女性をターゲットにしたり、新しいスタイルのストーリーやキャラクターを使った実験的な作品を制作したりする姿勢で、注目された。

以上のような多面性のある第三次ブームだが、ピーク時には一週間あたり一〇〇タイトルを超えるほど量産されたテレビアニメが二〇〇六年から減少に転じ、ブームは終焉した。

『ヤマト』に端を発する第二次アニメブームの退潮期には、制作される作品やファンの多様化が進み、少数のマニア向けにさまざまな作品が制作される傾向が出てきた。ここで大きな役割を果たしたのがビデオ（オリジナル・ビデオ・アニメ＝OVA）で、こだわりのある少数のマニア向けに、低予算で作品を生産するには好都合だった。

しかし、そうした中でも着実に、またしたたかに作品制作を続けていたのがガイナックスであり、その延長線上で制作されたのが『新世紀エヴァンゲリオン』だった。『エヴァ』は、一部のマニア間に生じたムーブメントがいつのまにか極大化し、『エヴァ』があたかも現代日本アニメを代表する作品であるかのような語られ方を出現させた。

筆者が定義づけした第一次から第三次までのブームは、いずれも質的に異なる。特に、『アトム』に始まる第一次ブームはアニメブームには相当しないという意見、また『ヤマト』『ガンダム』のブームを一括りにせず二つに分ける考え方もあるが、日本のアニメ史には過去に何度か、特定の作品が引き金となって、それ以降のアニメの認識や方向性に大きな変化を与え、それに併せて観客層にも動きがあったことは認識しておく必要がある。

4、スタジオジブリ

スタジオジブリの系譜と仕事については、日本のアニメ史を理解する上で重要なので、特に一項を設けて解説する。

スタジオジブリは、一九八五年設立。前年、宮崎駿の『風の谷のナウシカ』が高い評価を受け、宮崎の次回作『天空の城ラピュタ』制作のためのスタジオが必要だということで、徳間書店が一〇〇％出資する形で設立された。[*3]

一九八八年、宮崎の『となりのトトロ』と高畑勲の『火垂るの墓』が同時制作・公開されて以後、ジブリは事実上、宮崎駿と高畑勲の作品制作専門のスタジオとして維持されてきた。なぜ、こうしたことになったのか。

そもそも、宮崎駿というアニメ監督は、日本のアニメ界では、どちらかというと地味な経歴を重ねてきた。宮崎は、学習院大学政経学部卒業後、東映動画に入社。主にアニメーターとして活躍したが、アニメ制作会社日本アニメーションへ移籍後手がけたテレビアニメ『未来少年コナン』（一九七八）で演出デビュー、翌一九七九年には劇場用長編『ルパン三世 カリオストロの城』の監督を務め、注目される。同時にこの頃から、仕事へのこだわりの強さが業界から敬遠され、一時期、アニメ制作から遠ざかっていた。

一方、高畑勲は、東京大学フランス文学科卒業後、東映動画入社。『太陽の王子ホルスの大冒険』（一九六八）で初の劇場用長編アニメを監督、以後、Aプロダクション、日本アニメーションと移籍する中で、『パンダコパンダ』、テレビアニメ『アルプスの少女ハイジ』（一九七四）、『母をたずねて三千里』（一九七八）、『赤毛のアン』（一九七九）、劇場用長編『じゃりン子チエ』（一九八一）などを監督した。

ただ、アニメから遠ざかっていたとは言っても、宮崎駿の熱烈なファンもおり、そのファンがいた出版社・徳間書店刊行の月刊誌「アニメージュ」に連載（一九八二〜九四）されたのが漫画版「風の谷のナウシカ」だった。アニメ界で満足な仕事ができなくなった宮崎に、せめて漫画連載をと徳間書店が打診したことがきっかけであり、この時に徳間書店と縁ができたことが、その後の宮崎駿の運命をすべて変えたと言ってもよい。

しかし、ジブリ初期の長編は、それほどヒットしたわけではなかった。ジブリ第一作の

『ラピュタ』、第二作の『となりのトトロ』（高畑の『火垂るの墓』と併映）の興行収入は一〇億円前後である。『トトロ』は公開年の国内映画賞を独占するほど評価されたが、興行成績は後のジブリ作品とは比較にならない。

宮崎の『魔女の宅急便』（一九八九）でようやく興行収入は三六・五億円（配給収入：二一・五億円）に達し、劇場長編アニメとしては長らく破られていなかった『さらば宇宙戦艦ヤマト』（舛田利雄・松本零士監督、一九七八年）の配給収入二一億円を超えた。[*4]

真にジブリが国民的知名度を得たきっかけは、『もののけ姫』である。一九九七年、宮崎の長編第七作『もののけ姫』は、それ以前の宮崎作品に見られた、登場人物（ヒーローやヒロイン）のわかりやすい構図や娯楽性がなくなり、人間同士の差別や憎悪、不条理な運命を背負った主人公など、不安感に満ち溢れた作風となった。しかし、結果は興行収入一九三億円に達し、長らく破られていなかった『E.T.』（S・スピルバーグ監督、一九八二）の国内興行収入一三五億円を超え、当時の日本国内で公開された映画（洋画、邦画を含む）のトップを記録した。その後、『千と千尋の神隠し』は三〇八億円、『ハウルの動く城』は一九六億円、そして『もののけ姫』を加えた三作で、長らく日本映画の興行収入ベスト3を独占した（二〇一六年、新海誠監督の『君の名は。』が二〇〇億を超え、第二位に入った）。

ジブリ作品がヒットする要因として確実に言えるのは、『もののけ姫』以降、「ふだんアニメは見ないが宮崎作品（ジブリ作品）なら見る」という観客を大量に生み、これらの観客層がジブリ作品の興行成績を押し上げるという構図である。その一方で、いくらジブリ作品がヒットしても、他のアニメの興行には意外なほど影響しないという状況が生まれた。まさに、「ジブリは独立国」というべきである。こうなると、ジブリ作品の公開は、アニメ界全体にとってはあまり関係ないということになる。

スタジオや作家ごとにファンがつくことは従来からあるので、ジブリだけが特別というわけではない。しかし、宮崎駿の長男・宮崎吾朗（一九六七〜）が監督を手がけたことで話題になり、公開前から批判が多かった『ゲド戦記』（二〇〇六）でさえ、七六・五億円の興行収入を記録し、この年の日本映画興収トップとなったことも、「ジブリなら見る」観客の多さをもって考えなければ説明がつかない。

スタジオジブリでは、後継者育成が進まなかった。宮崎吾朗のほかにも、米林宏昌（一九七三〜）が長編アニメ『借りぐらしのアリエッティ』（二〇一〇）、『思い出のマーニー』（二〇一四）を制作していたが、二〇一三年、最新作『風立ちぬ』を公開した宮崎駿が「引退宣言」した。その余波を受けるかのように、翌二〇一四年八月、ジブリ制作部門の休止が発表され、社員のアニメーターなど制作従事者が常勤するスタジオとしてのジブリは解散することになった。高畑勲の『かぐや姫の物語』（二〇一三）の興行収入二四・七億円では、ジブリを維持するに足るインパクトはなかったと言えるかもしれない。

　これは、ジブリほどのスタジオであっても、数年ごとに長編アニメを制作する体制では、常時スタジオを維持できないことを意味している。実際、ジブリは長編制作の合間に多くのテレビアニメの下請けをやっており、これが事実上スタジオの運転資金の一部になっていたはずだが、宮崎駿の引退がそれらすべてを覆す「脆《もろ》さ」を、ジブリは内包していたのである。

　それでも、ジブリ作品が、日本の大衆文化におけるアニメの存在感の向上に貢献し、また海外でのanimeの地位向上に果たした役割は計り知れない。

　近年まで、海外での日本のアニメの評判といえば、「暴力的」「性的表現」の二つのレッテルが根強く付されていた。現在もその傾向は残っているが、たとえば宮崎駿の『千と千尋の神隠し』がベルリン国際映画祭で最高賞の金熊賞を受賞してから、海外の映画・放送の関係者から一般大衆まで、アニメに対する認識が少なからず変わった。

　アメリカでも、『千と千尋』はアカデミー賞の長編アニメーション賞を受賞したが、この数年前の一九九六年、ウォルト・ディズニー・ジャパンと業務提携したこともあり、アメリカでの公開映画館数や興行収入は大きく伸びた。

ただし、アメリカで三〇〇〇館規模で公開、八五〇〇〇万ドル超の興行収入を得た[*5]、つまり「ヒット作」と言える日本のアニメは、『ポケットモンスター』の劇場版第一作『劇場版ポケットモンスター ミュウツーの逆襲』（湯山邦彦監督、一九九八）のみである。

スタジオジブリを率いた宮崎駿と高畑勲は、いずれも東映動画出身である。元来は「東洋のディズニー」を目指し、劇場用長編をじっくりと制作していた東映動画は、『アトム』の成功に触発されて、数年でテレビアニメ主体のスタジオに変貌した。そうした東映動画の方向転換に強い不満を感じていたのが、宮崎と高畑である。

その後二人は紆余曲折を経てスタジオジブリ設立に参加し、「カリスマ的な巨匠のもとで、数多くのスタッフを手足として抱え、数年に一本のペースで長編アニメを専門的に制作し、著作権管理を徹底し、キャラクターグッズ販売等にも積極的」という、ディズニーに近いビジネススタイルを有するジブリに君臨した。

独特の手法で発展してきた日本のアニメの中でも、戦前以来のディズニーに最も近いのがスタジオジブリであり、その意味でも、ジブリは日本のアニメ界の中で「独立国」と言えるわけである。

５、デジタル化による革新と今後

ピクサーが長編『トイ・ストーリー』（Ｊ・ラセター監督、一九九五）を発表した頃には、世界はフル３ＤＣＧの潮流が支配的だった。しかし日本では、旧来のセル画がもつ特有の質感に対するこだわりが、ファンも制作者も根強く、３ＤＣＧへの移行は進まなかった。

国内の商業アニメ制作へのコンピュータの導入は、一九七〇年代から東映アニメーションが研究を開始し、また同時期、コンピュータによる初期のアニメーションシステム・スキャニメイト（scanimate）を、タツノコプロが導入していた。九〇年代に入ると、プロダクションＩ・Ｇやスタジオ４℃といったスタジオと所属の作家が、日本伝統のセル画調の２Ｄデジタルアニメーションを研究した。それは、３ＤＣＧに代表されるコンピュータらしい作画というよりも、アナログのセル画の画風・質感をコンピュータでどうやって「再現」するかという方向性だった。そして九〇年代末から技術が安定し、急速にデジタル化が進んだ。「ガンダム」シリーズを例にとれば、『∀ガンダム』（一九九九〜二〇〇〇）まではセル画だったが、『機動戦士ガンダムＳＥＥＤ』（二〇〇二〜〇三）（図12）からデジタル制作となった。

図12 『機動戦士ガンダム SEED』 © 創通・サンライズ

諸外国と比べてデジタル化が遅れた日本だったが、いざデジタル化が普及すると、色数を事実上無限大に使える、色の塗りなおしなど修正作業が容易、光や煙など特殊効果もアナログ撮影時代より多様に使いこなせるなど、多くの利点が認められた。

結果的に、ハリウッドをはじめとする諸外国のように、フル３ＤＣＧによる立体的なキャラクターで人間により近い動きを目指すのではなく、光や透明感、また雨や雪といった気象現象など、特殊効果の妙技をアピールした作品や、キャラクターはセルルックの２Ｄ、メカや背景画は３ＤＣＧという「ハイブリッド」のアニメが多く制作され、それらが日本特有のデジタルアニメーションの造形として確立されている。

日本のアニメファンは、なぜ2Dにこだわり、3DCGを敬遠するのか、また日本独自のフル3DCGはあり得ないのか。現在も研究者、制作者双方で議論され、実践も試みられている。たとえば、東映アニメーション製作の劇場用長編アニメ『楽園追放』（水島精二監督、二〇一四）はフルCG作品だが、従来のセルルックのキャラクターを使いつつ完全に平板なデザインではなく、そのキャラクターの動きもあえて滑らかさを重視せず、メカや背景にはふんだんに3DCGが使われている。これは、2Dと3Dとを重ね合わせる「ハイブリッド」からさらに変容させようとした試みであり、今後の展開が注目される。

そして二〇一六年は、日本のアニメ史上まれに見る長編アニメの当たり年になった。タイトルを挙げれば、『君の名は。』『映画 聲の形』『この世界の片隅に』の三本であるが、これらはいずれも観客動員が難しいとされる劇場オリジナル（つまりテレビ放映を経ていない）である。アニメ映画興行の場も、新たなステージに入ったことが示唆されるのである。

＊1――当時の映画雑誌には『凸坊新画帖 芋助猪狩の巻』というタイトルも伝わっている（出典「国産商業アニメーション映画第一号に関する調査レポート 中間報告」日本動画協会）。

＊2――「正チャンの冒険」は、樺島勝一の雑誌連載漫画。「ノンキナトウサン」は麻生豊の新聞連載漫画。

＊3――『風の谷のナウシカ』はスタジオジブリではなく、トップクラフトが制作を担当。ジブリ設立の際にはトップクラフトは事実上解散した。

＊4――興行収入とは映画館での入場料収入の合計。配給収入とは興行収入から映画館の取り分を除いた、配給会社の収入。かつて日本では配給収入を指標としていたが、二〇〇〇年度から興行収入に切り替えられた。

＊5――Box Office Mojo（http://www.boxofficemojo.com/）

第四章　学問としてのアニメーション

1、アニメーション研究略史

アニメーション研究について述べるにあたって、アニメーションの「研究」とは何を指すかが問題となる。研究とは別に、評論、批評という語もある。「広辞苑（第五版）」によれば、「評論」は、「物事の価値・善悪・優劣などを批評し論ずること。また、その文章」とあり、「批評」は、「物事の善悪・美醜・是非などについて評価し論ずること」で、二語は概念的には重なり合っていると解釈できる。ただし、批評は「批判的に評する」と解することも可能だから、考え方によっては、評論と批評には相当な差があるだろう。

これらに対し「研究」は、「広辞苑」では「よく調べ考えて真理をきわめること」とある。これは、概念的にかなり異なっている。
つまり、「評論」「批評」とは、作品や作家などについて、執筆者が独自の観点で分析・解体し、主観による新たな視点や価値観を提示するものと言える。
一方、「研究」とは、対象を最後まで客観視した結果成立するものであり、そこで提示された研究方法に従えば、極端に言えば「誰がやっても同じ結果になる」ことが求められる。言い換えれば、研究は、たとえ主観から出発しても、研究方法を明示し、研究の結果、そして考察までを一連のものとして文書化することで、主観ではなく一般化された成果を導き出すことが最重要なのである。

以上のような前提に立つと、日本では、やはり「評論」（または「批評」）によって実績が積み重ねられてきたと言える。
国内の文献で、最初にアニメーションに関する評論が現われたのは、海外で制作されたアニメーションが公開された直後の大正初期である。そして、一九一七（大正六）年の雑誌「活動之世界」九月号には、日本のアニメーション創始者三人の一人である幸内純一の第一作『塙凹内 名刀之巻（試し斬）』（『なまくら刀』）への批評が掲載された。[*1] 国産アニメーションへの批評としては、これがおそらく最初である。内容は、アニメート技術についてだった。

一九三四（昭和九）年、雑誌「映画評論」七月号に「漫画映画と短篇映画」という特集が組まれた。[*2] これは、映画雑誌で最初に組まれたアニメーション特集と思われる。執筆者にはアニメーション作家（村田安司、大藤信郎等）や、野口久光ら映画批評家が、アニメーションの特質等を解説している。

一九四一（昭和一六）年、今村太平（一九一一～一九八六）の単行本『漫画映画論』が刊行され、これが日本初のアニメーション専門書となった。本書では、漫画と音楽、漫画と日本芸術等を題材に、アニメーションの表現手法としての特性を論じている。この頃から一九五〇年頃までの、アニメーションを含む映画評論では、映画を美学的・芸術的な一表現形式として捉えつつ論じることが一般的だった。

戦後、一九五〇年からのディズニー長編の公開、N・マクラレン等実験アニメーション作家による作品の公開、一九五六年七月の東映動画設立等に触発され、「キネマ旬報」等の映画雑誌にアニメーション関連の記事が再び掲載されはじめた。

海外に眼を向けると、ちょうどこの頃から、アニメーションの歴史・理論に関する文献が出版されはじめている。さらに、一九六〇年代になると、アニメーション作家個人に特定した文献が出はじめ、W・ディズニー以外でも、T・エイヴリー、N・マクラレン、

J・トルンカ、O・フィッシンガーといった作家に関する専門書が出版されている。

ちなみに、世界で最初にまとまったアニメーション専門書として出版されたものは、おそらく一九二〇年にロンドンで出版された「Animated Cartoons」で、内容は、アニメーション前史としての映像玩具の解説にはじまり、アニメーションの仕組み、そして基本的な制作法が記述されている。

しかしながら、一九五〇年代の日本では、こうした文献は翻訳も含めて出版されておらず、新たに公開された作品の評論が雑誌等に掲載されるにとどまっている。ただし、これはアニメーション評論に限ったことではなく、一般の劇映画評論でも、作品を観て受けた印象を記述するだけの著作が少なくなかったため、それに飽き足らない人たち、すなわち海外作品の原作や研究書に通暁し、明確な方法意識をもった文学者や哲学者、思想家が、映画評論に多数流入するという現象が起きていた。作家の花田清輝（一九〇九～一九七四）は最もアニメーション評論に力を入れていた人物で、当時としては珍しくディズニーを批判していた点が注目される。

一九六六（昭和四一）年刊行の森卓也（一九三三～）の『アニメーション入門』は、日本でのアニメーション評論のパイオニアとされる書である。主として海外（アメリカ）のアニメーションにページが割かれており、日本アニメ史は概略的な記述にとどまっているのが長所でもあり短所でもある。

一九七七（昭和五二）年刊行の山口且訓《かつのり》・渡辺泰『日本アニメーション映画史』は、現在まで日本アニメーション研究における重要な基本文献である。特に、全体の半分近くを占める作品目録は、類書の追随を許さない労作であり、「評論」ではなく「研究」の概念に近い初めての文献といえる。

一九七〇年代後半〜八〇年代は、商業アニメの情報誌が登場する。このうち、最初に創刊されたのは「ＯＵＴ」（一九七七年三月創刊）、続いて現在も刊行されている「アニメージュ」（一九七八年五月創刊）などが、相次いで創刊された。これら商業系アニメ雑誌では、『ヤマト』『ガンダム』に触発された「アニメファン世代」のライターがアニメ評論を発表した。現在でも、紙媒体からネットに移行しつつ、同傾向、もしくはその傾向の流れをくむライターたちによるアニメ評論は健在である。

一方、学術的な研究という意味では、一九七四年、日本映像学会が設立され、翌七五年には同学会のアニメーション研究会が設立された。ただ、この研究会（第一次）は、東映動画の演出家・藪下泰司《やぶしたたいじ》など制作者主体で組織されており、いわゆる学術研究という立ち位置とは異なるものだった。そのため、短期間で事実上解散し、研究者主体のアニメーション研究会（第二次）が立ち上がったのは一九九二年になってからだった。

この映像学会の第二次アニメーション研究会の設立メンバーが主体となって、一九九八年七月に設立されたのが、日本アニメーション学会である。機関誌「アニメーション研究」は、日本で初めてのアニメーション専門の学術論文媒体であり、作品・作家研究や制作技術研究を主体としながら、映画、文学、心理学、ゲームなど関連する領域からアプローチする研究も含めて、現在まで多くの成果が発表されている。

後に述べるように、現在では、全国の多くの大学などでアニメーションを研究対象とする研究者が増え、各大学の紀要、関連する学会（社会学、心理学、文学など）での発表が行われている。

2、アニメーションの研究領域

アニメーションの研究領域としては、アニメーションそれ自体を研究する直接的研究領域（基礎的研究）と、他の関連分野からアニメーションを研究素材として選び、これを研究する間接的研究領域（応用的研究）に大別される。

①直接的研究領域

・理論

最も基礎的な研究で、アニメーションとは何かを追求する分野である。アニメーションの定義についていえば、しばしば作家によって試みられてきた点に留意する必要がある。作家による定義は、抽象的で、一般化がなされていない（極端に言えば本人のみ理解可能な定義づけになっている）ためである。

そして、アニメーション制作にコンピュータが導入されてから、アニメーションの定義はより複雑になっている。おそらく、アニメーション研究、そしてアニメーション学が存在する限り、定義に関する議論は継続されるだろう。

加えて、言葉（用語）の定義づけも、理論研究の一分野である。アニメーションとアニメとの定義や、フル・アニメーションとリミテッド・アニメーションとの定義など、研究者の立場による違い、時代による変遷も影響してくる。研究者は、各々のアニメーション学的立ち位置を明らかにするため、これらの定義づけを実践しなければならない。

・歴史

アニメーション研究として盛んに行われている分野である。歴史とは具体的・客観的なものであり、一本の線であるが、過去にさかのぼるほどに一本の線が断絶し、いわゆる「歴史の空白」が生じることになる。これを埋めるための研究が、歴史研究の基本である。

また、歴史的事実に対して、それをどう評価するか、つまり歴史認識を追及することも、歴史研究の一分野である。本書でこれまで触れた内容でいうと、「アニメブーム」の設定や評価は、当該の研究者の歴史認識に直結する。

したがって、アニメーション史に関する重要なトピックについては、複数の研究者によって歴史的評価が発表され、議論が深まることが求められる。

ところで、アニメーション史研究の中身を細分化すると、作品、作家に注目した歴史についてはは多く実践されているが、スタジオ史、産業史の観点では、海外（たとえばアメリカ）では進んでいるが、日本では近年始められたのが実情である。特に、日本の一九六〇～八〇年代のスタジオ史は混沌としており、かつ比較的新しい年代にもかかわらず次々と資料が散逸しているため、早急に研究を進めることが望まれる。

・作品および作家研究

アニメーションに関する批評・研究において、おそらく最も多くの成果が出されてきたのが、この分野であろう。海外でも、作家主義が唱えられた一九五〇年代のフランス、そして「カイエ・デュ・シネマ（Les Cahiers du cinéma）」誌において、アニメーション作家を研究の対象として捉えはじめている。

特定の作品（作品群）や作家を題材とし、作品の構造（脚本、演出、原作ものであればそれとの比較など）、作家の方法論など、テーマは幅広い。

一般的には、各々の研究者が好む作品や作家が研究テーマとして扱われることが多いと思われ、結果として、研究者個人の思い入れが強く反映された研究成果が少なくない。一九七〇年代以降に盛んになる同人誌活動や、それを足がかりとしてライターや評論家として活動している関係者から、こうした作品作家研究が多く出されてきた。いわば在野の成果といえ、学術研究の立場から、意図的に線引きされる傾向もあるが、これは控えるべきである。作品作家研究では、同時代に作品作家がどのように受容されたかを検証することも重要であり、在野を含む多くの研究者、評論家、ライター、ファンによるものに至るまで、発表された研究がステージを変えて新たな研究材料となるだろう。

また、作品作家研究にあたって、映像学、哲学、社会学、心理学など諸分野の既存の理論を適用し、分析しようとする研究者が、近年増加してきた。これらは、むしろ後述する間接的研究領域に属するものだが、直接的研究では、研究者が独自の方法で研究を進めるのみならず、多くの研究者が採用できる作品作家研究の理論が求められていることを暗に示しているとも言えよう。

・技術研究

アニメーションに関係するさまざまな技術を対象とする分野である。特に、作画手法や撮影技術など、この分野も比較的古くから研究が行われてきた。近年では、デジタル技術に関する研究が急増している。

ただ、アニメーション技術については、当事者、つまりアニメーターらが熟知しており、彼らの発言や著作が、制作者ではない研究者にとっての前提とされる場合が考えられる。また日本のアニメに関する限り、ある作品のある技術について言及する際、研究者独自の認識や方法論を適用する以前に、作品を制作した現場の状況や、一つひとつの技術を熟知していなければならないという前提が、特に評論家の間で重視されている。

しかし、完成した作品、つまりはテレビ放映され、劇場公開された作品そのものが、研究者にとっての題材である。したがって、完成に至るまでの諸事情に関係なく、あくまで公開された作品について言及されるのが本来の研究であろう。この点は、前項の作品作家研究でも同様であり、作品についての制作者（監督、アニメーターなど）の発言にとらわれる必要はない。

なお、技術研究として、アニメーションのプロデュース分野に関する研究は、いまだに少ない。多くのスタッフによる分担、そして共同作業であるアニメーションでは、作品制作を統括するプロデュースも重要な「技術」である。

・サウンド

アニメーションの映像に付けられるさまざまな音に関して研究する分野である。具体的には、音楽（主題歌、ＢＧＭ）、音声（声優とその演技）、効果音、そしてそれらを統括する音響制作などである。技術研究の一分野とも考えられるが、たとえば声優のオーディション、演技、また声優の「声」ではなく「容姿」に注目する観客の動態にまで視野を広げれば、単なる技術とは捉えがたい。

アニメーションのサウンドに関する研究は、最近ようやく注目されはじめた新しい分野である。アニメーションとサウンド、とりわけＢＧＭや声優の演技の重要性は、アニメーションに興味がある者であれば誰でも認識できるものであり、今後の発展が期待される分野である。

・観客（オーディエンス）

観客とは、文字通りアニメーションの視聴者であるが、観客の研究とは、アニメーションそれ自体に対面する存在を対象とする分野である。アニメーションは観客の前で上映して初めて「完成」する、といったような見解が出ることがあるが、だとすれば、アニメーションの観客も、アニメーションの直接的研究の題材に含めることができるだろう。

ごく一般的に捉えると、アニメーションを鑑賞・消費する観客の動態を研究しようという分野だが、単にアニメーションの観客といっても、その捉え方はかなり幅広く、また複雑である。つまり、観客は一人であっても観客だし、集団となっても観客であり、また社会全体にまで、観客は及んでいる。一つの作品に対して、経年変化によって観客の動態も異なるし、性差、年代の違いによっても異なるだろう。どこに着目するかによって、捉え方には多様性が生じる。

アニメーションの観客についての研究は、日本では近年着目されてきた分野であるが、興味深いさまざまな研究テーマが設定できると考えられる。

②間接的研究領域

間接的研究領域とは、アニメーション以外の諸分野からアニメーションを研究材料として捉えたもの、あるいは、アニメーション研究の結果を他の諸分野に活かそうというものであり、その領域は幅広く、また近年その広がりと深まりは急速に進んでいる。

その諸分野を挙げると、映像学、文学、哲学、美学、大衆文化論、メディア研究、産業論、社会学、心理学などである。文学、哲学、社会学、心理学など、伝統をもつ学問領域であれば、その領域で組み立てられ適用される理論に基づいてアニメーション研究が行われることが多い。

一方、大衆文化論やメディア研究などは、そもそもアニメーションは大衆文化を構成するものであるし、アニメーションはメディア（映画、テレビ、インターネットなど）がなければ成立し得ないため、互いに重なり合った分野である。さらには、表象文化論、カルチュラル・スタディーズといった学際的（複数の異なる学問分野にまたがっていること）で、新しい研究領域の研究者がアニメーションをテーマとして取り上げることも増えてきた。さまざまな技術が複合し、描画、ストーリー、演技、音声まで含む総合芸術であるアニメーションは、これら研究領域では学際的研究の題材として適していると考えられ、複数の異なる研究者が集まり共同で研究を進める事例も増加している。

心理学では、比較的古くからアニメーションを研究材料として扱っている。心理学はきわめて幅広い分野であり、アニメーションの扱い方も幅広い。たとえば複数のアニメキャラクターの絵や、異なるパターンの絵の動きを、あらかじめ選ばれた人々（被験者）に質問表を配布した上で見せ、その回答を処理して分析する研究は多い。これにより、どのようなキャラクターの顔が「かわいい」と感じるか、どのような動きが「活動的」と感じるかを統計的に明らかにできる。その結果、従来からの認知心理学や臨床心理学などから分離独立して、「アニメーション心理学」とも言うべき領域の成立が見えるようになった。

近年、こうした分野で注目され、かつ、筆者のような直接的領域の研究者も注目すべきと考えられるのが、日本風のリミテッド・アニメーションの省略した動きの認知に関する研究である。

『鉄腕アトム』以降に広がった、時には極端に動きを省略した日本風のリミテッド・アニメーションは、従来は「ぎこちない動き」「手抜き」として、ほとんど思慮なく消極的評価を下されることが多かった。しかし、動きを省略することで、逆にシャープな動きとして、あるいは快感を呈する動きとしてアニメファンが認識するのはなぜなのか？　一秒間に二四枚の動画を用いる一コマ打ちよりも、秒八枚しか使わない三コマ打ちのアニメーションのほうが良い動きに見えることがあるのはなぜなのか？　こうした、アニメーションの動きに関する根本的な問題が、心理学の手法によって明らかにされようとしている。

産業論と言えば、テレビや映画に供されるアニメそれ自体が産業であり、理論や歴史などの直接的研究領域に含めたほうが良いかもしれない。

しかし、アニメーションの産業には、テレビ放送や映画配給・上映といったことに加えて、出資、広告、出版、流通などさまざまな行為が含まれている。それを踏まえると、海外、たとえばハリウッドにおける映画産業研究などと比較すれば、日本のアニメーションを材料とした産業論は、まだ始まったばかりである。

加えて近年、地域振興論、観光学といった領域からアニメーションが注目されている。いわゆる「ご当地アニメ」の制作、「聖地巡礼」といった事象を、学問領域から捉えようとするものである。これらを一体的にアニメーション産業として捉えることも可能だろう。

カルチュラル・スタディーズ（cultural studies）とは、直訳すれば「文化研究」であるが、文化を中心に据えて、そこに思想、政治、経済、人種、民族、ジェンダー、社会階級に至るまで、人間の社会活動を構成するさまざまな要素との関連を追及する学際的な学問領域である。ただし、日本語として「文化研究」と訳されることなく、「カルチュラル・スタディーズ」と表記される。一九五〇年代、イギリスで誕生し、アメリカの研究者を含めて発展してきたが、文化といっても、伝統的なハイカルチャー（日本であれば能、歌舞伎、茶道など）のみならず、大衆文化も対象としているところが特徴である。

　結果として、アニメーション研究の手法としてカルチュラル・スタディーズを適用することが、近年日本でも広がっている。これまで、人間の社会活動として密接に関係していることが認識されながら、多くの専門分野に細分化され、個別に研究されてきた領域を複合的に捉えることで、文化を再認識・再評価しようという考え方である。確かに、こうした考え方にアニメーションを当てはめると、多くの興味深いテーマが設定できる。

　たとえば、『魔法使いサリー』など魔法少女を主人公とするアニメは、我々日本人は特に疑問を感じることなく受容してきたが、海外から見れば、少年ではなく少女が「ヒーロー」として活躍すること、魔法という各々の宗教観に直結する要素が主体であることなど、相当に異質なアニメと映っている。なぜ、日本で魔法少女アニメが発達し受容されてきたのか、そこに、日本のイデオロギー、ジェンダー、社会構造などがどう関わっているのかを分析するのである。

　ただ、アニメ分野におけるカルチュラル・スタディーズは、日本では一種のブームとなっている側面は否めない。少なくとも現状では、日本のアニメ研究の手法として有効なものになっているとは考えがたい。理由としては、カルチュラル・スタディーズの研究者が、海外で積み重ねられた理論や実例を、日本のアニメに直接導入しすぎる傾向があり、それを見た日本のアニメ研究者、とりわけ日本のアニメ技術やシステムに精通した研究者や評論家には「こじつけ」と映ってしまい、両者が接近、共同研究へと発展しないところである。

そもそもカルチュラル・スタディーズは、既存の文化の捉え方を批判的に扱い、文化を再認識しようという立場である。だとすれば、海外の理論や実践をまず批判的に扱い、日本文化としてのアニメをどう再評価するかが求められるだろう。

③アニメーション研究機関

こうした、さまざまなアニメーション研究は、現在、日本ではどのような場で実践されているのだろうか。

研究者個人が集結した学会（日本アニメーション学会）の存在は先に述べたが、大学で「アニメーション学科」を日本で最初に設立したのが東京工芸大学（二〇〇三年）、次いで京都精華大学（二〇〇六年）、そして東京藝術大学大学院にもアニメーションの専攻領域が設立された（二〇〇八年）。

ただ、これらの学科や領域は、多摩美術大学、武蔵野美術大学、東京造形大学など比較的古くからアニメーションを取り入れている大学と同様、もっぱらアニメーションを制作する人材を育成するものであり、アニメーションを学術的に研究するカリキュラムを中心にしているわけではない。

社会学科、文化学科など、人文科学系の領域でアニメーション研究が扱われる例も少なくないが、これらの場では、アニメーション研究は副次的なものであり、その研究の独自性が意識されている度合いも薄い。

やはり、（伝統的呼称に倣えば）アニメーション学講座、といった場で、たとえば理論・歴史を専門とする教員、産業論を専門とする教員、そしてカルチュラル・スタディーズを専門とする教員らが一つの講座に集結して、学部生から大学院生までを一体的・総合的に教育する体制を整備することが必要であろう。

一方、公的機関、民間の組織が、アニメーション研究を手がける例も見られるようになった。三鷹の森ジブリ美術館を運営する公益財団法人・徳間記念アニメーション文化財団では、所属のスタッフによる研究のほか、外部の研究者に研究助成を行い、それらの研究成果を「年報」で発表した。

また、学術研究ではないが、独立行政法人・日本貿易振興機構（ジェトロ／JETRO）では、諸外国における日本のアニメの受容状況を調査し、レポートとして発表している。

北米、フランス、スペインなど、アニメの受容状況が比較的よく伝えられてきた地域だけではなく、イギリス、ドイツ、タイ、インドネシア、アラブ首長国連邦など、これまでほとんど伝えられていなかった地域の状況が報告されている。

日本動画協会は、「アニメ産業レポート」を二〇〇九年から毎年刊行しており、アニメ制作本数、流通、海外の動向まで、当該年度のアニメ産業に関連するトピックが数値的にまとめられ、専門家による分析や論評を収録している。

これらレポートは学術研究とは異なるが、一昔前なら、こうした国内外のアニメ関連事情が統計的にまとめられるというのはなかったことである。研究者は、これらを基礎データとして研究に供し、公にフィードバックすることで、調査の価値、精度や密度がより高まることが望まれる。

最後に、もう一つ課題を述べておきたい。

以上のようなアニメーション学とその研究教育体制が整備されたとして、それらの研究結果を、どう社会に活かすのか。アニメーション学を修めた学生は、どう社会に貢献するのか。これらの点について、現状のアニメーション研究者の意識は低い。筆者は、アニメーションについて研究を行うことで、その結果を「言語化（論文等の執筆、プレゼンテーションなど）」することに最大の価値があると考える。当然のことのようだが、多くの場合アニメが大好きな学生に、言語化の意味や本質を理解させるのは容易ではない。すなわち、言語化された内容もさることながら、学生に「考える」ということを意識させ、大好きなアニメについて言語化する作業そのものを人材育成の中心に据えることがより重要で、かつ将来に展望が開けるのである。

＊1――「凸坊新画帖『試し斬』」『活動之世界』一九一七年九月号：二七頁。
＊2――「漫画映画と短篇映画研究」『映画評論』一九三四年七月号：二四―一一五頁。

第五章　現代アニメーションの新たな位置づけ

かつて日本では、アニメーションは大衆文化の中でも位置づけが低く、それを研究対象とすることもマニアックの一語でまとめられてしまうことが一般的だった。しかし現代では、さまざまな形でアニメーションが注目され、その社会的位置づけも大きく変化した。

本章では、国や自治体などによるアニメ関連施策、知的財産や産業としてのアニメを取り上げ、アニメーション学へのアプローチを考えてみたい。

1、クールジャパン

二〇一〇年六月、経済産業省に「クールジャパン室」が設置された。翌年七月には「クリエイティブ産業課」へと発展し、「主に海外市場獲得を目的として『クールジャパン戦略推進事業』を実施している」という。[*1]

クールジャパン（Cool Japan）とは、日本のアニメ、漫画、ゲーム、ポピュラーミュージック、ファッションなどのコンテンツを広く包含し、それらを海外へ向けた宣伝戦略用語として誕生した語である。一般的には、右に挙げたアニメなどの大衆文化を構成するコンテンツを取り上げつつ使われることが多いが、自動車や精密機器などの工業製品、和食などの食文化をも「クールジャパン」に含むことがある。

経産省のクールジャパン推進は、いわば政府横断的施策である。日本の行政府にありがちな縦割り構造を打破し、集約的、一致団結的に施策を推し進めたいという意図が感じられるが、それはつまり、アニメ関連の施策でさえ、それまでは縦割り的に行われてきたことを示している。

外務省では、二〇〇八年から「アニメ文化大使」を開始、「初代大使」にはドラえもんが選ばれた。外務省資料によると、「『アニメ文化大使』（Anime Ambassador）は、ポップカルチャーを通じた文化外交の一環として、在外公館等が主催する文化事業。日本のアニメ作品を上映し、諸外国における日本アニメに対する理解を深めるとともに、併せて様々な日本文化を紹介し、日本そのものへの関心に繋げることを目的」としている。[*2]

一方、文化庁では、一九九七年から「文化庁メディア芸術祭」を主催し、アート、エンターテインメント、アニメーション、マンガの四部門を設けて、毎年一回、大賞と優秀賞を選定し表彰している。

二〇一〇年からは、「若手アニメーター等人材育成事業」が立ち上がった。これは、「メディア芸術の振興に向けた取組の充実を図るため、将来を担う優れた若手アニメーター等の育成を推進し、もって我が国アニメーション分野の向上とその発展に資する」「制作スタッフに若手を起用したオリジナルアニメーション作品の製作を通じ、オン・ザ・ジョブ・トレーニングを組み込んだ制作現場における若手アニメーター等の育成を行う」とある。[*3] 文化庁の予算から既存のアニメ制作会社でオリジナルのアニメ作品を制作するが、この際「若手」を起用し、制作予算も十分に拠出することで若手を支援しようというものである。

こうした施策は、メディア芸術祭を除いて歴史が浅く、学術的な検証や評価はほとんどなされていない。一方で、国がアニメに関わるのはうさんくさい、という意見が出され、それに基づいた非建設的な議論にとどまっている感がある。

現在のところ、多くの施策はアニメーションに限定したものではなく、いわゆるポップカルチャー全般にわたるものではあるが、アニメーション学的には「アニメーション行政論」といった分野が確立され、施策一般論を出発点として、行政、産業の特性を絡め、結果として制作された作品などからフィードバックし、全般を体系化する必要がある。

今後は、国や自治体など、権限を有する諸機関が本来なすべきこと、そして国でしかできないことは何かについて、議論を深める必要がある。決して、国が関わるのはうさんくさいなどという低レベルの視点で議論を収束すべきではない。仮にうさんくさいのならば、それを具体的・客観的に調査し、事例を積み重ね、それらの内容を文書化して広く一般に問わなければならない。

議論を深めるために必要なガイドラインとなるよう、学術的成果が積み上げられることが望まれる。

2、アニメによる地域振興

特定のアニメ作品が地域振興に寄与しているという現象が、ここ十数年顕著になっている。多くの場合、作品の舞台やモデルとなった街、建物などがあり、そこへファンが来訪することによるものである。そうしたファンの行動を示す「聖地巡礼」という語もよく聞くようになった。

ここでいう聖地巡礼とは、作品の舞台・モデルとなった街や建物などをファンが訪問し、その作品世界を追体験する行為である。たとえば、ある作品の主人公が住む街や通学する学校が、実在の街や学校がモデルとなって、作品中にそれとわかる形で描写されていたとする。ファンがその街や学校を訪れると、あたかもそのキャラクターの存在感や作品世界に触れているような体験をすることができる、というものである。

ただし、聖地巡礼は通俗的な語で、学術的には「コンテンツ・ツーリズム（contents tourism）」を使うほうが適切である。意味としては、映画やアニメなどコンテンツに関係する場をファンが訪問する行動を示すが、著名な作家や俳優の出身地をファンが訪問する行動もコンテンツ・ツーリズムには含まれる。

いずれにせよ、聖地巡礼は、むしろ実写の映画やドラマなどでロケーション撮影が行われた「ロケ地」を対象として、いくらでも起こりうる。実際、小津安二郎監督や大林宣彦監督らの作品のロケ地となった広島県尾道市は、聖地巡礼という語を使わなくとも、古くから映画ゆかりの地という形での知名度があった。

一方、ロケーション撮影を行わないアニメーションでは、舞台となる風景（背景）や街、建物などを写真撮影し、それを作品で使用するという手順である。しかし、アニメーションが空想であればあるほど、実在し使用された対象物の存在によって、登場するキャラクターまでもが実在感を獲得し、ファンが集結するというのが聖地巡礼の構図といえる。

もともと、現代を舞台にすることが少なくない日本のアニメでは、実在の街並などを作中に描くことは、さほど珍しいことではなく、近年始まったものでもない。

そうした中で、二〇〇七年放映のテレビアニメシリーズ『らき☆すた』の舞台となった埼玉県鷲宮《わしみや》町（現・久喜《くき》市鷲宮）の鷲宮神社に大勢のアニメファンが押しかけた現象は、一地方の神社を中心として、アニメをきっかけとした聖地巡礼の知名度を高めた。鷲宮神社への初詣客も激増し、地元商工会とファンとの協力によって多くのイベントが企画・実施され、アニメ聖地巡礼による地域振興の発信地、そして最初の成功例となった。

最近では、新海《しんかい》誠《まこと》監督の『君の名は。』（二〇一六）に登場する架空の町の最寄り駅のモデルとされた、ＪＲ高山本線の飛騨古川駅にファンが集結し話題になった。

こうした現象を受けて、アニメによる地域振興が、地方自治体から国に至るまで注目されているのである。

このような分野を「アニメーション観光学」として体系化することが考えられる。観光学自体、特に日本ではまだ新しい学問であるが、地域振興（地域活性化）という現代日本が抱える課題の大きさが一方にあることを考慮すれば、将来的にかなり有望な一分野になるのではないかと思われる。

もともと観光学は、既存の多くの学問領域を複合して扱う学際的分野である。アニメによる地域振興を前提とすれば、舞台となった街など地域が元来有する潜在的要素や可能性の発掘と検証（歴史学、民俗学、地理学など）、ファンや地域住民は何を考え、求め、行動するのか（心理学）、作品や当該地が関係する商品の企画開発から販売（経営学）、いわゆる経済効果の予測や検証（経済学、統計学）、国や地方自治体が関わるとすれば、予算から法的側面までの整備やサポートの体制（行政学）、そしてアニメによる地域振興を前提とした新たな開発（都市および地方計画）までが含まれ、そこに、アニメ作品の企画それ自体が重なることになる。

現在のところ、アニメによる地域振興は、具体的な事例を積み重ねた結果、案出された「経験と勘」、あるいは特定の専門家が有するノウハウにたよっている部分が少なくないと思われる。

扱われるべき領域が非常に広いという課題はあるが、成功例、失敗例双方を含む事例を学術的に検証し、その方法を一般化することで、より効果的で、地域、ファン、アニメ制作会社それぞれにとって活用性のある、文字通り実学としてのアニメーション観光学の成立が望まれる。

3、知的財産としての諸問題

アニメーションが日本を代表する大衆文化であり、したがってアニメーションも知的財産の一つであるという認識が広まった。しかし、知的財産すなわち著作物としてのアニメーションの特殊性と諸問題についての研究課題は山積みである。

まず、「著作物」であるが、著作権法では「思想又は感情を創作的に表現したものであって、文芸、学術、美術又は音楽の範囲に属するものをいう」と定義される。そして、著作物を発表した著作者が有する権利には、著作者人格権と著作権とがある。著作者人格権とは、公表権（著作物の公表とその方法についての権利）、氏名表示権（公表する著作物に付す名義を決める権利）、同一性保持権（著作物のタイトル・内容の同一性を保持する権利）の三つがある。これら著作者人格権は、著作物が成立した際に自然に発生する権利で、著作者の生存期間中のみ認められ、他人に譲渡することはできない。

一方の著作権は、著作物がもたらす財産に関して規定されたもので、著作者の死後も一定期間は保護され、他人への譲渡も可能である。アニメーションに関係する主な権利には、複製権（DVD等メディアへの複製、作品の画像などを複製する権利）、上映権（不特定多数の人に作品を上映する権利）、公衆送信権（放送、インターネットなどを介して送受信する権利）、頒布権（作品の複製物：フィルム等を映画館に頒布する権利）、貸与権（作品のDVD等をレンタルする権利）などがある。これらの権利は、すべて著作権者が保有し、複製物を「個人で楽しむ」などの例外を除いて、著作権者の許可なしに行えば法令違反となる。

ただし、ここで問題となるのは、多くのスタッフによる共同作業で創作されるアニメーションの著作者、そして著作権者は、いったい誰か、という点である。著作権法では、映画（アニメーション）の著作者は「制作、監督、演出、撮影、美術等を担当してその映画の著作物の全体的形成に創作的に寄与した者」となっている。ところが、財産が生じる著作権については「当該映画製作者に帰属する」と規定されており、簡単に言えば、脚本家、監督、撮影監督らは著作者ではあるが、著作権は持っていない、つまり著作物が生み出す財産を受け取る権利は脚本家や監督らにはない、ということである。もちろん、著作者や著作権者らが事前に著作権の分配などについて協議していれば、この限りではない。

そして、著作権の保護期間は、原則として著作者の死後五〇年間だが、映画の場合は二〇〇四年の法改正で「公表後五十年」から「公表後七十年」に延長された。ここでも明らかなように、たとえば文学作品などは著作者の死後五〇年間が保護期間になるが、映画の場合は「公表後」七〇年であり、脚本家や監督の生死には関係しない。

著作権の保護期間は、国際的に統一されていない。そもそも、日本の著作権法で規定された五〇年という期間は、著作権保護に関する基本条約「ベルヌ条約」で定められた期間に準じたものである。しかしベルヌ条約では「少なくとも五〇年」という主旨・原則であって、あとはそれぞれの国で定めてよいことになっている。結果、アメリカやフランスでは七〇年、メキシコでは一〇〇年という保護期間を国内法で定めており、しかもアメリカでは、俗に「ミッキーマウス保護法」と言われたように、多くの利益をもたらす映画著作権が消失しないよう、保護期間を延長している（現在のところ九五年）。

以上、著作権に関する概要を挙げたが、アニメーションを知的財産として捉え、その研究・議論に供するためには、以上のような法令に関する基本的理解と、多国間による相違の認識が不可欠である。ここ十数年問題となっている、インターネット上への違法アップロード、また環太平洋戦略的経済連携協定（ＴＰＰ）の批准《ひじゅん》による影響なども、日本国外の事情が深く関わってくる。

ＴＰＰの知的財産分野では、著作権の保護期間の統一が議論され、また著作権侵害を立件するルールについても議論された。日本の著作権侵害は、著作権者が親告して初めて成立する親告罪だが、アメリカでは非親告罪であり、ＴＰＰではこれを非親告罪に統一する方向になった。日本では、アニメ・漫画の二次著作物（同人誌等）が広く流通し、これらは厳密には著作権法に抵触するのだが、制作者や出版社など著作権者は、同人誌活動は新人作家を育成し、マーケットを拡大する効果があるとして、事実上黙認してきた。仮に著作権法違反が非親告罪化されると、著作権者の親告なしでこれら活動の立件が可能となってしまう。

アニメーションの学術研究の場面では、弁理士等の資格をもつ者による法令や判例の解説・解釈がなされてきたが、逆にいうとその範囲にとどまっている。著作物や著作権者の立場、とりわけアニメーションというコンテンツの特性を出発点とした、法令のより良い運用や改正に関する研究や提言は、十分には進んでいない。

もうひとつ、知的財産としてのアニメーションに関する大きな課題は、著作物そのものの保存、つまりはアーカイブ（archive 保存施設）の整備である。日本のアニメは、作品制作に使われた原画や絵コンテなどの現物資料の保存の重要性が認識されてこなかった。フィルムさえ残っていない作品も少なくなく、しかもこれは、戦前など古い作品の話ばかりではない。一九八〇年代に制作されたオリジナルビデオアニメにも、フィルム（ネガ）が残っていない作品がある。かといって、制作会社にすべての保存を委ねるのは、もとより無理がある。

出版物の保存については、国立国会図書館法で「納本制度」が規定されており、出版者は新たな出版物を国会図書館に納本する義務が課せられているが、罰則規定はない。そして、アニメーションなど映画著作物については、納本制度に類する法令そのものがない。

筆者は「クールジャパン」の項で、国家がアニメーションに関わるとすれば、国でしかできないことを突き詰めるべきと書いたが、ここでいう映画著作物の「納品制度」は法令整備に関わるものであり、まさに国でしかできないものである。

アニメーションは、文学や絵画作品などのように著作者単独の権利物ではなく、多くの著作者・権利が重なり合っているため、アーカイブを整備しそれを活用する際の課題が生じると考えられる。しかしフランスなど諸外国では、学術研究目的であることを条件に映像著作物の強制的な納品と活用が行われている。日本でもそれを実現するために、日本特有の諸事情を前提とした研究を早急に進め、実現することが望まれる。

4、産業としての諸問題

日本のアニメが商品として制作され、それを販売（作品の放映・上映、パッケージの販売、キャラクターグッズなど関連商品の販売など）し、消費者が対価を支払って需要し、発生した利潤が再び商品を制作する資金に還元されるという流れがある以上、その産業構造が研究対象になるのは当然のことだが、日本のアニメ産業の学術的研究は不十分である。

アニメ産業の市況など概説的な資料として、デジタルコンテンツ協会が二〇〇一年から刊行している「デジタルコンテンツ白書」があるが、アニメ産業に特化したものということになると、日本動画協会による「アニメ産業レポート」が、やっと二〇〇九年から刊行されているという現況である。研究の基礎資料としては、厚みに乏しい。

その一方で、アニメ制作に従事するアニメーターの労働問題が、しばしばセンセーショナルに伝えられることがある。つまり、アニメ制作スタジオで働くアニメーターは極端な低賃金で、休みなく働いても月数万円しか受け取れないという「現状」から、一気にアニメ産業全体を批判する、というものである。

現在のアニメ産業構造を理解するためのキーワードの一つが「製作委員会方式」である。製作委員会方式とは、複数の企業（スポンサー）が作品製作資金を出資し合い、その企業が出資比率に従って利益や損失を分散するシステムである。特に劇場用長編作品のように多額の費用を必要とする作品製作でのリスクを分散することが目的である。

一九八四年公開の『風の谷のナウシカ』で初めて「製作委員会」という呼称が用いられたが、八八年公開の『ＡＫＩＲＡ』（大友克洋監督）で採用されて注目されるようになった。それ以前は、製作資金を一社がまかなうこともあったが、作品が不評で多額の損失が生じた場合、当然ながらすべてのリスクを一社が背負うことになる。製作委員会方式では、そうしたリスクの軽減が可能で、また年間の映画製作資金計画も立てやすくなる。結果として、現在では、アニメ、映画ばかりではなく、テレビ、演劇などの作品製作でも採用されている。

製作委員会方式では、まず「幹事会社」と呼ばれる会社が複数の会社に出資を募り、製作資金を調達する。この段階で出資比率が決定され、それに応じてリスクを分散すると同時に、後に生じた利益も分配する。一般的には幹事会社の出資比率が最も高く、したがって幹事会社はその作品製作に対して影響力をもつ。

製作委員会に参加する企業はアニメ製作に縁のある企業が多く、放送局、ＤＶＤメーカー、ゲームや玩具メーカー、菓子類など食品メーカー、主題歌などを扱う音楽制作会社、漫画（アニメの原作）等の出版社、そして広告代理店などである。

ところが、肝心のアニメ制作会社の製作委員会への参加が通例になったのは比較的最近のことである。もう少し正確に言えば、アニメ制作会社は製作委員会に「入れてもらえなかった」のであって、結果的に、あるアニメ作品が大ヒットして多額の利益が発生したとしても、その作品を制作した会社には利益が入ってこなかった。それほどアニメ制作会社は、自身が制作した作品に対する権利を持てず、弱い立場に置かれてきた歴史があり、そこに、アニメ産業が抱える大きな問題がある。

ただ、映画製作という事業の大きさ、当たるか当たらないか（儲かるか損するか）を事前に予測することが困難な業態にあっては、資金を出資しリスクを背負っている幹事会社をはじめとするスポンサーの立場を軽視すべきではないという意見も根強い。出資企業の立場からすれば、長年の経験でスタジオを運営し、自転車操業であることが日常で、合理性が欠如した経営を続けるような一部のアニメ制作会社に、権利を分配することなどできないという考え方もあろう。

製作委員会方式がもたらした功罪の一つに、二〇〇〇年代に入って急増した深夜アニメの動向がある。娯楽の多様化によるアニメの相対的な人気の低迷、メディアの多様化、テレビ放映よりも放映後のパッケージ（DVD）販売による収益が重要な時代になったなど、さまざまな副次的要因は考えられる。

しかし、リスクを分散させる代わりに一作あたりの利益も少なくなるという製作委員会方式では、総予算が少ない（リスクが小さい）短いシリーズを数多く制作する、いわば薄利多売の様相を呈した。結果、かつてならば一作品二～四クール（cours テレビの連続番組の一単位。通常、一三話を一クールとする）、つまり半年～一年間放映されるのが通例だったテレビアニメシリーズにあって、深夜アニメは一作品一クール（三ヶ月以内）という短いシリーズが続出した。そして、一クールやってみて好評ならば、半年程度期間をあけて「セカンドシーズン」などと称して続編を制作するのである。

結果として、タイトル数のみ増加し、ファンにとっては粗製乱造、食傷気味の感が高まってしまった。そして、投資目的に近い形で参加していた企業の製作委員会離れ、重要な収入源だったパッケージの売り上げ低迷なども重なって、二〇〇〇年代後半からタイトルは減少に転じた。

アニメーション研究の学問領域の一つとして、「アニメーション産業論」を体系づける必要性は高い。現に、本書ではアニメ産業界が抱える問題の一部を挙げたに過ぎないが、これだけでも、たとえば制作スタジオに所属するアニメーターの労働問題の解決が単純なものではないことが示唆されている。ただ、学問的にこの分野を追求することと、労働問題との解決を直接関連づけるのは、少なくとも現状では、おそらく不可能である。

そして、産業論の大きなテーマである「アニメをどう売るか」についても、課題は多い。以前ならば、ネット上のいわゆる海賊版対策がテーマとなったが、ここ数年、海外での正規版の配信事業が急速に伸びており、議論は次の段階に入っている。

アニメ産業界の歴史的経緯と現在まで残る商慣習などから、アニメ産業界の評価に適する独自の評価軸を規定し、それに基づいて経年変化を追うことで、基礎研究を形成していく必要がある。

＊１――「通商白書２０１２年版」経済産業省、二〇一三年。

＊２――外務省「アニメ文化大使」二〇〇八年。
(http://www.mofa.go.jp/mofaj/gaiko/culture/koryu/pop/anime/)

＊３――文化庁「若手アニメーター等人材育成事業委託実施要項」二〇一六年。
(http://www.bunka.go.jp/shinsei_boshu/kobo/pdf/h28_wakate_animator_itaku_yoko.pdf)

第二部　各論

第六章　日本のアニメーション

1、テレビアニメ

単に「テレビアニメ」というと、毎週一回放映されるテレビアニメシリーズをイメージするが、単発放映のテレビスペシャル、ＣＭで使用されるアニメやバラエティ番組の中で放映されるアニメなども、広義のテレビアニメに含まれてくる。

本項でいう「テレビアニメ」とは、原則として全編がアニメーションで構成された番組（作品）を示し、実写番組等で部分的にアニメーションが使用されるものは除外した。

初のテレビアニメ

日本のテレビ放送は、一九五三（昭和二八）年二月一日、ＮＨＫの本放送に始まり、同年八月の日本テレビを皮切りに民間放送が続々と始まった。

日本初のテレビアニメは、一九五八年一〇月一五日放映（同年七月にも放映の可能性あり）の『もぐらのアバンチュール』である。本作はカラーで制作されたが、当時カラー放送は試験中で、実際には白黒で見た視聴者がほとんどだったと考えられる。また、長らく本作は試作品で本放映はされず、フィルムも行方不明とされてきたが、二〇一三年、フィルムが再確認され、当時の新聞から放映日も確認された。

テレビアニメシリーズ

『アトム』の登場とその影響

テレビアニメシリーズとは、複数回（少なくとも二回）のエピソードを一連のものとして放映されるテレビアニメを示す。

手塚治虫の虫プロダクションが制作し、一九六三（昭和三八）年一月一日から放映開始された『鉄腕アトム』は、日本特有の形式である「毎週一回、一話三〇分、連続放映」アニメである。三〇分ものではない連続放映のシリーズであれば、漫画家・横山隆一（一九〇九～二〇〇一）が主宰するおとぎプロダクションが制作し、一九六一（昭和三六）年五月一日から、四分の帯番組として放映された『インスタント・ヒストリー』が初の作品と言われている。

『アトム』以前は、手間と資金を要するアニメーションは商売にならないと考えられていたが、『アトム』では動画枚数を極限まで少なくしたり、アトムが空を飛行するシーンなど何度も繰り返し使える動画を使い回したり（これを「バンクシステム」という）して、省力化を図った。また、マーチャンダイジング（商品化：キャラクターグッズの販売等）によって、副次的な収入を得る手段も、『アトム』が道筋を示した。

そしてそれら以上に、すでに人気と知名度のある漫画をアニメ化することがいかに効果的かを証明した。以後、テレビアニメはその時代の人気漫画をアニメ化することが定番となり、現在も、テレビ放映されるアニメの大半は漫画を原作とする作品である。漫画、それもいわゆる長編漫画が日本のテレビアニメを育ててきたと言えるのである。

なお、手塚治虫が設立した虫プロは一九七三年に倒産し、その後残留したスタッフが別法人として再建、現在に至っているが、虫プロとは別に手塚が設立したスタジオの手塚プロダクション（一九六八年設立）が、旧虫プロ倒産以後の手塚のアニメーション制作の拠点となった。ただ、手塚の死後は、手塚原作の漫画をいくつかテレビアニメ化したほかは、自社作品は少ない。

①東映アニメーション（旧東映動画、一九九八年に現社名に変更）

一九五六年、東映社長の大川博（一八九六〜一九七一）が設立し、劇場用長編アニメで実績を積み重ねていた東映動画は、テレビアニメ第一作の『狼少年ケン』（一九六三〜六五）以降、次第にテレビアニメを中心とした制作体制となった。『魔法使いサリー』（一九六六〜六八）にはじまる魔女っ子シリーズを生み出し、一九八〇年代は、『Dr.スランプアラレちゃん』（一九八一〜八六）など「週刊少年ジャンプ」連載の人気漫画をアニメ化した。巨大ロボットものアニメの先駆けの一つである『マジンガーZ』（一九七二〜七四）、さらに、九〇年代を代表するテレビアニメの一つ『美少女戦士セーラームーン』（一九九二〜九三）も東映アニメーション制作である。

『サリー』以降、『ひみつのアッコちゃん』（一九六九〜七〇）、『魔法のマコちゃん』（一九七〇〜七一）等の初期魔女っ子シリーズの演出を多く手がけたのが池田宏（一九三四〜）である。日大芸術学部卒業後、東映動画に入り、テレビアニメの演出のほか、劇場用長編『どうぶつ宝島』（一九七一）等の監督も手がけた。

小松原一男（一九四三〜二〇〇〇）は、『デビルマン』、『ゲッターロボ』をはじめ、『銀河鉄道９９９』（一九七八〜八一）等多くの東映動画制作のロボット、ＳＦ系アニメの作画、キャラクターデザインを手がけ、宮崎駿監督の『風の谷のナウシカ』（一九八四）の作画監督も務めた。

『セーラームーン』の演出を手がけたのが佐藤順一（一九六〇〜）で、日大芸術学部中退後、東映動画入社。『とんがり帽子のメモル』（一九八四〜八五）の演出で頭角を現わし、以後も、『夢のクレヨン王国』（一九九七〜九九）等多くのテレビアニメの演出を手がけた。

幾原邦彦《いくはらくにひこ》（一九六四〜）は、東映動画で『セーラームーン』の演出などを担当、東映動画退社後に手がけたテレビアニメ『少女革命ウテナ』（一九九七）、『輪《まわ》るピングドラム』（二〇一一）等の作品は代表作となり、独特の止め絵の手法で注目された。

そして、東映動画でアニメーターとしてのキャリアをスタートさせ、ダイナミックな作画と極端にパースをきかせた画面構成など、強い個性で後のアニメーターに多大な影響を与えたのが、金田伊功《かなだよしのり》（一九五二〜二〇〇九）である。金田の作画技法は、少ない動画枚数でいかにダイナミックに、シャープに見せるかという発想から生まれたものだった。

このほか、テレビアニメ草創期にシリーズを制作したスタジオとして、テレビアニメ『仙人部落』（一九六三〜六四）、『鉄人28号』（一九六三〜六五）、『エイトマン』（一九六三〜六四）を制作したエイケン（旧TCJ、一九五二年設立）、『0戦はやと』（一九六四）を制作し、特撮作品で多くの実績を残したピー・プロダクション（一九六〇年設立）などがある。

図13 『タイムボカン』 ©タツノコプロ

②竜の子プロダクション（タツノコプロ）

一九六二年設立。漫画家・吉田竜夫が主宰し、テレビアニメ第一作『宇宙エース』（一九六五〜六六）を制作。以後、ほぼ一貫してテレビアニメを、それも原作つきではないオリジナル作品を多く手がけ、『科学忍者隊ガッチャマン』（一九七二〜七四）、「ぶたもおだてりゃ木にのぼる」の流行語を生んだ『タイムボカン』シリーズ（図13）をはじめ、強く印象に残るキャラクター造形とメカデザイン、奇抜なギャグが作風となった。また、当時は一般的ではなかったコンピュータ（スキャニメイト）による作画など、新技術の導入にも積極的である。

手塚治虫のアシスタントを経てタツノコプロの設立に関わり、『タイムボカン』（一九七五〜七六）以降のシリーズ全作品に関わる等、タツノコを代表する演出家が笹川《ささがわ》ひろし（一九三六〜）で、『いなかっぺ大将』（一九七〇〜七

二)、『新造人間キャシャーン』(一九七三〜七四)等、ギャグ作品にとどまらない多芸ぶりをみせた。

押井守(一九五一〜)は、東京学芸大学卒業、タツノコプロ入社後はテレビアニメの演出を手がけ、スタジオぴえろ移籍後、テレビアニメ『うる星やつら』(一九八一〜八六)の演出で注目される。そして、劇場長編『うる星やつら2 ビューティフル・ドリーマー』(一九八四)では、高橋留美子の原作漫画からかけ離れたストーリーを展開し、劇映画やSFファンからからも人気を集めた。

押井は、どちらかというと玄人受けするアニメ監督だが、ビデオ長編『天使のたまご』(OVAの項で詳述)、劇場長編『機動警察パトレイバー』第一作(一九八九)などのほか、『紅い眼鏡』(一九八七)、『Talking Head』(一九九二)など実写映画も手がけるという、アニメにとどまらない映画監督としての実績も積み重ねた。

劇場長編『GHOST IN THE SHELL 攻殻機動隊』(一九九五)では、アニメ史上例を見ない多彩な映像表現を駆使し、海外のアニメーションや映画監督に影響を与えた。さらに『攻殻機動隊』は、アメリカ「ビルボード」誌上のホームビデオ部門ヒットチャート第一位(一九九六年八月)という「事件」が後押しする形で注目された。

二〇〇四年、『攻殻機動隊』の続編とも言える『イノセンス』(二〇〇四)、その後は実写の長編『ASSAULT GIRLS』（二〇〇九）、『ガルム・ウォーズ』（二〇一六）などを監督し、精力的に活動している。

タツノコからは、いくつかのアニメ制作会社が分離独立している。

スタジオぴえろは一九七九年設立。テレビアニメ第一作は『ニルスのふしぎな旅』（一九八〇～八一）だが、翌年から放映された『うる星やつら』は、八〇年代を代表するテレビアニメであり、ぴえろの代表作となった。その後もぴえろはテレビアニメ制作を中心として実績を重ね、近年の話題作としては、ダークファンタジーの『東京喰種　トーキョーグール』（二〇一四）から、ギャグでありブラックコメディとも言える『おそ松さん』（二〇一五～一六）まで、手がける作品は幅広い。

③プロダクションI・G

プロダクションI・Gもタツノコ系で、タツノコプロの分室を改組した「アイジータツノコ」として一九八七年設立。代表の石川光久《いしかわみつひさ》（一九五八～）は、九三年に現社名に変更後、押井守の『攻殻機動隊』をはじめとする作品でデジタル技術を含む独自の映像表現を極めた同社を率い、スタジオジブリの鈴木敏夫（一九四八～）と並んでアニメ界の外側へ向けて積極的に発言を行う、日本を代表するアニメ・プロデューサーの一人である。

九〇年代、プロダクションI・Gは、多くの優秀なアニメーターを集めた。沖浦啓之《おきうらひろゆき》（一九六六〜）、黄瀬和哉《きせかずちか》（一九六五〜）、そして井上俊之（一九六一〜）らで、沖浦は『人狼』（二〇〇〇）、『ももへの手紙』（二〇一二）など劇場長編の監督も務めたが、彼らの存在が、九〇年代のI・G作品を高いレベルで維持し、成長を支えたのは疑いがない。

I・Gを主な活動拠点としている神山健治《かみやまけんじ》（一九六六〜）は、美術スタッフとしてアニメ界に入り、後に演出へ移る。代表作は、テレビアニメ『攻殻機動隊 STAND ALONE COMPLEX』（二〇〇二〜〇三）、自ら原作も手がけた『東のエデン』（二〇〇九）など。

そして、I・Gからさらに分離し、近年話題作が続いているのがウィットスタジオ（二〇一二年設立）である。テレビアニメ『進撃の巨人』（二〇一三）は、知名度の低い漫画が原作、不条理で残虐な描写を含みながら、鬼気迫る展開が視聴者を捉えた。監督の荒木哲郎（一九七六〜）は、専修大学卒業後マッドハウスに入社。テレビアニメ『DEATH NOTE』（二〇〇六〜〇七）の監督などを務め、ウィットスタジオでは『進撃の巨人』のほか、テレビアニメ『甲鉄城《こうてつじょう》のカバネリ』（二〇一六）の監督を務めた。

④トムス・エンタテインメント（旧東京ムービー）

一九六四年、人形劇団ひとみ座を主宰する藤岡豊（一九二七～九六）が東京ムービーを設立。テレビアニメ第一作は『ビッグＸ』（一九六四～六五）で、以後もテレビアニメを中心に、『巨人の星』（一九六八～七一）等のいわゆるスポ根（スポーツ根性）もの、『ルパン三世』（第一期：一九七一～七二、第二期：一九七七～八〇、第三期：一九八四～八五）、『それいけ！アンパンマン』等の長寿番組も多く手がけた。

『巨人の星』の演出を手がけたのが長浜忠夫（一九三二～八〇）である。日大芸術学部卒業後、ＮＨＫの人形劇『ひょっこりひょうたん島』（一九六四～六九）の人形演技監督などを務めた後、アニメ界に入った。『巨人の星』、『ど根性ガエル』（一九七二～七四）のほか、サンライズ初期の代表作『勇者ライディーン』（一九七五～七六）の演出を手がけた。

東京ムービー作品の作画・演出など実制作部門を担当したのが、関連スタジオのＡプロダクション（一九六五年設立）とテレコム・アニメーションフィルム（一九七五年設立）で、これらのスタジオには宮崎駿、高畑勲、大塚康生らが一時期所属した。Ａプロダクションは、後に『ドラえもん』（一九七九～）、『クレヨンしんちゃん』（一九九二～）などを手がけるスタジオのシンエイ動画（一九七六年設立）へ発展した。

原恵一（一九五九～）は、ＰＲ映画の制作会社を経てシンエイ動画入社。テレビアニメ

『エスパー魔美』（一九八七～八九）の演出で注目され、監督を務めた『クレヨンしんちゃん』の劇場長編『嵐を呼ぶ モーレツ！ オトナ帝国の逆襲』（二〇〇一）は、大人が楽しむ子ども向けアニメと評価された。

そして、劇場長編『河童のクゥと夏休み』（二〇〇七）では、現代日本の日常に潜むさまざまな歪みを描きながら、ごく普通の少年のひと夏の体験と成長を描き、最新作の長編『百日紅《さるすべり》～Miss HOKUSAI～』（二〇一五）では、一転して浮世絵師・葛飾北斎の娘が主人公という題材に挑んだ。

⑤サンライズ

一九七二年設立。旧虫プロスタッフによる創映社が前身で、テレビアニメ第一作は『ハゼドン』（一九七二～七三）。『勇者ライディーン』以降、巨大ロボットものアニメを多く手がけ、『機動戦士ガンダム』（一九七九～八〇）（図14）以降の作品は、アニメブーム（第二次）の中核を担う作品群となった。

『ガンダム』シリーズの多くを監督した富野由悠季は、日大芸術学部卒業後、虫プロに入社して『鉄腕アトム』に参加、以後多くの作品の演出、絵コンテを手がけ、『海のトリトン』（一九七二）で初めてシリーズを通して演出を担当した。『ガンダム』以降は、『伝説巨神イデオン』（一九八〇～八一）、『戦闘メカ　ザブングル』（一九八二～八三）、『聖戦士ダンバイン』（一九八三～八四）等の演出（総監督）を手がけ、その過程で多くの人材を養成した。

図14　『機動戦士ガンダム』　©創通・サンライズ

そして、『機動戦士ガンダムSEED』以降になると、富野ガンダムに育てられた世代がスタッフとしてシリーズを手がけ、またその世代の子どもたちが『機動戦士ガンダム00』（二〇〇七～〇八）、『機動戦士ガンダムAGE』（二〇一一～一二）などに至るシリーズの視聴者になっている。そのような中で、『ガンダム　Gのレコンギスタ』（二〇一四～一五）は、富野が全面的に参加して手がけたシリーズで、旧来からのファンをも喜ばせた。

『ガンダム』のキャラクターデザインと作画を手がけたのが安彦良和《やすひこよしかず》（一九四七～）で、弘前大学中退後、虫プロに入社し、虫プロ倒産後に創映社へ移籍する。自身の漫画を原作とした劇場長編『アリオン』（一九八六）の監督も務めた。
いわゆる巨大ロボット・メカのデザインを多く手がけ、「メカニカルデザイン（メカデザイン）」という職分の草分けとなったのが大河原邦男《おおかわらくにお》（一九四七〜）である。東京造形大学卒業後、服飾関係の仕事を経てタツノコプロに入社。『科学忍者隊ガッチャマン』でメカデザインを担当し、以後、『ガンダム』シリーズのほか、サンライズ作品の多くのメカデザインを担当した。

富野由悠季と並ぶ、八〇年代のサンライズロボットアニメの演出家が、高橋良輔（一九四三〜）である。明治大学文学部中退後、虫プロに入社。サンライズ入社後は『太陽の牙ダグラム』（一九八一〜八三）、『装甲騎兵ボトムズ』（一九八三〜八四）等を監督した。高橋の一連の作品は、架空の世界であっても実在感のあるデザインのメカ、ロボットが登場するという意味で、「リアルロボット」作品と称された。

リアルロボット作品として、第二次アニメブームを盛り上げたもう一つの作品が、テレビアニメ『超時空要塞マクロス』（一九八二〜八三）である。スタジオぬえ（一九七四年設立）とアートランド（一九七八年設立）のスタッフらが中心となって制作された。サンライズは無関係だが、『ヤマト』以後に誕生した「アニメファン世代」のクリエイターが多数参加し、アニメファンの「自分たちが見たい作品を作る」という熱気に溢れた作品として、後のアニメの流れにも大きな影響を与えた。

監督を務めた石黒昇（一九三八〜二〇一二）は、日大芸術学部卒業後アニメ界に入り、『あしたのジョー』『宇宙戦艦ヤマト』など多くの作品に参加するが、同時に、多くの若手スタッフを育てた功績が大きい。

その若手の一人が、『マクロス』のメカデザインを担当し、劇場版『超時空要塞マクロス愛・おぼえていますか』（一九八四）の監督を石黒昇とともに担当した河森正治（一九六〇〜）である。日本を代表するメカデザイナーとして『マクロス』シリーズのほとんどに参加、テレビアニメ『マクロスＦ』（二〇〇八）では総監督を務めた。

サンライズは、比較的対象年齢が高いＳＦ、メカニカル系のテレビアニメに強いイメージがあるが、時代のニーズを的確に捉え、作品を制作してきた。第二次アニメブームが終わり、青年層がアニメから離れる傾向が強くなった九〇年代、ロールプレイングゲーム（ＲＰＧ）のブームに乗じて、ＲＰＧそのままのストーリー構成をもつ『魔神《マシン》英雄伝ワタル』（一九八八〜八九）、アニメ本来の観客である子ども向けの『勇者エクスカイザー』（一九九〇〜九一）に始まる「勇者シリーズ」などを制作した。

近年では、登場人物の身体や武器に実在の企業のロゴを付すというタイアップで注目されたテレビアニメ『TIGER & BUNNY』（二〇一一）、「ラブライバー」という流行語を生み、メディアミックスとしても成功を収めたテレビアニメ『ラブライブ！』（二〇一三・一四）などを制作した。

サンライズからはいくつかのスタジオが独立しており、東映動画系、虫プロ系、タツノコ系といった系列で述べるなら、虫プロ系のサンライズからさらに「サンライズ系」というべき系列が派生する。そのうちの一つがボンズ（一九九八年設立）である。テレビアニメ『鋼の錬金術師』（二〇〇三〜〇四）、『劇場版 鋼の錬金術師 シャンバラを征《ゆ》く者』（二〇〇五）で注目され、二〇〇五年のテレビアニメ『交響詩篇エウレカセブン』は、華麗なメカデザインとアニメートで、多くのファンから評価を得た。『エウレカ』は原作をもたないアニメオリジナル企画だが、「Project EUREKA」という名義で製作委員会が組織され、ゲーム、プラモデル等の玩具、ＤＶＤ、漫画版の連載、テーマソング等音楽、ブロードバンド配信、そしてアニメ制作まで、一体的かつ同時並行的に商品化がなされたことも注目された。

テレビアニメ『鋼の錬金術師』と『劇場版』の監督を務めた水島精二（一九六六〜）は、

撮影スタッフとしてアニメ界に入り、演出（監督）に転じた経歴をもつ。他の監督作品は、テレビアニメ『大江戸ロケット』（二〇〇七）、『機動戦士ガンダム00』、『はなまる幼稚園』（二〇一〇）、『夏色キセキ』（二〇一二）、など。

⑥日本アニメーション

一九七五年設立。瑞鷹《ずいよう》エンタープライズ制作の『アルプスの少女ハイジ』（一九七四）の主要スタッフが設立に参加した。設立当初は、高畑勲、宮崎駿らが中心となって、『母をたずねて三千里』（一九七六）、『赤毛のアン』（一九七九）など、いわゆる名作アニメの分野を開拓した。高畑勲と宮崎駿の退社後、名作アニメシリーズを支えたのが、脚本家の宮崎晃《あきら》（一九三四〜）と演出家の斎藤博（一九三六〜）である。この二人が手がけた作品が、『ペリーヌ物語』（一九七八）、『トム・ソーヤーの冒険』（一九八〇）、『牧場の少女カトリ』（一九八四）などである。

長らく『ちびまる子ちゃん』（一九九〇〜九二、九五〜）の制作スタジオとしても知られるが、近年はテレビアニメシリーズの制作は少なくなった。

『ハイジ』『三千里』のキャラクターデザインを務めたのが小田部《こたべ》羊一《よういち》（一九三六〜）である。東京芸大日本画科を卒業後、東映動画に入社。『太陽の王子ホルスの大冒険』（一九六

図15 『あしたのジョー２』 © 高森朝雄・ちばてつや／講談社・TMS

八）等の原画、移籍先のAプロダクションでは『パンダコパンダ』（高畑勲監督、一九七二）の作画監督、日本アニメーションで名作アニメの作画監督を手がけた。

⑦マッドハウス

一九七二年設立。旧虫プロスタッフが中心となって設立され、当初は東京ムービー系の作品を多く手がけた。その後、ビデオアニメで独自性の強い作品を送り出し、やがてテレビアニメシリーズ、そして劇場長編まで作品制作を続けている。テレビアニメでは『カードキャプターさくら』（一九九八）が話題作となり、近年では、テレビアニメ『電脳コイル』（二〇〇七）、『四畳半神話大系』（二〇一〇）、劇場長編では今《こん》敏《さとし》や細田守の作品を手がけた。

マッドハウス初期から在籍した演出家が出崎統で、虫プロ入社後『鉄腕アトム』の演出や作画を務めるが、アニメーターの杉野昭夫（一九四四〜）らとともに、一九八〇年スタジオあんなぷる設立。杉野や小林治（一九四五〜）らとともに、『あしたのジョー』、『エースをねらえ！』（一九七三〜七四）、『ガンバの冒険』（一九七五）、『宝島』（一九七八〜七九）などの作品で、タッチを効かせた劇画調の画面、透過光等の光の表現を多用し、動画枚数を少なくせざるを得ない日本のテレビアニメの弱点を逆手に取った「一枚絵で見せる」手法を生み出した（図15）。テレビアニメ『源氏物語千年紀 Genji』（二〇〇九）が遺作となったが、監督、絵コンテ、脚本まで全面的に関わる意欲作で、出崎ならではの「止め絵の美学」「光の魔術」が発揮された。

⑧GAINAX（ガイナックス）

一九八四年設立。実質的に劇場長編『王立宇宙軍 オネアミスの翼』（山賀博之監督、一九八七）制作のために設立された。テレビアニメ第一作は『ふしぎの海のナディア』（一九九〇〜九一）で、九〇年代最大の話題作とも言える『新世紀エヴァンゲリオン』、SF・ロボットアクションの『天元突破グレンラガン』（二〇〇七）、二〇一〇年代になって増加した一話五分枠のテレビアニメシリーズの一つ『魔法少女大戦』（二〇一四）などを制作した。

『ナディア』『エヴァ』の演出を担当したのが庵野《あんの》秀明《ひであき》（一九六〇〜）である。大阪芸術大学在学中に制作した日本SF大会のオープニングフィルム（DAICON Ⅲ、Ⅳ）が評判となり、ガイナックス設立に参加、以後、『ナディア』、OVA『トップをねらえ！』等で、過去の特撮やSF映画のパロディを多用する特異なセンスでファンを獲得してきた。

庵野の代名詞的作品となった『エヴァ』は劇場長編として制作され続け、『ヱヴァンゲリヲン新劇場版』シリーズ（「：序」二〇〇七、「：破」二〇〇九、「：Q」二〇一二）は公開されるたびに話題となったが、『新劇場版』シリーズはガイナックスではなく、庵野が二〇〇六年に設立したアニメ制作会社カラーの制作になり、以後、カラーは庵野の拠点となっている。

『エヴァ』のキャラクターデザインを務めたのが貞本《さだもと》義行《よしゆき》（一九六二〜）である。端正で細身の画風が特徴的で、細田守監督作品のキャラクターデザインも務めた。

⑨京都アニメーション

この一〇年間で、日本のアニメ界を代表するスタジオとなった京都アニメーションは、日本のアニメスタジオの九割以上が東京に集中する現状で、東京から見て遠隔地に本拠を置くスタジオとしても先駆けとなった。

とはいえ、京都アニメーションの設立は一九八五年と古く、長らく、多くの関連会社の下請けを担当してきた。元請制作開始三年後のテレビアニメ『涼宮ハルヒの憂鬱』（二〇〇六）は、高校生のごく普通の日常と会話でストーリーが構成され（こうした作品を「日常系」「空気系」という）、そこに奇抜な言動や非日常を挿入することで独特の世界を構築し、加えてハイレベルの作画が話題となって、京都アニメーションの知名度を一気に高めた。

以後、アニメによる地域振興の象徴的作品となった『らき☆すた』、廃部寸前の軽音部を盛り上げようとする女子高校生が主人公の『けいおん！』（二〇〇九）、地元京都の商店街と老舗店がモデルとされた『たまこまーけっと』（二〇一三）、そしてやはり地元の京都府宇治市が舞台の小説を原作にした『響け！ユーフォニアム』（二〇一五）などのテレビアニメが代表作である。これらの作品を経て、キャラクターデザイン、作画、そして微妙な中間色を多用する色彩感覚まで含めて「京アニ色」と形容される独自性を獲得している。『けいおん！』、『たまこまーけっと』とその劇場版『たまこラブストーリー』（二〇一四）、そして『映画　聲《こえ》の形』（二〇一六）の監督を務めた山田尚子《なおこ》は、京都造形芸術大学卒業後、京都アニメーションに入社、いまだほとんど男性監督が占める日本の商業アニメ界では数少ない女性監督の一人で、作品の主人公の少女らの微妙な仕草、演技にこだわる演出が注目されている。

⑩シャフト

二〇一一年、テレビアニメ『魔法少女まどか☆マギカ』でメジャーとなったシャフトも、設立は一九七五年と古く、またやはり長らく関連会社の下請けを担当し、元請に移行してから、アニメファンの間では、テレビアニメ『さよなら絶望先生』（二〇〇七、〇八、〇九）、『化物語《ばけものがたり》』（二〇〇九）などの作品で知られていた。

しかし『まどマギ』は、従来の魔法少女ものの枠組みを完全に超えた、作品と視聴者との「心理戦」を呈するような展開で、しかも放映期間中に東日本大震災が発生、最終回の放映が延期されるというアクシデントが生じたこともあり、放映終了後には二〇〇〇年代（いわゆるゼロ年代）のサブカルチャー全般を踏まえた多くの批評がなされた。『エヴァ』には及ばないものの、それを思い起こさせる熱気を獲得した作品である。

『まどマギ』の監督を務めた新房昭之《しんぼうあきゆき》（一九六一〜）は、専門学校卒業後アニメ界に入り、当初はアニメーターだったが、監督へ移行後は、上記『さよなら絶望先生』、『化物語』など「物語シリーズ」の監督を含め、シャフトの多くの作品を手がけている。

⑪A-1 Pictures（エー・ワン・ピクチャーズ）

二〇〇五年に設立された新しい制作会社だが、アニメファン向けからファミリー向けまで、また漫画原作ものからアニメオリジナルものまで、幅広いジャンルのテレビアニメを制作している。

代表作は、漫画原作の作品として『宇宙兄弟』（二〇一二～一四）、『七つの大罪』（二〇一四）、アニメオリジナル作品として、埼玉県秩父市がモデルとなり、実在の風景や建物が多く登場する「聖地」を創出したことで話題になった『あの日見た花の名前を僕達はまだ知らない。』（二〇一一）、女性向け恋愛アドベンチャーゲームを原作としながら、テレビアニメ版としてはオリジナルとなった『うたの☆プリンスさまっ♪』シリーズ（二〇一一～）などがある。

⑫P.A.WORKS（ピーエーワークス）

二〇〇〇年に富山県城端町（現・南砺市）で創業、〇二年に現社名になった制作会社。地方都市で活動する数少ないスタジオの一つで、『true tears』（二〇〇八）、『花咲くいろは』（二〇一一）など、富山県や隣接する石川県を舞台とし、実在の風景を作中に用いる作品をいくつか手がけている。

アニメ制作スタジオの新人スタッフが奮闘する内容で発表年の話題作となったテレビアニメ『SHIROBAKO』（二〇一四～一五）は、低賃金・長時間労働がしばしば批判されるアニメ界の「実録もの」という枠組みを大きく超えた豊かなストーリー展開で評価された。
『SHIROBAKO』の監督・水島努（一九六五〜）は、シンエイ動画で『クレヨンしんちゃん』などの演出を務め、以後多くの作品を手がけている。戦車による模擬戦「戦車道」に打ち込む女子高校生というまったく新しい設定で、舞台となった茨城県大洗町では商工会から役場までが制作に協力したテレビアニメ『ガールズ&パンツァー』（二〇一二〜一三）は代表作の一つとなった。

⑬フル3DCGアニメ制作スタジオ

セルルックの２Ｄアニメが主流の日本で、フル３ＤＣＧを専門的に手がけるスタジオは少ないが、老舗のポリゴン・ピクチュアズ（一九八三年設立）は、近年、テレビアニメ『シドニアの騎士』（二〇一四）、『亜人』（二〇一六）といった作品を手がけ、注目されている。

サンジゲン（二〇〇六年設立）も、多くのアニメの３ＤＣＧや２Ｄ撮影の制作協力で実績と知名度を重ね、テレビアニメ『蒼き鋼のアルペジオ－アルス・ノヴァ－』（二〇一三）など、元請制作にも進出している。

テレビスペシャル作品

テレビスペシャル作品とは、おおむね一～二時間程度の長編作品を、1話完結形式で放映するものである。

一九六〇年代からみられた形式だが、一九八〇年代に入り、日本テレビ系特番「24時間テレビ・愛は地球を救う」内で放映された手塚プロダクション制作の長編アニメが話題となった。第一作『100万年地球の旅　バンダーブック』(一九七八)、第二作『海底超特急　マリン・エクスプレス』(一九七九)は、いずれも手塚治虫が制作にタッチしたオリジナル作品である。最も多くスペシャル作品が放映されたのは一九八一年で、『杜子春』『走れメロス』等文芸ものを含む一七本が放映された。文芸ものをスペシャル作品として放映するのは、この時期のブームといってもよかった。

九〇年代以降、テレビスペシャル作品は減少したが、『ルパン三世』のテレビスペシャル版は逆に一九八九年以降ほぼ毎年制作され、二〇一六年で二五作目を数えている。

2、劇場用長編アニメ

長編アニメの長さの明確な定義はないが、アメリカのアカデミー賞の選考に関わる映画芸術科学アカデミーでは四〇分以上、同じくアメリカの映画俳優協会では八〇分以上を「長編」映画としている。

日本のアニメでは、東映動画の長編第一作『白蛇伝』が七九分という長さであることなどを考慮して、本書では、おおむね上映時間一時間以上の作品を長編とする。

テレビ登場以前は、多くの作品が短編であっても映画館で公開される「劇場用作品」だったが、テレビ登場以後の劇場用長編アニメは、以下の三類型に分けられる。

1、劇場オリジナル作品：完全に劇場用のオリジナルとして制作された作品。宮崎駿作品のほとんどがこれにあたる。

2、テレビ作品の劇場版：テレビ放映作品について、劇場用として新たに脚本が作成され、制作された作品。『ドラえもん』劇場版がこれにあたる。

3、テレビ作品の編集版：テレビで放映された素材を編集し劇場公開した作品。『宇宙戦艦ヤマト』劇場版第一作はこれにあたる。

東映動画設立前（一九五五年以前）

敗戦直前の一九四五（昭和二〇）年四月に公開された『桃太郎 海の神兵』（瀬尾光世監督、

七四分）が唯一の劇場用長編である。一九四三年三月に公開された『桃太郎の海鷲』（瀬尾光世監督）は三七分であるが、当時のアニメは一〇〜一五分程度の長さの作品がほとんどであり、三七分でも長編という考え方はあり得る。

瀬尾光世は、日本アニメの近代化の父・政岡憲三のもとでアニメーションを学び、太平洋戦争中には松竹動画研究所に所属して『桃太郎』二作を監督した。

戦後の約一〇年間、長編は制作されていないが、[*1]一九五〇（昭和二五）年九月の『白雪姫』公開等、欧米の長編作品に刺激されて、日本でも長編制作の気運が高まっていった。

東映動画の功績とその周辺

東映動画は、設立二年後の一九五八（昭和三三）年一〇月、カラー長編であり、純粋に商業目的に制作されたという意味で日本初の劇場長編『白蛇伝』を公開した。

監督の藪下泰司（別名：泰次、一九〇三〜八六）は、東京美術学校（現・東京藝術大学）卒業。戦前は、文化・記録映画の制作に携わる。戦後、東映動画の母体となった日本動画社の設立（一九四八年。一九五二年には「日動映画社」へ改組）に参加し、アニメーション界に入る。東映動画第一作の短編『こねこのらくがき』（一九五七）を手がけ、『白蛇伝』以降も、『少年猿飛佐助』（一九五九）、『西遊記』（一九六〇）、『安寿と厨子王丸』（一九六一）

等の長編を監督した。

『白蛇伝』以後、東映動画は一九七一年の『どうぶつ宝島』(池田宏監督)まで、年一〜二本のペースで合計一九本の長編を制作したが、その後は、テレビアニメのエピソードを上映する「東映まんがまつり」が主体となり、オリジナル長編から離れていった。東映動画の長編の代表作は、次のようなものである。

・『わんぱく王子の大蛇退治』(芹川有吾監督、一九六三)

古事記の挿話を原作としながら、スサノオ、クシナダ姫等メインキャラクターを年少に変更して冒険劇に仕立てられた。日本画的なキャラクターデザインと背景画が鮮烈な印象を残す。

監督の芹川《せりかわ》有吾《ゆうご》(一九三一〜二〇〇〇)は、新東宝の助監督を経て東映動画に入り、『サイボーグ００９』(一九六六)等の長編のほか、テレビアニメ『レインボー戦隊ロビン』(一九六六〜六七)、『魔女っ子メグちゃん』(一九七四〜七五)等の演出を務めた。

作画監督の森やすじ(一九二五〜一九九二)は、日本を代表するアニメーターの一人で、東京美術学校建築科を卒業後、東映動画の前身である日本動画社に入社、東映動画発足後も中心的なアニメーターとして活躍した。

・『太陽の王子ホルスの大冒険』（高畑勲監督、一九六八）

アイヌの民話を引用しながらも、ほぼオリジナルの内容による長編。主人公ホルスと、敵方の妹であるヒルダを中心に、キャラクターの微妙な心理を表現しようとした記念碑的作品。画一的なファンタジーや娯楽ではなく、複雑な心理描写やストーリーを扱うという、後のアニメの典型に位置づけられる初の作品である。

作画監督は、日本を代表するアニメーターの一人・大塚康生（一九三一〜）である。東映動画に吸収合併される直前の日動映画へ入社。東映動画を離れてからも、テレビアニメ『ルパン三世』（一九七一〜七二）、『未来少年コナン』（一九七八）等、多くの作品の作画監督を務めた。

・『長靴をはいた猫』（矢吹公郎監督、一九六九）

著名な児童文学を原作とした作品。テンポのよいストーリーと奇抜なギャグが絡み合う快作となった。世相や流行を反映し、後世になると野暮ったく見えることも少なくないアニメ映画にあって、本作は現在見ても飽きさせない稀有な作品である。

日本はアメリカと並ぶ長編アニメーション大国と呼べるほど、国際的視野でみると劇場用長編を量産しているが、その基礎を築いたのが東映動画である。東映動画は「東洋のディズニー」を標榜し、長編アニメ制作を主流とするスタジオとして実績を積み重ね、「東洋のディズニー」となれたかはともかく、その存在感は不動である。

加えて、日本アニメ特有のストーリー構造の確立や、人材育成の面からも、一九六〇年代までの東映動画は大きな役割を果たした。高畑勲は、東映動画がもたらしたものとして「欧米とは異なる日本的娯楽アニメーションの主たる方向を決定づけた」ことを挙げている。[*2] この「日本的娯楽アニメーション」とは、敵味方の葛藤を描く等複雑な心理描写を含むこと、少年キャラクターをヒーロー役に仕立て、それを見る観客の子どもたちが「あこがれ」ではなく「感情移入」するようなキャラクターを登場させることが挙げられる。こうした描き方は、今日ではごく普通に日本のアニメに見られるが、ディズニーを手本としていた一九六〇年代にはかなり斬新なものだった。

虫プロの長編アニメ

日本独自のテレビアニメを開拓した虫プロは、異色の劇場用長編アニメを三本制作している。『千夜一夜物語』(山本暎一監督、一九六九)、『クレオパトラ』(手塚治虫・山本暎一監督、一九七〇）、『哀しみのベラドンナ』（山本暎一監督、一九七三）（図16）である。監督の山本暎一（一九四〇～）は、おとぎプロダクションでアニメーターを務めた後、一九六二年の虫プロ設立に参加し、以後、虫プロ第一作の実験アニメーション『ある街角の物語』（一九六二）、テレビアニメ『アトム』、『ジャングル大帝』等多くの作品を手がけた。

図16 『哀しみのベラドンナ』（1973）　©虫プロダクション

ここで挙げた長編三本はいずれもオリジナルだが、予算超過を招き、特に大きな赤字を出した『ベラドンナ』が、虫プロ倒産の一因となったとも言われた。また、これら長編は、「アニメラマ（アニメとドラマの合成語）」三部作と呼ばれ、女性のヌードシーンを含む大人向けの作品として制作された。実際に公開当時は大人の観客を動員し、第一作『千夜一夜物語』は興行成績としてもその年の第五位を記録した。

アニメ史から見ても野心的な三部作だったが、「大人向けアニメ」と、少年向きの漫画を多く手がけてきた手塚治虫（虫プロ）とのギャップがありすぎた感は否めない。

劇場版『ヤマト』『ガンダム』から一九八〇年代

劇場版『宇宙戦艦ヤマト』（舛田利雄監督、一九七七）は、一九七四年一〇月〜翌年三月まで放映されたテレビアニメ版（全二六話）の編集版に過ぎなかったが、テレビ版の再放映と相まって爆発的な人気を獲得し、以後約一〇年に及ぶアニメブーム（第二次）のきっかけとなった作品である。また、テレビアニメ『機動戦士ガンダム』（一九七九〜八〇）では、テレビ版を三作の劇場版として再編集し公開した（第一作〔一九八一〕、第二作「哀・戦士編」〔一九八一〕、第三作「めぐりあい宇宙編」〔一九八二〕）。

東映動画がオリジナル長編から離れた一九七〇〜八〇年代初頭にかけての劇場用長編アニメは、テレビアニメから派生した劇場版が多かった。オリジナル長編としては、『龍の子太郎』（浦山桐郎監督、一九七九）、『火の鳥2772 愛のコスモゾーン』（総監督・手塚治虫、一九八〇）、『じゃりン子チエ[*3]』（高畑勲監督、一九八一）等が挙げられる。

それでも、次のような、テレビアニメから派生したという言い方では評価しきれない傑作も生まれている。

①『銀河鉄道999』（りん・たろう監督、一九七九）

一九七八〜八一年にかけて放映されたテレビアニメ『銀河鉄道９９９』は、松本零士の原作を忠実にアニメ化したものだった。この劇場版も、松本の原作に沿ってはいるが、キャラクターデザインを変え、またストーリーも端正にまとめられ、第二次アニメブームを代表する傑作となった。

監督のりんたろう（本名・林重行、一九四一〜）は、東映動画を経て設立直後の虫プロへ移籍し、『アトム』をはじめとする多くのテレビアニメを手がける。『９９９』以後は、大友克洋がキャラクターデザインを務めた『幻魔大戦』（一九八三）、『カムイの剣』（一九八五）、手塚治虫原作の『メトロポリス』（二〇〇一）等を監督した。

②『ルパン三世　カリオストロの城』（宮崎駿監督、一九七九）（図17）

『ルパン三世』劇場版第二作であり、同時に宮崎駿がアニメ監督として注目されるきっかけとなった傑作。元来、ややチンピラ的なキャラクターであるルパンを宮崎は独自に解釈し、泥棒という「職業」に葛藤をもつ男として描くとともに、「宮崎ヒロイン」の典型として人気を得たクラリス姫を登場させるなど、宮崎の個性が発揮された。

図17　『ルパン三世　カリオストロの城』（1979）　©TMS

日本の長編アニメ史の中で、第一部で取り上げたスタジオジブリの存在と功績は欠くことができない。特に長編アニメ史での宮崎駿は、『風の谷のナウシカ』で「監督・宮崎駿」として注目された。それまでの長編アニメでは、原作者が注目されることはあっても、監督の仕事が注目されることはほとんどなかった。宮崎は、アニメ監督の作家性の議論を一般化した最初の監督である。

ジブリ以外で一九八〇年代後半に制作された代表的なオリジナル長編としては、テレビアニメの項で挙げた『オネアミスの翼』、大友克洋が自ら監督を手がけた『AKIRA』（一九八八）、宮澤賢治原作の登場人物をネコに置き換えた『銀河鉄道の夜』（杉井ギサブロー監督、一九八五）、川尻善昭の『獣兵衛《じゅうべえ》忍風帖』（一九九三）等が挙げられる。

『銀河鉄道の夜』を監督した杉井ギサブロー（一九四〇〜）は、東映動画を経て設立直後の虫プロに入社。一九六八年に音響制作会社（後にアニメ制作会社）グループ・タックの設立に参加し、テレビアニメ『まんが日本昔ばなし』（第一シリーズ、一九七五）の演出、『タッチ』（一九八五～八七）の総監督、劇場長編『あらしのよるに』（二〇〇五）、『グスコーブドリの伝記』（二〇一二）の監督を務めた。

川尻善昭（一九五〇～）は、虫プロでアニメーターを務めた後、マッドハウスの設立に参加した。国内ではCGを多用した初の商業アニメとなった劇場長編『SF新世紀レンズマン』（一九八四、広川和之との共同監督）が初監督作品。オリジナルビデオアニメ『妖獣都市』（一九八七）は、鮮烈な色彩とバイオレンス、そして性描写が注目され、代表作の一つとなった。その他の監督作として『バンパイアハンターD』（二〇〇一）がある。

九〇年代以降の長編アニメ監督

①今 敏

一九六三年生まれ。武蔵野美術大学在学中に漫画家デビューし、劇場長編『老人Z』（北久保弘之監督、一九九一）のスタッフとしてアニメ界に入る。

監督デビュー作『PERFECT BLUE』（一九九八）以降、『千年女優』（二〇〇二）（図18）、『東京ゴッドファーザーズ』（二〇〇三）、『パプリカ』（二〇〇六）のいずれの作品とも、現実、回想、未来、夢、虚構など時間軸・意識が迷宮的に交錯するストーリーに加え、カメラワーク、色彩感まで含めて独特で、観客の視線を作品に引きつける力が非常に強い。特に、『PERFECT BLUE』のようなサスペンス仕立ての現代劇は、海外で長編アニメーションの題材となることが珍しく、いわばanimeならではの作劇として、海外で注目される。

　日本の長編アニメ史の中でも、他に類をみない唯一無二の作家性だったが、二〇一〇年、四六歳の若さで他界した。

図18『千年女優』©千年女優製作委員会

②細田守

　一九六七年生まれ。金沢美術工芸大学卒業後、東映動画にアニメーターとして入社。テレビアニメ『ゲゲゲの鬼太郎』（第四シリーズ、一九九六〜九八）で演出を務め、『デジモンアドベンチャー　ぼくらのウォーゲーム！』（二〇〇〇）以降、注目される。

　初のオリジナル長編となった『時をかける少女』（二〇〇六）では、高校生の自由な、かつ不安定な心理を巧みに描き、細田守の出世作となった。以後、『サマーウォーズ』（二〇〇九）、『おおかみこどもの雨と雪』（二〇一二）（図19）、『バケモノの子』（二〇一五）と続く長編で、ありふれた日常の中に小さな非現実を挿入することで、主人公のひたむきな心情と行動を鮮やかに表現する作風は、多くのファンを魅了し続けている。

図19　『おおかみこどもの雨と雪』　©2012「おおかみこどもの雨と雪」製作委員会

宮崎駿引退、今敏の死去の後、日本を代表する長編アニメ監督の地位を確立し、現在、最も「次回作が待たれる」アニメ監督となっている。

③新海誠

一九七三年生まれ。中央大学卒業後、ゲーム会社在職中に制作した短編アニメ『ほしのこえ』（二〇〇二）は、新海作品を象徴する風景や光の描写、カメラワーク、語りかけるような音楽、そして長いモノローグなどがすでに盛り込まれ、それをほとんど単独で制作したことで、新海の名が記憶されると同時に、デジタル時代の到来を印象づけた。
初の劇場長編となる『雲のむこう、約束の場所』（二〇〇四）、続く長編『秒速5センチメートル』（二〇〇七）の二作で、風景や光を中心とした新海の描写力は確立されたが、この頃までは、まだアニメファンに知られる程度の存在だった。『星を追う子ども』（二〇一一）、『言《こと》の葉《は》の庭』（二〇一三）では、キャラクターやストーリー作りに新機軸を求めた。
そして最新作『君の名は。』（二〇一六）では、スタジオジブリ作品以外は到達しなかった興行収入一〇〇億円を公開後わずか一ヶ月で超え、新海誠はポストジブリを担う一番手として脚光を浴び、社会現象ともいえるブームとなった。
新海の作品は、絵の動きよりも風景描写の美しさにこだわる、キャラクターの心理を演技やセリフではなく長いモノローグで表現するなど、多くの点でこれまでのアニメーションの常識から離れている。その一方で、絵の動きよりも絵の「見せ方を工夫する」という、『鉄腕アトム』以後の日本のアニメ界が長く模索してきた道筋の延長線上に完全に位置している点は驚愕に値する。
自主制作から出発し、独自の才能に磨きをかけ、そして長編アニメ監督として大成した稀有な例といえる。

④片渕《かたぶち》須《す》直《なお》

一九六〇年生まれ。日本大学芸術学部在学中に宮崎駿に見出されてアニメ界に入り、スタジオジブリにも短期間所属するが、スタジオ4℃の設立に参加し、劇場長編『アリーテ姫』（二〇〇一）の監督、マッドハウスで長編『マイマイ新子と千年の魔法』（二〇〇九）などを監督した。

最新作の長編『この世界の片隅に』（二〇一六）では、原爆投下に至る広島市と呉市を舞台に、一人の女性の日常を丹念に描いた。しかし本作はそれ以上に、当時の街や風俗などを、記録映画を見るような驚異的な描写力で表現したところに価値がある。近年、国内外で話題となっているドキュメンタリー・アニメーション（animated documentary）[*4]の系譜に重ねることも可能だが、この分野は日本の商業アニメとしての成果は少ない。片渕は、アニメで表現される領域を拡大したと言えよう。

スタジオ4℃の仕事

一九八六年設立。CM、ビデオクリップ、イベントのオープニング映像等の領域で多くの仕事を発表している特異なスタジオである。九〇年代末から、劇場長編アニメ制作に積極的となり、『SPRIGGAN』（川崎博嗣監督、一九九八）、そして短編ながら『音響生命体ノイズマン』（森本晃司監督、一九九七）などを発表した。九編オムニバス『アニマトリックス』（二〇〇三）をプロデュースし、うち五編を手がけたのもスタジオ4℃である。

その後も、『マインド・ゲーム』（湯浅政明監督、二〇〇四）、『鉄コン筋クリート』（M・アリアス監督、二〇〇六）、『ジーニアス・パーティ』（七人の監督によるオムニバス、二〇〇七）など、常に既成の枠組みを破ろうとする斬新な映像表現による長編を発表し続けている。

スタジオ4℃の設立にも関わった森本晃司（一九五九〜）は、マッドハウスでアニメーターを務めた後、一九八七年、OVA『ロボットカーニバル』（後述）のうちの一編で監督デビュー。現在までCMやPVを含め多面的な活動をしている。

湯浅政明（一九六五〜）は、九州産業大学美術学科卒業後、アニメ制作会社の亜細亜堂にアニメーターとして入社、『クレヨンしんちゃん』の作画で注目される。『マインド・ゲーム』は、実写、2D、3Dが融合され、従来の商業アニメとは異質な、実験アニメーション的な手法を取りながらもエンターテインメントに徹した点が斬新だった。以後、テレビアニメ『四畳半神話大系』（二〇一〇）、『ピンポン The Animation』（二〇一四）などの作品で、独自のタッチを表現し続けている。

3、オリジナルビデオアニメ(OVA)

『ヤマト』『ガンダム』にはじまるアニメブームがやや低調期に入った一九八〇年代後半、アニメの新たなメディアとして急速に浸透したのがビデオである。

ビデオによるアニメ制作には大きく分けて二つあり、一つはテレビアニメとして放映された作品の続編や新シリーズ等として制作されたもの、もう一つが劇場やテレビではなく最初からビデオのオリジナル作品として制作されたものである。本来的には後者をオリジナルビデオアニメ（OVA）と呼ぶべきであるが、実際には二つのパターンのいずれもOVAで括《くく》られることが多い。

OVAの第一作は、押井守が監督を務めた『DALLOS』（全四話、一九八三・八四）であるが、これをきっかけとして、押井はしばらくOVAで作品を発表することになった。その代表作が、『天使のたまご』（一九八五）である（図20）。廃虚の街に住む少女と、訪問者である少年との交流を描いた作品だが、舞台、時代、状況等に関する説明がいっさいない抽象性で、押井ならではの世界観を映像化した傑作となった。ただし、当時の押井は現在ほどの知名度はなく、また作品も娯楽性に乏しいため、ビデオというメディアがあればこ

図20　『天使のたまご』（1985）　©押井守・天野喜孝事務所・徳間書店・徳間ジャパン、ブルーレイ『天使のたまご』5700円（税抜）、発売元ポニーキャニオン

そ実現できた作品である。

また、ほぼ同時期に現われた作品群に、アダルトアニメがある。なかでも『くりいむレモン』シリーズ（第一作：一九八四）は人気作となり、四〇作品近くが制作された。

ＯＶＡは、低予算・低リスクによる作品づくりを可能にしたが、その背景として、アニメブームが低調期に入り、観客の嗜好も多様化した結果、少数のコアなファンへ向けた作品づくりが求められたという状況がある。逆に考えると、対象とする観客は限定的で、その観客は求める作品を明確に意識しているため、制作者は手を抜けないとも言える。

そうした結果、一九八〇年代後半から九〇年代にかけて、ＯＶＡとして次のような傑作が生まれることになった。

①『ロボットカーニバル』（大友克洋ほか監督、一九八七）

ＯＶＡ史全体でみても珍しい九人ものクリエイターによるオムニバス作品。大友克洋のほか、当時、テレビアニメ『機動戦士ガンダムＺＺ』等の作品で人気があったアニメーターの北爪宏幸、森本晃司らが、「ロボット」というキーワードでそれぞれのイメージを短編として映像化した。

②『トップをねらえ！』（庵野秀明監督、一九八八～八九、全六話）

ガイナックスの嗜好性がよく現われた作品。美少女＋ロボットという日本のアニメの一つの典型をベースとしながら、キャラクターの感情表現と強引なＳＦ考証で、観客に有無を言わせず引きつけようとするところなど、旧来のアニメ観では評価しきれない傑作である。初回リリースから一五年以上を経た二〇〇四～〇六年にかけて、続編に相当する『トップをねらえ２！』が、同じくＯＶＡとして発表された。

③『銀河英雄伝説』（一九八八～二〇〇〇）

田中芳樹のＳＦ小説のアニメ版は、劇場公開された『銀河英雄伝説　わが征くは星の大海』（一九八八）が最初だが、その直後から、一話三〇分を一本のＯＶＡとして制作し、これを通信販売で毎回視聴者に提供するという空前の制作・リリース方法がとられた。アニメが低調期に入り、リスクの大きいテレビアニメシリーズではなく田中芳樹ファンに限定して作品を確実に届けるという、ＯＶＡの特性を最大限活かした方法だった。
結果、原作の本伝を一一〇話、外伝を五二話、加えて長編三本という膨大かつ長期にわたって制作された作品となった。ほぼすべての作品の監督を石黒昇が務めた。

④『ジャイアントロボ THE ANIMATION――地球が静止する日』（今川泰宏監督、一九九二～一九九八、全七話）

横山光輝原作のアニメ化で、きわめて高密度の作画と、今川ならではのオーバーアクションの演出、フル・オーケストラによる音楽など、多くの魅力をもつ傑作となった。
今川《いまがわ》泰宏《やすひろ》（一九六一～）は、サンライズに演出家として入社し、テレビアニメ『ミスター味っ子』（一九八七～八九）の演出で注目される。以後、『機動武闘伝Ｇガンダム』（一九九四～九五）、『鉄人28号』（二〇〇四）の演出を務めた。

⑤『青の6号』（前田真宏監督、一九九八～二〇〇〇、全四話）

アナログ作画にこだわった『ジャイアントロボ』とは逆に、全編デジタルアニメーションで制作された。３Ｄと２Ｄが混在した海洋戦闘シーン、とりわけ水の映像表現が評価された。映像制作集団ＧＯＮＺＯ（一九九二年設立）の自社制作第一作である。ＧＯＮＺＯはその後、日本のアニメ界でデジタルアニメ制作をリードするスタジオの一つとなった。

前田真宏（一九六三〜）は、スタジオジブリやガイナックスでアニメーターを務めた後、ＧＯＮＺＯの設立に参加。『アニマトリックス』中のエピソード「セカンド・ルネッサンス」パート１＆パート２、テレビアニメシリーズ『巌窟王』（二〇〇四〜〇五）の監督などを務めた。

二〇〇〇年代以降も、テレビアニメ版の続編、オリジナル作品の双方で、ＯＶＡは一定の役割を果たしている。「マクロス」シリーズの一つ『マクロス ゼロ』（河森正治監督、二〇〇二〜〇四、全五話）や、タツノコプロ四〇周年作品となった『鴉 -KARAS-』（さとうけいいち監督、二〇〇五〜〇七、全六話）、そして『機動戦士ガンダム THE ORIGIN』（安彦良和総監督、二〇一五〜）なども、ＯＶＡとして制作された。

4、ネット配信アニメ

二〇〇〇年代に入って、インターネットを初回発表の場（ファーストウィンドウ）とする作品が増加してきた。これは、大容量の通信サービスが普及しはじめ、ネットでも映像がテレビ並みに視聴可能になったことが大きい。

もともとインターネットは、自主制作作品を発表する場として活用されてきた。ネットが新たなメディアとして一般にも普及したことで、商業用作品として制作し配信しても成り立つ時代に入ったのである。

ただ、過去にテレビ放映された知名度のある作品をウェブ配信用としてリメークしたり、ウェブ配信が初回公開ながら後にテレビ放映されたりした作品も少なくなく、純粋にウェブのみをメディアとして活用した作品ばかりではない。やはりネットは、作品の制作予算、視聴者の傾向などを考慮しつつ適切なメディアを選ぶという意味でＯＶＡに近く、ネットを使って新作を簡易にプロモーションするという位置づけも見られる。

『やわらか戦車』は、二〇〇五年からライブドアで公開されたウェブオリジナルの作品で、タイトルのとおりやわらかい体をもつ戦車のキャラクターでシュールなストーリーを描き、キャラクターグッズも販売されたため、一定の知名度と人気を獲得した。
蛙男商会の『秘密結社 鷹の爪』は、もともとテレビ放映用の作品だったが、二〇〇九年にニコニコ動画で「鷹の爪ちゃんねる」が開設され、ウェブオリジナルの作品が公開されるようになった。

商業用のネット配信アニメの代表作として、『イヴの時間』（吉浦康裕監督、二〇〇八〜〇九）がある。映像制作プロダクションのディレクションズがマネジメントを行い、作品内容はほぼ吉浦に任せて制作され、一話一五分（最終の六話のみ二八分）のエピソードをほぼ二ヶ月に一本のペースで公開した。ロボット（作中では「ハウスロイド」と呼ばれる）が家事などを手伝うことが普通になった近未来の日本と思われる街を舞台に、高校生の主人公とハウスロイドとの心の交流や戸惑いを描いた作品で、結果的に、全六話を二時間の長編として再編集し、劇場公開されるまでに人気を得た。

監督の吉浦康裕（一九八〇〜）は、九州芸術工科大学卒業後、自主制作の短編アニメがNHKのデジタル・スタジアムで注目され、『イヴの時間』が実現した。最近の作品は、劇場長編『サカサマのパテマ』（二〇一三）。実在の風景や室内を写真撮影し、これをCGで精緻に再現した画面が特徴的である。

その吉浦も制作に参加し、最近のウェブ配信アニメとして話題になったのが、「日本アニメ（ーター）見本市」である。庵野秀明が主宰するスタジオ、カラーが運営し、二〇一四年一一月七日から毎週一本、しかもアニメ界の大御所に相当するアニメーターや監督らが制作に参加した短編アニメが配信されるという、類をみない企画となった。制作に参加した作家には、メカがアクロバティックに動く「板野サーカス」と呼ばれる作画スタイルで知られる板野一郎（一九五九〜）、前田真宏、沖浦啓之、なかむらたかし（一九五五〜）らがいる。

制作者に大御所が揃っているとはいっても、作画に精通したファン向けであり、広く一般向けとは言いがたい。それを毎週一本というペースで公開できるのは、インターネットならではの身軽さと言えよう。

5、ＣＭ、ＰＶなど

①ＣＭアニメーション

ＣＭアニメーションの歴史は非常に古く、日本で最も古いＣＭアニメーションは、おそらく逓信省の郵便貯金制度を宣伝するための作品『貯金の勤《すすめ》』（北山清太郎監督、一九一七）

である。また、戦前にも企業や商品のCMアニメーションが制作されていた。

戦後、CMアニメーションが多用される場となるのが民放テレビである。CMアニメーションは戦後の日本アニメ界が育つ舞台となったといって差し支えなく、後に『サザエさん』を手がけるTCJ、漫画家横山隆一が主宰するおとぎプロダクション、そして東映動画も多くのCMアニメーションを手がけた。テレビCMアニメーションの第一号は、日本テレビが開局（一九五三年）の当日に放映した、時計製造の精工社（現セイコーホールディングス）のCM（制作・おとぎプロダクション）だった。

そして、サントリーの「アンクル・トリス」シリーズ（制作・TCJ、演出・柳原良平）（図21）、桃屋の「江戸むらさき」シリーズ（制作・TCJ、演出・大西清）、ロッテの「小梅ちゃん」シリーズ（アニメーション・林静一）、東京電力「ピカちゃん」シリーズ（アニメーション・浅野恵）など、CMアニメーションから人気キャラクターが生まれた。

図21　柳原良平「アンクル・トリス」（1961）

近年は、インターネットで公開されるCMも多く、またアニメーションも多く使用されている。新海誠もウェブＣＭを手がけており、通信教育のＺ会のウェブＣＭ「クロスロード」（二〇一四）、大成建設のウェブＣＭ「ボスポラス海峡トンネル」篇（二〇一一）ほか三本が代表作だが、いずれも劇場映画と変わらない新海ならではの風景やキャラクターの描写で強く印象に残る作品だった。

②プロモーション・ビデオ等

アーティストやタレントのプロモーション・ビデオ（ＰＶ）は、その作品中にグラフィックな効果を加えるためにアニメーションが使用される手法はかなり初期からあったと考えられるが、近年は、第一線のアニメーション作家が、アーティストのＰＶを手がけるようになっている。

スタジオジブリは、CHAGE&ASKAの楽曲と同タイトルのプロモーション・フィルム『On Your Mark』を制作（一九九五）した。監督やキャラクターデザインは宮崎駿があたったが、圧倒的な夜景シーンと、キャラクターが縦横無尽に動くアニメートは宮崎ならではのものだった。また、スタジオ４℃は、この分野での仕事に積極的で、所属の森本晃司が手がけた『ＥＸＴＲＡ』（一九九六）（ミュージシャンのケン・イシイのＰＶ）は、手描きタッチのデジタルアニメーションという、当時としては斬新なスタイルで注目を集めた。

前田真宏は、布袋寅泰《ほていともやす》のミュージックビデオ「ギタリズム」の監督、原画等を手がけている。

加藤久仁生《くにお》（一九七七〜）は、短編アニメーション『つみきのいえ』で知られるが（後述）、スキマスイッチの楽曲『アカツキの詩』のPVのキャラクターデザインを担当した。

近年はパソコンやソフトウェアの発達で、アニメーションを作ろうと思えば簡易に作ることができるようになり、ミュージシャン自身がPVのアニメーションを手がける例も出てきた。ロックバンド・ゆらゆら帝国のボーカル、坂本慎太郎は、PV『君はそう決めた』（二〇一一）を制作した。単純な線画のキャラクターや物体が次々とメタモルフォーゼ（変容）していくアニメーションは秀逸である。

このほか、イベントなどのオープニング映像に使用されるアニメーション、映画やテレビ等の番組タイトルに使用されるアニメーションなど、アニメーション使用の例は数多い。アメリカの作家であるが、映画タイトルデザインの第一人者にS・バス（Saul Bass 一九二〇〜九六）がいる。

課題は、こうした分野のアニメーションについて全貌が把握されていないことである。今後、こうした分野の研究が早急に進むことが望まれる。

6、教育用アニメーション

教育用アニメーションは、学校教育の場で教材として制作されるアニメーションであるが、学校以外でも、企業等の研修や、さまざまな新技術、政府の施策等を国民に普及・啓発するために制作された作品も、広義の教育用アニメーションに含まれる。

教材としてのアニメーションは、昭和初期から制作されはじめ、理科や数学の教育用映画での図解シーンにアニメーションが使用されたほか、マナーや教訓を子どもに伝える、いわば道徳教育用のアニメーションも多数制作された。道徳教育系の作品で多くの実績を残したのは、横浜シネマ商会に所属していた切り紙アニメーション作家の村田安司で、『太郎さんの汽車』(一九二九)、『月の宮の王女様』(一九三四)等が代表作である。

戦時中は、軍隊での兵士の教育用アニメーション、つまり武器使用や敵攻撃の方法などを図解で説明したアニメーションが制作されていたようだが、これらの作品は現在のところまったく再確認されていない。

戦後は、東宝教育映画社、東映教育映画部、そして一九五八(昭和三三)年からは学習研究社(学研)の映画局がアニメーションに参入し、童話や昔話を題材にした教育映画を主として人形アニメーションで制作した。『セロひきのゴーシュ』（神保まつえ監督、一九六三）、『みにくいあひるの子』（渡辺和彦監督、一九六八）といった作品が代表作である。

教育用作品の媒体として重要なのが、NHK教育テレビである。「みんなのうた」や「プチプチ・アニメ」では、若手のアニメーション作家を多く起用しており、そうした作家の登竜門的な位置づけになっている。

アニメーションは、複雑な情報を単純化することで、子どもへの情報伝達（教育）の手段として適していることは疑いなく、教育用アニメーションの分野は、今後も一定量の需要があるものと考えられる。

たとえば近年、小学校での英語教育が盛んになる一方で、どのように教えるかという点が課題になっている。二〇一六年、大阪府の公立小学校での英語教材「大阪府公立小学校英語学習六ヶ年プログラム」が作成され、五・六年生向け教材が先行して公開されたが、これにもアニメーションが使用（アニメーション制作は青池良輔）されており、小学校限定ではなく一般にも販売されるということで、関西地域で話題になった。

7、短編アニメーション

上映時間がおおむね三〇分以内で、商業目的ではなく、アニメーション作家が芸術として制作する作品を短編アニメーションと称する。ただ、実際には完全な自主制作、つまり作家個人の資金や設備による制作ではなく、小規模ながらもスポンサーがついたり、文化庁等から助成を受けたりしつつ制作される短編アニメーションは決して少なくない。最近では、クラウドファンディングで制作資金を集めた例もある。

アニメーション学、特に産業論としてこの分野を扱うには、短編アニメーション全般と、その中でも作家の自発的創作動機に端を発し、原則として自己資金で制作された自主制作アニメーションとを分けて検討する段階に入っている。本項でも、この点に留意しつつ、日本の短編アニメーションの歴史と現状について解説する。

すでに述べたように、戦前から戦後の約一〇年間に制作されたアニメーションは、多くが短編アニメーションだった。これらの作品は、戦後の政岡憲三作品のように、教育アニメーション(商業目的)として制作されたにもかかわらず、現在、短編アニメーションの枠組みで扱われている作品も多い。

その中で、大藤信郎は、自主制作による短編を多く制作し、日本では、芸術としての短編アニメーション制作活動を貫いた最初の作家である。大藤は大正末期からアニメーション制作を開始し、千代紙を用いた切り紙アニメーションという特異な手法によって『馬具《ばぐ》田城《だじょう》の盗賊』（一九二六）を発表した。以後、いくつかの作品を商業ベースで制作し劇場公開もされているが、過半数の作品は自主制作で、ほとんど単独でアート性の高い作品を発表した。第一部でも紹介したが、色セロファンを使用したカラー影絵アニメーションという独自の手法による『幽霊船』（一九五六）等の作品は、海外でも評価された。
荻野茂二《おぎのしげじ》（一八九九～一九九一）も自主制作による短編アニメーション作家で、しかも影絵アニメーションの『百年後の或る日』（一九三三）、抽象的な造形表現の『AN EXPRESSION（表現）』（一九三五）など、前衛的な作品を多く発表した。

やや時間を隔てて一九六〇年代、草月アートセンターでの前衛芸術運動にアニメーション作家らも参加し、久里洋二《くりようじ》（一九二八～）、柳原良平《やなぎはらりょうへい》（一九三一～二〇一五）、真鍋博《まなべひろし》（一九三二～二〇〇〇）らの「アニメーション三人の会」（一九六〇年結成）の仕事は、社会風刺や文明批判を含むアニメーションの表現の多様性をアピールする活動となった（図22）。一九六四年からは、広く作品を公募して「アニメーション・フェスティバル」として発展し、手塚治虫も『人魚』（一九六四）、『しずく』（一九六四）といった短編アニメーション

図22　「ニュー・アニメーション・アニメーション・シリーズ　久里洋二作品集」　©YOJI KURI

を自主制作で出品した。

　このフェスティバルをきっかけとして、もともとグラフィック・デザインを手がけていた田名網敬一《たなあみけいいち》（一九三六〜）、後に映像制作会社「白組」を設立（一九七四年）する島村達雄（一九三三〜）、久里洋二の工房に入ってアニメーション制作を始めた古川タク（一九四一〜）等、新たな作家も現れた。

　相原信洋《あいはらのぶひろ》（一九四四〜二〇一一）は、異なる二つの技法で自主作品を発表した。一つは、野外の家屋の壁や石垣に直接絵を描きコマ撮りするという雄大な技法で、『STONE』（一九七五）はその代表作である。もう一つは、ペンやマーカーを使用した繊細な線描画をアニメートした作品で、一見抽象的にも見えるその画面は、草花や動物の息吹が漂ってくるかのような不思議な臨場感があり、『カルマ』（一九七七）はその代表作である。

人形アニメーション作家の川本喜八郎（一九二五〜二〇一〇）は、日本の人形アニメーションの開拓者・持永《もちなが》只仁《ただひと》（一九一九〜一九九九）に基礎を教わった後チェコに渡り、人形アニメーション作家のJ・トルンカのスタジオで研鑽を積んだ。帰国後、『鬼』（一九七二）、『道成寺』（一九七六）（図23）、『火宅』（一九七九）等、能や狂言といった日本の古典に題材を求めた作品を発表した。また川本は、『蓮如とその母』（一九八一）、『死者の書』（二〇〇五）といった長編も制作している。

図23 『道成寺』「ニュー・アニメーション・アニメーション・シリーズ　川本喜八郎作品集」
© 有限会社川本プロダクション

岡本忠成（一九三二〜一九九〇）は、主に教育用やPR用の短編アニメーションを多数制作した。岡本は、人形アニメーションを多く制作しているが、セル、水彩画をはじめとして、毛糸、板など多彩な素材でアニメーションを制作したことが特徴である。代表作は『ふしぎなくすり』（一九六五）、『虹に向って』（一九七七）、『おこんじょうるり』（一九八二）などだが、NHK「みんなのうた」でも『ロバちょっとすねた』（一九八三）や『メトロポリタン美術館』（一九八四）等の人形アニメーションを発表している。

草月アートセンターでの活動の終焉後しばらく、自主制作作品の発表の場は失われたが、一九八〇年頃、二つの自主制作アニメーション組織が活動を開始する。「アニメーション80」は、東京造形大学、武蔵野美術大学の学生らによって結成され、自主制作と上映活動を展開した。年を追って参加大学や学生は増加し、八〇年代の8ミリフィルムによる若手の自主制作活動を象徴する組織となった。

どちらかというとアート系の作風だったアニメーション80に対して、八一年に活動を開始した「アニメーション研究会連合」は、関東の学生らによる自主制作と上映活動という点ではアニメーション80と同じだが、作品は、既存の商業アニメのパロディなども含む娯楽性の高いものが多かった。当時盛んになっていた漫画の同人誌活動に近いものだったといえる。

日本の自主制作アニメーションは、現在も以上の二つの系統、つまり、アート系と娯楽系という二つの系統で作品が発表されている。従来の研究では、アート系の流れを自主制作、ひいては短編アニメーションの系譜として代表させ、娯楽系の作品群を軽視、もしくは無視する傾向があった。今後は、二系統の両面から研究を進めることが望まれる。

八〇年代のこうした自主制作活動は、九〇年代以降に活躍する多くの短編アニメーション作家の修行の場となった。

伊藤有壱《ゆういち》（一九六二〜）は、立体のクレイアニメーションを得意とする作家で、NHK『ニャッキ！』（図24）で知られるが、近年は、デジタル技術を駆使した平面と立体とのハイブリッドの技術を駆使している。作品には、NHK「みんなのうた」の『グラスホッパー物語』（二〇〇五）、CMアニメーション「ブルブルくん」（わかさ生活）、ミュージシャン・宇多田ヒカルのPV『traveling』（二〇〇一）、平井堅のPV『キミはともだち』（二〇〇四）、そして自主制作による短編アニメーション『HARBOR TALE』（二〇一二）まで、幅広い領域で活動している。

図24　伊藤有壱『ニャッキ！』（1995〜）　©Y. ITO・NHK・NET

山村浩二（一九六四〜）は、現在最も世界的に知られ、評価されている短編アニメーション作家である。東京造形大学在学中から短編アニメーシ

図25　山村浩二『頭山』（2002）　©Koji Yamamura/Yamamura Animation,Inc

ョンの自主制作を行い、独立後はＮＨＫの番組制作等に関わりつつ、短編アニメーションを発表し続けた。過去には立体も扱ったが、基本的に２Ｄの描画アニメーションで、山村の手法はフレーム（画面）の中での絵の動きを含めた力強い構図と描画が特徴である。落語をモチーフとした『頭《あたま》山《やま》』（二〇〇二）（図25）、フランツ・カフカの短編小説に発想を得た『カフカ 田舎医者』（二〇〇七）は、いずれも複数の国際アニメーション映画祭で最高賞のグランプリ等を受賞している。

二〇〇〇年代に入ると、やはりパソコンやソフトウェアの発達、インターネットという作品発表の場の充実で、立場や内容に違いはあるが、短編アニメーションを手がける作家は、フィルム時代よりも相対的に増加している。

ただ、多くの短編アニメーション作家は学生時代に制作を手がけるが、卒業後も継続して作品を発表する作家は少ない。短編アニメーション制作だけで生計と作家活動とを維持するのは困難で、日々の生活に追われて活動を継続できないというのが要因の一つだろう。しかしそれ以上に、わずか一〇分の作品であっても長い時間を使って作り継いでいかなければならないアニメーションという「非常に面倒な」表現手段を選ぶことへの確信的な自覚と方法論の欠如も、一～二作品を制作しただけで自主制作を断念してしまう作家が多い理由ではないだろうか。

　そうした中で、水江《みずえ》未来《みらい》（一九八一～）は、多摩美術大学在学中から自主制作を開始し、現在まで精力的に作品を発表し続けている点で、稀有な存在である。水江は「細胞アニメーション」とも称される、細胞をモチーフとした細密画をすべて手描きでアニメートする技法で、そのスタイルは一度見たら忘れられない。ＰＶなどプロとしての映像制作も続けつつ、『ＪＡＭ』（二〇〇九）、『MODERN』（二〇一〇）、『WONDER』（二〇一四）といった短編アニメーションを発表している（図26）。

　『つみきのいえ』（二〇〇八）によりアカデミー短編アニメーション賞をはじめ多くの国際的な賞を受賞した加藤久仁生は、自主制作『或る旅人の日記』（二〇〇四）、ＮＨＫ「みんなのうた」の『セルの恋』（二〇〇五）など、いずれも色鉛筆のタッチを活かした手描き感の強い画風で、観客の心に染み入る情感豊かな表現が特徴である。

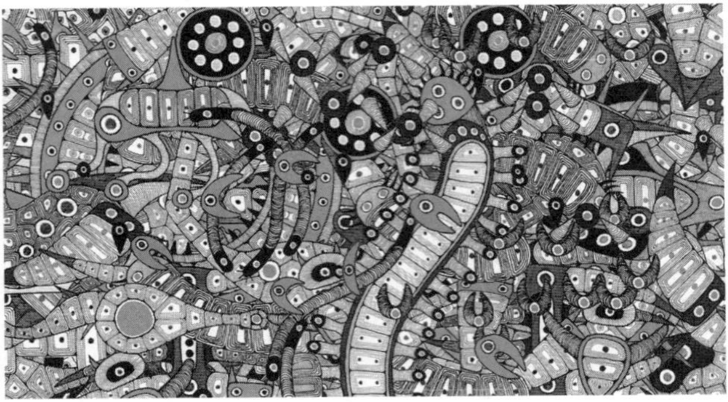

図26　水江未来『JAM』（2009）　©MIRAI MIZUE

　従来日本では、カナダのＮＦＢのような、短編アニメーション制作に対して公的な支援がないことを引き合いに出して、個人作家が育たないと指摘する識者が少なくなかった。しかし、筆者はむしろ教育の場で、何らかの打開策を講じるべきではないかと考えている。

　元来、芸術的な創作活動は公的支援がなければ成り立たないのではなく、公的支援はあくまで支援・助成に過ぎず、それをどう自身の作家活動にリンクさせるかという、いわばマネジメントがより重要である。マネジメントを作家自身が行うか、マネジメントの専門家と作家とをつなぐかによって手法は異なるが、いずれにせよ、現在の美術大学等の教育機関では、絵を描く教育には熱心でも、こうしたマネジメントを含めた総合的な作家活動の実践に関する教育は、充実していない。

助成の結果として得られる資金は、あくまで支援であって、それが作家活動や作家自身を育てる直接の条件ではないということを、あらためて問い直す必要がある。

＊1――未完作品の短縮版ながら、大藤信郎監督の『大聖釈尊・前編』（五二分）が一九四九年に公開されている。

＊2――高畑勲「60年代頃の東映動画が日本のアニメーションにもたらしたもの」日本アニメーション学会研究委員会（編）『東映動画の成立と発達』（アニメーション研究資料 vol.1）：四七―六四、日本アニメーション学会、二〇〇二年。

＊3――『じゃりン子チエ』は、まず劇場長編をオリジナルで制作し、その後テレビアニメシリーズが制作された。

＊4――アニメーション技術を使って、史実を描いた作品。近年ではデジタル技術が発達し、実写を元にアニメーションとして再構成された作品が制作されるようになっている。

第七章　海外のアニメーション

1、アメリカ

アメリカは世界最初期のアニメーションを制作し、かつ量産に入った国である。その初期に大きな仕事を残したのが新聞漫画家のW・マッケイで、自身の漫画をアニメーション化した『リトル・ニモ』、『恐竜ガーティ Gertie the Dinosaur』（一九一四）、『ルシタニア号の沈没 The Sinking of the Lusitania』（一九一八）等を発表した。いずれも紙に全編手描きのフル・アニメーションで、『ニモ』では三分程度の長さで四〇〇〇枚もの動画を使用したという。以後、多くの漫画家がアニメーションを手がけ、急速に発展していく。

一九一四年にセルアニメーションを発明（特許取得は翌一九一五年）したE・ハード（Earl Hurd 一八八〇～一九四〇）の功績も大きい。それまでの、紙に一枚ずつ描いていくシステムと比較して格段に効率化し、これを契機として、アニメーションは手描きによる個人作業型から大量生産型へと変わる。その中核にあったのが、ディズニーだった。

W・ディズニー

ウォルト・ディズニーの存在は、今日のセルアニメーションの作画・演出技術の多くを開発したという意味で、きわめて大きい。また、ミッキーマウス、ドナルドダック、グーフィーをはじめとする人気キャラクターを生み出し、キャラクター・ビジネスの先駆けとなった点も大きい。ただし、ディズニー自身が作画など直接アニメーション制作を手がけたのは初期作品のみであり、以後はプロデューサーという位置づけで仕事をしていたことに留意したい。

ディズニーの業績をアニメーション史においた場合、いつ頃までの仕事を評価するのかは、研究者によって見解が分かれている。兄のロイ・ディズニーと共同で設立（一九二三年）したウォルト・ディズニー・スタジオでは頻繁に人材の流入出が生じ、作品の質が変化しているため、これが評価を分ける要因となっている。少なくとも、徹底的に「動かすこと」にこだわっていた一九三〇～四〇年代はディズニーの全盛期であった。

①短編アニメーション

ミッキー以前では、一九二四年に第一作が制作された実写合成による『アリス・コメディ』シリーズ、一九二七年に第一作が制作された『兎のオズワルド』シリーズが著名である。そして、ミッキーが登場する三作目にあたる『蒸気船ウィリー』（一九二八）でアニメーションの本格的なトーキー化を成功させ、ミッキーマウスというキャラクターも一躍メジャーになった。

しかし、ディズニーの短編シリーズとして注目すべきは、『シリー・シンフォニー Silly Symphony』シリーズである。特定のキャラクターをもたず、自然現象や夢の世界をミュージカル調に、そしてファンタスティックに描いたこのシリーズでは、第一作『骸骨の踊り The Skeleton Dance』（一九二九）以降、『森の朝（花と木）Flowers and Trees』（一九三二）、『村の水車（風車小屋のシンフォニー）The Old Mill』（一九三七）など多くの傑作を生み、一九三九年まで七五作品が制作された。

②長編アニメーション

一九三七年、ディズニーはカラー長編アニメーション『白雪姫』を発表し、第二作の『ピノキオ Pinocchio』（B・シャープスティーン、S・ラスク監督、一九四〇）以降は長編制作が中心となる。なかでも『ファンタジア Fantasia』（S・アームストロングほか監督、一九四〇）は『シリー・シンフォニー』の長編版というべき作品で、音楽と映像が織り成す映像は世界中のアニメーション作家に影響を与えた。しかし、ディズニー長編は、この『ファンタジア』と、翌々年に発表された『バンビ Bambi』（D・ハンド監督、一九四二）あたりを境に、次第に活力を低下させていく。

　第二次世界大戦後も、『シンデレラ姫 Cinderella』（一九五〇）、『ピーター・パン Peter Pan』（一九五三）、『眠れる森の美女 Sleeping Beauty』（一九五九）等、長編作品そのものは着実に制作され発表されていくが、一九六〇から八〇年代半ばにかけては、二〜四年に一本というペースになり、また日本では公開されなかった作品もあって、明らかに活力を失っていた。

　ディズニーが低調期だった一九七〇年代、多くの長編アニメーションを監督していたのが、R・バクシ（Ralph Bakshi 一九三八〜）である。『フリッツ・ザ・キャット Flits the Cat』（一九七二）、『ウィザーズ Wizards』（一九七七）、『指輪物語 The Lord of the Rings』（一九七八）等が代表作だが、彼の作品はディズニー映画のように完全に子ども向けを意識しているとは言えない、ある種の中途半端さがあり、日本では人気を獲得できていない。

　ディズニーが復活したと見てとれたのは、一九八九年の『リトル・マーメイド The

Little Mermaid』（J・マスカー、R・クレメンツ監督）、『美女と野獣 Beauty and the Beast』（G・トゥルースデール、K・ワイズ監督、一九九一）以降、ストーリーが重厚になり、またキャラクターの心理描写を作品中に盛り込むようになってからである。

九〇年代半ばから、他社の長編アニメーションの配給を行うようになる。フル３ＤＣＧアニメーションのスペシャリスト、ピクサー・アニメーション・スタジオ（Pixar Animation Studios 一九八六年設立）が制作した『トイ・ストーリー Toy Story』（J・ラセター監督、一九九五）や『モンスターズ・インク Monsters Inc.』（P・ドクター監督、二〇〇一）などである。

同時期、『シュレック Shrek』（A・アダムソン、V・ジェンソン監督、二〇〇一）をヒットさせたドリームワークス（DreamWorks）、また『アイス・エイジ Ice Age』（C・ウェッジ監督、二〇〇二）を制作したブルー・スカイ・スタジオ（Blue Sky Studios）といったフル３ＤＣＧ専門のライバルが現われている。

そうした中、ワーナー・ブラザーズ製作の『アイアン・ジャイアント The Iron Giant』（B・バード監督、一九九九）は、日本の古典的なロボットアニメを思わせるかのようなストーリーと２Ｄデザインで、アメリカ長編アニメーション界の幅の広がりを感じさせた。

しかしアメリカでは、本作の興行成績は悪かった。

一方のディズニーは、ディズニー生誕一〇〇周年記念作品として『アトランティス 失われた帝国 Atlantis: The Lost Empire』（G・トゥルースデール、K・ワイズ監督、二〇〇一）のような、2Dのキャラクターと3Dメカニックを融合し、冒険活劇でありながらサスペンス調のストーリーを盛り込んだ、いわばヤングアダルト向けの長編を発表した。これにより、日本のアニメとの関連が深く感じられるとともに、フル3DCGの流行から一線を画するかと思われた。ワーナーの『アイアン・ジャイアント』を含め、二〇〇〇年前後のアメリカ長編アニメーションは、2D系の古典派と、ピクサーに代表されるフル3DCGとの間で行き来していた感があったが、当のディズニーが、二〇〇四年から〇六年にかけて、東京、シドニー、フロリダ、そしてパリにあった合計四箇所のスタジオを閉鎖した。これらのスタジオは、主に2Dアニメーターが在籍しており、以後ディズニーは2Dから離れると宣言したとも理解された。

実際、ディズニー初のフル3DCG長編『チキン・リトル Chicken Little』（M・ディンダル監督）は二〇〇五年に公開され、翌二〇〇六年、ピクサーはディズニーの完全子会社となった。そして、ディズニー長編五〇作目の『塔の上のラプンツェル Tangled』（B・ハワード、N・グレノ監督、二〇一〇）、五三作目の『アナと雪の女王 Frozen』（C・バック、

J・リー監督、二〇一三）へと至り、『白雪姫』にはじまるディズニーのプリンセスたちも、フル3DCGで描かれることになった。

ディズニーの対抗者たち

アメリカでのディズニーの影響力は絶大だが、ディズニー・プロから流出したスタッフも多くいることが象徴するように、ディズニーに対抗し、もしくはディズニーとは異なる方法や作風による作品を送り出した作家も数多い。

ディズニー全盛期の一九三〇年代に、最大の好敵手となったのが、フライシャー・スタジオ（Fleischer Studios）である。一九二一年にスタジオを設立したフライシャー兄弟（兄・マックス、弟・デイヴ）は、ベティ・ブープ、ポパイ等の人気キャラクターを生み出し、またアメリカン・コミックスの代表作『スーパーマン』をアニメ化した。

特に、フライシャーの長編第二作『バッタ君町に行く』（D・フライシャー監督、一九四一）では、大都会の片隅に棲む虫たちのコミュニティと人間たちの生活との対比から社会の矛盾を風刺する、ディズニー長編とは文字通り対照的な作品となった。しかし、興行的には成功せず（これもディズニーとは対照的な事象である）、『バッタ君』以後まもなく、フライシャー・スタジオは事実上解散する。

ワーナー・ブラザーズ（Warner Bros.）とMGM（Metoro-Goldwyn-Mayer）でもアニメーション制作が始まり、この両スタジオを中心に活躍したT・エイヴリー（Tex Avery 一九〇八～一九八〇、「アヴェリー」とも表記される）は、ディズニーとはまったく異なる強烈なギャグと、デフォルメされた作画を追求した。代表作として、彼がMGM時代に制作した『太りっこ競争 King-Size Canary』（一九四七）、『呪いの黒猫 Bad Luck Blackie』（一九四九）等が知られている。

ワーナー在籍のC・ジョーンズ（Chuck Jones 一九一二～二〇〇二）、F・フレーリング（Friz Freleng 一九〇六～一九九五）は、シリーズ『ルーニー・テューンズ Looney Tunes』『メリー・メロディーズ Merrie Melodies』を手がけた。

また、ワーナーとMGMは、それぞれバッグス・バニー、トム＆ジェリーという人気キャラクターを生み出した。「バッグス・バニー」シリーズを多く手がけたのがC・ジョーンズである。バッグスは、とぼけていながら頭脳明晰、画面の中での立ち姿そのものに笑ってしまう、ピン芸人のようなキャラクターで、「動きまわらなくてもギャグになる」という意味でも、ディズニーのキャラクターとは一線を画している。

「トム＆ジェリー」を生み出したのが、W・ハンナ（ハンナ）とJ・バーベラ（William

Hanna 一九一〇～二〇〇一、Joseph Barbera 一九一一～二〇〇六）である。ハンナとバーベラは、その名も「ハンナ・バーベラ・プロダクション Hanna-Barbera Productions」を設立（一九四四年）し、トム&ジェリーをシリーズ化するとともに、一九五〇年代以降、テレビ時代に適応して大量のテレビアニメーションシリーズを制作した。代表作は、『強妻天国 The Flintstones』（一九六〇～六六）、『宇宙家族ジェットソン The Jetsons』（一九六二～六三）、『チキチキマシン猛レース Wacky Races』（一九六八～六九）などである。

ハンナ・バーベラ制作のテレビアニメは、『鉄腕アトム』放映前の日本のテレビでも放映されており、その多くが絵の動きを省略したリミテッド・アニメーションだった。『アトム』の手法への直接の影響はないものの、『アトム』が日本のテレビで突然「動かないアニメ」として登場したわけではないことに留意する必要がある。

そして、ハンナ・バーベラの作品は、一九九二年に開局したカートゥーン・ネットワークのコンテンツとして利用され、以後ハンナ・バーベラもカートゥーン・ネットワークのための作品制作に移行した。テレビシリーズ『パワーパフガールズ The Powerpuff Girls』（一九九八～二〇〇五）は、ハンナ・バーベラの関連会社として設立（一九九四年）されたカートゥーン・ネットワーク・スタジオ（Cartoon Network Studios）制作の作品である。

やはりディズニーから分かれたＳ・ボサストウ（Stephen Bosustow 一九一一〜一九八一）、Ｊ・ハブリー（John Hubley 一九一四〜一九七七）らが中心となって設立されたのがＵＰＡである。

ＵＰＡこそ、アメリカのアニメーション史の中で、ディズニーから分派しつつディズニーから最も離れた「前衛」とも言うべき仕事を残したスタジオである。それは、ディズニー以来一貫していた、リアリズムに基づく作画やキャラクターデザインから完全に離れ、リミテッド・アニメーションを考案し、図形的・平面的なキャラクターデザインを駆使したまったく新しいアニメーションを生み出したからである。

一九四一年、ディズニー・スタジオで大規模なストライキが起こった。当時のアメリカでは、どの業界でも労働組合活動が盛んになっており、それは映画業界でも同じだった。ディズニー・スタジオのストでは、単に待遇改善等を訴えるのみならず、ディズニーが長らく守ってきたアニメーションのスタイルに異を唱える者たちもいた。結果、多くのスタッフがディズニーから離脱し、この中でディズニーのリアリズムの描写に不満をもっていたスタッフらが中心となって設立したのがＵＰＡだった。グループがＵＰＡという社名になったのは一九四五年である。

ＵＰＡの作家たちが考案し実践したリミテッド・アニメーションは、それまでのディズニーのように身体の全身を豊かに動かすフル・アニメーションとは対照的な手法である。しかしこれは決して簡略化、ましてや手抜きなどではなく、絵を動かすアニメーションの新たな美意識に基づいて案出されたものだった。

代表作は、いずれも短編の『ジェラルド・マクボイン・ボイン Gerald McBoing Boing』（一九五〇）、『ルーティ・トゥート・トゥート』（一九五二）、『庭の一角獣 A Unicorn in the Garden』（一九五三）等であるが、これらの作品が有するシンプルなスタイルは世界的に影響を及ぼし、リミテッド・アニメーションのブームとでも言うべき状況が形成された。

しかし、リミテッド・アニメーションは、フル・アニメーションと比べて絵を描く手間を省くことができる手法なのは事実である。このため、元来は独自の表現スタイルとして考案されたにもかかわらず、手抜きの手法として「悪用」された感は否めない。一九五〇年代半ば以降にアメリカで量産されたテレビアニメがそうである。

リミテッド・アニメーションは世界的に拡大し、それぞれの国や作家たちによって発展・洗練され、多くの作品が生まれる結果になった。たとえばロシアやクロアチアなど東欧地域では、リミテッド・アニメーションによる優れた短編が制作された。世界的視野でみれば、『鉄腕アトム』にはじまる日本風のリミテッド・アニメーションも、その一分派という位置づけは可能である。

人形アニメーションから特撮へ

アメリカの人形アニメーションは、独特の歴史を有している。人形の関節をアニメートするのではなく、フォームが異なるパーツをすべて差し替えながらアニメートすることで人形を動かすパペトゥーンを開発したG・パル（George Pal 一九〇八～一九八〇）は、その技法の名をとった『パペトゥーン』シリーズ（一九四一～四七）を制作した。

そしてアメリカには、人形アニメーションが特撮の一手法として成就したという流れがある。一九一〇年代から人形アニメーションそのものが今日でいう特撮的な技法で使用されることは少なくなかったが、映画『キング・コング King Kong』（一九三三）の巨大猿のアニメーションを担当したのがW・H・オブライエン（Willis Harold O’Brien 一八八六～一九六二）である。

オブライエンに弟子入りしたR・ハリーハウゼン（Ray Harryhausen 一九二〇～二〇一三）は、オブライエンの技法を継承しつつ発展させた作家で、『原子怪獣現わる The Beast from 20,000 Fathoms』（一九五三）、『アルゴ探検隊の冒険 Jason and the Argonauts』（一九六三）等の長編が代表作である。『原子怪獣現わる』は、『ゴジラ』（本田猪四郎監督、一九五四）制作に大きな影響を与えたといわれている。

近年のアメリカの人形アニメーションとして著名な作品に、『ナイトメアー・ビフォア・クリスマス The Nightmare before Christmas』（H・セリック監督、一九九三）がある。原案・キャラクター設定を担当したのは、ディズニー・プロ出身で、実写の『シザーハンズ』（一九九〇）等の監督としても知られるT・バートン（Tim Burton 一九五八〜）である。一見グロテスクにも見える街やキャラクターの造形、そして人形のアニメートは洗練されている。バートン自身も、人形アニメーションの長編『ティム・バートンのコープスブライド Tim Burton's Corpse Bride』（二〇〇五）を監督した。

粘土アニメーションに革命を起こしたW・ヴィントン（Will Vinton 一九四七〜）も重要な作家である。従来、粘土という素材は、やわらかく動かしやすい半面、そのやわらかさが弱点となって、たとえば人間の表情を細やかにアニメートしづらいという面があった。ヴィントンは、この問題を克服し、極彩色の粘土を使用して、セリフとリップ（口の動き）を正確にシンクロさせるアニメートを実現したばかりではなく、人間や動物のフォルムが次から次へとメタモルフォーゼ（変形）するアニメートを見せた。代表作は、長編『マーク・トゥエインの大冒険 The Adventures of Mark Twain』（一九八五）である。

コンピュータ・アニメーション発達の過程

アメリカは、コンピュータ・アニメーションを誕生・発達させた国としても語られるべきで、『カタログ Catalog』（一九六一）等を制作したJ・ウィットニー（John Whitney 一九一七〜九五）は、そのパイオニアである。

ごく初期のコンピュータ・アニメーションは、単純な曲線の動き等を表現する、いわば抽象絵画であったが、コンピュータによって連続的に図形を処理し描画するシステムを開発したのがI・サザランド（Ivin E. Sutherland 一九三八〜）で、今日のCGの基本的な技術は、このサザランドの開発によっている。

しかし、CGは長らく理工学等の分野でシミュレーションやデザインに使用される、いわばアニメーションとは関係ない技術だった。CGが多く使用されたディズニーの実写『トロン Tron』（S・リズバーガー監督、一九八二）が公開されても基本的にこの状況は変わらず、CGはアニメーションにとって招かれざる客と言われることもあった。

そうした認識を大きく変えたのが、後に『トイ・ストーリー』を監督するJ・ラセター（John Lasseter 一九五七〜）である。彼がピクサーの第一作として制作した短編『ルクソー・ジュニア Luxo Jr.』（一九八六）は、機械の「冷たい生成物」と思われていたCGによってキャラクター・アニメーションを実現した記念碑的作品である。以後、ピクサーはこの分野を牽引していくことになり、今日のフル3DCGアニメーション全盛に至っている。さらに、第一作から一五年を経て公開された『トイ・ストーリー3』（L・アンクリッチ監督、二〇一〇）では、主人公の成長と役割が変わったおもちゃとをめぐるストーリーによって、作品とともに年齢を重ねた観客を感動させ、ピクサーのストーリーテラーとしての実力を見せつけた。

その後ピクサーは、『カーズ Cars』（J・ラセター、J・ランフト監督、二〇〇六）、『ウォーリー WALL-E』（A・スタントン監督、二〇〇八）などの長編を発表していく。一方、第一作が短編の『ルクソー・ジュニア』だった伝統というべきか、ピクサーは現在まで多くの短編アニメーションを制作してきた。最近の作品『南の島のラブソング Lava』（二〇一五）、『ひな鳥の冒険 Piper』（二〇一六）はいずれも、観客を一〇〇％満足させようという意気込みがもたらした豊かなストーリーと感情移入できるキャラクターで、アニメーションの文法が凝縮された教科書というべきである。

短編アニメーション作家

ディズニーをはじめとする大スタジオの商業アニメーション大国のイメージがあるアメリカにも、いわゆる個人制作を行う作家は多くいる。

B・プリンプトン（Bill Plympton 一九四六〜）は伝統的なドローイングの手法で、ギャグではあるが人間や動物の身体をグロテスクにも思えるデフォルメで表現し、強く印象に残る。代表作は『君の顔 Your Face』（一九八七）、『ガード・ドック Guard Dog』（二〇〇四）など短編のほか、『スーパー変態ハネムーン 花婿はヘンな人 I Married a Strange Person!』（一九九七）など長編も六本発表している。

D・ハーツフェルト（Don Hertzfeldt 一九七六〜）は、子どもが描いたような簡素なキャラクターを使いながら、一人の人間の心情から宇宙空間に至るまであらゆる世界を表現し、その独創性は比類がない。アニメーションで表現できる新たな選択肢をつくったとも言える。代表作は、『きっとすべて大丈夫 Everything will be OK』（二〇〇六）、『明日の世界 World of Tomorrow』（二〇一五）など。

2、カナダ

カナダのアニメーションとして比較的知られている作品は、任天堂のゲームが原作となったテレビアニメ『ドンキーコング Donkey Kong Country』（一九九六）、また『アンジェラ・アナコンダ Angela Anaconda』（一九九九〜二〇〇二）など、いくつかあるが、ここでは、日本で古くから知られている短編アニメーションを中心に紹介する。

①N・マクラレン

カナダの短編アニメーション界をリードするＮＦＢ（カナダ国立映画制作庁）のアニメーション部門設立に参加し、以後この組織を中心に活躍したマクラレンは、「コマ撮り」というアニメーションの最も基本的な技術を極限まで広く深く解釈して、多くの実験的な作品を残し、後のアニメーション作家に与えた影響は計り知れない。

マクラレンは、一九一四年スコットランドのスターリング生まれ。グラスゴーの美術大学在学中にドイツ表現主義の映画に興味を持ち、ダイレクトペイントにも興味を持って、この手法による抽象映画を数本制作した。一九三九年アメリカに移住し、一九四一年にはカナダへ移住、以後ＮＦＢを拠点として作品制作を開始した。

マクラレン作品を代表する技法の一つがダイレクトペイントで、『めんどり踊り Hen Hop』（一九四二）、『過去のつまらぬ気がかり（色彩幻想）Begone Dull Care』（一九四九）、『線と色の即興詩 Blinkity Blank』（一九五五）は、特に傑作として知られている。もう一つが、実物の人間の動きをコマ撮りするピクシレーションで、『隣人 Neighbours』（一九五二）はこの手法による代表作である。さらに、切り紙によるリリカルな作品『つぐみ

Le Merle』（一九五八）も人気が高い。

ダイレクトペイント、ピクシレーションは、いずれもマクラレンが考案した手法ではない。マクラレンは、既存のテクニックの特性に着目し、そのテクニックをいかに実験的に、そして遊び心をもって使用するかという点にこだわり続けた作家である。結果、マクラレン作品は実験＝前衛でありながら、ごく一般的な観客も十分に楽しめるものとなった。そうした、孤高の存在としてだけではなく、大衆を魅了する力をも持っていたところがマクラレンの偉大さであり、現在もアニメーション作家を目指す多くの若者たちに影響を与え続けている。

②NFBの作家たち

NFBは、自国カナダの作家ばかりでなく、世界各国からアニメーション作家を招聘している。その結果、一九七〇～八〇年代には多くの傑出した作家と作品が生まれた。

C・リーフ（Caroline Leaf 一九四六～）は、アメリカ、シアトル生まれ。ガラス板の上に油絵具を塗り、その絵具を少しずつ描き足したり消したりしながらコマ撮りしてアニメーションにする油彩アニメーションと、同じくガラス板の上に砂を撒《ま》き、それを少しずつ動かしながら絵を描いていく砂アニメーションで知られる。油彩アニメーションでは

『ザ・ストリート The Street』（一九七六）、砂アニメーションでは『ザムザ氏の変身 The Metamorphosis of Mr. Samsa』（一九七七）が代表作である。

I・パテル（Ishu Patel 一九四二〜）は、インド生まれ。光のアニメーターと呼ぶべきテクニックの持ち主である。無数のビーズ玉をアニメートした『ビーズゲーム Bead Game』（一九七七）、粘土をガラス板の上に貼りつけて下から強い光をあて、その粘土をレリーフのように彫りながらアニメートすることで、粘土が光を透過する具合で独特の映像を構築した『死後の世界 Afterlife』（一九七九）、切り紙と透過光を使用しながら多重合成撮影した『パラダイス Paradise』（一九八五）等が代表作である。

コ・ホードマン（Jacobus Willem 'Co' Hoedeman 一九四〇〜）は、オランダ、アムステルダム生まれ。さまざまな立体を素材として作品を制作しており、積み木を素材にした『シュッ・シュッ Tchou-Tchou』（一九七二）、奇妙な形状の生物たちをフォームラバー製の人形で造形し、これをアニメートした『砂の城 Le château de sable』（一九七七）、伝統的な人形アニメーション『ルドヴィック Ludovic』（一九九八）などが代表作である。内容的には子ども向けのファンタジーだが、その無邪気なデザインとセンスは、大人の観客をも感動させる。

J・ドルーアン（Jacques Drouin 一九四三〜）は、カナダ、モン・ジョリ生まれ。A・

アレクセイエフが考案したピンスクリーンによるアニメーション技術を受け継いだ作家である。アレクセイエフとは異なり、カラーによるピンスクリーン作品も制作しており、『マインドスケープ Le paysagiste』（一九七六）、人形アニメーション作家B・ポヤールとの共同作品『ナイトエンジェル L'heure des anges』（一九八六）が代表作である。

カナダ生まれのR・ラーキン（Ryan Larkin 一九四三〜二〇〇七）は破天荒な人生を歩んだ。ドローイングによる『ウォーキング Walking』（一九六八）、そして『ストリート・ミュージック Street Musique』（一九七二）で脚光を浴びたが、その後ぷっつりと活動を止め、ホームレスになることを選んだ。このラーキンの伝記的アニメーション『ライアン Ryan』（二〇〇四）を制作したのがC・ランドレス（Chris Landreth 一九六一〜）である。アメリカ、ハートフォード生まれ。研究者たちは、ラーキンの「その後」をこの作品で知らされることになった。

近年、NFBなどカナダを拠点とし、多彩なスタイルの描画と、重厚で活力あるアニメートの作品を発表しているのが、ブルガリア生まれのT・ウシェフ（Theodore Ushev 一九六八〜）である。代表作は、『タワー・バウアー Tower Bawher』（二〇〇六）、『リップセットの日記 Les journaux de Lipsett』（二〇一〇）、『盲目のヴァイシャ Blind Vaysha』（二〇一五）など。

図27　F・バック『木を植えた男』（1987）、「フレデリック・バック作品コレクション」　©Radio-Canada

③F・バック

カナダのアニメーションで、もう一人の重要な作家が、『木を植えた男』（一九八七）で著名なF・バック（Frédéric Back 一九二四〜二〇一三）である。バックはNFBではなく、CBC（カナダ放送協会）所属の作家だが、寡作ながらも高いアート性を有する作品を発表した。

バックは、ドイツ（当時はフランス領）、ザールブリュッケン生まれ。パリで絵画を学び、一九四九年カナダに移住する。一九六八年よりCBCでアニメーション制作をはじめ、つや消しをしたアセテート版に色鉛筆で描画し、これを動かすという、広い意味でのセルアニメーションながら、手描きタッチによる作品を発表している。その出世作となった『クラック！ Crac!』（一九八一）、そして『木を植えた男 L'homme qui plantait des arbres』（一九八七）（図27）、『大いなる河の流れ Le fleuve aux grandes eaux』（一九九四）へと続く作品は、そのいずれもが絵とテクニックの美しさを超えたところで完成された人間讃歌で、アニメーションの表現力と叙情性を追及し尽くした作家と言えよう。

3、西欧諸国

（1）フランス

①アメリカと並ぶアニメーション創始国

フランスは、アメリカと同じくアニメーションが発明された国として位置づけられる。しかし、大量生産と商業主義で世界をリードしたアメリカとは対照的に、小規模、個人主義、そしてアート性の高いアニメーションを送り出したのがフランスである。一九六〇年代以降、フランス国営放送局ＯＲＴＦはテレビアニメを多く制作し、国立の映画センターが短編映画への助成を行っている等、他のアニメーション制作国と類似している点も多くある。しかし、やはり日本のファンにとっては、アート性の高い長編アニメーションを制作してきた国というイメージがフランスにはあり、現在でも、そうした長編アニメーションが制作され続けている。

②P・グリモーとR・ラルー

子ども向けのファンタジーではなく、寓《ぐう》意《い》性や風刺性を盛り込み「大人のための」長編アニメーションを制作した代表的な作家が、グリモーとラルーである。

グリモーは『避雷針泥棒 Le voleur de paratonnerres』（一九四四）等の短編も発表しているが、戦後、ディズニーの影響で続々と長編アニメーションが制作されたヨーロッパにあって、比喩や象徴を盛り込んだ、大人のためのファンタジーとも言える『やぶにらみの暴君』（一九五二）は異色にして衝撃であった。日本での公開は一九五五（昭和三〇）年だが、高畑勲、宮崎駿らに大きな影響を与えた作品として知られている。

ただ、『やぶにらみ』はグリモーにとっては不本意な出来で、三〇年近くを隔てて公開された『王と鳥 Le Roi et l'Oiseau』（一九八〇）を完成版とみなしている。『やぶにらみ』と比べると特にラストシーンが大きく異なり、『やぶにらみ』に接したファンは、現在も『王と鳥』を評価しない傾向がある。

ラルー（René Laloux 一九二九〜二〇〇四）の出世作は短編『カタツムリ Les escargots』

（一九六五）であるが、代表作といえば、やはり長編『ファンタスティック・プラネット La planète sauvage』（一九七三）であろう（図28）。物語の舞台の惑星イガムでは、人間は虫ケラのように巨人族ドラーグに支配されている、という設定で描かれた切り紙アニメーションで、そのキャラクターや舞台背景、植物や動物のデザインもきわめて独創的である。分野的にはSFであるが、そうした枠に収まりきらないカルト的な魅力に溢れており、切り紙アニメーションによる作品という意味からも、長編アニメーション史における記念碑的傑作である。

図28　R・ラルー『ファンタスティック・プラネット』（1973）
©Argos Film

　ラルーから一世代後の監督として、J・F・ラギオニ（Jean-François Laguionie 一九三九〜）がいる。手法は切り紙アニメーションで、短編『娘とチェロ弾き La demoiselle et le violoncelliste』（一九六五）、『太平洋横断 La traversée de l'Atlantique à la rame』（一九七八）、長編『グヴェン Gwen,le livre de sable』（一九八五）等が代表作である。

③最近の長編監督

もともと長編アニメーションは莫大な予算を要し、興行的に失敗すれば、その後のアニメーション制作の機会を失うことになる、リスクの大きい事業である。その中でもフランスは長編アニメーションが多く制作されている国で、最近の長編アニメーション監督も、何人か挙げることができる。

M・オスロ（Michel Ocelot 一九四三〜）は、もともと短編作家であったが、初の長編となった『キリクと魔女 Kirikou et la Sorcière』（一九九八）はフランスで興行的に成功し、長編監督として名乗りを上げた。他に、色彩豊かで独創的な造形のCGによる長編『アズールとアスマール Azur et Asmar』（二〇〇六）、カラー影絵の造形による長編『夜のとばりの物語 Les Contes de la nuit』（二〇一一）などがある。

S・ショメも、もともと短編を手がけていたが、長編『ベルヴィル・ランデブー』（二〇〇二）で知名度が高まった。そして長編二作目の『イリュージョニスト L'Illusionniste』（二〇一〇）は、時代遅れの手品師が、仕事を求めてたどり着いた田舎町で出会った少女に想いを寄せ、二人は同居するが……、という物語で、日本ではいまだに作り得ていない中年以上の男性向けとも言える長編アニメーションとなった。

『ペルセポリス Persepolis』（二〇〇七）は、イラン出身の漫画家M・サトラピ（Marjane

Satrapi 一九六九〜）の漫画を自身が監督した長編アニメーションで、イラン革命に翻弄された作者自身の自伝的内容となっている。

A・ギャニョル（Alain Gagnol 一九六七〜）とJ-L・フェリシオリ（Jean-Loup Felicioli 一九六〇〜）の二人は、長編『パリ猫ディノの夜 Une vie de chat』（二〇一〇）が公開され、日本でも最近知られるようになった監督である。この二人の最新長編『ファントム・ボーイ Phantom Boy』（二〇一五）は、幽体離脱ができる少年と、彼の家族、偶然知り合った警察官らによる現代劇サスペンスで、娯楽性も高く、フランスの長編アニメーションがさらなる一歩を踏み出したという印象を与えた。

（2）イギリス

①ハラス&バチェラー

イギリスは、一九〇〇年前後からアニメーション制作の記録があるという意味で、アメリカやフランスと並ぶアニメーション創始国である。

一九三〇年代以降になると、『レインボー・ダンス Rainbow Dance』（一九三六）等の作品で、抽象アニメーションの先駆者の一人となったL・ライ（Len Lye 一九〇一〜一九八〇）のような作家は登場しているが、商業系のアニメーションと言えば、イギリスを代表する長編アニメーション『動物農場 Animal Farm』（一九五四）の監督であるJ・ハラスの登場を待たねばならない。

ハラス（John Halas 一九一二〜一九九五）はハンガリーのブダペスト生まれで、一九三六年にイギリスに渡った。その仕事先のスタッフだった（彼の妻となる）J・バチェラーと共に一九四〇年に設立したのが、ハラス＆バチェラー・スタジオ（Halas and Batchelor）である。

設立以来、二〇〇〇本に及ぶという膨大なアニメーションを制作したイギリス随一のスタジオだが、その多くは教育用作品やコマーシャルフィルムで、『動物農場』のように、動物をキャラクターとしながらも民主主義と独裁政治とを対比させた社会派的な作品は例外である。

イギリスの長編アニメーションとしてはもう一本、『イエロー・サブマリン The Yellow Submarine』（G・ダニング監督、一九六八）を挙げねばならない。ビートルズの四人がそのままキャラクターとして登場し、海底王国ペパーランドの危機を救うという、強いて言えば冒険物だが、内容的には子ども向けの気配は皆無で、ポップ・アート風の画調と色彩が鮮烈なイメージを残す異色長編となった。

また、核兵器の恐ろしさを描いた『風が吹くとき When the Wind Blows』（J・T・ムラカミ監督、一九八六）も、イギリスを代表する長編アニメーションとして記憶されるべき作品である。

②アードマン・アニメーション

イギリスは、アニメーション教育と作家への助成、その作品の普及方法に特有のシステムがある。まず、教育については、王立美術学院（Royal College of Art：RCA）と、国立映画テレビ校（National Film & Television School：NFTS）があり、近年台頭した若手作家の多くが、このいずれかの学校の卒業生である。

助成と普及については、一九八二年に放映を開始した公共放送局「チャンネル4」がある。「革新的で卓越性と多様性を持ち、教育的で質の高い放送」を義務づけられており、たとえば社会的少数派（LGBTなど）を対象とした放送も実施している。[*1] 個人作家に対する制作費などの助成制度もあり、最近のイギリスの個人作家の多くが、このチャンネル4の恩恵を受けている。

そうしたイギリスにあって、クレイアニメーション『ウォレスとグルミット』シリーズ（図29）で一躍有名になったN・パークがいる。彼は、NFTS在学中からシリーズ第一

図29　N・パーク『ウォレスとグルミット　チーズ・ホリデー』（1989）　©and™ Aardman/WgG Ltd 2005

作となる『チーズ・ホリデー A Grand Day Out』（一九八九）を制作しはじめた。本作はその緻密なアニメートとストーリーで、すでにデビュー作という枠を超えている。第二作『ペンギンに気をつけろ！ The Wrong Trousers』（一九九三）では、前作をさらに超えるキャラクターの演技、臨場感溢れるカメラワーク、そして娯楽映画の王道に則ったストーリーで、まさに「楽しめるアニメーションとはこういうものだ」とパークが誇示しているかのような迫力があった。

　そのパークがNFTS卒業後に入ったのが、アードマン・アニメーション（Aardman Animations）である。一九七六年、自身もアニメーション監督であるP・ロード（Peter Lord 一九五三〜）が設立した、クレイアニメーションをはじめとするストップ・モーション・アニメーション専門のスタジオである。

　アードマンとアメリカのドリームワークスとの共同制作、パークが監督した長編が『チキンラン Chicken Run』（二〇〇〇）で、本作によりパークの名は世界的なものとなった。同じ体制で、「ウォレスとグルミット」シリーズ初の長編『ウォレスとグルミット 野菜畑で大ピンチ！ Wallace & Gromit: The Curse of the Were-Rabbit』（二〇〇五）が制作された。

近年のアードマンは、３ＤＣＧも手がけており、『ザ・パイレーツ！ バンド・オブ・ミスフィッツ The Pirates! Band of Misfits』（二〇一二）は、アードマン設立者のロードが監督を務めている。

③短編アニメーション作家

チャンネル４の恩恵を受ける形で、イギリスからは多くの独創的な短編アニメーション作家が登場している。

クエイ兄弟（Stephen and Timothy Quay 一九四七〜）は双子の人形アニメーション作家で、『ストリート・オブ・クロコダイル The Street of Crocodiles』（一九八六）など、怪奇的な世界を描く作風で知られる。

P・ムロイ（Phil Mulloy 一九四八〜）は、真っ黒でほとんど同じ顔のキャラクターを作品に使い続ける特異な作家で、大胆なリミテッド・アニメーションを駆使して人間の本質を描き続けている。代表作は『イントレランス Intolerance』シリーズ（二〇〇〇〜〇四）

など。
M・ベイカー（Mark Baker 一九五九〜）は、シンプルなドローイングで、丘の上に建つ農家の日常と、そこへ都会からやってくる観光客との対比をユーモラスに描いた『丘の農場 The Hill Farm』（一九八九）、日本でいう田舎の「村八分」を描いた『ヴィレッジ The Village』（一九九三）などの短編を発表している。
J・クイン（Joanna Quinn 一九六二〜）は、力強いドローイングで、特に女性の心理や嗜好を描くその絵柄やアニメートは強い印象を与える。代表作は『ガールズ・ナイト・アウト Girls Night Out』（一九八七）、『ボディ・ビューティフル Body Beautiful』（一九九〇）など。
S・テンプルトン（Suzie Templeton 一九六七〜）はリアルなデザインの人形をアニメートして文字通り人形の魂を感じさせ、近年台頭した最も刺激的な人形アニメーション作家の一人である。代表作は、『ドッグ Dog』（二〇〇一）、『ピーターと狼 Peter and the Wolf』（二〇〇六）など。

（3）イタリア

イタリアも戦前から現在まで、長編を含むアニメーション制作が盛んな国であるが、日本ではあまりまとまって紹介されることがない。そうした中で、最もポピュラーな作家が、B・ボッツェット（Bruno Bozzetto 一九三八〜）である。ボッツェットは商業ベースでも多くの作品を発表しているが、アート性の高い作品でも実績は少なくない。

代表作は長編三作目にあたる『ネオ・ファンタジア Allegro non troppo』（一九七六）である。ディズニーの『ファンタジア』へのオマージュともいうべき作品で、クラシック音楽に合わせてキャラクター等の絵がアニメートされた作品である。『ネオ・ファンタジア』では、それぞれスタイルが異なる六本の短編と、その合間に実写の寸劇を挿入するという構成であるが、合間の寸劇はかなりクセの強いドタバタ劇に仕上がっているせいか、アニメーション・パートとのアンバランスさが批判されることもあった。それでも、ラヴェルの「ボレロ」とシンクロさせた第三パートと、シベリウスの「悲しきワルツ」とシンクロさせた第四パートは、いずれも独立した短編としても十分成立する力作である。

（4）ベルギー

ベルギーのアニメーション作家として著名な作家が、R・セルヴァエ（Raoul Servais 一九二八〜）である。異様にも見える色彩と、グラフィカルなデザインによる描画が特徴で、『シレーヌ（人魚）Sirène』（一九六八）はその代表作である。また、実写合成による『ハーピア Harpya』（一九七九）や、人物の実写真をセルに貼り付けてアニメートするという特異な手法が使用された『夜の蝶 Nachtvlinders』（一九九八）は、いずれもセルアニメーションや人形アニメーションにはない、独特の幻想的な雰囲気が漂う傑作となった。

（5）オランダ

オランダのアニメーション作家としては、二人を紹介したい。

P・ドリエッセン（Paul Driessen 一九四〇〜）は、オランダ本国とカナダNFBを拠点に活動する作家で、手法はセルアニメーションであるが、一度観たら忘れられない独特のキャラクターデザインを使用し、ブラックユーモアが溢れる短編アニメーションを多く制作している。代表作は、『あやとり Au bout du fil』（一九七四）、『生存競争 Jeu de coudes』（一九七九）、『ティップ・トップ Tip Top』（一九八四）、『氷山を見た少年 Le garçon qui a vu l'iceberg』（二〇〇〇）等であるが、ベテランになるにつれて作品が少なくなる傾向がある短編アニメーション作家の中で、ドリエッセンは現在も精力的に制作を続けている。

M・D・ドゥ・ヴィット（Michael Dudok de Wit　一九五三〜）は、強烈な陰影を表現した描画のアニメーションが特徴で、『お坊さんと魚 Le Moine et le poisson』（一九九四）、『岸辺のふたり Father and Daughter』（二〇〇〇）が代表作である。特に『岸辺のふたり』は発表直後から世界各国の映画賞を受賞し、日本でも公開され人気を得た。

しばらく新作が途絶えていたが、二〇一六年、ドゥ・ヴィット初の長編となる『レッドタートル　ある島の物語 The Red Turtle』が公開された。本作は、スタジオジブリが共同製作を務めていることでも話題になった。

4、ロシアおよび東欧諸国

（1）ロシア

①多彩なアニメーション史

ロシアは、帝政ロシア時代からアニメーションが制作されているが、長編から短編まで

図30　L・アタマノフ『雪の女王』（1957）

多彩な歴史を有している。

第一部でも紹介した人形アニメーションの始祖と言えるL・スタレヴィッチは、ロシア革命後フランスに亡命し、以後フランスで人形アニメーションを制作するが、革命後のソ連でも、多くの作家が人形アニメーションや切り紙アニメーションを制作していた。ロシア初の長編アニメーションは、すでに一九三五年に発表されており、実写併用という形式ながら人形アニメーションで制作された『新ガリヴァー』（A・プトゥシコ監督）がそれである。

しかし、ロシアのアニメーションが日本で注目されたきっかけになったのは、二本の長編アニメーションであろう。それは、I・I・ワノー（Ivan Ivanov-Vano 一九〇〇～八七）監督の『せむしの仔馬（イワンと仔馬）Konyok Gorbunok』（一九四七）と、L・アタマノフ（Lev Atamanov 一九〇五～八一）監督の『雪の女王 Snezhnaya koroleva』（一九五七）（図30）である。いずれもディズニーの影響下にあるセルアニメーションだが、とりわけ『雪の女王』は、少年を助けるために戦うヒロインと、そのヒロインを助ける山賊の娘のキャラクターが宮崎駿に大きな影響を及ぼしたことで著名である。

アメリカの項で述べたように、一九六〇年代以降、グラフィックな画風によるリミテッド・アニメーションが世界的にブームになったが、ロシアでその第一人者となったのが、F・ヒートルークである。ロシアのアニメーションのセンター的スタジオであるソ連邦動画スタジオの設立（一九三六年）初期から所属していたヒートルークの代表作は、『ある犯罪の話 Istoriya odnogo prestupleniya』（一九六二）、『フィルム・フィルム・フィルム Film Film Film』（一九六八）、『島 Ostrov』（一九七三）等であるが、彼の作品は、日常生活の中に鋭い人間観察と皮肉を込めた風刺性が特徴である。

帝政ロシア時代からの伝統と言えるかもしれないが、ロシアは人形アニメーションの制作が盛んである。中でも、日本で人気が高い作家がR・カチャーノフである。一九六九〜八三年にかけて四作が制作された『チェブラーシカ』シリーズが著名だが、人形アニメーション史上のカチャーノフという意味では『手袋（ミトン）Varezhka』（一九六七）を第一に挙げねばならない。子犬を飼いたくてたまらない少女の赤い手袋が子犬に変身して……、というシチュエーションは、以後、『手紙（レター）』（一九七〇）、『ママ』（一九七二）等の作品でも発揮される、夢と現実が違和感なく交錯するカチャーノフ作品の世界観が発揮された傑作である。

E・ナザロフ（Eduard Nazarov 一九四一〜二〇一六）はセルアニメーション作家だが、動物を主人公にした、寓意に満ちた民話のような作品で知られる。代表作は『犬が住んでいました Zhil-byl pyos』（一九八二）である。

G・バルディン（Garri Bardin 一九四一〜）は立体アニメーション作家で、さまざまな立体素材を使い、人間のエゴを描き出す作風で知られるが、かなりの多面性を見せる作家でもある。代表作はクレイアニメーションの『ブレーク！ Brek!』（一九八五）、折り紙を使った『アダージョ Adagio』（二〇〇〇）、そして二〇一〇年には長編『アグリー・ダックリング（みにくいアヒルの子）Gadkii utenok』を発表した。

②Y・ノルシュテイン

かつては社会主義国の必然性で、商業性を意識することなく質の高いアニメーションを制作できたロシアにあって、最大の巨匠はY・ノルシュテインである。

ノルシュテインは、一九六一年にソ連邦動画スタジオに入り、修行時代には、カチャーノフ作品の人形アニメーターを務めた。その後、切り紙アニメーションという手法にたどり着き、自身の監督作品を発表しはじめた。代表作は、あたかも観客自身がその作品世界にさまよっているかのような臨場感を覚える『霧の中のハリネズミ Yozhik v tumane』（一九七五）（図31）と、アニメーション史上例をみないといってもよいほど複雑なテクニックが駆使された『話の話』（一九七九）であるが、とりわけ『話の話』では、時間と時代の流れや、空気、水、そして音の質感といった、元来映像を抽象化することで成立するアニメーションでの表現がきわめて困難な世界を、強く深く表現してみせた。一九九一年の民主化以後、仕事場と制作費を求めて日本を含む世界各地を渡り歩いているが、制作開始後すでに三〇年以上が経つ長編『外套 Shinyel』は、まだ制作途上である。

図31　Y・ノルシュテイン『霧の中のハリネズミ』（1975）
©2002 Films By Jove Inc. in association with Soyuzmule films stadio

③ A・ペトロフ

ノルシュテイン以後、ロシアから出現したア

図32　A・ペトロフ『老人と海』（1999）

ニメーション作家の筆頭に挙げられるべき作家がペトロフ（Aleksandr Petrov 一九五七〜）である。ガラス版の上に油絵具を塗りつけてアニメートする油絵アニメーションの手法で、デビュー作『雌牛 Korova』（一九八九）以降、『マーメイド Rusalka』（一九九六）、『老人と海 The Old Man and the Sea』（一九九九）（図32）といった作品で、油絵を完璧にアニメートしたと言えるテクニック、豊かな色彩と光の表現とで、観客を圧倒し続けている。

④I・コヴァリョフ

ペトロフよりもやや後に頭角を現したのが、ウクライナ生まれのコヴァリョフ（Igor Kovalyov 一九五四〜）である。

ソビエト連邦崩壊後、ロシアではいくつかの民営のアニメーションスタジオが設立されたが、コヴァリョフはそのうちの一つ、パイロット（ピロート Pilot）・スタジオの設立に関わった。セルアニメーションの作家で、初期作品の『妻はめんどり Ego zhena kurica』（一九八九）、『窓辺の鳥 Bird in the Window』（一九九六）、そして『フライング・ナンセン Flying Nansen』（二〇〇〇）の頃までに、国際アニメーション映画祭の常連となった。『ミルク Milch』（二〇〇五）、『ビフォア・ラブ Before Love』（二〇一五）と続く作品で、人間の奥底に潜む闇や揺らぎをえぐりだす作風は、娯楽とは対極的だが、一度見ただけで強く印象に残るインパクトは他の追随を許さない。

（2）エストニア

旧ソ連崩壊後、ロシア以外で最も精力的にアニメーションを送り出しているのが、エストニアである。古くから紹介された作家がR・ラーマト（Rein Raamat 一九三一〜）で、代表作は『ビッグ・ティル Suur Tõll』（一九八〇）である。

もともと、首都タリンに国営スタジオがあり、エストニア独立後も、セルアニメーション（平面アニメーション）専門のヨーニスフィルム（Eesti Joonisfilm）と、立体アニメーション専門のヌクフィルム（Nukufilm）とで、それぞれ独自のスタイルが維持されている。平面アニメーションのP・パルン（Priit Pärn 一九四六〜）は、『つくり話 Aeg maha』（一九八四)、『草上の朝食 Eine murul』(一九八七)等の作品でソ連邦時代から知られた作家だが、九〇年代以降、独特のデザインと、アイロニーに満ちたストーリーに磨きがかかり、『ホテルE Hotell E』(一九九二)、『ニンジンの夜 Porgandite öö』(一九九八)、そして『雨の中のダイバー Tuukrid Vihmas』(二〇一〇)も高く評価された。

パルン作品のもつ影響力は大きく、J・ポルドマ(Janno Põldma 一九五〇〜)、P・テンダー(Priit Tender 一九七一〜)、K・ヤンシス(Kaspar Jancis 一九七五〜)、ウロ・ピッコフ(Ülo Pikkov 一九七六〜)ら次の世代の作家も数多く出現し、常に世界の短編アニメーション界をリードしていることは驚嘆に値する。

一方、立体アニメーション系のヌクフィルムでは、やはりソ連邦時代から活動するR・ヘイドメッツ(Rao Heidmets 一九五六〜)、R・ウント(Riho Unt 一九五六〜)らがおり、それぞれ現在まで作品を発表している。ウントの最新作『ザ・マスター Isand』(二〇一五)は、抑圧された世界とそこに生かされる人間を動物のパペットを使って表現した作品で、古典的ながら、逆にそれが印象に残る力作だった。

(3) チェコ

①J・トルンカとB・ポヤール

東欧圏は、古くから人形アニメーションの制作が盛んであるが、その最大の制作国がチェコである。そして、そのチェコを代表するばかりではなく、世界的な人形アニメーションの頂点に位置する作家が、J・トルンカである。セルアニメーションとアニメーションの商業性を完成させた巨匠がディズニーだとすれば、人形アニメーションとその芸術性を完成させた巨匠はトルンカと言えよう。

もともとチェコは古くから人形劇の伝統があり、トルンカも一〇代の頃から人形劇場に参加するなど、後の経歴の基礎を築きつつあった。一九四五年からアニメーション制作を開始し、その二年後には長編『チェコの四季 Špalíček』（一九四七）を完成させた。そして、『皇帝の鶯 Císařův Slavík』（一九四八）、『バヤヤ Bajaja』（一九五〇）、『チェコの古代伝説 Staré pověsti české』（一九五二）、『真夏の夜の夢 Sen noci svatojánské』（一九五九）の四本の長編人形アニメーションを発表した。

人形アニメーションは、人形を一体一体、少しずつポーズを変えながらコマ撮りして制作される手法で、分業化や制作工程の効率化が可能なセルアニメーションと比較して格段に手間のかかる手法である。十数年の間に五本もの長編を制作し、しかもその合間にも多くの短編作品を制作したトルンカの仕事は、それだけで驚異的なものである。そしてトルンカは、憂いを帯びたパペットのデザインと、繊細なアニメートを駆使して、あたかも人形の「内面」までをも表現したと言えるほどに、人形アニメーションの表現力と芸術性を高めた。

そうしたトルンカの作品が及ぼした影響は多大で、日本からも、川本喜八郎がチェコに長期滞在し、トルンカのスタジオに出入りすることで、その秘密を吸収している。

一方、トルンカが全盛期の頃から人形アニメーション作品を発表しはじめ、トルンカと並ぶ双璧としてチェコを代表すると言われつつも、人形にとどまらず、半立体のレリーフによるアニメーションや切り紙アニメーションも手がけるアニメーション作家が、B・ポヤール（Břetislav Pojar 一九二三〜二〇一二）である。人形アニメーションとしては、『飲みすぎた一杯』（一九五四）、『ライオンと歌 Lev a písnička』（一九五九）等が代表作だが、一九六八年の「プラハの春」の動乱以降はカナダNFBにその制作拠点を移し、切り紙アニメーション『見えるか見えないか To See or Not to See』（一九六九）、『バラブロック Balablok』（一九七二）等の作品を発表した。

②H・ティールロヴァーとK・ゼマン

オーソドックスな人形を使ったトルンカとポヤールに対して、一九四〇年代から人形アニメーションを発表し、戦後は人形にとどまらずさまざまな立体素材を使用した作品を発表したH・ティールロヴァーも重要な作家である。代表作は、『おもちゃの反乱 Vzpoura hraček』（一九四六）、ハンカチをキャラクターに見立ててアニメートした『結んだハンカチ Uzel na kapesníku』（一九五八）や、毛糸をアニメートした『二つの毛糸玉 Dvě klubíčka』（一九六二）等である。

そしてもう一人、K・ゼマンも、オーソドックスな人形アニメーションから、ガラス細工の人形を置き換え式でアニメートした『水玉の幻想 Inspirace』（一九四八）、そして特撮的な長編作品『悪魔の発明 Vynález zkázy』（一九五八）等、多彩な実績を残している。

③J・シュヴァンクマイエルと近年の作家

シュヴァンクマイエルは、一九九〇年代後半からの日本の「アート・アニメーション」のブームを盛り上げた一人である。

人形、日用品、ガラクタ、食品に至るまであらゆる実物素材をアニメートするシュヴァンクマイエルの作品は、従来のアニメーションのイメージを大きく逸脱している。しかし、彼の作品の魅力はそこにあり、粘土の圧倒的なアニメートを見せる『対話の可能性 Možnosti dialogu』（一九八二）（図33）や、迷宮的な世界観が魅力な長編第一作『アリス

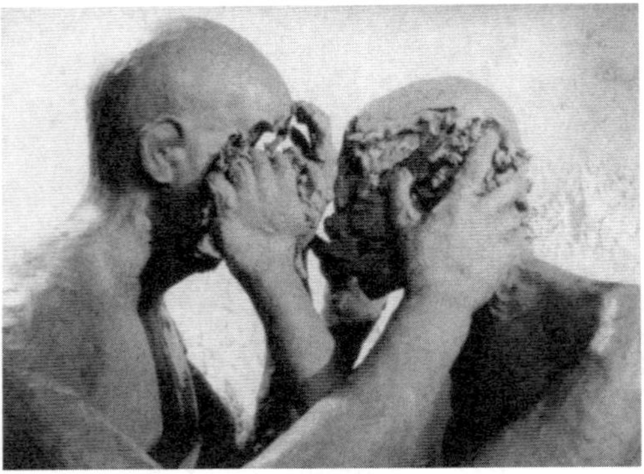

図33　J・シュヴァンクマイエル『対話の可能性』（1982）
©Kratky Film Praha a.s. ALEF Studio, Ltd.

Něco z Alenky』（一九八七）等が傑作として著名である。特に『対話の可能性』は、その後の立体アニメーションのあり方全般に、そして世界中の立体アニメーション作家に衝撃を与えた重要な作品である。

シュヴァンクマイエルの作品は、独特の怪奇性と幻想的な映像が特徴で、また人形を破壊的に扱うことが少なくないため、伝統的な人形アニメーションのファンや作家たちから嫌われる傾向もないではない。しかし、人形を含む実物アニメーションの概念と表現の多様性・可能性を限りなく広げたことは疑いない。

J・バルタ（Jiří Barta 一九四八〜）もチェコを代表する人形アニメーション作家で、手袋を擬人化して映画史パロディー作品に仕立てた『手袋の失われた世界 Zaniklý svět rukavic』（一九八二）や、「ハーメルンの笛吹き男」を独自に解釈し、多くの暗喩を込めた人形アニメーションに仕立て上げた『笛吹き男

Krysař』（一九八五）が代表作である。

M・パヴラトヴァ（Michaela Pavlátová 一九六一〜）はドローイングの作家だが、性をテーマとしたユーモラスで、かつ直截的な表現の作品で知られる。代表作は『レペテ Repete』（一九九五）、『トラム Tram』（二〇一二）など。

（4）クロアチア

クロアチアでは、首都ザグレブのザグレブ・フィルムにアニメーションスタジオが設立（一九五六年）されてから、多くの風刺的な短編アニメーションが制作されており、いわゆる「ザグレブ派」が形成された。結果、旧ユーゴスラヴィア時代から、ユーゴのアニメーションはクロアチアのアニメーションと言えるほど盛んだった。

ザグレブ派のアニメーションは、グラフィカルなキャラクターデザインとリミテッド・アニメーションによる作品が多かったが、アメリカでリミテッド・アニメーションを創始したＵＰＡの単純な模倣ではなく、アニメートや色彩はさらに洗練され、同時に風刺や皮肉を大胆に盛り込んでいた。事実、ザグレブ派の作家はＵＰＡの作品を見ずに独自のスタイルにたどり着いたという[*2]。

代表的な作家と作品は、D・ヴコチッチ（Dušan Vukotić 一九二七～九八）の『代用品 Surogat』（一九六一）、B・ドヴニコヴィチ（Borivoj Dovniković-Bordo 一九三〇～）の『二等車の客 Putnik drugog razreda』（一九七三）、N・ドラギッチ（Nedeljko Dragić 一九三六～）の『毎日が過ぎていく Idu dani』（一九六九）等が挙げられる。しかし九〇年代以降、クロアチア独立に至る内戦（クロアチア紛争、一九九一～九五）の影響で、ザグレブ派に代表される独自のスタイルは影をひそめている。

5、中国および韓国

（1）中国

中国では戦前の一九二〇年代からアニメーションが制作されている。そのパイオニアは万兄弟で、長編『鉄扇公主《てっせんこうしゅ》』（一九四一）はその代表作である。

いわゆる新中国成立後（一九四九年）の中国のアニメーションは、全般的には子ども向けの情操教育的な内容をもつ作品が主体という感があり、際立った風刺性を含む作品や、象徴的・抽象的な内容をもつ作品は少ない。手法としても、伝統的な平面アニメーション作品が多いが、その中でも、上海のアニメーションスタジオに所属していた特偉《トーウエイ》（一九一五〜二〇一〇）らが開発した水墨画アニメーションという独特の手法は、中国アニメーション界最大の成果である。輪郭が墨の濃淡でぼやけた文字通りの水墨画によるキャラクターが自在にアニメートされ、『おたまじゃくしがお母さんを探す』（一九六〇）、『牧笛《ぼくてき》』（一九六三）はその手法による代表作である。

図34　王樹忱、徐景達、厳定憲『ナーザの大暴れ』（1979）
©上海美術映画製作所

　そして、セルアニメーションによる長編『ナーザの大暴れ』（王樹忱、徐景達、厳定憲監督、一九七九）（図34）は、主人公の少年が四大竜王と戦って（四人組を風刺したもの）国に平和をもたらすという内容で、豊かな色彩と中国古来の京劇の動きを取り入れたフル・アニメーションだった。

近年の中国は、自国コンテンツの保護政策が徹底しており、一時期大量に入っていた日本のアニメの放映などが制限される中で、自国のアニメーション制作量が急激に伸びている。これは、二〇〇〇年代半ばごろから中国政府が主導する形でアニメーション教育と産業育成に乗り出し、それが数字に反映されてきたということだが、二〇一一年段階で、中国国産のアニメーションの制作分数は二六万分を超えており、これは同時期の日本の約三倍に達する。[*3]

そうした結果、最近は海外市場を本格的に目指しており、フル３ＤＣＧの長編『西遊記ヒーロー・イズ・バック』（田暁鵬監督、二〇一五）は、その最前線に位置する作品となった。

「アニメ大国」といえば、長らく日本とアメリカのことだった。しかし今や、そこに中国が加わり、制作量に関する限り、日本はすでに中国に追い越されている。

（2）韓国

韓国のアニメーションの歴史は比較的新しく、一九六〇年前後から作品が制作されている。しかし、韓国の場合、長らくアメリカや日本のテレビアニメの下請けを受注してきたため、その影響下に自国の作品が制作されるようになった。たとえば、日本で巨大ロボットもののアニメがブームとなっていた一九七〇年代には、『テコンV』（キム・チョンギ監督、一九七六）といった巨大ロボットが登場する作品が制作され、この作品はシリーズ化されている。

近年韓国では、国家がアニメーションを育成しようという動きがあり、大学や専門学校でのアニメーション教育も盛んになっている。国内で制作されるテレビアニメシリーズは多く、二〇一五年に放映開始のテレビアニメは一五タイトル、このうち日本の一般的なテレビアニメと同じ一話二十数分の作品は五タイトル、一話一五分以内の作品は一〇タイトルである。[*4] しかし、前年から継続放映されているタイトルもかなりあり、現在韓国では年間四〇タイトル前後が放映されていることになる。これらには、日本や中国、マレーシアとの合作も含まれているが、大半は韓国製である。

韓国のテレビアニメは日本でも馴染みがあり、『虹の戦記イリス』（一九九七〜九八）、『少女チャングムの夢』（パク・ピョンサン監督、二〇〇五〜〇六）、『ポンポン　ポロロ』（二〇〇三〜）などは日本でも放映された。

そして、長編アニメーションも多く制作されており、二〇一五年には合作を含め一〇本が公開されている。韓国の長編アニメーションは、二〇〇〇年代に入って日本で紹介される作品が増え始め、また日本と同じくヤングアダルト向けのハードなストーリーをもつ作品も少なくない。日本のＳＦアニメの影響が見られる『ワンダフルデイズ』（キム・ムンセン監督、二〇〇三）、そして『マリといた夏』（二〇〇二）、『千年狐ヨウビ』（二〇〇七）のイ・ソンガン、『大切な日の夢』（二〇一一）、『そばの花、運のいい日、そして春春』（二〇一四）のアン・ジェフンらは日本でも紹介された代表的な監督である。

＊1――「英チャンネル4、将来ビジョンを発表」『放送研究と調査』二〇〇八年五月号（電子版）。

＊2――越村勲『クロアティアのアニメーション』彩流社、二〇一〇。

＊3――増田弘道「制作量は日本の2・5倍でも……中国アニメーション産業の光と影」二〇一二年。（http://bizmakoto.jp/makoto/articles/1205/15/news016.html）

＊4――「Korean Animation Collection 2015」Ministry of Culture, Sports and Tourism, Republic of Korea, 2016.

主要参考文献（注釈で挙げたものを除く）

アニメージュ編集部編『TVアニメ25年史』徳間書店、一九八八

アニメージュ編集部編『劇場アニメ70年史』徳間書店、一九八九

遠藤誉『中国動漫新人類』日経BP社、二〇〇八

甲野正道・山梨俊夫『現場で使える美術著作権ガイド』ブリュッケ、二〇一一

小山昌宏・須川亜紀子編著『アニメ研究入門』現代書館、二〇一三

J・サドゥール（村山匡一郎・出口丈人共訳）『世界映画全史①映画の発明―諸器械の発明 1832-1895』図書刊行会、一九九二

高橋光輝・津堅信之編著『アニメ学』NTT出版、二〇一一

昼間行雄・権藤俊司・編集部編『ユーロ・アニメーション』フィルムアート社、二〇〇二

L・マルティン『マウス・アンド・マジック（上・下）』権藤俊司 監訳、楽工社、二〇一〇

山口且訓・渡辺泰『日本アニメーション映画史』有文社、一九七七

横田正夫・小出正志・池田宏編『アニメーションの事典』朝倉書店、二〇一二

T・ラマール『アニメ・マシーン』藤木秀朗 監訳、名古屋大学出版会、二〇一三

リスト制作委員会『TVアニメ50年史のための情報整理』WEBアニメスタイル、二〇一二-一三（http://animestyle.jp/special/tv-anime50th/）

Bendazzi, Giannalberto. *Animation: A World History.* Vol.2&3 CRC Press. 2016.

Russett, R & Starr, C., *Experimental Animation.* Da Capo Press. 1988.

Taylor, Richard. *The Encyclopedia of Animation Techniques.* Running Press. 1996.

White, Tony. *Animation from Pencils to Pixels.* Focal Press. 2006.

アニメーション略年表

年		アニメーション界のできごと		国内外のその他の動き
元号	西暦	国内	海外	
明治25	1892	5月、国産アニメーションの創始者の一人・下川凹天生まれる。	フランス／10月、E・レイノーがアニメーションの起源の一つとされる「テアトル・オプティク」を公開。	
31	1898	10月、政岡憲三生まれる。		10月、幸徳秋水ら、社会主義研究会を結成。
33	1900	6月、大藤信郎生まれる。		3月、治安警察法公布。
34	1901		アメリカ／12月、W・ディズニー生まれる。	
39	1906		アメリカ／4月、J・S・ブラックトンの『愉快な百面相』を発表。	3月、鉄道国有法公布。全国の主な私鉄が国有化される。
41	1908		フランス／8月、E・コールの『ファンタスマゴリー』公開。	

44	1911	9月、瀬尾光世生まれる。		10月、辛亥革命勃発、翌1912年中華民国成立。
大正 45 1	1912		チェコ／2月、J・トルンカ生まれる。	7月、明治天皇崩御。元号が大正に改まる。
3	1914	この頃から海外の短編アニメーションが日本で多数公開され、人気を博す。	アメリカ／2月、W・マッケイの『恐竜ガーティ』公開。アメリカ／12月、E・ハードがセルアニメーションの特許を出願。	6月、オーストリア皇太子、サラエボで暗殺される（第一次世界大戦勃発）。
4	1915		中国／8月、特偉生まれる。	
6	1917	1月頃、日本初の国産アニメーションと思われる下川凹天『芋川椋三玄関番の巻』完成。	アルゼンチン／11月、Q・クリスティアーニの長編『使徒（El Apóstol）』公開。	11月、ロシア十月革命、ソビエト成立。
10	1921	北山清太郎、北山映画製作所（アニメーション制作スタジオとしては国内初と思われる）を設立。		2月、雑誌「種蒔く人」創刊。プロレタリア文学がおこる。
11	1922		アメリカ／5月、W・ディズニー、「ラフ＝オー＝グラム・フィルム（Laugh-O-Gram Film）」社を設立し、アニメーションを制作しはじめる。	4月、「週刊朝日」「サンデー毎日」創刊。

15	1926		ドイツ／この年、L・ライニガーの『アクメッド王子の冒険』完成。	8月、日本放送協会（NHK）設立。
昭和 1				
3	1928	11月、手塚治虫生まれる。		
4	1929		アメリカ／8月、W・ディズニー、『シリー・シンフォニー』シリーズの第1作、『骸骨の踊り』（W・ディズニー）公開。 ドイツ／この年、O・フィッシンガー『Studie』シリーズ第1作『Studie Nr.1』を発表。	10月、ニューヨーク株式市場が大暴落、世界恐慌が広がる。
7	1932			3月、満洲国建国宣言。
9	1934	この年、全面的にセルを使用した初めての作品『茶釜音頭』（政岡憲三）公開。	フランス／A・アレクセイエフ『禿山の一夜』を発表（完成は1933年）。	この年、東北地方大凶作。
10	1935	10月、高畑勲生まれる。		
12	1937	11月、政岡憲三が京都で「日本動画協会」設立。アニメーションの和訳「動画」の由来になったという。	アメリカ／12月、ディズニーの長編『白雪姫』（D・ハンド）公開。	7月、蘆溝橋事件発生。日中戦争勃発。
15	1940	5月、荒井和五郎の代表作『お蝶夫人の幻想』公開。	アメリカ／12月、ディズニーの長編『ファンタジア』公開。	9月、日独伊三国（軍事）同盟に調印。

昭和				
16	1941	1月、宮崎駿生まれる。 11月、富野喜幸（由悠季）生まれる。	ロシア／9月、Y・ノルシュテイン生まれる。 アメリカ／12月、フライシャーの長編『バッタ君町に行く』公開。	7月、アメリカ、在米日本資産凍結、石油対日輸出禁止等の措置をとる。 12月、日本軍ハワイ真珠湾を空襲、米英に宣戦布告（太平洋戦争勃発）。
17	1942		アメリカ／8月、ディズニーの長編『バンビ』公開。	6月、ミッドウェー海戦で日本海軍大敗。
18	1943	3月、『桃太郎の海鷲』公開。		5月、アッツ島の日本守備隊全滅。 12月、学徒出陣。
19	1944	4月、『くもとちゅうりっぷ』公開。		7月、サイパン島の日本軍全滅。日本本土への空襲が始まる。
20	1945	4月、長編『桃太郎海の神兵』公開。 11月、政岡憲三、村田安司、荒井和五郎らが日本漫画映画社設立。	アメリカ／この年、UPA設立。	2月、米英ソ、ヤルタで会議（ヤルタ会談）。 8月、広島・長崎に原爆投下、ポツダム宣言受諾（日本敗戦）。
21	1946	5月、日本漫画映画社第1作『桜（春の幻想）』完成。	ソ連／この年、I・I・ワノ	11月、日本国憲法公布。
22	1947			3月、教育基本法公布。

23	1948	1月、日本動画株式会社を設立。後の東映動画の母体。	ーの長編『せむしの仔馬（イワンと仔馬）』完成。	11月、極東国際軍事裁判最終判決。翌月、東条英機元首相ら7名が処刑される。
25	1950	9月、ディズニーの長編『白雪姫』一般公開。		6月、朝鮮戦争勃発、国内で朝鮮戦争特需。
26	1951	8月、押井守生まれる。		9月、サンフランシスコ平和条約、日米安保条約に調印（日本の主権回復）。
27	1952	10月、エイケンの前身である日本テレビジョン（略称・TCJ）設立。	カナダ／この年、N・マクラレン『隣人』完成。 フランス／この年、P・グリモーの長編『やぶにらみの暴君』完成。	
29	1954		イギリス／4月、J・ハラスの長編『動物農場』完成。	3月、第五福竜丸ビキニ環礁にて水爆被災。 6月、自衛隊法成立。
30	1955	1月頃、横山隆一主宰のおとぎプロダクション設立。		11月、自由民主党結成。
31	1956	1月、持永只仁の人形アニメーション『瓜子姫とあまのじゃく』完成。		12月、日本、国際連合に加盟。

昭和				
		4月、大藤信郎のカラー影絵アニメーション『幽霊船』完成。 7月、日動を東映傘下として吸収し、東映動画発足。		この年、神武景気が高潮。「もはや戦後ではない」の時代に。
32	1957	5月、東映動画の第1作『こねこのらくがき』完成。	ソ連／この年、L・アタマノフの長編『雪の女王』完成。	10月、ソ連、初の人工衛星スプートニク1号打ち上げ成功。
33	1958	10月、東映動画長編アニメーション第1作で、同時に日本初のカラー長編となった『白蛇伝』公開。		12月、1万円札発行。
34	1959		チェコ／この年、J・トルンカの長編『真夏の夜の夢』完成。	
35	1960	11月、久里洋二らの「アニメーション三人の会」結成、東京・草月ホールで第1回作品発表会開催。		5月、日米新安保条約承認案を衆議院が可決。安保闘争起きる（60年安保）。
36	1961	5月、国産初のTVシリーズ（4分の帯番組）『インスタント・ヒストリー』放映開始。 7月、大藤信郎死去（61歳）。		8月、東ドイツ、西ベルリンへの交通を遮断（ベルリンの壁が築かれる）。
37	1962	1月、虫プロダクション設立。		8月、堀江謙一、単身ヨットで太平洋横断成功。

		10月、竜の子プロダクション設立。		10月、キューバ封鎖。米ソの緊張極度に高まる。
38	1963	1月、虫プロのTVシリーズ『鉄腕アトム』放映開始。 3月、東映動画の長編『わんぱく王子の大蛇退治』公開。 9月、TCJのTVシリーズ第1作『仙人部落』放映開始。 10月、今敏生まれる。 11月、東映動画のTVシリーズ第1作『狼少年ケン』放映開始。	アメリカ／この年、R・ハリーハウゼンの『アルゴ探検隊の冒険』公開。	1月、「週刊少女フレンド」創刊。 5月、「週刊マーガレット」創刊。 11月、アメリカ大統領ケネディ暗殺。
39	1964	1月、TVシリーズ第1作『0戦はやと』放映開始。 8月、東京ムービー設立、TVシリーズ第1作『ビッグX』放映開始。		10月、東京オリンピック開催。同月、東海道新幹線（東京〜新大阪）開業。
40	1965	5月、タツノコプロのTVシリーズ第1作『宇宙エース』放映開始。 10月、国産初の本格的カラーTVシリーズ『ジャングル大帝』放映開始。		2月、米軍、北ヴェトナムの空爆開始。 6月、日韓基本条約調印。
41	1966	11月、村田安司死去（70歳）。 12月、魔法少女ものの先駆けである	アメリカ／12月、W・ディズニー死去（65歳）。	5月、中国、文化大革命始まる。

昭和				
		TVシリーズ『魔法使いサリー』放映開始。		
42	1967	9月、細田守生まれる。11月、国産初のコンピュータ・アニメーション『風雅の技法』(山田学・月尾嘉男)公開。	ソ連／この年、R・カチャーノフの『手袋』完成。	この年、ミニスカート大流行。
43	1968	3月、TVシリーズ『巨人の星』放映開始。スポ根ものの先駆け。7月、東映動画の長編『太陽の王子ホルスの大冒険』公開。	イギリス／この年、G・ダニングの長編『イエロー・サブマリン』を完成。	6月、小笠原諸島、日本に復帰。12月、川端康成、ノーベル文学賞受賞。同月、東京府中市にて3億円事件発生。
44	1969	3月、東映動画の長編『長靴をはいた猫』公開。10月、TVシリーズ中最大の長寿放映記録を更新しつづける『サザエさん』放映開始。	チェコ／12月、J・トルンカ死去(57歳)。ソ連／この年、R・カチャーノフの『チェブラーシカ』シリーズの第1作『こんにちはチェブラーシカ(ワニのゲーナ)』完成。	7月、アポロ11号、月面着陸成功。この年、いざなぎ景気。
45	1970	4月、TVシリーズ『あしたのジョー』放映開始。		6月、日米安保条約、自動延長(70年安保)。
47	1972	9月、サンライズスタジオ(現サンライズ)設立。	アメリカ／9月、M・フライシャー死去(89歳)。	2月、あさま山荘事件。5月、沖縄、日本に復帰。

48	1973	10月、マッドハウス設立 12月、TVシリーズ『マジンガーZ』放映開始。 2月、新海誠生まれる。 11月、虫プロ倒産。	フランス／この年、R・ラルーの長編『ファンタスティック・プラネット』完成。	10月、第4次中東戦争勃発。これを契機として石油ショック起きる。
49	1974	1月、TVシリーズ『アルプスの少女ハイジ』放映開始。 10月、TVシリーズ『宇宙戦艦ヤマト』放映開始。		10月、「文藝春秋」田中角栄首相の金脈・人脈を暴露。
50	1975	6月、日本アニメーション設立。 10月、TVシリーズ『タイムボカン』放映開始。		4月、北ヴェトナム・サイゴン陥落（ヴェトナム戦争終結）。 7月、沖縄海洋博覧会開催。
51	1976	10月、TVシリーズ『キャンディ・キャンディ』放映開始。	イタリア／この年、B・ボッツェットの長編『ネオ・ファンタジア』完成。	7月、田中角栄元首相逮捕（ロッキード事件）。
52	1977	8月、TVシリーズの再編集による劇場長編『宇宙戦艦ヤマト』公開。		9月、日本赤軍、日航機ハイジャック（ダッカ事件）。
53	1978	4月、TVシリーズ『未来少年コナン』放映開始。	アメリカ／この年、R・バクシの長編『指輪物語』完成。	5月、新東京国際空港（成田空港）供用開始。

昭和				
54	1979	8月、長編『さらば宇宙戦艦ヤマト』公開。 4月、TVシリーズ『機動戦士ガンダム』放映開始。 4月、TVシリーズ『ドラえもん』(第2シリーズ)放映開始。 8月、長編『銀河鉄道999』公開。 12月、長編『ルパン三世 カリオストロの城』公開。	アメリカ/6月、D・フライシャー死去(84歳) 中国/この年、長編『ナーザの大暴れ』完成。 ソ連/この年、Y・ノルシュテインの『話の話』完成。	この年発売のインベーダーゲーム大流行。 2月、イラン革命、ホメイニ師実権掌握。 3月、アメリカ・ペンシルベニア州スリーマイル島原子力発電所事故。
55	1980	3月、長編『火の鳥2772 愛のコスモゾーン』公開。		7月、モスクワオリンピック開催されるが、日本はアメリカと共に参加ボイコット。
56	1981	3月、劇場版『機動戦士ガンダム』の第1作公開。 10月、TVシリーズ『うる星やつら』放映開始。		
57	1982	10月、TVシリーズ『超時空要塞マクロス』放映開始。	チェコ/この年、J・シュヴァンクマイエルの『対話の可能性』完成。	2月、ホテルニュージャパン火災、日航機羽田沖墜落。
58	1983	12月、初のオリジナルビデオアニメ『DALLOS』の第1話(全4話)		9月、大韓航空機撃墜事件。

		発売。		
59	1984	2月、長編『うる星やつら2　ビューティフル・ドリーマー』公開。 3月、長編『風の谷のナウシカ』公開。 12月、GAINAX設立。		3月、グリコ・森永事件。
60	1985	6月、スタジオジブリ設立。 7月、京都アニメーション設立（法人化）。	アメリカ／5月、W・ヴィントンの長編『マーク・トゥエインの大冒険』完成。	8月、日航ジャンボ機御巣鷹山墜落事故、死者520人。
61	1986	2月、TVシリーズ『DRAGON BALL』放映開始。 10月、TVシリーズ『聖闘士星矢』放映開始。	アメリカ／この年、J・ラセターの『ルクソー・ジュニア』完成。 イギリス／この年、クエイ兄弟の『ストリート・オブ・クロコダイル』完成。	4月、ソ連チェルノブイリ原子力発電所爆発事故。
62	1987	3月、長編『王立宇宙軍　オネアミスの翼』公開。 12月、アイジータツノコ（後のプロダクションI・G）設立。	カナダ／1月、N・マクラレン死去（72歳）。 カナダ／この年、F・バックの『木を植えた男』完成。 チェコ／この年、J・シュヴァンクマイエルの長編『アリス』完成。	4月、国鉄分割民営化、JR発足。 この年、ソ連「ペレストロイカ」始まる。

	63	1988	4月、長編『となりのトトロ』、『火垂るの墓』同時公開。 7月、長編『AKIRA』公開。 11月、政岡憲三死去（90歳）。		6月、リクルート未公開株の異常収益事実発覚（リクルート事件）。
平成	64 1	1989	2月、手塚治虫死去（60歳）。 7月、長編『魔女の宅急便』公開。	アメリカ／11月、ディズニーの長編『リトル・マーメイド』公開。 イギリス／この年、N・パークの『チーズ・ホリデー』完成。	1月、昭和天皇崩御、元号を平成に改める。 4月、消費税導入。
	2	1990	1月、TVシリーズ『ちびまる子ちゃん』放映開始。 4月、TVシリーズ『ふしぎの海のナディア』放映開始。		10月、東西ドイツ統一。
	3	1991	7月、長編『おもひでぽろぽろ』公開。	アメリカ／11月、ディズニーの長編『美女と野獣』公開。	1月、湾岸戦争勃発（4月終結）。
	4	1992	3月、TVシリーズ『美少女戦士セーラームーン』放映開始。 7月、長編『紅の豚』公開。	アメリカ／11月、ディズニーの長編『アラジン』公開。	6月、国連平和維持活動（PKO）法成立。 9月、学校の週休2日制始まる。

5	1993	4月、TVシリーズ『機動戦士Vガンダム』放映開始。『ガンダム』の6年ぶりのTV新シリーズ。	アメリカ／この年、人形アニメーションによる長編『ナイトメアー・ビフォア・クリスマス』完成。	8月、細川護熙連立内閣成立（55年体制崩壊）。
6	1994	7月、長編『平成狸合戦ぽんぽこ』公開。	アメリカ／6月、ディズニーの長編『ライオン・キング』公開。	12月、大江健三郎、ノーベル文学賞受賞。
7	1995	10月、TVシリーズ『新世紀エヴァンゲリオン』放映開始。 11月、長編『GHOST IN THE SHELL 攻殻機動隊』公開。	アメリカ／11月、ピクサーの長編『トイ・ストーリー』公開。 アメリカ／この年、ドリームワークスがアニメーション部門設立。	1月、阪神・淡路大震災。死者6000人以上。 3月、地下鉄サリン事件。
8	1996		アメリカ／6月、ディズニーの長編『ノートルダムの鐘』公開。	12月、ペルー日本大使館人質事件（翌年4月解放）。
9	1997	4月、TVシリーズ『ポケットモンスター』放映開始。 7月、長編『もののけ姫』公開。	アメリカ／6月、ディズニーの長編『ヘラクレス』公開。	7月、香港、中国に返還。 11月、北海道拓殖銀行破綻、山一證券自主廃業。
10	1998	2月、長編『PERFECT BLUE』公開。	フランス／この年、M・オスロの長編『キリクと魔女』完成。	5月、インド、パキスタン核実験。

平成				
11	1999	7月、長編『ホーホケキョ となりの山田くん』公開。	アメリカ／8月、長編『アイアン・ジャイアント』公開。 アメリカ／11月、長編『劇場版ポケットモンスター ミュウツーの逆襲』公開、8500万ドル超の興行成績（現在まで日本アニメ第1位）	9月、茨城県東海村の核燃料工場で臨界事故。
12	2000		イギリス／6月、長編『チキンラン』公開（米ドリームワークス製作） オランダ／この年、M・D・ドゥ・ヴィットの『岸辺のふたり』完成。	6月、南北朝鮮首脳がピョンヤンで初会談。
13	2001	7月、長編『千と千尋の神隠し』公開。	アメリカ／5月、ドリームワークスの長編『シュレック』公開。 アメリカ／6月、ディズニーの長編『アトランティス 失われた帝国』公開。	9月、アメリカ・ニューヨーク、ワシントンで同時多発テロ事件発生。
14	2002	2月、『千と千尋の神隠し』がベルリン国際映画祭金熊賞を受賞。 2月、新海誠の『ほしのこえ』が東	フランス／この年、S・ショメの長編『ベルヴィル・ランデブー』完成。	9月、小泉純一郎首相、ピョンヤンで金正日総書記と会談。

		京で単館上映。		10月、ノーベル賞、小柴昌俊（物理学賞）、田中耕一（化学賞）同時受賞。
15	2003	3月、『千と千尋の神隠し』がアカデミー長編アニメーション賞を受賞。 6月、山村浩二の短編『頭山』がアヌシー国際アニメーション映画祭でグランプリを受賞。	アメリカ／5月、ディズニーの長編『ファインディング・ニモ』公開。	3月、イラク戦争勃発。 この年、新型肺炎（ＳＡＲＳ）が世界的に大流行。死者７００人以上。
16	2004	7月、長編『スチームボーイ』公開。 8月、長編『マインド・ゲーム』公開。 11月、長編『ハウルの動く城』公開。	アメリカ／この年、ディズニーは、パリ、東京等の２Ｄ系のアニメーションスタジオを相次いで閉鎖。	8月、アテネ五輪開催、日本人選手最多のメダル37個を獲得。 10月、新潟県中越地震発生、死者46人。 12月、スマトラ沖巨大地震発生、死者20万人以上。
17	2005	4月、フジテレビ「ノイタミナ」の第1作として『ハチミツとクローバー』放映開始。	アメリカ／10月、ディズニーの長編『チキン・リトル』公開。	3月、「愛・地球博」開幕。 4月、ＪＲ福知山線脱線事故発生。死者１０７人。
18	2006	4月、ＴＶシリーズ『涼宮ハルヒの憂鬱』放映開始。 7月、長編『ゲド戦記』公開、同月『時をかける少女』公開。	アメリカ／6月、ピクサーの長編『カーズ』公開。	3月、第1回ワールド・ベースボール・クラシック開幕。

平成				
19	2007	11月、長編『パプリカ』公開。 4月、TVシリーズ『らき☆すた』放映開始。アニメによる地域振興の先駆け。 9月、長編『ヱヴァンゲリヲン新劇場版：序』公開。	フランス／5月、M・サトラピの長編『ペルセポリス』公開。	10月、郵政三事業民営化。
20	2008	7月、長編『崖の上のポニョ』公開。 8月、『イヴの時間』ネット公開開始。	アメリカ／6月、ピクサーの長編『ウォーリー』公開。	9月、リーマン・ショック。
21	2009	2月、『つみきのいえ』アカデミー短編アニメーション賞受賞。 8月、長編『サマーウォーズ』公開。	アメリカ／5月、ピクサーの長編『カールじいさんの空飛ぶ家』公開	1月、アメリカ大統領オバマ就任。 9月、自民党に代わり民主党政権成立。
22	2010	7月、長編『借りぐらしのアリエッティ』公開。 8月、今敏死去（46歳）。	中国／2月、特偉死去（94歳） フランス／6月、S・ショメの長編『イリュージョニスト』公開。 アメリカ／11月、ディズニーの長編『塔の上のラプンツェル』公開。	6月、小惑星探査機「はやぶさ」帰還。 12月、チュニジア政変を発端に「アラブの春」始まる。
23	2011	1月、TVシリーズ『魔法少女まどか☆マギカ』放映開始。 4月、出崎統死去（67歳）。		3月、東日本大震災発生。

24 2012	7月、長編『おおかみこどもの雨と雪』公開。		5月、東京スカイツリー開業。 10月、山中伸弥、ノーベル生理学・医学賞受賞。
25 2013	1月、TVシリーズ『ラブライブ！』放映開始。 4月、TVシリーズ『進撃の巨人』放映開始。 7月、長編『風立ちぬ』公開。 9月、宮崎駿、長編制作からの引退発表。 11月、長編『かぐや姫の物語』公開。	アメリカ／11月、ディズニーの長編『アナと雪の女王』公開。 カナダ／12月、F・バック死去（89歳）	1月、前年成立した安倍内閣によるアベノミクス始動。 9月、2020年東京オリンピック開催決定。
26 2014	8月、スタジオジブリ制作部門休止。 10月、TVシリーズ『ガンダム Gのレコンギスタ』放映開始。 11月、「日本アニメ（ーター）見本市」ネット公開開始。	アメリカ／11月、ディズニーの長編『ベイマックス』公開。	6月、IS（イスラミック・ステート）国家樹立を宣言。 9月、御嶽山噴火、火山災害として戦後最悪の被害。
27 2015	7月、長編『バケモノの子』公開。 10月、TVシリーズ『おそ松さん』放映開始。	アメリカ／6月、ピクサーの長編『インサイド・ヘッド』公開。	10月、マイナンバー通知開始。

平成	28	2016	8月、長編『君の名は。』公開。 9月、長編『映画 聲の形』公開。 11月、長編『この世界の片隅に』公開。	フランス／6月、ドゥ・ヴィットの長編『レッドタートル ある島の物語』公開。	4月、熊本地震発生、死者150人以上 6月、イギリス国民投票でEU離脱派が勝利。 8月、天皇陛下、生前退位の意向を示す。

ま行

や行

な行

は行

た行

さ行

か行

索引

【著者】
津堅信之（つがた のぶゆき）
1968年兵庫県生まれ。近畿大学農学部卒業。アニメーション研究家。学習院大学大学院、京都精華大学などを経て、現在は日本大学芸術学部映画学科非常勤講師。専門はアニメーション史だが、近年は映画史、テレビ史から大衆文化など、アニメーションを広い領域で研究する。主な著書に『日本アニメーションの力』『アニメ作家としての手塚治虫』（以上、NTT出版）、『日本のアニメは何がすごいのか』（祥伝社新書）、『ディズニーを目指した男 大川博』（日本評論社）など。

平凡社新書836

新版 アニメーション学入門

発行日———2017年2月15日　初版第1刷

著者————津堅信之
発行者———下中美都
発行所———株式会社平凡社
東京都千代田区神田神保町3-29　〒101-0051
電話　東京（03）3230-6580［編集］
　　　東京（03）3230-6573［営業］
振替　00180-0-29639
印刷・製本—株式会社東京印書館
装幀————菊地信義

ISBN978-4-582-85836-5
NDC 分類番号778.77　新書判（17.2cm）　総ページ280
平凡社ホームページ　http://www.heibonsha.co.jp/

必携

租税徴収の実務

通則編

中山 裕嗣 著

- 書類の送達、相続による納税義務の承継及び第二次納税義務について、実務上の具体例を交えて解説
- 実務上必要な書式の記載例を多数掲載
- 重要項目についてQ&Aで詳解したほか、理解を助ける問題を多数収録

一般財団法人 大蔵財務協会

はしがき

租税の徴収事務は、滞納処分を中心とした公権力行使が主体です。中でも、その代表的な差押え及び換価は、私人の財産権に直接制約を加え、更にはこれを奪うものなので、公権力行使としては最強の部類に属します。それ故に、徴収事務に携わる者には、法にしたがった適法・適正な執行が求められます。ところが、徴収事務に関係する法規等をみると、国税徴収法、国税通則法、地方税法、これらの法令解釈通達及び事務運営指針といった税法関係分野だけではなく、民法、会社法等の私法分野にも広く及んでいます。更には、実体法だけではなく民事執行法等の手続法も関係するので、これら法規等を理解し、徴収事務に適切に適用していくのは容易なことではありません。しかし、容易ではないとしても、租税の徴収は法に基づいて執行しなければならないのであり、特に、徴収職員は、自力執行権という極めて強い権限が与えられていますので、法規等の理解と適切な適用は、徴収職員の責務といってよいでしょう。徴収職員の皆様には「法に基づく処理」を常に心に留めて執務にあたって欲しいと願います。

このような考えの下、私は、今日まで、公租公課の徴収事務に携わる職員の方々や税務の専門家を目指している大学院生等を対象に、租税徴収の理論と実務の研修に力を入れてきました。そうしたところ、研修に参加されている多くの方々から、実務に役立つ本を作って欲しいとの要望をいただくようになりました。また、私自身も、常に机の上に置いておけるような実務書が欲しいと思うようになり、ここに本書を執筆することとなった次第です。

本書は、徴収事務に携わる方々の必携書となることを目的として、これまで研修等で使用していた教材をまとめる形で作り上げたものです。実務必携を目的としているため、図解や書式を多く取り入れて徴収手続の流れを具体的にイメージしやすくするとともに、実務上の重要項目は詳述することを心掛けていますので、徴収職員だけではなく、税理士の方々、租税徴収の研究や学習をされている方々にも理解しやすい有用なものとなっています。

また、その構成は、滞納処分編、通則編及び滞調法編の３分冊であり、滞納処分編は、財産調査、差押え、交付要求及び換価・配当の手続を、通則編は、期間計算、書類の送達、租税と他債権との優先関係という通則的事項及び納税義務の承継、第二次納税義務などの納税義務者拡張制度を、滞調法編は、債権及び不動産について滞納処分と強制執行等との手続が競合した場合の調整を内容としています。その特色として、①国税のみならず、地方税の実務取扱いにも重点を置いていること、②実務上の重要項目については、Q＆A方式で詳解したこと、③滞納処分編及び通則編については、実務で問題となり易い事項等について「考えてみよう」のコーナーを設けていること（考え方のヒントを後綴していますので、どのように考えるべきか、是非、チャレンジしてください。）、④全体として、これまでの研修に参加された方々からあった質問等をできるだけ取り入れていること、⑤教科書にあるような体系的な構成ではなく、実務の必要性の観点からの構成となっていること（したがって、国税徴収法等の一般的な講本が記述している事項についても、実務上の必要性を勘案して割愛しているか、又は必要な限度での記述に留めている場合があります。）が挙げられます。また、要所要所で私の租税徴収への思いの入った記述がありますが、その部分は、私の個人的意見であることをご了承ください。

租税徴収に携わって40数年が経ちますが、未だに、知らなかったこと、誤解していたことに日々接している次第であり、租税徴収の奥の深さを痛感するとともに、自己の浅学を再認識しております。そのような自分が実務必携書を出すことには、厚かましさと恥じらいを強く感じるのですが、「あるべき租税徴収の実務」を広めていきたいとの思いで執筆しましたことを御理解いただき、そして、実務に役立てていただければ幸いです。

最後になりますが、本書の刊行に当たっては、川崎市財政局収納対策部収納対策課の職員の方々に数多のご協力をいただきましたこと、ここに深く感謝申し上げます。そして、本書の刊行に御理解をいただき、多大なる御尽力をいただいた一般財団法人大蔵財務協会編集局の諸氏に、厚く御礼を申し上げます。

令和７年１月

中山　裕嗣

目　次

第1章　期間と期限

第2章　書類の送達

第3章　租税と他の債権との優先関係

第4章　納税の緩和制度

第 5 章　相続による納税義務の承継

第 6 章　連帯納税義務・連帯納付責任

第 7 章　第二次納税義務

第 8 章　譲渡担保財産からの徴収

第 9 章　早期保全措置

略語について

徴収法 ………… 国税徴収法
通則法 ………… 国税通則法
不登法 ………… 不動産登記法
民訴法 ………… 民事訴訟法
民執法 ………… 民事執行法
実特法 ………… 租税条約等の実施に伴う所得税法、法人税法及び地方税法の特例法に関する法律

徴収令 ………… 国税徴収法施行令
地税令 ………… 地方税法施行令
通則令 ………… 国税通則法施行令
民執法令 ……… 民事執行法施行令

地税規 ………… 地方税法施行規則
通則規 ………… 国税通則法施行規則

徴基通 ………… 国税徴収法基本通達
通基通 ………… 国税通則法基本通達
徴取通 ………… 地方税法（徴収関係）の取扱いについて「地方税法総則篇」（平成１年10月１日自治税企第41号）
災害減免通達 … 災害被災者に対する租税の軽減免除、納税の猶予等に関する取扱要領
二次提要 ……… 第二次納税義務関係事務提要

最決 …………… 最高裁判所決定
最判 …………… 最高裁判所判決
高決 …………… 高等裁判所決定
高判 …………… 高等裁判所判決
行判 …………… 行政裁判所判決
審判所裁決 …… 国税不服審判所裁決

民集 …………………… 最高裁判所民事判例集

集民 …………………… 最高裁判所裁判集民事

大民集 ………………… 大審院民事判例集

下民集 ………………… 下級裁判所民事裁判集

民録 …………………… 大審院民事判決録

行集 …………………… 行政事件裁判例集

行録 …………………… 行政裁判所判決録

税資 …………………… 税務訴訟資料

※○－○－○　○巻○号○頁

通則法精解 ………… 国税通則法精解（令和４年改訂）　一般財団法人大蔵財務協会発行

徴収法精解 ………… 国税徴収法精解（令和６年改訂）　一般財団法人大蔵財務協会発行

徴基通逐解 ………… 国税徴収法基本通達逐条解説（令和６年版）　一般財団法人大蔵財務協会発行

総則逐解 …………… 地方税法総則逐条解説（平成25年12月24日発行）一般財団法人地方財務協会編集兼発行

第1章 期間と期限

1　期間の意義

期間とは、ある時点（起算点）からある時点（満了点）までの継続した時の区分をいう。

継続した時の区分なので、公売期日（徴収法95①三）などのように特定の日時を示す「期日」とは異なる。

2　期間の計算

月又は年をもって定める期間の計算は、次により行う（通則法10①、地方税法20の５①）。なお、「○月○日から△月△日まで」（所得税法120①、地方税法72の50③参照）のように起算日及び満了日がともに確定している期間の場合は、期間の計算を行う必要がないので、次の期間の計算は適用しない。

⑴　起算点（起算日）

ア　初日不算入の原則

期間の初日は、原則として算入しない。すなわち、起算日は、その翌日となる（通則法10①一本文、地方税法20の５①、民法140本文）。例えば、「直前の公売期日から10日以内」（徴収法107③）と規定されている場合において、その直前の公売期日が「６月15日」であるときは、その翌日である「６月16日」を第１日として計算する。したがって、満了日は「６月25日」となる。

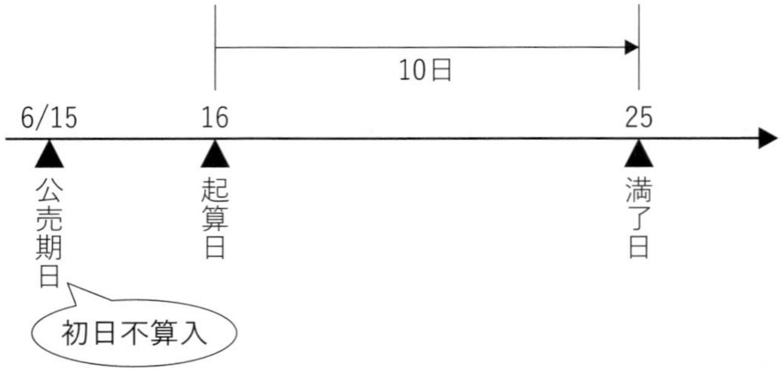

徴収法107条《再公売》３項
　第96条（公売の通知）の規定は、第１項の規定による公売が直前の公売期日から10日以内に行われるときは、適用しない。

イ　初日不算入に対する特例（初日算入）

　期間が午前０時から始まるときは、初日を起算日（初日算入）とする（通則法10①一ただし書、地方税法20の５①、民法140ただし書）。例えば、「各号に定める日の翌日から地方団体の長が還付のための支出を決定した日又は充当をした日までの期間」（地方税法17の４①柱書）と規定されている場合は、各号の定める日の「翌日」は午前０時から始まるので、「翌日」が起算日となる。

　また、税法においては、期間の初日を明確にするために、「……の日から起算して」（通則法58①二等、地方税法18①柱書等）、「……の日以後」（徴収法39等、地方税法18の２③柱書等）等の用語を用いて、初日を算入する旨の定めをしている場合がある。この初日を算入する旨の規定に関しては、国税では、「国税に関する法律に別段の定めがあるときは、この限りでない」旨の規定（通則法10①ただし書）を根拠としているのに対し、地方税では、「法律に別段の定めがあるときは、この限りでない」旨の規定を特段置いていない。もっとも、このような特段の定めを置かなくても、「……の日」の当日を起算点とすることが文理上明らかであるので、特に支障はないというべきであろう

（徴取通20の５⑶ウ参照）。

補 足　地方税法20条の５に「法律に別段の定めがあるときは、この限りでない」旨の規定を置いていないにもかかわらず、地方税法上、初日を算入する規定があることにつき、「本条（地方税法20条の５）は、期間計算について地方税法全体を通ずる原則を定めたものであるが、地方税法中の他の規定において独自の計算方法を定めている場合には、その期間計算の方法によることとなる」とする見解がある（総則逐解637頁）。

⑵　満了点（満了日）

ア　暦による計算

期間が月又は年をもって定められているときは、期間の末日は、暦に従って計算する（通則法10①二、地方税法20の５①、民法143①）。暦に従うとは、１月を30日又は31日というように日に換算して計算するのではなく、暦により対応する日を決めて計算することである。例えば、「○日から１月」と規定されている場合は、翌月における起算日に応当する日（以下「応当日」という。）の前日が期間の末日となる。同様に「○日から１年」と規定されている場合は、その翌年における起算日の応当日の前日が期間の末日となる（通則法10①三本文、地方税法20の５①、民法143②本文）。

イ　月又は年の途中から期間を計算するときの満了点

月又は年の途中から期間を計算するときは、最後の月又は年の応当日の前日の終了時点が期間の満了点となる。例えば、「５月15日から１月」という場合は、起算日は初日不算入により５月16日なので、１月後の応当日である６月16日の前日が満了日となり、その15日の終了時点である15日24時（午後12時）が満了点となる。

なお、「５月30日から１月」という場合は、起算日は初日不算入により５月31日となるが、翌月である６月は起算日である31日に応答する日がない。このように、期間の最後の月に応当する日がないときは、その月の末日の終了時点が期間の満了点となる。したがって、「5月30日から1月」の場合は、6月30日24時が満了点である（通則法10①三ただし書、地方税法20の5①、民法143②ただし書）。

ウ　月又は年の始めから期間を起算するとき

月又は年の始めから期間を起算するときは、最後の月又は年の末日の終了時点（24時）が期間の満了点となる。

エ　「経過する日」と「経過した日」

期間の末日を明らかにするため、「経過する日」と「経過した日」の用語が使用される場合がある。経過する日とは、期間の末日となる日をいい、経過した日とは、期間の末日の翌日をいう。例えば、国税の延滞税の計算につき、通則法60条《延滞税》2項ただし書は、「納期限の翌日から2月を経過する日までの期間については、その未納の税額に年7.3パーセントの割合を乗じた額とする」旨を規定しているが、納期限を6月15日とした場合は、起算日は6月16日、満了日は8月15日（8月の応当日の前日）なので、その8月15日が「2月を経過する日」となる。また、差押えの要件につき、徴収法47条1項1号・地方税法331条1項1号等は「……督促状を発した日から起算して10日を経過した日までに……完納しないとき」と規定しているが、督促状を発した日が6月15日である場合は、起算日は督促状を発した日であり、満了日（経過する日）は15日を第1日目としてその10目に当たる6月24日となり、その翌日25日が「経過した日」となる。したがって、滞納税金が6月25日までに完納されないときは、その翌日である26日から差押えができることとなる。

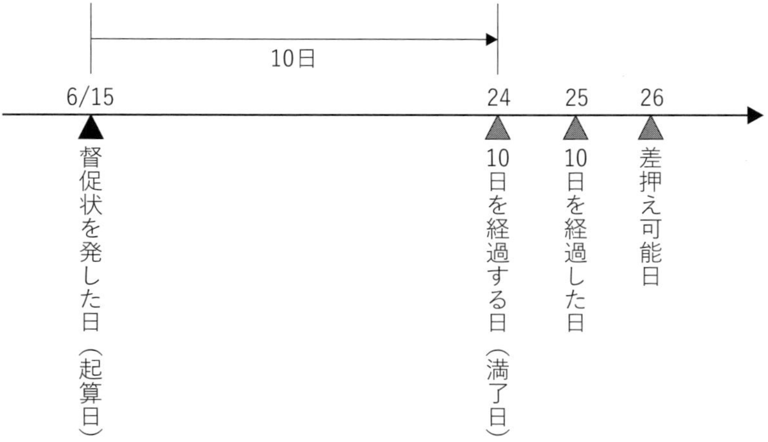

徴収法47条《差押えの要件》１項の柱書と１号

次の各号の一に該当するときは、徴収職員は、滞納者の国税につきその財産を差し押えなければならない。

一　滞納者が督促を受け、その督促に係る国税をその督促状を発した日から起算して10日を経過した日までに完納しないとき。

⑶　期間の計算が過去に遡る場合

徴収法10条１項及び地方税法20条の５において準用する民法の期間計算は、起算日から先に向かって計算するものであるが、前にさかのぼって期間計算する場合にも準用することとしている（通基通10－２、徴取通20の５⑺）。例えば、公売公告は「公売の日の少なくとも10日前までに……公告しなければならない」（徴収法95①）と規定されているが、公売の日が６月15日の場合の公売公告の期間計算は、①起算日は６月14日（初日不算入の原則）、②満了日は14日を第１日目としてさかのぼって10日目に当たる６月５日、③その満了点は６月５日の０時（午前零時）となる。そうすると、６月５日０時には公売公告をしている必要があるので、実際には、６月４日以前に公売公告をしていなければならないこととなる。

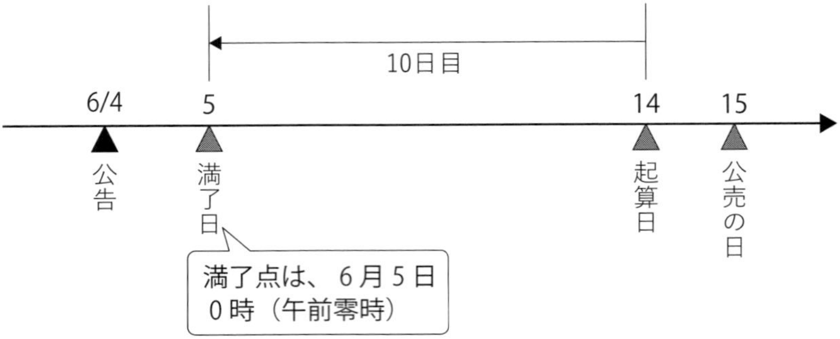

徴収法95条《公売公告》１項本文
　税務署長は、差押財産等を公売に付するときは、公売の日の少なくとも10日前までに、次に掲げる事項を公告しなければならない。

補 足　期間に関する用語の主なものをまとめると、次のとおりである。

用　語	説　　　明
Ｘ日から	（原則）初日不算入⇨Ｘ日の翌日を第１日目とする。
	（特例）期間が午前零時から始まるときは、初日算入　⇨　Ｘ日を第１日目とする。
Ｘ日から起算して	初日算入　⇨　Ｘ日を第１日目とする。
Ｘ日以前、Ｘ日以後	起算日となる日を含む。⇨　Ｘ日を第１日目とする。
Ｘ日前、Ｘ日後	起算日又は満了日となる日を含まない。　⇨　Ｘ日の前日又は翌日を第１日目とする。
Ｘ日以内	満了日となる日を含む。⇨　Ｘ日を満了日とする。
Ｘ日を経過する日	期間の末日となる日　⇨　Ｘ日が満了日となる。
Ｘ日を経過した日	期間の末日の翌日　⇨　Ｘ日の翌日となる。

3　期限

⑴　期限の意義

期限とは、ある程度の時間的広がりの終期をいい、租税の分野においては、申告、申請、請求、届出、納付及び徴収等において期限が付されている場合が多い。なお、期限は、将来到来することが確実でなければならないので、将来到来するかどうかが不確実な「条件」は、この期限に当てはまらない。

期限は、次のように分類されている。

ア　確定期限・不確定期限

「Ａは、Ｂから、来年の６月30日に返済する約束で1,000万円を借りた」という場合のように、到来する時期（来年の６月30日）が確定的に決まっている期限を確定期限という。この場合の確定期限には、○月15日、○月31日等確定日によるもののほか、期間の末日も含まれる。

これに対し、「自分が死んだら全財産をＢに贈与する」という場合の「自分が死んだら」のように、到来することは確実であるが、いつ到来するかが確定的に決まっていない期限を不確定期限という。

イ　履行期限・停止期限

契約においては、その契約上の給付等を「いつまでに行う（履行する）」という約束がなされるのが通常であるが、このように法律行為の「履行」について期限が付されている場合を履行期限という。履行期限が到来するまでは、その履行を請求できない。例えば、「借入金の返済日を、来年の６月30日とする」旨の契約（金銭消費貸借契約）がある場合、貸主は、来年の６月30日までは、借主に対して貸したお金の返済を請求することができない。

補　足　借主は、来年６月30日までは返済しなくてもよいという利益を有しており、これを「期限の利益」という。

また、停止期限とは、契約等法律行為の効力が期限の到来によって生ずるものをいう。例えば、「貸店舗を来年４月１日から賃貸する」という場合である。

(2) 期限が延長される場合

ア 期限が休日等である場合

税法（条例を含む。）に定める申告、申請、納付又は徴収等の期限が休日等である場合は、原則として、その休日等の翌日が期限とみなされる（通則法10②、地方税法20の５②、民法142）。なお、ここに「休日等」とは、日曜日、国民の休日等に規定する休日その他の休日（一般の休日）又は政令で定める日をいう。

補 足 休日等に当たる「その他の休日」と「政令で定める日」

１ その他の休日

その他の休日とは、日曜日、国民の祝日に関する法律に規定する休日以外の全国的な休日をいう。１月２日及び同月３日は、この休日に該当する（行政機関の休日に関する法律１①三、地方自治法４の２①②参照）。

２ 政令で定める日

政令で定める日とは、通則令２条２項及び地税令６条の18第２項で定める日であり、土曜日、12月29日、同月30日、同月31日をいう。

イ 連休の場合

期限が休日等に該当し、さらに、休日等がその休日等に連続する場合は、その連続した休日等の最後の休日等の翌日が期限となる。

ウ 前にさかのぼる期間の末日が休日等である場合

前にさかのぼる期間の末日が期限とされる場合において、その日が休日等に当たるときは、その休日等の翌日をその期限として取り扱うこととされているが、行政機関等が行う行為については、その前日までにする取扱いとなっている（通基通10－５、徴取通20の５(七)(イ)）。例えば、公売の日が６月15日の場合は、公売公告は６月４日までに公告すればよいが（徴収法95①。前記２⑶参照）、その６月４日が休日等に当たるときは、公売公告は６月３日までにしなければならないことになる。

⑶　期限が延長されない場合

期限が休日等に該当する場合であっても、政令（通則令２①、地税令６の18①）で定められる期限及び行政処分により定められる期限である場合は、延長しない。

この政令で定める期限のうち、滞納処分に関係するものは次のとおりである。

通則令２①五	せり売又は複数落札入札制の方法による公売の見積価額の公告期限（公売の日の前日まで）（徴収法99①二）
通則令２①五	見積価額の公告を必要と認める場合の見積価額の公告期限（公売の日の前日まで）（徴収法99①三）
通則令２①五	再公売における見積価額の公告期限（公売の日の前日まで）（徴収法107④）
通則令２①六	債権現在額申立書の提出期限（売却決定の日の前日まで）（徴収法130①）
通則令２①六	滞納処分に関する不服申立て等の期限の特例につき、不服申立事由が①不動産等についての差押えの瑕疵である場合の不服申立期限（公売期日等まで）、②不動産等についての公売公告から売却決定までの処分についての瑕疵である場合（買受代金の納付の期限まで）、③配当についての瑕疵である場合（換価代金等の交付期日まで）（徴収法171①二、三、四、同条②。なお、地方税法19の４、19の13参照）
通則令２①七	滞納処分における優先質権等の証明期限（売却決定の日の前日（金銭取立ての方法により換価する場合は、配当計算書の作成の日の前日）まで（徴収令４③）
通則令２①七 ※地税令６の18①一	法定納期限等以前に譲渡担保財産となっている事実の証明期限（売却決定の前日（金銭取立ての方法により換価する場合は、取立ての日の前日）まで）（徴収令８④） ※地方税法14の18⑨、地税令６の８⑥

通則令２①七	換価財産上の担保権を買受人に引き受けさせることについての担保権者からの申出期限（公売公告の日（随意契約による売却の場合は、その売却の日）まで）（徴収令47四）
通則令２①七	金銭取立ての方法により換価する財産に係る債権現在額申立書の提出期限（取立ての日まで）（徴収令48②）

補 足 地方税法上、滞納処分については徴収法に規定する滞納処分の例によるとされていることから（地方税法331⑥等）、通則令２条１項の規定が準用される。

☞ 考えてみよう！

滞納者が督促を受け、その督促状を発した日から起算して10日を経過した日までに完納しないときは、差押えが可能となりますが（徴収法47①一、地方税法331①一等）、その「10日を経過した日」が休日等に該当する場合は、その翌日に期限が延長されると考えるべきでしょうか。

ヒント・考え方はＰ646

⑷ 災害等による期限の延長

災害その他やむを得ない理由により、申告、申請、請求、届出その他書類の提出、納付又は徴収に関する期限までにこれらの行為をすることができない場合は、政令（通則令３）又は条例（地方税法20の５の２）により期限を延長することができる。

この延長は、地域指定（災害等が地域に広範囲に生じた場合）、対象者指定（災害等によりe-Tax又はeLTAXを利用して行う申告等の行為をすることができないと認められる者が多数に上る場合。通則令３②、地方税法20の５の２②）及び個別指定（個別的事例や狭い範囲内において災害等が生じた場合）がある。

第2章　書類の送達

1　書類の送達の重要性

徴収職員にとって、書類の送達が適法になされているかどうかは、常に注意しなければならない事柄である。特に、新規に滞納事案の交付を受けた際には、①更正通知書、納税通知書などの課税処分に係る通知書が適法に納税者に送達されているかどうか、②督促状はきちんと届いているかどうか、この二点のチェックを習慣づけるべきである。行政処分が効力を生ずるためには、その処分がなされたことを相手方が知り得る状態になっていることが必要である。課税処分の通知書が納税者に送達されていない場合は、その処分を納税者としては知り得る状態にはないということになり、課税処分の効力は生じない。課税処分の効力が生じないということは、その課税に係る租税債権は発生していないということである。したがって、課税処分に係る通知書が滞納者に送達されていないにもかかわらず、督促状が発付され、差押えが執行されてしまうと、そもそも租税債権が存在していないのに差押えを行ったことになるので、その差押えは無効と言わざるを得ない。また、督促状が滞納者に送達されていないと、その督促は無効となる。そうすると、督促は滞納処分の前提となるものであるから、督促を欠く差押えは違法になってしまう。

このように、課税処分に係る通知書や督促状が適法に送達されていないと、これら処分を前提とした後続の滞納処分が全て無効又は違法になってしまう。繰り返しになるが、新規に滞納事案の交付を受けたら、課税処分に係る通知書と督促状のいずれもが滞納者に適法に送達されていることを確認するのは、滞納整理を行う上で大変重要なことなのである。

2　送達の要件

送達が有効であるための要件は、次のとおりである（通則法12①、地方税法20①）。

①　送達を受けるべき者に送達すること。【送達の相手方】

②　送達の相手方の住所、居所、事務所又は事業所に送達すること。【送達場所】

③　郵便若しくは信書便による送達又は交付送達により送達すること。【送達方法】

⑴　送達を受けるべき者

書類の送達を受けるべき者は、賦課徴収又は還付に関する手続等の相手方、つまり、当該書類の名宛人である。この場合の留意事項は、次のとおりである。

ア　送達を受けるべき者が法人の場合の名宛人

書類の送達を受けるべき者が個人である場合の名宛人は、その個人である。一方、書類の送達が法人に対するものである場合は、その法人の名称並びに代表権を有する者の氏名及び役職名を記載する。また、その法人の代表者が複数いる場合には、そのうちの１名の氏名及び役職名を記載して送達すればよい（会社法349②）。名宛人が人格のない社団等である場合も、同様である。

ところで、滞納処分においては、処分時における代表権を有する者の氏名が判明できていない場合もあり、法人の名称のみを宛名欄に記載して書類を送達していることが多いが、この場合でも、その書類が本店等に郵送されて、代表権を有する者の知り得る状態に置かれることにより、有効な送達として差し支えない。

送達を受けるべき者	書類の宛名	備　　考
個人	その氏名	
法人 人格のない社団等	その法人の名称、その代表権を有する者の氏名及び役職名	代表権を有する者の氏名・役職名が判明しない場合は、その記載の省略可

イ　法人の代表権を有する者が欠けている場合

法人によっては、代表権を有する者が死亡しているにもかかわらず、新たな選任手続をせずに代表権を有する者が欠けた状態が継続しているものがある。この場合は、書類を受領する権限を有する者がいないので、その法人に対する書類の送達は、たとえ本店又は事務所等に郵送等ができるとしても、無効である。そこで、このようなケースにおいては、株主・出資者又は他の取締役に代表権を有する者の選任手続を促すか、それが不能の場合は、本店所在地の地方裁判所に一時代表取締役の選任の申立てを検討する必要がある。

ウ　存在しない者を名宛人とする書類送達の効力

存在しない者を相手方とする行政処分は、その内容に関して重大な瑕疵があり、無効とされる。したがって、例えば、登記簿又は土地（家屋）補充課税台帳に所有者として登記登録されている者が死亡しているにもかかわらず、その死亡者を納税義務者としてした納税通知書は無効であり、納税義務の承継人又は現有者（賦課期日において当該固定資産税を現に所有している者）に、その納税通知の効力が及ぶことはない（地方税法９、343②参照）。

エ　被相続人の名義でした処分に係る書類の送達の効果

被相続人の死亡後に、行政機関等がその死亡の事実を知らないで被相続人に課されるべき又は納付・納入（以下「納付等」という。）すべき税金につき、その名義のまま処分をし、その書類の送達（被相続人を名宛人とするもの）をした場合、本来は、上記ウのとおり、その送達は無効であるが、その書類が相続人の一人に現実に送達された場合に限り、当該税金について全ての相続人に対してされたものとみなされる（通則法13④、地方税法９の２④）。被相続人の税金は、結局は相続人に承継されるので、その処分に関する書類が納税義務の承継人である相続人に送達された場合は、あえて処分のやり直しをするまでもないであろう。このようなことから、この規定は、被相続人名義でした処分の効果を確定させることとし、賦課徴収手続の円滑化を図るものである。

この規定は、被相続人の死亡の事実を知らない善意の場合に限り適用されるので、行政機関等において被相続人の死亡が判明している場合は、各相続人に対し、その承継税額（通則法５①②、地方税法９①②）に基づいた処理と送達をしなければならない。なお、行政機関等が市区町村である場合は、死亡届により、比較的早い時期に納税者死亡の事実が判明する場合が多いので（戸籍法25①、88①）、地方税法９条の２第４項が適用されるケースは少ないであろう。

☞ 考えてみよう！

当市は、納税者Ａに対して、同人の所有する市内の甲土地に係る令和６年分固定資産税の納税通知書（年税100万円）を令和６年４月15日に発しました。その後、Ａの長男Ｂから、Ａは令和５年10月に死亡している旨、遺産分割協議が未了である旨及び上記令和６年分納税通知書はＢが受領している旨の連絡を受けました。Ａは、当市とは遠方の甲町に本籍・住所を有しているため、当市は、Ｂから連絡を受けるまで、同人の死亡の事実を知りませんでした。なお、Ａの相続人は、長男Ｂと長女Ｃの２名です。

当市としては、地方税法９条の２第４項の規定に基づき、Ａを名宛人とする上記納税通知書の送達は有効と解していますが、よろしいでしょうか。

ヒント・考え方はＰ647

⑵　書類の送達場所

ア　通常の送達場所

書類の送達場所は、書類の送達を受けるべき者の住所、居所、事務所又は事業所（以下「住所等」という。）である。

㋐　住所等の意義

「住所」とは、各人の生活の本拠（民法22)、つまり生活の中心地のことであり、法人にあっては、その本店の所在地が住所となる(会社法４)。

「居所」とは、人がある程度の期間継続して居住してはいるが、その土地との密接の度合いが住所ほどではない場合をいい、住所が知れない場合は、居所が住所とみなされる（民法23①)。

「事務所又は事業所」は、送達を受けるべき者が継続的に事業活動を行っている場所である。

㋑　住所の認定における留意点

A　客観主義

住所に当たるかどうかは、客観的にみてその人の生活の本拠たる実体を具備しているか否かにより判断する。生活の中心地とするという本人の意思は必要とはされない（最判平９.８.25集民184－１)。したがって、住所を移転させる目的で転出届がされ、住民基本台帳上転出の記録がされたとしても、実際に生活の本拠を移転していなかったときは、住所を移転したものと扱うことはできない。

B　複数説

複数説とは、住所の個数について、一人につき一個に限られるものではなく、複数存在することがあり得るとする見解であり、通説である。現在のように経済・生活関係が多様化している状況においては複数説に従うのが相当である。居所についても同様に考えるべきであろう。例えば、送達を受けるべき者が、妻子と別居していて、その妻子の居住する甲宅には常時居住していない場合であっても、その甲宅に郵便物を送るとその者が受領できるようになっており、また、甲宅を仕事の連絡場所として使用している場合には、その甲宅が、その送達を受けるべき者の対外的・経済的な活動等の面における本拠地であると認めることができるので、甲宅をその者の住所として送達することができよう（東京高判平21.3.31判例タイムズ1298－305参照）

(ウ) 送達場所の優劣

法律上、送達場所については、住所、居所、事務所又は事業所と規定されているだけで、その優劣は明示されていない。したがって、いずれの場所に送達しても適法である。しかしながら、送達の目的が相手方に書類をできるだけ確実、迅速に受領させることにあることを踏まえると、その納税者が確実かつ迅速に受領し得る場所や送達すべき書類と緊密な関係のある場所に送達すべきである（通基通12－1。大阪高判平12.10.19税資（課税関係）249－212参照）。

(エ) 住所、居所、事務所又は事業所以外の場所に送達した場合の効力

送達場所は法定されているので、それ以外の場所に書類を送達することは、原則として、違法となる。

しかしながら、送達を受けるべき者が住所等以外の場所を送達先として指定している場合は、その場所が実質的にその者の住所等として機能しており、現にその者が書類を受領している又は受領し得る状態である場合は、その送達先を住所等に当たるものとして、その送達先への書類の送達を有効と解することができよう（審判所裁決平11.3.11名裁（諸）平10－65、平17.8.30広裁（諸）平17－5参照）。

また、送達を受けるべき者が指定していないにもかかわらず住所等以外の場所に書類を送達した場合であっても、本来の住所等に送達できない事情の存否、送達場所がその者に確実かつ早期に送達され得る場所であるかどうか（その者の支配圏内にある場所であるかどうか）等を考慮した上で送達したものであるときは、たとえ住所等

以外の場所を送達先とした瑕疵があるとしても、その瑕疵は軽微なものであると評価し、その送達は有効と解するのが相当であろう（審判所裁決平９．３．31大裁（所）平８－111・裁決事例集№53－１、平27．５．７東裁（法）平26－99参照）。

イ　一定の事情等がある場合の送達場所

書類の送達を受けるべき者に一定の事情等がある場合の送達先は、次のとおりである。

①　納税管理人が選任されている場合

納税管理人がいる場合には、納税管理人の住所等に送達する（通則法12①ただし書、地方税法20①ただし書）。

ただし、国税の場合は、納税管理人の選任が強制的であること（通則法117）を踏まえ、国税関係書類の全てについて納税管理人宛に送達することとしているが、地方税の場合は、滞納処分に関する書類は、直接本人に送達しなければならないこととされている。したがって、地方税の納税通知書等課税関係書類及び督促状は納税管理人に送達し、差押書は滞納者本人に直接送達することになる。

補足　国税において、国税局長又は税務署長が指定した特定納税管理人（通則法117⑤）がある場合は、その送達を受けるべき書類の受領をすることがその特定納税管理人に処理させる特定事項（同条③）に含まれる場合を除き、通則法12条１項ただし書の「その送達を受けるべき納税管理人があるとき」には含まれないことになる（通基通12－５－２）。なお、地方税においては、特定納税管理人の制度はない。

②　相続人代表者が指定されている場合

納税者について相続があった場合において、相続人の中から代表者が指定されたときは、被相続人に課されるべき、又は被相続人が納付し、若しくは徴収されるべき徴収金の賦課徴収等に関する書類は、その代表者に送達する（通則法13、地方税法９の２）。ただし、滞納処分に関する書類については、各相続人に送達しなければならない（通則法13①、地方税法９の２①）。

③　送達を受けるべき者が在監中の場合

送達を受けるべき者が在監中である場合においても、書類送達の大量性、反復性、迅速性という特殊性に鑑み、その者の住所又は居所等に書類を送達することを原則的取扱いとしている。もっとも、確実かつ迅速に送達するという送達の目的の下、その者の住所又は居所等が不明の場合及び本人のために書類を受け取るべき者がいない場合には、その者が在監している刑務所等に送達することとしている（通基通12－５）。

なお、在監している刑務所等に送達すべき場合において、送達を受けるべき者の在監先が不明な場合の照会窓口は、法務省矯正局成人矯正課となっている（徴収法146の２、地方税法20の11参照）。

④　送達を受けるべき者が制限行為能力者である場合

送達を受けるべき者が制限行為能力者（未成年者、成年被後見人、被保佐人及び被補助者）である場合においても、その者の住所又は居所等に書類を送達することを原則とし、その者の法定代理人が明らかな場合には、その法定代理人に送達することとしている（通基通12－３）。

そこで、制限行為能力者の法定代理人（親権者、成年後見人、保佐人及び補助人）が書類の受領等の代理権を有するかどうかが問題となる。各法定代理人の代理権の有無は次のとおりであるが、結論から言えば、親権者と成年後見人は、書類受領についての代理権を有しているので、これらの者に書類を送達することとする。一方、保佐人と補助人は、審判により書類の受領等についての代理権を付与されない限り、書類受領については代理権限を有しない。したがって、保佐人又は補助人に書類受領の代理権限が付与されていることが明らかでない場合には、書類は被保佐人又は被補助者に送達することになる（広島地判平23.８.31税資（課税関係）261－154）。

	未成年者	成年 被後見人	被保佐人	被補助人
制限行為能力者	18歳未満の者（民法４）	精神上の障害により事理を弁識する能力を欠く常況にある者（民法７）	精神上の障害により事理を弁識する能力が著しく不十分である者（民法11）	精神上の障害により事理を弁識する能力が不十分である者（民法15）
法定代理人	親権者（民法５、818）	成年後見人（民法８、843）	保佐人（民法12、876の２）	補助人（民法16、876の７）
代理権限の内容	未成年者の財産上に関する全ての法律行為について代理権を有する（民法824）。	成年被後見人の財産上に関する全ての法律行為について代理権を有する（民法859①）。	審判により家庭裁判所が定めた場合は、特定の法律行為について代理権を有する（民法876の４①）。	審判により家庭裁判所が定めた場合は、特定の法律行為について代理権を有する（民法876の９①）。

⑤　法人の実体がなくなった場合

書類の送達を受けるべき法人が事実上解散状態となり、登記簿上の所在地に実体がなくなっている場合は、その法人を代表する権限を有する者（理事、代表取締役等）の住所等に送達する（通基通12－２）。

法人が清算手続中の場合は、清算人に送達する。清算が結了して登記簿上の所在地に実体がなくなっている場合も同様に清算人に送達する。

補 足　法人が、課されるべき税金又は納付等すべき税金を納付しないで清算結了の登記をしても、清算は未だ結了しておらず、その法人は清算のために必要な範囲においてなお存続する（徴基通34－13参照）。

⑥　破産手続中の場合

納税者について破産手続開始の申立てがあった場合で、保全管理人が選任された場合（破産法91）は、その保全管理人に送達する（破産法93）。また、破産手続開始の決定があった場合は、破産管財人に送達する（破産法78①、81①）。

(3)　書類の送達方法

書類の送達方法としては、①郵便による送達、②信書便による送達、③交付送達の３つがある。

ア　郵便による送達

郵便には、普通取扱郵便と特殊取扱郵便（郵便法45条１項による普通書留、同４項による簡易書留又は同法47条による配達証明等）があるが、そのどれによるべきかについては特に規定がなく、行政機関等の裁量に委ねられている（名古屋高判平３.３.28税資（課税関係）182－872）。

実務上は、督促状のように反復的大量的に送達するものは普通郵便により、一方、差押書など処分行為の効力を生ずる書類や公売通知書など滞納処分上の重要な手続に関する書類については特殊取扱郵便によって送達している。

イ　信書便による送達

信書便とは、民間事業者による信書の送達に関する法律２条２項に規定する信書便のことをいう。「郵便」に相当する言葉であり、信書の送達を民間事業者が行う場合には「信書便」となり、日本郵便株式会社が行う場合には「郵便」となる。

信書便による送達についても、上記アの郵便による場合と同じである。

ウ　交付送達

交付送達は、行政機関等の職員が送達すべき住所等において、その送達を受けるべき者に書類を交付して行う（通則法12④本文、地方税法20②本文)。いわゆる「手渡送達」のことであり、「原則的交付送達」ともいう。交付送達は原則としてこれによるが、次の場合には、それぞれ次の方法によって行うことができる。

(ア)　出会送達

住所等以外の場所であっても、送達を受けるべき者に異議がないことを条件として、その出会った場所、例えば、送達を受けるべき者の勤務先において書類を交付することができる（通則法12④ただし書、地方税法20②ただし書）

(イ)　補充送達

送達すべき場所において書類の送達を受けるべき者に出会わない場合は、その者への交付に代えて、使用人その他の従業者又は同居の者で書類の受領について相当のわきまえのある者に書類を交付することができる（通則法12⑤一、地方税法20③一)。

(ウ)　差置送達

書類の送達を受けるべき者又は補充送達を受けることができる者が送達すべき場所にいないとき、又はこれらの者が正当な理由なく書類の受領を拒んだときは、送達すべき場所に書類を差し置くことができる（通則法12⑤二、地方税法20③二)。

交付送達

原則的交付送達	・送達すべき場所（住所、居所、事務所又は事業所）において送達 ・送達を受けるべき相手方に直接交付
出会送達	・出会った場所その他送達すべき場所以外の場所において、交付 ・相手方（送達を受けるべき者）に異議がないことを条件
補充送達	・送達を受けるべき者に出会わない場合 ・使用人その他の従業員又は同居の者に交付 ・書類の交付を受けた者が「相当のわきまえ」のある者
差置送達	・送達すべき場所に書類を差置き ・送達を受ける者、補充送達を受けるべき者が送達場所に不在又は書類の受領を拒否

エ　補充送達における「その使用人その他の従業員又は同居の者」について

(ア)　法人あての書類を代表者の家族に交付した場合

代表者宅が法人の事務所等としての機能を有している場合は、その代表者宅に書類を送達することができるが、その場合、同居している代表者の家族への交付が補充送達として有効かどうかが問題となる。この点については、同居している代表者の家族は法人の郵便物について代表者に連絡する役割を担っていることが期待できるので、その面において「その使用人その他の従業者」に該当し、その家族への交付を有効と解するのが相当である。

同様に、代表者の実家が法人の送達場所と認められる場合で、代表者は実家以外の場所に居住しているケースにおいても、実家に居住する代表者の親などが郵便物について代表者に具体的に連絡する役割を担っていると認められるときには、その親は「その使用人その他の従業者」に当たると解するのが相当である（名古屋高判平21. 9 .29税資（課税関係）259－11280）。

(イ)　同居の者と同一生計関係の要否

同居の者につき、法律上、送達を受けるべき者と生計を一にすることを要する旨の規定はない。したがって、送達を受けるべき者と同一の建物内で共同生活をしていれば足り、生計を一にしていることを要しない（通基通12－８）。

なお、送達を受けるべき者と同居の家族とが、その書類にかかる処分につき利害が対立している場合、又は両者の関係が悪化してほとんど意思疎通がない場合などは、その同居の者に書類を交付することができたとしても、その同居者が送達を受けるべき本人に交付することは期待できないであろう。しかし、そのような送達を受けるべき者と同居の者との間の内部事情があったとしても、「同居の者で書類の受領について相当のわきまえのあるもの」に交付することにより、書類の送達は有効になされており、その書類が同居の者から送達を受けるべき者に現に交付されたか否か、同居の者が交付の事実を送達を受けるべき者に話したか否かは、送達の効力に影響を及ぼすものではない（最判平19.３.20民集61－２－586参照）。

オ　補充送達における「相当のわきまえのある者」について

相当のわきまえのある者とは、書類の送達の趣旨を理解し、受領した書類を送達を受けるべき者に伝達することが一般的に期待できる程度の能力（この能力を「事理を弁識するに足るべき能力」ともいう。）を有する者をいい、成人の能力までは要しないとされている（通基通12－９）。

(ア)　子供の受領能力

書類の受領能力の有無は、個々の事例ごとに判断すべきであるが、裁判例においては、小学校高学年程度の能力を一応の目安にしているものと思料される。

補足　裁判例における受領能力の判断

○　肯定例

・13歳11月の女子（大判大14.11.11大民集４－552）

・13歳４月の男子（東京高判昭52.７.18下民集28－５～８－841）
・10歳の女子（大阪高決昭56.６.10判例時報1030－44）

○　否定例

・９歳の児童（東京高判昭34.６.20判例タイムズ93－44）
・７歳９月の女子（最判平４.９.10民集46－６－553）

(ｲ)　高齢者の受領能力

高齢者が書類の受領について相当のわきまえがあると認められるかどうかは、その者の年齢、生活状況（単身での生活が可能か、事理弁識能力はどうか等）、送達時における対応状況などを総合勘案して判断することになるが、実務上、その者の生活状況を一見して判断するのは困難であり、また、その者の対応振りから判断することも難しいであろう（受領能力の肯定例として名古屋高判平14.６.19裁判所ウェブサイト掲載、否定例として仙台高判平５.12.27判例タイムズ864－261参照）。したがって、その者の受領能力について多少なりとも疑念があるときは、郵便受けに投函する等他の送達方法を採るべきであろう（後記３(4)・Ｐ29参照）。

(ｳ)　外国人の受領能力

補充送達の相手方が日本語の理解力が十分とはいえない外国人である場合は、その者が通常の社会生活を営める程度の会話能力を備えているかどうか、郵便物受領時に印鑑を押すことの重要性を認識しているかどうか、本来の送達を受けるべき者が書類を受領したことを把握できるように家庭内等において郵便物の管理が適切になされているかどうか等を勘案して受領能力を判断することになる（東京高判平４.10.30判例タイムズ811－242参照）。

カ　差置送達と他の送達方法との関係

書類の送達方法については、法律上、郵便・信書便による送達又は交付送達の方法によって行うと定めているだけで、いずれの方法によるかについては何らの規定も設けられておらず、そのいずれによるかは行政機関等が適宜これを選択できるものと解されている。そして、差置送達については、通則法12条５項２号・地方税法20条３項２号に定める要件を充たすことにより適法な送達となる（札幌地判平11.２.２税資（課税関係）240－601）。

キ　差置送達における書類を差し置く場所

差置送達において書類をどこに差し置くかについては、「送達すべき場所」に差し置くと定められているだけで、具体的にどのような場所に差し置くかは、書類を差し置く職員の裁量に委ねられている。しかし、住所地内であればどこでもよいというわけではなく、送達の目的に照らし、社会通念上、送達を受けるべき者がその書類を受領して了知し得るであろうと認められる場所に差し置くべきである。なお、一般的には、送達場所である建物の玄関内や郵便受箱等に差し置くケースが多い（東京地判平３.１.24税資（課税関係）182－46参照）。

⑷　書類の送達手続

ア　郵便又は信書便による送達の手続

通常の取扱いによる郵便又は信書便については、送達の推定（通則法12②、地方税法20④）が働くようにするために、発付の事績を確認できるようにしておく必要がある（後記３⑵・Ｐ27参照）。そのため、次に掲げる事項を記録、作成することが求められている（通則法12③、地方税法20⑤）。

①　書類の名称

②　送達を受けるべき者の氏名（法人については、名称）

③　あて先

④　発送年月日

これら書類の発送事績の記録は、実務上、「発送記録簿」、「発送簿」などといった帳簿により行われているが、特に、送達の効力が争われることの多い書類（例えば、督促状）については、上記①から④に掲げる事績を確実に記録するよう心掛けるとともに、その書類が返戻となった場合には、その発送記録簿等の所要部分に返戻年月日及び返戻事由を明記するなど的確に管理しなければならない。

イ　交付送達の手続

交付送達を行う場合、その送達をする職員は、差置送達をした場合を除き、その書類を受け取った者に対し、その旨を記載した書面（送達記録書等）に署名（記名を含む。）を求めて、送達の事績を明らかにしておく必要がある（通則規１①）。書類を受け取った者の署名は、送達の効力要件ではないので、その署名がなくても、その書類の送達は無効にはならないが（行判大13.12.２行録35－940）、書類を受け取った者が署名の求めに応じないときは、交付送達を行う職員は、送達記録書等にその理由を付記しなければならない。

また、差置送達をした場合は、その事績を明らかにしておくため、その旨を記載した書面（送達記録書等）を作成することとしている（通則規１②参照）。

なお、送達記録書等の書面には、次に掲げる事項を記録する必要がある（徴取通20(2)イ参照）。

①　送達年月日（必要に応じて「時刻」を記載）
②　送達者の所属・官職・氏名（押印）
③　送達を受けるべき者の住所・氏名（法人については、所在地・名称）
④　書類の名称及び通数（例えば「差押書　１通」）
⑤　受取人の署名又は記名
⑥　送達した具体的な場所
⑦　「備考」欄に、次の事項を記載
　ⅰ　書類を受領した者が署名の求めに応じない場合は、その旨及び理由（例えば、「署名を求めるも、理由なくこれを拒否した」）
　ⅱ　書類の送達を受けるべき者以外の者に書類を交付した場合は、書類の送達を受けるべき者と受取人との関係又は続柄
　ⅲ　書類の送達を受けるべき者が滞納者以外の者である場合（第三債務者等）は、滞納者の氏名
　ⅳ　差置送達をした場合は、差置送達をした旨、書類を差し置いた

場所（上記⑥）、差し置いた時刻及び差置送達をした理由

3　送達の効力の発生

⑴　送達の効力発生時期

書類送達の効力は、その書類が社会通念上送達を受けるべき者の支配下にはいったと認められる時、すなわち、その書類が送達を受けるべき者の了知しうべき状態におかれた時に生ずる（通基通12－10、徴取通20⑸ア）。例えば、①郵便による送達の場合は、その書類が郵便受箱に投入された時、②交付送達による場合は、その書類が送達を受けるべき者又はその使用人等に交付された時、③差置送達による場合は、その書類を送達すべき場所に差し置いた時に、それぞれ送達の効力が生ずる。なお、これらの場合において、送達を受けるべき者が現実にその書類を受領したか否かは送達の効力に関わりがない（東京高判昭38.２.27訟務月報９－４－516）。

あて先不明により郵便局から返戻された場合は、その書類は送達を受けるべき者に未だ送達されていないため、送達の効力は生じない。一方、送達を受けるべき者が書類をいったん受領し開封してその内容を知った上で返戻した場合は、送達を受けるべき者の支配下に入ったと認められるので、送達の効力が生ずる（高松地判昭44.９.４税資（課税関係）57－261）。更には、その書類がどのようなものであるかを知りながら故意に受領を拒絶した場合においても、同様に送達の効力は発生する（津地判昭48.10.11税資（課税関係）71－522。民法97②参照）。

⑵　送達の推定

通常の取扱いによる郵便又は信書便によって書類を発送した場合は、通常到達すべきであった時に送達があったものと推定される（通則法12②、地方税法20④）。

この場合、行政機関等は、その書類の名称、送達を受けるべき者（納税管理人に送達する場合は、その納税管理人）の氏名又は名称、あて先及び発送年月日を確認することができるように記録・作成しておかなければ

ばならない（通則法12③、地方税法20⑤。上記２(4)ア・Ｐ25参照）。その記録がないときは、この推定効は働かないことになる。

また、ここに「通常到達すべきであった時」とは、そのときの郵便又は信書便の事情と地理的事情等を考慮して合理的に判定される時をいう（通基通12－７、徴取通20(5)ウ前段）。郵便や信書便の配達に要する日数の目安については日本郵便株式会社又は民間事業者のホームページ等に公開されているので、それを一応の基準としてよいであろう（徴取通20(5)ウ後段参照）。

補足 １　通常の取扱いによる郵便又は信書便とは、郵便法57条の規定による特殊扱いとされるもの（速達便を除く）以外の郵便及びこれに準ずる信書便をいう（通基通12－６）。

２　この送達の推定は「事実上の推定」と言われるものであり、訴訟において、相手方の立証活動（反証）により、実際には通常到達すべきであった時よりも遅く送達があったのではないか、又は送達の事実そのものがなかったのではないかとの疑いを裁判官が抱くに至ったときは、この推定は破れる。その場合、行政機関等において送達があった事実につき証明責任を負う。

(3)　権利行使等に必要な所要期間の確保

納税者又は利害関係人に権利行使の機会等を与えることを目的とする書類の送達については、その権利行使等を行い得るに必要な期間を考慮して書類を発送すべきである。例えば、公売通知書は、公売に当たり、滞納者及び利害関係人に事前に権利行使の機会を与えるために行うものであるが、その通知の時期については「公売公告をしたとき」と規定されているだけである（徴収法96）。したがって、規定上は、必ずしも公売公告と同時に通知する必要はないが、通知を行うこととした趣旨に鑑みて、権利行使に必要な期間を考慮して発しなければならないというべきである（換価事務提要47(5)参照）。この権利行使に必要な期間が確保されなかった場合は、送達についての手続的な瑕疵があることとなり、場合によっては、送達の効力が認められないこともあり得る（高松高判昭

63.９.６判例タイムズ684－238参照）。

⑷　意思表示の受領能力の要否

税法上の送達に関しては、「送達を受けるべき者の住所等に送達する」と規定しているだけで（通則法12①、地方税法20①）、民訴法102条１項の「訴訟無能力に対する送達は、その法定代理人にする」旨の規定がないため（民訴法31参照）、送達を受けるべき者に意思表示の受領能力を要するかどうかにつき、見解が分かれている。

受領能力を不要とする見解は、税法上「送達を受けるべき者の住所等に送達する」とのみ規定しているのであるから、その規定に従った送達をすれば足りることを根拠としているようであるが、この見解は、納税通知書、督促状等税務関係書類は、短期間内に大量のものを迅速に送達する必要があるため、個々の納税者の意思能力の有無を考慮して送達を行うことはおおよそ困難といわざるをえないという実務に即したものである。しかしながら、何のための書類の送達かというと、相手方に書類の内容を了知させて納税等の行為を求めるため、又は書類の内容に不服があるときは不服申立ての機会を与えるために行うのであるから、相手方が、受領能力が欠如していることによりその書類の内容を理解することができないにもかかわらず、その者の住所等への送達をもって効力が生ずるというのは疑義があり、書類の送達を受けるべき者の受領能力を要するとする見解の方が合理的である。これは、税法上は「送達を受けるべき者の住所等に送達する」と規定しているものの、送達の効力は、相手方の了知しうべき状態に置かれた時に生ずるのであるから（前記⑴）、相手方に受領能力がないときは、書類が住所等に送達されても「了知し得る状態にない」ので送達の効力は生じないことを理由としているようである。もっとも、全ての書類の送達に相手方の受領能力を要するとしたのでは、大量かつ迅速を要する書類の送達の実務が成り立たず、また、送達後に受領能力がないことが判明した場合は、その送達を無効又は取消しとするというのでは賦課・徴収が不安定となり、円滑な徴税事務に支障を来すという問題が生ずる。

この点、実務取扱いは、制限行為能力者に対する書類の送達は、その者の住所等に送達するとしつつ、法定代理人が明らかな場合は、その法定代理人の住所等に送達するとして（通基通12－３）、折衷的な見解を採っている（前記２⑵イ④参照）。実務としては、この取扱いによるべきであろうが、私見は、大量かつ迅速に送達しなければならない書類（納税通知書、督促状等）は、この実務取扱いに基づいて送達するとして、個々の納税者に対し、いわば１対１で行う処分に係る書類（税務調査に基づく更正・決定等の通知書、差押書等滞納処分関係書類等）の送達については、受領能力必要説に立った処理をすべきように思料する。

補 足 通基通12－３は、送達を受けるべき者が制限行為能力者である場合についての取扱いである。一方、成年後見人が選任されていない者で意思表示の受領能力が認められないものに対する書類の送達については、特に取扱いが定まっていない。実務上は、成年後見人が選任されていない場合が大多数であると思料されるので、その取扱いを早期に整備することが望まれよう。なお、意思表示の受領能力と送達の問題については、拙著「徴収・滞納処分で困ったときの解決のヒント」（大蔵財務協会発行）271頁以下を参照されたい。

4　公示送達

不動産の差押えは、滞納者に差押書が送達された時に効力が生ずる（徴収法68②）。そこで、滞納者の所在が判明しないなどにより差押書の送達が事実上不可能な場合は、何らかの方法により滞納者に送達したことと同じ効果を持たせなければならないことになる。公示送達は、このように送達すべき書類が、郵便・信書便による送達又は交付送達のいずれによっても送達することが不可能な場合等に、その送達に代えて行うものであり、これにより、書類の送達があったものとみなす制度である。

⑴　公示送達の要件

公示送達は、送達すべき書類について、いつでも送達を受けるべき者に交付する旨を掲示場に掲示して行うことを内容としている（通則法14

②、地方税法20の2②)。いわば、送達を受けるべき者に書類の交付を受けることの機会を与えるだけで送達を完了させようというものである。しかしながら、書類の交付を受ける機会を与えるといっても、実際には、送達を受けるべき者に書類の内容を了知させることはほとんど不可能に近いといわざるを得ない。したがって、公示送達を検討すべき事案が発生した場合は、公示送達の要件に該当するかどうかについて、慎重に判断する必要がある。

この公示送達の要件は、次のいずれかに該当することである（通則法14①、地方税法20の2①)。

① 送達を受けるべき者の住所等が明らかでない場合

② 外国においてすべき送達につき困難な事情があると認められる場合

なお、公示送達の要件に該当するか否かの判断は、公示送達をする時点を基準とする。したがって、公示送達の可否を判断する時点において、通常必要と認められる調査を尽くし、その調査に基づく判断が合理的なものであると認められる以上は、これによりなされた公示送達は適法であり、たとえ事後に送達を受けるべき者の住所等が明らかになったとしても、その適法性を左右するものではないと解するのが相当である（民訴法上の公示送達に関するものとして最判平10.9.10集民189－703参照)。

⑵ 要件①の「住所等が明らかでない場合」の意義

「住所等が明らかでない場合」とは、課税関係資料の調査、実地調査、市町村役場等における調査等所在を確認するために通常必要と認められる調査をしても、なお、住所等がいずれも不明な場合をいう（通基通14－1、徴取通20の2⑶イ)。すなわち、住所等が明らかでないかどうかの調査の程度は「通常必要と認められる調査」であり、考えられるあらゆる方法による調査を尽くすことまでをも求めるものではないことに留意すべきである（東京高判昭49.12.25税資（課税関係）77－886)。ただし、住所等の所在が「明らかでない」ことを要するので、住所地等に居住している可能性が否定できない状態のときは、更に所在調査を尽くす必要がある。例えば、①書類を送達すべき者の住所地（アパート）の郵便受けには、その者の姓名「Ｙ」の名が記載されており、②その郵便受けに郵便物が入っていることが確認でき、更に③同所の管理人に、その者の居住の有無を照会したところ、その回答は得られなかったものの「現在、同室は空き部屋ではない」旨の回答があった場合は、その送達を受けるべき者が同所に居住している可能性を否定できないので、これだけの調査では「住所等が明らかでない」ことの要件を充足しない（大阪地判平21.2.27判例タイムズ1302－286）。

補 足 単に１回限りの郵便又は信書便による送達が「あて所に尋ねあたらない」旨の理由で返戻されたことを理由として、その他所要の調査をしないで公示送達をしたときは、公示送達の効力は生じない（行判昭7.12.23行録43－1154等）。

そこで、問題となるのは、通常必要と認められる調査とは具体的にどの程度の調査が必要なのかであるが、通達は、上記のとおり、課税関係等の帳簿書類の調査、実地調査、市町村役場等における調査を例示している。そして、その調査とは、おおむね次のとおりである。

ア　課税関係資料の調査

最新の申告書・添付書類（青色申告決算書等）から、住所、名称、事業所、連絡先についての変更事績の確認、従業員・賃貸人等記載のある関係者を基に所在調査をするなど。また、納税地異動届出書の有無を確認する。

イ　実地調査

書類の送達を受けるべき者の住所・居所、本店所在地・営業所・連絡先等に臨場し、居住の有無（例えば、表札の有無、郵便受けの有無、郵便物の投函の有無、電気・ガスのメーターの動き）や事業活動状況を確認する。臨場先に居住の様子がうかがえず、又は事業実体がないと認められる場合には、近隣の者及び賃貸人等に対して、滞納者の最近の動向、家族の状況、連絡先、就業先の有無などを調査する。この際、近隣の者等からの聴取に当たっては、守秘義務に十分に配意する必要がある（例えば、「滞納者が税金を滞納していること」を話すことは、守秘義務に抵触するおそれがある。）。

ところで、送達を受けるべき者の住所等が遠隔地にある場合は、調査に係る費用や時間の制約があるため、行政機関等によっては調査対象地が県外等一定の区域外にあるときは実地調査を行わない運用をしている場合がある。実地調査は、公示送達の可否を検討する上で重要かつ有効な調査事項であるが、必ずしも不可欠なものではなく、その調査を欠いていた場合であっても、通常必要と認められるものとして合理的な調査を他に行い、その結果を基に行政機関等が「住所等が明らかでない」と判断したときは、その公示送達は適法と認めてよい（沼田市裁決令２.11.26沼総108・裁決データベース参照）。ただし、「調査に係る費用や時間の制約」というのは、行政側の事情にすぎず、そのような事情によって「住所等が明らかでない」という要件の充足性が緩和されるものではない。したがって、実地調査を欠く場合には、他の必要と認められる所在調査を的確に行うべきことに留意する。

また、地方税においては納税義務を負う市町村内に住所等を有しない場合には納税管理人を定めなければならないこととされており（地方税法300等）、この納税管理人が定められていれば同人に書類を送達することができるので、公示送達をする必要がなかったことになる。このようなことから、書類の送達を受けるべき者が納税管理人を定めなかったという事由によって公示送達の要件が緩和されるとの考え方が生じやすいが、納税管理人が定められていない場合には、書類を納税義務者本人に送達しなければならないのであるから、公示送達の要件が緩和されるものではない（東京高判平28.４.21D１-Law.com判例体系ID28241525参照）。

ウ　市区町村役場

住民票から、住所の移動状況の有無及び本籍地を確認する。また、転出している場合には、住民票除票により転出先を確認する。

戸籍簿及び附票から、滞納者の親族の状況を確認する。

エ　法務局

登記事項証明書から、調査対象の法人の①商号変更の有無、②本支店等の所在地及びその移動状況、③役員の状況、④解散の有無等を把握する。

また、上記以外に必要な調査としてどのようなものがあるかは、一律的でなく、個々の具体的事案によるが、問題になりやすいものを挙げると次のとおりである。

① SNSを利用していることが判明している場合

最近では、SNS（Social Networking Service）の利用が普及しており、送達を受けるべき者がSNSにアカウントを設定していることもあり得る。そこで、民訴法上の公示送達に関する事例では、あるSNSにおいて受送達者と同一人物である可能性が高いアカウントがインターネット上に存在している場合は、そのアカウントにメッセージを送信して調査を行っていないときは、送達をすべき場所が知れない場合には当たらないと判断した裁判所決定が出ている（京都地決平31.2.5判例タイムズ1464－175）。税法上の公示送達も同様に取り扱うべきかどうかは、行政機関等からのSNSへの送信方法や送信する情報の内容等検討すべき課題が多いように思料されるが、公示送達の要件充足性の観点からみた場合は、上記裁判所の決定は、税法上の公示送達にもあてはまるのではなかろうか。

② 国外に転出している場合

送達を受けるべき者が国外に転出し、今後、日本に戻ることがないと認められる場合で、転出先の国での所在地が判明しているときは、その所在地に書類を送付するか、それができない場合は公示送達をする（次の(3)を参照)。また、その所在地が判明しない場合は、「住所等が明らかでない」に該当するので公示送達をすることになる。

他方、日本に戻ることが予定されている場合又は戻るかどうかが明らかでない場合は、その送達を受けるべき者の住所等が国内にあるかどうかを調査する。その結果、例えば、本人は出国しているが、

ⅰその者に家族があり、その家族は、転出直前の住所地に引き続き居住している場合、ⅱ転出直前の住所地に家財等をそのまま置いてあり、日本に一時帰国した際にはその住所地に宿泊等をすることが予定されていると認められる場合は、いずれも、その転出直前の住所地をその者の日本国内における居所と認定してよいであろう。また、ⅲ転出直前の住所地に書類を送付すると、国内の関係者等を介して、その者に書類が届くようになっているなど転送方法が定まっている場合は、転出直前の住所地に書類が送付されることによって、送達を受けるべき者がこれを受け取ることができる状態になっているといえるので、郵便物等の受取りという面で、直前の住所地を、国外に転出した者の居所と解してよいであろう（前掲東京高判平28.4.21参照）。したがって、国外に転出する直前の住所地その他の場所につき、上記ⅰからⅲに相当する事実があるか等につき調査し、公示送達の要否を検討する。

⑶　要件②の「外国においてすべき送達につき困難な事情があると認められる場合」の意義

「外国においてすべき送達につき困難な事情があると認められる場合」とは、書類の送達をしようとする外国につき国交の断絶、戦乱、天災、又は法令の規定等により書類を送達することができないと認められる場合をいう（通基通14－2、徴取通20の2⑶ウ）。

ところで、外国において送達すべき書類が差押処分等行政処分の効力要件である場合は、税法上の送達の問題とは別に、国際公法上の観点から送達の有効性を検討する必要がある。すなわち、この問題は、執行管轄権の域外適用との関係で論じられているものである。執行管轄権の域外適用とは、いわば国境を越えた公権力の行使ということであるが、その行為は相手国の主権を侵害するものであるため、「他国の領域内において、その国の政府の同意を得ずに公権力の行使にあたる行為を行ってはならない」という国際法上の基本原則が存在する。そこで、例えば、現在外国に居る滞納者の日本国内にある財産を差し押さえようとする場合において、その財産が、不動産、船舶、航空機、自動車、建設機械、小型船舶又は第三債務者等がない無体財産権等であるときは、その滞納者に差押書を送達することにより差押えの効力が生ずるため（徴収法68②、70①、71①、72②）、この域外適用の問題に直面することになり、その滞納者が居る国の同意なくして差押書を送達することはできず、その同意なくして差押書を送付しても差押えの効力は生じないことになる。

補足 1　外国においてすべき送達につき、相手国と送達共助条約等を締結している場合は、その条約等の規定にしたがって、その相手国の権限ある当局に嘱託して送達を行うことができる（実特法11の3《送達の共助》②）。ただし、地方税及び社会保険料については送達共助に関する条約の締結事例は存しないようである（日本は、マルチ税務行政執行共助条約（租税に関する相互行政支援に関する条約）に署名しているが、地方税及び社会保険料については適用しないこととしている。）。

2　差押財産が動産・有価証券、債権、第三債務者等がある無体財産権等又は振替社債等の場合は、滞納者に差押調書謄本を交付するが（徴収法54）、その交付は差押えの効力要件ではないので、公権力行使の域外執行の問題は生じない。例えば、外国に居る滞納者の日本国内にある預金の払戻請求権の差押えは、第三債務者（金融機関）に債権差押通知書を送達することにより差押えの手続が終了し、かつ差押えの効力が生じる。そして、滞納者には、事後的に差押えがあった旨を知らせるため差押調書謄本を交付するが、その交付自体はなんら法的効力を生じさせるものではないので、公権力行使の域外適用の問題は生じない。

しかしながら、差押書の送達につき、相手国の同意を得る必要があるとしても、その同意を得るのに相応の時間を要することが容易に想定されるところであり、その同意を待っていては差押えの時機を失することとなる。このような状態は、正に外国においてすべき送達につき困難な事情がある場合に該当するので、その差押書を公示送達することができると解するのが相当である。その場合、外国にいる滞納者には、公示送達があったことの通知をすることになる（通則規1の2、地税規1の8）。

もちろん、公示送達があったことの通知は、単なる事実の通知にすぎず、これにより何らの法的効力を生じさせるものではないので、公権力行使の域外執行の問題は生じない。

補足 1　独占禁止法においては、平成14年の改正により、それまで規定の無かった外国事業者に対する書類送達に関する規定が設けられ、同法70条の７において民訴法108条の規定（「外国においてすべき送達は、その国の管轄官庁又はその国に駐在する日本の大使、公使若しくは領事に嘱託してする」旨の規定）を準用することとされた。しかし、送達規定が整備されたとしても、独占禁止法上の書類送達は、国の公権力行使に該当するため、外国において当該外国の同意なくして行うことは、当該外国の主権を侵害することとなり国際法上認められないことに変わりはない。そのため、実際に外国事業者に書類を送達する必要が生じた場合には、外交ルートを通じて相手国の同意を取り付け、日本の在外公館等を通じて外国事業者への書類送達を実施することになると解されている（菅久修一・小林渉編著「平成14年改正独占禁止法の解説〜一般集中規制と手続規定等の整備〜」（商事法務刊）42頁参照）

2　外国に居る者に公示送達があったことを通知する旨の通則法施行規則１条の２・地方税法施行規則１条の８の規定は、平成24年の実特法の改正において、送達共助規定が整備（同法11の３）され、行政機関等が発する書類の送達を相手国等の権限ある当局に嘱託して行うことができることとされたことに伴い、その送達共助の実施のための手続等の一環として設けられたものであるが、この規定が設けられたことに関し、通則法精解251頁は「税務行政執行共助条約の加盟国等以外への書類の送達で直接送達することが困難な事情がある場合においても、送達を受けるべき者の住所が判明しているときには、公示送達があったことを通知することが可能となり、書類の内容を了知させるという送達の目的にも適うことになるものと考えられる」とする。

(4) 公示送達の方法

公示送達は、①送達すべき書類の名称、②送達を受けるべき者の氏名、③いつでもその書類を、送達を受けるべき者に交付する旨を掲示場に掲示して行う（通則法14②、地方税法20の２②）。

この公示送達の方法における留意事項は、次のとおりである。

ア　掲示は、送達すべき者に書類を交付する機会を与えるために行うものであるから、公示送達の効力が発生する時までそのままの状態で継続しておくべきである。

イ　掲示後に公示送達書が破損又は脱落した場合は、速やかに破損の箇所を補修し、又は掲示する取扱いとなっている（通基通14－３、徴取通20の２(5)イ）。この場合、掲示すべき期間は、特段の事情がない限り当初の掲示を始めた日から計算することになる。

ウ　公示送達を含め、送達すべき書類が適式な送達手続により送達されるべきことは、送達の効力要件であり、ひいては当該書類に係る処分の効力要件又は手続要件である。したがって、送達すべき書類は、公示送達による掲示が終了した後においても、その書類に係る租税が完納等により消滅するまでは保管しておく必要がある。特に、争訟が係属している場合は、その事件が終了するまで保管しておくべきである（徴取通20の２(4)ウ）。

補　足　令和５年度税制改正（令和５年３月31日公布）により、公示事項をインターネットにより誰でも閲覧できるようにするとともに、個人情報保護の観点から公示すべき事項について見直しが図られている。その具体的内容は次のとおりであるが、施行は、他法令における公示送達制度の見直しの適用時期を踏まえ、公布の日から起算して３年３月を超えない範囲において政令で定める日である。

①　公示送達の方法

ⓘ公示事項についてインターネットを利用する方法により不特定多数の者が閲覧することができるようにするとと

もに、ⅱ公示事項が記載された書面を行政機関等の掲示場に掲示し、又はⅲ公示事項をその行政機関等内に設置したパソコン等から閲覧できるようにすることとされた（改正通則法14②、改正地方税法20の２②）。

② 公示送達による送達の効力が発生する場合の起算日

公示送達は、掲示を始めた日から起算して７日を経過したときは、書類の送達があったものとみなすこととされているが（通則法14③、地方税法20の２③）、改正後の起算日は、ⅰ公示事項をインターネットを利用する方法により不特定多数の者が閲覧することができる状態に置いたとき、ⅱ公示事項が記載された書面を掲示場に掲示したとき、又はⅲ公示事項を行政機関等内に設置したパソコン等から閲覧できるようになったときのいずれか遅い方の措置が開始された日から起算することとなる。

③ 公示事項の見直し

現行は「送達すべき書類の名称」が公示事項とされているが、公示送達がインターネットを通じて不特定多数の者に公開されることとなり、その情報へのアクセスがかなり多くなることが想定されるため、送達を受けるべき者のプライバシーに配慮する観点から、「送達すべき書類の名称」に代えて「送達すべき書類を特定するために必要な情報」が公示事項とされた。なお、「送達すべき書類を特定するために必要な情報」とは、例えば、書類を送達する根拠法令や行政機関等において送達すべき書類の名称等の情報と紐づける記号等を公示すること等が考えられているようである（令和５年度税制改正の解説627頁参照）。

<table>
<tr><td colspan="2">公　示　送　達　書</td></tr>
<tr><td colspan="2">令和○年○月○日

下記の書類は、当市納税課に保管してありますから、来庁の上受領してください。
○○市長　○○　○○　印</td></tr>
<tr><td>送達を受けるべき者の氏名</td><td>（住所）　○○市○○町○○３－２－１
（氏名）　○○　○○</td></tr>
<tr><td>送達する書類の名称</td><td>差押書（○○第○○号）　１通
以下余白</td></tr>
<tr><td colspan="2">㊟　地方税法第20条の２第３項の規定により、掲示を始めた日から起算して７日を経過したときに書類の送達があったものとみなされます。</td></tr>
</table>

⑸　公示送達の効力の発生

公示送達は、掲示を始めた日から起算して７日を経過したときに、書類の送達があったものとみなされる（通則法14③、地方税法20の２③）。すなわち、掲示を始めた日を第１日目として８日目に書類の送達があったものとみなされる。したがって、６月15日に掲示したときは、22日に書類の送達があったものとみなされることになる。この場合、８日目に当たる日が休日等に当たる場合であっても、申告等の行為を伴わないため、その翌日に延期されることはない。

また、法令上、期間の計算の基準日が「書類を発した日」とされているものについては、公示送達書の掲示を始めた日がその書類を発した日となる（通基通14－４）。例えば、督促状を公示送達した場合においては、差押えの要件である「督促状を発した日から起算して十日を経過した日までに完納しないとき」というときの「督促状を発した日」は、その督促状に係る公示送達書の掲示を始めた日となる。なお、督促状の公示送達中に送達を受けるべき者が現れて同人にその督促状を交付した場合においても、公示送達書の掲示を始めた日がその書類を発した日である。

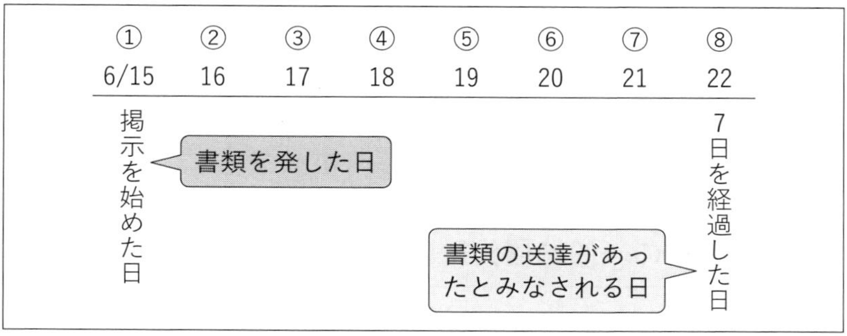

⑹　指定期限のある書類の公示送達

納税告知書等期限の指定がある書類を公示送達する場合は、その公示送達が効力を生じた日（掲示を始めた日から起算して7日を経過した日）よりも前に指定期限が到来してしまうのでは、期限を指定した意味がないことになり、そのような書類は効力がないと言わざるを得ない（行判大3.7.16法律新聞978−186）。したがって、指定期限前に公示送達の効力を発生させることに配意する。

また、「遅くとも、納期限前十日までに納税者に交付しなければならない」と規定されている納税通知書（地方税法319の2③ほか）を公示送達する場合には、その納税通知書に定める納期限を「30日」としたときは、遅くとも、その10日前である「20日」には送達の効力が生じていなければならないので、公示送達書の掲示を、「13日以前」に始めなければならないことになる。

第3章　租税と他の債権との優先関係

第1　租税の一般的優先徴収権

1　一般的優先徴収権の意義

租税は、納税者の総財産について、原則として、全ての公課その他の債権に先だって徴収する（徴収法8、地方税法14）。これを租税の一般的優先徴収権といい、また、租税優先の原則ともいう。

この租税に一般的優先徴収権が認められる理由として、租税の公益性、共益費用性、私債権と対比した場合の無選択性や無対価性などがあげられる。ここに租税の無選択性とは、例えば、当事者間の契約によって成立する私債権の場合は、債務者の信用力、担保提供の有無等の条件を考慮して履行確実な者を相手方として選定することが可能であるのに対し、租税の場合は、各税法の定める課税要件を充足することによって一律に成立するため、相手方を選択する自由がないということであり、租税を私債権の有利な立場に近づけるため、一般的優先徴収権が認められている。また、無対価性は、私債権の場合は、原則として反対給付を有するため債権の履行の確実性が高いが、租税の場合は、直接的な反対給付を有していないため、私債権に比して履行の可能性が低いということであり、そのため、租税に一般的優先徴収権を認めることによって履行の確保を図るものである。

2　一般的優先徴収権の内容

租税の一般的優先徴収権とは、滞納者の財産が滞納処分又は強制執行等の強制換価手続により換価された場合において、その換価代金を配当するに当たり、租税が公課その他の債権に優先して配当を受けることをいう（徴基通8－4、徴取通14(5)）。このように、租税の一般的優先徴収権は、強制換価手続による配当順位を決する場合に適用されるものである。したがって、滞納者が任意に他の債権を租税に優先して弁済しても、これを直接制限するものではない（神戸地判昭34.４.28下民集10－４－849）。

補 足　徴収法８条・地方税法14条の「先だって徴収する」とは、上記のとおり、強制換価手続の換価代金から租税を優先して徴収することをいう。

また、租税の一般的優先徴収権は、別段の定めがある場合は適用されない。この別段の定めは、国税の場合は徴収法２章に、地方税の場合は地方税法１章７節に規定されている。

第2　共益費用等の優先

1　共益費用の優先

租税の一般的優先徴収権は納税者の財産が強制換価手続により換価されることによって適用されるものであるが、その強制換価手続に要した費用は、租税債権者を含む総債権者の利益を実現するための共益費用に当たるので、次のとおり、租税に優先して弁済を受けることとされている。

① 強制換価手続に対して租税の交付要求をした場合、その換価代金の配当に当たっては、交付要求に係る租税は、強制換価手続に係る費用に次いで徴収すること（強制換価手続費用の優先。徴収法9、地方税法14の2）。

② 納税者の財産を滞納処分により換価した場合、その換価代金の配当に当たっては、その換価の目的となった財産につき生じた滞納処分費（これを「直接の滞納処分費」という。）は、他の全ての租税その他の債権に優先して徴収すること（直接の滞納処分費の優先。徴収法10、地方税法14の3）。この直接の滞納処分費は、換価の目的となった財産にかかるものであることを要するので、例えば、滞納者のA財産とB財産を差し押さえ、A財産の鑑定料50万円とB財産の鑑定料30万円とをそれぞれ滞納処分費として徴収しようとする場合において、A財産のみを換価したときは、共益費用の優先に当たるとして他の全ての租税その他の債権に優先して徴収されるものは、A財産に係る滞納処分費50万円のみである。

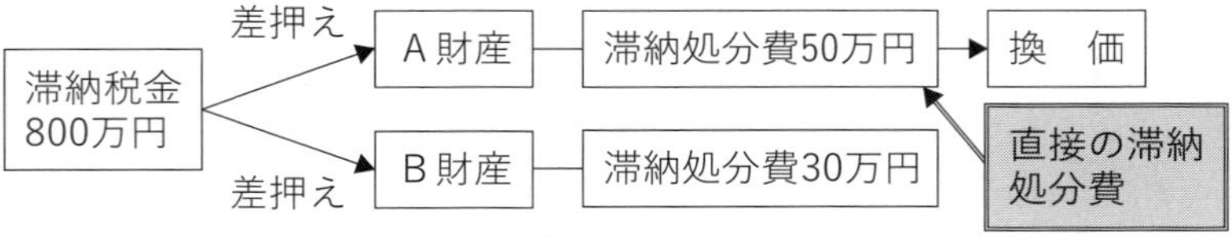

補 足　滞納処分費の共益費用としての優先と実費弁償としての優先

上の図のB財産に係る滞納処分費30万円は、換価代金から滞納税金800万円に先だって配当又は充当することとされている（徴収法137、地方税法14の５②）。これは、滞納処分費は、滞納処分の執行に要した費用を行政機関等が立て替えて支出したものを滞納者から徴収するものであり（徴収法136）、その立替金の回収という実費弁償的性質から優先配当が認められているのである。なお、徴収法137条・地方税法14条の５第２項の「徴収の基因となった租税」とは、その滞納税金を徴収するために要した費用を滞納処分費として徴収する場合の「その滞納税金」をいう。

そこで、滞納処分費の共益費用としての優先の規定（徴収法10、地方税法14の３）と実費弁償としての優先の規定（徴収法137、地方税法14の５②）との関係が問題となるが、これを次の設例により検討する。

設例

上の図における滞納税金等が次の場合、Ａ財産を換価した場合の配当順位と配当額はどうなるか。

滞納税金 ……………………………………… 800万円
Ａ財産に係る滞納処分費（鑑定費用） ……… 50万円
Ｂ財産に係る滞納処分費 …………………… 30万円
Ａ財産上に滞納税金に優先する抵当権 …… 100万円
Ａ財産の換価代金 …………………………… 600万円

（１次配当）

① 共益費用としての優先の規定により、Ａ財産に係る滞納処分費50万円に配当する。

② Ａ財産上の滞納税金に優先する抵当権の被担保債権100万円に配当する。

③ 残りの450万円（換価代金600万円－Ａ財産に係る直接の滞納処分費50万円－抵当権の被担保債権100万円）を滞納税金に配当する。

※ Ａ財産に係る滞納処分費は、換価の目的となったＡ財産の見積価額

の算定のための鑑定費用であるから、直接の滞納処分費に当たるので、他の全ての租税その他の債権に優先して配当を受けることになる。

（２次配当）

上記③の滞納税金に配当を受けた450万円について、実費弁償としての優先の規定により、次の順により配当をする。

① Ｂ財産に係る滞納処分費　30万円

② 滞納税金　420万円

2　強制換価の場合の消費税等・道府県たばこ税等の優先

消費税等（課税資産の譲渡等に係る消費税を除く。）又は道府県たばこ税等（以下「特別の消費税等」という。）が課せられる課税物件が強制換価されると、その換価を課税原因として新たに特別の消費税等が発生するが、これらの租税は換価代金の一部を構成しており、強制換価に際して生ずるものであることから、一種の共益費用と観念することができる。そこで、他の全ての租税その他の債権に優先して徴収することとされている（徴収法11、地方税法14の４）。

第３　租税相互間の調整

租税相互間においては、直接の滞納処分費又は特別の消費税等に該当する場合を除き、納期限の先後又は国税・地方税の別を問うことなく、同順位となっている。

そこで、次の調整措置により配当上の優劣をつけている。

1　徴収手続先着手主義

租税相互の間では、徴税に熱意を有するものを優先させようとする趣旨から、次のとおり、徴収手続に先に着手したものが優先して配当を受けることとされている。

⑴　差押先着手主義

差押えに係る租税と交付要求に係る租税との間では、差押えに係る租税が交付要求に係る租税に優先して配当を受ける（徴収法12、地方税法14の６）。

⑵　交付要求先着手主義

強制換価手続に対して複数の交付要求があった場合は、これら交付要求に係る租税相互間では、交付要求のされた時の順位に従って配当を受ける（徴収法13、地方税法14の７）。なお、「交付要求のされた時」とは、滞納処分にあっては、その行政機関等に交付要求書又は参加差押書が送達された時をいい、送達が同時である場合には、これらの交付要求に係る国税及び地方税は同順位になる。この同順位の場合における国税及び地方税に配当する金額は、債権現在額申立書に記載されている税額によりあん分計算したところによる（徴基通13－２、徴取通14の７⑵）。

☞ **考えてみよう！**

次の場合の配当は？

① 滞納者所有の甲土地を○○市が差押え（滞納金額200万円）。

② Y市長が参加差押え（滞納金額300万円）。

○○市の参加差押書受領日R3.10.1、参加差押登記の日R3.9.28

③ K税務署長が参加差押え（滞納金額600万円）。

○○市の参加差押書受領日R3.9.30、参加差押登記の日R3.9.30

④ 甲土地を公売し、売却代金700万円。

ヒント・考え方はP648

2 担保を徴した租税の優先

租税について、納税の猶予（通則法46）・徴収の猶予（地方税法15）等をするに際して担保を徴する場合があるが、担保を徴するということは、滞納税金を満足させる財産の保全をしたことを意味するので、差押えがされた場合と同視することができる。そこで、差押先着手主義による租税の優先の場合と同様に、担保を徴した租税は、担保財産の換価代金から、他の租税に優先して配当を受けることができる（徴収法14、地方税法14の8）。

なお、租税の担保には、物的担保と人的担保（納税保証）とがあるが（通則法50、地方税法16①）、担保を徴した租税の優先は、担保財産を換価した場合の配当について適用されるものなので、物的担保に限られる。

また、担保財産の処分は、滞納処分の例による処分として、差押え（これを「担保物処分による差押え」という。）を行い、これを公売することにより行うが（通則法52①、地方税法16の5①）、担保財産を処分した場合の他の租税及び被担保債権との優先順位は、担保財産が納税者の所有に属する場合と第三者の所有に属する場合（物上保証の場合）とで異なる。

⑴　担保財産が納税者の所有に属する場合の優劣

ア　交付要求を受けた租税との優劣

担保物処分による差押えをした場合において、他の租税の交付要求を受けたときは、担保を徴した租税が交付要求をした租税に優先する。

イ　先順位担保権の被担保債権との優劣

担保財産上に先順位の質権、抵当権又は担保のための仮登記があるときは、その被担保債権と担保を徴した租税との優劣は、先順位の担保権の設定又は登記の時と租税の法定納期限等との先後により決する（徴基通14－８、徴取通14の８⑺ア）。これは、納税者の所有に属する担保財産の処分は、実質的には、納税者の財産を差し押さえて公売することと同じためである。

⑵　担保財産が第三者の所有に属する場合の優劣

ア　交付要求を受けた租税との優劣

担保物処分による差押えをした場合において、他の租税の交付要求を受けたときは、担保を徴した租税が交付要求をした租税に優先する。

補 足　納税者又は第三者の財産につき、①Ａ税が担保権を設定、②Ｂ税が差押え、③Ｃ税がＢ税に交付要求、④Ａ税がＢ税に交付要求した場合の優劣は、担保を徴した租税の優先により、第１順位Ａ税、第２順位Ｂ税、第３順位Ｃ税となる。

イ　先順位担保権の被担保債権との優劣

担保財産上に先順位の質権、抵当権又は担保のための仮登記があるときは、その被担保債権と担保を徴した租税との優劣は、担保権設定の順位による（徴基通14－９、徴取通14の８⑺イ）。つまり、先順位の被担保債権が優先する。これは、第三者の所有に属する担保財産の処分は、滞納処分の例によって処分するとはいえ、その実質は、抵当権の実行にほかならないためである。

☞ **考えてみよう！**

甲土地の換価代金が1,600万円であった場合の配当は？

① R 2 . 5 . 1 滞納者丙所有の甲土地に某銀行がＡ抵当権設定（債権額1,000万円）。

② R 2 . 9 . 1 Ｙ市長が滞納者丙の滞納税金につき換価の猶予をするため、甲土地に抵当権設定（滞納金額300万円。法定納期限等Ｒ 2 . 3 .15）。

③ R 2 .12. 1 Ｋ税務署長が甲土地を差押え（丙の滞納国税の額500万円。法定納期限等Ｒ 2 . 5 .31）

④ R 3 . 9 .15 換価の猶予が不履行となり、Ｙ市長は、甲土地につき担保物処分による参加差押えを執行。

ヒント・考え方はＰ649

☞ **考えてみよう！**

甲土地の換価代金が1,600万円であった場合の配当は？

① R 2 . 5 . 1 第三者乙所有の甲土地に某銀行がＡ抵当権設定（債権額1,000万円）。

② R 2 . 9 . 1 Ｙ市長が滞納者丙の滞納税金につき換価の猶予をするため、甲土地に抵当権設定（滞納金額300万円。法定納期限等Ｒ 2 . 3 .15）。

③ R 2 .12. 1 Ｋ税務署長が乙の滞納国税を徴収するため甲土地を差押え（滞納国税の額500万円。法定納期限等Ｒ 2 . 5 .31）

④ R 3 . 9 .15 換価の猶予が不履行となり、Ｙ市長は、甲土地につき担保物処分による参加差押えを執行。

ヒント・考え方はＰ650

第４　租税と被担保債権との調整

1　調整の概要

租税は、原則として私債権に優先する（租税の一般的優先徴収権）。一方、担保権によって担保される被担保債権は、私法上、その担保権により自己の債権の満足を得ることを保障されているので、租税の一般的優先徴収権を被担保債権との関係においても無条件に適用してしまうと、被担保債権者に不測の損害を与えることとなり私法秩序が乱れてしまう。

そこで、徴収制度上、租税と被担保債権との優先関係を、租税の存在が具体的に明らかとなる時期と担保権設定の時期との先後によって決定することとしており、これを「予測可能性の理論」という。この予測可能性の理論は、「納税者の財産上に担保権を設定しようとする時において租税の存在が具体的に明らかになっていれば、担保権を設定しようとする者は、納税者が当該租税を納付しているかどうかを把握することが可能なので、その租税の存在によるリスクを考慮して取引をすることができる。したがって、担保権の設定が、租税の存在が具体的に明らかになった後に設定されたときは、被担保債権がその租税に後れても、担保権者が不測の損害を受けることにはならない。これに対し、租税の存在が具体的に明らかになる前に設定された担保権との関係においては、租税が優先するとした場合は、担保権者は予測できない損害を受けることになってしまう。そこで、租税の存在が具体的に明らかとなる時期以前に設定された担保権の被担保債権は、租税に優先することとする」というものである。

2　法定納期限等

租税と被担保債権との優劣の基準となる「租税の存在が具体的に明らかとなる時期」は、通常は、法定納期限である。法定納期限とは、租税に関する法律の規定による納付すべき期限をいうので、通常は、その時までに納付すべき税額が明らかになっている。しかしながら、法定納期限を過ぎた後に更正、修正申告があった場合又は法定納期限前に繰上請求（通則法

38①）・繰上徴収（地方税法13の２①）（以下「繰上請求・繰上徴収」という。）がされた場合等においては、その時に納付すべき税額が具体的に明らかになるので、その時を基準として被担保債権との優劣を決することになる。このように、租税の存在が具体的に明らかになる時期は、原則として法定納期限であるが、それ以外の時期にも租税の存在が明らかになる場合がある。そこで、これらの租税と被担保債権との優劣の基準となる「租税の存在が具体的に明らかになる時期」を「法定納期限等」と称している。また、法定納期限以外の基準となる時期については、徴収法及び地方税法に規定されている（徴収法15①、地方税法14の９）。

3　担保権の証明

⑴　登記をすることができる担保権

登記（登録及び電子記録（電子記録債権法２条１項）を含む。以下同じ。）をすることができる担保権（抵当権、不動産質権、不動産の先取特権、土地所有者の先取特権、登記をした一般の先取特権等）については、その登記があるときは、担保権者は、租税に優先して弁済を受けるために担保権の存在を証明する必要がない。これは、登記をすることにより第三者にその担保権の存在が公示されているためである。

⑵　登記をすることができない担保権

ア　担保権の設定の事実の証明

登記をすることができない担保権（動産質、債権質、動産の先取特権、留置権等）については、その担保権の設定等があったことを強制換価手続の執行機関に対して証明した場合に限り、租税に優先して配当を受けることができる（徴収法15②、19②、20②、21②、地方税法14の９③、14の13②、14の14②、14の15②）。

イ　質権の設定の事実の証明方法

質権（有価証券を目的とする質権を除く。）については、質権設定の事実を次の書類により証明する必要があり（徴収法15②後段、地方税法

14の9③後段)、その確定日付の日が質権設定日とみなされる(徴収法15③、地方税法14の9④)。

・　公正証書
・　登記所又は公証人役場等において日付のある印章が押されている私書証書
・　郵便法48条1項の規定により内容証明を受けた証書
・　電磁的方式による確定日付が付与された電磁的記録の内容を証明する書面(「民法施行法7条1項において準用する公証人法62条の7第4項の規定により交付を受けた書面」をいう。)

※　有価証券を目的とする質権については、その設定の事実及び設定の時期(質権者がその有価証券を占有した日)を証明すれば足り、公正証書等の特定の証明は要しない(徴収法15②、徴収令4①、地方税法14の9③、地税令6の4①)。

ウ　質権の設定の事実の証明手続

その質権の設定の事実の証明は、執行機関に対し、上記イの公正証書等を提出するか、又はこれを呈示するとともにその写を提出するかの方法による(徴収令4②、地税令6の4②)。なお、強制換価手続が滞納処分である場合は、その証明は、売却決定の日の前日(金銭による取立ての方法により換価する場合は、配当計算書の作成の日の前日)までにしなければならない(徴収令4③、地税令6の4③)。

エ　証明をしない優先質権の特例

租税に優先する質権の質権者が、その質権の設定の事実を証明しなかったときは、その配当順位は、租税に劣後するとともに、同一担保物上の後順位の質権者に対しても劣後することとなる(徴収法15④、地方税法14の9⑤)。

4　抵当権・質権と租税との調整

⑴　法定納期限等以前に設定された抵当権・質権の優先

抵当権又は質権（以下「抵当権等」という。）の被担保債権と租税との優先関係は、予測可能性の理論にしたがい、法定納期限等と抵当権等の設定の時との先後によって決められる（徴収法15①、16、地方税法14の9①、14の10）。この場合、抵当権等が租税に優先するためには、①抵当権等の設定が法定納期限等以前に登記等の対抗要件を備えていること、②登記することができない質権で有価証券以外のものについては公正証書等の特定の書類による証明があること（その書類の確定日付の日が質権設定の日とみなされる。）を要する（前記3⑵・P52）。

補 足　抵当権等が仮登記（仮登録）の場合、後日、本登記（本登録）がされると仮登記の日に遡って抵当権等の効力が生じることになる。そのため、換価代金等の配当においては、その抵当権等に対応する部分の配当を留保し、供託することとしている（徴収法133③、徴収令50④）。

⑵　譲受け前に設定された抵当権等の優先

納税者が抵当権等の設定されている財産を譲り受けたときは、租税は、その換価代金につき、その抵当権等により担保される被担保債権に次いで徴収する（徴収法17①、地方税法14の11①）。この場合、その抵当権等の設定時期が納税者の租税の法定納期限等以前の設定であることを要しない。これは、抵当権者又は質権者は、担保権の設定当時には目的財産の譲受人である納税者の納付すべき租税の有無を知り得る立場にないにもかかわらず、目的財産が譲渡され、譲受人に滞納があったがために、その優先弁済権を失うのは不合理であることを理由としている。

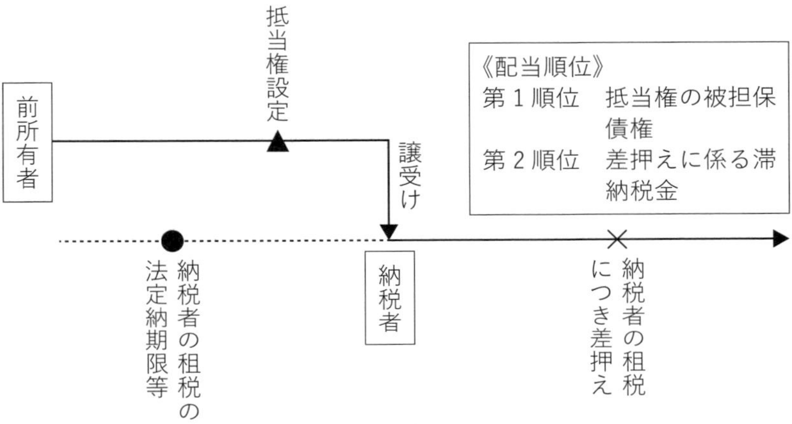

⑶　抵当権等の優先額の限度等

ア　優先額の限度

租税に優先する抵当権等により担保される債権の元本の金額は、その抵当権者又は質権者がその租税に係る差押え又は交付要求の通知を受けた時における債権額を限度とする（徴収法18①、地方税法14の12①）。したがって、例えばその通知を受けた後に根抵当権が確定した場合、根抵当権者が配当を受けることができる額は、租税との関係では、その通知を受けた時の額を限度とする。仮に、根抵当権の元本確定時の債権額がその通知を受けた時の額を超えていたとしても、その超える部分については優先的に配当を受けることができない。これは、根抵当権者が租税債権の存在を知り得た後にその債権額を増加させた場合には、その増加部分についてまで優先権の保護を与える必要がないことを理由とする。

なお、この制度は、優先弁済を受けることができる「限度額」を定めるものであって、被担保債権額を特定するものではない。したがって、租税に優先する根抵当権につき、差押え又は交付要求の通知を受けた時から元本確定時までの間に、その被担保債権が完済されて一度無くなり、その後すぐに追加融資により新たな被担保債権が生じた場合であっても、配当において、その追加融資に係る被担保債権は、その通知を受けた時の被担保債権額を限度として配当を受けることができる。

また、差押え又は交付要求の通知を受けた時における債権額は、被担保債権の元本の金額に限られる。したがって、利息及び遅延利息については、その通知を受けた時の元本に対応する部分に限られるものではなく、被担保債権とされる確定した元本全体に対するものについて、極度額の範囲内で、差押え又は交付要求に係る租税に優先する(徴基通18－1また書)。

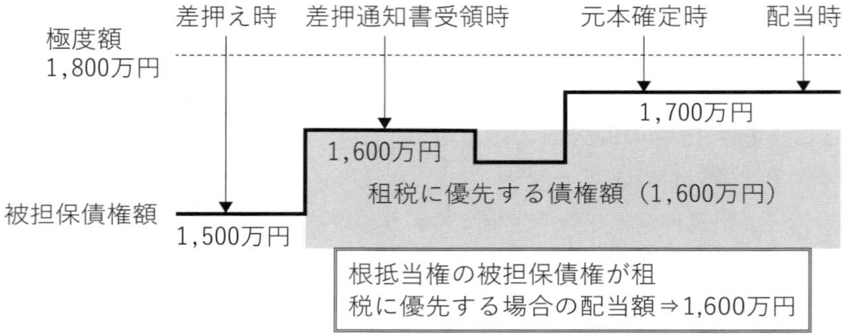

補 足　根抵当権の元本の確定

根抵当権の担保すべき元本は、根抵当権者が抵当不動産に対する滞納処分による差押えがあったことを知った時から２週間を経過したときに確定する（民法398の20①三）。したがって、根抵当権者が差押えの通知を受けてから元本確定までの２週間内に、元本が増減し得ることになるが、租税に優先する根抵当権の元本債権額は、根抵当権者に差押え又は交付要求の通知書が送達された時の元本債権額が限度となる。この場合、元本確定の日までに、元本の額が、上記通知書が送達された時の債権額を超えているときは、その超える部分は、租税には優先権を主張し得ないものの、その根抵当権に遅れて登記した後順位の抵当権との関係では、民法の規定が働くので、その後順位の抵当権には優先する（民法373）。

イ　優先額の限度を適用しない場合

上記アにより、差押え又は交付要求の通知を受けた時における根抵当権の被担保債権額をもって租税に優先する処理を行うと、租税に優先する他の債権者の権利を害する場合がある。その場合は、他の債権者の権利を保護するため、上記アの優先額の限度の処理は行わないこととされている（徴収法18①ただし書、地方税法14の12①ただし書）。

設例

換価代金が2,200万円であるときのX税への配当額はいくらか。

なお、抵当不動産上の抵当権の被担保債権及び差押えに係る租税との関係は、次のとおりである。

第1順位	A根抵当権	極度額	1,800万円
		差押通知書受領時の被担保債権額	1,500万円
		配当時の被担保債権額	1,700万円
第2順位	B抵当権	被担保債権額	400万円
第3順位	X税	滞納税額	300万円

（回答）

①　優先額の限度の処理を行うと、A根抵当権への配当は差押通知書受領時の被担保債権額を限度とすることから、配当は、次のようになる。

- 第1順位　A根抵当権　1,500万円
- 第2順位　B抵当権　400万円
- 第3順位　X税　300万円

② A根抵当権とB抵当権の順位は、民法373条の規定によりA根抵当権の方が優先するため、A根抵当権はB抵当権に対して配当時の自己の被担保債権額1,700万円について優先権を主張することができる（上記アの補足参照）。

その結果、①の配当計算におけるB抵当権への配当額のうち200万円（1,700万円－1,500万円）がA根抵当権に吸い上げられ、B抵当権への配当は200万円になってしまう。

- 第1順位　A根抵当権　1,700万円（B抵当権から200万円吸上げ）
- 第2順位　B抵当権　200万円
- 第3順位　X税　300万円

③ B抵当権は、優先額の処理がなければ400万円全額を得ることができたのに、優先額の処理がなされたために400万円全額の配当を受けることができないこととなった。すなわち、優先額の処理の結果、B抵当権の権利が侵害されたことになるので、このような場合は優先額の処理を行わないこととする。

その結果、配当は、次のとおりになる。

- 第1順位　A根抵当権　1,700万円
- 第2順位　B抵当権　400万円
- 第3順位　X税　100万円

(4) 増額登記をした抵当権等の優先額

抵当権等の被担保債権の額又は極度額を増額する旨の登記は付記登記により行うが、特別の規定がない限り、付記登記の順位は主登記の順位による（不登法7）。そうすると、法定納期限等後に付記登記されたとしても、主登記が法定納期限等以前である場合は、その増額分も租税に優先するという不合理な結果になってしまう。そこで、被担保債権額又は極度額を増額する付記登記がされた場合には、その付記登記がされた時において、その増加した債権額について新たに抵当権等が設定されたものとみなして、租税との優先関係を判断することとしている（徴収法18②、地方税法14の12②）。

(5) 担保権付財産が譲渡された場合の租税の徴収

ア　意義

納税者が、他に租税に充てるべき十分な財産がない場合において、その租税の法定納期限等の後に登記した抵当権等が設定されている財産を譲渡したときは、行政機関等は、納税者の財産について滞納処分を執行してもその租税に不足すると認められるときに限り、抵当権者又は質権者がその強制換価手続において配当を受ける金額のうちから、その租税を徴収することができる（徴収法22①、地方税法14の16①）。納税者の財産が譲渡されると、その財産から譲渡人である納税者の租税を徴収することができなくなる。一方、抵当権等が納税者の租税に劣後していた場合であっても、その抵当権等の設定の登記をしていると、財産の所有権が変動してもその担保権を主張できるため、その財産が強制換価された場合は、抵当権等の被担保債権は優先して配当を受けることができる。そうすると、これら抵当権等の被担保債権は、本来、譲渡人である納税者の租税が優先して配当を受けることができる金額についてまでも利益を得ることになるので、その利益分を、納税者の租税の徴収に充てようとするものである。

イ　要件

行政機関等がこの制度を適用するためには、次の要件をいずれも充足する必要がある。

① その担保権が設定者の租税の法定納期限等後に登記した質権又は抵当権であること。

② その担保権付財産の譲渡時において、納税者が他に租税に充てるべき十分な財産がないこと（譲渡時の徴収不足）。

③ 現に滞納処分を執行する時（抵当権者又は質権者に徴収通知書を発する時。徴収法22④、地方税法14の16④）において納税者の財産がその租税を徴収するのに十分でない場合であること（徴収通知時の徴収不足）。

④ 強制換価手続において抵当権等の被担保債権について配当を受ける金額があること。

ウ　徴収できる金額

この制度の適用により徴収できる金額は、次のとおりである。

徴収金額 ＝ a － b

a　その担保権付財産の換価代金から抵当権等の被担保債権が配当を受ける金額

b　その担保権付財産の譲渡がなく、かつ、租税の交付要求があったと仮定した場合に、抵当権等の被担保債権が配当を受ける金額

例えば、次の図の事例では、徴収金額は300万円となる。

a ＝ 1,000万円

b ＝ 700万円（換価代金1,200万円 － 滞納税金500万円）

徴収金額 ＝ 1,000万円 － 700万円 ＝ 300万円

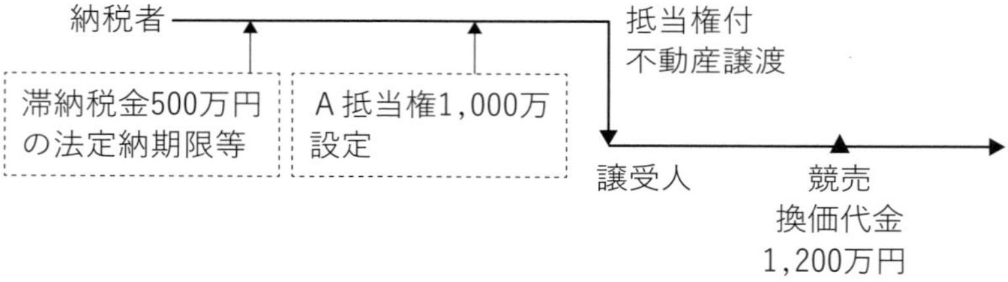

エ　徴収手続

行政機関等は、この制度により租税を徴収しようとするときは、①その担保権付財産に係る強制換価手続を行う執行機関に交付要求をし、②この制度の適用により租税を徴収する旨を抵当権者又は質権者に通知しなければならない。また、抵当権者又は質権者に代位して抵当権等を実行することができる（徴収法22③④⑤、地方税法14の16③④⑤）。

補 足　交付要求による徴収

行政機関等は、強制換価手続から配当を受けるためには、その執行機関に対して交付要求をする必要があるが、その交付要求は、本来、執行手続における債務者が同一人である場合に限って認められるものである。そうすると、この担保権付財産から租税を徴収する場合は、執行

手続における債務者（所有者）は譲受人であるが、交付要求における債務者は抵当権者又は質権者であるため（徴収令6②、地税令6の6②参照）、債務者を異にすることとなり、このままでは交付要求が認められないことになる。そこで、徴収法22条5項・地方税法14条の16第5項において、執行手続における債務者を異にしても交付要求をすることができるとした。

なお、この交付要求は、強制換価手続が不動産競売手続である場合は、執行裁判所が民事執行法に基づいて定めた配当要求の終期までにしなければならない（最判平2.6.28訟務月報36－12－2243）。

5　先取特権

先取特権は、納税者の租税に常に優先するもの、その成立の時期と法定納期限等との先後により優劣を判定するもの、又は常に租税に劣後するものとに大別することができる。

⑴　常に租税に優先する先取特権

次に掲げる先取特権が納税者の財産上にあるときは、その先取特権の被担保債権は、その換価代金について常に租税に優先する（徴収法19①、地方税法14の13①）。これらの先取特権は、①特定の行為により納税者の財産の価値を保存した場合等に成立するものであり、その行為により租税も利益を受けること、②抵当権等に常に優先することから、租税に常に優先するものとされている。したがって、その成立時期が、法定納期限等の先後であるかを問わず、また、差押え後であっても租税に優先することになる。

先取特権	担保権の証明
① 不動産保存の先取特権（民法326） ② 不動産工事の先取特権（民法327） ③ みなし不動産工事の先取特権（都市再開発法107、118、マンションの建替えの円滑化等に関する法律88）	格別の証明を要しない。 ㈲ これらの先取特権は、登記をすることにより効力を保存する。
④ 立木の先取特権（立木の先取特権に関する法律①） ⑤ 船舶債権者等の先取特権 ・海難救助者の先取特権（商法802） ・船舶債権者の先取特権（商法842） ・船主責任制限法上の先取特権（船舶の所有者等の責任の制限に関する法律95①） ・船舶油濁損害債権の先取特権（船舶油濁損害賠償保障法55①） ⑥ 租税に優先する債権のため又は租税のために動産を保存した者の先取特権（民法321）	先取特権のある事実を執行機関に対し証明した場合に限って租税に対する優先権が認められる。 ただし、公正証書等一定の書類は必要としない。 また、立木の先取特権が登記されたものであるときは、上記①及び②と同様に格別の証明を要しない。

⑵ その成立の時期と法定納期限等との先後により優劣を判定する先取特権

次に掲げる先取特権が納税者の財産上に法定納期限等以前からあるとき、又は納税者がその先取特権のある財産を譲り受けたときは、その先取特権の被担保債権は、換価代金について、租税に優先する（徴収法20①、地方税法14の14①）。

先取特権	担保権の証明
① (i)　質権と同一順位の動産に関する特別の先取特権（不動産賃貸の先取特権・民法312、旅店宿泊の先取特権・民法317、運輸の先取特権・民法318。なお、民法330、334参照） (ii)　上記(i)の先取特権に優先する順位の動産に関する特別の先取特権（民法330②。なお、上記(1)の④から⑥の先取特権を除く。） **補 足**　上記(i)の先取特権者が、その被担保債権の取得当時、動産保存の先取特権、動産売買の先取特権、種苗肥料供給の先取特権又は農工業労役の先取特権（民法320～323）があることを知っていたときは、これらに対して優先することができない（民法330②前段）。 　また、上記の先取特権者のために動産を保存した者に対しても優先することができない（民法330②後段）。	先取特権のある事実を執行機関に対し証明した場合に限って租税に対する優先権が認められる。
②　不動産売買の先取特権（民法328） ③　土地所有者等の先取特権（借地借家法12①、接収不動産に関する借地借家臨時処理法７①） ④　登記をした一般の先取特権（民法306以下）	格別の証明を要しない。 (注)　これらの先取特権は、登記をすることにより効力を保存する。

(3)　常に租税に劣後する先取特権

上記(1)及び(2)のいずれにも該当しない先取特権は、特別の規定がある場合を除き、特別法上のものを含めて、その被担保債権は常に租税に劣後する。

6　留置権

留置権（民事留置権及び商事留置権）が納税者の財産上にあるときは、その留置権の被担保債権は、その換価代金について、租税に優先し、かつ、質権、抵当権、先取特権又は法定納期限等以前に設定された担保仮登記に係る被担保債権にも優先する（徴収法21①、地方税法14の15①）。したがって、留置権の成立時期が、法定納期限等の先後であるかを問わず、また、差押え後であっても租税に優先することになる。

なお、留置権者が滞納処分手続において優先権を主張するためには、その留置権が存在する事実を行政機関等に証明する必要があるが、公正証書等一定の書類によることを要せず、留置権の存在を確知させるに足りる程度の書面を行政機関等に提出又は呈示すればよい（新潟地裁長岡支判昭46.11.15訟務月報18－4－477）。

補足　留置権の優先権は、納税者の財産が滞納処分によって換価される場合においてのみ適用があり、滞納処分以外の強制換価手続（強制執行等）による処分の場合には適用がない。これは、強制執行等においては、①動産の場合は、留置権者が執行機関にその物の引渡しをすると、留置権には優先弁済権がないので、租税との関係においても調整の必要がないためであり（そもそも、留置権者は、留置権の留置的効力に基づいてその物の引渡しを拒むことができる。民執法124）、また、②不動産の場合は、競落人は、留置権の被担保債権を弁済しない限り、その引渡しを受けることができないため（同法59④、83①）、競落人の負担額（留置権の被担保債権額）を考慮して競売価額が定められているので、配当の場面において租税と留置権との優劣を決する必要が生じないためである。他方、滞納処分においては、留置権者が占有する納税者の動産を差し押さえて換価することが可能であるため（徴収法58）、留置権の被担保債権と租税との優劣を定める必要がある。

（参考）　配当順位の一覧表

滞納処分により配当する場合の差押えに係る租税と他の租税・公課及び私債権とが競合する場合の配当関係を整理すると、次のようになる。

第１グループ （差押えに係る租税に常に優先する債権等）	1　直接の滞納処分費（徴10、地14の３） 2　強制換価の場合の消費税等・道府県たばこ税等（徴11、地14の４） 3　留置権（徴21、地14の15①） 4　特別の場合の前払借賃（徴59③、71④） 5　不動産保存の先取特権等（徴19①、地14の13①） 6　質権、抵当権、不動産賃貸の先取特権等又は担保のための仮登記で、これらが財産の譲受け前にあったもの（徴17、20①、23③、地14の11①、14の14①、14の17③）
第２グループ （差押えに係る租税に優先する債権等）	1　質権、抵当権、不動産賃貸の先取特権等又は担保のための仮登記で、これらが租税の法定納期限等以前にあったもの（徴15①、16、20①、23①、地14の９①、14の10①、14の14①、14の17①） 2　担保権付の国税・地方税（徴14、地14の８）
差押えに係る租税	
第３グループ （差押えに係る租税に劣後する債権等）	1　質権、抵当権、不動産賃貸の先取特権等又は担保のための仮登記で、これらが租税の法定納期限等後にあったもの（徴15①、16、20①、23①、地14の９①、14の10①、14の14①、14の17①） 2　交付要求に係る国税・地方税（徴12②、14の６②） 3　交付要求の公課（健保182、国健80④等）
第４グループ （残余金）	1　特別の場合の損害賠償請求権（徴59①④、71④） 2　滞納者（特定の譲渡担保権者を含む。）、滞調法の適用がある場合の執行官又は執行裁判所

（略語）　徴：国税徴収法、地：地方税法、健保：健康保険法、国保：国民健康保険法、滞調法：滞納処分と強制執行等との手続の調整に関する法律

7　租税等と私債権との調整

強制換価手続における配当の優先順位については、公租公課相互間は、租税優先の原則、差押先着手による租税の優先及び交付要求先着手による租税の優先等で優劣が決まり、一方、租税と私債権との間は、法定納期限等と担保権設定時期との先後によって優劣が決まる。このように優劣を決する基準が異なるため、例えば、

① 国税は地方税と公課に優先する。

② 地方税又は公課は抵当権等により担保される債権に優先する。

③ 抵当権等により担保される債権は国税に優先する。

という三者三つ巴となった、いわゆる「ぐるぐる回り」が生じることがある。

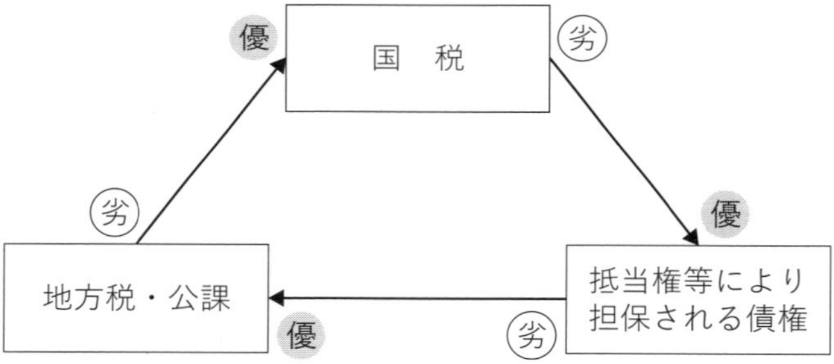

このようなぐるぐる回りの状態が生じた場合は、次により調整して各債権への配当額を定めることとしている（徴収法26、地方税法14の20）。

【第１段階】

公租公課及び私債権に対して常に優先する次の債権に充てる。

- 強制換価手続費用又は直接の滞納処分費
- 強制換価の場合の消費税等・道府県たばこ税等
- 留置権の被担保債権
- 特別の場合の前払借賃、不動産保存等の先取特権等の被担保債権

【第２段階】

公租公課グループと私債権グループごとに、それぞれの配当金額の総額を定める。

① 公租公課の法定納期限等の日及び私債権の担保権の設定時期（登記日）を古い順に並べる。

② ①の順位にしたがって、換価代金から第一段階の優先債権額を控除した額に満つるまで、仮の配当額を定める。

③ ②の仮の配当額を租税グループと私債権グループとに分けてそれぞれを合計し、グループごとの配当額を定める。

【第３段階】

租税グループについて、国税、地方税及び公課との調整により配当順位を定め、同グループの配当額をその順位にしたがって国税、地方税及び公課に充てる。

【第４段階】

私債権グループについて、民法等の規定により配当順位を定め、同グループの配当額をその順位にしたがって私債権に充てる。

設例

換価代金が9,500万円である場合の各債権者の配当はどうなるか。

権利内容	債権者	設定登記の 日又は法定 納期限等	差押え又は 交付要求 の日	債権額
１番抵当権	A	令和４年 ３月31日		3,000万円
２番抵当権	B	令和４年 12月11日		4,000万円
差押え	国税	令和５年 ３月15日	令和５年 ５月10日	1,500万円
交付要求	甲住民税	令和４年 10月16日	令和５年 ７月３日	1,000万円
交付要求	乙社会保険料	令和４年 10月２日	令和５年 ６月11日	800万円
滞納処分費	国			100万円

(回答)

設例では、Bは、差押国税に優先し、甲住民税及び乙社会保険料に劣後する（抵当権設定登記の日と公租公課の法定納期限等との先後による優劣判定)。一方、差押国税は、甲住民税及び乙社会保険料に優先するため（差押先着手主義)、これらとの間でぐるぐる回りが生じている。

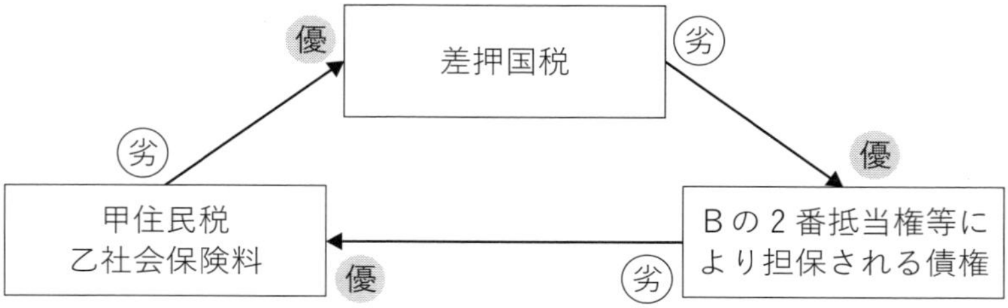

そのため、配当額の計算は、次により行う。

1　【第１段階】

滞納処分費に配当　100万円

2　【第２段階】

残額9,400万円について、法定納期限等の日と抵当権の設定登記の日の古い順に配分する。

①　Ａ抵当権（設定登記４.３.31）　3,000万円

②　乙社会保険料（法定納期限等４.10.２）　800万円

③　甲住民税（法定納期限等４.10.16）　1,000万円

④　Ｂ番抵当権（設定登記４.12.11）　4,000万円

⑤　国税（法定納期限等５.３.15）　600万円

上記により分配された額を租税公課グループと私債権グループに分けて、グループごとの配当額の総額を計算する。

・租税公課グループ　2,400万円（②＋③＋⑤）

・私債権グループ　7,000万円（①＋④）

3　【第３段階】

租税公課グループの2,400万円を租税優先、差押先着手及び交付要求先着手等にしたがって配当する。

①　国税　1,500万円

②　甲住民税　900万円

③　乙社会保険料　０円

4　【第４段階】

私債権グループの7,000万円を抵当権設定登記の順（民法373）により配当する。

①　Ａ抵当権　3,000万円

②　Ｂ抵当権　4,000万円

以上から、各債権への配当額は、次のとおりになる。

・　滞納処分費　100万円

・　国税　1,500万円

・　甲住民税　900万円

・　乙社会保険料　　　0円
・　A抵当権　　3,000万円
・　B抵当権　　4,000万円

（配当計算図）

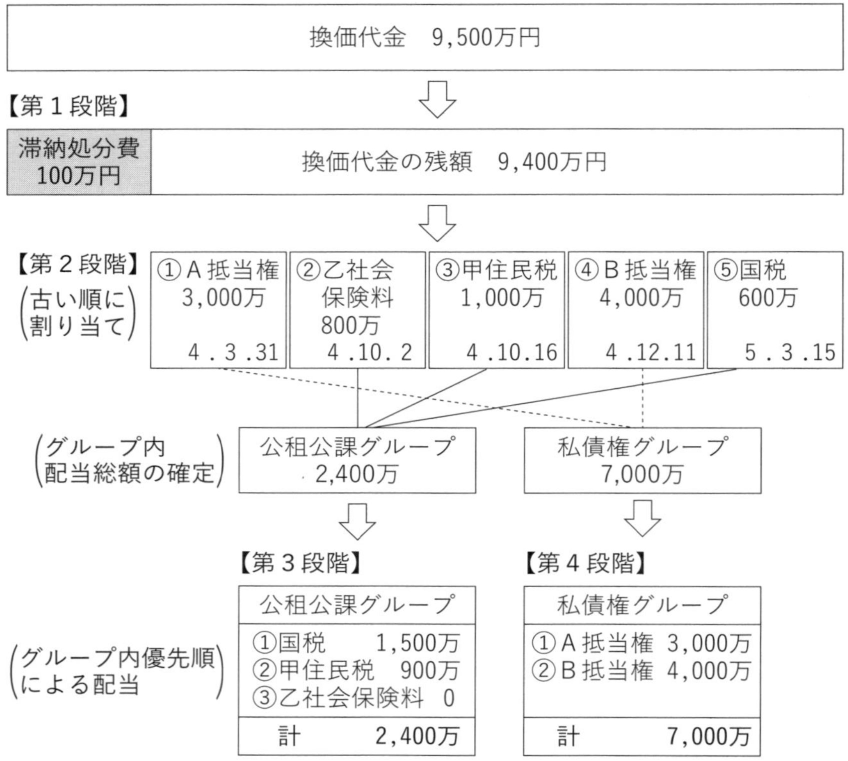

補足　国税及び地方税等の優先権の反復的行使

先行する強制換価手続においてぐるぐる回りの規定（徴収法26、地方税法14の20）による調整が行われた場合において、私債権に優先するものとして公租公課に充てるべき金額の総額（第2段階の公租公課グループの配当総額）を確定するために用いられながら、公租公課間では劣後するため、現実（第３段階）には配当を受けることができなかった公租公課は、後行の強制換価手続においても私債権に優先するものとして取り扱うことができる（徴基通26－８。最判平11.４.22集民193－141）。

第４章　納税の緩和制度

納税の緩和制度には、災害等による期限の延長（通則法11、地方税法20の５の２。第１章の３(4)・P10参照)、各税固有のもの、不服申立てにおけるもの等多種存在するが、各税に共通するものとして、①国税の納税の猶予（通則法46)、②地方税の徴収の猶予（地方税法15)、③換価の猶予（徴収法151、151の２、地方税法15の５、15の６）及び④滞納処分の停止（徴収法153、地方税法15の７）がある。

第１　納税の緩和制度の適用に当たっての留意事項

１　納税者個々の実情に即した処理

納税の緩和制度は、納税者の保護制度として機能している。納税者の中には、風水害等により家財の多くを失った者や差押財産が換価されると事業が成り立たなくなってしまう者などがいる。このような者について滞納処分を続行した場合は、その者の生計維持又は事業の継続が困難になることは明らかであり、行政として、そのような事態にならないように適切に対応することが求められる。それにもかかわらず、行政機関等が、強制徴収を画一的・一律的に続行した場合は、行政に対する納税者からの信頼は失われるであろう。その結果、税務行政の円滑な遂行に支障を来すこととなる。

よく「納税者個々の実情に即した処理」という言葉を耳にするが、滞納整理においては、画一的な処理を行うのではなく、滞納者の個々の具体的な実情に即した処理を適切に行うことが基本中の基本である。つまり、納税の緩和制度を適用すべき実情にある滞納者に対しては、同制度を適切に適用しなければならないのであり、これを適切に行うことが納税者との信頼関係を醸成するための基本であることを忘れてはならない。

また、国税の納税の猶予、地方税法の徴収の猶予、換価の猶予及び滞納処分の停止を定める規定は、いずれも「……することができる」とされている。そこで、この「できる」規定であることを理由に、適用するかどうかは行政機関等の裁量に属し、適用しないことも許されるとの考えを持ちやすい。しかしながら、「……することができる」とは、法律上の権利・能力・権限等があることを表す言葉であり、法律上、公務員にこの権能が与えられている場合には、その公務員の本来の職務や規定の趣旨から、権能があれば義務があるというように読むのが通例であり、あることをなす権能があり、一方でその権能を行使することができる客観的状況にあれば（つまり、適用要件を満たしていれば）、その権能を有する公務員がそれを行使しないということは許されないのである（伊藤義一「税法の読み方 判例の見方」119頁参照）。したがって、納税者について、納税の緩和措置に係る要件を充足する事実があるときは、行政機関等は、これを適用しなければならないのである。

2　期限内納税者との負担の公平

納税の緩和制度を適用するに当たっては、常に、期限内に納税している大多数の納税者との負担の公平に配意する必要がある。多くの納税者から「自分たちは期限内納付をしているのに、なぜ、この者について納税を緩和するのか。不公平ではないか」と思われてはならない。そのためには、納税の緩和制度の適用に当たり、その納税者の実情を正確に把握した上で、法令等が定める要件・手続にしたがって適切に処理することが重要である。要は、安易な処理をしてはならないということである（納税の猶予等の取扱要領１章（基本的な考え方）１及び２参照）。

補 足　納付誓約等に基づく事実上の猶予について

納付誓約等に基づく事実上の猶予とは、徴収職員の裁量により滞納者について分納を認め、これにより一定期間内に滞納税金を完納させようとするものであり、一般的には、滞納者から納付誓約書、納付予定書又は納付計画書等の分納による誓約とその分納計画を書面で提出させ、徴収職員がこれを受理するという形態で行われる。しかしながら、この猶予は、税法（条例を含む。）の規定に基づかないものであり、行政上の便宜的な措置として行われているにすぎない。そのため、猶予制度の公平な運用の観点から問題であるとの意見があるが、滞納案件の中には、分納により完納を目指しているものが数多くあり、これら全ての者に換価の猶予等法の定める猶予制度で処理することは、事務量的に限界がある。したがって、徴収実務上は、その適用をすることの是非について法の適正執行の観点から議論はあるものの、より簡略な処理である納付誓約等による事実上の猶予を認めざるを得ないとしている行政機関等が多いと思料する。

この納付誓約等による事実上の猶予が問題であるのは、安易な分納を認め易い点である。「滞納者が分納計画を作成し、徴収職員がこれを認める」という運用形態であるため、滞納者が申し出た少額の分納の是非について、何らの調査・検討をせずにそのまま認めてしまうことが生じやすいのである。しかし、それでは、期限内納付をしている納税者との負担の公平を損なうことはもちろん、分納額が現年分の納付額にも満たない場合は、その滞納者の滞納税金を累増させることとなる。滞納の温床になり易いのである。

そこで、納付誓約等による事実上の猶予による処理をせざるを得ない場合には、適正に運用する措置を講じなければならない。そのためには、この猶予を認めるための要件及び手続を明確にする必要があり、法定の猶予制度とのバランスを勘案しながら、行政機関等において組織的にその要件及び手続を定めることが望まれる。

第２　被災者の納期未到来の国税に係る納税の猶予

国税固有の猶予制度として、通則法46条１項は、納税者が納税義務成立後納期限前に被災した場合の納税の猶予を定めている。

１　要件

次に掲げる要件のいずれをも充足することにより、次の２に掲げる国税について一定の期間（猶予期間）内の納税が猶予される。

①　震災、風水害、落雷、火災その他これらに類する災害により納税者が財産につき相当の損害を受けたこと。

ア　「その他これらに類する災害」とは、おおむね次のものをいう。

㈠　地すべり、噴火、干害、冷害、海流の激変その他の自然現象の異変による災害

㈡　火薬類の爆発、ガス爆発、鉱害、天然ガスの採取等による地盤沈下その他の人為による異常な災害

㈢　病虫害、鳥獣害その他の生物による異常な災害

イ　相当な損失

「相当な損失」とは、徴収実務上は、損失割合（災害による損失の額が納税者の全積極財産の価額に占める割合をいう。）がおおむね20％以上の場合をいう（通基通46－２前段）。

また、災害により損失を受けた財産が重要財産（生活の維持又は事業の継続に欠くことのできないもの）である場合は、損失割合は、重要財産の区分（住宅、家庭用動産、農地、農作物、事業用固定資産、棚卸資産ごとの区分）ごとに判定して差し支えない（通基通46－２後段）。

なお、保険金等による補てん金がある場合は、その金額は損失額から控除すべきである（通基通46－２なお書）。

②　上記①の災害のやんだ日から２月以内に納税者から所定の事項を記載

した猶予申請書（通則令15①）により納税の猶予の申請がされたこと。

2　猶予の対象となる国税

猶予の対象となる国税は、次のとおりである。なお、次の①ないし③において「その納期限がその損失を受けた日以後に到来するもの」であることを要件としているのは、期限内納税者との権衡を図る趣旨である。つまり、損失を受けた日前に既に納期限が到来している国税は、その納期限までに納付すべきとの考えがある。この場合、その未納国税については、一般的な納税の猶予（通則法46②）の適用を検討することになる。

①　災害のやんだ日等以前に納税義務の成立した国税で、その納期限がその損失を受けた日以後に到来するもののうち、その猶予等の申請の日以前に納付すべき税額の確定したもの（通則法46①一）。

○　所得税の確定申告分の場合

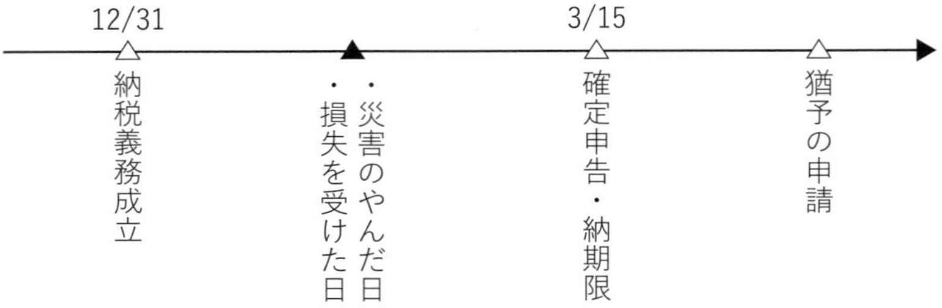

②　その災害のやんだ日以前に課税期間が経過した課税資産の譲渡等に係る消費税で、その納期限がその損失を受けた日以後に到来するもののうち、その猶予等の申請の日以前に納付すべき税額の確定したもの（通則法46①二）。

③　予定納税に係る所得税並びに中間申告、連結中間申告等に係る法人税及び中間申告に係る消費税でその納期限がその損失を受けた日以後に到

来するもの（通則法46①三）。

3　猶予の申請

納税者がこの納税の猶予の適用を受けようとする場合は、その災害のやんだ日から２月以内に納税の猶予申請書を税務署長に提出しなければならない（通則法46の２①）。この場合において、納税の告知がされていない源泉徴収等による国税については、その申請書に、その猶予を受けようとする月分の徴収高計算書等を添付しなければならないなど特別の書類を添付しなければならない場合がある（通則令15①）。

この納税の猶予申請書には、①災害により財産について相当な損失を受けたことの事実の詳細、②猶予を受けようとする国税の額、③猶予を受けようとする期間等を記載の上、「災害によりその者がその財産につき相当な損失を受けたことの事実を証するに足りる書類」を添付しなければならない（通則法46の２①、通則令15の２①）。

また、この相当な損失を受けたことの事実を証する書類としては、昭和53年６月21日付国税庁長官通達「災害被災者に対する租税の軽減免除、納税の猶予等に関する取扱要領」（以下「災害減免通達」という。）の別紙様式５号（被災明細書）のほか、市町村が発行する罹災（被災）証明書がある。もっとも、申請者がその書類を提出することが困難であると税務署長が認めるときは、災害を被っている納税者の負担軽減を図るため、その添付を要しない（通則法46の２⑤）。

（被災明細書）

別紙様式第５号

被　災　明　細　書

住所（所在地）＿＿＿＿＿＿＿＿＿＿

氏名（名　称）＿＿＿＿＿＿＿＿＿＿

（被災の状況）

被災前の全財産		被　災　財　産				損害割合	備考
①種類	②価額	③被災の程度	④損害額	⑤④に対し保険金等により補てんされた額	⑥差引実損額（④－⑤）	⑥/②	

別紙様式第５号「被災明細書」の記載要領等

1　この「被災明細書」は、通則法第46条第１項による納税の猶予を申請する場合に、添付書類として作成させる。

2　この「被災明細書」は、「納税の猶予申請書」と同時に提出することを要するが、被災状況が判明するまでに日時を要する場合には、「納税の猶予申請書」のみを提出し、後日「被災明細書」を提出させることとして差し支えない。

3　「災害を受けた資産の明細書」（別紙様式第11号）が「所得税の予定納税額の減額申請書」（別紙様式第９号）に添付されて既に提出されているときは、「納税の猶予申請書」にその旨を付記することにより、この「被災明細書」の提出を省略できる。

4　申請に関する補正手続

⑴　申請書の訂正等の求め

税務署長は、猶予の申請書の提出があった場合において、次の事由があるときは、申請者に対してその申請書の訂正又は添付すべき書類の訂正若しくは提出（以下「申請書の訂正等」という）を求めることができる（通則法46の２⑦）。

ⅰ　申請書について記載に不備があるとき
ⅱ　添付すべき書類について記載に不備があるとき
ⅲ　添付すべき書類の提出がないとき

⑵　訂正等の求めの方法

税務署長が申請書の訂正等を求める場合、先ずは電話連絡等により行うが、その連絡がとれない場合、又は電話連絡等による補正の求めに対し、相当の期間内（おおむね１週間程度）に補正しない場合は、「納税の猶予申請書及び添付書類に関する補正通知書」を申請者に送付することにより、補正を求めることとしている（通則法46の２⑧。納税の猶予等の取扱要領32⑵参照）。

⑶　みなし取下げ

補正通知書により申請書の訂正等を求められた申請者は、同通知書による通知を受けた日の翌日から起算して20日以内にその申請書の訂正等をしなければならない（通則法46の２⑨前段）。

この場合において、その期間内にその申請書の訂正等をしなかったときは、その申請者は、その期間を経過した日においてその申請を取り下げたものとみなされ（通則法46の２⑨後段）、申請者には「納税の猶予申請のみなし取下げ通知書」を通知することとしている（納税の猶予等の取扱要領33⑵参照）。

補 足　「納税の猶予申請のみなし取下げ通知書」によるみなし取下げの通知は、処分行為ではないので、その通知に対しては、不服申立てをすることができない。

5　猶予期間

猶予される期間は、１年以内（予定納税に係る所得税並びに中間申告に係る法人税及び中間申告に係る消費税等については、確定申告期限等までの期間である（通則法46①、通則令13②））。その延長は認められないが、猶予期間内に猶予した金額を納付することができない場合は、通則法46条２項後段の規定により、一般的な納税の猶予を申請することができる。

また、この猶予期間を具体的にどの程度とするかについては、他の納税の猶予とは異なり、納税者の納付能力は考慮されず、被害財産の種類及びその損失の程度により定まる（通則令13①）。その期間は、徴収実務上は次によるが（通基通46－５）、個々の財産ごとの被災区分にしたがって猶予期間を定めてもよいこととされている（災害減免通達３章２節４）。

○　猶予期間の取扱基準

損壊の程度	猶予期間	備　　考
全　損	１年	全損とは、災害による被災額がその者の全財産（積極財産のこと）の額の50％を超える場合をいう。
半　損	８月	半損とは、災害による被災額がその者の全財産の20％から50％までのものをいう。この場合、その者の被災の状況により、２月以内でその猶予期間を延長し、又は短縮することができる。

○　個々の財産ごとの被災区分に従った猶予期間の一例

個人（個人類似法人を含む。）の場合

被災区分	被災の程度	猶予期間	備　　考
1　住宅の損壊 住宅と同一の場所にある自己の事務所、工場及び納屋等（貸家を除く）を含む。被害の程度の判定は、その者の有するそれらのものを総合したところにより行う。	1　全壊（全流失） 倒壊し又は外形上大破して改築しなければ居住等ができないような状態をいうが、住宅の被災がおおむね50％を超える場合をいうこととしても差し支えない。	１年	
	2　半壊 はなはだしく被災したが、補修すれば再び使用できる状態をいうが、住宅の被災がおおむね20％から50％までの場合をいうこととして差し支えない。	８月	被災の状況に応じ、権衡を失しないよう２か月以内の範囲でその期間を延長又は短縮することができる。（以下、この取扱いを「取扱いＡ」とする。）
	3　床上浸水	４月	取扱いＡ
	4　床下浸水	—	床下浸水の場合で、その原状回復までに相当の手数と経費を要する場合は、最高２か月を限度として被災の状況に応じて猶予期間を定めて差し支えない。

被災区分	被災の程度	猶予期間	備　　考
2　家財の流失、き損 家財とは、家庭用動産（営業用以外の家畜等を含む）をいう。	1　全損 全損とは、家財の被災がおおむね50％を超える場合をいう。	8月	取扱いA
	2　半損 半損とは、家財の被災がおおむね20％から50％までの場合をいう。	4月	取扱いA
3　田、畑の流失又は埋没等（農業用機械器具の流失、き損等を含む）	1　全損 田、畑及び農業用機械器具の被災がおおむね50％を超える場合をいう。	1年	農作物等の生産により、その生計（法人の場合は、事業。以下同じ）の50％以上を維持している場合に限るものとし、それによる生計の維持が50％未満であるときは、その生計の維持割合に2を乗じて得たものを左欄の猶予期間に乗じて計算した月数（1か月未満の端数は1か月とする）の期間に短縮する。（以下、この取扱いを「取扱いB」とする。）
	2　半損 田、畑及び農業用機械器具の被災がおおむね20％から50％までの場合	8月	1　取扱いB 2　取扱いA

被災区分	被災の程度	猶予期間	備　　考
	をいう。		
4　農作物等の冠水、倒状及び流失等	1　全損 農作物等のその年中の減収見込みがおおむね50%を超える場合をいう。	8月	取扱いB
	2　半損 農作物等のその年中の減収見込みがおおむね20%から50%までの場合をいう。	4月	1　取扱いB 2　取扱いA
5　1から4以外の固定資産及び棚卸資産（製品、半製品、養殖真珠、かき、のり等を含む）の流失、き損等	1　全損 固定資産及び棚卸資産の被災がおおむね50%を超える場合をいう。	1年	営業者等の営業収入等に関し、取扱いB
	2　半損 固定資産及び棚卸資産の被災がおおむね20%から50%までの場合をいう。	8月	1　取扱いB 2　取扱いA

法人（個人類似法人を除く）の場合

被災区分	被災の程度	猶予期間	備　考
1　総資産の額のうち有形固定資産及び棚卸資産の額の占める割合が50%以下の場合	1　有形固定資産及び棚卸資産の額に対する被災額の割合が20%から50%までの場合	8 月	取扱いA
	2　同割合が50%を超える場合	1 年	
2　同割合が50%を超える場合	1　有形固定資産及び棚卸資産の額に対する被災額の割合が10%から25%までの場合	8 月	取扱いA
	2　同割合が25%を超える場合	1 年	

(注)「個人類似法人」とは、業種別に売上金額により階級付けした階級が 5 階級以下の法人をいう。例えば、小売業及び製造業の場合は売上金額が700万円以下、卸売業は2,000万円以下、サービス業（対個人サービス）は400万円以下、サービス業（修理業）は600万円以下の法人をいう。

6　担保及び分割納付の要否

この納税の猶予においては、その猶予金額が100万円を超えるかどうかに関係なく、担保の提供を要しない（通則法46⑤）。

また、一般的な納税の猶予（通則法46②）及び一定期間後に税額が確定した場合の納税の猶予（同条③）とは異なり、分割納付はない（同条④）。

7　申請事項についての調査に係る質問検査権

税務署長は、納税の猶予の許否を判定するに当たり、その猶予申請に係る事項の調査をするため、職員に、申請者に質問させ、その者の帳簿書類その他の物件を検査させ、当該物件（その写しを含む。）の提示若しくは提出を求めさせ、又は提出された物件を留め置かせることができる（通則法46の２⑪）。

納税の猶予の許否判定のための調査は、滞納処分のための財産調査ではないので徴収法141条の質問検査権に基づいて行うことができない。そこで、通則法は、職員に対して、猶予申請に係る事項についての調査権限を付与したものである。なお、この質問検査権の行使に対して、申請者が不答弁等又は検査拒否等をした場合は、その申請者に対する罰則の適用はないが、納税の猶予の不許可事由となる（後記９②）。

8　税務署長の許可又は不許可

納税の猶予の申請がされたときは、その申請に基づき、税務署長は、その許可をするか否かを決定する。その結果、猶予を認めるときは、猶予をする金額及び猶予期間その他必要な事項を「納税の猶予許可通知書」により納税者に通知しなければならない（通則法47①）。また、猶予を認めないときは、「納税の猶予不許可通知書」によりその旨を納税者に通知しなければならない（通則法47②）。

9　納税の猶予の不許可事由

納税の猶予申請書の提出があった場合において、その申請者について納税の猶予の要件に該当しない場合は、納税の猶予は不許可となる。

また、納税の猶予の要件に該当していると認められる場合であっても、次のいずれかに該当するときは、納税の猶予は不許可となる（通則法46の２⑩）。

①　繰上請求のできる事由（通則法38①各号）がある場合において、その者がその猶予に係る国税を猶予期間内に完納することができないと認められるとき。

②　申請者が、申請に係る事項についての質問検査権に基づく質問に対し

て答弁せず、若しくは偽りの答弁をし、検査を拒み、妨げ、若しくは忌避し、又は物件の提示若しくは提出の要求に対し、正当な理由がなくこれに応じず、若しくは偽りの記載若しくは記録をした帳簿書類その他の物件（その写しを含む。）を提示し、若しくは提出したとき。

③　不当な目的（例えば、滞納処分を回避することを目的としている場合）で納税の猶予又はその猶予の期間の延長の申請がされたとき、その他その申請が誠実にされたものでないとき（例えば、納税の猶予の申請が不許可又はみなし取下げとなった後において、新たな猶予該当事実が発生するなどの事情の変化がないにもかかわらず、同一の国税について再度猶予の申請がされた場合）。

10　納税の猶予の効果

後記第３の10・P136のとおり。

第３　国税の納税の猶予及び地方税の徴収の猶予

ここに国税の納税の猶予及び地方税の徴収の猶予（以下、これらを合わせて「納税の猶予・徴収の猶予」という。）は、納税者が災害を受けたこと等所定の事由により、税金を一時に納付等することができないと認められる場合に、一定期間内における納税者の納税行為及び行政機関等による徴収行為を猶予する制度である。この納税の猶予・徴収の猶予には、①一般的な納税の猶予・徴収の猶予（通則法46②、地方税法15①）、②一定期間後に税額が確定した場合の納税の猶予・徴収の猶予（通則法46③、地方税法15②）とがあるが、いずれも、納税者からの申請を要件とし、その申請を待たなければ行政機関等は猶予すべきかどうかを判断することができないという特色がある。

1　一般的な納税の猶予・徴収の猶予

納税者又は特別徴収義務者（以下「納税者等」という。）につき、災害、疾病、事業の休廃止その他の一定の事由が発生し、その事由により税金を一括で納付等することができないときは、国税については通則法46条２項の規定に基づく納税の猶予を、地方税については地方税法15条１項の規定に基づく徴収の猶予を適用することができる。

この猶予制度は、猶予該当事実により①災害等による納税の猶予・徴収の猶予（通則法63①、地方税法15の２④参照）、②事業の廃止等による納税の猶予・徴収の猶予（通則法63①、地方税法15の９①参照）がある。

補 足　一般的な納税の猶予・徴収の猶予の要件及び手続は、国税及び地方税ともにほぼ同一であるが、国税については、被災者の納期未到来の国税に係る納税の猶予の制度と災害等による納税の猶予の制度との調整を図る必要上、「納税者が被災者の納期未到来の国税に係る納税の猶予の制度の適用を受けておらず、かつ、受ける見込みがないこと」を、一般的な納税の猶予の要件としている（通則法46②かっこ書）。

⑴　猶予の要件

一般的な納税の猶予・徴収の猶予を適用するためには、次に掲げる要件の全てに該当しなければならない。

①　納税者等に猶予該当事実があること。

②　猶予該当事実に基づいて、納付等すべき税金を一時に納付等することができないと認められること（猶予該当事実と納付困難との間に因果関係が存すること）。

③　納税者等から猶予の申請書が提出されていること。

④　担保の提供が必要な場合は、申請に係る税金の額に相当する担保の提供があること。

⑵　猶予該当事実（要件①）

猶予該当事実とは、納税者等について次のいずれかに該当する事実がある場合をいう。

また、条文からは明らかではないが、納期内納税者等との負担の公平を図る観点から、猶予該当事実が生じたことについて納税者等の責めに帰することができないやむを得ない場合に限られる（通基通46－８－２。審判所裁決平21.11.6 裁決事例集78－30参照）。

①　納税者等の財産につき、震災等の災害を受け、又は盗難にかかったこと。

この「震災等の災害」については、地方税の取扱いでは、天災による災害をいうとしており（徴取通15⑶ア）、ここに人為的災害は含めず、それは下記⑤の「①の猶予該当事実に類する事実」として扱っている。この点、国税の取扱いでは、火薬類の爆発、ガス爆発、鉱害、天然ガスの採取等による地盤沈下などの人為的災害もこの震災等の災害に含めている（通基通46－８－３）。もっとも、国税と地方税のいずれにおいても、人為的な災害を猶予該当事実の一つとして取り扱っていることに変わりがないので、実務上の影響はない。

②　納税者等又はその者と生計を一にする親族が病気にかかり、又は負傷したこと。

ア　「生計を一にする」とは、納税者等と日常生活の資を共通にしていることをいう。日常生活の資を共通にしているのであれば、必ずしも同居していることを要せず、別居であっても納税者等が生活費、学資金、療養費等を支出している場合は、生計を一にしている関係にある。一方、同居している場合であっても、互いに独立した生活を営んでいると認められる場合は、生計を一にしている関係にはないことになる（通基通46－９、徴取通15⑶イ）。

イ　「親族」とは、民法上の親族をいい、配偶者、六親等内の血族及び三親等内の姻族をいう（民法725）。なお、実務上、婚姻の届出はしていないが、事実上、納税者等と婚姻関係にある者を配偶者と同様に取り扱うこととし、更に、養子縁組の届出はしていないものの、事実上、納税者等と養親子関係にある者を親族と同様に取り扱うこととしている（通基通46－10、徴取通15⑶イなお書）。

③　納税者等が事業を廃止し、又は休止したこと。

「事業を廃止し、又は休止した」とは、単に事業を廃止又は休止しただけではなく、土地収用法等の法令の規定又は業績の著しい悪化等のやむを得ない理由に基づいて、事業の全部又は一部を休廃止したことをいう。業績悪化により納税者等がその事業を廃止して転業した場合も、これに含まれる（通基通46－11、徴取通15⑶ウ）。

一方、納税者等の故意又は過失に基づき、行政処分により営業の廃止命令又は休止命令を受けた場合など、事業の休廃止が納税者等の責めに帰すべき事由に基づく場合は、これに含まれない（総則逐解360頁参照）。

④　納税者等が、事業につき著しい損失を受けたこと。

「事業につき著しい損失」とは、具体的にどの程度の損失をもって「著しい損失」と判断するのかが問題となるが、国税の実務取扱いでは、次のような外形基準を設けており（通基通46－11－２）、地方税の取扱いにおいても参考としてよいであろう。

ア　基準期間において、税引前当期利益がある場合

猶予期間直前の１年間（「調査期間」という）の税引前当期純損失の額（以下「損失金額」という。）が、その調査期間の１年前の期間（「基準期間」という。）の税引前当期利益の額の２分の１を超えていること。例えば、調査期間の損失金額がマイナス200万円、基準期間の利益金額がプラス300万円の場合は、200（調査期間）が150（基準期間の利益金額の２分の１）を超えるので、著しい損失に該当することになる。

イ　基準期間において、損失金額がある場合

調査期間の損失金額が基準期間の損失金額を超えていること。

○　**調査期間と基準期間**

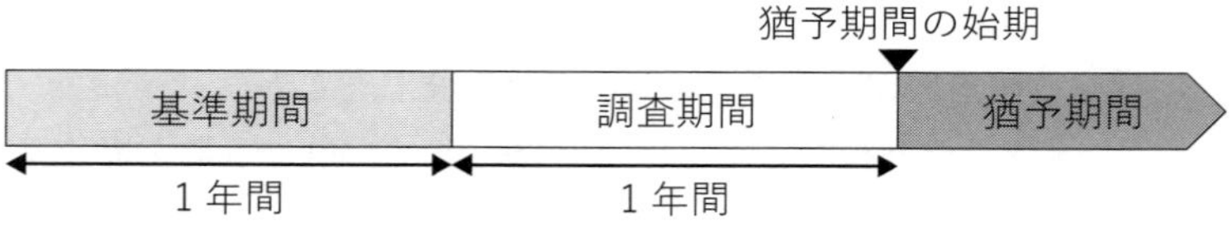

補足　著しい損失に該当するかどうかの判定に当たっては、調査期間と基準期間の収支について仮決算を組む必要があるが、実務上は、各期間の末日に近接した時期の確定した決算を基に算定しても差し支えないこととしている（納税の猶予等の取扱要領４(3)ニ(ロ))。例えば、３月決算法人について令和６年10月１日から猶予を適用する場合は、令和６年３月31日期損益計算書（事業年度は、令和５年４月１日から令和６年３月31日）の数値を調査期間の損益とし、その前年度の損益計算書（事業年度は、令和４年４月１日から令和５年３月31日）の数値を基準期間の損益とし

て著しい損失に該当するかどうかの判定を行う。

また、個人事業主について事業の著しい損失の有無を判定するに当たっては、所得税の確定申告書の添付資料である「青色申告決算書」の青色申告特別控除前の所得金額（青色申告の場合）又は「収支内訳書」の専従者控除前の所得金額（白色申告の場合）により判定する。もっとも、個人事業者については、全ての者に帳簿を備えていることが義務付けられているが、仮に帳簿を備えていないために調査期間及び基準期間の収支を調査することができないときは、納税者等からの聞き取りを中心として、著しい損失に該当するかどうかの調査をせざるを得ないであろう（納税の猶予等の取扱要領4(3)ニ(ロ)なお書）。

⑤　納税者等に①から④までの猶予該当事実に類する事実があったこと

この猶予該当事実は、①又は②の猶予該当事実に類するものと、③又は④の猶予該当事実に類するものとに分けられる。

ア　①又は②の猶予該当事実に類するもの

①又は②の猶予該当事実に類するものとは、国税の実務取扱いでは、おおむね次に掲げる事由をいう（通基通46−12(1)）。地方税の実務取扱いについては、天然ガスの採取等による地盤沈下などの人為的災害をここに含めていること（前記①参照）、交通事故その他の原因により納税者等の財産が損壊されたことを含めていること、一方、次のうちの(ア)から(ウ)に該当する事実は示されていないことという違いがあるが（徴取通15(3)オ）、国税及び地方税のそれぞれの実務取扱いに示されている事実は、例示的なものなので、いずれも①又は②の猶予該当事実に類するものとして取り扱うことができる。

(ア)　詐欺、横領等により財産を喪失したこと。

(イ)　交通事故の損害賠償（使用者責任による場合を含む。）をしたこと。

(ウ)　公害の損害賠償をしたこと。

(エ)　納税者等の取引先等である債務者について、おおむね次に掲げる事実が生じたため、その債務者に対する売掛金等（売掛金のほか、前渡金、貸付金その他これらに準ずる債権を含み、また、これらの債権について受領した受取手形のうち割り引かれていない部分の金額及び割り引かれているものであっても、不渡り等のため買戻しを行ったものを含む。）の回収が不能又は著しく困難になったと認められること（従前に比べて決済に要する期間が著しく長期化したと認められる場合を含む。）。

A　所在不明又は無財産になったこと。

B　事業の不振又は失敗により休廃業に至ったこと。

C　企業担保権の実行手続の開始決定があったこと。

D　破産手続開始の決定があったこと。

E　会社法の規定による特別清算開始の命令があったこと。

F　法律の定める整理手続によらないが、債権者集会による債務整理の決定があったこと。

G　手形交換所において取引の停止処分を受けたこと。

H　災害、盗難、詐欺、横領により財産の大部分の喪失があったこと。

I　会社更生法又は金融機関等の更生手続の特例等に関する法律の規定による更生手続開始の決定があったこと。

J　民事再生法の規定による再生手続開始の決定があったこと。

K　外国倒産処理手続承認の決定があったこと。

(オ)　納税者等と生計を一にしない親族（納税者等の親族と同視できる特殊の関係にある者を含む。）が病気にかかり、又は負傷したこと。

イ　③又は④の猶予該当事実に類するもの

③又は④の猶予該当事実に類するものとは、国税の実務取扱いでは、おおむね次に掲げる事由をいうとしているが（通基通46－12(2)）、地方税においても同様に取り扱ってよいであろう（徴取通15(3)オ(エ)参照）。

(ア)　納税者等の経営する事業に労働争議があり、事業を継続できなかったこと。

(イ)　事業は継続しているものの、交通、運輸若しくは通信機関の労働争議又は道路工事若しくは区画整理等による通行路の変更等により、売上の著しい減少等の影響を受けたこと。

(ウ)　市場の悪化、取引先の被災、親会社からの発注の減少等により、従前に比べ納税者等の事業の操業度の低下又は売上の著しい減少等の影響を受けたこと。

(エ)　著しい損失の状態が生じたとまではいえないものの、それに近い税引前当期純損失の状態が生じる原因となった売上の著しい減少又は経費の著しい増加が生じたこと。なお、ここに「売上の著しい減少」とは、単に従前に比べて売上が減少したというだけでは足りず、事業の休廃止若しくは事業上の著しい損失があったのと同視できるか又はこれに準ずるような重大な売上の減少があったことをいう（名古屋高判平23.5.26税資（徴収関係）23－32）。

(オ)　納税者等が著しい損失（事業に関するものを除く。）を受けたこと。

(3)　猶予該当事実と納付困難との因果関係（要件②）

要件②の「猶予該当事実に基づいて、納付等すべき税金を一時に納付等することができない」とは、納税者等について、ⓘ猶予該当事実があること、ⓘⓘその猶予該当事実により、資金の支出又は損失が発生したこと、ⓘⓘⓘその資金の支出又は損失の発生が、税金を一時に納付等することができないことの原因となっていること、をいう。

そして、「税金を一時に納付等することができない」とは、納税資金がない場合のみならず、それが捻出できたとしても、その資金をもって一括で納付等してしまうと納税者等の事業の継続又は生活の維持が困難になると認められる場合をも該当する（通基通46－12－３）。

(4)　猶予をする金額

ア　猶予をすべき金額の算定方法

この猶予をすることができる税金の金額は、要件②・P88に掲げる「一時に納付等することができない」と認められる金額である。その具体的な金額は、Ⓐ猶予該当事実により生じた資金の支出又は損失の金額（以下「猶予該当支出金額等」という。）と、Ⓑ納付等すべき税金の額から現在において納付等できる金額（以下「現在納付可能金額」という。）を控除した金額とを比較し、Ⓐが Ⓑを超えるときはⒷの金額であり、ⒶがⒷを下回るときはⒶの金額を猶予金額とする。例えば、納付すべき税金50、現在納付可能金額10、猶予該当支出金額等60のときは、40（60＞40（50－10））が猶予すべき金額となる。他方、猶予該当支出金額等が30のときは、30（30＜40）が猶予すべき金額となる（納税の猶予等の取扱要領５(1)）。

イ　猶予該当支出金額等

猶予該当支出金額等として認められる支出又は損失の額は、次のとおりである（納税の猶予等の取扱要領５(2)）。

(ア)　納税者等の財産につき、震災等の災害を受け、又は盗難にかかった場合（前記(2)の①の猶予該当事実・P88）

災害又は盗難により受けた現実の損失額をいうが、災害等に基づいて出費を余儀なくされたもの（被災財産の取壊費用、整理費等）も間接的な損失額として認める。

(イ)　納税者等又はその者と生計を一にする親族が病気にかかり、又は負傷した場合（前記(2)の②の猶予該当事実・P89）

医療費及び病気等により支出を余儀なくされた費用をいう。なお、治療等が継続している場合は、これまでに要した費用に、猶予期間中に要する費用見込額を加算する。

(ウ)　事業を廃止又は休止した場合（前記(2)の③の猶予該当事実・P89）

事業の休廃止に基づくおおむね次の金額（調査期間中のものに限り、それ以前のものは対象としない）

A　在庫品の投売り等原価割れでの処分による損失額

B　機械、設備等の処分費用等

C　回収困難な売掛金等の額

D　従業員の解雇・一時帰休に要した退職金・一時手当金等

E　改造費、店舗移転費用等転業等のために要したやむを得ない費用

㈓　事業につき著しい損失を受けた場合（前記⑵の④の猶予該当事実・P89）

A　基準期間において利益金額がある場合

調査期間の損失金額のうち、基準期間の利益金額の2分の1を超える部分

B　基準期間において損失金額がある場合

調査期間の損失金額のうち、基準期間の損失金額を超える部分

㈔　納税者等に災害、盗難又は病気、負傷に類する事実がある場合（前記⑵の⑤のアの猶予該当事実・P91）

㈀又は㈁に準ずる。

㈕　納税者等に事業の休廃止又は事業上の著しい損失に類する事実がある場合（前記⑵の⑤のイの猶予該当事実・P92）

㈂又は㈓に準ずる。

㈖　その他の留意事項

A　この猶予は、猶予該当事実と納付困難との間に因果関係が認められればよいので、猶予該当事実が猶予調査日（猶予期間の始期の前日）の1年以上前に生じたものであっても、それによって現在納付困難に陥っているのであれば、猶予は認められるべきである。しかしながら、その因果関係を確認するのは容易ではなく、そのため、納税の猶予等の取扱要領では、上記⑵の①又は②・P88－89に掲げる猶予該当事実が猶予調査日の1年以上前に生じたものであり、それに伴って、1年以上前に支出した金額があるときは、①その金額が借入金によって調達されたものであること、②その借入金が調査期間内に返済され、又は猶予調査日後に返済

され若しくは返済見込みであることを条件として、その返済額又は返済見込み額だけを猶予該当支出金額等として認めることとしている（納税の猶予等の取扱要領５⑵ロ(イ)D、同(ロ)ただし書）。

B　猶予該当支出金額等に対応して、補填金額（保険金、補償金、賠償金等）が支払われているときは、その金額を猶予該当支出金額等から控除する必要がある（納税の猶予等の取扱要領５⑵イ(ニ)）。

C　猶予該当支出金額等と納付困難との因果関係については、原則として、猶予該当支出金額等があること、一方で、現在において納付困難になっていることという２つの事実が認められれば、因果関係を認めるのが相当である（納税の猶予等の取扱要領５⑵イ(ホ)）。もっとも、猶予該当事実と現在の納付困難との間に、その因果関係を遮断するような事実が認められる場合には、その因果関係を否定するのが相当であろう。例えば、猶予該当事実が生じた後に、多額の投資や資産購入をするなどの事実が認められる場合がこれに該当する（納税の猶予等の取扱要領５⑵イ(ホ)なお書）。

⑸　現在納付可能金額の算定方法

現在納付可能金額とは、猶予期間の始期の前日時点における当座資金（現金、預貯金その他の換価の容易な財産で、直ちに納税に充てることのできる資金）から、つなぎ資金（事業の継続のために当面必要な運転資金、生活の維持のために通常必要とされる費用の額）を控除した金額をいう。例えば、税金100万円がある納税者等について、直ちに現金化できる資産として、①現金８万円、②普通預金20万円、③当座預金15万円、④投資目的の上場株式（時価30万円）がある場合において、つなぎ資金として②の普通預金と③の当座預金が必要なときは、残りの①現金８万円と④上場株式30万円の合計額38万円が現在納付可能金額となる。この現在納付可能金額38万円は、直ちに税金に充てるべきものであるから、税金100万円のうち38万円を一部納付させた上で、残税額62万円を猶予することになる。

（現在納付可能金額の算定例）

現金・預貯金等の当座資産	当座資産の額	納付可能金額	納付に充てられない理由
現金	80,000円	80,000円	
甲銀行△支店　普通預金	200,000円	－	生活費
乙銀行○支店　当座預金	150,000円	－	運転資金
上場株式　1000株	300,000円	300,000円	
現在納付可能金額		380,000円	

直ちに税金に充てることができる金額

⑹　つなぎ資金の考え方

納税者等が法人である場合のつなぎ資金は、調査日から資金繰りがもっとも窮屈になる日までの期間内における事業継続に必要な費用から当該期間内における収入見込み額を控除した金額をいうが、必要な費用については、納税者等の申出額を安易に認めることのないように留意する。例えば、次に掲げる支出は、必要な費用には該当しないものとする（納税の猶予等の取扱要領64⑴注書）。

①　不要不急の財産の取得のための支出

②　事業等の拡張のための支出（今後の納税の能力を増加させ、早期完納が見込まれるなど、租税の徴収上有利であると認められるものを除く。）

③　役員報酬のうち、法人税の申告において過大な役員給与として否認された額に相当する支出

④　交際費、寄付金その他の経費のうち、過去の決算における支出額を著しく超える支出

また、納税者等が個人である場合のつなぎ資金に関し、生活の維持のために必要な生活費については、次の２通りの算定方法により求める（納税の猶予等の取扱要領64⑵）。

ア　基準額算定法

給料等の差押禁止額に準じ、最低生活費部分（納税者等10万円、生

計を一にする親族各４万５千円）及び体面維持費（手取り額から最低生活費部分を控除した金額の0.2に相当する金額）に、養育費、教育費、治療費等社会通念上生活の維持のために必要不可欠な支出を加算した額

イ　実額算定法

実際に支払った食費、家賃、水道光熱費などの金額を基に、調査日から資金繰りがもっとも窮屈になる日までの期間内における通常必要と認められる生活費として計上した額

このように、納税の猶予等の取扱要領においては、必要生活費の算定をかなり厳格に取り扱っているため、猶予申請をした納税者等の言いなりの額により算定することは起こり難く、他の納期内納税者等との負担の公平を実現する上で相当な取扱いというべきである。もっとも、生活費の算定における「社会通念上生活の維持のために必要不可欠な支出」かどうかの判断は難しく、特に、住宅ローンの返済額を認めるかどうかは問題である。給料等の差押えにおいては、法律上は、住宅ローンの返済額を考慮していないところであり、それとの衡平を図る観点と、他の納税者等との租税負担の公平を実現する観点とを併せて勘案すると、住宅ローンの返済額は、納税者等において、納税資金捻出のためにローン返済額の減額について金融機関と相当の交渉をしたというような事実がない限りは、原則として必要不可欠な支出に含めないとすることが相当である（後記第４の１⑵ア・Ｐ167参照）。

⑺　猶予期間

猶予期間は、１年を限度として、納税者等の財産の状況その他の事情から、猶予に係る税金を完納することができると認められる最短の期間とする。

また、納税者等が、やむを得ない理由により、猶予期間内に猶予に係る税金を完納することができない場合には、納税者等の申請に基づき、猶予期間の延長をすることができる。ただし、その場合の猶予期間は、既に猶予している期間と合わせて２年を超えてはならない（通則法46⑦

ただし書、地方税法15④ただし書)。

ところで、完納までに要する期間が1年を超えることが、当初の猶予開始の時点から判明している事案があるが、その場合は、その猶予期間を1年とした上で、1年を超える部分の金額を猶予期間の最終月分の分割納付金額として処理することとしている(納税の猶予等の取扱要領6⑷)。例えば、猶予すべき税金200万円、猶予期間中の分割納付金額10万円のときは、当初の猶予の猶予期間を1年間とし、猶予期間中の11か月目までは各月10万円を納付することとし、最終月である12か月目の分割納付金額は90万円(他に延滞税を要す)として処理(いわゆる「しわ寄せ処理」)することになる。

2　一定期間経過後に税額が確定した場合の納税の猶予・徴収の猶予

賦課処分が法定申告期限又は法定納期限から相当経過した後になされた場合は、納税者等は、既に納税資金相当額を他の用途に費消しており、その賦課処分を受けた時においては一括で納付等することが困難になっているケースが多いであろう。そして、この納付困難になっていることについては、賦課処分を遅延した行政機関等の側にも責任があると考えられるので、税法は、納付困難となった納税者等に対して直ちに滞納処分を進めるのではなく、猶予による納税緩和措置を講ずることができるようにしている(通則法46③、地方税法15②)。

⑴　要件

この猶予は、次の要件のいずれをも充足する場合に適用することができる。なお、この猶予に係る税金には、第二次納税義務者又は保証人が納付等すべきものは含まれない。

ア　猶予の申請に係る税金が次のいずれかに該当すること。

㋐　国税の場合

①　申告納税方式による国税(その附帯税を含む。)で、法定申告期

限から1年を経過した日以後に納付すべき税額が確定したものである場合は、その確定した税額に相当するものであること。

② 賦課課税方式による国税（その延滞税を含み、加算税及び過怠税を除く。）で、その課税標準申告書の提出期限又は納税義務の成立の日から1年を経過した日以後に納付すべき税額が確定した場合は、その確定した部分の税額に相当するものであること。

③ 源泉徴収による国税（その附帯税を含む。）で、その法定納期限から1年を経過した日以後に納税の告知があった場合は、その告知に係る部分の税額に相当するものであること。

(イ) 地方税の場合

法定納期限（随時に課する地方税については、その地方税を課することができることとなった日）から1年を経過した日以後に納付等すべき税額が確定した場合で、その確定額に相当するものであること。

この場合、「納付等すべき税額が確定した場合」とは、それぞれ次の時をいう（徴取通15(5)イ）。

① 普通徴収の方法によって徴収する地方税の場合は、その納税の告知がされた時

② 申告納付又は申告納入の方法によって徴収する地方税のうち、更正又は決定に係る税額又は納入金の場合は、その更正又は決定の通知がされた時

③ ②以外の申告納付の方法によって徴収する地方税の場合は、その申告のあった時

④ 加算金の場合は、その金額の決定通知がされた時

⑤ 延滞金の場合は、徴収の基因となった地方税が確定した時

⑥ 督促手数料の場合は、督促状を発した時

イ 納税者等が上記アの税金を一時に納付等することができないことにつき、理由があると認められること。

ウ 納税者等から上記アの税金の納期限内に猶予の申請書が提出される

こと。

エ　原則として、猶予の申請に係る税金の額に相当する担保の提供があること。

(2) 猶予の申請の時期

納税者等がこの猶予を受けようとする場合は、行政機関等に、納税の猶予・徴収の猶予の申請書を提出しなければならないが、その申請の期限は、その申請に係る税金の納期限までである。この場合、国税の納税の猶予については、納期限内に提出できなかったことについてやむを得ない理由があると認められるときは、申請書が納期限内に提出されなかった場合であっても、納税の猶予が認められる（通則法46③）。ここに「止むを得ない理由」とは、例えば、通則法74条の11第2項《調査の終了の際の手続》の国税に関する調査結果の内容の説明を受けた時など、納税者等が通則法46条3項各号に規定する納付すべき税額を知った時から、納税の猶予の申請書及び添付書類の作成のために通常必要と認められる期間（おおむね1月程度）内に納税の猶予の申請書が提出されたことその他納税者等の責めに帰することができないと認められる理由をいう（通基通46－13－4）。一方、地方税の徴収の猶予の場合は、このような例外規定がないので、納税者等は納期限内に申請の手続を行わなければならない。

(3) 猶予をする金額

猶予をする金額は、猶予に係る税金の納期限の時における納付困難と認められる金額、つまり、確定した税額から納付可能額を控除した金額である。この場合、税額の確定手続等との因果関係は考慮する必要がない（通基通46－13、徴取通15(5)エ）。

補 足　猶予の申請書の「一時に納付等することができない事情の詳細」欄には、例えば「納付すべき税額50万円のうち、納期限までに納付できる金額は10万円であり、残額40万円については、一時に納付することができない。」というように、納期限までの納付可能額を明らかにして記載すればよく、また、「猶予該当事実の詳細」欄の記載は不要である。

⑷　猶予期間

猶予期間は、原則として、１年以内で、かつ、完納までの最低期間である。その始期は、納期限の翌日であるが（通基通46－13－３）、国税の納税の猶予においては、やむを得ない理由により納期限後に提出された申請書に基づいて猶予する場合は、その申請書を提出した日が始期となる（通基通46－13－３なお書）。

また、一般的な納税の猶予と同様、猶予期間内に猶予した金額を納付等することができないやむを得ない理由があると認められるときは、納税者等からの延長申請に基づき、猶予期間を延長することができる。この場合、その延長期間は、既に猶予した期間とあわせて２年を超えることができない（通則法46⑦、地方税法15④）。

☞ **考えてみよう！**

納税者Ａは、令和６年５月10日に、次の申告所得税について期限後申告をしました。

令和３年分　税額100万円（法定納期限：令和４年３月15日）
令和４年分　税額110万円（法定納期限：令和５年３月15日）
令和５年分　税額120万円（法定納期限：令和６年３月15日）

同日、Ａから、現在納付可能額がないので、修正申告により納付すべき税額合計330万円について分納したい旨の相談がありました。

徴収職員Ｘさんは、猶予の適用を考えていますが、Ａに対して、どのような猶予制度があるかを説明したらよいでしょうか。なお、Ａについて、通則法46条２項（地方税法15①参考）に該当する猶予該当事実はありません。

ヒント・考え方はＰ651

3　申請手続

(1)　一般的な納税の猶予・徴収の猶予の申請手続

ア　提出書類

猶予の申請に当たっては、納税者等は、猶予申請書及び添付書類を提出しなければならない（通則法46の２②、地方税法15の２①）。

このうち、猶予申請書には、猶予該当事実があること及び猶予該当事実により税金を一時に納付等することできないことの詳細等を記載しなければならず、その記載がない場合はその猶予申請書の補正事由となる。

また、添付書類とは、次のとおりである。

①　猶予該当事実を証するに足りる書類（納税の猶予等の取扱要領29(2)ロ(イ))。

猶予該当事実	証するに足りる書類
災害等を受けた場合	り災証明書等
病気等の場合	診断書、医療費の領収書等
事業の休廃止等の場合	廃業届、商業登記簿の登記事項証明書等
事業上の著しい損失の場合	調査期間及び基準期間の損益計算書

②　財産目録（資産及び負債の状況を明らかにする書類）

③　収支の明細書

④　担保の提供を要する場合は、担保提供に関して必要な書類

⑤　その他の書類

ｉ　国税の場合

・　納税の告知がされていない源泉徴収等による国税の猶予を申請する場合には、「所得税徴収高計算書」

・　登録免許税の猶予を申請する場合には、登録等の事実を明らかにする書類

ⅱ　地方税の場合

地方団体の条例で定める書類

イ　添付書類の提出が困難な場合

猶予該当事実が、災害等を受けた場合、病気等の場合又はこれらに類する事由による場合であるときにおいて、猶予の申請に当たって、①猶予該当事実を証する書類、②財産目録の提出が困難であると行政機関等が認めるときは、猶予該当事実の事情に鑑み納税者等の負担の軽減を図る等の観点から、提出を要しないこととしている（通則法46の２⑤、地方税法15の２④）。

この場合の「提出が困難である」とは、災害等による帳簿書類等の滅失、病気等による入院など、猶予の申請に当たって、納税者等の責めに帰することができないやむを得ない理由により提出が困難であることをいう（通基通46の２－２）。

⑵　一定期間後に税額が確定した場合の納税の猶予・徴収の猶予の申請手続

猶予の申請に当たっては、猶予申請書及び添付書類を提出する必要がある（通則法46の２③、地方税法15の２②）。

このうち、猶予申請書には、税金を一時に納付等することができない事情の詳細等を記載しなければならない。

また、添付書類とは、上記⑴アの②から⑤に掲げる書類であり、また、上記⑴アの一般的な納税の猶予の申請の場合と異なり、猶予該当事実を証する書類の添付は要しない。

⑶　猶予期間の延長の場合の申請手続

猶予期間の延長の申請に当たっては、猶予期間延長の申請書及び添付書類を提出する必要がある（通則法46の２④、地方税法15の２③）。

ア　猶予期間の延長の申請書

この猶予期間の延長の申請書には、猶予期間内に猶予税額を納付等することができないやむを得ない理由等を記載しなければならないが、その「やむを得ない理由」とは、納税者等の責めに帰することのできない事由であり、おおよそ次のような事情が該当する（通基通46－16)。実務上は、次の③に相当する事情が多いであろう。

① 猶予をした時において予見できなかった事実（納税者等の責めに帰することができない理由により生じた事実に限る。）の発生により予定していた入金がなかったため、猶予金額を猶予期間内に納付等できなかった場合。

② 猶予をした時において予見できなかった事実（納税者等の責めに帰することができない理由により生じた事実に限る。）の発生により、臨時の支出（事業の継続又は生活の維持のため必要不可欠なものに限る。）を行ったため、猶予金額を猶予期間内に納付等できなかった場合。

③ 猶予をした時において、猶予に係る税金の完納までに要する期間が１年を超えると見込まれた場合であって、納税者等の資力がその猶予をした時に見込んだ状態でおおむね推移していると認められる場合。

イ　添付書類

添付書類とは、上記⑴アの②から④に掲げる書類である。また、その②及び③の添付書類については、災害等による猶予の延長にあたり上記⑴イと同じ事情がある場合には提出を要しない（通則法46の２⑤、地方税法15の２④)。

⑷　分割納付

納税の猶予・徴収の猶予については、通則法46条１項《被災者の納期未到来の国税に係る納税の猶予》に規定する納税の猶予の場合を除き、その猶予期間中（猶予期間が延長された場合を含む。)、その猶予税額を納税者等の財産の状況その他の事情からみて合理的かつ妥当なものに分割して納付等させることができる（通則法46④⑧、地方税法15③⑤。なお、地方税については、条例で定めるところにより分割して納付等させることができるとされている。)。

ここに「納税者等の財産の状況その他の事情からみて合理的かつ妥当なもの」とは、納税者等の財産の状況その他の事情からみて、納税者等の事業の継続又は生活の維持を困難にすることなく猶予期間内の各月において納付等することができる金額であって、かつ、その猶予に係る税金を最短で完納することができる金額をいう(通基通46－13－6)。

なお、国税の納税の猶予の場合は、分割納付の各納付期限及び納付期限ごとの納付金額を定めるものとしており(通則法46④後段、⑧)、具体的には、災害、病気等により納税者等の資力が著しく低下している場合を除き、その猶予に係る金額を猶予期間内の各月に分割して納付させることとしている(通基通46－13－5)。一方、地方税の徴収の猶予においては、納付等の具体的な方法については条例に委ねられている。これは、地方税においては、一人の納税者等が住民税、固定資産税等多数の税目の税金を納付する場合が多いことから、これら税目の各期の納期限及び納付税額等を勘案しながら、猶予税額に係る分割納付をする月及びその分割納付額を定めることが妥当との考えに基づくものである。

4　申請事項についての調査に係る質問検査権

行政機関等は、納税の猶予・徴収の猶予の申請又はその延長の申請があった場合には、その申請に係る事項について調査を行い、その猶予の許否を判定しなければならない(通則法46の2⑥、地方税法15の2⑤)。そして、その猶予申請に係る事項を調査するため必要があると認めるときは、その行政機関等の職員は、その必要な限度で、申請者に質問し、その者の帳簿書類その他の物件を検査し、当該物件(その写しを含む。)の提示若しくは提出を求め、又は提出された物件を留め置くことができる(通則法46の2⑪、地方税法15の2⑩)。

納税の猶予・徴収の猶予の許否判定のための調査は、滞納処分のための財産調査ではないので徴収法141条の質問検査権に基づいて行うことができない。そこで、通則法・地方税法は、職員に対して、猶予申請に係る事項についての調査権限を付与したものである。なお、この質問検査権の行使に対して、申請者が不答弁等又は検査拒否等をした場合は、その申請者に対する罰則の適用はないが、納税の猶予・徴収の猶予の不許可事由となる（後記７⑴②・Ｐ114）。

5　申請書等の補正

⑴　補正が必要な場合

納税の猶予・徴収の猶予の申請があった場合には速やかにその許否を判断する必要があるが、その許否判断は、納税者等から提出を受けた申請書及びその添付書類を基に行うことになる。そのため、申請書等の記載の不備などにより猶予の許否の判断を適切に行うことができないと認められる場合は、納税者等に対して、申請書の訂正、添付書類の訂正又は提出（以下「申請書等の補正」という。）を求める必要がある。

この申請書等の補正を要する場合の主な事例としては、次のものがある。

①　猶予申請書の「猶予該当事実の詳細」欄・「一時に納付等することができない事情の詳細」欄の記載がない場合

ここに「猶予該当事実の詳細」欄・「一時に納付等することができない事情の詳細」欄には、具体的事実をできるだけ詳細に記載する必要がある。

（記載例）

猶予該当事実	「猶予該当事実の詳細」欄	「一時に納付等することができない事情の詳細」欄
災害等	令和〇年〇月〇日の集中豪雨により、自宅が床上浸水となり、復旧のために多額の出費を要することとなった。	家屋の復旧に△万円を既に支出した。今後も約△万円の支出が必要であり、その合計額が、災害等を受けたこと（猶予該当事実があったこと）による支出となっている。
病気・負傷	〇〇病により、令和〇年〇月から〇月の間、△△病院に入院し、現在も通院治療中である。	治療費及び入院費として、令和〇年〇月から〇月までに△万円を支払い、保険金△万円を控除した△万円が、病気等（猶予該当事実があったこと）による支出となっている。
事業の休廃止	近隣に大手競合店が出店したため、令和〇年１月から10月までの売上が前年比80％減までに落ち込み、事業継続困難となり、令和〇年11月に廃業した。	廃業に伴い、在庫処分による損失100万円が生じたことから、その100万円が猶予該当事実があったことによる損失となっている。
事業上の著しい損失	一昨年（令和〇年）は200万円の利益を計上できたが、前年４月に主取引先である〇〇会社との取引が打ち切りとなり、販路開拓もうまくいかず、前年は220万円の欠損となった。	前年の損失220万円のうち、一昨年の利益金額200万円の２分の１の金額100万円を超える部分120万円が、猶予該当事実があったことによる損失となっている。
一定期間後に税額が確定した場合	（記載不要）	納付すべき税額50万円のうち、納期限までに納付できる金額は10万円であり、残額については一時に納付することができない。

② 財産収支状況書の「現在納付可能資金額」欄の記載がないため、猶予を受けようとする税金の金額が不明な場合

猶予を受けようとする金額は、納付等をすべき税金の額から現在納付可能資金額を控除した金額である。そのため、現在納付可能資金額の記載がない場合には、猶予を受けようとする税金の金額が算定できないことになる。なお、現在納付可能資金額とは、申請書を提出する日現在において、直ちに納付等することができる金額をいう。

（記載例）

現金・預貯金等	種類	預貯金等の額	納付可能金額	納付に当てられない事情
現金		90,000円	50,000円	生活費（40,000円）
○○信金○○支店	普通	100,000円	0円	生活費
上場株式（○○会社500株）		100,000円	100,000円	
現在納付可能資金額			150,000円	

③ 財産収支状況書の収入及び支出の見込み額（月額）の記載がないため、毎月の分割納付額の根拠が不明である場合

収入及び支出の見込み額は、１か月間の平均的な収入及び支出の金額であり、その収支差額が毎月の分割納付の基準となる金額となる。

なお、納税者と生計を一にする配偶者その他の親族の中に生活費を負担しているものがいる場合は、その額を「収入」欄に記載する（納税の猶予等の取扱要領64⑵参照）。

（記載例）

収　入		支　出	
給料（手取り）	220,000円	生活費	160,000円
配偶者のバイト収入	70,000円	家賃	65,000円
		医療費	10,000円
		教育費	25,000円
収　入　計	290,000円	支　出　計	260,000円
		収　支　差　額	**30,000円**

④　その他各欄の記載がない又は簡略であるため、その内容等が明らかでない場合

⑵　補正を求める方法

申請書等の補正が必要である場合は、納税者等に対し、具体的な補正事項を求めることとするが、先ずは電話連絡等により求めることとして差し支えない。

ただし、電話連絡等により補正を求めたにもかかわらず、納税者等が相当の期間（おおむね１週間程度）内に補正しない場合は、猶予申請書及び添付書類に関する補正通知書を送付する方法により、補正を求めるべきである。納税者等と連絡がとれない場合も、同補正通知書を送付することにより求める。

なお、納税者等が、補正通知書を受け取っこと及びその受領日から所定の期間内に補正をしなかったことは、猶予申請を取り下げたものとみなされる場合の要件となっている。したがって、補正通知書は、納税者等が送達を受けた日を明らかにするため、配達証明郵便による送達又は交付送達（交付できないときは差置送達）による。

○　猶予申請書及び添付書類に関する補正通知書

令和〇年〇月〇日

(申請者氏名)　様

〇〇市長　〇〇　〇〇　印

猶予申請書及び添付書類に関する補正通知書

令和〇年〇月〇日に提出のありました徴収猶予の申請書又は添付すべき書類について記載の不備があるため、若しくは添付すべき書類の提出がないため、この通知書を受け取った日の翌日から起算して20日以内（※この期間は、地方団体の条例により定める。）に、下記のとおり申請書又は添付すべき書類の訂正若しくは提出をしてください。なお、上記期間内に、申請書又は添付すべき書類の訂正若しくは提出をしなかったときは、地方税法第15条の２第８項の規定により申請を取り下げたものとみなします。

訂正等を求める書類	訂正等の内容
徴収猶予の申請書	「猶予該当事実の詳細」欄に、申請に係る猶予該当事実をできるだけ詳細に記載してください。
財産収支状況書	1　「現在納付可能資金額」欄について、納付可能資金額150,000円の根拠となる内容を記載してください。 2　「財産等の状況」欄に、財産の所有状況等を記載してください。

6　みなし取下げ

(1)　取り下げたものとみなされる場合

次に掲げる場合、猶予申請は取り下げたものとみなされる（通則法46の２⑨、地方税法15の２⑧）。

①　納税者等が補正通知書を受けた日の翌日から起算して所定の期間内に、補正した申請書等を提出しなかった場合

②　納税者等が所定の期間内に補正した申請書等を提出したものの、補

正通知書により補正を求めた事項の全部又は一部について補正がされていなかった場合

なお、「所定の期間内」とは、国税の納税の猶予においては「補正通知書により通知を受けた日の翌日から起算して20日以内」（通則法46の２⑨）であり、地方税の徴収の猶予においては条例で定めることとされている（地方税法15の２⑧）。

⑵　納税者等への通知

猶予の申請を取り下げたものとみなされた場合には、法定事由ではないものの実務上の取扱いとして、「猶予申請のみなし取下げ通知書」により、納税者等にその旨を通知すべきである。

なお、この通知は事実の通知にすぎず、この通知によって納税者等の権利・利益を制限するものではない。したがって、納税者等は、この通知の取消しを求める不服申立てをすることはできない。納税者等が補正を求められたことについて不服がある場合は、補正通知書を受領した段階で、速やかに、補正通知書による補正通知処分の取消しを求める不服申立てをすべきである。

○　猶予申請のみなし取下げ通知書

令和○年○月○日

(申請者氏名)　様

○○市長　○○　○○　㊞

猶予申請のみなし取下げ通知書

次のとおり提出がありました徴収猶予の申請について記載の不備等があり、猶予申請書及び添付書類に関する補正通知書を送付しましたが、同通知書を受け取った日の翌日から起算して○日以内に補正を求めた事項の補正又は提出がされなかったため、地方税法第15条の２第８項の規定により申請を取り下げたものとみなしましたので、通知します。

なお、みなし取下げとなった同一の市税について再度猶予の申請がされた場合（新たな猶予該当事実が生じたことにより徴収猶予の申請をする場合を除く。）、申請が誠実にされないものとして不許可の理由に該当しますので、御留意ください。

提出した書類の種類	
提出年月日	
申請書及び添付書類に関する補正通知書を発した日	
みなし取下げとなった理由	□　補正後の申請書等が提出されなかったため
	□　補正を求めた事項の全部が補正されていなかったため
	□　補正を求めた事項の一部が補正されていなかったため

7　猶予の許可・不許可

(1)　猶予の不許可事由

猶予の申請があった場合において、猶予の要件に該当しないとき又は次のいずれかに該当するときは、その猶予を不許可とする（通則法46の2⑩、地方税法15の2⑨）。猶予期間の延長の申請があった場合も同様である。

① 繰上請求・繰上徴収の事由に該当する事実がある場合において、納税者等が猶予に係る税金を猶予期間内に完納することができないと認められるとき。

ここに繰上請求・繰上徴収の事由とは、次のとおりである（通則法38①各号、地方税法13の2①各号）。

ⅰ 納税者等の財産につき強制換価手続（滞納処分、強制執行、担保権の実行としての競売、企業担保権の実行手続、破産手続）が開始されたとき。

ⅱ 納税者等が猶予申請後に死亡した場合において、その相続人が限定承認をしたとき。

ⅲ 法人である納税者等が解散したとき（次のⅳに該当する場合を除く）。

ⅳ 猶予申請に係る税金が信託財産責任負担債務である場合において、信託が終了したとき。

ⅴ 納税者等が、納税管理人を定めないで、本邦（地方税においては、その猶予申請をした地方団体の区域内）に住所・居所を有しないこととなるとき（ただし、地方税においては、地方税の徴収確保に支障がないため納税管理人を定めることを要しないとされる場合は除かれる。）。

ⅵ 納税者等について脱税行為があり、若しくはあると認められ、又は滞納処分の執行を免れる行為があり、若しくはあると認められるとき。

② 納税者等が、申請に係る事項についての質問検査権（通則法46の2⑪、地方税法15の2⑩）に基づく質問に対して答弁せず、若しくは偽りの答弁をし、検査を拒み、妨げ、若しくは忌避し、又は物件の提示若しくは提出の要求に対し、正当な理由がなくこれに応じず、若しくは偽りの記載若しくは記録をした帳簿書類その他の物件（その写しを含む。）を提示し、若しくは提出したとき。

③　不当な目的で猶予申請がされたとき、その他その申請が誠実にされたものでないとき。

例えば、猶予申請が不許可となり、又はみなし取下げとなった後に、同一の税金について再度猶予申請がなされたとき（新たな猶予該当事実の発生など、その申請に正当な理由があるときを除く。）が該当する。

⑵　許可・不許可の通知

ア　納税の猶予・徴収の猶予の許可通知

猶予を許可する場合は、納税者等に対して、猶予した旨、猶予に係る税金の内訳（年度、税目、猶予金額等）、猶予期間その他所要事項（猶予の適用条項、担保が提供されている場合はその担保の内容）を猶予許可通知書により通知する（通則法47①、地方税法15の２の２①）。猶予期間の延長をする場合も同様である。

また、担保として保証人又は物上保証を徴する場合は、滞納者に対するのと同様に、その保証人又は担保財産の所有者にも猶予する旨を猶予許可通知書により通知する（通基通47－１）。

補 足　申請書の内容（猶予金額・猶予期間・分割納付計画）と異なる猶予をする場合における留意事項

次に掲げる場合は、猶予申請の一部を拒否（不許可）する処分となるので、猶予許可通知書に、その処分の理由を付記しなければならないことに留意する。

①　申請書に記載された猶予を受けようとする金額よりも少ない金額で猶予を許可する場合

②　申請書に記載された猶予を受けようとする期間よりも短い期間で猶予を許可する場合

③　申請書に記載された分割納付（納入）計画と異なる内容の分割納付計画により猶予を許可する場合

イ　猶予の不許可通知

猶予の申請が前記⑴の不許可事由に該当するため、行政機関等が猶予を不許可とするときは、納税者等に対して、猶予不許可通知書により猶予をしない旨を通知しなければならない（通則法47②、地方税法15の２の２②）。また、保証人又は担保財産の所有者にも、猶予を許可した場合と同様に、猶予不許可通知書により猶予をしない旨を通知する（通基通47－３）。

なお、猶予の不許可処分は、申請に対する拒否処分であるため、猶予不許可通知書にその処分の理由を付記しなければならないことに留意する（通則法74の14①、地方税法18の４①、行政手続法８）。

○　徴収猶予許可通知書

令和○年○月○日

（申請者等氏名）　様

○○市長　○○　○○　印

徴収猶予許可通知書

令和　年　月　日付で徴収猶予の申請があったあなたの徴収金については、下記のとおり許可しましたので、通知します。

> 一部許可の場合は、この定型文に続けて、「ただし、別紙「処分理由」により、猶予申請に係る徴収金のうち一部の徴収金については徴収猶予を許可できません。」等の文言を記入し、別紙にその処分理由を記載する。

申請者	住所	
	氏名	
猶予をする徴収金	（年度、税目、年分、期別、納期限、猶予税額、延滞金等を記載）	

該当条項	地方税法第15条第　項　第　号（　号に類する事由）
猶予をする期間	年　月　日　から　　年　月　日まで　月間

分割納付（納入）計画	１回　　円 年　月　日	５回　　円 年　月　日	９回　　円 年　月　日
	２回　　円 年　月　日	６回　　円 年　月　日	10回　　円 年　月　日
	３回　　円 年　月　日	７回　　円 年　月　日	11回　　円 年　月　日
	４回　　円 年　月　日	８回　　円 年　月　日	12回　　円 年　月　日

担保	□有・□無	担保の詳細又は担保を提供できない特別の事情	
備考			

○　徴収猶予不許可通知書

令和○年○月○日

(申請者等氏名)　様

○○市長　○○　○○　印

徴収猶予不許可通知書

令和　年　月　日付で徴収猶予の申請があったあなたの徴収金については、下記の理由により許可できません。地方税法第15条の２の２第２項の規定により通知します。

<table>
<tr><td rowspan="2">申請者</td><td>住所</td><td></td></tr>
<tr><td>氏名</td><td></td></tr>
<tr><td colspan="2">徴収猶予の申請に係る徴収金</td><td>(年度、税目、年分、期別、納期限、猶予税額、延滞金等を記載)
徴収猶予を認めない理由を具体的に記載する。</td></tr>
<tr><td colspan="2">不許可理由</td><td>あなたは、猶予期間の前日である令和○年○月○日において、上場株式（○○株式会社の株式1,000株）500,000円相当を有しており、これにより申請に係る徴収金の全額を納付することができます。
そのため、あなたは申請に係る徴収金を一時に納付することができないとは認められず、地方税法第15条第１項の要件に該当しません。</td></tr>
</table>

8　猶予における担保

⑴　担保の徴取

ア　国税の納税の猶予

通常の納税の猶予（通則法46②）及び一定期間後に税額が確定した場合の納税の猶予（同条③）を適用する場合には、原則として、猶予金額に相当する担保を徴さなければならない。ただし、次の場合には、担保を徴さないでもよいこととされている（同条⑤）。

①　猶予に係る税額が100万円以下である場合

②　猶予の期間が３月以内である場合

③　担保を徴することができない特別の事情がある場合

また、③の「担保を徴することができない特別の事情）」とは、おおむね次の場合をいう（通基通46－14）。

ⅰ　通則法50条各号（担保の種類）に掲げる種類の財産がなく、かつ、保証人となる適当な者がいない場合

ⅱ　通則法50条各号に掲げる種類の財産があるものの、その財産の見積価額が猶予に係る国税及びこれに先だつ抵当権等により担保される債権その他の債権の合計額を超える見込みがない場合

ⅲ　担保を徴することにより、事業の継続又は生活の維持に著しい支障を与えると認められる場合

なお、災害等による納税の猶予（通則法46①）の場合は、その猶予金額のいかんにかかわらず、担保を徴さない（通則法46⑤）。

イ　地方税の徴収の猶予

地方税の徴収の猶予においても、原則として、猶予金額に相当する担保を徴さなければならない。また、その例外として、猶予金額、猶予期間その他の事情を勘案して担保を徴する必要がない場合を条例で定めることができる（地方税法16①）。この場合の「猶予金額」は、上記アの国税の納税の猶予における①が相当し、同様に、「猶予期間」は②が、「その他の事情」は③がそれぞれ相当する。

⑵　担保の種類

猶予をする場合の担保の種類は、国税及び地方税ともに法定されており、それ以外のものを担保として徴することはできない（通則法50、地方税法16①）。なお、実務上は、法定されている担保のうち、土地、建物又は保証人を担保とする場合が通例である。

補 足　通則法50条においては、担保として「金銭」を規定しているが、これは、地方税法16条の３第１項と同様、保全担保を予定したものである。

⑶　担保の提供順位

担保の提供順位については、法律上特に定めがないため、納税者等は、法定された種類の財産であれば、いずれをも担保提供することができる。しかしながら、担保は猶予に係る税額を保全するためのものであるから、行政機関等は、提供された財産が担保として適当なものかどうかを審査し、不適当と認められる場合には、納税者等に対して、他の財産又は増担保の提供を求めることができる（通則法51①、地方税法16③）。

そこで、担保の提供又は選定の基準が問題となるが、実務上は、次による（納税の猶予等の取扱要領40）。

①　可能な限り処分が容易であって、かつ、価額の変動のおそれが少ない財産を優先すること。

②　担保に係る税金が完納されるまでの延滞税・延滞金、利子税及び担保の処分に要する費用をも十分に担保できる価額の財産（担保が保証人の保証である場合は、その猶予に係る税金の保証義務を十分に果たせる資力を有する保証人）であること。

なお、この②については、猶予税額、完納までに要すると認められる期間、担保提供される財産の価額の多寡等を踏まえ、特に必要があると認められるときは、その財産が②にいう「十分に担保できる価額」に満たない場合であっても、その財産を担保として徴することができる（納税の猶予等の取扱要領40また書）。

⑷　差押えとの関係

担保を徴する場合において、猶予に係る税金について差し押さえた財産があるときは、その担保の額は、猶予する金額から差押財産の価額を控除した額とする（通則法46⑥、地方税法16②）。なお、ここに「差押財産の価額」とは、次の⑸に準じて求める価額から差押えに係る滞納税金に優先する抵当権等により担保される債権その他の債権の合計額を控除した額をいう（納税の猶予等の取扱要領40なお書）。

⑸　担保の評価

担保の評価は、実務上は次表による（通基通50－10、徴取通16⑿）。

問題は「時価」の算定であるが、原則として、担保を評価する日における客観的な市場価格によるべきであるが、徴収上の支障がないと認められるときは、①相続税の評価額、②固定資産税の評価額、③最近における財務諸表に計上されている価額等を参考として評価することができる（納税の猶予等の取扱要領41なお書）。

（担保の評価）

担　保　の　種　類	担　保　の　価　額
・　国債	政府ニ納ムベキ保証金其ノ他ノ担保ニ充用スル国債ノ価格ニ関スル件に規定する金額
・　地方債、社債その他の有価証券	時価の８割以内において担保の提供期間中の予想される価額変動を考慮した金額
・　土地	時価の８割以内において適当と認める金額
・　建物、立木、登記される船舶、登録を受けた飛行機等、自動車、登記を受けた建設機械 ・　鉄道財団、工場財団、鉱業財団、軌道財団、運河財団、漁業財団、港湾運送事業財団、道路交通事業財団、観光施設財団	時価の７割以内において担保を提供している期間中に見込まれる価値の減耗等を考慮した金額

(6) 担保の徴取手続

ア 担保提供書等の提出

担保の徴取に当たっては、各種担保に共通する手続として、納税者等から次の書面を提出させる必要がある。

① 担保提供書

担保を提供する者（納税者等）は、担保提供書を行政機関等に提出しなければならない。この場合、第三者の所有財産を担保として提供するときは、担保提供書に、その提供について承諾した旨をその第三者が記載することを要する（納税の猶予等の取扱要領42(1)）。

② 法定代理人等の代理権限を有する書類

担保財産が、制限行為能力者等（制限行為能力者又は任意後見契約上の本人）の所有である場合（任意後見契約上の本人自らが、自己の所有財産を担保提供する場合を除く。）には、法定代理人等（法定代理人、特別代理人、成年後見人、任意後見人、保佐人又は補助人）に担保提供についての代理権限が付与されている旨の書類（制限行為能力者等が未成年の場合の戸籍謄（抄）本、成年被後見人の場合の登記事項証明書、任意後見契約上の本人・被保佐人・被補助人の場合の登記事項証明書（代理権目録添付））を提出しなければならない。また、代理権限が付与されていない保佐人又は補助人の同意を要する場合は、その同意書を提出する。

③ 代表者等の資格を証する書面

担保が法人の所有物である場合は代表者の資格を証する書面（登記事項証明書等）を提出しなければならない。併せて、これらの者の印鑑証明書を提出しなければならない。

④ 株主総会の議事録等

法人による保証（物上保証を含む。）が会社法356条（競業及び利益相反取引の制限）、365条（競業及び取締役会設置会社との取引等の制限）

又は595条（利益相反取引の制限）の規定等に該当する場合には、担保の提供についての株主総会の承認、取締役会の承認又は社員の過半数の承認を受けたことを証する書面（議事録等）を提出しなければならない。

○　担保提供書

担 保 提 供 書

令和○年○月○日

○○市長　様

担保提供者（納税者）
住　所
氏　名

徴収猶予に係る下記の徴収金の納税担保として、次の物件を提供します。

猶予に係る徴収金	（年度、税目、年分、期別、納期限、猶予税額、延滞金等を記載）
担保物件の表示	別紙目録のとおり

徴収猶予に係る上記徴収金の担保として、上記物件の提供を承諾します。

令和○年○月○日
担保物件の所有者
住　所
氏　名

・　納税保証人による納税保証の場合は、別途「納税保証書」を徴するので、署名（記名を含む。）は不要である。
・　担保提供者と所有者が同一の場合も、署名は不要である。

イ　土地・建物の徴取手続

土地・建物を担保に徴する場合は、法務局に抵当権設定の登記を嘱託する。その登記嘱託書、登記原因証明情報及び抵当権設定登記承諾書は、次のとおりである。

○　抵当権設定登記嘱託書

登記嘱託書

決議の日

登記の目的　　令和○年○月○日徴収猶予にかかる令和○年度市民税・県民税（普通徴収）についての令和○年○月○日抵当権設定契約

承諾書の日

「抵当権設定契約」文言は、法務省との協議による。

債　権　額　　金1,234,000円
延滞金額　　地方税法による金額
債　務　者　　○○市○○町１丁目２番３号
　　　　　　　甲野　花子（納税者氏名）
抵当権者　　○○市
設　定　者　　△△市△△町６丁目５番４号
　　　　　　　乙山　太郎（所有者氏名）
添付情報　　登記原因証明情報　承諾書（印鑑証明書付）

抵当権設定登記原因書及び承諾書を添付する。

□　登記識別情報の通知を希望しません。

令和○年○月○日嘱託　　○○地方法務局○○支局　御中
　　　　　　　嘱託者　○○市長　○○　○○　　　　印
　　　　　　　（連絡先　担当部署　○○市納税課
　　　　　　　　　　　　担当者名　○○　○○
　　　　　　　　　　　　電話番号　×××－×××-××××
登録免許税　　登録免許税法第４条第１号
不動産の表示　　別紙目録のとおり。

(注)　登記識別情報は、法務局から交付を受けた後は担保提供書とともに管理する。

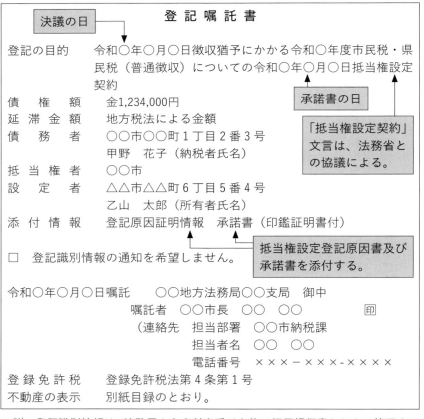

○　抵当権設定登記原因書

登記原因証明情報

1　当事者及び不動産

⑴　抵当権者　○○市

設定者　　乙山　太郎（所有者氏名）

⑵　不動産の表示

別紙目録のとおり。

2　登記の原因となる事実又は法律行為

⑴　被担保債権

○○市長は、債務者甲野花子との間で、令和○年○月○日地方税法第15条の規定に基づく徴収猶予にかかる令和○年度市民税・県民税（普通徴収）につき、上記１⑵の不動産を担保とすることについて合意した。

債　権　額　　金1,234,000円

延滞金の額　　地方税法による金額

債　務　者　　○○市○○町１丁目２番３号

甲野　花子（納税者氏名）

⑵　抵当権の設定

乙山太郎は、○○市長に対して、⑴記載の債権を被担保債権とする抵当権を、本件不動産に設定する旨承諾した。

上記の登記原因のとおり相違ありません。

令和○年○月○日

抵当権者　　○○市長　○○　○○　㊞

設定者　　住所　△△市△△町６丁目５番４号

氏名　乙山　太郎　（実印）

○　抵当権設定登記承諾書

<table>
<tr><td colspan="3">抵当権設定登記承諾書</td></tr>
<tr><td colspan="3">令和○年○月○日
○○市長　様
設定者　住所　△△市△△町６丁目５番４号
氏名　乙山　太郎　実印
次のとおり、抵当権設定の登記をすることを承諾します。</td></tr>
<tr><td>原因</td><td colspan="2">令和○年○月○日徴収猶予にかかる令和○年度市民税・県民税（普通徴収）についての令和○年○月○日抵当権設定契約</td></tr>
<tr><td rowspan="2">納税者</td><td>住所</td><td>○○市○○町１丁目２番３号</td></tr>
<tr><td>氏名</td><td>甲野　花子</td></tr>
<tr><td colspan="2">債権額</td><td>金1,234,000円</td></tr>
<tr><td colspan="2">延滞金額</td><td>地方税法による金額</td></tr>
<tr><td>不動産の表示</td><td colspan="2">別紙目録のとおり</td></tr>
</table>

ウ　保証人の徴取手続

保証人が作成した納税保証書を提出させる。この場合、納税保証書には、保証人の印鑑証明書（法人が保証人の場合は、代表者の資格を証する書面及び代表者印の印鑑証明書）を添付させるとともに、納税保証書に印紙税として収入印紙（200円）を貼付の上、消印をさせる。

○　納税保証書

納税保証書

収入印紙
（200）

丙川

令和○年○月○日

○○市長　様

保証人　住所　△△市△△町６丁目５番４号

氏名　丙川　次郎　実印

次の納税者の猶予税額について、納税を保証します。

納税者	住所	○○市○○町１丁目２番３号
	氏名	甲野　花子
徴収猶予をする期間		令和○年○月○日　～　令和○年○月○日
猶予に係る徴収金		（年度、税目、年分、期別、納期限、猶予税額、延滞金等を記載）

エ　第三者の所有財産又は保証人の保証を担保とする場合の留意事項

第三者の所有財産又は保証人の保証を担保とした場合、後日、第三者又は保証人（以下「物上保証人等」という）が保証した事実はない旨を主張して争いとなるケースが多い（このような争いを「保証否認」と呼んでいる。）。そのため、物上保証人等に対して、次により保証意思の有無をよく確認した上で担保を徴することに留意する（通基通54－６。納税の猶予等の取扱要領42⑸）。

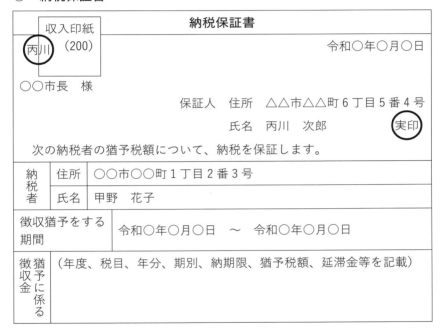

(ア)　確認事項

①　納税の猶予・徴収の猶予に係る担保として、財産の提供又は保証をすることについて、納税者等に承諾を与えていること。

また、延滞税・延滞金を含む被担保債権の額についても承諾を与えていること。

②　担保提供書、承諾書又は納税保証書が納税者等から提出された場合には、担保提供書等につき、物上保証人等が自ら署名・押印していること、又は納税者等が作成した場合はその作成につき承諾を与えていること。

補足　納税者等が担保提供の事実を争うこともあるので、担保提供書等を物上保証人等が提出した場合は、それらの書類は、納税者等から委任を受けて提出したものであり、かつ、それらの書類は納税者等の意思に基づいて作成されたものであることを確認する必要がある（納税の猶予等の取扱要領42(5)イ(ハ)）。

(イ)　確認方法

A　物上保証人等が、納税者等とともに来庁して、担保を提供するために必要な手続をしている場合などは、担保を提供する意思が明らかであるため、ことさらに納付意思の確認をする必要はない。ただし、物上保証人等の氏名欄の記載は、必ず、物上保証人等自身によって自署・押印させる（民訴法228④参照）。

B　上記A以外の場合は、原則として、物上保証人等に対して面談して確認することとし、その事績を記録しておく。また、物上保証人等との面談ができない場合には「担保提供に関するお尋ね」等の照会文書により、回答を求めることとすべきである。この場合、回答書が納税者と同居している物上保証人等からのものであるときは、電話連絡等により本人（物上保証人等）が回答の内容を承知していることを確認する（納税の猶予等の取扱要領42(5)ロ(注)2）。

○　担保提供に関するお尋ね

令和○年○月○日

（物上保証人等の氏名）　様

○○市長　○○　○○　印

担保提供に関するお尋ね

下記のとおり、納税者に係る徴収金についての徴収猶予（地方税法第15条）の担保として、あなたが所有する不動産を提供する旨（※保証人の場合は「あなたを納税保証人とする旨」と記載する。）の申し出が令和○年○月○日になされています。

つきましては、あなたの保証意思の有無を確認させていただくため、下記の事項についてご回答をお願いいたします。

1　納税者	住所		
	氏名		
2　徴収金	合計	円 （外に延滞金　地方税法による金額）	内訳は、別紙のとおり。
3　担保物件	別紙目録のとおり		
あなたの保証意思の有無に関する確認事項	確　認　事　項		回　答
	①	あなたは、上記2の徴収金についての徴収猶予の担保として、上記3の物件を担保提供することを承諾しましたか。	はい・いいえ
	②	上記1の納税者から当市に提出された令和○年○月○日付担保提供書について、同担保提供書が作成され、当市に提出されることを、あなたは承諾していましたか。	はい・いいえ
	③	上記1の納税者から提出されたあなたの令和○年○月○日付印鑑証明書は、あなたの実印についてのものであり、あなたの令和○年○月○日付抵当権設定承諾書（※保証人の場合は「納税保証書」）に添付して当市に提出されることを、あなたは承諾していましたか。	はい・いいえ

以上のとおり、回答いたします。

令和　年　月　日　　（物上保証人等）住　所

氏　名

⑺　担保の解除

ア　解除の要件

担保の解除は、おおむね次に掲げる要件のいずれかに該当する場合に行う（通則令17①）。

①　猶予に係る税金が納付等、充当、取消し等により、その全額が消滅したとき。

②　担保の変更を命じ、又は担保の変更を承認し、変更に係る担保の提供を受けたとき。

③　猶予に係る税金の一部の納付等、充当、取消し等により、担保を引き続き提供させておく必要がなくなったと認められるとき。

イ　解除の手続

担保の解除は、担保を提供した納税者等に対し、担保解除通知書により通知して行う（通則令17②）。

また、担保の種類に応じた解除手続は、次表「担保の徴取及び解除の手続一覧表」のとおりである（納税の猶予等の取扱要領43参照）。

なお、担保の解除に当たって、担保提供者に担保（関係書類を含む。）を返還する必要があるときは、正当な受領者であることを確認した上で適宜に作成した受領書を徴取し、これと引き換えに当該担保を返還すべきことに留意する。

○　担保の徴取及び解除の手続一覧表

担保	国債、地方債、社債その他有価証券	振替株式等	土地、建物	保証人
徴取手続	①　担保提供書（担保物が第三者が有するものである場合は、その第三者の承諾文言があること。）	①　左に同じ。	①　左に同じ。	①　左に同じ。
	②　供託書正本 ③　登録国債の場合は、国債規則の規定により担保の登録をした旨の同令41条《登録済通知書の交付》に規定する登録済通知書	②　振替株式等の種類、銘柄並びに銘柄ごとの数及び金額を記載した書類	②　登記事項証明書 ③　不動産の評価明細（固定資産課税台帳に登録された価格について市町村長が交付する証明書を含む。） ④　抵当権設定登記承諾書（所有者の記名押印があるもの） ⑤　所有者の印鑑証明書 ⑥　建物等である場合には次に定める書類 ｉ　保険会社あて保険に係る保険金請求権に質権を設定することの承認請求書類 ii　担保として提供する建物等に付された保険に係る保険証券の写し	（個人保証の場合） ②　納税保証書（保証人の記名押印があるもの。） ③　保証人が所有する不動産等に係る左の②及び③ ④　保証人の収入状況を確認できる書類及び財産・債務の明細書 ⑤　保証人の印鑑証明書 （法人保証の場合） ⑥　納税保証書（代表者の記名押印があるもの。） ⑦　法人に係る登記事項証明書 ⑧　法人の代表者の印鑑証明書

徴取手続	A　担保財産が、制限行為能力者等（制限行為能力者又は任意後見契約上の本人）の所有である場合（任意後見契約上の本人自らが、自己の所有財産を担保提供する場合を除く。）には、次に掲げる場合に応じて、それぞれ次に定める書類 i　法定代理人等（法定代理人、特別代理人、成年後見人、任意後見人、保佐人又は補助人）に租税の担保提供手続について代理権が付与されているときは、それぞれ次の書類。 ・未成年者の場合 ⇒戸籍謄（抄）本 ・成年被後見人の場合 ⇒登記事項証明書 ・任意後見契約上の本人、被保佐人又は被補助人	A　左に同じ。	A　左に同じ。 更に、次の書類を付加。 i　法定代理人等（法定代理人、特別代理人、成年後見人、任意後見人、保佐人又は補助人）に租税の担保提供手続について代理権が付与されているとき （上記⑤⑥に代えて） ・抵当権設定登記承諾書（法定代理人等の記名押印があるもの） ・法定代理人等の印鑑証明書	A　左に同じ。 更に、次の書類を付加。 i　法定代理人等（法定代理人、特別代理人、成年後見人、任意後見人、保佐人又は補助人）に租税の担保提供手続について代理権が付与されているとき （上記②⑤に代えて） ・納税保証書（法定代理人等の記名押印があるもの） ・法定代理人等の印鑑証明書

徴取手続	の場合 ⇒登記事項証明書（代理権目録が添付されたもの） ⅱ　保佐人又は補助人に租税の担保提供手続について代理権が付与されておらず、保佐人又は補助人の同意が必要とされているとき ・被保佐人又は被補助人の登記事項証明書 ・保佐人又は補助人がその担保の設定に同意した旨が記載された同意書		ⅱ　保佐人又は補助人に租税の担保提供手続について代理権が付与されておらず、保佐人又は補助人の同意が必要とされているとき ・保佐人又は補助人の印鑑証明書（同意書に保佐人又は補助人の記名押印を徴すること。）	
	B　担保財産が、法人の所有財産である場合には、それぞれ次に定める書類 ・代表者の資格を証する書面 ・法人による保証が、競業及び利益相反取引の制限（会社法356①三）、	B　左に同じ。	B　左に同じ。 更に、次の書類を付加。 （上記⑤⑥に代えて） ・抵当権設定登記承諾書（法人の代表者の記名押印がある	B　法人保証である場合は、左に同じ。

徴取手続	競業及び取締役会設置会社との取引等の制限(同法365①)、執行役の監査委員に対する報告義務等(同法419②)、利益相反取引の制限（同法595①二)に該当する場合は、その提供等につき株主総会の承認、取締役会の承認又は社員の過半数の承認を受けたことを証する書面		もの） ・法人の代表者の印鑑証明書	
解除手続	① 担保解除通知書(納税者あて) ② 供託原因消滅証明書を作成し、保管中の供託書正本とともに、納税者に返還。	① 左に同じ。 ② 証券会社所定の指図書に所要事項を記載して、証券会社等に対し、証券会社等内の行政機関等の名義の口座(質権欄)から納税者名義の口座(保有欄)（物上保証人の振替株式等を担保として徴取した場合は、納税者名義の口座（質権欄)）への振替を申請。	① 左に同じ。 ② 抵当権抹消登記嘱託書及び登記原因証明書を作成し、抵当権設定の登記等の抹消の登記を嘱託。 保険金請求権に対して質権を設定している場合には、担保原因抹消証明書を作成し、納税者に送付。	① 左に同じ。 ② 保管中の納税保証書（保証人の印鑑証明書等を含む。)を納税者に返還。

⑻　担保の処分

ア　担保財産の処分

猶予に係る税金がその猶予期限までに完納されないとき、又は猶予を取り消したときは、徴取した担保物について滞納処分の例により処分し、その税金に充て、又は保証人にその税金を納付等させる（通則法52①、地方税法16の５①）。

滞納処分の例により処分する場合は、督促状の発付は必要ではなく、直ちに差押処分ができる。また、担保財産が第三者所有のものである場合（物上保証の場合又は担保設定後にその財産が第三者に譲渡された場合）は、差押え時の担保財産の所有名義人を登記義務者として、差押えの登記を嘱託する。

なお、滞納者の財産に対する滞納処分は、担保財産の処分代金だけでは担保の提供されている税金に不足する場合でなければすることができない（通則法52④、地方税法16の５②）。この「不足する」かどうかの判定は、担保財産を現実に滞納処分の例により換価した結果により行う必要はなく、その判定の時点における評価額によって行えばよい（通基通52－４、徴取通16の５⑵カ）。

イ　保証人に対する追及

保証人から、その保証に係る税金を徴収する場合は、納付等させる金額、納期限、納付等場所その他必要事項を記載した納付等通知書により告知する（通則法52②、地方税法16の５④、11①）。また、保証人がその納付等すべき金額の全額を納付等通知書の納期限までに納付等しないときは、納付等催告書によりその納付等を督促しなければならず（通則法52③、地方税法16の５④、11②）、その督促をした日から起算して10日を経過した日までに完納しないときは、その保証人の財産を差し押さえることとなる。なお、①保証人に対する差押え等の滞納処分は、まず滞納者に対して滞納処分をし、なお不足があるとき、又は不足があると認めるときに行うこと（通則法52④、地方税法16の５②）、②保証人の財産を差し押さえた場合の換価は、滞納者の財産を換価に付した後（公売期日を開いた後）でなければすることができないこと

（通則法52⑤、地方税法16の５④、11③）に留意する。

9　保証人に対する情報提供義務

⑴　履行状況に関する情報の請求

保証人となった者（個人・法人を問わない。）から、保証に係る税金につき納税者等の履行状況に関する情報の請求があったときは、その保証人に対し、遅滞なく、市税の分割納付等の不履行の有無、その残額及びそのうち不履行となっているものの額を通知しなければならない（民法458の２、通基通50－７－２）。この場合、守秘義務を理由として納税者等の履行状況を保証人に開示することを拒むことはできないことに留意する。

⑵　猶予を取り消した場合の通知

猶予の担保として保証人（個人に限る。）を徴した場合において、その猶予を取り消したときは、その保証人に対し、取り消した日から２月以内に、その納税の猶予等の「猶予取消通知書」により、その取消しを通知しなければならない（民法458の３、通基通52－３－２）。実務上は、納税の猶予等の「猶予取消通知書」による通知は、原則として、納税者等に対して猶予取消しの通知をする際に併せて行うこととする。なお、物上保証人に対しても猶予取消しの通知をすることに留意する（納税の猶予等の取扱要領45⑶また書。後記11⑶・Ｐ160参照）。

10　納税の猶予・徴収の猶予の効果

納税の猶予・徴収の猶予の効果として、①督促及び滞納処分の禁止、②所定の事由による差押えの解除、③時効の更新及び不進行の効力、④延滞税・延滞金の免除がある。また、猶予期間中に還付金・過誤納金等が発生した場合は、原則として、猶予に係る税金に充当することになる。

なお、被災者の納期未到来の国税に係る納税の猶予（通則法46①）の効果もこの納税の猶予・徴収の猶予と同じであるため、ここで併せて取り扱う。

⑴　督促及び滞納処分の禁止

ア　督促及び滞納処分の禁止の原則

納税者等について納税の猶予・徴収の猶予が適用されると、その猶予期間中は、その猶予に係る税金について督促及び滞納処分（その例による処分を含む。）をすることができない（通則法48①、地方税法15の２の３①）。この督促・滞納処分の禁止を、猶予を許可した時期が督促前である場合、督促後差押処分前である場合又は差押え後である場合に分けて整理すると、次のとおりである。

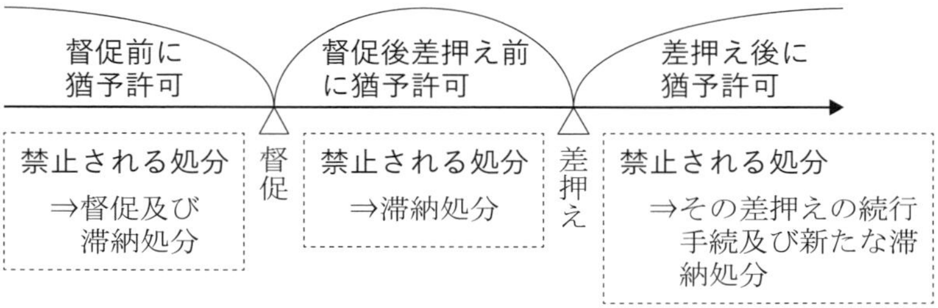

イ　事務処理上の留意点

㈠　督促の保留

猶予の効果として督促が禁止されるため、徴収実務上は、督促状の発付前に納税者等から猶予の申請があった場合は、速やかに督促状の発付を保留する必要がある。これは、猶予期間の始期が、原則として、猶予申請書に記載された日（納税の猶予等の取扱要領６⑵、徴取通15⑷エ。なお、「猶予申請書に記載された日」とは、通常は、猶予申請書の提出日である。）又は納期限の翌日（納税の猶予等の取扱要領９⑵）とされているためである。

㈡　交付要求

猶予の効果としての「滞納処分の禁止」における「滞納処分」に

は、交付要求は含まれないので、猶予期間中であっても交付要求をすることができる。これは、猶予期間中は徴収職員による積極的な徴収行為を行わないことを猶予の本質的効果としているところ、交付要求は他の強制換価手続に配当を求める手続にすぎないので、この猶予の本質的効果には抵触しないと解されるためである。

ところで、交付要求は、納税者等の財産について強制換価手続が開始された場合にその執行機関に対して行うものである。つまり、納税者等について、猶予取消事由の一要素である「納税者等の財産につき強制換価手続が開始されたとき」という繰上請求・繰上徴収の客観的事由に該当する事実が生じていることになる。そのため、猶予の期間中に交付要求をするに当たっては、併せて、猶予の取消しの可否を検討する必要がある。この場合、強制換価手続が開始されていることの一事のみをもって猶予を取り消すのではなく、納税者等が猶予に係る税金を猶予期間内に完納することができないと認められるかどうかを、よく検討する必要があることに留意しなければならない（通則法49①一、地方税法15の３①一）。なお、その判断に当たっては、保全措置が十分である場合等直ちに滞納処分の執行に着手しなくても徴収上の支障が生じないと認められ、かつ、「今後も当初の納付計画どおりの履行をする」旨を納税者等が申し出ているときは、猶予を取り消さないこととしても差し支えないであろう（納税の猶予等の取扱要領44⑴ただし書）。

⑺　納税保証人・第二次納税義務者に対する納付等通知、催告等の制限

猶予に係る税金について、今回の猶予の適用を受ける前に、過去に他の事由に基づく納税の猶予・徴収の猶予又は換価の猶予をした事績があり、その際に保証人による保証を徴しているケースがある。この場合、納税者等について納税の猶予・徴収の猶予を適用しつつ、他方で、その猶予に係る税金を徴収するために納税保証人に対して納付等通知書による納付等通知をし、納付等催告書による督促をし、更には滞納処分を行うことの可否が問題となるが、この点について、

実務取扱いは、納税保証人に対して、これら徴収行為をすることを禁じている（通基通52－6、徴取通16の5(2)キ(イ)、11(7)イ）。これは、納税保証が主たる納税義務との関係で付従性を有するためであると解される。

同様に、第二次納税義務についても、その付従性により、主たる納税義務について猶予をしているときは、その猶予期間中は、その猶予に係る税金（主たる納税義務）を徴収するために第二次納税義務を追及すること（第二次納税義務者に対して納付（納入）通知書による納付等通知をし、納付等催告書による督促をし、更には滞納処分を行うこと）は禁じられている（徴基通32－18、徴取通11(7)イ）。

補足　付従性について

納税保証は、納税者等が租税債務を履行しないときに、その履行義務を負うものであるから、①納税者等の租税債務が成立・確定していることが必要であり（成立の付従性）、②納税者等の租税債務よりも態様等が重くなることはなく（内容の付従性）、また、③納税者等の租税債務が消滅すれば消滅する（消滅の付従性）。そうすると、納税の猶予・徴収の猶予は、納税者等の租税債務の履行請求を猶予するものであることから、②の内容の付従性により、納税保証についても履行請求が猶予されることとなる。このことから、猶予期間中は、その猶予に係る税金について納税保証を追及することができないと解される。

ウ　滞納処分ができる場合

(ア)　差押換えの請求等に基づく差押え

猶予期間であっても、法の規定に基づく差押換えの請求等があった場合には、その請求等に係る財産を差し押さえることができる。なお、法の規定に基づく差押換えの請求等とは、①徴収法50条1項（第三者の権利の目的となっている財産の差押換え）の規定による差押換えの請求、②徴収法51条2項（相続があった場合の差押え）の規定による差押換えの請求、③徴収法79条２項２号（滞納者が適当な財産を提供した場合の差押換え）の規定による実質的な滞納者からの差押換えの請求をいう（徴収法50⑤、51③参照）。

(イ) 天然果実・差押債権等の換価の特例

猶予に係る税金を徴収するために差し押さえた財産がある場合において、①その財産が天然果実を生ずるものであって、その果実を取得したとき、②その財産が有価証券、債権又は第三債務者等がある無体財産権等であって、その第三債務者等から金銭その他の財産の給付を受けたときは、それらが猶予期間中であっても、取得した天然果実・給付を受けた金銭以外の財産につき滞納処分を執行し、又は給付を受けた金銭を猶予に係る税金に充当する（通則法48③④、地方税法15の２の３③④）。なお、債権等の履行期限が過ぎているときは、猶予期間中といえども、その取立てを行うべく第三債務者等に対して履行の催告等を行うことができ、第三債務者等が任意に履行しないときは強制的な取立て（支払督促の申立て、強制執行等）も可能である。もっとも、このような強制的な取立ては、第三債務者等の資力の悪化又は被差押債権等の消滅時効の完成が迫っているなどのやむを得ない場合を除き、猶予期間中は行わないことが妥当である（納税の猶予等の取扱要領11(2)ロ）。

（天然果実・差押債権等の換価の特例）

財産の内容		換　価
差押財産から生じた天然果実		その財産につき、滞納処分（差押え）を執行し、配当（徴収法129）によって、その換価代金等を猶予に係る税金に充てる。
第三債務者等から給付を受けた財産	金銭以外のものである場合	（同上）
	金銭の場合	配当（徴収法129）によって、その金銭を猶予に係る税金に充てる。

⑵　差押えの解除

納税の猶予・徴収の猶予の適用前に納税者等の財産を差し押さえていた場合において、次のいずれかの事由に該当するときは、行政機関等は、納税者等からの申請に基づき差押えを解除することができる（通則法48②、地方税法15の２の３②、通基通48－２。なお、徴取通15の２⑶参照）。

①　担保の額と差押財産の見積価額の合計額が猶予に係る税金（その税金が完納されるまでの延滞税・延滞金及び担保又は差押財産の処分に要する費用を含む。次の③及び④において同じ。）の額を著しく超過することとなった場合。

②　差押えを継続することにより、納税者等の事業の継続又は生活の維持を困難にするおそれがあると認められる場合。

③　猶予に係る税金の額に相当する担保の提供を受けた場合。

④　納付等委託を受けた証券の取立てが最近において特に確実であって、不渡りになるおそれがないため、猶予に係る税金の徴収が確実であると認められる場合。

⑶　時効の更新及び不進行

猶予に係る税金の徴収権の消滅時効は、納税者等が猶予申請書を提出することにより更新され、また、猶予期間中は、時効は進行しない。

ア　猶予申請書の提出による時効の更新

納税者等が納税の猶予・徴収の猶予の申請書を提出すると、その申請書に記載されている猶予に係る税金の納付義務を承認したものと認められる。そこで、猶予に係る税金の徴収権の消滅時効の進行は、この申請によってリセットされ、申請書を提出した時から新たに進行を始めることになる（通則法72③、地方税法18③、民法152①）。もっとも、次のイのとおり、猶予期間内は徴収権の時効は進行しないので、新たな時効の進行は、猶予期間が終了した日の翌日から開始することになる。

イ　猶予期間中の時効の不進行

納税の猶予・徴収の猶予に係る税金（延滞税・延滞金、利子税を含む。）の徴収権の消滅時効は、その猶予期間内は進行しない（通則法73④、地方税法18の２④⑤）。

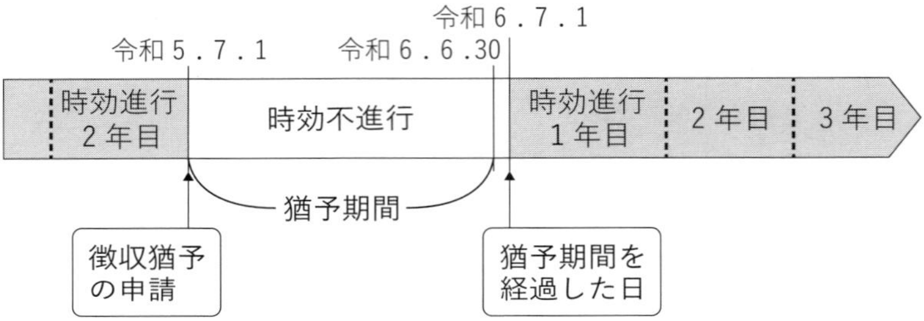

徴収権の時効の進行が２年目である徴収金について、令和５年７月１日に徴収の猶予の申請があり、その猶予期間を令和５年７月１日から令和６年６月30日とした場合、徴収権の消滅時効は、猶予申請のあった令和５年７月１日に更新（リセット）され、その猶予期間内は進行せず、猶予期間が終了した日の翌日である令和６年７月１日から進行を始める。

⑷　延滞税・延滞金の免除

ア　１項免除

納税の猶予・徴収の猶予をした場合には、次表のとおり、免除対象期間に対応する所定の金額の延滞税・延滞金を免除する（通則法63①、地方税法15の９①。なお、免除対象期間に猶予特例基準割合の適用がある場合の免除について、租税特別措置法94②、地方税法附則３の２③）。

この１項免除は、「免除する」と規定されているように、猶予が適用されることにより法律上当然に免除しなければならないものである。したがって、免除すべき金額が納付等された場合は、過誤納金として還付しなければならないことになる。

補 足　事業の廃止等による猶予の免除金額を免除対象期間に対

応する部分の金額の２分の１相当に止めているのは、期限内納税を履行している納税者等との間の負担の公平の観点から、年7.3%程度の延滞税（延滞金）は猶予期間中も負担させる必要があるとの考えによる。

猶予の態様	免除対象期間	免除金額
・　被災者の納期未到来の国税に係る納税の猶予 ・　災害等による納税の猶予・徴収の猶予	災害等による猶予をした期間（猶予の始期から終期まで）	免除対象期間に対応する部分の金額の全額
・　事業の廃止等による納税の猶予・徴収の猶予	事業の廃止等による猶予をした期間で、延滞税・延滞金の割合が年14.6%の割合により計算される期間（猶予の始期から終期まで）	免除対象期間に対応する部分の金額の２分の１に相当する金額（免除対象期間が、猶予特例基準割合が適用される期間に該当するときは、猶予特例基準割合を延滞税率・延滞金率として計算した延滞税・延滞金の額を超える部分の金額）

イ　留意事項

１項免除の留意事項は、次のとおりである。

(ア)「災害等による納税の猶予・徴収の猶予」とは、通則法46条２項１号（災害等）、２号（病気等）、５号（１号又は２号に該当する事実に類する事実に係る猶予に限る。）、地方税法15条１項１号（災害等）、２号（病気等）、５号（１号又は２号に該当する事実に類する事実に係る猶予に限る。）の規定による猶予をいう（通則法63①本文、地方税法15の２④。なお、通則法63条１項は、同法46条１項の被災者の納期未到来の国税に係る納税の猶予も災害等による納税の猶予に含めている。）。

(イ)「事業の廃止等による納税の猶予・徴収の猶予」とは、通則法46

条２項３号（事業の休廃止）、４号（事業損失）、５号（３号又は４号に該当する事実に類する事実に係る猶予に限る。）、３項（一定期間後の税額確定）、地方税法15条１項３号（事業の休廃止）、４号（事業損失）、５号（３号又は４号に該当する事実に類する事実に係る猶予に限る）、２項（一定期間後の税額確定）の規定による猶予をいう（通則法63①本文、地方税法15の９①本文）。

(ウ) 免除対象期間の終期に関して、猶予期間中に猶予の取消事由が生じた場合（通則法49①、地方税法15の３①）で、その生じたことにつきやむを得ない理由があったとは認められないときは、その取消事由が生じた日の前日までとする（通則法63①ただし書、地方税法15の９①ただし書）。すなわち、その取消事由が生じた日以後の期間は免除の対象となる期間から除くこととなる。一方、取消事由が生じたことにやむを得ない理由があったと認められる場合は、その取消事由が生じた日以後の期間も免除対象期間に含めることができる（納税の猶予等の取扱要領72注書）。

(エ) 猶予特例基準割合とは、各年の前々年の９月から前年の８月までの各月における銀行の新規の短期貸出約定平均金利の合計を12で除して得た割合として各年の前年の11月30日までに財務大臣が告示する割合に、年0.5％の割合を加算した割合をいう。令和６年１月１日から令和６年12月31日までの猶予特例基準割合は、0.9％である。

〔免除対象期間について猶予特例基準割合の適用がある場合の延滞税・延滞金の免除（事業の廃止等による納税の猶予・徴収の猶予の場合）〕

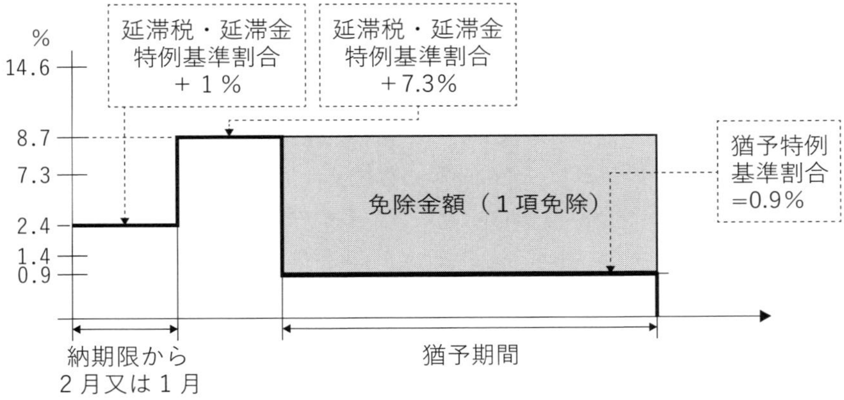

㈲　延滞税（金）特例基準割合=1.4％、猶予特例基準割合=0.9％とした場合。

⑸　延滞税・延滞金の納付が困難な場合の免除

この免除は、以下のアの免除対象の延滞税・延滞金について、以下のイの猶予要件に該当する場合に、その納付困難と認められる額を限度として免除するものである（通則法63③、地方税法15の９②）

ア　免除対象の延滞税・延滞金

次のいずれかに該当すること。

①　事業の廃止等による猶予が適用された場合において、猶予期間に対応する延滞税・延滞金で１項免除によっても免除されないもの（7.3％の割合又は猶予特例基準割合が適用される期間においては猶予特例基準割合により計算した額）

②　猶予に係る税金（災害等による猶予に係る税金も対象となる。）が、やむを得ない理由により猶予期限までに納付等できなかった場合（例えば、納税者等の故意又は重大な過失によらない不測の事情により猶

予期限までに納付等できなかった場合）において、そのやむを得ない期間に対応する猶予期限後の延滞税・延滞金

イ　猶予要件

納税者等について、次のいずれかに該当する事実があること。

①　納税者等の財産の状況が著しく不良であって、納付等又は弁済期の到来した他の行政機関等の公租、公課又は債務について軽減又は免除をしなければ、その事業の継続又は生活の維持が著しく困難になると認められる場合において、その軽減又は免除がされたとき（要件①）

②　納税者等の事業等の状況によりその延滞税・延滞金の納付を困難とするやむを得ない理由があると認められるとき（要件②）

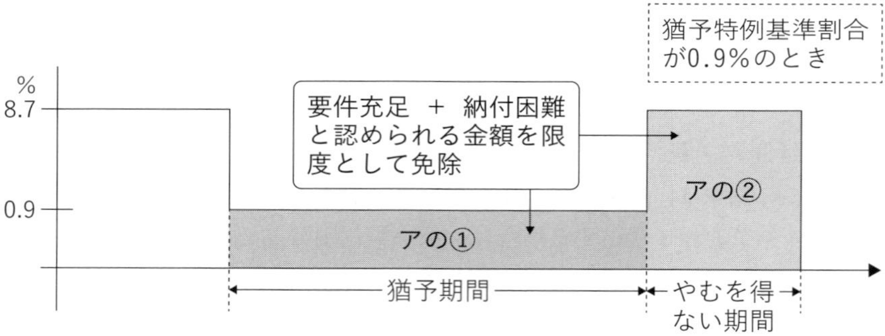

なお、補足事項は、次のとおりである。

㈠　延滞税・延滞金のうち納付困難と認められるもの

この「納付困難と認められるもの」とは、猶予に係る延滞税・延滞金のうち、その徴収をしようとするときにおいて納付することができないと認められる延滞税・延滞金の額をいう（通基通63－２）。具体的には、猶予に係る延滞税・延滞金を徴収しようとする場合において、未納の税金（猶予に係るもののほか、納付等すべき税額が具

体的に確定している税金を含む。）の納付に充てることのできる資金の額（現在納付可能資金のほか不要不急資産の処分等により最近において入金の予定がある額）がその未納の税金の額に不足しているため、猶予に係る延滞税・延滞金の全額を納付することができない場合をいう（納税の猶予等の取扱要領74(2)）。

設例

・　延滞税を徴収しようとする時（免除の判定時期）

　令和６年７月１日（令和６年分所得税の予定納税額は確定済）

・　猶予に係る国税の延滞税の全額　200万円

　そのうち、猶予期間に対応する延滞税の額（１項免除後の額）　100万円

・　令和６年所得税予定納税１期分（令和６年７月31日納期限分）　500万円

　同予定納税２期分（令和６年11月30日納期限分）　500万円

・　現在納付可能資金額　150万円

・　上場株式売却予定額　900万円

　以上の事実において、延滞税のうち納付困難と認められるものは、いくらか。

回答

納付困難と認められるものは、150万円である。

［計算式］

未納の国税1,200万円（200万円 ＋ 500万円 ＋ 500万円）

－ 納付に充てることのできる資金の額1,050万円（150万円 ＋ 900万円）

＝ 150万円（納付困難な額）

(注)　免除ができる金額は、猶予期間に対応する期間の延滞税に限られるため、100万円となる。

(イ) 財産状況の著しい不良（要件①関係）

財産状況が著しく不良であるとは、国税の実務取扱いでは「納税者等が債務超過に準ずる状態に至った場合をいう」とし（通基通63－3）、その「債務超過に準ずる状態」とは、①債務免除の時において、今後債務超過に陥ることが明らかであると認められる場合、②債務免除後の事業状況が好転せず、猶予に係る国税の延滞税を徴収しようとする時に債務超過である場合をいうとしている（納税の猶予等の取扱要領74(3)ロ(ロ)）。しかしながら、納税者等が債務超過の状態にあることは、一般的に多くみられる事象であり、そのことをもって「著しく不良」と判断することには違和感がある。この点については、債務の軽減・免除をしなければ事業の継続又は生活の維持が困難になると認められる程度の著しい債務超過状態をいうと解するのが妥当ではなかろうか。

他方、地方税の実務取扱いにおいては「納税者等が債務超過に至ったことのほか、債務超過には至らないが、所得が少額であり、かつ、財産は事業の継続又は生活の維持に不可欠なもの以外はないことをいう」としている（徴取通15の9(3)ウ）。この取扱いについても、所得が少額であり、かつ、事業の継続等に不可欠な財産しかないという納税者等は一般的に多く存在するところであり、違和感がないとはいえない。

(ウ) その軽減又は免除がされたとき（要件①関係）

「その軽減又は免除がされたとき」とは、猶予をした期間の始期以降において、納税者等の財産の状況が著しく不良であって、そのままの状態では事業の継続又は生活の維持が著しく困難になると認められる場合において、その状態に陥ることを避けるために、納期又は弁済期の到来した地方税、公課及び私債権の元本又は利息につき相当額の軽減又は免除がされたときをいう（通基通63－3－2、納税の猶予等の取扱要領74(3)イ、徴取通15の9(3)エ）。

(エ)　納付を困難とするやむを得ない理由（要件②関係）

延滞税・延滞金の納付を困難とするやむを得ない理由とは、納税者等が猶予に係る税金について、不要不急の資産の処分、経費の節約等の相当の努力をしたにもかかわらず、おおむね次に掲げる場合（納税者等の故意又は重大な過失によるものを除く。）に該当するため、その税金に係る延滞税・延滞金の納付が困難になっていると認められる場合をいう（通基通63－４、徴取通15－９(3)オ）。

ⓘ　納税者等につき猶予該当事実がある場合。

ⓘⓘ　納税者等がその財産の大部分につき強制執行、担保権の実行としての競売、仮差押え等がされているため、納付資金の調達が著しく困難になっている場合。

ⓘⓘⓘ　納税者等の所有する財産が事業の継続又は生活の維持に必要最小限のもの以外になく、また、所得が少額で納付資金の調達が著しく困難になっていると認められる場合。

補足　このⓘⓘⓘの事由を適用するに当たっては、より慎重であるべきである。すなわち、要件①が債務の軽減・免除の事実を要し、要件②の上記「おおむね次に掲げる場合」のⓘが猶予該当事実を要し、そして、ⓘⓘが強制換価手続の開始等の事実を要するとして、いずれも外形的に明らかな事実の存在（その事実は、大多数の納税者等においても延滞税・延滞金を免除することが相当であると認めるものであろう。）を要件としているのに比して、ⓘⓘⓘの事由は、「必要最小限」、「少額」、「著しく困難」という評価概念を要素としているため、その適用の判断が主観的で曖昧である。そして、ⓘⓘⓘの事由を安易に適用した場合は、事業継続又は生活維持に不可欠な財産しかなく、かつ、所得が少額であるという納税者等は一般的に多く存在するであろうことから、租税負担の公平を損なう事態を招来するおそれがないとはいえないであろう。したがって、その適用については、「必要最小限」、「少額」、「著しく困難」の判断を厳格にし、上記ⓘやⓘⓘの事由と同程度の状態にある場合に限って認めるべきであろう。

(6) 延滞税・延滞金の免除の時期

延滞税・延滞金の免除は、原則として、免除されることとなる延滞税・延滞金の計算の基礎となる本税が完納され、延滞税・延滞金を徴収しようとするときにおいて行う。

この点、地方税の実務取扱いにおいては、その例外として「免除の期間の経過前においても、その期間経過後確実に免除することができると認められる場合には、将来生ずべき延滞金額を免除しても差し支えない」とし、「この場合においては、必要に応じ解除条件を付けることができる」としている（徴取通15の9(2)ウ、(3)キ）。この取扱いは、「猶予の許可時に併せて猶予期間中の延滞金を免除することができる」との誤解を招きやすいが、この通達が述べているように、免除期間の経過前に延滞金の免除ができるのは、「免除期間の経過後確実に免除することができると認められる場合」に限られるので、少なくとも、猶予の許可時においては、まだ確実に免除することができるかどうかは分からないので（猶予期間の途中で猶予の取消事由が生ずる可能性を否定できないこと、分割納付計画どおりに分割納付が履行されるとは限らないこと等）、猶予許可に併せて猶予期間中に生ずる延滞金の免除をすることは許されないと解すべきである。特に、前記(5)の「延滞税・延滞金の納付が困難な場合の免除」は、猶予期間の始期以降に、債務の軽減・免除があったこと又は納付を困難とするやむを得ない理由があったことを要件とすることから、猶予許可に併せて、その延滞金の免除をすることは当然にできないことに留意する必要がある。

(7) 延滞税・延滞金の免除通知

延滞税・延滞金を免除した場合の納税者等への通知については、法律上は特に規定されていないが、免除に係る税金の内容（当該税金の年度、税目、納期限、金額、免除期間等）を記載した書面（延滞税・延滞金の免除通知書）により納税者等に通知すべきである（納税の猶予等の取扱要領78

⑵、徴取通15の９⑵エ、⑶キ）。

○　延滞金免除通知書の例

令和２年１月15日

（納税者氏名）　様

○○市長　○○　○○　印

延滞金免除通知書

次のとおり延滞金を免除したので通知します。

納税者	住所	○○市○○町○○３－２－１
	氏名	甲野　花子

年度	税　目	年区	納期限	①免除前延滞金	②免除した金額	③免除後の金額（①－②）	④既に納付した金額	⑤差引未納額（③－④）	備考
H30	市・県民税（普）	H28	H30.10.31	52,000円	22,000円	30,000円	0円	30,000円	
合　計				52,000	22,000	30,000	0	30,000	

該当条項	地方税法第15条の９第１項	免除期間	平成31年１月10日～令和２年１月９日
備　　考			

地方税法15条の９第１項ただし書の規定により延滞金を免除しない場合は、別紙として、教示文及び免除しない理由を附記する。

⑻　還付金・過誤納金及び還付加算金の充当

還付金等（通則法56①）、過誤納金（地方税法17）及び還付加算金（通則法58、地方税法17の４）がある場合、猶予期間中であっても、その猶予に係る税金に充当しなければならない（通則法57、地方税法17の２）。

ただし、通則法46条１項、２項１号及び５号（１号に類するもの）、地方税法15条１項１号（盗難にかかったことによるものを除く。）の規定による納税の猶予・徴収の猶予をしている場合は、猶予期間中は、その猶予に係る税金に充当することはできず、直ちに納税者等に還付しなければならない（通則令23①ただし書、地税令６の14第４号、納税の猶予等の取扱要領15）。

11　納税の猶予・徴収の猶予の取消し・期間の短縮

納税の猶予・徴収の猶予を受けている納税者等が、所定の事由に該当するときは、その猶予を取り消し、又はその猶予に係る税金を一時に徴収することができる。また、資力の増加等の理由が生じた場合には、その猶予の取消しに代えて猶予期間の短縮をすることができる（通則法49①柱書、地方税法15の３①柱書、徴取通15の３⑶）。

⑴　取消し等の事由

取消し又は猶予期間の短縮（以下、「取消し等」という。）をすることができる事由は、次のとおりである（通則法49①、地方税法15の３①）。

① 繰上請求・繰上徴収に該当する事実がある場合で、猶予に係る税金をその猶予期間内に完納することができないと認められるとき。

② 分割納付の各納付期限までに、その納付等がないとき（やむを得ない理由があると認められるときを除く。）。

③ 担保の変更（増担保の提供、保証人の変更）等の求めに応じないとき。

④ 新たにその猶予に係る税金以外の税金が滞納となったとき（や

むを得ない理由があると認められるときを除く。)。
⑤　偽りその他不正な手段により猶予の申請（猶予の期間の延長の申請を含む。）がなされ、その申請に基づき猶予（猶予期間の延長を含む。）が許可されたことが判明したとき。
⑥　納税者等の財産の状況その他の事情の変化により猶予継続が適当でないと認められるとき。
⑦　地方税につき、上記①から⑥に類するものとして、その猶予をした地方団体の条例で定める事由に該当するとき。

ア　事由①について

この事由に該当するのは、繰上請求・繰上徴収における客観的要件と、「猶予期間内に完納することができないと認められる」という主観的要件とを共に充足する場合である。この点につき、例えば、保全措置が十分である等直ちに滞納処分の執行に着手しなくても徴収上の支障が生じないと認められる場合であって、かつ、納税者等が納付計画どおり分割納付を守っており今後も納付計画どおりの履行を申し出ているようなときは、猶予を取り消さないこととしても差し支えないであろう（納税の猶予等の取扱要領44⑴後段参照）。

なお、「繰上請求・繰上徴収に該当する事実がある場合」とは、「いずれかに該当する事実」が存在すれば足りるのであって、実際に繰上請求・繰上徴収をした場合をいうものではない（徴取通15の３⑸ウ）。

イ　事由②について

分割納付金額をその分割納付の期限までに納付しないことにつき、やむを得ない理由があると認められるときは、猶予を取り消すことはないが、その「やむを得ない理由」とは、次に掲げる事情があり、かつ、猶予を継続しても徴収上の支障がないと認められるときをいう（通基通49－１）。

①　猶予をした時において予見できなかった事実（納税者等の責めに

帰することができない理由により生じた事実に限る。）の発生により予定していた入金がなかったため、分割納付金額をその分割納付期限までに納付することができなかった場合。

この場合の「納税者等の責めに帰することができない理由により生じた事実」とは、具体的には、おおむね次に掲げるものをいう（納税の猶予等の取扱要領44⑵イ）。

i　取引先に対する売掛金等の回収遅れ又は回収不能

ii　取引先との継続的取引契約や資産の売買契約について、契約の相手方の都合による契約解除

iii　災害、病気等による売上の減少

②　猶予をした時において予見できなかった事実（納税者等の責めに帰することができない理由により生じた事実に限る。）の発生により、臨時の支出（事業の継続又は生活の維持のために必要不可欠なものに限る。）を行ったため、分割納付金額をその分割納付期限までに納付することができなかった場合。

この場合の「事業の継続又は生活の維持のために必要不可欠な臨時の支出」とは、具体的には、おおむね次に掲げるものをいう（納税の猶予等の取扱要領44⑵ロ）。

i　事業用機械の故障による修理又は買換えのための費用の支出

ii　病気等による医療費の支出

iii　災害等による復旧費用の支出

iv　仕入原価又は資材等の高騰による支出

③　分割納付期限までに納付することができなかった分割納付金額を、おおむね次回の分割納付期限までに納付することができると認められる場合

なお、納税者等に対して「分割納付の期限までに納付しない場合は猶予を取り消す」旨を説明すること、又は「次回の分割納付の期限までに納付しない場合は猶予を取り消す」旨を説明することは、行政指導に当たることに留意する。したがって、その説明に当たっては、猶予取消しの根拠条項、要件、その取消しが要件に適合する理由を説明する（行政手続法35①②）。また、滞納者から説明内容を

記載した書面の交付を求められたときは、国税及び地方税に関する行政指導については、行政指導に係る書面の交付を定める行政手続法35条３項の規定は適用されないものの（通則法74の14②、地方税法18の４②）、実務上は、説明事項を記載した書面を交付することとしている（納税の猶予等の取扱要領44(2)なお書）。

ウ　事由③について

事由③の「担保の変更等の命令に応じないとき」とは、他の担保を提供することができない特別の事情がないにもかかわらず、行政機関等の担保の変更等の命令に応じない場合（通基通49－２）をいうが、その「他の担保を提供することができない特別の事情」とは、おおむね次の事情をいう（徴基通46－14、徴取通16(2)）。

①　通則法50条各号・地方税法16条１項各号《担保の種類》に掲げる種類の財産がなく、かつ、保証人となる適当な者がいない場合。

②　通則法50条各号・地方税法16条１項各号に掲げる種類の財産があるものの、その財産の価額が猶予に係る税金及びこれに先だつ抵当権等により担保される債権その他の債権の合計額を超える見込みがない場合

③　担保を徴することにより、事業の継続又は生活の維持に著しい支障を与えると認められる場合

エ　事由④について

国税においては、新たにその猶予に係る国税以外の国税を滞納したときであり、また、地方税においては、その猶予に係る地方団体の徴収金以外に、新たにその地方団体に係る地方団体の徴収金を滞納したときである。

ただし、その新たな滞納につきやむを得ない理由があると認めるときは、猶予を取り消さないことができるが、その「やむを得ない理由があると認めるとき」とは、次のような事情があり、かつ、猶予を継続しても徴収上の支障がないと認めるときをいう（通基通49－３）。

①　猶予をした時において予見できなかった事実（納税者等の責めに

帰することができない理由により生じた事実に限る。）の発生により予定していた入金がなかったため、新たに納期限が到来した税金をその納期限までに納付することができなかった場合。

② 猶予をした時において予見できなかった事実（納税者等の責めに帰することができない理由により生じた事実に限る。）の発生により臨時の支出（事業の継続又は生活の維持に必要不可欠であるものに限る。）を行ったため、新たに納期限が到来した税金をその納期限までに納付することができなかった場合。

③ 猶予をした時から新たに納付すべき国税の納期限までの期間が短く、その間に納付のための資金を確保することが困難であったため、その税金を納期限までに納付できなかった場合。

④ 新たに納期限が到来した税金を、おおむね次回の分割納付期限までに納付することができると認められる場合。

また、地方税の場合の新たな滞納となった「地方団体の徴収金」には、その地方団体の条例で定めるその地方団体の債権（公債権及び私債権。地方自治法240①）で債務の不履行となったものをも含むとされている（地方税法15の３①四）。この規定が働くためには、その前提として、猶予対象者に対してその地方団体が有するあらゆる債権を一元的に管理できることが求められよう（もっとも、各地方団体の猶予取消事由をみると、税以外の債権の債務不履行をも取消事由としている地方団体は少ないように思料される。）。

オ　事由⑤について

事由⑤の「偽りその他不正な手段」とは、猶予の申請書（猶予期間の延長申請書を含む。）又は添付書類につき、次に掲げるような虚偽の事実等を記載したこと、又は記載すべき事実等を記載しないことをいう（通基通49－４）。

① 猶予該当事実がないにもかかわらず、故意に猶予該当事実がある旨を記載すること。

② 故意に所有する資産を記載せず、又は存在しない負債を記載すること。

③　故意に事実より少ない収入金額又は事実より多い支出金額を記載すること。

カ　事由⑥について

事由⑥の「猶予を継続することが適当でないと認められるとき」とは、猶予金額の徴収の見込みがなくなる程度の資力の喪失、逆に、業況の好転等により納付困難と認められる金額がなくなる程度の資力の増加等により、その猶予を継続することが適当でないと認められる場合をいう（通基通49－５、徴取通15の３(5)イ）。

この事由⑥に該当する場合には、次の処理を適切に行うべきである（納税の猶予等の取扱要領44(6)）。

①　納税者等の資力等が著しく減少したと認められる場合には、改めて納付能力調査を行い、その結果に基づき、分割納付計画の変更又は猶予の取消しをする。

②　納税者等の資力等が著しく増加したと認められる場合には、改めて納付能力調査を行い、その結果に基づき、猶予期間の短縮又は取消しをする。

③　猶予した税金について、還付金等又は交付要求により交付を受けた金銭の充当等があった場合には、必要に応じて猶予期間の短縮について検討を行う。

キ　事由⑦について

この⑦の事由は、各地域の実情等に応じた対応が可能となるようにすることを意図して設けられているものである。その実例として、例えば、「市税の賦課徴収に必要な手続を怠っているとき」を条例で定めている地方団体があるが、その猶予に係る徴収金の徴収手続に関することではなく、広く賦課及び徴収の手続を対象としている点で、①から⑥に類する事実としてはいささか広すぎるように思料される。

(2)　弁明の聴取

納税の猶予・徴収の猶予について、その取消し（猶予期間を短縮する場合を含む。）は、繰上請求・繰上徴収の客観的要件のいずれかに該当する事実があるときを除き、あらかじめ納税者等の弁明を聴取しなければならない（通則法49②、地方税法15の３②）。

ア　弁明の聴取

弁明を聞くとは、猶予を受けた者に対して、取消し等の事由の存否及びその事由に該当する事実に至った事情を聴取することであるが、行政機関等は、その者の弁明内容に必ず従わなければならないものではなく、猶予の取消し等の要否を判断するに当たり、その者の弁明内容を勘案して判断すればよい。もっとも、納税者等がした弁明の内容が、猶予の取消し等の可否を判断するに当たり斟酌すべき事情に当たる場合であるにもかかわらず、行政機関等が何の考慮をすることもなく猶予の取消し等をしたものと認められる場合は、その取消し等は裁量権を逸脱したものとして違法となる可能性がある。

イ　正当な理由なく弁明しないとき

弁明の聴取の趣旨は、これにより納税者等の権利保護を図るとともに、行政機関等が恣意的に猶予の取消し等をすることのないよう手続の適正化を確保しようとするものである。したがって、行政機関等が猶予を受けている者に弁明を求めたのに対して、その者が正当な理由なく弁明しないときは、その弁明を聴取する必要はない（通則法49②ただし書、地方税法15の３②ただし書）。弁明要求書に記載した期限までに納税者等から連絡がない場合も、「正当な理由なく弁明しないとき」に該当すると考えられるので、現に弁明を聞かなくともその猶予の取消し等をすることができる（納税の猶予等の取扱要領45⑴ロ注書）。

なお、ここに「正当な理由」とは、災害、病気による入院等、納税者等の責めに帰することができないと認められる理由をいい、このような理由がないにもかかわらず弁明しないときは、「正当な理由なく弁明しないとき」に該当することになる（通基通49－６、徴取通15－３⑹ウ）。したがって、例えば、行政機関等の弁明の求めに対して、「猶予が取り消されようとすることに納得がいかないので弁明しない」というような理由では、正当な理由がある場合に該当しない。

ウ　聴取の方法

弁明の聴取の方法については、法令上の定めはない。そこで、実務上は、書面による方法（弁明書（Ｐ163）の提出）と対面による方法（面談により口頭で弁明を聴取する方法）のいずれでもよいことになるが、重要な点は、納税者等において弁明の聴取であるとの認識を持ち得る状況において聴取すべきことである。そこで、対面の方法により行う場合は、弁明要求書（Ｐ162）を適宜補正して、納税者等に弁明を聴取する期限及び場所を知らせるとともに、聴取するに当たっては、例えば、「これから、地方税法第15条の３第２項に規定する弁明の聴取を行います」旨を宣言して聴取することとし、かつ、聴取した内容は明確に記録しておく。また。書面の方法による場合は、「弁明要求書」（「弁明書」を同封する。）により弁明を求める。

補足　弁明の聴取をすべき場合であるにもかかわらず、その手続が行われずに猶予の取消しを行った場合は、その取消しは重要な手続要件を充足していないので違法な処分となる。全く弁明の聴取が行われなかった場合は、手続要件の欠缺が明らかであり、その猶予の取消しは問題なく違法となる。この点、実務上は、猶予の取消しの前段階で、猶予を受けている者と徴収職員との間で、猶予の履行等に関しての面談等が行われるのが通常であるが、その面談等が、弁明の聴取として行われたものなのか、それとも、単なる納付相談や事情聴取にすぎないのかが判然としない場合がある。その結果、行政機関等においては弁明の聴取をしたつもりであっても、相手方はそのようには認識をしていないときがあり、そのような場合は、猶予の取消しを求める争訟において、納税者等から「猶予の取消しは、あらかじめ弁明の聴取を行っていないから、違法である」旨が主張されることとなる。このような事態は、弁明の聴取の趣旨（納税者等の権利保護及び行政機関等による恣意的処分の抑制）からして不適当というべきである。そのため、弁明を聞くに当たっては、本文記載のとおり、法的な手続規定はないものの、弁明要求書等の書面を活用して弁明を求めるようにする。

⑶　取消し等の通知

納税の猶予・徴収の猶予の取消し等をしたときは、その旨を納税者等に原則として猶予取消通知書（P164）により通知しなければならない(通則法49③、地方税法15の3③)。

また、保証人及び担保財産の所有者（納税者等を除く。）がある場合には、これらの者に対しても、猶予の取消し等の通知をすることに留意する（通基通49－7。なお、9⑵・P136参照)。

特に、個人の保証人がある場合は、猶予を取り消した日又は短縮された猶予期間の終期から2月以内にその通知をしなかったときは、猶予をした税金に係る延滞税・延滞金で次に掲げる期間に係るもののうち、猶予の取消し等がなければ1項免除（前記10⑷ア・P142）をすることができた部分に相当する金額については、その保証人からは徴収することができないことになるので注意を要する（民法458の3参照)。

①　納税の猶予・徴収の猶予を取り消した場合

猶予を取り消した日から保証人に対する通知をした日又は当初の猶予期間の終期のいずれか早い日までの期間

②　猶予期間を短縮した場合

短縮された猶予期間の終期の翌日から保証人に対する通知をした日又は当初の猶予期間の終期のいずれか早い日までの期間

⑷　取消し等の効果

猶予の取消し等は、将来に向かってその猶予を撤回するものである。したがって、取消しの効果は、猶予の始期にさかのぼって生ずるものではなく、取消処分後（期間の短縮の場合は、短縮された期間満了後）について効力を生ずる。また、猶予を取り消した後に滞納処分を執行する場合は、督促を必要とするものについては、その督促をしなければ差押えを行うことができない。

また、猶予に係る税金について、その猶予前に督促をしていたものについては、実務取扱いは、原則として、あらかじめ納税者等に納付の催告、差押えの予告等を行った上で滞納処分に着手することとしている（納税の猶予等の取扱要領46）。この実務取扱いは、「督促状若しくは納付催告書又は譲渡担保権者に対する告知書を発した後６月以上を経て差押えをする場合には、あらかじめ、催告をするものとする」という徴基通47－18を参考としているものであるが、猶予の取消しには、事実上、その取消し以後は滞納処分を進めることをも意味しているのであるから、納付の催告等による納付の機会を与えるまでもなく、取消し後は滞納処分に着手することができるというべきであろう。

なお、担保を徴している場合は、その処分をすることになる（通則法52、地方税法16の５。前記８⑻・Ｐ135参照）。

○　弁明要求書

<table>
<tr><td colspan="3">弁明要求書</td></tr>
<tr><td colspan="3">市　　第　　　号
令和○年○月○日
＿＿＿＿＿＿＿様
○○市長　○○　○○　印

令和　年　月　日付であなたに許可している徴収の猶予について、下記のとおり法定の取消事由が発生しています。このことについて、令和　年　月　日までに同封の弁明書により弁明してください。</td></tr>
<tr><td rowspan="2">納税者等</td><td>住（居）所又は所在地</td><td></td></tr>
<tr><td>氏名 又は 名称</td><td></td></tr>
<tr><td colspan="2">徴収猶予を受けようとする金額</td><td>※　別紙未納額明細書のとおり</td></tr>
<tr><td>取消事由に該当している事項</td><td colspan="2"></td></tr>
<tr><td colspan="3">〈備　考〉</td></tr>
</table>

○　弁明書

弁　　明　　書
令和　年　月　日付で弁明要求のあった事項については、以下のとおりです。 令和　年　月　日 納税者等　住　所 氏　名 電話番号
〈弁明理由〉

○　徴収の猶予の取消通知書

市××第　　　号
令和　年　月　日

＿＿＿＿＿＿＿＿様

○○市長　○○　○○

<table>
<tr><td colspan="10">徴収の猶予の取消通知書</td></tr>
<tr><td colspan="10">次の徴収の猶予決定日をもって通知した次の徴収金に係る徴収猶予は、取り消すことに決定しましたので通知します。</td></tr>
<tr><td rowspan="2">納税者等</td><td colspan="4">住（居）所又は所在地</td><td colspan="5"></td></tr>
<tr><td colspan="4">氏名又は名称</td><td colspan="5"></td></tr>
<tr><td rowspan="12">未納金額</td><td rowspan="2">税目</td><td>調年</td><td>課年</td><td>期(月)</td><td rowspan="2">税額（円）</td><td rowspan="2">延滞金(円)
(法律による金額)</td><td rowspan="2">計(円)
(法律による金額)</td><td rowspan="2">納期限</td><td rowspan="2">備考</td></tr>
<tr><td colspan="3">通知書番号</td></tr>
<tr><td rowspan="2"></td><td></td><td></td><td></td><td rowspan="2"></td><td rowspan="2"></td><td rowspan="2"></td><td rowspan="2"></td><td rowspan="2"></td></tr>
<tr><td colspan="3"></td></tr>
<tr><td rowspan="2"></td><td></td><td></td><td></td><td rowspan="2"></td><td rowspan="2"></td><td rowspan="2"></td><td rowspan="2"></td><td rowspan="2"></td></tr>
<tr><td colspan="3"></td></tr>
<tr><td colspan="9">※明細については、別紙未納額明細書のとおり</td></tr>
<tr><td rowspan="2"></td><td></td><td></td><td></td><td rowspan="2"></td><td rowspan="2"></td><td rowspan="2"></td><td rowspan="2"></td><td rowspan="2"></td></tr>
<tr><td colspan="3"></td></tr>
<tr><td rowspan="2"></td><td></td><td></td><td></td><td rowspan="2"></td><td rowspan="2"></td><td rowspan="2"></td><td rowspan="2"></td><td rowspan="2"></td></tr>
<tr><td colspan="3"></td></tr>
<tr><td colspan="5">合計（法律による金額）</td><td colspan="4">円</td></tr>
<tr><td colspan="6">徴収猶予決定日</td><td colspan="4">年　　月　　日</td></tr>
<tr><td>取消事由</td><td colspan="9"></td></tr>
<tr><td colspan="10">〈備考〉</td></tr>
</table>

第４　職権による換価の猶予

換価の猶予は、滞納者について所定の事由がある場合に、原則として１年の範囲内において、滞納処分による財産の換価を猶予し、又は財産の差押えを猶予するものであるが、その猶予に係る金額を猶予期間中に分割納付させることとしており、徴収実務上は、分納制度の一つとして機能している。

この換価の猶予には、行政機関等が職権で行うもの（徴収法151①、地方税法15の５。以下「職権による換価の猶予」という。）と滞納者の申請に基づいて行うもの（徴収法151の２、地方税法15の６。以下「申請による換価の猶予」という。）とがある。

1　職権による換価の猶予の要件

職権による換価の猶予を適用するためには、次の要件のすべてを充たす必要がある。

①　滞納者が納税について誠実な意思を有すると認められること。
②　納付等すべき税金について納税の猶予・徴収の猶予又は申請による換価の猶予の適用を受けていないこと。
③　次のいずれかに該当すると認められること。
　ｉ　財産の換価を直ちにすることにより、その事業の継続又は生活の維持を困難にするおそれがあるとき（１号要件）。
　ⅱ　財産の換価を猶予することが、直ちに換価することに比し、滞納税金及び最近において納付等すべきこととなる税金（国税の換価の猶予においては「他の国税」、地方税の換価の猶予においては「他の地方団体の徴収金」）の徴収上有利であるとき（２号要件）。
④　原則として、猶予に係る税金の額に相当する財産の差押え又は担保の提供があること。

⑴　職権による換価の猶予を受けることができる者

職権による換価の猶予を受けることができる者は、納税者等でその納付等すべき税金を納期限までに納付等しない者（滞納者。徴収法２九）をいう。また、ここに納税者等とは、法律の規定により税金を納付等する義務を負う者、源泉徴収義務者、特別徴収義務者、第二次納税義務者及び納税保証人をいう（徴収法２六、地方税法９の２①、徴基通２－10）。

一方、次の者は職権による換価の猶予を受けることができない（納税の猶予等の取扱要領16⑵また書、徴取通15の５⑵）。

① 繰上保全差押えの規定（通則法38③）の適用を受ける者（ただし、その納付すべき税金が確定した後においては、職権による換価の猶予の適用を受けることができる。）

② 保全差押えの規定（徴収法159①、地方税法16の４）の適用を受ける納税義務があると認められる者（ただし、その納付等すべき税金が確定した後においては、職権による換価の猶予の適用を受けることができる。）

③ 担保の処分の規定（通則法52①、地方税法16の５①）により処分を受ける物上保証人

④ 譲渡担保権者の物的納税責任の規定（徴収法24①、地方税法14の18①）の適用を受ける譲渡担保権者

補 足 職権による換価の猶予ができる税金は、原則として納期限を経過した税金であればよい（納税の猶予等の取扱要領17⑴）。そのため、督促状の発付前に職権による換価の猶予をすることも可能であるが、その場合、換価の猶予については、納税の猶予・徴収の猶予の場合と異なり、督促を禁ずる効果がないため、換価の猶予に係る税金について督促状を発付しなければならない。そこで、滞納者に対しても、督促状が発付される旨を事前に説明しておくことに留意する（納税の猶予等の取扱要領17⑴㈱１）。

⑵ 要件①の「納税についての誠実な意思」

ア 「納税についての誠実な意思」の判定

納税についての誠実な意思（以下、「納税誠意」という。）とは、滞納者が、現在においてその滞納に係る税金を優先的に納付する意思をいう（徴基通151－２）。もっとも、この定義によっても、納税誠意があ

るかどうかは、滞納者の内心の問題であるため、その判定が難しい。そこで、実務上は、次の事由を総合勘案して判定することとしている（徴基通151－２、徴取通15の５(3)ア）。

①　従来において期限内に納付等をしていたかどうか。

②　過去に納税の猶予・徴収の猶予又は換価の猶予等の猶予を適用した際に、分割納付を確実に履行していたかどうか。

③　滞納税金の早期完納に向けた経費の節約、借入の返済額の減額、資金調達等の努力をしているかどうか。

また、滞納税金の課税原因が脱税に係るもの若しくは偽りその他不正の行為によるものである場合、又は滞納者について過去に滞納歴がある場合は、その課税原因や滞納歴から納税誠意が無いと即断してしまいがちであるが、そのことのみをもって判断してはならず、職権による換価の猶予をする時までの滞納者の早期完納に向けた取組状況をも併せて考慮した上で判断する必要がある。

ところで、滞納者の中には「住宅ローンの返済がきついため、滞納税金の納付等をすると生活の維持が困難になってしまう」旨を申し立てて分納を希望する者がある。しかし、このような者は、住宅ローンの返済を優先して税金の納付等を後回しにしているので、「現在においてその滞納に係る税金を優先的に納付する意思」という納税誠意が無いと判断せざるを得ない。したがって、このような滞納者に対しては、原則として換価の猶予を適用することができない（その例外として、一時的な収入の減少又は臨時の出費があったために期限内納付ができず滞納となった場合で、その一時的な事情の解消（収入や出費が従来並みに戻ること。）が見込まれ、その場合は、住宅ローンの返済とともに期限内納付が確実に履行されると判断できる場合などは納税誠意があると判断してよいであろう。前記第３の１(6)イ・Ｐ98参照）。

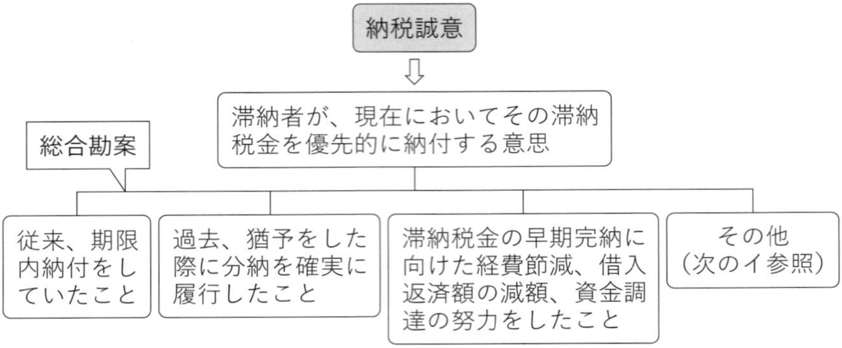

イ　納税誠意の判定に関する国税の実務取扱い（上図の「その他」の例）

国税においては、①職権による換価の猶予又はその延長をするに当たり、滞納者に対し、財産目録等の書類の提出を求めた場合（徴収法151②。なお、地方税法15の5の2①②参照）において、滞納者から提出を受けた書類が適切に記載されているとき、又は②滞納者から納付委託（通則法55。なお、地方税法16の2参照）の申出があった場合は、原則として、納税誠意を有するものと判断することとしている（納税の猶予等の取扱要領16(3)なお書）。職権による換価の猶予を適用するために必要な書類を納税者等が正しく作成して提出しているということは、納税に真摯に対応していることの表れであると考えられること、また、納付委託を申し出ていることも分割納付を確実に履行しようとする意思の表れであることから、このような場合には、納税誠意が有ると判断することができる。したがって、国税のこの実務取扱いは相当であり、地方税の実務取扱いにおいても同様に取り扱ってよいであろう。

一方、現在納付可能資金額（納付すべき国税の額から納付を困難とする金額を控除した金額）がありながら、納付手続に通常要すると認められる期間内に現在納付可能資金額に相当する金額の納付をしないときは、納税誠意を有しないものと判断することとしており（納税の猶予等の取扱要領16(3)(注)1）、地方税の実務取扱いにおいても参考となろう。

⑶　１号要件の「事業の継続又は生活の維持の困難」

財産の換価を直ちにすることにより、その事業の継続又は生活の維持を困難にするおそれがあるときとは、換価の猶予の対象となる滞納税金の全額を直ちに徴収しようとすると、次のいずれかに該当することになる場合をいう（徴基通151－３・４、徴取通15の５⑶イ・ウ）。

①　事業に不要不急の資産を処分するなど、事業経営の合理化を行った後においても、なお差押財産を換価することにより、事業を休止し、又は廃止させるなど、その滞納者の事業の継続を困難にするおそれがあると認められるとき。

補 足　事業経営の合理化とは、経営を圧迫している赤字部門の縮小、役員報酬の減額などをいう。

②　差押財産を換価することにより、滞納者の必要最低限の生活費程度の収入が期待できなくなるとき。

補 足　必要最低限の生活費程度の収入とは、滞納者の扶養親族の数、その者の社会的地位、住所の所在地域等を考慮して、適当と認められる範囲を基準とすることになると考えられるが、実務上は、徴収法76条１項の給与の差押禁止の範囲を参考にして判断することになろう。

⑷　２号要件の「徴収上有利」

「徴収上有利」とは、換価の猶予の対象となる税金の全額を直ちに徴収しようとすると、次のいずれかに該当することになる場合をいう（徴基通151－５、徴取通15の５⑶エ）。

①　徴収不足からの判定

滞納者の財産のうち滞納処分ができる全ての財産につき滞納処分を執行したとしても、その徴収することができる金額が徴収しようとする滞納税金に不足すると認められる場合であって、換価処分を執行しないこととした場合には、その猶予期間内に新たな滞納を生ずることなく、その猶予すべき税金の全額を徴収することができると認められるとき。

② 差押財産の換価に要する期間と猶予期間との関係からの判定

換価すべき財産の性質、形状、用途、所在等の関係で換価できるまでには相当の期間を要すると認められる場合で、換価処分を執行しないことが、その猶予すべき滞納税金及びその猶予すべき期間内において納付等すべきこととなる税金の徴収上有利であると認められるとき。

③ 最近において新たに発生する税金の徴収見込みとの関係からの判定

滞納税金につき直ちに徴収できる場合等であっても、最近（猶予すべき期間内）において納付等すべきこととなる税金（新規発生分）と既に滞納となっている税金（既滞納分）との総額については、換価処分を執行しないことが徴収上有利であると認められるとき。

○ 徴収上有利の判定

① 徴収不足との関係	② 差押財産の換価に要する期間と猶予期間との関係	③ 最近において新たに発生する税金の徴収見込みとの関係
A > C	A + A’ < C	A + A’ > C
	D > B	A ≦ C

A ：換価の猶予をしようとする税金の額

A’：猶予期間内に発生が見込まれる税金の額

B ：換価の猶予により完納が見込まれる期間（月数）

C ：滞納処分の対象となる総財産の価額

D ：Cの総財産の換価によって税金が完結するまでに要する期間（月数）

2 職権による換価の猶予と納税の猶予・徴収の猶予及び申請による換価の猶予との関係

現に納税の猶予・徴収の猶予及び申請による換価の猶予（徴収法151の2

①、地方税法15の６①）を適用中の税金については、改めて職権による換価の猶予をしないこととしている（徴基通151－６、徴取通15の５(3)オ）。

これは、納税の猶予・徴収の猶予は、納税者等について災害等の特別な事情により納付等が困難となっている場合に適用されるものであり、①猶予期間内の分割納付を原則としていないこと（第３の３(4)・Ｐ105参照）、②延滞税・延滞金の全額が免除される場合があることなど、納税者等の事情に十分に配慮した制度であるため、現に納税の猶予・徴収の猶予の適用を受けている税金については改めて換価の猶予を適用する必要がないと考えられること、また、申請による換価の猶予は、その猶予の効果が職権による換価の猶予と異ならないため、現に申請による換価の猶予の適用を受けている税金について改めて職権による換価の猶予を適用する必要がないと考えられることを、それぞれ理由とする。

なお、この取扱いは、納税の猶予・徴収の猶予又は申請による換価の猶予の適用を現に受けている場合の、その猶予期間内についてのものであり、これらの猶予が終了した後において、その猶予に係る税金がなお残っている場合は、要件に該当するときは職権による換価の猶予を更に適用することができることは言うまでもない（後記７・Ｐ176参照）。

3　担保の徴取等

職権による換価の猶予を適用する場合には、原則として、その猶予に係る税金の徴収を確保するため、その税金の額（未確定の延滞税・延滞金を含む。）に相当する担保の徴取又は財産の差押えをしなければならない。また、その例外として、担保の徴取又は財産の差押えをしないで換価の猶予をすることができる場合があるが、これらは納税の猶予・徴収の猶予に同じである（徴収法152②③、通則法46⑤、地方税法16①、15の５の３①。前記第３の８(1)・Ｐ119）。

4　猶予をする金額

職権による換価の猶予をすることができる金額は、納付等すべき税金の額から次に掲げる額を控除した残額を限度とし、具体的には、現在納付能力調査によって判定した納付困難と認められる金額とする（納税の猶予等の取扱通達17(2)）。

［控除する額］

滞納者の納付能力を判定した日において滞納者が有する現金、預貯金その他換価の容易な財産の価額に相当する金額から、それぞれ次に定める額を控除した残額

○　滞納者が法人の場合
　その事業の継続のために当面必要な運転資金の額

○　滞納者が個人の場合
　1．滞納者及び滞納者と生計を一にする配偶者その他の親族の生活の維持のために通常必要と認められる費用に相当する金額で、滞納者が負担すべきもの
　2．滞納者の事業の継続のために当面必要な運転資金の額

そして、「納付困難と認められる金額」とは、換価の猶予をしようとする税金の額から現在納付可能資金額（当座資金の額からつなぎ資金の額を控除した金額）を控除した金額をいう（納税の猶予等の取扱要領65(2)、地税令6の9の3）。

補足　「当座資金」とは、換価の猶予の適用の可否の調査を行った日における「現金、預貯金その他換価の容易な財産であって、直ちに支払に充てることのできる資金」をいう。

また、「つなぎ資金」とは、調査を行った日からおおむね1月以内における、①事業継続のために当面必要な運転資金の額（法人の場合）、又は②生活の維持のために通常必要とされる費用の額及び事業継続のために当面必要な運転資金の額（個人の場合）をいう（つなぎ資金の具体的算定については納税の猶予等の取扱要領64参照）。

5　職権による換価の猶予をする期間等

⑴　猶予期間

職権による換価の猶予の猶予期間は、猶予をしようとする日（猶予期間の始期）から１年を限度として、滞納者の財産の状況その他の事情からみて合理的かつ妥当な金額で分割納付した場合において、その猶予に係る税金を完納することができる最短期間とする（徴基通151－５－２、徴取通15の５⑹）。

⑵　分割納付

換価の猶予をした場合は、滞納者は、猶予金額をその者の財産の状況その他の事情からみて合理的かつ妥当なものに分割して納付等しなければならない。なお、その分割納付の方法については、国税においては原則として猶予期間内の各月において行うこととしている（徴収法152①）。一方、地方税においては各地方団体の条例で定めることとしており、必ずしも猶予期間内の各月において納付等することは要しないとされている（地方税法15の５②、15③）。これは、地方税の場合は、同一の納税者等が住民税、固定資産税等多数税目を納付する場合が多いため、分割納付の額を定めるにあたっては、猶予期間内におけるこれら税目の納付の月（各期の納期限）とその納付額等を考慮する必要があるためである。

分割納付は、「滞納者の財産の状況その他の事情からみて合理的かつ妥当なもの」でなければならない。そして、この「合理的かつ妥当なもの」とは、滞納者の財産の状況その他の事情からみて、滞納者の事業の継続又は生活の維持を困難にすることなく猶予期間内（国税においては、猶予期間内の各月）において納付することができる金額であって、かつ、その猶予に係る税金を最短で納付等することができる金額をいう（徴基通152－７）。

また、分割納付の具体的な金額は、今後の収入見込額から支出見込額を控除した額（納付可能基準額）に、臨時の収入や支出を勘案して求めることになる。

○　分割納付額の算定例（納税者等が法人の場合）

今後の平均的な収入及び支出の見込金額（月額）

区　分		見込金額
収入	売上	2,200,000円
①収入合計		2,200,000円
支出	仕入	800,000円
	給与等人件費	600,000円
	家賃	200,000円
	諸経費	300,000円
	借入返済	100,000円
②支出合計		2,000,000円
③納付可能基準額（①－②）		200,000円

各月の分割納付額

月	分割納付金額	備　考
7月	200,000円	
8月	80,000円	住民税1期分120,000円納付のため
9月	200,000円	
10月	80,000円	住民税2期分120,000円納付のため
11月	350,000円	貸付金回収150,000円
12月	45,000円＋延滞金	

⑶　1年以内に完納が見込まれない場合の取扱い

換価の猶予の要件を充足している場合において、納付可能基準額を基とした分割納付によっては1年以内の完納が見込まれないときがある。その場合、国税の実務取扱いでは、猶予期間を1年間とした上で、1年を超える部分の税額を猶予期間の最終月の分割納付金額として処理することとしている（納税の猶予等の取扱要領18⑷）。例えば、猶予金額100万円に対して毎月の分割納付額が5万円である場合、1年以内の納付見込額は60万円（5万円×12月）にすぎないので40万円が1年を超える部分の税額として残ってしまう。そこで、猶予期間を1年間として、その最終月の分割納付額を45万円（毎月の分割納付額5万円＋1年を超える部分40万円）として換価の猶予を行うことになる。そして、1年の猶予期間が終了した後は、換価の猶予期間の延長を検討する（次の⑷参照）。

地方税においても、条例で毎月分割納付をすることとしている場合は、換価の猶予制度の趣旨からは国税と同様の処理をすべきとも考えられる。もっとも、その場合は、換価の猶予期間内及びその延長期間内に新たに納付することが見込まれる固定資産税・住民税等の納付の確実性を考慮する必要があろう。

(4)　職権による換価の猶予の期間の延長

猶予を延長できる期間は、当初の換価の猶予の期間と合わせて２年を超えない期間である（徴収法152③、通則法46⑦、地方税法15の５②、15④）。

また、猶予期間を延長することができるのは、滞納者が当初の猶予期間内に猶予金額を納付することができないことにつき、その者の責めに帰することができないやむを得ない理由があると認められるときである。そして、この「やむを得ない理由」とは、前記第３の３(3)アの①から③の事由・P105に同じである。

6　職権による換価の猶予の手続

(1)　分割納付計画書等の求め

行政機関等は、職権による換価の猶予の要件充足性を判断するため、又は分割納付金額を定めるために、滞納者の現在の資産及び負債の状況、今後の収支見込み等を調査する必要があるときは、滞納者に対し、次に掲げる書類の提出を求めることができる（徴収法151②、徴収令53①）。なお、地方税においては、これら提出を求める書類は条例で定められている（地方税法15の５の２）。

①　分割納付計画書（P177）
②　財産目録
③　収支の明細書
④　担保を徴する場合における、担保提供に関し必要となる書類

(2)　換価の猶予通知書による通知

職権による換価の猶予をする場合は、滞納者に対して換価の猶予通知

書により、換価の猶予をした旨、猶予に係る税金の内容、猶予金額、猶予期間等を通知しなければならない（徴収法152③、通則法47①、地方税法15の5の2③、15条の2の2①）。

7　既に猶予をされていた場合と職権による換価の猶予

⑴　1号要件による換価の猶予と2号要件による換価の猶予

1号要件による換価の猶予をした税金について、再度1号要件による換価の猶予を行うことは、猶予期間の範囲の規定に反するものであり、認められない。一方、1号要件による換価の猶予をした税金について、その猶予期間の終了後に、2号要件による換価の猶予の要件を充足するときは、1号要件と2号要件とはそれぞれ要件が異なるので、2号要件による換価の猶予をすることは可能である。

これらの取扱いは、はじめに2号要件による換価の猶予をした税金についても同様である（徴基通151－6－2）。

⑵　納税の猶予・徴収の猶予又は申請による換価の猶予との関係

納税の猶予・徴収の猶予又は申請による換価の猶予をした税金について、その猶予期間が終了した後に、職権による換価の猶予の要件を充足するときは、職権による換価の猶予をすることができる。

そうすると、同一の税金について、①納税の猶予・徴収の猶予又は申請による換価の猶予を1年間、②その延長を1年間、その後、③1号要件の職権による換価の猶予を1年間、④その延長を1年間、次に、⑤2号要件の職権による換価の猶予を1年間、⑥その延長を1年間というように通算6年間の猶予を適用することが理論上は可能である（実務上は、それぞれの猶予制度の期間内（延長期間を含む）に納付できないことにつき、やむを得ない特別の事情がある場合に限るとすべきであろう）。

○　分割納付計画書の例

令和○年○月○日

＿＿＿＿＿市長　様

分割納付計画書

納付すべき徴収金（別紙「滞納金目録」のとおり）を、下記の「納付計画」のとおり分割して納付します。

1　住所・氏名等

住所・所在地	
氏名・名称	

2　納付困難な金額

①納付すべき金額	②納付できる金額	③納付困難な金額（①－②）

3　一時に納付することができない事情の詳細

4　納付計画

納付年月日	納付金額	納付年月日	納付金額
令和　年　月　日	円	令和　年　月　日	円
令和　年　月　日	円	令和　年　月　日	円
令和　年　月　日	円	令和　年　月　日	円
令和　年　月　日	円	令和　年　月　日	円
令和　年　月　日	円	令和　年　月　日	円
令和　年　月　日	円	令和　年　月　日	円

5　担保に関する事項

担　保	有	担保財産の詳細又は提供できない特別の事情	
	無		

第5　申請による換価の猶予

申請による換価の猶予は、毎月の分割納付を条件として、滞納者の申請の下に、換価の猶予をするものであり、①猶予制度の活用を促進すること、及び②滞納になって早い段階での計画的な納付の履行を確保することを目的とする。したがって、納期限前後における納付相談等において申請による換価の猶予の適用が見込まれるときは、滞納者に対して換価の猶予の申請書及び添付書類を所定の期間内に提出するよう指導するなどの態勢に配意すべきである（納税の猶予等の取扱要領31⑴㊟3参照）。

1　申請による換価の猶予の要件

申請による換価の猶予を適用するためには、次の要件の全てを充たす必要がある。

① 滞納者が納税誠意を有すると認められること。
② 納付すべき税金を一時に納付することにより、その事業の継続又は生活の維持を困難にするおそれがあると認められること。
③ 滞納者から、納付等すべき税金（換価の猶予の申請に係る税金）の納期限から所定の期間内に換価の猶予の申請書が提出されていること。
④ 換価の猶予の申請に係る税金について、納税の猶予又は徴収の猶予の適用を受けている場合でないこと。
⑤ 原則として、換価の猶予の申請に係る税金以外の他の税金（国税においては「他の国税」、地方税においては「その地方団体に係る他の地方団体の徴収金」をいう。）の滞納がないこと。
⑥ 原則として、換価の猶予の申請に係る税金の額に相当する担保の提供があること。

⑴　申請による換価の猶予を受けることができる者

申請による換価の猶予を受けることができる者は、職権による換価の猶予を受けることができる者と同じである（徴基通151の２－１。前記第４の１(1)・Ｐ165参照)。したがって、猶予に係る税金を納付しないまま納期限を徒過した者であり、その税金につき督促状の発付を受けたかどうかは問わない。なお、この猶予の申請は、納期限前でも可能であろう（後記(5)イ参照)。

(2)　要件①の「納税誠意」

ア　「納税誠意」の意義及び判定

「納税誠意」の意義及びその有無の判定は、職権による換価の猶予の場合と同じである（前記第４の１(2)・Ｐ166参照)。

イ　納税誠意の判定に関する実務取扱い

国税においては、滞納者から提出があった猶予申請書類が適切に記載されているものである場合は、原則として、納税誠意を有しているものと判定して差し支えないこととしている（納税の猶予等の取扱要領20(4)なお書)。この取扱いは、職権による換価の猶予に関する納税誠意の判定の取扱い（税務署長からの求めに応じて滞納者が提出した財産目録等の書類が適切に記載されたものである場合には納税誠意を有しているものとして差し支えないものとしている。前記第４の１(2)イ・Ｐ168参照）に対応するものであるが、猶予の申請に必要な書類を滞納者が適切に作成して提出しているということは、納税に真摯に対応していることの表れであると考えられるので、地方税の実務においても同様に取り扱ってよいであろう。

また、猶予申請に係る税額の一部についてのみ換価の猶予を認めることができる場合において、換価の猶予に該当しない部分の税額に相当する金額を、滞納者が相当の期間内に納付しないときは、納税誠意を有しないものとして換価の猶予を不許可とすることとしている（納税の猶予等の取扱要領20(4)の㈲２)。納税誠意の意義（滞納に係る税金を優先的に納付する意思）からして、この取扱いは当然である。

補 足　猶予申請に係る税額の一部についてのみ換価の猶予を認めることができる場合においては、徴収職員は、滞納者に対して、換価の猶予に該当しない部分の税額に相当する金額を、納付の手続に通常要すると認められる期間内に納付するよう指導することとしている（納税の猶予等の取扱要領20⑷の㈯２）。その際に留意すべき点として、この場合の納付の指導は、行政指導に当たるので、滞納者に対しては、①納付の手続に通常要すると認められる期間内に納付しない場合は、納税誠意を有しないものとして、換価の猶予を不許可とすること、②その根拠条文、要件及び不許可がその要件に適合する理由を口頭で説明する必要がある（行政手続法35①②）。また、滞納者から説明内容を記載した書面の交付を求められたときは、国税及び地方税に関する行政指導については、行政指導に係る書面の交付を定める行政手続法35条３項の規定は適用されないものの（通則法74の14②、地方税法18の４②）、実務上は、説明事項を記載した書面を交付することとしている（納税の猶予等の取扱要領20⑷の㈯２）。

⑶　要件②の「事業の継続又は生活の維持の困難」

「税金を一時に納付することにより、その事業の継続又は生活の維持を困難にするおそれがあると認められること」とは、換価の猶予の対象となる税金の全額を一括して納付等すると、次のいずれかに該当することになる場合をいう。

①　事業に不要不急の資産を処分するなど、事業経営の合理化を行った後においても、なお税金の全額を一度に納付することにより、事業を休止し、又は廃止させるなど、その滞納者の事業の継続を困難にするおそれがあるとき（徴基通151の２－３）。

②　税金を一括して納付することにより、滞納者の必要最低限の生活費程度の収入が確保できなくなるとき（徴基通151の２－４）。

補 足　この取扱いは、職権による換価の猶予の１号要件「事業の継続又は生活の維持の困難」に関する取扱い（前記第４の１⑶・Ｐ169参照）に対応するものであるが、職権による換価の猶予においては、差押財産を換価することによる事業又は生活への影響を問題とするのに対して、申請による換価の猶予においては、税金の全額を一度に納付することによる影響を問題としている点が異なる。

⑷　要件③の「換価の猶予の申請書の提出」

滞納者が換価の猶予を受けようとする場合は、所要の事項を記載した換価の猶予申請書に所定の書類を添付して行政機関等に提出しなければならない（徴収法151の２③、地方税法15の６の２①。後記４・P188参照）。

⑸　要件③の換価の猶予の申請書の提出期間である「所定の期間」

ア　申請期限

申請による換価の猶予の適用を受けようとする者は、換価の猶予申請書を、所定の申請期限内に、行政機関等に提出しなければならない。その場合の申請期限とは、国税においては「納期限から６月以内」である（徴収法151の２①）。申請期限が６月とされている理由は、申請による換価の猶予は、①猶予制度の活用を促進すること、及び②滞納になって早い段階での計画的な納付の履行を確保することを目的とするところ、この②の目的の観点からは、あまり長期間の申請を認めるのは適当ではなく、一方で、①の目的の観点からは、申請に必要な準備期間等を設定すべきであり、これらを踏まえて「６月」の申請期限が設けられたものとされている（「平成26年度税制改正の解説」参照）。他方、地方税においては、申請期限を「納期限から当該地方団体の条例で定める期間内」としている（地方税法15の６①）。申請期限を条例で定めることとしている理由は、地域の実情等に応じた対応を可能とするためであるが（「平成27年度税制改正の解説」参照）、現実には、多くの地方団体においては、国税と同様に「納期限から６月」を申請期限としているように見受けられる。しかし、申請による換価の猶予の適用がされる地方税として、国税（法人税・所得税）の課税標準を基準として課するものについての随時課税分を想定した場合（申請による換価の猶予の対象となる地方税の多くは、この随時課税分であろうと思われる。)、納税者等においては、国税の税額確定時には地方税の納税額も明らかとなっているので、「滞納になって早い段階での計画的な納付の履行を確保する」という制度の目的からは、必ずしも、国税の場合と同じ申請期限(納期限から6か月)とする合理性は乏しいのではなかろうか。むしろ、①随時課税分は高額のものが多いこと(高額案件は、納期限後の早期処理(差押え又は猶予等)が特に重要である。)、②猶予申請の対象税金の納期限とその次に到来する期の納期限との期間が短いことなどを踏まえると、申請期限を6か月とすることは、いささか長いようにも思われる。滞納整理の一般的な流れ(納期限徒過→督促→納付折衝→自主納付・猶予又は差押え)及び換価の猶予の申請書等の作成に必要な期間(おおむね1月程度。納税の猶予等の取扱要領23㈯1参照)などを踏まえると、申請期限としては納期限から3月から4月を相当することも考えられよう(例えば、東京都においては、申請期限を「都税の納期限から3月以内」としている。東京都都税条例23の5①)。

イ　猶予申請ができる始期

換価の猶予の申請時期に関しては、徴収法は「納期限から6月以内」と規定し、また、地方団体の条例においても「納期限から○月以内」と定めているところであるが、この規定が「期間」を意味するのか、「期限」を意味するのかが問題となる。

「納期限から6月以内」という場合は、一般的には、納期限の翌日を始期(初日不算入の原則)とし、6月を経過する日を終期とするもの、すなわち「期間」であると考えられる。そうすると、換価の猶予の申請書を提出できるのは、期間の始期である「納期限の翌日」以降となる。しかしながら、国税の実務取扱いにおいては、猶予の申請に係る国税の法定納期限以前に換価の猶予の申請書を提出することを可とし(納税の猶予等の取扱要領22⑵参照)、また、個人の同じ年分の申告所得税(法定納期限は3月15日)と消費税(法定納期限は3月31日)、修正申告に係る本税と加算税(加算税は、実務上、修正申告書提出からおおむね1か月後に決定通知がなされ、その納期限は、その決定通知書が発せられた日から起算して１月を経過する日である（通則法35③））など、近接して納期限が到来する国税も滞納となることが「見込まれるとき」は、その近接して納期限が到来する国税（申告又は賦課決定により税額が確定していることを前提とする。）についても、合わせて換価の猶予を申請することができる（同取扱要領20⑹ロの㈱参照）としているように、納期限前の申請でも可能としている。申請による換価の猶予の制度の目的からは、できるだけ早期に申請があることが望ましいというべきであるから、納期限前の申請を可とするのが妥当である。

補 足　納期限前の申請を可とする場合は、猶予期間の始期について留意する必要がある（後記３の⑵・P185）。

ウ　納期限

「納期限から６か月以内」の「納期限」とは、法定納期限ではなく、具体的納期限（納付すべき税金が確定した場合において、その税金を納付すべき期限）をいう（徴基通151の２－５）。また、延滞税・延滞金及び利子税の納期限は、その計算の基礎となる本税の納期限となる。

なお、国税においては、延納又は物納の許可の取消しがあった場合には、その取消しに係る書面が発せられた日をもって、ここの「納期限」としている（徴収法151の２①）。

⑹　要件④の「納税の猶予・徴収の猶予の適用を受けている場合でないこと」

この要件は、職権による換価の猶予と納税の猶予・徴収の猶予との関係（前記第４の２・P170）に対応するものであり、納税の猶予・徴収の猶予が納税者等の事情に十分に配慮した制度であるため、既にこれらの猶予の適用を受けている税金については、改めて換価の猶予を適用する必要がないことを理由とする。

⑺　要件⑤の「他の税金の滞納」

他の税金の滞納とは、国税にあっては、換価の猶予の申請に係る国税以外の国税であって、納期限までに納付されていないものをいい、地方税にあっては、換価の猶予の申請を受けた地方団体において、その申請者につき、換価の猶予の申請に係る地方税以外の地方税でその納期限までに納付されていないものをいう。

ただし、次に係る税金は「他の税金の滞納」に該当しない。

① 納税の猶予・徴収の猶予又は換価の猶予の申請に係る税金（徴収法151の２②一、地方税法15の６②一）。

例えば、随時課税分について、税額の確定が法定申告期限（法定納期限）等の１年を経過した日以後である年分について納税の猶予・徴収の猶予（通則法46③、地方税法15②）を申請し、併せて、法定申告期限等から１年を経過していない年分については、換価の猶予を申請する場合が、これに当たる。

補 足 上記の例示の場合、実務上は、換価の猶予の要件を充たしているときは、納税者等の事務負担等を考慮し、納税の猶予・徴収の猶予は申請しないで、随時課税分の全てについて換価の猶予を申請することが多い。

② 現に納税の猶予・徴収の猶予、職権による換価の猶予又は申請による換価の猶予を受けている税金（徴収法151の２②二、地方税法15の６②二）

ただし、現にこれらの猶予を受けている税金であっても、その猶予に係る税金以外の税金が滞納となったことにより、現に受けている猶予が取り消されることとなる場合（通則法49①四、徴収法152③④、地方税法15の３①四、15の５の３②、15の６の３②）は、その現に猶予を受けていた税金は、この②に当てはまらず、「他の税金の滞納」に該当することになる。

⑻ 要件⑥の「担保の提供」

申請による換価の猶予をする場合における担保の提供及び徴取は、職権による換価の猶予における担保の徴取等の場合（前記第４の３・P171）と同じである。この場合、担保の価額が猶予申請税額に相当するかどうかの判定は、換価の猶予の申請時点を基準として行う（納税の猶予等の取扱要領20⑻）。

2　猶予をする金額

猶予をする金額は、職権による換価の猶予の場合と同じである（前記第4の4・P172）。

3　申請による換価の猶予をする期間等

(1)　猶予期間

申請による換価の猶予の猶予期間は、猶予期間の始期から１年を限度として、滞納者の財産その他の事情からみて合理的かつ妥当な金額で納付した場合において、その猶予に係る税金を完納することができると認められる最短期間である（徴基通151の２－７）。

(2)　猶予期間の始期

猶予期間の始期は、原則として、換価の猶予の申請書が提出された日である。また、その例外として、その申請書が法定納期限の日以前に提出されている場合は、法定納期限の翌日とする（徴基通151の２－８）。これは、法定納期限までは、納税者等に期限の利益があるため、換価の猶予を適用する必要はないことを理由とする。

なお、実務取扱いとして明示されているわけではないが、例えば、住民税について、１期分（法定納期限・納期限６月30日）、２期分（納期限８月31日）、３期分（納期限10月31日）及び４期分（納期限１月31日）の各期の納税額につき、６月20日に換価の猶予の申請書が提出された場合は、猶予期間の始期は、全期分をまとめて「７月１日」とすることになろう。その場合、第２期分の分割納付を開始する日は９月１日以降に、第３期分の分割納付を開始する日は11月１日以降に、第４期分の分割納付を開始する日は２月１日以降となることが妥当であろう（２期分・３期分・４期分の納付計画において、それぞれの納期限内に一部納付をする部分がある場合は、その納付部分は、期限内納付になるので換価の猶予の対象としない。）。

設例

市民税・県民税の１期分（法定納期限・納期限６月30日）、２期分（納期限８月31日）、３期分（納期限10月31日）及び４期分（納期限１月31日）の納税額（各期50万円）につき、６月20日に換価の猶予の申請書の提出があり、分割納付額を毎月23万円とすることになった場合は、各期の納付開始月、各月の納付額、換価の猶予の対象税額は、どのようになるか。

（回答） 次の納付計画表のとおりとなる。

月	６月	７月	８月	９月	10月	11月	12月	１月	２月	３月	猶予対象税額
１期	●	23	23	4							50
２期			●	19	23	8					50
３期					●	15	23	12			50
４期								(11)●	23	16	39
納付計		23	23	23	23	23	23	(23)	23	16	－

㈟　●は、各期の納期限を示す。

期限内納付につき猶予対象外

⑶　分割納付

換価の猶予の条件として、滞納者は、猶予金額をその者の財産状況その他の事情からみて合理的かつ妥当なものに分割して納付しなければならず、その内容は、職権による換価の猶予の場合（前記第４の５⑵・P173）と同じである。したがって、分割納付の方法は、国税においては、原則として猶予期間内の各月において行わなければならず、一方、地方税においては、毎月納付をさせるかどうかは各地方団体の条例の定めるところによる。

⑷　１年以内に完納が見込まれない場合の取扱い

申請による換価の猶予の要件を充足している場合において、算定された分割納付の金額によっては１年間以内の完納が見込まれない場合の取扱いは、職権による換価の猶予の場合（前記第４の５⑶・Ｐ174）と同じであり、国税を例にすると、各月において算定された分割納付金額による分割納付を行った上で、その猶予期間の最終月に、１年を超える部分の税額を計上することになる。

⑸　申請による換価の猶予の期間の延長

申請による換価の猶予も職権による換価の猶予の場合と同じく、猶予を延長できる期間は、当初の猶予の期間と合せて２年を超えない期間である（徴収法152④、通則法46⑦、地方税法15の６③、15④）。

また、猶予期間の延長は、滞納者が猶予期間内に納付することができないことにつき、やむを得ない理由があるときであるが、その具体的な事由も職権による換価の猶予の場合と同じである（前記第４の５⑷・Ｐ175）。

なお、国税の実務取扱いにおいては、上記⑷の１年以内に完納が見込めない場合の取扱いとして、１年を超える部分の金額を猶予期間の最終月の分割納付金額に計上しているものについては、徴収職員において、猶予期間が終了する前のおおむね１月以内に、適宜の方法により納税者等と接触して納付見込み等を確認し、その結果、延長申請が必要であると見込まれる者に対しては、猶予期間の延長申請書の提出を勧奨するものとしている（納税の猶予等の取扱要領50㈟１）。この場合、滞納者との接触を猶予期間終了のおおむね１月以内としているのは、猶予期間の延長申請は、当初の猶予期間内に提出する必要があるところ、その延長申請に必要な書類の作成におおむね１月を見込んでいるためであろう。地方税においても、申請による換価の猶予の期間を延長するためには、滞納者からの猶予期間内における申請が必要であることを踏まえ、換価の猶予の期間を延長することが見込まれる滞納者に対しては、当初の猶予期間終了のおおむね１月以内に、猶予期間の延長申請を勧奨するなどの対応をとることが望ましいといえよう。

4　申請による換価の猶予の手続

(1)　換価の猶予申請書の提出

滞納者が換価の猶予を受けようとする場合は、換価の猶予申請書に必要書類を添付して行政機関等に提出しなければならない。その場合の換価の猶予申請書に記載すべき事項及び添付書類の内容は、次のとおりである。

ア　換価の猶予申請書に記載すべき事項

換価の猶予申請書には、次の事項を記載すべきこととされている（徴収法151の２③、徴収令53②、地方税法15の６の２①）（Ｐ190）。

①　猶予申請に係る税金を一時に納付することによりその事業の継続又はその生活の維持が困難となる事情の詳細

②　猶予に係る税金の内容（年度、税目、納期限及び金額）

③　猶予の係る税金の金額のうち、その納付を困難とする金額

④　猶予を受けようとする期間

（国税の場合は次の⑤及び⑥）

⑤　猶予に係る金額を分割して納付する場合の各納付期限及び各納付期限の納付金額

⑥　提供する担保の内容（担保の種類、数量、価額及び所在。保証人であるときは、保証人の氏名及び住所又は所在等。なお、提供する担保がないときは、その事情）

（地方税の場合は次の⑦）

⑦　①ないし④のほか、各地方団体の条例で定める事項（主に、⑤の分割納付、⑥の提供する担保の内容に関するもの）

イ　添付書類

換価の猶予申請書に添付すべき書類は、次のとおりである。

①　財産目録その他資産及び負債の状況を明らかにする書類

②　担保の提供に関し必要となる書類

③　（国税の場合）猶予を受けようとする日前一年間の収支状況及び

同日以後の収支見込みを明らかにする書類

④　（地方税の場合）①及び②以外に条例で定める書類

なお、①及び③の書類については、国税の取扱いでは、猶予を受けようとする金額（未確定の延滞税を除く。）が100万円以下である場合には、両方の書類を一つの書類にまとめたもの（記載内容を簡略化したもの）として「財産収支状況書」（P191）を添付すればよいこととされている（納税の猶予等の取扱要領31⑵ロ㊟１）。地方税においても、条例により、①及び④の書類に相当するものとして、「財産収支状況書」の添付を求めることとしているものが多いと思われる。

○　換価の猶予申請書

<table>
<tr><td colspan="10">換価の猶予申請書</td></tr>
<tr><td colspan="10">（宛先）○○市長
年　　月　　日
次のとおり換価の猶予を受けたいので申請します。</td></tr>
<tr><td rowspan="2">納税者等</td><td colspan="4">住（居）所又は所在地</td><td colspan="5"></td></tr>
<tr><td colspan="4">氏名又は名称</td><td colspan="5"></td></tr>
<tr><td rowspan="12">換価の猶予を受けようとする金額</td><td rowspan="2">税目</td><td>調年</td><td>課年</td><td>期（月）</td><td rowspan="2">税額（円）</td><td rowspan="2">延滞金（円）
（法律による金額）</td><td rowspan="2">計（円）
（法律による金額）</td><td rowspan="2">納期限</td><td rowspan="2">備考</td></tr>
<tr><td colspan="3">通知書番号</td></tr>
<tr><td rowspan="2"></td><td></td><td></td><td></td><td rowspan="2"></td><td rowspan="2"></td><td rowspan="2"></td><td rowspan="2"></td><td rowspan="2"></td></tr>
<tr><td colspan="3"></td></tr>
<tr><td rowspan="2"></td><td></td><td></td><td></td><td rowspan="2"></td><td rowspan="2"></td><td rowspan="2"></td><td rowspan="2"></td><td rowspan="2"></td></tr>
<tr><td colspan="3"></td></tr>
<tr><td></td><td colspan="7">※明細については、別紙未納額明細書のとおり</td><td></td></tr>
<tr><td rowspan="2"></td><td></td><td></td><td></td><td rowspan="2"></td><td rowspan="2"></td><td rowspan="2"></td><td rowspan="2"></td><td rowspan="2"></td></tr>
<tr><td colspan="3"></td></tr>
<tr><td rowspan="2"></td><td></td><td></td><td></td><td rowspan="2"></td><td rowspan="2"></td><td rowspan="2"></td><td rowspan="2"></td><td rowspan="2"></td></tr>
<tr><td colspan="3"></td></tr>
<tr><td colspan="5">合計（法律による金額）</td><td colspan="4">円</td></tr>
<tr><td colspan="5">換価の猶予を受けようとする期間</td><td colspan="5">年　月　日から　　年　月　日まで</td></tr>
<tr><td colspan="5">納付（納入）すべき徴収金</td><td colspan="5">※明細については、別紙納付（納入）すべき徴収金明細書のとおり</td></tr>
<tr><td colspan="5">該　当　条　項</td><td colspan="5"></td></tr>
<tr><td colspan="5">猶予の要件に該当する事実及び一時に納付（納入）することができない事情の詳細</td><td colspan="5"></td></tr>
<tr><td colspan="5">分割納付（納入）計画</td><td colspan="5">別紙納付（納入）計画書のとおり</td></tr>
<tr><td colspan="5">担　保　提　供</td><td colspan="5">□有（担保財産の詳細）
□無（提供できない特別の事情）</td></tr>
<tr><td colspan="10">〈備考〉</td></tr>
</table>

○　財産収支状況書

財産収支状況書			
住所（所在地）			
氏名（名　称）		職業（業種）	

	金融機関（支店）等の名称	預貯金等の種類	預貯金等の額	納付可能額	納付に充てられない事情
預貯金等					□運転資金　□生活費 □その他（
					□運転資金　□生活費 □その他（
					□運転資金　□生活費 □その他（
					□運転資金　□生活費 □その他（

	区　　分	見込額（月額）		月	分割納付金額	備考
収入見込（月額）	売上、給与、報酬		分割納付計画	月	円	
	その他（　　　）			月	円	
	その他（　　　）			月	円	
	①　収入合計			月	円	
支出見込（月額）	区　　分	見込額（月額）		月	円	
	仕入			月	円	
	人件費			月	円	
	家賃等			月	円	
	諸経費			月	円	
	借入金返済			月	円	
				月	円	
	生活費			月	円	
	医療費		納付可能基準（見込）額 ①　－　②			
	その他					
	②　支出合計		生計を一にする配偶者親族の人数			人

売掛先等の名称	売掛金等の額	回収予定日	種類	回収方法

その他財産	不動産等		株式等	
	車両等		生命保険等	
	その他			

(2) 申請書等の補正

滞納者から換価の猶予申請書が提出された場合は、速やかに、添付書類の有無及び申請書・添付書類の記載内容を確認し、添付書類の提出が無いとき、又は書類の記載に不備があるため換価の猶予の適否を判断できないときは、滞納者に対してその補正を求める。

この場合の①補正が必要な場合、②補正を求める方法については、納税の猶予・徴収の猶予の場合と同じである（前記第3の5・P107）。

また、申請による換価の猶予の場合も、納税の猶予・徴収の猶予と同様に、みなし取下げの制度があり（徴収法152④、通則法46の2⑨、地方税法15条の6の2③、15条の2⑧）、この場合の①取り下げたものとみなされる場合、②納税者等への通知についても、納税の猶予・徴収の猶予の場合と同じである（前記第3の6・P111）。

(3) 申請に係る事項の調査

換価の猶予の申請があった場合（猶予期間の延長の申請があった場合も同じである。）は、徴収職員は、申請に係る事項について調査を行うことができる。この徴収職員の質問検査等は、徴収法141条の質問検査権を基に行うものであり、この点が、納税の猶予・徴収の猶予の場合における職員の質問検査等と異なる（前記第3の4・P106）。

一方、申請者が質問・検査を拒否するなどした場合は、猶予の不許可事由となる（徴収法152④、通則法46の2⑥⑩、地方税法15の6の2③、15の2⑤⑨）。

(4) 猶予の許可・不許可

換価の猶予の申請があった場合（猶予期間の延長の申請があった場合も同じである。）において、①猶予の要件に該当しないこと、②滞納者について繰上請求・繰上徴収の客観的要件に該当する事由があり、かつ、猶予期間内に完納が見込めないこと、③滞納者が徴収職員の質問検査等を拒否等したこと、④不当な目的で猶予申請がされたこと等の事実があるときは、換価の猶予を不許可とする（徴収法152④、通則法46の2⑩、地方税法15の6の2③、15の2⑨）。

また、猶予を許可する場合は「換価の猶予許可通知書」を、不許可とする場合は「換価の猶予不許可通知書」によりその旨を通知する（徴収法152④、通則法47、地方税法15の６の２③、15の２の２）。

第６　換価の猶予の効果

換価の猶予は、その本来的な効果としての①猶予期間中の換価の禁止があるほか、②差押えの解除、③時効の不進行、④延滞税・延滞金の免除等がある。

1　換価の禁止

換価の猶予期間中は、その猶予に係る税金につき差押えをした財産を換価することができない（徴収法151①柱書、151の２①、地方税法15の５①柱書、15の６①）。換価の猶予は、差押財産の換価を猶予することを直接的な内容とする制度であるから、この換価の禁止は、換価の猶予制度の本来的な効果ということができる。

2　督促

換価の猶予の対象となる税金は、納期限が経過した税金及び法の規定により一定の事実が生じた場合に直ちに徴収するものとされている税金であるから、納期限経過後督促状発付前に換価の猶予をする場合がある。その場合は、猶予期間中であっても督促状を発付することになる（徴基通151－９、151の２－12）。

㈱　督促状が発付されていない税金について換価の猶予をするときは、実務上は、滞納者に対し、督促状が発付される旨を事前に説明するなどの配慮が望ましい（納税の猶予等の取扱要領17⑴㈱１参照）。

3　新たな差押えと差押えの猶予

⑴　新たな差押え

換価の猶予期間中においても、新たな差押えをすることができる（徴基通151－９、151の２－12、徴取通15の５⑼ア）。もっとも、換価の猶予制度の趣旨が、納税誠意を有する滞納者の計画的な自主納付を促すことにあることを踏まえると、新たな差押えの執行は無制限に許されるべきではない。例えば、①徴取した担保財産又は既に差し押さえている財産の価額の著しい減少により猶予に係る税金の保全が不十分となった場合、②滞納者から、新たな財産を提供し、担保の解除又は差押換えの申し出があった場合など徴収上特に必要があると認められる場合を除いては、新たな差押えは、原則として行わないことが適当である（納税の猶予等の取扱要領23）。

⑵　差押えの猶予

換価の猶予期間中に新たな差押えを行う場合において、その財産を差し押さえることにより、滞納者の事業の継続又は生活の維持に著しい支障を与えると認められるときは、その財産の差押えを猶予することができる（徴収法152②、地方税法15の５の３①、15条の６の３①）。この取扱いは、上記⑴の新たな差押えを制限的に取り扱う考え方と整合するものである。

☞考えてみよう！

当市は、滞納者Ａについて、現在、換価の猶予中ですが、今般、Ａから「所得税の還付申告により還付金が発生したので、これを市で差押えして滞納税金に充ててもらいたい」旨の申出があり、市としてもその差押えをしたいと考えています。

しかし、換価の猶予中であるため、滞納処分はできないと考えますので、一度換価の猶予を取り消し、還付金の差押え・取立てをした後で、再び換価の猶予をすることを検討しています。

このような処理でよいでしょうか。

ヒント・考え方はＰ652

4　差押えの解除

換価の猶予をした場合であっても、既にした差押えを解除することはしない（徴基通151－９、151の２－12、徴取通15の５⑼ア）。しかしながら、その財産を差し押さえていることにより、滞納者の事業の継続又は生活の維持に著しい支障を与えている状況にあるため、行政機関等において解除する必要があると認めるときは、その財産の差押えを解除することができる（徴収法152②、地方税法15の５の３①、15の６の３①）。

5　交付要求（参加差押えを含む。）

換価の猶予をした場合においても、その猶予に係る税金についてした交付要求を解除する必要はない。

また、猶予期間中に、①猶予に係る税金について、新たに交付要求をすること、更には、②交付要求により配当を受けた金員をその猶予に係る税金に充てることが可能である（徴基通151－10、151の２－12、徴取通15の５(9)イ）。

ところで、交付要求をするということは、滞納者の財産について強制換価手続が開始されたことを意味し、その強制換価手続の開始は、繰上請求・繰上徴収の客観的事由に該当する（通則法38①一、地方税法13の２①一）。そのため、交付要求をしている税金につき換価の猶予の申請があった場合は、猶予不許可事由に当たらないかどうかの判断を行う必要があり、また、猶予期間中に、その猶予に係る税金につき新たに交付要求をする場合においては、猶予取消事由に該当するかどうかの判断を行う必要がある。

補足　滞納者について、繰上請求・繰上徴収の客観的事由に該当する事実がある場合において、滞納者が猶予に係る税金を猶予期間内に完納することができないと認められるときは、申請による換価の猶予における猶予不許可事由に該当し、また、職権による換価の猶予及び申請による換価の猶予における猶予取消事由に該当することになる（徴収法152③④、通則法46の２⑩、49、地方税法15の５の３②、15の６の２③、15の６の３②、15の２⑨、15の３①）。

6　債権等の取立て

換価の猶予に係る税金について差し押さえた財産がある場合において、

その財産から生じた天然果実を取得したとき、又は預貯金等の債権・手形等の有価証券・無体財産権等に係る債権（ゴルフ会員権に係る預託金返還請求権等）を取り立てたときは、行政機関等は、次による受入れの処理をして、猶予に係る税金に充てることができる（徴収法152③④、通則法48③④、地方税法15の５の３②、15の６の３②、15の２の３③）。

① 預貯金債権のように第三債務者等から金銭を取り立てたときは、その金銭を配当し、換価の猶予に係る税金に充てる（徴収法128①二、129）。
② 天然果実を取得したときは、その果実に差押えの効力が及んでいるので（徴収法52①）、行政機関等は、これを収取した上で換価（売却処分）し、その売却代金から配当を受けて、換価の猶予に係る税金に充てる（徴収法128①一、129、90①）。
③ 第三債務者等から取り立てた財産が金銭以外のものであるときは、その財産を差し押さえた上で換価（売却処分）し、その売却代金を配当し、換価の猶予に係る税金に充てる（徴収法67②、73⑤、73の２④、128①一、129）。
④ 第三債務者等が取立てに応じない場合は、支払督促の申立て、給付の訴え等の訴訟的手段を講じなければならないときがあるが、換価の猶予の実質的な趣旨・目的（計画的な分割納付による自主納税により完納させること。）を踏まえると、訴訟的手段による強制的な取立ては、第三債務者等の資力が悪化している場合又は被差押債権の消滅時効の完成が迫っている場合などのやむを得ない場合に限定することとし、原則として、猶予期間中は行わないこととするのが妥当である（納税の猶予等の取扱要領11⑵ロなお書）。なお、第三債務者等の資力が悪化し、又は被差押債権の消滅時効の完成のおそれがあるにもかかわらず、徴収職員が被差押債権の取立てにつき何も対応せずに漫然と放置した場合は、取立責任（賠償責任）を問われる場合があることに留意する。

7　時効の更新及び不進行

⑴　猶予申請書の提出による時効の更新

申請による換価の猶予の場合は、滞納者からの猶予申請という行為は、換価の猶予に係る税金の納付義務があることを承認したものと認めることができる。したがって、徴収権の消滅時効は、換価の猶予の申請書が提出された時に、それまでの進行がリセットされ、その時から新たに進行を始めることとなる（通則法72③、地方税法18③、民法152）。

⑵　猶予期間中の時効の不進行

職権による換価の猶予及び申請による換価の猶予において、その猶予の期間中は、その猶予に係る税金（延滞税・延滞金を含む。）の徴収権の消滅時効は進行しない（通則法73④、地方税法18の２④。前記第３の10⑶・Ｐ141参照）。

8　延滞税・延滞金の免除

⑴　１項免除

職権による換価の猶予又は申請による換価の猶予をした場合は、所定の額の延滞税・延滞金を免除する（通則法63①、地方税法15の９①）。この延滞税・延滞金の免除は「換価の猶予をしたこと」のみをもってその要件を充足するので、行政機関等は、滞納者について換価の猶予をした以上は、延滞税・延滞金の免除をする必要があることに留意する。

ア　免除対象期間

免除対象期間は、その猶予期間のうち、納期限の翌日から起算して２月（国税の場合。通則法60②ただし書）又は１月（地方税の場合。地方税法321の２②かっこ書等）を経過する日後の期間、すなわち、延滞税・延滞金が年14.6％の割合により計算される期間である。

ただし、この猶予期間の中に、猶予特例基準割合が適用される期間（以下、「軽減対象期間」という。）があるときは、その軽減対象期間内の延滞税・延滞金の免除は、猶予特例基準割合を基準として行うことになる（租税特別措置法94①②、地方税附則３の２①③）。したがって、例えば、猶予の全期間が軽減対象期間に該当する場合において、その猶予期間の始期が納期限の翌日から２月以内（国税の場合）又は１月以内（地方税の場合）であるときも、その始期から猶予特例基準割合を基準とした延滞税・延滞金の免除をすることとなる（次のイ参照）。

イ　免除金額

免除金額は、換価の猶予に係る税金の延滞税・延滞金のうち、免除対象期間に対応する部分の金額の２分の１に相当する金額である。

また、猶予期間の中に軽減対象期間があるときは、その軽減対象期間内の延滞税・延滞金については、猶予特例基準割合により計算した金額を超える部分の金額が免除金額となる。

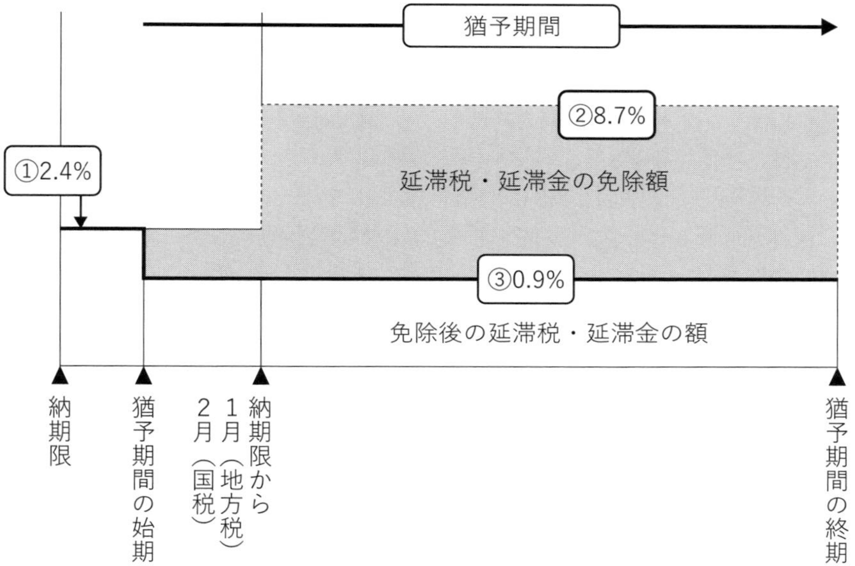

（参考）①：延滞税・延滞金特例基準割合（1.4％）＋１％
②：延滞税・延滞金特例基準割合（1.4％）＋7.3％
③：猶予特例基準割合（0.9％）

⑵　延滞税・延滞金の納付が困難な場合の免除

第３の10⑸・Ｐ145に同じである。

9　還付金等・過誤納金及び還付加算金の充当

還付金等（通則法56①)、過誤納金（地方税法17）及び還付加算金（通則法58、地方税法17の４）がある場合は、換価の猶予期間中であっても、その猶予に係る税金に充当しなければならない（通則法57、地方税法17の２）。

第７　換価の猶予の取消し・期間の短縮

1　取消し等の事由

取消し又は猶予期間の短縮（以下、「取消し等」という。）をすることができる事由は、納税の猶予・徴収の猶予に係る取消し等の規定をおおむね準用している（徴収法152③④、通則法49①、地方税法15の５の３②、15の６の３②、15の３①）。したがって、取消し等の事由については、前記第３の11⑴・Ｐ152を参照のこと。

なお、取消し等の事由のうちの「偽りその他不正な手段により猶予の申請（猶予の期間の延長の申請を含む。）がなされ、その申請に基づき猶予（猶予期間の延長を含む。）が許可されたことが判明したとき」は、不正な手段による猶予申請に関するものなので、職権による換価の猶予の取消し等の事由とはならない。

2　換価の猶予と弁明聴取

職権による換価の猶予又は申請による換価の猶予については、その取消し等につき、あらかじめ弁明を聞く必要はない（徴収法152③④、地方税法15の５の３②、15の６の３②）。

ただし、実務上は、換価の猶予を取り消すに当たっては、「分割納付金額を納付計画どおりに納付しなかったことにつき、やむを得ない理由があるかどうか」など、滞納者の実情を把握した上で、取消し等の判断をすべきであるから、そのための調査を行うことに配意する。

3　取消し等の通知

換価の猶予を取り消した場合（猶予期間を短縮した場合を含む。）は、その旨を納税者等に通知しなければならない（徴収法152③④、通則法49③、地方税法15の５の３②、15の６の３②、15の３③）。なお、通知の方法について、法令に定めはないが、実務上は猶予取消通知書（Ｐ203）により行うこととしている（納税の猶予等の取扱要領45(3)、徴取通15の3(7))。

また、取消し等の通知は、納税者等のほか、保証人又は担保財産の所有者がある場合には、これらの者にも通知する（納税の猶予等の取扱要領45(3)また書)。

4　取消しの効果等

換価の猶予の取消し等は、納税の猶予・徴収の猶予の取消し等の場合と同様、本来の処分の取消し（処分時に遡ってその処分の効力を消滅させるもの）とは異なり、その取消し時から将来に向かって猶予の効果を失わせる「撤回」である（前記第3の11(4)・P160参照)。

○　換価の猶予取消通知書

第　　　号
令和　年　月　日

＿＿＿＿＿＿＿＿様

○○市長　○○　○○

換価の猶予取消通知書									
次の換価の猶予決定日をもって通知した次の徴収金に係る換価の猶予は、取り消すことに決定しましたので通知します。									
納税者等	住（居）所又は所在地								
	氏名又は名称								
未納金額	税目	調年	課年	期(月)	税額（円）	延滞金(円)(法律による金額)	計(円)(法律による金額)	納期限	備考
		通知書番号							
	※明細については、別紙未納額明細書のとおり								
	合計（法律による金額）				円				
換価の猶予決定日					年　　月　　日				
取消事由									
〈備考〉									

第8　滞納処分の停止

1　意義

滞納者について、滞納処分を執行することができる財産がないにもかかわらず、なおも納税義務の履行を求め続けること、又はその者の生活を著しく窮迫させることになるおそれがあるにもかかわらず、滞納処分をなおも続行することは、滞納者をいたずらに窮地に追い込むようなものであり、行政としての社会政策的な対応が当然に望まれる。また、滞納処分を執行することができる財産がないときや、調査によっても滞納者の所在及び財産が判明しない状態がある程度続いているときは、更に滞納処分のための調査を続行したとしても、経験則上、徴収の実益を挙げることが極めて困難であることは明らかであり、そのような事案に徴収職員の貴重な事務量を投下することは徴税効率を阻害するものである。

滞納処分の停止は、滞納者についてこのような実情がある場合に、強制徴収である滞納処分の執行を停止するものであり、納税緩和制度の趣旨からも、また、徴税効率の観点からも意義のある制度ということができる。

2　要件

滞納処分の停止は、次のいずれかの要件に該当するときに行うことができる（徴収法153①、地方税法15の７①）。

① 滞納処分の執行をすることかできる財産がないとき（以下「１号停止」という）。

② 滞納処分の執行をすることによってその生活を著しく窮迫させるおそれがあるとき（以下「２号停止」という）。

③ 滞納者の所在及び滞納処分の執行をすることができる財産がともに不明であるとき（以下「３号停止」という）。

補 足　国税の滞納処分の停止の要件においては、上記の要件に加えて、税務行政執行共助条約に基づく相手国への徴収共助の要請による徴収の可否をも含めて、滞納処分の停止の可否を判断しなければならないとしている。例えば、１号停止については、「滞納処分の執行をすることができる財産がないこと」に加えて「徴収の共助の要請による徴収をすることができる財産がないこと」も要件となっており（徴収法153①一）、また、２号停止については、実務取扱いで「徴収の共助の要請による徴収をすることにより、滞納者が生活保護法の適用を受けなければ生活を維持できない程度の状態になるおそれのある場合」も同号の適用があるとする（徴基通153－３）。（なお、次の(1)ウ参照）。

(1)　１号停止の「滞納処分を執行することができる財産がないとき」

ア　意義

「滞納処分を執行することができる財産がないとき」とは、次に掲げる場合のいずれかに該当するときをいうが、その判断は、現に滞納処分の停止をするかどうかを判定する時を基準として行う（徴基通153－２、徴取通15の７(3)ア）。

①　既に差し押さえた財産及び差押えの対象となり得る財産の処分予定価額が、滞納処分費（判定時後のものに限る。）及び税金に優先する債権の合計額を超える見込みがない場合。

②　差押えの対象となり得る全ての財産について差し押さえ、換価（債権の取立てを含む。）を終わったが、なお徴収できない税金がある場合。

イ　「差押えの対象となり得る財産」の意義

「差押えの対象となり得る財産」とは、滞納処分の対象としての「差押対象財産」（①滞納者に帰属していること、②徴収法施行地域内に所在すること、③金銭的価値を有すること、④譲渡性を有すること、⑤差押禁止財産でないことの要件を充たす財産）と同義に解すべきではなく、その財産を差し押さえて換価することが徴収上適当かどうかという観点から判断するのが妥当である。例えば、滞納者が自営業者で売掛金がある場合において、その売掛金を差し押さえることによって事業の継続が著しく困難な状態に陥ることが、かなりの蓋然性をもって想定されるときに、それでもなおその売掛金を差し押さえるべきであろうか。この場合、納税誠意が認められない滞納者に対しては、当然に売掛金の差押えを行わなければならない（差押えを執行しないとした場合は、租税負担の公平を著しく損なうことになり、徴税行政に対する大多数の納税者等からの信頼を失うこととなる。）。他方、納税誠意が十分に認められる者についてまで差押えを行うべきかどうかは、納税緩和制度の趣旨と租税負担の公平の要請との比較衡量において判断する必要があり、その結果、租税負担の公平を損なうものではないと判断できるケースにおいては、１号停止を適用することが納税緩和措置の適正な執行として評価できるであろう。このように、財産が差押えの対象となり得るかどうかは、租税負担の公平との比較衡量において判断されるべきものであり、それ故に、行政機関等の裁量事由であるといえる。なお、売掛金等の財産があっても、差押えの対象となり得る財産がないと判断してよい場合については、後記４⑶ア④・Ｐ218参照のこと。

ウ　財産が国外にある場合

滞納者の財産が国外に存在することが判明している場合であっても、徴収法の効力が及ぶのは本邦施行地域内に限られるので、当然のことながら、その財産について滞納処分を執行することはできない。また、その財産に対する、税金を徴収する目的でするいかなる行為（例えば、相手国の裁判所に対して強制執行を申し立て、相手国の裁判所に、その財産の差押え及び換価をしてもらい、その換価代金をもって税金を徴収しようとする場合。）も、相手国の同意のない限りは、主権の侵害に当たり許されないと解されている。そのため、相手国の同意のない限り、国外財産があることが明らかである場合であっても、１号停止をせざるを得ないことになる。

なお、相手国の同意とは、現行においては、条約の締結であり、また、その徴収方法は徴収共助の方法による。

補 足　徴収共助に係る条約

1　徴収共助に係る条約には多数国間条約と二国間条約

がある。日本においては、多数国間条約としてマルチ税務行政執行共助条約（略称）が平成25年10月に発効しているが、対象となる税金は、所得税、法人税、相続税及び消費税等の国税であり、地方税は対象に含まれていない。また、徴収共助を具体化するためには、現行上は、多数国間条約とは別に、相手国との二国間条約を締結する必要がある。

2　徴収共助とは、要請を受けた相手国が、自国内（相手国のこと）にある滞納者の財産を金銭に換えて要請をした国に送金すること（狭義の徴収共助）、及び課税が争われている場合において、要請を受けた相手国が財産の保全（差押え）までを行うこと（保全共助）をいう。滞納処分の停止においては、原則として保全共助を含む広義の徴収共助を意味している。

国外財産に対する追及の困難性

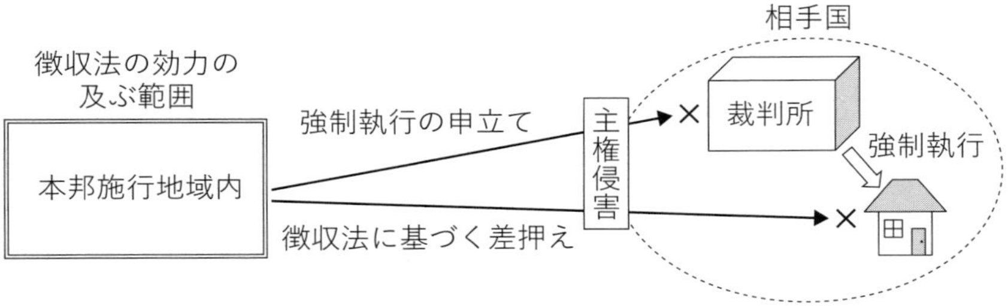

エ　判定時後の滞納処分費

上記ア①の計算の基礎となる滞納処分費は、判定時後のものに限る。これは、例えば、滞納処分費が差押え時10万円、滞納処分の停止の判定時５万円のときは「５万円」を計算の基礎とし、また、判定時においては滞納処分費の調定をしていないものの、既に滞納処分に要する費用20万円を支出（立替払）しているときは、その「20万円」を計算の基礎に含めるものである。

⑵　2号停止の「生活を著しく窮迫させるおそれがあるとき」

「生活を著しく窮迫させるおそれがあるとき」とは、具体的にどのような状態をいうのかにつき、実務取扱いは、滞納者（個人に限る。）の財産につき滞納処分の執行をすることにより、滞納者が生活保護法の適用を受けなければ生活を維持できない程度の状態（徴収法76条1項4号に規定する金額で営まれる生活の程度）になるおそれのある場合をいうとしている（徴基通153－3、徴取通15の7⑶イ）。そして、徴収法76条1項4号に規定する差押禁止額は、生活保護法上の生活扶助の基準となる金額を勘案して政令で定めるとされており、徴収令34条は、滞納者につき月10万円、生計を一にする配偶者・親族等につき、一人当たり月4万5千円としている。

ところで、徴収法76条1項4号は、生活保護法上の生活扶助の基準となる金額を勘案するとし、生活保護法上の教育扶助、住宅扶助等各種の扶助については考慮していない。これは、このような各種の扶助に関する事情は、滞納処分の停止制度により直接間接に保護されることを理由とする（徴収法精解620頁参照）。したがって、滞納者の収入が徴収法76条1項4号に規定する金額を超えている場合であっても、そのことのみをもって一律的に「生活を著しく窮迫させるおそれがない」と判断するのではなく、住宅扶助や教育扶助等の給付に相当する事由の有無をも考慮して判断すべきである。要は、滞納者個々の実情に即した処理が必要ということである。

⑶　2号停止の法人への不適用

2号停止は、滞納者及びその扶養親族の生活の維持を考慮したものであるから、滞納者が個人である場合に限られ、法人には適用されない。法人の場合は、財産の差押え・換価により事業継続が著しく困難になることが想定される場合における1号停止の可否を検討することになる（後記4⑶ア④・P218参照）。

⑷　3号停止の所在不明と財産不明

3号停止は、滞納者の住居所と財産のいずれもが不明である場合に限り適用することができる（徴基通153－４、徴取通15の７⑶ウ）。

これに対し、滞納処分を執行することができる財産があるものの、滞納者の住居所が不明である場合は、書類の送達の問題として処理することになる。したがって、その財産に対して差押え・換価の手続を進めることは可能であり、それに伴う滞納者あての差押書等の差押処分に係る書類や公売通知書・配当計算書謄本等の換価・配当処分に係る書類は公示送達により行うことになる。一方、滞納者の住居所は判っているものの、財産が判明しない場合は、１号停止をするかどうかの問題となる。

3　滞納処分の停止相当案件の選定とモデル化

滞納整理の処理状況をマクロ的にみると、納期限経過後の早い時期は収納率が高く、時を経るにつれて低下していく。経験的にいえば、納期限から１年経過時点で滞納発生案件の７割が収納となり、２年経過後時点では累計で８割が収納となる。しかし、その２年を超えると極端に処理が進まなくなり、滞納が長期化する傾向にある。そのため、滞納して２年を経過した段階で、これまでの処理状況を見直した上で、今後の処理方針、つまり、分納等猶予による完納を目指すか、差押財産の公売による完結を目指すか、他の強制執行機関からの配当による完結を目指すか、それとも滞納処分を停止するか等を明確にすることが、今後の処理の長期化を防ぐために重要である。

滞納経過年数別整理状況のイメージ

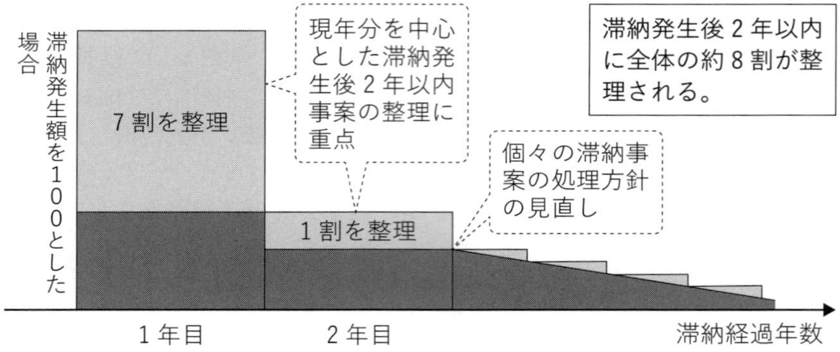

その処理方針の策定、特に、滞納処分の停止を相当とするかどうかは、職員個々の判断に差が大きく出やすいので、納税担当課内又は複数の職員によって検討すべきであるが、滞納処分の停止相当の判断を均質的に、かつ容易にするためには、一般的には、次表のような処理方針見直しのためのフローチャートを作成することが考えられる。更に、滞納処分の停止相当とする案件の代表的なものをモデル化しておくと、滞納処分の停止相当案件の選定がより容易になる。

（滞納処分の停止相当案件のモデル例）

① 事業を廃止し、かつ、滞納税金を充足する財産がない案件

② 滞納者が既に出国して、かつ、国内に財産がない案件

③ 破産手続が終結した案件

④ 実質的に破産状態（相当の債務超過）にある案件

⑤ 課税時の当初から徴収できないことが明らかな案件（事業廃止後の課税等）

⑥ 事業継続中であるが、現年度分相当を納付する程度の資力しかない案件

⑦ 居住用不動産を差押えしているが、滞納者が老齢・病気等で稼得能力が乏しい案件

⑧ 滞納者が生活保護法の適用を受けている案件

⑨ 滞納者の所在が不明で、かつ、財産が発見できない状態が1年程度続

いている案件

処理方針見直しのフローチャート（例）

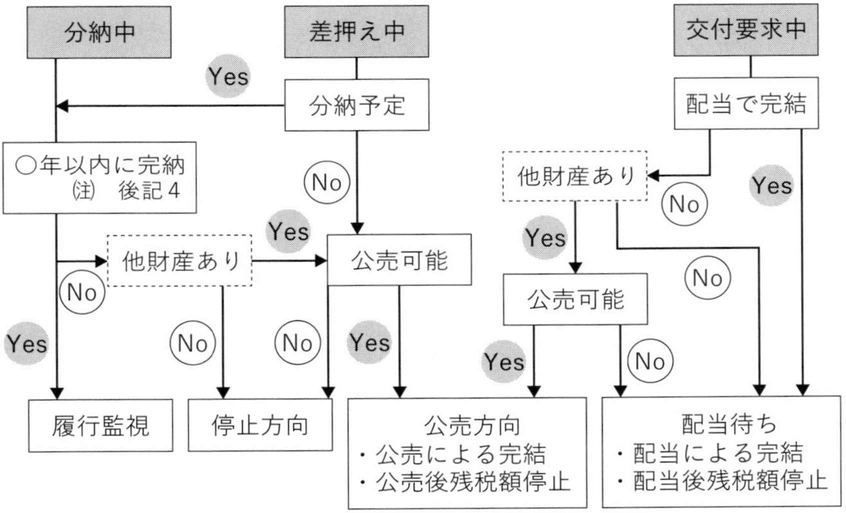

4　滞納処分の停止の具体的な判断基準

滞納処分の停止の要件は、前記２にあるとおり、財産がないこと、生活を著しく困窮させること、又は所在・財産がともに不明であることであり、要件としては極めて簡略である。また、通達も、要件に関しては、前記２において引用した程度のものを定めているのみである。そのため、①滞納処分の停止をするための調査を、どの程度まで行えばよいのか、②現在の収支状況・財産状況からは滞納税金の全額を完納させるのに長期間を要する滞納事案について１号停止をしてよいか、③居住用不動産（自宅）を差し押さえている場合において、これを換価しないで２号停止してよいかなどが実務上、判断に迷うこととなる。

この点について、国税の実務取扱いにおいては、徴収職員が滞納処分の停止の適否の判断に迷うことのないように、外形的な判断基準を設定することをコンセプトとした事務運営指針があるようである。地方税の実務取扱いにおいても、滞納処分の停止の適否の判断をしやすいように、外形的な判断基準を設定することが望ましいが、その設定のためのポイントは、次のとおりである。

⑴ 判断基準を策定する上での留意点

前述したように、滞納処分の停止の要件は簡略であり、また、通達の定めも少ないため、滞納処分の停止をするかどうかの判断は徴収職員の裁量に委ねられる部分が大きいとも言える。しかし、徴収職員各人の滞納整理に対する価値観は多様であるため、滞納処分の停止の判断を各人に任せてしまうと、同一の滞納案件であっても、ある職員は滞納処分の停止を相当と判断し、他の職員は不相当と判断することがあり得ることとなり、これでは滞納処分の公平性が保てなくなってしまう。したがって、組織（納税担当部局）において滞納処分の停止のための判断基準を策定することは、全ての職員が同じ処理をするために不可欠であるといえる。

また、具体的に判断基準を策定するに当たっては、滞納処分の停止が納税緩和制度の一つとして機能することが求められる一方で、大多数の納税者等からみて租税負担の公平を損なうことのないように配意する必要がある。策定した判断基準のレベルが厳しすぎるために、滞納処分の停止を適用できる案件がほとんどないというのでは法が納税緩和制度を設けた趣旨に反することになるし、他方、基準のレベルが緩すぎるために大多数の納税者等に不公平であると受けとめられるものであってもならない。租税負担の公平とのバランスを常に考えて策定する必要がある。

⑵ 調査の程度

ア　滞納処分の停止適否点検表の活用

例えば、１号停止の「滞納処分を執行できる財産がない」という結論を出すのは、一般的には勇気がいる。「無い」という結論付けには、「もっと調査をすれば財産を発見できるかもしれない」という不安が常に付きまとう。この不安が、滞納処分の停止をすることを躊躇させる要因になっており、滞納処分の停止をすることに消極的な職員ほど、この不安が大きいのかもしれない。しかし、先ほども述べたように、滞納処分の停止をすべき事案に対して、不安感情から「しない」ということは、徴収職員としての職責を放棄するようなものである。

では、不安感情を除去するには、どうすればよいであろうか。

財産調査には、「誰でもこの程度は調査するものだ」という全ての滞納案件に共通する調査事項と、個々の案件に固有の調査事項とがある。

共通の調査事項とは、例えば、滞納者が給与所得者であれば、給与照会を行って給与の差押えの可否を調査する、給与振込み先や水道光熱費等の支払方法の調査によって預貯金を把握する、それでも差押えの可能な財産が発見できない場合には、生命保険の解約返戻金の有無を調査し、また、自動車等の所有の有無、不動産所有の有無などを調査するであろう。滞納税額が大きい滞納案件であれば、この程度の調査は徴収職員であれば通常行うはずであり、この通常行うはずの調査が「共通の調査事項」となる。もっとも、徴収職員といっても、個々人は実務経験・知識に差があるため、共通の調査事項にも職員間で差が生ずる可能性がある。そこで、納税担当部局内で議論し、「この程度の財産調査をすべきだ」と考えられるものを組織共通の調査事項として決めるのである。

次に、その共通の調査事項を基に、滞納処分の停止適否点検表（P215）を作成する。そして、滞納処分の停止をしようかなと考えている案件がある場合は、先ずは、その停止適否点検表の「調査済・未了」欄を埋めていく。共通の調査事項のそれぞれについて、既に調査を済ませているのであれば「済」に○を、未だの場合は「未」に○を付けていく。これによって、これから調査すべき事項が明らかになるので、あとは、その未了の事項だけに絞って調査を行えばよい。

このように、組織として調査すべき事項を決めておけば、「もっと調査すれば財産が見つかるかもしれない」という不安を払拭させることができるし、何よりも、「これだけの調査をしても財産が発見できなかったのだから滞納処分の停止をしたのだ」というように、滞納処分の停止の処理が適正であることを誰に対しても説明することができるのである。

また、滞納処分の停止適否点検表には、「その他」欄として、「滞納者との接触事績等から、調査を要すると認められる事項」の調査状況を記入することとしている。これは、個々の案件に固有の調査事項である。例えば、これまでの接触記録の中に、「A証券会社で株の投資をしている」、「Bさんに100万円を貸している」などの記事がある場合は、A証券会社に取引照会をして株を保有していないかどうかを調査する必要があるし（保有していれば、その株式（振替株式。徴収法73条の2）を差し押さえる。）、また、Bに貸した100万円の返済がどうなったのかを調査する必要がある（未だ返済中であれば、貸付金の返還請求権を差し押さえる。）。このように、個々の案件に固有の調査事項とは、過去の応接記録や課税資料などの中に、共通事項に掲げる財産以外にも財産があることを推測させる記録がある場合に、その財産の所有の有無を調査することである。したがって、滞納処分の停止を検討するときは、必ず過去の折衝記録を、「何か差押えできる糸口がないか」との観点から読み返すことが大事である。

補 足　滞納処分の停止適否点検表の活用において考慮しなければならない点は、滞納税額の大小に応じた調査事項を組織として決めることである。例えば、滞納額が3万円までの案件については、給料等・預貯金・生命保険までの調査を共通の調査事項とする、3万円以上10万円未満の案件は、これらに加えて、自動車・固定資産の調査をする、10万円以上の案件については、取引先の調査及び捜索を行う、というように滞納税金の税額階層に応じて要調査事項を整理しておくべきである。①徴収担当職員の事務量には限りがあること、②滞納案件1件当たりの徴税に要するコスト（徴税コスト）との費用対効果を考えるべきことなどにより、滞納整理においては滞納税額の大小に応じた効率的な処理をせざるを得ないのである。

滞納処分の停止適否点検表(記載例)

滞納者　　花山　大吉

区分		調査事項	調査済・未了	要調査事項	調査結果	停止の適否
概況	1	生計・資力の状況	(済)・未			(適)・否
	2	家族の状況	(済)・未			(適)・否
課税	3	新規課税（現年分）	(済)・未			(適)・否
	4	新規課税（現年分）の納付確約	済・(未)	本人に指導	本人から納付確約申出。	(適)・否
所在財産調査	5	戸籍（附票）・住民票・現地	(済)・未			(適)・否
	6	給料等	(済)・未			(適)・否
	7	預貯金	済・(未)	東西信金南北支店普通	生活用口座。差押可能額なし。	(適)・否
	8	生命保険	(済)・未			(適)・否
	9	固定資産	(済)・未			(適)・否
	10	自動車	済・(未)	○○県税	所有なし。	(適)・否
	11	敷金	済・(未)	前家主高野花子照会	退去時未払家賃等に充て、残なし。	(適)・否
	12	売掛金（取引先）	済・(未)	松原商事㈱	取引終了済。	(適)・否
	13	捜索	(済)・未			(適)・否
	14	二次義務・納税義務承継	済・未	該当なし		(適)・否
	15	国税・他の地方税の徴収状況	済・(未)	南北税務署	令和6年6月停止済。	(適)・否
その他		過去に、△△証券南北支店にて株取引をしていた旨の記録がある。 ※　滞納者との折衝事績等から、調査を要すると認められる事項を記載する。	済・(未)	△△証券南北支店	取引なし。	(適)・否

イ　捜索の要否と程度

滞納処分の停止をするに当たっては、滞納処分を執行できる動産等の財産がないことを確認するために、滞納者の住居所・事務所等を捜索する必要がある。しかし、徴収担当職員の事務量や徴税コストを考えると、滞納処分の停止案件の全てについて捜索を行うことは不可能である。そこで、自庁における徴税コストや事務量とのバランスを考慮し、滞納税額の一定額以上、例えば、10万円以上の案件については捜索を行うこととし、10万円未満の案件は、特に必要性が認められない限り、捜索は行わなくても差し支えないとの取扱いを組織として定めることが合理的である。

また、捜索を行うに当たっては、どの程度の規模で行うのかが問題となるが、滞納処分の停止のための捜索を行う徴収職員は、原則として一人のみでよい。“捜索”といっても、その目的は多様である。財産発見のための捜索、例えば、滞納者が土地の譲渡代金1,000万円を取得していた事実がある場合において、そのうち700万円は借金の返済に充てられていたことが判明しているが、残りの300万円の行方がわからず、滞納者が隠し持っていることが疑われるというケースでは、滞納者の居宅等を徹底して捜索する必要があるので複数人での捜索を行う必要がある。しかし、滞納処分の停止のための捜索は、既に預貯金調査等の財産調査を行い、差押えの可能な財産がないことが明らかな状態にある中で、念のための最終確認として、徴収職員が滞納者の暮らしぶりを自分の目で確認し、肌で感じとるために行うものである。その結果、調度品等が新しい、豪華である、住居全体に派手さが感じられるなどの“違和感”を感じたときは、もう一度出直して、財産調査をやり直すことになるが、そうでないときは、（多少極端な言い方になるかもしれないが）家の中全体を観察して“やっぱり財産はないな！”と感じ取ることができれば、それで捜索としては十分である。

⑶　完結見込みが立たない既滞納案件（累積滞納案件を含む）

次のような滞納者について、滞納処分の停止をしても良いであろうか。

滞納者Ａは、過去からの滞納税額が積もり積もって500万円を超えてしまっているが、現在の納付能力では月３万円の納付が限度（この場合、本税が完結するまでに14年を要する。）である。Ａは、昔は事業がうまくいっていて、高額の所得を得ており、滞納税額の多くは、その頃のものである。しかし、数年前に体を壊してから事業が傾き、現在では、細々となんとか事業を維持している状態に陥っている。

高額の所得を得ていながら、その当時、税金を納付しなかったことは、決して許されるものではない。Ａも、そのことを深く反省しており、ここ数年は、毎月３万円の自主納付を確実に履行するなど完納に向けた努力をしており、納税誠意が認められる。

ア　滞納処分の停止をするための判断要素

この事例の場合、Ａの自主納付は確実であるため14年後には本税が完結することを予測できる。したがって、行政機関等としては、その納付の履行監視をすればよいだけのことである。しかし、相当の長期間（本税の完結は14年であるが、延滞税・延滞金を含めると、完結までにその倍近くの年数を要することになろう。）にわたり、Ａは、多額の租税債務を負い続けなければならず、生活も厳しい状態が続く（資金に多少の余力が生じても、滞納税金がある以上は、その資金を税金の納付に充てなければならない。したがって、滞納税金が完結するまでは、現在の生活の程度を向上させることはできない。）。このような場合、私法の世界であれば、Ａは民事再生手続により債務を軽減することができよう。そして、債務免除を得て身を軽くすることにより、再出発の機会が与えられ、事業活動に専念できるようになる。そこで、租税の世界においても、この民事再生的な考え方を採り入れて、一定の要件を充たす場合には、500万円のうちの納付困難と認められる税額につき滞納処分の停止をできるようにすることが望まれる。

この民事再生的な考えによる滞納処分の停止をするためには、組織的な事務取扱いを定めるべきであるが、それを定めるに当たっては、租税負担の公平の観点から、大多数の納税者等から理解が得られるものとなるような要件を設定する必要がある。その要件として考えられるものを挙げると、次のとおりである。

① 滞納者に納税誠意が認められること。

より具体的には、今後、新たな滞納発生のおそれがないと認められることであるが、その外形標準的な判定は、滞納者の直近数年間(例えば「3年間」)の納付状況を基に行う。例えば、直近3年間の各年の納付状況が、現年度分以上の納付を確実に履行しているということであれば、滞納処分の停止をした場合であっても、新たに発生する税金を滞納することはないと言い得よう。

なお、現時点において、この要件を充たしていない滞納者に対しては、3年後の滞納処分の停止を見据えて、現年度分以上の納付を指導するなどの対応を考える。

② 完納に要する期間が相当長期間となること。

この「相当長期間」については、外形標準として、10年超、5年超というように自庁の滞納状況等を勘案した具体的な期間を設定する。

③ 滞納者の資力の回復見込み

これは上記②とも関連しているが、滞納者の資力が回復した場合は、分割納付等の納税額もそれに見合った増額を求めることになる。したがって、滞納処分の停止は、②の期間内において、滞納者の資力の回復が見込めない場合に行う。

④ 財産の換価による事業継続の困難性

事業をしている以上は、現金、預金、商品、売掛金等なんらかの財産を所有している。そのため、これら財産について滞納処分を執行しない限り、1号停止をすることができないようにも思われる。しかし、前記2(1)イ・P205に述べたように、1号停止の「滞納処分を執行できる財産」とは、納税緩和制度の趣旨と租税負担の公平の要請との比較衡量において判断されるべきものである。

そうすると、滞納者が納税誠意を示し、納税に努力しているにもかかわらず、徴収職員が財産を差押え及び換価して事業継続を困難にしてしまうことは、その滞納者にとって酷であり、そのような税務行政は社会的に支持されないといえよう。したがって、行政機関等が、差押え・換価を執行すると事業の継続を困難にすると想定される財産については「滞納処分を執行できる財産」には当たらないとの取扱いをすることは、滞納者が上記①ないし③の要件を充たすことを前提とする限りにおいて、納税緩和制度の趣旨に適うものであり、一般の納税者等からも理解を得られよう。

補足　この④の要件は、財産の換価による事業継続の困難性についてのものであり、生活の維持の困難性は対象としない。生活の維持の困難性は２号停止を適用するかどうかの問題であるためである。もっとも、例えば、滞納者が給与所得者である場合において、給与の差押えが可能であるときは、原則として２号停止の要件を充たさないことになる（前記２⑵・P208参照）が、滞納税額が高額のため、その差し押さえた給与の取立てによっても完結までに相当長期間を要するケースにおいては、滞納者は、差押禁止額内での生活を長期間余儀なくされることになるので、この１号停止の場合と同様に民事再生的な考えの下、上記①から③の要件を充たすときは２号停止に該当するとの取扱いが妥当である（次の⑷参照）。

1号停止と事業継続（累積滞納案件を含む）

○　事業を継続していても、次に該当する場合は滞納処分を執行することができる財産がないときに該当

納税誠意
（今後、新たな滞納発生のおそれがないかどうか例えば、過去3年間の現年分以上の納付の有無により判定）
＋
次の財産の差押え
⇒事業継続困難
《対象財産》
・現金、預金、売掛金等当座資産
・棚卸資産・仕掛品等
・事業用賃借店舗等の敷金
・事業用の機械、土地・建物等
（事業遂行に不要な資産(投資資産等)の処分
役員報酬の妥当性）
＋
完納に要する期間
⇒相当長期
ex：5年超
＋
資力の回復の見込み
⇒ナシ

イ　一部停止

この滞納処分の停止をするにあたっては、租税負担の公平の観点から、既滞納税金のうち納付が可能な部分については、分納等による自主納付をさせるべきである。そのため、この点についての実務取扱いを定めておく必要がある。

具体的に定めるに当たっては、滞納者の納付能力、現年度納付税額、分納期間等を勘案して定めることになるが、例えば、「滞納者の毎月の納付能力（1か月あたりの収入から支出を控除した残額）：3万円、現年分の年税額：24万円」の場合は、一年間の納税資金は36万円（3万円×12月）であり、そこから、現年度分の年税額24万円を控除した残額12万円を既滞納税金に充てることができる。これを3年間（「3年間」とする理由は、滞納処分の停止による納税義務消滅までの期間を参考としているにすぎないので、自庁の滞納状況等によっては異なる期間を設定することもあり得る。）続けると、既滞納税金のうち36万円（12万円×3年）は自主納付することができる。そこで、既滞納税額が100万円あるときに、このうち、36万円を除いた税額64万円につき滞納処分

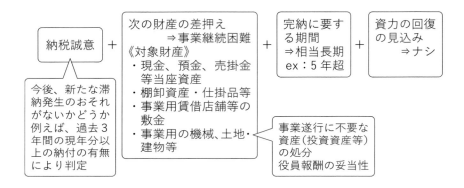

の停止をする。なお、一部停止については、後記5・P224参照のこと。

(4) 差押えの対象となり得る財産がある場合と2号停止

ア　預貯金がある場合

2号停止をした場合において、差し押さえた財産があるときは、その差押えを解除しなければならない（徴収法153③、地方税法15の7③）。滞納処分をすることによって滞納者の生活を著しく窮迫させるおそれがあることを理由として滞納処分の停止をするのであるから、既にした差押えがある場合は、これを解除しなければならないのは当然である。さらに、この考え方から、たとえ差押えの対象となり得る財産があったとしても、滞納者について2号停止の事由に該当するときは、その財産を差し押さえないで滞納処分の停止をすることが適当という場合がある。この点につき、実務上問題になりやすい例として、預貯金がある。

滞納者及びその生計を一にする親族（以下「滞納者等」という）の総収入額が僅少であり、滞納者の収入源を差し押さえた場合は滞納者等の生活が著しく窮迫することになると認められる案件（つまり、2号停止の事由に該当する案件）であっても、調査をした結果、滞納者名義で滞納税額を上回る金額の預貯金があることが判明することがある。このような場合、直ちにその預貯金を差し押さえるのではなく、滞納者が2号停止の事由に該当する状況にあることを考慮して、その差押えの要否を検討する必要がある。

このような2号停止に相当する案件について差押えの対象となる財産があるときは、その財産が、家族等の生活を維持するための生活費に充てられているとき又は今後1年程度の間に生活費等家族等のためのやむを得ない支出に充てることとなることが想定されるときは、その財産を差し押さえることなく2号停止をすることができるとの取扱いが考えられる。この取扱いによった場合は、例えば、滞納者について、家族等の月の総収入の手取額15万円、徴収法76条1項の差押禁止額に相当する額（又は生活費として通常必要と認められる額）20万円、医療費３万円、教育費２万円（医療費及び教育費は、家族等の生活の維持のために社会通念上必要不可欠な支出に該当する場合のもの）を要しているという状況にあり、毎月滞納者の預金を取り崩して生活費等の不足分に充てており、その状況が今後１年間は続くと見込まれるというケースでは、月の総収入の手取額15万円に対して生活費相当額25万円（差押禁止額又は通常必要な生活費、医療費及び教育費を加算した額）を要するため、預金から補填する額として月当たり10万円を要することになる。そうすると、今後１年間の家族等のための生活費等に必要なものとして預金額120万円までは、差押えをしないこととなる（納税の猶予等の取扱要領64(2)参照）。

この点、地方税の場合は滞納額が少ないものが多いため、滞納額を大きく上回っている預貯金を差し押さえないことに対しては様々な意見があると思われる。しかしながら、滞納者が、その預貯金があることを除いては２号停止をすべき状況下にあるということを慎重に考慮すべきである。また、他の法律の規定をみても、①徴収法75条１項２号は、「滞納者及びその者と生計を一にする親族の生活に必要な食料及び燃料の３か月分」を差押禁止財産としていること、②民事執行法は、「標準的な世帯の二月間の必要生計費を勘案して政令で定める額の金銭」として66万円を差押禁止としていること（民執法131条３号、民執法令１条。なお、「66万円」の金額は、家計調査年報（総務省統計局）の平成14年度の家計収支編（二人以上の世帯）に掲げられた勤労者世帯の１世帯当たり年平均１か月間の消費支出の額を参考として定められたものである。）、③破産法は、破産手続開始の時における破産者の有する一切の財産は破産財団に組み込むとしつつ、一方で、破産者の生活に必要なものとして、②の民執法131条３号で定める額に２分の３を乗じた額の金銭（つまり、３月分に相当する99万円）は破産財団に属しないと定めていること（破産法34条３項。なお、同条４項参照）としているところであり、これらを考慮すると、多額の預貯金があったとしても、滞納者等の生活を維持するために必要な額については差押えをしないとの取扱いをすることが相当である。

イ　滞納者の自宅不動産を差し押さえている場合

差押えに係る土地・建物が滞納者の居住の用に供されている自宅であったとしても、公売することにつき何ら支障はなく、実務上も、公売に付しているところである。しかし、公売に付すかどうかの検討に当たっては、一般に、自宅を公売した場合は滞納者の生活に与える影響が大きいことを踏まえ、その他の徴収の方途の有無を慎重に検討した上で公売することを決定しているのが通例であろう（徴基通47－17⑵参照）。

では、滞納税金を徴収するためには自宅を公売する以外に他に徴収方途がない場合は、滞納者についていかなる事情があったとしても、その自宅を公売せざるを得ないのであろうか。例えば、滞納者について自宅不動産を所有していることを除いては２号停止の事由に該当する場合において、その自宅を公売すると新たな居住先を確保することが到底困難であると見込まれる案件においては、その自宅を公売することにより滞納者の生活を著しく窮迫させることになることが明らかであるから、２号停止をした上で自宅の差押えを解除することが、納税緩和制度の趣旨に沿う妥当な処理というべきであろう。つまり、滞納案件によっては、滞納処分の対象となり得る財産が自宅しかない場合であっても、これを公売しないで、２号停止をしてその差押えを解除するとの取扱いをすることが妥当する場合があるのである。ただし、滞納処分の対象となり得る財産が自宅以外にないからといって、そのことのみをもって２号停止により自宅の差押えを解除するというのでは、租税負担の公平を損ないかねず、一般の納税者等の理解を得ることはできないことになる。つまり、「２号停止により自宅の差押えを解除する」という取扱いをするかどうかは、納税緩和制度の趣旨と租税負担の公平の要請とを総合考慮して判断する必要があるのであり、その判断を適正・的確に行うためには、その判断の基準となるべきものを納税担当部局において策定しておくべきであろう。そして、この場合の判断基準としては、次のものが考えられる。

①　滞納者の稼得能力（老齢、傷病）の有無

②　滞納者等の合計収入が徴収法76条１項の差押禁止額と同等又はそ

れ以下であるかどうか

③　差押えに係る自宅が滞納者の生活にとって必要最低限のものか。例えば、自宅が広大であるなど、その地域の立地条件等からして不相当に優れているものである場合は、公売を検討することになる。

④　自宅を換価した場合は、滞納者の生活の確保が図れるかどうか。例えば、転居先がなく、公売した場合の換価代金の残余金ではアパートに住むための諸費用（引越費用相当額、今後1年間の賃料相当額）を賄えないと認められる場合は、公売を不適当として2号停止を検討することになる。

⑤　他の執行機関による換価の見込みの有無。これは、自宅を他の執行機関が換価したのでは、2号停止をして自宅の差押えを解除した意味がなくなるためである。

2号停止と居住用不動産の差押え

⇨ 次の事項を考慮要素として、2号停止を検討

①　滞納者の稼得能力(老齢、傷病等)の有無

②　滞納者及び同一生計親族の合計収入が、徴収法76条の差押禁止額を超えるかどうか

③　居住用として相当なものかどうか

④　居住用財産を換価した場合の滞納者の生活の確保の程度

⑤　他の執行機関による換価見込み

居住用財産の換価 ➡ 生活を著しく窮迫させるおそれ ➡ 2号停止＋差押解除(地方税法15の7①二、③)

5　滞納処分の一部停止

滞納処分の停止は、滞納者の財産及び資力の状況によって判断する。そのため、もはや滞納処分できる財産がないこと等を理由として滞納処分の停止の判断をする以上は、滞納税金の全部について停止処理をすることが相当である。しかしながら、例えば、債権を差し押さえている場合や他の執行機関に交付要求をしている場合において、その債権の取立てや執行機

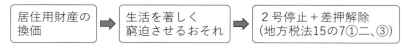

関からの配当を受けるまでに相当長期間を要し、しかも、その取立て又は配当によって受ける金額では滞納税金の一部のみしか徴収できないことが明らかであるときは、その徴収ができないと認められる税額部分については、取立てや配当を待つことなく、速やかに滞納処分の停止をしたとしても何らの支障はないであろう。そこで、国税の実務取扱いにおいては、次のいずれかに該当する場合においては、徴収できないと認められる税額部分につき滞納処分の停止をして差し支えないとしている（徴基通153－８）。

①　滞納処分により差し押さえた債権について、その全部又は一部の取立てに長期間を要すると認められる場合

②　強制換価手続の執行機関に対して交付要求をしているが、その執行機関からの配当を受けるまでに長期間を要すると認められる場合

③　滞納処分により差し押さえた不動産について、その不動産を再公売に付しても売却できないなど換価に長期間を要すると認められる場合

補 足　外形基準の観点からは、上記①ないし③の「長期間」は、具体的な期間（例えば「１年以上の期間」）を設定することが望ましい。

この国税の実務取扱いは合理的なものであり、地方税においても一部停止を可能とすべきである。

ところで、滞納処分の停止は納税緩和措置であるから、一部停止を可能とするためには、「一部停止をしない部分の税金については滞納処分を続行する」ことが、納税緩和制度の趣旨と抵触しないものであることを要すると考えるべきできある。徴収法基本通達は、一部停止ができる事由として上記①から③を挙げているが、例えば、①は、本来は、差し押さえた債権の取立てを待って残税額について滞納処分の停止をすべきところを、その取立ての前に残税額相当部分を一部停止するものであり、いずれにおいても差し押さえた債権は取立てをすることになる。したがって、一部停止をしない部分（債権の取立てによって徴収する税金部分）があるとしても、納税緩和制度の趣旨を損なうことにはならないであろう。むしろ徴収できない税金部分があるのに、債権の取立てが終了するまでの長期間にわたり、それを停止しないでいることの方が納税緩和制度の趣旨からは問題というべきである。②及び③においても同様である。

このように考えると、一部停止ができる事由は、徴収法基本通達が挙げている3つの事由に限られるものではない。前記の4(3)・P216の完結見込みが立たない既滞納案件の停止は、滞納者の納付能力から求められる納付可能額のうち現年度分の税額相当額を超える部分の金額を例えば3年間に限って自主納付させることとし、その自主納付に係る税額を残して他の税額部分を一部停止するものであるが、このように自主納付に係る税額を滞納処分の停止から除外することについては、その自主納付が、納付可能額の範囲内で行うものであり、かつ、納付期間も合理的・妥当な期間である限りにおいて、適正な納税義務の履行を確保する観点から是認されるべきであり、納税緩和制度の趣旨を損なうことにはならないと考える。

補 足　納付期間を合理的・妥当な期間に限るとしているのは、完結見込みが立たない既滞納案件の停止の措置は民事再生的な考えに基づいているため、長期間にわたって自主納付を求め続けることは、この停止措置の趣旨にそぐわないこととなるためである。

滞納処分の一部停止

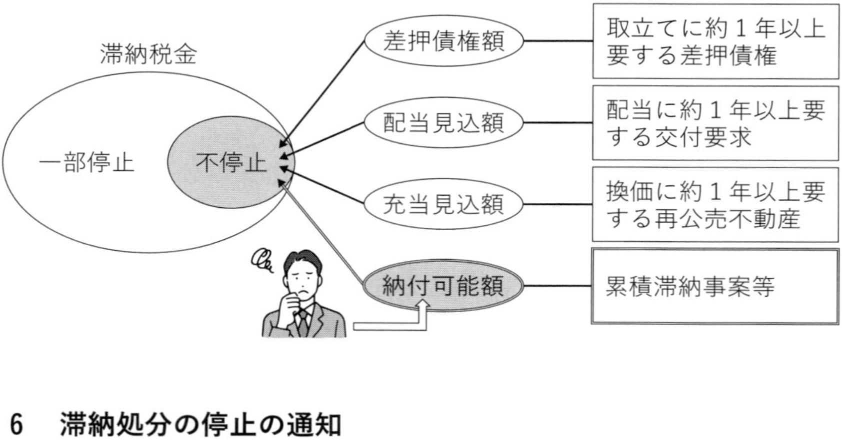

6　滞納処分の停止の通知

滞納処分の停止をしたときは、部内決議とともに、滞納者に対しては、停止した旨を原則として書面（滞納処分の停止通知書）により通知しなければならない（徴収法153②、地方税法15の７②。徴基通153－９、徴取通15の７(4))。

この滞納処分の停止をした旨の通知が滞納処分の停止の効力発生要件であるか否かについては意見が対立しているが、効力発生要件ではないとの見解が有力である（徴基通逐解1233頁）。実務上は、滞納処分の停止をした後にその処分を取り消すことがしばしばあり、その場合は、その取消しは滞納者に対する不利益処分であるから、滞納者に対しその取消しの通知をしなければならない（徴収法154②、地方税法15の８②）ことを勘案すると、滞納処分の停止をするに当たっても、法の定めるとおり、滞納者にその通知をすべきである。

私見　私見は、滞納処分の停止の通知は効力発生要件であるとの立場である。確かに、文理上は、「滞納処分の停止をしたとき」に通知すると規定しているので、その通知は、滞納処分の停止をした後の事後行為であるから、その通知を滞納処分の停止の効力発生要件とすることには疑義がある。また、滞納処分の停止は、単なる行政機関等の内部的な処理にすぎないととらえるのであれば、部内決議によってその停止の効力が発生することになり、これを滞納者に通知することは単なる観念の通知にすぎず、その通知を欠いたとしても滞納処分の停止の効力を左右するものではないと解することができる。しかし、滞納処分の停止は、単なる行政機関等の内部的な処理ではなく、滞納者に対する納税緩和措置として滞納処分の停止をしている間は滞納処分を執行しないという利益を滞納者に付与する「行政処分」である。そうすると、行政処分である以上は、たんに行政機関等の内部で滞納処分の停止のための処理（部内決議）をしただけでは効力が生じないのであって、その効力を生じさせるためには、滞納処分の停止をしたことを外部に表示することを要する。そして、その外部への表示は、滞納処分の停止が滞納者を名あて人とするものであるから、滞納者に対して、その通知をすることを要し、その通知が滞納者に送達されることによってはじめて行政処分としての効果を有することになると解するのが相当ではなかろうか（最判昭57.7.15民集36－6－1146参照）。

7　滞納処分の停止の効果

(1)　滞納処分の停止

滞納処分の停止をしたときは、その停止期間中は新たな滞納処分が禁じられる。すなわち、新たに財産の差押えをすることができず、差し押さえた財産があるときは解除することになる（徴収法153③、地方税法15の7③）。

なお、禁じられる「滞納処分」は狭義の滞納処分（差押え、換価、配当）を意味するので、交付要求又は参加差押えをすることは可能である（徴基通153－10なお書）。

(2)　納付及び還付金の充当

滞納処分の停止に係る税金の納税義務は、直ちに消滅させる場合（徴収法153⑤、地方税法15の7⑤）を除き、3年を経過するまでの間は存在する。したがって、滞納処分の停止期間中に滞納者が自主納付をした場合は、その納付金額を収納しなければならず、還付金がある場合は滞納処分の停止に係る税金に充当する必要がある。

なお、滞納者が自主納付をした場合の実務対応としては、滞納者の資力の回復の有無につき調査を要するケースが多い。

(3)　納税義務の消滅

滞納処分の停止に係る税金の納税義務は、その停止が3年間継続したときに法律上当然に消滅する（徴収法153④、地方税法15の7④）。この場合の納税義務が消滅する日とは、滞納処分の停止をした日の翌日を起算日とし、それから3年後の応当日（経過した日）が納税義務消滅の日となる（徴基通153－15）。したがって、例えば、令和3年6月10日に滞納処分の停止をしたときは、起算日はその翌日の6月11日であり、それから3年後の応当日である令和6年6月11日に納税義務が消滅することになる。なお、この3年の期間は、除斥期間であり、消滅時効における時効の完成猶予に相当するような制度はない。

⑷　時効

滞納処分の停止は、時効の完成を猶予する効果を有しないので、滞納処分の停止の期間中も、徴収権の消滅時効は進行する。したがって、上記⑶により納税義務が消滅する前に、消滅時効が完成したときは、その完成時に納税義務は消滅することになる。

⑸　延滞税・延滞金等の消滅

滞納処分の停止に係る本税の利子税、延滞税・延滞金及び滞納処分費については、滞納処分の停止前に発生したもの及び滞納処分の停止期間に対応するものの双方とも、上記⑶の納税義務の消滅により消滅する。なお、滞納処分の停止を取り消した場合の延滞税・延滞金については、滞納処分の停止期間に対応する部分の金額に相当する金額が免除される（後記10⑵・Ｐ233参照）。

8　即時消滅

１号停止をした場合において、その滞納処分の停止に係る税金が限定承認に係るものであるとき、その他その税金を徴収することができないことが明らかであるときは、滞納処分の停止をしてから３年の経過を待って納税義務を消滅させることは実益がないので、滞納処分の停止とともに、その税金の納税義務を直ちに消滅させることができることとされており（徴収法153⑤、地方税法15の７⑤）、これを即時消滅という。

この即時消滅させることができる「その滞納処分の停止に係る税金が限定承認に係るものであるとき、その他その税金を徴収することができないことが明らかであるとき」とは、実務取扱いは、おおむね次のいずれかに該当する場合をいうとしている（徴基通153－16、徴取通15の７⑹イ）。

①　限定承認をした相続人が相続によって承継した税金を有する場合において、その相続による相続財産について滞納処分の執行等をすることができないとき。

② 相続人が不存在の場合又は全ての相続人が相続を放棄した場合において、相続財産法人について滞納処分の執行等をすることができる財産がないとき。

③ 解散した法人又は解散の登記はないが廃業して将来事業再開の見込みが全くない法人について、滞納処分の執行等をすることができる財産がないとき、又はその所在及び滞納処分の執行等をすることができる財産がともに不明であるとき。

④ 株式会社又は協同組織金融機関等について会社更生法又は金融機関等の更生手続の特例等に関する法律による更生計画が認可決定された場合において、更正又は決定の遅延等により未納の国税及び滞納処分費を更生債権として期日までに届け出なかったために更生計画により認められず、会社更生法204条《更生債権等の免責等》又は金融機関等の更生手続の特例等に関する法律125条《更生債権等の免責等》等の規定によりその会社が免責されたとき。

しかし、即時消滅をすることができる事由については、法文上は、「滞納処分の停止に係る税金を徴収することができないことが明らかであるとき」と規定しているだけであり、上記通達の①から④の事由も、「おおむね次のいずれかに該当する場合」として挙げられているものであって、限定列挙的に挙げられているものではない。したがって、通達の①から④の事由以外にも、即時消滅を相当とする事由があるときは、これを認めてよい。例えば、１号停止をした場合において、ⓘ滞納者が老齢であり将来における資力の回復が見込めない場合、ⓘⓘ滞納者が傷病により将来においても就労が困難であると見込まれる場合、ⓘⓘⓘ滞納者が国外に出国し、再入国の見込みがない場合、ⓘⓥ著しい債務超過（例えば、直近３か年の平均収入の２倍を超える債務がある場合）にあり、今後の財務の改善が見込めない場合などが該当しよう。

即時消滅に該当する事由

滞納税金を徴収することができないことが明らかな事由

1号該当

- 限定承認事案
- 相続財産法人
- ・滞納法人の解散
  ・会社廃業で事業再開の見込みナシ
- 老齢又は傷病により将来においても就労見込みナシ
- 国外に出国し、当該国に永住権を取得しているなどにより、日本国への再入国見込みナシ
- 例えば、……著しい債務超過（直近3か年の平均年収の○倍超の債務）で、今後の改善見込みナシ

☞ **考えてみよう！**

Ａは独身の在留外国人であり、住民税及び国民健康保険税の滞納が２年分合計60万円となっている。預貯金等の調査をするも差押可能な財産はない。また、Ａが勤務する会社（親族が経営）に給与照会をしたところ、その親族から連絡があり、Ａは既に帰国しており、日本に戻ってくるかどうかは分からないとのことであった。徴収職員Ｘが調査したところ、Ａはみなし再入国許可により出国していることが判明した。

徴収職員Ｘは、国内に滞納処分を執行できる財産がなく、かつＡは既に本国に帰国していることから、１号停止と納税義務の即時消滅をしたいと考えているが、問題はないだろうか。

ヒント・考え方はＰ653

9　少額案件と滞納処分の停止

滞納処分の停止の要件に該当するときは躊躇なく滞納処分の停止の処理を行うことが法の求める徴収職員としての職責であるが、一方で、徴収職員の事務量は有限であるため、滞納処分の停止をすべき案件の全てについて、事務量を均等に投下し、均質的な調査・処理を行うことは非現実的で

無理がある。このような場合は、滞納額が一定額以上の案件については優先的に事務量を投下し、停止適否点検表の活用などによる的確な調査を行う必要があり、他方、少額の案件については、残りの限りのある事務量の中で効率性を重視した調査を行う（所与の事務量の中で最大限やれるだけの調査を遂行する）必要があるというべきであり、この考えは、一般の納税者等からも理解が得られるものと考える。この点につき、滞納処分の停止をしたことの違法性が争われた事件ではないが、時効消滅による不納欠損の処理の違法性が争われた事件における裁判所の考え方をみると、高額の滞納案件については調査及び処分を的確に行うべきことを求めており、一方、少額の案件については、事務量の限界や徴税コストを踏まえ、徴税のために合理的と認めるに足りる程度の調査を求めているようであり、滞納処分の停止に対する一般の納税者等の考え方を表すものとして参考になろう（浦和地判平12.4.24判例地方自治210－35（損害賠償代位請求事件。高額事案を時効消滅させたことの不法行為該当性について判示したもの）、水戸地判平19.8.8裁判所ウェブサイト掲載（損害賠償請求等事件。少額滞納事案を時効消滅させたことの不法行為該当性について判示したもの））。

そこで、これら裁判所の判示内容や租税負担の公平の観点から、少額案件について滞納処分の停止をするに当たって考慮すべき事項を整理すると、次のものが考えられる。

① 少額案件に対する督促後の処理の流れ（督促後○日以内に電話催告をし、その後、○か月間の間に○回の電話催告又は文書催告を行い、必要な案件については臨戸による催告を実施する等の催告業務を中心とした処理手続）を納税担当部局において定めており、滞納処分の停止をしようとする案件は、その処理手続にしたがった納税催告等をしているかどうか。

② 新たな課税が生ずる見込みはないか。

これは、新たな課税が発生し、その滞納が容易に想定されるにもかかわらず、既滞納分について滞納処分の停止をすることは、その滞納者を常習滞納者にするようなものであり、租税負担の公平を損なうことになるためである。

③ 税額階層に応じた財産調査事項を納税担当部局において定めており、滞納処分の停止をしようとする案件は、その税額階層に応じた財産調査

を適切に行っているかどうか。

納税担当部局において定める税額階層に応じた財産調査事項とは、例えば、①滞納処分の停止をしようとする税金の滞納税額が３万円未満であるときは、預貯金、給料及び年金の調査までを行うこと、②滞納税額が７万円未満であるときは、これらに加えて、生命保険解約返戻金の調査及び自庁の課税資料による財産調査（軽自動車や固定資産の所有の有無、還付金等の発生見込み等）までを行うこと、というようなものが考えられる。

10　滞納処分の停止の取消し

⑴　取消しの意義

滞納処分の停止をしたのち納税義務が消滅する３年以内に、滞納者について、資力の回復などにより滞納処分の停止ができる要件を欠くに至った場合は、その滞納処分の停止を取り消さなければならない（徴収法154、地方税法15の８）。

この場合の取消しについては、取消事由の判定時において、１号停止、２号停止又は３号停止のいずれにも該当する事実がないと認められる場合に、滞納処分の停止を取り消さなければならないとされている。したがって、例えば１号停止により滞納処分の停止をした場合において、その後、１号停止に該当しなくなったとしても、その取消事由の判定時において２号停止に該当する事実が認められるときは、取消しはしないことになる（徴基通154－１なお書、徴取通15の８⑵ア）。

⑵　取消しの法的性質及び効果

滞納処分の停止の取消しの法的性質は「撤回」である。すなわち、停止処分を将来に向かって消滅させるものであって、滞納処分の停止をした日からその取消しをした日までの間は、滞納処分の停止は有効である。したがって、停止に伴ってした差押えの解除は滞納処分の停止が取り消された場合においても有効（徴取通15の８関係⑷）であり、また、滞納処分の停止をした期間（停止をした日から起算してその取消しの日までの期間をいう。徴基通153－14参照）に対応する部分の金額に対応する延滞税・延滞金については、免除することとされている（通則法63①本文、地方税法15の９①本文。なお、取消しの理由とされる事実が生じた日以後の期間に対応する部分の金額については免除しないことができることにつき、通則法63①ただし書、地方税法15の９①ただし書）。

補足 1　撤回

撤回とは、行政行為においては、瑕疵なく成立した行政行為について、新たな事情が発生したために、その行政行為の効力を将来に向かって消滅させることをいう。したがって、撤回は、当初から瑕疵がある行政行為を遡及的に失わせる「取消し」とは異なるものである。

2　停止期間中の延滞税・延滞金の免除と停止３年経過による納税義務の消滅との関係

滞納処分の停止期間中の延滞税・延滞金の免除は、滞納処分の停止後３年を経過するまでの間に、滞納処分の停止が取り消された場合又は納付・充当等により完納となった場合に行うものである。一方、停止が取り消されることなく３年経過したときは、延滞税・延滞金の納税義務が全て消滅するので、免除は問題とはならない。

(3)　滞納処分の停止の取消しの通知

滞納処分の停止を取り消したときは、その旨を滞納者に通知しなければならない（徴収法154②、地方税法15の８②）。

この滞納者に対する通知は、実務取扱いにおいては、書面（滞納処分の停止取消通知書）によることを原則とする（徴基通154－３、徴取通15の８(3)）。これは、緊急の場合には口頭により通知することを想定したものであるが、滞納処分の停止の取消しは、滞納処分の再開の要件となるものであり、納税者等に対する不利益処分に当たるので、滞納者に処分理由を提示して争訟の機会を保障する観点からは、極力、書面をもって行うべきである（通則法74の14①、地方税法18の４①、行政手続法14参照）。

⑷　事後監査の実施

前記⑴のとおり、滞納処分の停止をしたのち納税義務が消滅する３年以内に、滞納者について滞納処分の停止ができる要件を欠くに至った場合は、その滞納処分の停止を取り消さなければならない。したがって、徴収職員としては、滞納処分の停止をした案件については、その後納税義務が消滅するまでの間は、滞納者についてその停止を取り消すべき事実が生じていないかどうかを確認する必要があり、これを事後監査という。この事後監査は、法律上規定されているものではないが、滞納処分の停止の取消事由に該当するにも関わらず、その取消しをすることなく３年の経過により納税義務を消滅させてしまうという事態は、租税負担の公平を大きく損なうことになるため、事後監査は必ず行う必要がある。

また、事後監査を的確に行うためには、納税担当部局において事後監査実施基準を策定することが望ましいが、その内容としては、実施時期（納税義務が消滅する日に直近する○月に実施等)、実施方法（臨戸・文書照会による現況調査、新規課税状況の確認等。事務量を勘案して停止税額の階層に応じた調査事項を設定）などがある。

11　滞納処分の停止の総括記録

滞納処分の停止は、原則として、「滞納処分の停止適否点検表」（P215）の調査未了の要調査事項について、すべて調査が終了し、その結果、「停止の適否」欄がすべて「適」となったときに行う。また、高額滞納事案については、停止するに至るまでの事績を総括しておくと、停止処理にいたった事情が理解し易くなるので、これを作成することが望ましい。

○　滞納処分の停止の総括記録の例（滞納者が法人の場合）

1　事案の概要

滞納法人は、代表者Ａが内装業を主たる目的として平成○年○月に設立した法人である。主に、Ｙ市内及びＦ市内を中心に戸建て住宅のリフォーム工事を手がけ、事業も順調であったが、令和４年○

月頃、取引先が倒産したことにより資金繰りが悪化し、その後も受注低迷、工事単価の引下げ等により、更に経営が悪化した。

代表者Aは、従業員をリストラするなどにより事業の立て直しを図ったが、業績の悪化に歯止めがかからず、令和5年〇月頃には、金融機関に対する借入金の返済が滞るようになった。

ここ数年は、自転車操業状態に陥っていたところ、令和6年〇月、不渡りを出して事実上倒産した。

滞納法人は、既に廃業して実体はなく、今後事業を再開する見込みはない。

2　滞納処分の状況

(1)　預貯金等

ア　Y銀行YY支店　普通預金（№〇〇〇）　〇〇〇〇円

令和5年〇月〇日差押え　令和5年〇月〇日取立ての上、全額を滞納税金に充当。

イ　S銀行SS支店　普通預金（№〇〇〇）　〇〇〇〇円

令和5年〇月〇日差押え　令和5年〇月〇日取立ての上、全額を滞納税金に充当。

ウ　M銀行MM支店　普通預金〇〇〇〇円
定期預金〇〇〇〇円

令和6年〇月〇日差押え
令和6年〇月〇日借入金と相殺

(2)　売掛金等

ア　甲建設㈱　〇〇〇〇円

令和6年〇月〇日差押え　令和6年〇月〇日取立ての上、全額を滞納税金に充当。

イ　乙住建㈱　〇〇〇〇円

令和6年〇月〇日差押え　令和6年〇月〇日取立ての上、全額を滞納税金に充当。

(3)　敷金等

Ｙビル管理㈱　○○○○円

令和６年○月○日差押え

退去時の修繕費等未払債務に全額充てられたため、取立額なし。

3　財産調査の状況

令和５年３月期の決算書（最終申告分に添付されていたもの）を基に、次のとおり財産調査を実施した。

(1)　預貯金等

ア　Ｙ銀行YY支店　普通預金○○○○円　差押え・取立て済

当座預金○円　僅少であり、取立手数料等を考慮すると実益がないため、差押えせず。

イ　Ｓ銀行SS支店　普通預金○○○円　差押え・取立て済

ウ　Ｍ銀行MM支店　普通預金○○○○円　差押えしたものの借入金と相殺された。

定期預金○○○○円　差押えしたものの借入金と相殺された。

借入金○○○○円

(2)　売掛金等

ア　甲建設㈱

最終取引　令和６年○月○日　債権債務なし

イ　乙住建㈱

最終取引　令和６年○月○日　債権債務なし

ウ　㈱○○　　取引なし

エ　㈱△△　　取引なし

⑶　貸付金等

令和５年３月期決算書上、○○㈱に対する貸付金○○○○円の計上があるが、同社は、令和４年○月に破産して既に実体がなく、追及の実益がない。

⑷　保険金等

Ａ生命　令和５年○月○日解約済みであり、差押えすべきものなし。

⑸　工具什器備品

廃業時に既に処分済みであり、差押えすべきものなし。

⑹　車両

廃業時に既に処分済みであり、差押えすべきものなし。

⑺　固定資産

ア　Ｙ市役所調査　所有なし

イ　Ｆ市役所調査　所有なし

⑻　敷金・保証金等

ア　賃貸人　Ｙビル管理㈱　Ｙ市○町
　　本店事務所敷金○○○○円
　令和６年○月○日差押え
　退去時の修繕費等未払債務が敷金を超えたため、取立てなし。

イ　賃貸人　Ｆ建物㈱　Ｆ市○町
　　従業員宿舎敷金○○○○円
　家賃未払４か月分あり、敷金をもって充当済。清算残余金なし。

(9)　捜索

令和6年○月○日、代表者A立会いにより、本店事務所内を捜索するも、差押えすべきものはなかった。

4　第二次納税義務該当の有無

第二次納税義務について調査するも、代表者等に対し、滞納法人が有する財産の流出は認められず、第二次納税義務を追及すべき事実はなかった。

5　滞納法人の現況

滞納法人は、令和6年○月○日の不渡り倒産後、事業活動は行っておらず、既にその実体はない。今後事業を再開する見込みもない。

6　役員の現況

・　代表者　氏　　名　A
　　　　　　生年月日　昭和○年○月○日（満○○歳）
　　　　　　住　　所　F市△町…（アパート、家賃月額○○円）
　　　　　　家　　族　妻B（満○歳）　スーパー勤務（パート収入月額○○円）
　　　　　　生　　計　知人の経営する不動産会社にアルバイトとして勤務
　　　　　　　　　　　　給与収入月額○○千円

なお、代表者から、今後、滞納法人の事業を再開する見込みはない旨を聴取している。

・　取締役　氏　　名　B（代表者の妻）
　　　　　　住　　所　代表者に同じ。
　　　　　　現　　況　F市内のスーパーのパート従業員

名目上の役員であり、設立当初から滞納法人の経営には一切関与していない。

・　取締役　氏　　名　C（代表者の弟）
住　　所　Y市○町…
現　　況　衣料品を扱う○○会社勤務。
名目上の役員であり、設立当初から滞納法人の経営には一切関与していない。

・　監査役　氏　　名　D（代表者の母）
住　　所　Y市△町…
現　　況　無職（年金収入のみ）
名目上の役員であり、設立当初から滞納法人の経営には一切関与していない。

7　国税等の状況

・　○○税務署　○税ほか○○○○千円滞納
処分事績：なし
停止済

・　○○市役所　○税ほか○○○○千円滞納
処分事績：なし
停止見込み

8　負債の状況

・　M銀行MM支店　借入金○○○○円（令和6年○月○日現在）
担　　保：代表者の個人保証のみ
返済状況：令和6年○月の不渡り以降は、返済事績なし。

9　処理

以上のとおり、財産調査を実施するも、滞納処分を執行できる財産がなく、かつ、他の徴収方途がない。また、滞納法人は既に廃業して実体がなく、将来事業再開の見込みはない。

したがって、地方税法第15条の7第1項1号及び第5項により、滞納処分の停止兼納税義務消滅相当である。

Ｑ１　給与差押えにより少額の取立てが可能である場合の滞納処分の停止の可否

滞納者は給与所得者であり、市県民税の累積滞納が100万円あります。なお、現在は、特別徴収であるため新たな滞納発生はありません。収入は給与のみであり、給与を差し押さえた場合の差押可能額は１万円です。また、他に差押可能な財産はありません。

（担当者の処理方針案）

毎月の取立額は滞納金額に比して僅少ですが、取立てが可能である以上は、すぐに滞納処分の停止を行うのは不適切と考えます。そのため、差押可能額での自主納付を２年間程度させた上で、滞納処分の停止をする予定です。

（回　答）

給与の取立額が少額で、完結までに相当の長期間となる場合（この「相当の長期間」については、市において、10年、５年、３年等の外形的な期間設定をすることが望ましい。）は、民事再生的な考えの下、既滞納税金について滞納処分の停止をすることを検討する。

その場合のポイントは次の２点である。

１　滞納者の納税誠意

納税誠意の有無は、「今後発生する税金について期限内納付をすること」ができるかどうかにより判定する。その判定は、直近数年間に現年分以上の納付実績があるか否かによる。したがって、現年分以上の納付を何年か継続させた上で滞納処分を停止することになる。もっとも、本件の場合は、現在は特別徴収のため今後発生する税金がないので、次の２の滞納処分の一部停止をした場合の残余の既滞納分の納付が確実になされるかどうかにより納税誠意を判定する。

2　滞納処分の一部停止

納付可能額がある場合は、今後3年間分の納付相当額を残した残余の部分について滞納処分の一部停止を行うことを検討する（前記4(3)イ・P220参照）。

Q2　少額の納付と2号停止

滞納者は事業収入がありますが、売上げが少ないため少額の分納を長期にわたり続けており、完納までに長期を要します。

また、自宅不動産を差押えしていますが、他に滞納処分を執行することができる財産はありません。

（担当者の処理方針案）

①　まず、自宅不動産を公売する必要があると考えます。

②　①の公売を実施しても買受人等がなく公売不成立となった場合は、自宅不動産の差押えを解除し、1号停止を行います。

③　②の滞納処分の停止に当たっては、現年度分を納付させるとともに、過年度分については納付可能な適正額を納付させることとし、その余の滞納税金を一部停止することとします。

（回　答）

①　まず、自宅不動産の公売の可否を検討する（次の②及び③）。

②　自宅不動産の公売が滞納者の生活を著しく窮迫させるおそれがあるときは、2号停止及び自宅不動産の差押えを解除する（前記4⑷イ・P223、4⑶アの補足・P219参照）。

③　上記②に該当しない場合は、自宅不動産を公売する。

④　自宅不動産の公売を3回実施しても売却できない場合は、徴収法79条2項3号に該当するかどうかを検討し、該当するときは同号により差押えを解除する。

⑤　上記④により自宅不動産の差押えを解除したときは、前記4⑶・P216により1号停止の可否を検討する。

Q３　居住用不動産（抵当権無し）を所有している場合と２号停止

滞納者は50歳、独身です。固定資産税の滞納が300,000円（年税額は50,000円）あり、これまで文書催告及び臨戸による催告をしていますが、まったく連絡がなく、納付もありません。なお、市県民税は非課税となっています。

所有財産として、自宅土地・建物（抵当権等の設定は無し）及び軽自動車１台を所有していますが、他に財産は有りません。預金も常に僅少です。

（担当者の処理方針案）

一般的には、抵当権のない不動産を所有しているので不動産を差し押さえて公売すべきと考えます。しかし、当市では、非課税世帯のような場合は、自宅不動産は生活に必要な最低限の財産と考えて滞納処分をしていません。

また、軽自動車も、生活必需品であるため、差押えをしていません。

そのため、滞納処分を執行できる財産がなく、１号停止をする予定です。

（回　答）

①　実情把握の実施

滞納者の実態が不明のため、まだ滞納処分の停止を判断する段階ではない。

住民税が非課税となっているとのことであるが、就労の有無、内容、収入状況等現況確認をする必要がある。滞納者とコンタクトが取れない場合は、自宅の捜索も検討する。

②　自宅不動産の差押え・公売

本人が病気等によって就労困難になっているなどの事情等がない限り（前記４(4)イ・Ｐ223）、自宅不動産の差押え及び公売を行う。自宅不動産は滞納者の生活に必要なものではあるが、独身であり、必要不可欠なものとはいえない。

③　軽自動車の差押え・公売

滞納金額が30万円であることから、自宅不動産の差押えよりも、軽自動車の差押え及び公売を検討すべきであるように思料する。この場合、軽自動車は生活に必要なものであったとしても不可欠なものではないので、公売することに支障はない。

④　納税誠意の欠如

そもそもの問題として、催告に対して、連絡も納付もなく滞納し続けている滞納者は、納税誠意が認められないので、厳正に対処すべきである。

差押えできる財産があるのに、これを差押えしないことは、徴収職員としての責務を果たしていないことになるので、本人が病気等によって就労困難になっているなどの事情等がない限り、財産の差押え及び公売を行うべきである。

Q４　不動産（自宅兼店舗・抵当権あり）を所有している場合と２号停止

滞納者は、70歳代であり、自宅兼店舗において理髪業を営んでいます。

滞納は、固定資産税の累積滞納であり、本税120万円（延滞金100万円程度）です。滞納者は何度も分納誓約を繰り返していますが、いずれも一部納付があるものの不履行となっています。

所有財産は、自宅兼店舗の共有持分１／２（他の共有者は配偶者です。）のみであり、他に預金・生命保険・売掛金等差押可能な財産はありません。

収入は、年金収入が年額65万円及び事業収入が年額100万円（所得金額70万円）です。

配偶者も、自宅兼店舗の共有持分を有するほかは、財産がありません。

また、自宅兼店舗には、滞納税金に優先する抵当権が設定されており、その残債は500万円程です。なお、固定資産税の評価額は、土地1,000万円、建物230万円です。

（担当者の処理方針案）

自宅兼店舗を公売するか、又は滞納処分の停止をすべきかにつき、次のとおり悩んでいます。

①　公売について

ⅰ　見積価額を算出する必要がありますが、今まで公売のための評価をしたことがありません。優先債権があるため価額によっては無益となる可能性があると思います。

ⅱ　そもそも居住している者がいる状態での公売は、現実的ではないと考えます。

②　滞納処分の停止について

滞納者は高齢であり、今後の収入増は見込めないので、滞納処分の停止が相当と思います。しかしながら、今後も固定資産税の滞納が毎年発生することになり、その都度、滞納処分の停止をすることになり、それで良いのかというジレンマがあります。

（回　答）

① 評価

公売に当たっては、見積価額算出のため公売物件の評価をする必要があり、一般的には、不動産鑑定士に評価を依頼し、その評価を参考にして算出する。

一方、おおよその評価額と滞納税金への配当見込額を知るためには、概算で評価をすれば足りる（概算評価については、滞納処分編５章第３の２・P357参照）。この概算評価により、滞納税金への配当が見込まれるときは、公売を検討する。

② 自宅の公売

i　差押不動産が滞納者等が居住している自宅であっても、原則として、公売することになり、現に多くの行政機関等において公売を実施している。したがって、「居住している状態での公売は、現実的ではない」との考え方は誤りである。

ii　自宅不動産の公売の可否については、滞納者の年齢、収支、今後の稼得能力、世帯全体の収支、対象不動産の規模・評価額等を勘案して判断する（前記４⑷イ・P223）。

iii　対象不動産に抵当権が設定されている場合は、被担保債権の支払状況を確認する。被担保債権の支払に延滞がない場合は、税金の納付を後回しにして被担保債権の支払を優先していることを意味しているので、原則として、滞納処分の停止をすべきではない。支払が続く限り抵当権の被担保債権の残額は減少し、滞納税金への配当見込みが生じることになるので、その段階まで待って公売をすることとする。そして、その方針を滞納者に明確に伝え、滞納税金の納付を促していく。

Q５　世帯員に収入がある場合と２号停止

世帯主である滞納者は高齢であり、収入は年金収入のみです（住民税は非課税です。）。

同一世帯に国民健康保険の被保険者となっている子がいますが、その子は、就労して所得があるため、世帯主である滞納者に相当額の国民健康保険税が課税されている状況です。

滞納者には財産がなく、また、年金収入は差押可能額が算出されないため差押えができません。他に差押可能な財産はありません。

一方、子の方は、差押禁止額以上の給与収入を得ています。

（担当者の処理方針案）

滞納者自身については滞納処分の停止が相当と考えられる場合でも、その世帯全体の収支状況・財産状況を確認することとし、世帯全体では納付資力があると認められるときは、滞納処分の停止はせず、換価の猶予をすることとし、併せて資力のある世帯員を保証人とするか、又はその世帯員の財産を担保提供させるべきと考えます。

（回　答）

滞納者の世帯員に高収入がある場合は、滞納者の財産に対して滞納処分を執行したことによりその者（同一生計親族を含む。）の生計の維持が困難となることは、一般的に考えにくい。したがって、１号停止又は２号停止の適否の判断にあたり、要件充足性の判断（１号停止の場合は「滞納処分を執行できる財産がないこと」、２号停止の場合は「滞納処分の執行をすることにより、その者の生活を著しく窮迫させるおそれがあること」）は、他の案件よりは厳格とならざるを得ない。

例えば、一般に、滞納者が自動車を所有している場合で、それを換価すると事業の継続が困難となる、又は生活の維持が困難となることが想定されるときは、「滞納処分を執行できる財産がない」又は「生活を著しく窮迫させるおそれがある」として１号停止又は２号停止をすることが可能であるが、世帯員に高収入がある場合は、滞納者の自動車を換価してもその世帯員によって代替物を手当てすることが可能であるので、自動車を換価しても生活の維持が困難となることはないといえよう。

滞納者に納付資力がない場合で、一方、世帯員に納付資力があるときの滞納整理方途は、担当者の処理方針案のとおりである。特に、国民健康国保料（税）の滞納案件にはこのようなケースが多いので、世帯員を滞納整理の中に取り込むことを徴収方途の一つとすることは有用である。

なお、保証人又はその者の財産を担保提供させることは滞納者及び世帯員の任意であって法的拘束力がないので、実務上は難しい場合が多いが、滞納者自身が世帯員を保証人とすること等をはなから拒否しているときは、滞納者の納税誠意を疑わせるものとして対処すべきである。

第5章　相続による納税義務の承継

第1　相続による納税義務の承継の概要

1　納税義務の承継の態様

例えば、Aの有する甲商品をBが売買により買い受けると、Bは、「甲商品についての所有権」をAから取得（承継）することになる。このように、個々の権利を承継することを特定承継という。これに対し、相続があると相続人は「被相続人の権利義務の全て」を一括して取得（承継）することになる。このように、他人の権利義務の全てを一括して承継することを包括承継又は一般承継というが、税法は、納税者について包括承継があった場合は、その包括承継をした者に対して納税者の納税義務を承継させることとしている。その態様は次のとおりであるが、このうち、実務上最も取扱いが多いのが相続による納税義務の承継である。

○　納税義務の承継の態様

納税義務の承継	内　容
相続による納税義務の承継 （通則法５、地方税法９）	納税者につき相続があった場合、その相続人に納税義務が承継される。
法人の合併による納税義務の承継 （通則法６、地方税法９の３）	被合併法人の納税義務は、合併法人に承継される。
人格のない社団等に係る納税義務の承継 （通則法７、地方税法12の２①）	人格のない社団等の納税義務は、その社団等の財産に属する権利義務を包括承継した法人に承継される。
信託に係る納税義務の承継 （通則法７の２、地方税法９の４）	①　受託者の任務が終了し、新たな受託者が就任したときは、その者は受託者の納税義務を承継する。 ②　受託者である法人の分割により、受託者として権利義務を承継した法人は、受託者の納税義務を承継する。

2　相続による納税義務の承継の概要

相続があると、次のとおり、相続人等は、被相続人に係る租税を納める義務を承継することになる（通則法５①・地方税法９）。

(1)　納税義務を承継する者

被相続人の納税義務を承継する者（以下「承継人」という）は、相続人又は相続財産法人である。

ア　相続人

相続人とは、次の者である。

①　子及びその代襲者・再代襲者等（民法887）

②　直系尊属（民法889①一）

③　兄弟姉妹及びその代襲者（民法889①二、②）

④　配偶者

その相続順位は、①⇒②⇒③の順である。配偶者は、これらの者と同順位で常に相続人となる。

また、これらの者以外に、包括受遺者及び包括の死因贈与を受けた者も相続人に含まれる。

補 足 1　遺贈の意義

遺贈とは、遺言によって遺産の全部又は一部を他に譲与することをいう。遺贈者が単独で行う点で贈与契約とは異なる。遺贈を受ける者を受遺者といい、相続人を含めて誰でも（つまり、相続人以外の者も）受遺者となることができる。

この遺贈には、包括遺贈と特定遺贈の2種類があり（民法964）、遺産の全部又は何分の何という形でされるものを包括遺贈といい、特定の財産についてされるものを特定遺贈という。包括遺贈の場合、その包括受遺者は相続人と同一の地位に立つことになり、相続の承認・放棄、遺産分割等の規定が適用されることになる（民法990）。

2　包括死因受贈者（包括の死因贈与を受けた者）

ＡとＢとの間で「Ａが死亡したら同人の財産をＢに贈与する」というような贈与契約を死因贈与という。死因贈与は、契約による点で単独行為である遺贈とは異なるが、本人の死亡後に効力を生じる点で遺贈に似ているので遺贈の効力に関する規定が準用される（民法554）。したがって、包括死因受贈者は、包括受遺者と同様に納税義務を承継すると解されている（通基通5－1）。

一方、次の者は承継人にならない。

① 特定受遺者（特定の財産の遺贈を受けた受遺者。民法964）
② 特別養子（実方の血族との親族関係が終了する養子縁組による養子。民法817の2①）
③ 胎児（出生した時に相続人となる。通基通5－2参照）
④ 相続欠格者（民法891）

⑤　廃除者（民法892）

⑥　相続放棄した者（民法939）

イ　相続財産法人

相続財産法人とは、相続人に当たると考えられた者全員が相続放棄をした場合等相続開始の時に相続人のあることが明らかでないときに相続財産で構成される法人をいう（民法951）。これは、相続人のあることが明らかでないと相続財産の帰属先の存否そのものが不明となってしまうので、相続財産が無主物（所有者のない物）とならないように相続財産そのものを法人と擬制するものである。この相続財産法人は、「相続人のあることが明らかでない相続財産」について、相続開始と同時に、法律上当然に成立する。

相続財産法人が成立すると、家庭裁判所は、利害関係人の請求により相続財産清算人を選任し、その者によって相続財産の管理・清算が行われる（民法952～957）。なお、被相続人の租税債権者は、利害関係人として相続財産清算人の選任を請求することができる。

⑵　承継される納税義務

承継人に承継される納税義務は、次の租税に係るものである。

①　課されるべき租税

相続開始の時において、被相続人の租税について、その納税義務が成立しているものの、まだ確定手続がとられていないために納税義務が具体的に確定していないものをいう（通基通５－４、徴取通９⑸ア）。

②　納付等すべき租税

相続開始の時において、被相続人の租税について、既に納付等すべき税額が確定しているものをいう（通基通５－５、徴取通９⑸イ）。これには納期限が「未だ到来していないもの」と「既に到来しているもの」とがある。例えば、被相続人が租税を滞納していた場合は、「既に到来しているもの」に該当する。

③　徴収されるべき国税

被相続人について徴収されるべきこととされている源泉徴収による国税で、相続開始までに源泉徴収がされていないものをいう（通基通5－6）。

(3)　承継の効果

納税義務の承継があると、承継人は、被相続人が有していた税法上の地位を承継し、承継した納税義務に係る租税の申告、納付等及び不服申立ての主体となり、また、税額確定処分、督促、滞納処分等の相手方となる。

したがって、被相続人が租税を滞納していたときは、限定承認の場合を除いて、徴収職員は、承継した租税を徴収するため、承継人が相続した相続財産及び承継人の固有財産に対して滞納処分をすることができる（民法920。なお、徴収法51参照）。

この承継の具体的効果として、通則法基本通達5条関係7は、次のものをあげている。

ただし、被相続人の租税についての猶予等の処分が相続人にそのまま承継された場合においても、承継人についてその猶予等の処分に関して取消事由があるときは、その猶予等の処分を取り消すことになる（徴取通9(5)ウなお書）。

○　通則法基本通達5条関係7

7　被相続人の国税について次の処分又は行為がされている場合にも、相続人は当該処分又は行為がされた状態でその国税を承継する。

(1)　納期限の延長、延納、納税の猶予、徴収若しくは滞納処分に関する猶予又は滞納処分の停止

(2)　物納の許可

(3)　納期限の延長の申請、延納の申請、納税の猶予の申請、納税の猶予の期間の延長の申請、換価の猶予の申請、換価の猶予の期間の延長の申請又は物納の申請

(4)　担保の提供

⑷　相続人が二人以上ある場合の納税義務の承継

同順位の相続人が二人以上ある場合は、各相続人は、相続分に応じて納税義務を分割して承継する。この場合の相続分とは、各相続人が被相続人の権利義務を承継する割合をいう。この相続分は、民法上は、法定相続分（民法900）、代襲相続人の相続分（民法901。以下「代襲相続分」という。）、遺言により指定された相続分（民法902。以下「指定相続分」という。）、特別受益者の相続分（民法903）及び寄与分（民法904の２）があるが、これらのうち、納税義務の承継において適用されるのは、法定相続分、代襲相続分及び指定相続分である（通則法５②、地方税法９②）。そして、指定相続分があるときは、法定相続分又は代襲相続分によらずに、その指定相続分により承継税額を計算することになる（通基通５－８－２）。したがって、被相続人の納税義務を共同相続人に承継させるに当たっては、指定相続分に係る遺言があるか否かを確認することが重要である。

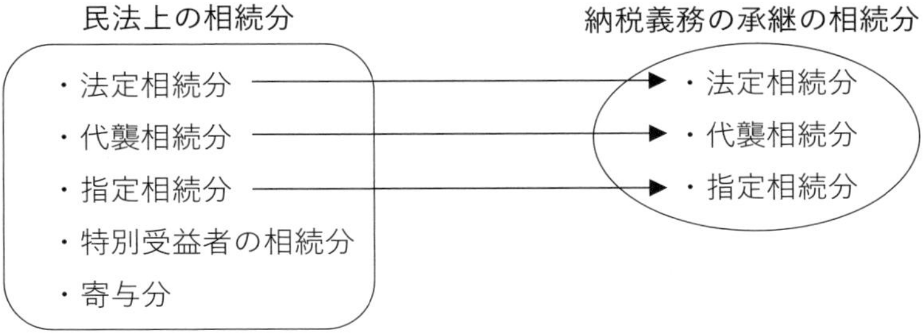

第2　承継人及び相続分の調査

被相続人の納税義務を承継するに当たっては、その前段階として、承継人を特定する必要がある。その特定のためには、①相続人となる者の確認、②その者に係る相続放棄・限定承認の有無等の確認、③遺言による包括受遺者の存在等の確認が必要である。また、同順位の相続人が複数いる場合は、④相続分を指定する遺言の有無を確認する必要がある。

1　相続人となる者

現行法上、相続人となるのは、被相続人の子・直系尊属・兄弟姉妹及び配偶者に限られている。これらの者の相続の順位は、配偶者を除いて、子、直系尊属、兄弟姉妹の順となっており、先順位の者があるときは、後順位の者は相続人となることができない。また、同順位の者が数人あるときは、各自の相続分は平等である（民法900四）。

(1)　配偶者

被相続人の配偶者は、常に相続人となる（民法890）。ここに配偶者とは、戸籍に届け出た夫又は妻、つまり、法律上の婚姻関係にある者に限られる。したがって、内縁関係の配偶者は相続人になることができない。

配偶者は、他の相続人と同順位で相続することができ、また、他の相続人がいないときは単独で相続する。

補足　内縁の意義

内縁とは、社会的事実として夫婦共同生活体の実質を備えながら、婚姻の届出を欠くために法律上の婚姻とは認められない男女の関係をいう。氏の変更（民法750）、子の嫡出の推定（民法772）及び配偶者相続権（民法890）は、法律婚だけに認めらており、内縁には認められていない。

(2)　子（第一順位）

被相続人の子は、第一順位の相続人となる（民法887①）。

実子、養子、非嫡出子のいずれも相続人となる。また、子が他に養子にいっている場合（特別養子の場合を除く。）であっても、その子は相続人となる。

補 足　非嫡出子の意義

非嫡出子とは、法律上の婚姻関係にない男女の間に生まれた子をいう。

○　第一順位の相続人（子）

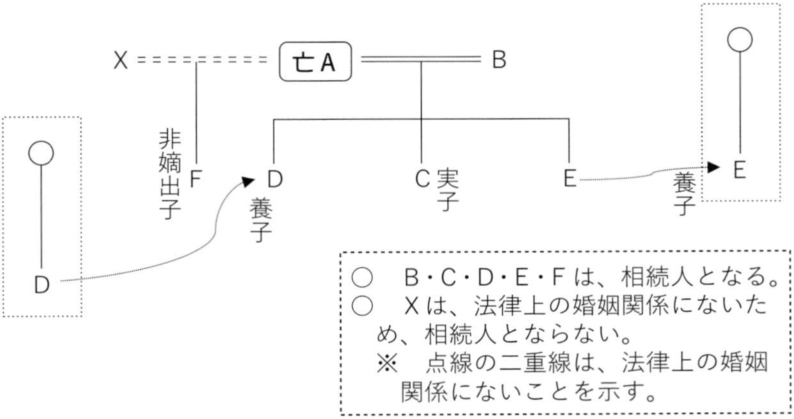

(3)　直系尊属（第二順位）

子（その代襲者を含む。）がいない場合には、被相続人の直系尊属が相続人となる（民法889①一）。父母と祖父母がいるときは、被相続人に親等が近い父母が相続人となる（民法889①一ただし書）。父母がいない場合には祖父母が、また、父母も祖父母もいなければ曽祖父母が相続人となる。

直系尊属であればよいので、被相続人に実父母と養父母とがあるときは、両者が相続人となる。

補 足　直系血族・傍系血族、尊属・卑属の意義

祖父母・父母・（自分）・子・孫というように、ある者（自分）を中心にして世代が上下に直線的に連なる血縁者を直系

血族といい、兄弟、おじおば、いとこのようにある者と共同の始祖を介して連なる血族を傍系血族という。また、血族の中で、自分より先の世代にある者（父母、祖父母等）を尊属といい、後の世代にある者（子、孫等）を卑属という。

⑷　兄弟姉妹（第三順位）

子（その代襲者を含む。）及び直系尊属のいずれもがいない場合には、被相続人の兄弟姉妹が相続人となる（民法889①二）。

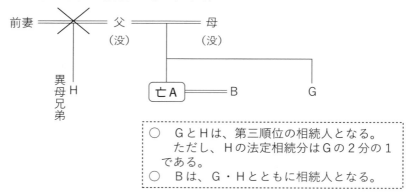

兄弟姉妹には、父母の双方を同じくする者と、片方だけが同じ者（異父・異母兄弟又は半血兄弟という。）とがあるが、相続順位は同じである。ただし、異父・異母の兄弟姉妹の相続分は、父母の双方を同じくする兄弟姉妹の２分の１となる（民法900四ただし書）

○　第三順位の相続人（兄弟姉妹）

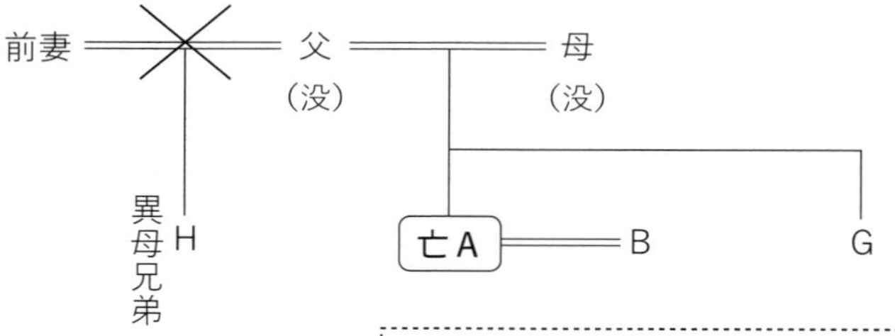

○　GとHは、第三順位の相続人となる。
　ただし、Hの法定相続分はGの２分の１である。
○　Bは、G・Hとともに相続人となる。

⑸　代襲相続

相続人である子又は兄弟姉妹が、相続開始以前に死亡しているなどにより相続人になれない場合には、その者の子が、その者に代わって相続人となる。これは、相続することの期待感情を保護するために認められたものであり、代襲相続という。

代襲相続は、相続人である子又は兄弟姉妹が、次のいずれかの事由に該当するときに認められる（民法887②、889②）。

①　相続の開始以前に死亡したとき

②　相続欠格者となって相続権を失ったとき（民法891。P260ア参照）

③　相続から廃除されて相続権を失ったとき（民法892。P261イ参照）

したがって、これらの事由以外の場合、例えば、相続人である子が相続放棄をしたときは、その者の子が代襲相続することはない。

また、被相続人の直系卑属については、再代襲が認められる（民法887③）。例えば、被相続人Ａには子Ｃ１、孫Ｃ２及び曾孫Ｃ３があったが、Ａの死亡以前に子Ｃ１が死亡しており、かつ、Ｃ１の死亡以前に孫Ｃ２が死亡しているときは、被相続人Ａの死亡によりＣ３が再代襲相続人になる。

一方、被相続人の兄弟姉妹が相続人の場合は、その兄弟姉妹に代襲原因が生じると、その子が代襲して相続人となるが、更にその子に代襲原因が生じても再代襲は認められない（これを「代襲一代限り」という。民法889②は887③を準用していないことに留意のこと。）。

○　代襲・再代襲

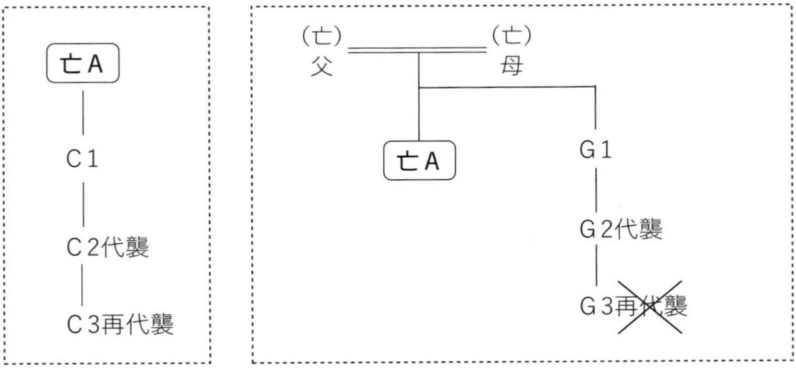

○　相続人である子又は兄弟姉妹には代襲相続が認められる。
○　子の場合は、再代襲が認められる。
○　兄弟姉妹の場合は、再代襲がない。つまり、代襲は一代限りとなる。

なお、被相続人の直系卑属でない者は代襲者にならない（民法887②ただし書）。例えば、被相続人Ａの養子Ｄに、その養子縁組前の子Ｄ１と養子縁組後の子Ｄ２とがある場合、Ｄ１は、Ａの直系卑属でない（血が繋がっていない）ため代襲者にならない。そのため、Ｄ１にＡの相続権を与えるためには、養子縁組によりＤ１をＡの子とする必要がある。一方、Ｄ２は、直系卑属になるため代襲者の資格を有する。

○　養子の連れ子と代襲の関係

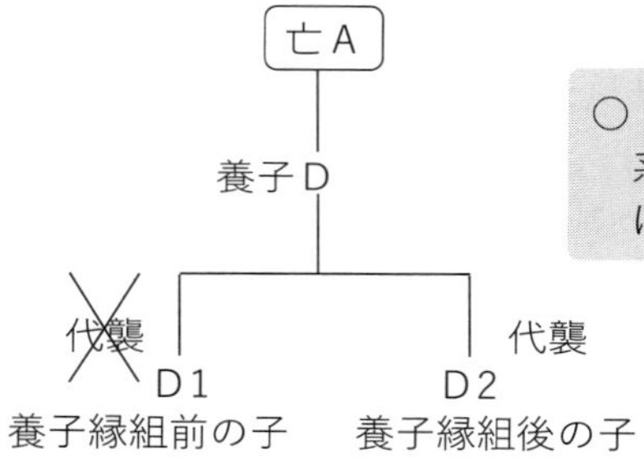

○　養子縁組前の子D1は、亡Aの直系卑属に当たらないため、代襲相続は認められない。

⑹　相続欠格と廃除

相続人となる者であっても、その者が相続欠格又は廃除により相続資格を失うと相続人でなくなる。

ア　相続欠格

相続人となるべき者に、次の不行跡があると、法律上当然かつ絶対的に相続権を失う（民法891）。

①　被相続人又は先順位若しくは同順位の者を殺し、殺そうとして、処刑された場合

②　被相続人が殺害されたことを知りながら告発・告訴をしなかった場合（殺害者が自己の配偶者や直系血族であるときを除く。）

③　詐欺又は強迫によって、被相続人の遺言を妨げ又は被相続人に遺言をさせた場合（遺言の撤回、取消し、変更を妨げ又はさせた場合を含む。）

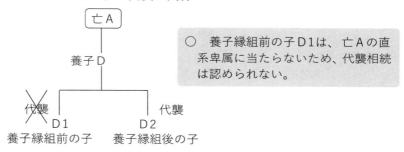

④　被相続人の遺言書を偽造、変造、破棄又は隠匿した場合

相続人となるべき者が相続欠格事由により相続権を失った場合でも、その効果は一身的（その者限り）である。したがって、相続欠格者の相続分について代襲相続をすることは妨げられない（前記(5)参照）。

イ　推定相続人の廃除

推定相続人（相続が開始した場合に相続人となるべき者をいうが、廃除は、遺留分を有しない者、つまり、兄弟姉妹を除く。）に、次の非行があったときは、被相続人は、その推定相続人の相続権をはく奪することができる（民法892、893）。

①　被相続人を虐待し、又は重大な侮辱をした場合

②　その他の著しい非行があった場合（例えば、相続人として相応しくない程に金遣いが荒い場合）

推定相続人の廃除は家庭裁判所の審判によるが、その審判は、①被相続人が生前に家庭裁判所に請求することにより行われる場合と、②被相続人が推定相続人を廃除する旨の遺言をし、遺言執行者が家庭裁判所に請求することにより行われる場合とがある。

なお、推定相続人が廃除により相続権をはく奪された場合でも、その効果は、相続欠格の場合と同様に一身的（その者限り）である。したがって、相続廃除者の相続分について代襲相続をすることは妨げられない（前記(5)・P258参照）。

(7)　相続放棄

相続人は、相続を放棄することにより、相続することを拒否することができる（民法938～940）。被相続人が多額の債務を負っていると、その相続人は過大な債務を負わされることになる。これを回避するために認められた制度が相続放棄である。この相続放棄をすると、放棄をした者は、初めから相続人とならなかったものとみなされる（民法939）。その結果、共同相続の場合は、他の相続人の相続分が増加する。また、相続

放棄をした者については、代襲相続は認められない（前記(5)参照）。

相続放棄をするためには、自己のために相続の開始があったことを知った時から３か月以内（その伸長について民法915①ただし書）に家庭裁判所にその旨を申述しなければならない（民法938）。この３か月を「熟慮期間」というが、その熟慮期間の起算点である「相続の開始があっことを知った時」の意義については、相続人が「相続開始の原因たる事実」及び「その相続により自己が法律上相続人となった事実」を知った時から起算すると解されている。しかしながら、例えば、親が死亡し、その死亡日に、その相続人である子らが死亡の事実を知っていたような場合であっても、被相続人の死亡時から３か月を超える相当の長期間を経て相続放棄が有効に行われるケースがある。これは、判例が熟慮期間の起算点を、次のように比較的緩やかに解していることによるものと思料される。

熟慮期間の起算点である「相続の開始があったことを知った時」の意義について、判例は、「相続開始の原因たる事実」及び「その相続により自己が法律上相続人となった事実」を知った場合であっても、①これら事実を知った時から３か月以内に相続放棄をしなかったのは、被相続人に相続財産（相続債務等の消極財産を含む。）が全く存在しないと信じたためであること、②その相続人において相続財産が全くないと信ずるについて相当な理由があると認められること、という要件の下においては、熟慮期間は、相続人が相続財産の全部又は一部の存在を認識した時又は通常これを認識し得べき時から起算すべきであるとしている（最判昭59.４.27民集38－６－698）。

補足　判例の掲げる要件②に該当するかどうかは、被相続人の生活歴、被相続人と相続人との間の交際状態その他諸般の状況からみて、その相続人において相続財産の有無の調査を期待することが著しく困難であったかどうかにより、判断することになる。

また、下級審決定であるが、母親と共に相続人となった子供らが、相続財産は全て母親が相続し自分たちには相続すべき相続財産が全く存在しないものと信じていたところ、後に、亡くなった父親が多額の保証債務を負っていたことを知ったという事案において、「相続人が相続財産の一部の存在を知っていた場合でも、自己が取得すべき相続財産がなく、通常人がその存在を知っていれば当然相続放棄したであろう相続債務が存在しないと信じており、かつ、そのように信じたことについて相当の理由があると認められる場合には、最高裁判例（前掲最判昭59.４.27）の趣旨が妥当するというべきであるから、熟慮期間は、相続債務の存在を認識した時又は通常これを認識し得るべき時から起算すべきものと解するのが相当である」と判示したものがある（福岡高決平27.２.16判例時報2259－58）。

したがって、被相続人の死亡後相当長期間を経て、同人の滞納税金の納税義務を相続人に承継させようとする場合に、その相続人において、自分が相続すべき相続財産又は相続債務は全くないと信じ、そう信ずるにつき相当の理由があると認められるときは、熟慮期間の起算点は、相続人が被相続人の滞納税金の存在を認識した時となり、その時から３か月以内に相続放棄の申述がなされ得る可能性がある。

⑻　相続の承認

ア　単純承認と限定承認

相続人は、相続について承認又は放棄をしなければならず（民法915①）、承認があると、相続財産は、相続の開始によって当然相続人に帰属することになる（民法896）。

そこで、相続人は、相続欠格者又は廃除者に該当せず、かつ、相続放棄をしないときは、相続人として相続を承認することになるが、その承認には、単純承認と限定承認とがある。

単純承認は、無限に被相続人の権利義務を承継するものである（民法920）。一方、限定承認は、相続によって得た積極財産の限度でだけ被相続人の債務及び遺贈を履行する義務を負担するものである（民法922）。

限定承認は、熟慮期間内（自己のために相続が開始されたことを知った日から３か月以内。なお、その伸長について民法915①ただし書）に、家庭裁判所に限定承認をする旨の申述をしなければならない。そして、この限定承認は、共同相続人の全員が行う必要がある（民法923）。そこで、例えば被相続人Ａの相続人としてＢ・Ｃ・Ｄの３名がある場合において、Ｂが限定承認をしないときは、Ｃ及びＤが限定承認を望んでいてもＢが限定承認に反対している以上は限定承認ができず、単純承認するしかない。もっとも、Ｂが相続放棄をすると、Ｂは初めから相続人ではなくなるので、共同相続人はＣとＤの２名のみとなり、限定承認が可能となる（反対に、Ｃ及びＤが共に相続放棄をし、Ｂが単純承認することも可能である）。

補 足　限定承認とみなし譲渡所得

上記の事例で、Ｂ・Ｃ・Ｄの３名が限定承認すると、相続に係る積極財産（例えば不動産）について譲渡があったものとみなされ、被相続人Ａに譲渡所得があったものとして所得税が課されることになる（所得税法59①）。そのため、Ｂ・Ｃ・Ｄは、このＡに課されるべき所得税の納税義務を承継して申告・納付しなければならないことになる。限定承認は、相続債務を相続した積極財産の限度で返済しようとするものであるが、既存の相続債務に加えてみなし譲渡所得に係る所得税までもが相続債務となるため、相続財産（積極財産と消極財産）が債務超過となるケースが生じ得る。

☞ **考えてみよう！**

Ａは住民税100万円を滞納しているが、納税誠意がなく、また差し押さえることができる財産もない。最近になって、Ａの親Ｂが亡くなり、唯一の相続人であるＡが限定承認をしたことが分かった。また、相続財産として預金があることが判明している。

そこで、徴収職員Ｘは、Ａの住民税100万円を徴収するため、Ａが相続した預金を差し押さえたいと考えている。

このＸの徴収方針に何か問題があるだろうか？

ヒント・考え方はＰ654

一方、単純承認は、相続人が承認する旨の意思表示をしなくても、次に該当する場合は単純承認したものとみなされる（法定単純承認・民法921）。

① 相続人が相続財産の全部又は一部を処分したとき。

② 相続人が熟慮期間内に限定承認又は相続の放棄をしなかったとき。

③ 相続人が、限定承認又は相続放棄をした後であっても、相続財産の全部又は一部を隠匿し、ひそかに消費し、又は悪意で相続財産目録に記載しなかったとき（背信行為による単純承認。その例外につき、民法921三ただし書参照）。

なお、上記①の法定単純承認については、次に留意する必要がある。

ⅰ 相続人が行った処分行為が全て単純承認とみなされるわけではなく、相続人が相続財産の全部又は一部を処分したときであっても、それが保存行為及び短期賃貸借（３年を超えない建物の賃貸等をいう。民法602）に当たる場合は、法定単純承認とならない（民法921一ただし書）。

ⅱ 相続人が行った処分行為が単純承認とみなされるには、相続人が自己のために相続を開始した事実を知りながら相続財産を処分したか、又は少なくとも相続人が被相続人の死亡した事実を確実に予想しながらあえてその処分をしたことを要すると解されている（最判昭42.４.27民集21－３－741）。

ⅲ 相続人が行った処分行為は、限定承認又は放棄をする前になされたものであることを要する（大判昭５.４.26大民集９－427）。一方、相続人が有効に限定承認又は放棄した後に相続財産を処分したときは法定単純承認とならない（上記③の背信行為による単純承認に該当する場合を除く。）。この場合、処分行為をした相続人は相続債権者に対して損害賠償責任を負う可能性がある。

イ　相続人による相続財産の処分と相続放棄申述の受理

相続人が熟慮期間内に相続財産の全部又は一部を処分している場合、つまり、単純承認に該当する場合であっても、相続放棄の申述をすると家庭裁判所は申述受理の審判をする。この場合、家庭裁判所の申述受理の効力が問題となるが、その審判は、相続人が相続放棄の意思表示をしたことを家庭裁判所が公証する行為にすぎず、相続放棄自体を有効なものと確定するものではない（大阪高決平14.7.3家庭裁判所月報55－1－82等）。

したがって、被相続人（滞納者）の相続人について相続放棄の申述が受理されている場合であっても、その相続人が、申述が受理される前に相続財産を処分している事実が認められるときは、当然に単純承認をしたものとして（すなわち、放棄の無効確認の判決を得るまでもなく、直ちに）、被相続人の滞納税金について、その相続人に納税義務を承継し、滞納処分をすることができる。

○　大阪高決平成14.7.3家庭裁判所月報55－1－82

相続放棄の申述の受理は、家庭裁判所が後見的立場から行う公証的性質を有する準裁判行為であって、申述を受理したとしても、相続放棄が有効であることを確定するものではない。相続放棄等の効力は、後に訴訟において当事者の主張を尽くし証拠調べによって決せられるのが相当である。

したがって、家庭裁判所が相続放棄の申述を受理するに当たって、その要件を厳格に審理し、要件を満たすもののみを受理し、要件を欠くと判断するものを却下するのは相当でない。もっとも、相続放棄の要件がないことが明らかな場合まで申述を受理するのは、かえって紛争を招くことになって妥当でないが、明らかに要件を欠くとは認められない場合には、これを受理するのが相当である。

(9)　再転相続

ア　再転相続の意義

相続人（前相続人）が相続（第1相続）の承認又は放棄をしないで死亡すると、その者の相続人は、前相続人の承認又は放棄する権利を承継取得する（民法916)。例えば、Ａが死亡しＢが相続人となった場合（第１相続）において、その相続人であるＢがＡからの相続について承認又は放棄をしないで死亡し，ＣがＢの相続人となったとき（第２相続）は、Ｃは、Ｂの第１相続の承認・放棄権をも相続することになる。Ｃは、第１相続と第２相続の両方を同時に相続することになるわけであり、これを「再転相続」という。

○　再転相続の例

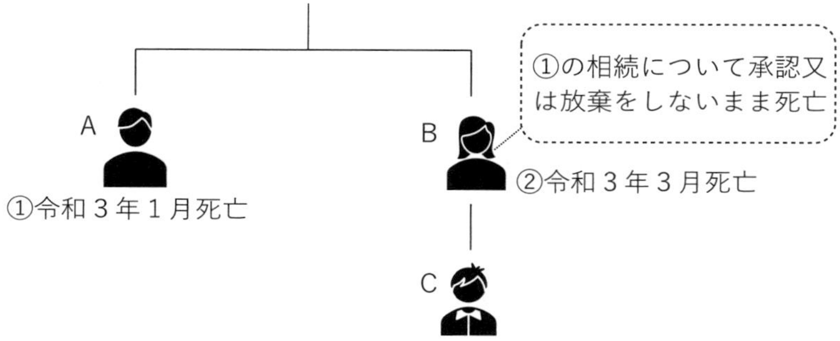

イ　再転相続人が複数ある場合

再転相続人が二人以上いる場合、各再転相続人が各々相続の承認又は放棄をすることができる。例えば、再転相続人としてＣ及びＤがいる場合において、Ｃが第１相続を承認し、Ｄが第１相続を放棄したときは、Ｄは最初から再転相続人にならなかったものとみなされる（民法939)。

ウ　第１相続と第２相続の承認又は放棄の可否

㈠　先に第２相続について承認又は放棄をした場合

再転相続は、Ｃが、Ｂの地位（Ｂの第１相続の承認・放棄権を含む。）を承継することがベースになっている。したがって、先に第２相続を放棄すると、Ｃは、もはやＢの権利義務を承継しないことになるので、Ｂの第１相続の承認・放棄権をも承継しないことになる。その結果、第１相続について承認することも、これを放棄することもできない（そもそも権限がない。）こととなる。

一方、先に第2相続を承認した場合、Cは、Bの第1相続の承認・放棄権を承継し、第1相続について承認又は放棄をすることができる。

○　第2相続先行型の場合

<table>
<tr><th></th><th>第1相続</th><th>第2相続</th><th>可・否</th></tr>
<tr><td>①</td><td>承認</td><td rowspan="2">承認</td><td rowspan="2">可</td></tr>
<tr><td>②</td><td>放棄</td></tr>
<tr><td>③</td><td>承認</td><td rowspan="2">放棄</td><td rowspan="2">不可</td></tr>
<tr><td>④</td><td>放棄</td></tr>
</table>

(イ)　先に第1相続について承認又は放棄をした場合

一方、Cが、第1相続を放棄した後に第2相続を承認又は放棄することは支障がないと解されている（最判昭63.6.21家庭裁判所月報41－9－101参照）。

また、第1相続を承認した後に、第2相続を承認することは可能であり、更に第2相続を放棄することについて、通説は可能であると解している。

補 足　第2相続を放棄することについては、相続放棄の遡及効（はじめから相続人にならなかったものとなること。民法939）を理由に、Cが先に第1相続を承認しても、第2相続を放棄すると第1相続について再転相続人として選択する地位をはじめから承継していないことになるので、第1相続についてした承認は無効となるとする見解がある。

○　第１相続先行型の場合

	第１相続	第２相続	可・否
①	承認	承認	可
②	承認	放棄	可（反対説あり）
③	放棄	承認	可
④	放棄	放棄	可

エ　再転相続における承認又は放棄の熟慮期間の起算日

再転相続人であるＣは、熟慮期間内に、第１相続を承認するか又は放棄しなければならない（民法915①）。この場合、熟慮期間の起算点については、Ｃが、Ｂからの相続により第１相続における相続人としての地位を自己が承継したことを知った時をいうと解されている。そして、この場合、亡くなったＢが生前においてＢ自身がＡの相続人であることを知っていたか否かは問題とならない（最判令元.8.9民集73－３－293）。

オ　再転相続と納税義務の承継

例えば、滞納者Ａが死亡し、その後、相続人Ｂが承認又は放棄をしないで死亡したときは、Ｂの相続人であるＣは、再転相続人として、第１相続と第２相続のそれぞれについて承認又は放棄をすることができる。この場合、Ｃが滞納者Ａの納税義務を承継するのは、第２相続先行型の場合は、第１相続と第２相続の両方について承認したときであり、第１相続先行型の場合は、第１次相続を承認したとき（第２相続は、承認又は放棄のいずれでもよい。）である。

また、ＣがＡの納税義務を承継する場合の納税義務は、Ｂの承継分（相続分）に係るものである。例えば、亡Ａの相続人がＢ及び甲の二人、Ｂが死亡したことによる相続人がＣ・Ｄ・Ｅの三人、Ａの滞納税金600万円である場合において、第１相続について、甲が承認し、再転相続人としてＣとＤが承認し、Ｅが放棄したときは、ＣとＤは、Ｂの承継分である300万円（600万円×１/２）の滞納税金を２分の１ずつ、つまり150万円ずつ承継することになる。

○　再転相続による納税義務の承継例

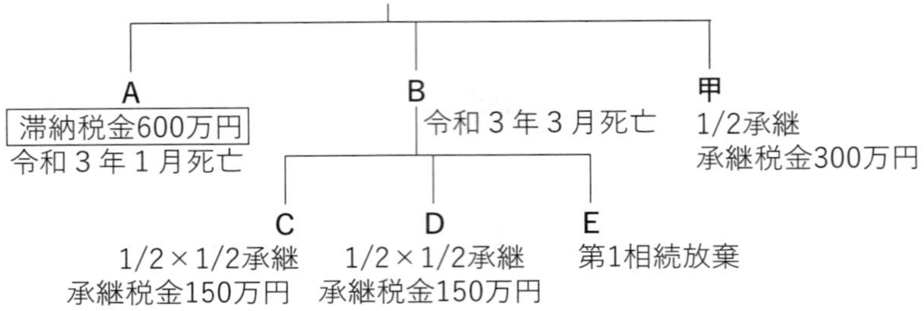

2　相続分

二人以上の相続人が共同して相続することを共同相続といい、これら相続人を共同相続人という。そして、共同相続人の相続財産全体に対する分け前の割合（民法900等）や額（民法903等）を相続分という。相続分には、民法上、①法定相続分、②代襲相続分、③指定相続分、④特別受益者の相続分、⑤寄与分がある。そして、これら相続分のうち①ないし③は、被相続人の納税義務を共同相続人に承継する場合の承継割合として用いられる。

⑴　法定相続分

以下の⑶の遺言による相続分の指定がないときは、民法の規定で相続分が定まる。その内容は、次のとおりである（民法900）。

①　配偶者と子が相続人であるとき

⇒　配偶者が２分の１、子が２分の１

②　配偶者と直系尊属が相続人であるとき

⇒　配偶者が３分の２、直系尊属が３分の１

③　配偶者と兄弟姉妹が相続人であるとき

⇒　配偶者が４分の３、兄弟姉妹が４分の１

④　子、直系尊属又は兄弟姉妹が複数いるとき

⇒　各人平等（相続分を頭割りで分ける）

⑤　④で、兄弟姉妹の中に父母のどちらか一方だけが同じである兄弟姉妹（「異父兄弟姉妹」、「異母兄弟姉妹」又は「半血兄弟姉妹」という。）があるとき

⇒　半血兄弟姉妹の相続分は、父母の両方とも同じ兄弟姉妹の２分の１

⑵　代襲相続分

ア　代襲相続人（子）の相続分は、その直系尊属（親）が受けるべきであった相続分と同じである。

イ　代襲相続人が複数いるときは、その直系尊属（親）が受けるべきであった相続分を前記⑴の④の要領により分ける（民法901）。

⑶　指定相続分

ア　被相続人は、遺言により共同相続人の各相続分を指定し、又は第三者に委託して指定させることができる（民法902）。

イ　共同相続人のうち一部の者の相続分だけを指定することも可能であり、その場合は、指定を受けない相続人の相続分は法定相続分による。

⑷　法定相続分と指定相続分の関係

相続分は、被相続人の指定があるときは指定相続分により、その指定がないときは法定相続分による。

⑸　指定相続分と遺留分の関係

後記第５の４・Ｐ370を参照。

⑹　納税義務承継の計算の基礎としていない相続分

被相続人の納税義務を共同相続人に承継する場合の承継割合の計算の基礎として用いられる相続分は、法定相続分、代襲相続分又は指定相続分である。他方、その計算の基礎とされていない相続分として、特別受益者の相続分又は寄与分がある。

ア　特別受益者の相続分

特別受益とは、共同相続人の中に次に掲げる者がいる場合のその遺贈又は贈与をいう。

① 被相続人の遺言で特別に財産をもらった者（遺贈を受けた者）
② 結婚をするとき又は養子縁組をするときに、その支度として婚礼家具用品・持参金などの贈与を受けた者
③ 暮らし（生計）のための資金援助等として贈与を受けていた者

共同相続人の中にこの特別受益を受けた者がいるにもかかわらず、そのことを考慮せずに法定相続分を基準として遺産分割をすることは、他の相続人にとって不公平である。そこで、その特別受益を「相続財産の前渡し」として考え、相続分の計算においては、これを相続財産に戻すこととしている（これを「特別受益の持戻し」という。）。すなわち、相続開始時の相続財産の価額にその特別受益の価額を加えたものを「みなし相続財産」とし、これを基として算定した相続分から特別受益の価額を控除した残額が、特別受益者の相続分とされる（民法903）。例えば、共同相続人である子ＡとＢがいる場合に、被相続人が、生前に、Ｂに対してその婚姻時の持参金として300万円を贈与していたときは、相続開始時の相続財産（積極財産：1,500万円）にその持参金300万円を加えたものをみなし相続財産とし（1,800万円）、これを基礎として算出した相続分（1800万円×１/２＝900万円）から受贈額（300万円）を控除した残額（600万円）がＢの相続分となる（Ａは900万円を相続する）。

○　特別受益者の相続分の算定

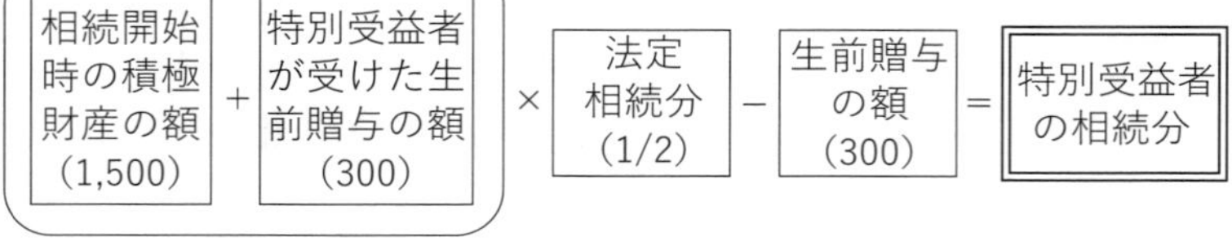

また、被相続人が持戻しを免除する意思表示をした場合は、特別受益を相続財産に戻して計算することが免除されるが（民法903③）、さらに、相続人である配偶者を保護するため、婚姻期間が20年以上の夫婦の一方である被相続人が、他の一方に対して、その居住建物又はその敷地について遺贈又は贈与をした場合は、特別受益の持戻しの規定（民法903①）を適用しない旨の意思表示をしたものと推定される（民法903④）。

仮に、特別受益者の相続分を納税義務承継の算定における計算の基礎とした場合は、特別受益の事実を過去にさかのぼって確認しなければならないことになり、納税義務の承継事務が極めて煩雑となろう。そのため、納税義務の承継においては計算の基礎にしなかったものと思われる（租税徴収制度調査会答申第三の三参照）。

イ　寄与分

共同相続人の中に、被相続人の事業を手伝い、又は被相続人の療養看護をするなどにより、被相続人の財産の維持又は増加に特別の寄与をした者がいるときは、相続人間の実質的な衡平を図るため、その寄与分を除いたものを相続財産とみなし、それを基礎として算出した相続分に寄与分を加えた額をもって、その者の相続分とする（民法904の２）。

○　寄与分がある場合の相続分の算定例

事　例

相続財産 ⇒5,000万円
相続人　 ⇒ 配偶者、子Ａ、子Ｂ
寄与分　 ⇒子Ｂにつき1,000万円

①　みなし相続財産

5,000万円（相続財産）－1,000万円（寄与分）＝4,000万円

②　法定相続分

配偶者 ⇒4,000万円×１/２＝2,000万円

Ａ　⇒4,000万円×１/２×１/２＝1,000万円

Ｂ　⇒4,000万円×１/２×１/２＋1,000万円（寄与分）＝2,000万円

この寄与分については、①民法899条が「各共同相続人は、その相続分に応じて被相続人の権利義務を承継する」として、被相続人の義務は相続分により承継すると規定しているのに対して、寄与分を定める民法904条の２は、相続人の権利を定める規定なので、これを基に相続債務の負担を定めることはできないと考えられること、②寄与分を考慮して相続人間における相続債務の負担を定めるとなると、寄与分が確定するまでは相続債権者はその権利を行使することができず、その保護に欠けることから、寄与分は相続債務の負担には影響しないと解されているところであり、納税義務の承継においても、同様に、その計算の基礎としていない。

補足　特別の寄与

寄与分は、共同相続人間における衡平を図る制度である。一方、被相続人の親族で相続人でない者（相続人の配偶者等）が無償で被相続人の財産の維持・増加に特別の寄与をした場合は、その寄与者は、相続人に対し、寄与に応じた額の金銭（特別の寄与料）の支払を請求できる（民法1050）。

《参考》

相続人及び法定相続分のポイント

１　法定相続分

順位		配偶者と　子	配偶者と父母等	配偶者と兄弟姉妹	配偶者のみ	子のみ	父母のみ	兄弟姉妹のみ
all	配偶者	１/２	２/３	３/４	全部			
１	子	１/２				全部		
２	父母等		１/３				全部	
３	兄弟姉妹			１/４				全部

２　相続人の留意点

○　配偶者

・　配偶者は、常に相続人になり、他に相続人となるべき者があるときは、その者と同順位で相続する。

・　内縁関係の配偶者は、相続権がない。

補 足　相続においては、婚姻の届出という形式的要件を重視している。

・　配偶者がいない場合は、「子→父母等直系尊属→兄弟姉妹」の相続順位による。

○　第１順位　配偶者と子

・　子には、非嫡出子（婚姻関係にない間の子）、養子を含む。胎児は出生した時に相続人になる。

・　子が相続放棄すると、孫には代襲相続されない。

㈱　代襲相続は、子について次のいずれかの事由がある場合に限られる。

①　相続開始以前に死亡したとき（同時死亡の推定・民32の２を含む。）

②　相続人の欠格事由に該当して相続権を失ったとき

③　廃除によって相続権を失ったとき

・　養子の連れ子は、代襲相続人になれない。

補 足　代襲相続人となる資格を有する者は、被相続人の直系卑属に限られる。

○　第２順位　配偶者と父母等直系尊属

・　父母には、養父母も含む。

○　第３順位　配偶者と兄弟姉妹

・　代襲相続は、兄弟姉妹の子までであり、孫への再代襲はない。

・　異父・異母の兄弟姉妹の相続分は、父母の両方が同じ者の２分の１である。

3　承継人及び相続分の調査の留意点

(1)　相続放棄又は限定承認の調査

相続放棄又は限定承認は、熟慮期間内（自己のために相続の開始があったことを知った時から３か月以内）に、放棄又は限定承認をする旨を家庭裁判所に申述しなければならない（民法924、938）。そこで、相続人が相続放棄又は限定承認をしていないかどうかを確認するため、被相続人の最後の住所地を管轄する家庭裁判所に「相続放棄・限定承認の申述の有無」を照会文書により照会する。

○「相続放棄・限定承認の申述の有無」の照会書の例

受付印	**照会書(相続放棄・限定承認の申述の有無)** 令和○○年○○月○○日 ○○家庭裁判所 御中 住所 △△市本町１－１－１ 照会者 △△市長　○○　○○
切手　　　円	連絡先　△△市総務部納税課 担当者 TEL×××（××）××××　○○　○○
添付書類	1 被相続人戸(除)籍謄本　通　5 契約書写し　通 2 相続人の戸籍謄本　通　6 登記簿謄本　通 3 法人の資格証明　通　7　通 4 代理権を証する委任状　通 (戸籍謄本は、写しの添付があれば原本は返還いたします。)
相続人の表示	別紙被相続人等目録記載のとおり
被相続人の表示	氏名《ふりがな》　甲野《こうの》　太郎《たろう》　死亡日　令和○○年○○月○○日
照会の趣旨	別紙被相続人等目録記載の被相続人の相続に関し、同目録記載の相続人から 1 同被相続人の死亡日　(令和○○年○○月○○日) 2 先順位者の放棄が受理された日 (令和　年　月　日) から現在までに、貴庁に対し、相続放棄又は限定承認の申述がされているかどうかにつき回答を求める。
照会の実情	□　不動産競売手続きに必要なため　□　訴訟提起のため □　債権回収のため　☑　徴税のため □　その他(　　　)

回答	月　日	発送・交付	印

被相続人等目録

被相続人	氏　名《ふりがな》	甲野《こうの》　太郎《たろう》	死亡日	令和〇〇年〇〇月〇〇日
	本籍	△△県△△市〇〇3丁目2番地		
	最後の住所	△△県△△市〇〇町3－2－1		

1 相続人	氏　名	甲野花子		続　柄	妻
	※事件番号	令和　年（家）第　号	受理日	令和　年　月　日	
2 相続人	氏　名	甲野一郎		続　柄	長男
	※事件番号	令和　年（家）第　号	受理日	令和　年　月　日	
3 相続人	氏　名	川野良子		続　柄	長女
	※事件番号	令和　年（家）第　号	受理日	令和　年　月　日	
4 相続人	氏　名			続　柄	
	※事件番号	令和　年（家）第　号	受理日	令和　年　月　日	
5 相続人	氏　名			続　柄	
	※事件番号	令和　年（家）第　号	受理日	令和　年　月　日	
6 相続人	氏　名			続　柄	
	※事件番号	令和　年（家）第　号	受理日	令和　年　月　日	
7 相続人	氏　名			続　柄	
	※事件番号	令和　年（家）第　号	受理日	令和　年　月　日	

※印の欄は、裁判所で記載します。

○　相続放棄等に関する回答書の例

相続放棄等に関する回答書

照　会　番　号
令和　　年第　　号

被相続人	別紙被相続人等目録記載のとおり
相続人	

下記 2 のとおり回答します。

記

1　別紙のとおり　□相続放棄　□限定承認　が受理されています。

②　上記の被相続人の相続について、上記の相続人から相続の放棄及び限定承認の申述がなされているかどうかを事件簿及び索引カードにより調査しましたが、令和○○年○○月○○日 から 同○○年○○月○○日までの間に該当する事件は見当たりません。

令和○○年○○月○○日

○○家庭裁判所
裁判所書記官　○○　○○

⑵　相続欠格の調査

相続欠格は、遺言書を偽造、変造、破棄又は隠匿するなど、相続人が相続に関して不正な利益を得る目的で不正な行為を行い、又は行おうとした場合に相続人資格をはく奪するものである（民法891）。

相続人に欠格事由に該当する事実があると、その者は法律上当然に相続権を失うことになるが、戸籍には記載されない。そのため、相続人について相続欠格事由が疑われるときは、相続関係者からの聴き取り等により確認する必要がある。

⑶　推定相続人の廃除の調査

推定相続人の廃除は、被相続人（遺言で廃除するときは、遺言執行者）

が家庭裁判所に廃除の審判の申立てをすることにより行う（民法892、893。家事事件手続法188①、別表第一。なお、調定制度がないことにつき、同法244参照。）。そして、家庭裁判所における審判の確定により廃除の効力が生ずると、被相続人（遺言で廃除するときは、遺言執行者）から市町村長に「相続人廃除届」が提出され、その廃除された相続人の戸籍に廃除の旨の記載がなされる（戸籍法97）。したがって、廃除の有無は、相続関係者からの聴取のほか、相続人の戸籍から確認することができる。

⑷　包括受遺者・包括死因受贈者の存否の調査

包括受遺者・包括死因受贈者の有無及びその内容については、相続関係者から聴き取りにより確認する。また、包括受遺者については遺言書から確認することができる。

⑸　相続人の特定の調査

被相続人の生まれた時から死亡した時までの連続した戸籍謄本を収集することにより、相続人（特に、第一順位の子）を把握する。そこで、徴収実務上は、戸籍謄本の収集を容易にするため、先ずは被相続人の住民票（除票）の写しを収集して、被相続人の本籍地を確認しておく必要がある。

また、特定した相続人についても、生存・廃除の有無等を確認するため戸籍謄本を収集する。

補 足　住民票（除票）の保存年限

住民票（除票）の保存年限は５年であったが、「情報通信技術の活用による行政手続等に係る関係者の利便性の向上並びに行政運営の簡素化及び効率化を図るための行政手続等における情報通信技術の利用に関する法律等の一部を改正する法律」（令和元年法律16号）により、平成26年６月21日以後に消除された住民票及び消除された戸籍の附票の保存年限は150年と大幅に延長されている（住民基本台帳法施行令34①、同附則２②。）。

○　相続人の調査の流れ

住民票（除票）を調査 ― 本籍地を確認

↓

死亡時の戸籍を調査 ―

（調査事項）
転籍（入籍）の記載有　⇒　除籍謄本の調査
改製の記載有　⇒　改製原戸籍の調査
婚姻の記載有　⇒　配偶者の生存を確認
子供の記載有　⇒　子供の生存を確認
（子供が婚姻等により除籍している場合は、入籍先の戸籍を調査）
配偶者、子供の記載無⇒父母等の戸籍調査

↓

除籍謄本・改製原戸籍の調査 ―

出生時から死亡時までの連続するすべての戸籍謄本を収集し、子供、父母、兄弟姉妹の有無を確認

⑹　戸籍謄本の収集

ア　戸籍謄本の種類

戸籍謄本には、戸籍謄本又は全部事項証明、改製原戸籍謄本及び除籍謄本又は除籍全部事項証明がある。

種　類	内　容
戸籍謄本 全部事項証明	・　現在備えられている戸籍の謄本で、戸籍に記載されている全員について身分事項（出生・婚姻・死亡等）が記載されている。 ・　全部事項証明は、戸籍が電算化されている場合の戸籍謄本をいう。

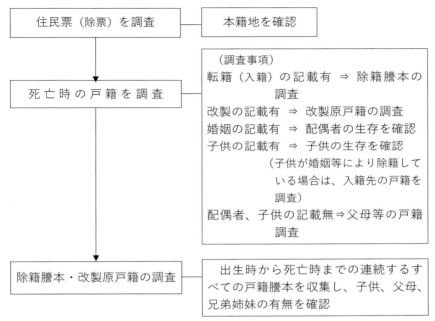

改《かい》製《せい》原《はら》戸《こ》籍《せき》謄本	・　法令改正により戸籍の様式が変更された際の変更前（改製前）の戸籍謄本をいう。
除籍謄本 除籍全部事項証明	・　一つの戸籍内に記載されている全員がその戸籍から除かれて居なくなった状態の戸籍謄本をいう。 ・　本籍を他の地域に移すことを「転籍」というが、転籍して他の地域に戸籍を異動させると、その転籍前の戸籍は、そこに記載されている全員が転籍して居なくなるので、除籍謄本となる。 ・　除籍全部事項証明は、電算化されている除籍謄本をいう。

イ　戸籍の改製

戸籍は、明治以降、次のとおり改製が行われている。

① 明治５年戸籍（壬申戸籍）：明治５年２月１日～明治19年10月15日

② 明治19年式戸籍　：明治19年10月16日～明治31年７月15日

③ 明治31年式戸籍　：明治31年７月16日～大正３年12月31日

④ 大正４年式戸籍　：大正４年１月１日～昭和22年12月31日

⑤ 昭和23年式戸籍（現行戸籍）　：昭和23年１月１日～（現在）

☞　それまでの家単位の「戸主」を中心とした戸籍から、「夫婦とその未婚の子供」を単位とした戸籍に変更された。

⑥ 平成６年式戸籍（電算化）

☞　戸籍の電算化に伴う改製である。

㈟　昭和23年式戸籍前の戸籍は、昭和23年式戸籍施行後も現行戸籍として一時使用されていたが、戸籍法において、施行後10年を経過したときは改製しなければならないとされていたため、昭和32年からその改製作業が行われた。その際に改製により削除された旧戸籍（明治19年式戸籍、明治31年式戸籍又は大正４年式戸籍）は、改製原戸籍として保管されている（明治５年戸籍については既に廃棄されており、存在しない。)。

ウ　戸籍謄本の構成

戸籍謄本は、「戸籍等事項」欄（戸籍が使用されていた期間が記載されている。）と「身分事項」欄（戸籍に記載されている各人の出生、婚姻、死亡等身分変動に関する事項が記載されている。）に分かれている。

エ　出生から亡くなるまでの連続した戸籍の流れ

被相続人の出生から死亡までの戸籍上の流れは、次の事例のとおりであるが、戸籍謄本の収集は、死亡時の戸籍謄本から逆順に出生時まで遡っていくことになる。

事　例

被相続人甲野太郎の出生から亡くなるまでの戸籍は、次のとおり。

① 昭和15年６月６日に出生し、戸主である父甲野一郎の戸籍に入籍。

② 昭和33年７月７日、父甲野一郎を筆頭者とする現行戸籍に戸籍改製。

補 足 同戸籍は、その後、太郎の除籍（③)、父の死亡及び母の死亡により全員が居なくなったため、除籍。

③ 昭和35年３月３日、山本花子と婚姻したため、甲野一郎戸籍を除籍し、新戸籍（筆頭者：甲野太郎）に入籍。

④ 平成15年５月１日、戸籍電算化。

⑤ 令和○年○月○日、死亡により除籍

○　出生から死亡までの戸籍謄本の流れ

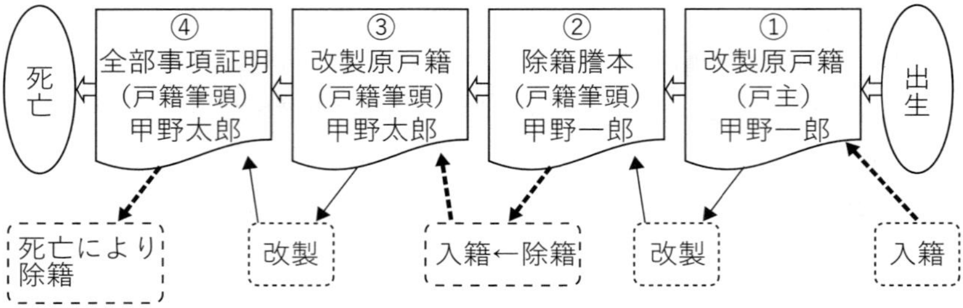

○　収集の順番による各戸籍の見方

１番目　⇒　④の全部事項証明（平成６年式戸籍）

この戸籍は、電算化により平成15年５月１日に作成された。

戸籍の筆頭者

戸籍事項

太郎の身分事項

全部事項証明

本籍 氏名	○○県○○市○○町○○番地○○ 甲野太郎
戸籍事項 戸籍改製	【改製日】平成15年５月１日 【改製事由】平成６年法務省令第51号附則第２条第１項による改製
戸籍に記録されている者 除　籍	【名】太郎 【生年月日】昭和15年６月６日 【父】甲野一郎 【母】甲野なみ子 【続柄】長男
身分事項 出　生	【出生日】昭和15年６月６日 【出生地】○○県○○市○○番地 【届出日】昭和15年６月14日 【届出人】父
婚　姻	【婚姻日】昭和35年３月３日 【配偶者氏名】甲野花子 【従前戸籍】○○県○○市○○番地　甲野一郎
死　亡	【死亡日】令和○年○月○日 【死亡時分】午前６時30分 【死亡地】○○県○○市 【届出日】令和○年○月○日 【届出人】親族　甲野花子
戸籍に記録されている者	【名】花子 【生年月日】昭和○年○月○日 【父】山本三太 【母】山本和子 【続柄】二女

死亡した者は除籍となる

身分事項 出　生	【出生日】昭和○年○月○日 【出生地】○○県○○市○○番地 【届出日】昭和○年○月○日 【届出人】父
婚　姻	【婚姻日】昭和35年 3 月 3 日 【配偶者氏名】甲野太郎 【従前戸籍】○○県○○市○○番地　山本三太

電算化前の戸籍謄本を収集

２番目　⇒　③の改製原戸籍（昭和23年式戸籍）

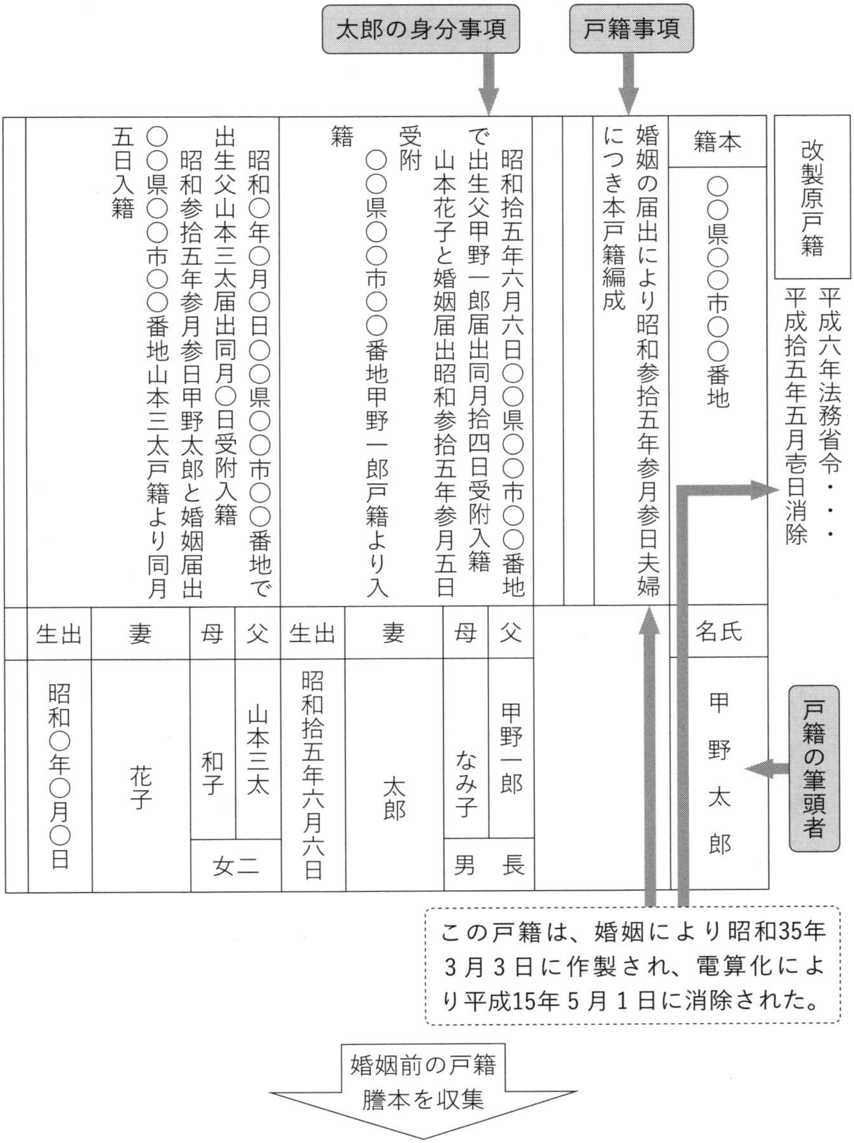

3番目 ⇒ ②の除籍謄本（昭和23年式戸籍）

除籍謄本

本籍	○○県○○市○○番地
	昭和参拾弐年法務省令第弐拾七号により 昭和参拾参年七月七日本戸籍改製
	平成弐年弐月弐日消除
氏名	甲野一郎

身分事項	出生事項の記載（省略） 婚姻事項の記載（省略） 死亡により除籍（省略）
父	亡甲野××
母	亡××子
続柄	長男
夫	一郎
出生	昭和○年○月○日

身分事項	出生事項の記載（省略） 婚姻事項の記載（省略） 平成弐年壱月弐拾五日午前○時○県○○市で死亡弐月壱日親族甲野太郎届出同月弐日同市長から送付除籍
父	亡××××
母	亡×××
続柄	二女
妻	なみ子
出生	昭和○年○月○日

身分事項	昭和拾五年六月六日○県○市○番地で出生父甲野一郎届出同月拾四日受附入籍 昭和参拾五年参月参日山本花子と婚姻届出同月○○県○○市長から送付○○県○○市○○番地に夫の氏の新戸籍編製につき除籍
父	甲野一郎
母	なみ子
続柄	長男
	太郎
出生	昭和拾五年六月六日

山本花子と婚姻して、太郎を筆頭者とする新戸籍を作製したため、本戸籍から除籍となった。

この戸籍は、改製により昭和33年7月7日に作製されたが、戸籍に最後に残っていた「なみ子」の死亡により平成2年2月2日に除籍となり、その結果、戸籍記載の者全員が居なくなったため平成2年2月2日に消除された。

この戸籍は昭和33年に作製されているが、太郎は、この戸籍が作られる前（昭和15年）に生まれている。したがって、この戸籍が作製される前の戸籍謄本を収集する必要がある。

現行戸籍改製前の戸籍謄本を収集

４番目⇒①の改製原戸籍（昭和23年改製原戸籍）

改正原戸籍

本籍　○○県○○市○○番地

出生事項（省略）
婚姻事項（省略）
昭和壱参年九月九日前戸主治兵衛死亡ニ因リ
家督相続届出。同月拾五日受附
昭和参拾弐年法務省令第二十七号により昭和
参拾参年七月七日あらたに戸籍を編製したた
め本戸籍　消除

前戸主　甲野　治兵衛

戸主
前戸主トノ続柄　亡甲野治兵衛長男
父　亡甲野治兵衛
母　亡　○○
長男
一郎
出生　大正○年○月○日

（なみ子の身分事項欄記載省略）

妻
なみ子

本籍に於いて出生父甲野一郎届出昭和拾五年
六月拾四日受附入籍
改製により新戸籍編製につき昭和参拾参年七
月七日除籍

父　甲野一郎
母　なみ子
太郎
出生　昭和拾五年六月六日

太郎の出生が昭和15年であり、この戸籍が作製された昭和13年より後なので、この戸籍が太郎の出生時の戸籍となる。

この戸籍は、一郎を戸主として昭和13年9月15日に作製されたが、現行戸籍への改製により昭和33年7月7日に消除された。

⑺ 日本国籍を有しない被相続人についての納税義務の承継

ア 被相続人が外国の国籍を有する者である場合

被相続人が外国の国籍を有する者である場合、その相続は、被相続人の本国法にしたがう（法の適用に関する通則法36）。

したがって、例えば被相続人が大韓民国籍である場合は、「相続についての準拠法を常居所である日本の法による」旨を遺言で指定していない限り、その相続に関しては大韓民国の相続法が適用され（大韓民国国際私法77、法の適用に関する通則法37参照）被相続人の納税義務も大韓民国の相続法の定めるところによって承継することになる。

> 大韓民国国際私法77条（相続）
>
> ① 相続は、死亡当時の被相続人の本国法による。
>
> ② 被相続人が遺言に適用される方式によって明示的に次の各号のいずれかを指定するときは、相続は、第１項の規定にかかわらず、その法による。
>
> １．指定当時の被相続人の常居所地法
>
> 但し、その指定は、被相続人が死亡時までその国に常居所を維持した場合に限り、効力を有する。
>
> ２．不動産に関する相続については，その不動産の所在地法
>
> ㈲ 上記訳文は試訳的なものである。

なお、大韓民国国際私法77条２項の規定のように被相続人の本国法において「常居所地法（つまり、日本法）によるべき」とされているときは、日本民法を適用することになる（これを「反致」という。法の適用に関する通則法41）。

イ 二重国籍の場合

被相続人が二重国籍を有している場合において、その一つが日本国籍であるときは、相続に関して日本民法が適用されるので（法の適用に関する通則法38①ただし書）、納税義務の承継も通則法５条・地方税

法9条の定めにしたがって行う。

また、日本国籍がない場合は、国籍を有する国のうち、常居所を有する国があるときはその国の法を、常居所を有する国がないときは当事者の最も密接な関係がある国の法を本国法として適用する（法の適用に関する通則法38①本文）。

ウ　無国籍の場合

被相続人が国籍を有しない場合は、その者の常居所地法による（法の適用に関する通則法38②）。したがって、日本国が常居所地であるときは、相続に関して日本民法が適用されるので、納税義務の承継も通則法5条・地方税法9条の定めにしたがって行う。

エ　相続人の調査

相続が被相続人の本国法又は日本民法のいずれによるとしても、相続人の有無等を調査するために本国法から戸籍又は戸籍に相当するものを収集する必要がある。しかしながら、「相続人を確定して納税義務を承継する」という税金の徴収を目的とする行為は公権力行使に該当すると解されるため、国又は地方団体自らが、相手国が管理する戸籍等を収集することは困難と考えられる。そのため、現況では、日本国にいる相続人等関係者に対して自主的な相続手続を促すことしか対応策がないと思われる。

補 足 1　包括承継型と管理清算型

相続が被相続人の本国法による場合は、国によって、相続の形態が「包括承継型」と「管理清算型」とがあることに留意する。

包括承継型は、被相続人の権利義務を包括承継するものであり、日本の相続法と同様である。

一方、管理清算型は、英米法系の国の相続形態であり、被相続人の遺産は「遺産財団（Estate）」となり、その所有権は、遺産管理人に帰属（信託）し、同人の下で清算手続が行われる（Probate）。この管理清算型においては、相続人は、残余財産が生じた場合に、その財産を相続するが、相続債務を負わないことになる。したがって、相手国の相続が管理清算型によっている場合、納税義務の承継は、遺産管理人を相手方として行う必要があると考えられる。

2　相続統一主義と相続分割主義

積極財産である相続財産の相続形態として、相続統一主義と相続分割主義とがある。相続分割主義は、「不動産は、その不動産の所在地法により相続し、動産は、被相続人の本国法又は被相続人の住所地法による」とするものである。

相続統一主義か相続分割主義かは、例えば、滞納者が相続人である場合において、被相続人の遺産として日本国内に不動産又は動産があり、これらを差し押さえようとするときに問題となる。

第３　相続財産法人からの滞納税金の徴収

1　相続財産法人の概要

(1)　相続財産法人の意義

相続人の調査をした結果、第三順位までの全員が相続放棄をしていたときは、相続人のあることが明らかでない状態にあるため、被相続人に対して債権を有し、又は債務を負っている者は誰に対して履行を請求し、又は弁済すればよいのかが問題となる。そこで、民法は、相続財産自体に法人格を付与することとし（法人格の擬制）、相続人の有無が明らかでないときの相続財産の帰属主体を明らかにしている（民法951）。なお、この相続財産法人は、相続人が明らかでないときに法律上当然に成立するので、格別の設立行為を要しない。

(2)　相続財産清算人の選任

相続財産法人は法律上の観念的な存在であるため、実際に相続財産を管理し、清算する者が必要となる。この相続財産を現実的に管理・清算する者を「相続財産清算人」といい、利害関係人又は検察官の請求を受けた家庭裁判所によって選任される（民法952①）。そして、相続財産清算人の選任を請求することができる「利害関係人」とは、相続債権者、受遺者、相続債務者、相続財産に担保権を有する者、特別縁故者などであるが、被相続人の租税債権者である行政機関等も「相続債権者」として相続財産清算人の選任を請求することができる。

また、相続財産清算人の選任をすると、家庭裁判所は、その旨及び相続人がある場合は一定期間内にその権利を主張すべき旨を公告しなければならない（民法952②）。

○　相続財産清算人の選任及び相続権主張の催告の官報公告の例

> 相続財産清算人の選任及び相続権主張の催告
>
> 次の相続人について、相続人のあることが明らかでないので、その相続財産の清算人を次のとおり選任した。被相続人の相続財産に対し相続権を主張する者は、催告期間満了の日までに当裁判所に申し出てください。
>
> 令和○○年（家）第×××××号
>
> ○県○○市○町１丁目２番３号
>
> 申立人　○○市長　△△　△△
>
> 本籍○県……、最後の住所○県……、死亡の場所○県……、
>
> 死亡年月日令和○○年○○月○日、出生の場所○県……、
>
> 出生年月日昭和○○年○○月○日、職業不詳
>
> 被相続人　亡甲野太郎
>
> 事務所○県○市○町３－２－１△ビル５階　大鳥法律事務所
>
> 相続財産清算人　弁護士　大鳥羽根子
>
> 催告期間満了日　令和○年○月○日

(3)　相続財産清算人の権限

相続財産清算人には、不在者の財産管理人に関する規定が準用されており（民法953、27ないし29）、これにより、相続財産清算人は、相続財産の管理・清算につき相続財産法人を代理する権限を有する。ただし、その代理権は、民法103条（権限の定めのない代理人の権限）に定められている行為（保存行為、代理の目的である物又は権利の性質を変えない範囲での利用・改良行為）に限られており、その権限を超える代理行為については、家庭裁判所の許可を要する（民法953、28）。

また、相続債権者は、相続財産清算人に対して相続財産の状況について報告を求めることができる（民法954）。

(4)　相続財産清算人選任後、相続人が明らかになった場合

相続財産法人が成立した後に相続人がいることが判明したときは、そ

の相続財産法人は初めから存在しなかったものとみなされ（相続財産法人の不成立。民法955本文）、相続財産は、相続開始の時からその相続人に帰属していたものとされる。ただし、相続財産清算人がその権限内の行為をしていたときは、取引の相手方に不測の損害を与えることを防ぐため、その行為は有効に存続することとしている（同条ただし書）。

なお、相続財産清算人の権限は、相続人が現れても、その相続人が相続を承認するまでは消滅せず（民法956①）、仮にその相続人が放棄した場合は、相続財産法人はそのまま存続することになり、その相続財産清算人の権限も消滅することなく続行する。

⑸　相続財産の管理・清算手続の流れ

相続財産法人が成立している場合の相続財産の管理・清算のための手続の流れは、次のとおりである。

①　相続財産清算人の選任の申立て（民法952①）

②　相続財産清算人の選任（民法952①）

③　相続財産清算人の選任・相続権主張の催告の公告（民法952②）

補 足　相続権主張の催告の公告は、公告から６か月を下らない期間とされている。

④　相続債権者・受遺者に対する債権申出の公告（民法957）

補 足　公告に定められた請求申出期間（２カ月以上の期間、かつ、③の相続人捜索の期間内）の満了後に清算が開始され、ⅰ申し出た相続債権者及び受遺者、ⅱ申し出ていないが相続財産清算人が知っている相続債権者及び受遺者に対して、弁済がなされる。そして、相続財産が全て弁済され、残余財産がないときは、ここで手続は終了する。なお、ⅰ及びⅱの者に弁済した後、残余財産があるときは、「債権の申し出をせず、清算人において知らなかった相続債権者・受遺者」も③の期間内ならば弁済を受けることができる（民法957②、935）。

○　相続債権者・受遺者に対する債権申出の官報公告の例

> 相続債権者受遺者への請求申出の催告
> 本籍○県○市…、最後の住所○県…
> 被相続人亡甲野太郎
> 右被相続人の相続人のあることが不明なので、一切の相続債権者及び受遺者は、本公告掲載の翌日から二箇月以内に請求の申し出をして下さい。右期間内にお申し出がないときは弁済から除斥します。
> 令和○年○月○日
> ○県○市○町3－2－1△ビル5階
> 大鳥法律事務所
> 相続財産清算人　弁護士　大鳥羽根子

（残余財産がある場合）

⑤　相続人不存在の確定

補 足　③の相続人捜索の公告に定められた期間内に相続人として権利主張する者が現れなかったときは、相続人並びに相続財産清算人に知れなかった相続債権者及び受遺者がいたとしても、その権利は失権する（民法958）。

⑥　特別縁故者への分与

補 足　③の相続人捜索の公告に定められた期間満了後3か月以内に特別縁故者からの請求があったときは、その者に、清算後残った（残余）相続財産の全部又は一部が与えられる（民法958の２）。

⑦　残余財産の国庫への帰属（民法959）

相続財産の管理・清算手続の流れ

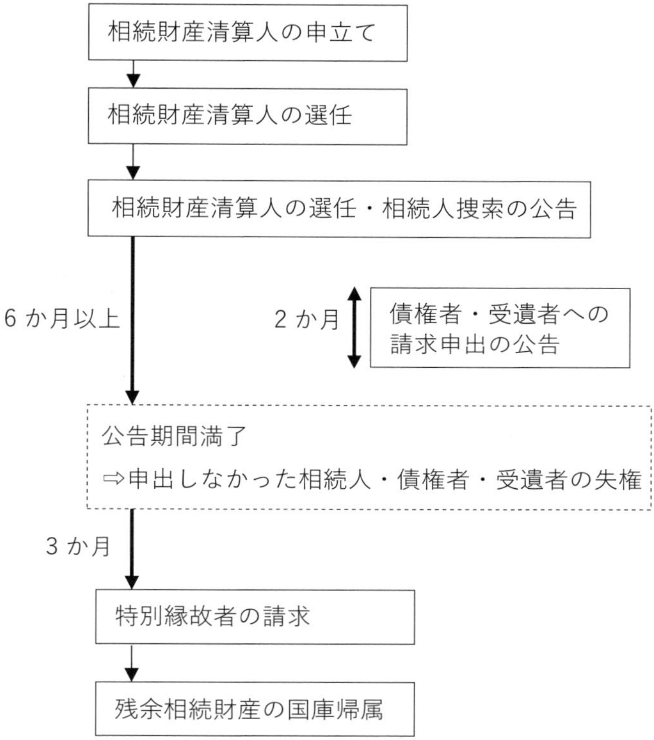

2　自庁による相続財産清算人の選任の申立て

(1)　選任の申立てを検討すべき場合

被相続人に課すべき又は納付すべき租税がある場合において、相続財産（積極財産）があり、これにより承継税額を徴収できる見込みがあるときは、相続財産清算人の選任の申立てを検討する。

なお、相続財産清算人の選任を申し立てるに当たっては、収入印紙800円、官報公告掲載料5,075円、通信に要する郵便切手（各家庭裁判所により所要額が異なる。例えば、大阪家庭裁判所本庁は1,290円（同庁ホームページ参照）である。）に加え、通常、予納金の納入を求められる。そこで、これら所要額を見込んだ上で選任の可否を検討することになる。

補 足　予納金の額は事案の難易度等により決まるが、実務上、相続財産の中に不動産がある場合は100万円程度の予算措置をしておく必要がある。なお、残余財産があるときは、予納金は申立人に返還される。

⑵ 申立て

相続財産清算人の選任の申立てに必要な書類は、次のとおりである。

○　申立書

○　標準的な申立添付書類

①　被相続人の出生時から死亡時までの全ての戸籍（除籍，改製原戸籍）謄本

②　被相続人の父母の出生時から死亡時までの全ての戸籍（除籍，改製原戸籍）謄本

③　被相続人の子（及びその代襲者）で死亡している者がいる場合，その子（及びその代襲者）の出生時から死亡時までの全ての戸籍（除籍，改製原戸籍）謄本

④　被相続人の直系尊属の死亡の記載のある戸籍（除籍，改製原戸籍）謄本

⑤　被相続人の兄弟姉妹で死亡している者がいる場合，その兄弟姉妹の出生時から死亡時までの全ての戸籍（除籍，改製原戸籍）謄本

⑥　代襲者としてのおい又はめいで死亡している者がいる場合、そのおい又はめいの死亡の記載がある戸籍（除籍，改製原戸籍）謄本

⑦　被相続人の住民票除票又は戸籍附票

⑧　財産を証する資料（不動産登記事項証明書（未登記の場合は固定資産評価証明書），預貯金及び有価証券の残高が分かる書類（通帳写し，残高証明書等）等）

⑨　利害関係人からの申立ての場合は、利害関係を証する資料（戸籍謄本（全部事項証明書），金銭消費貸借契約書写し等）

⑩　相続財産清算人の候補者がある場合にはその住民票又は戸籍附票

（参考）　裁判所ホームページ（裁判所トップページ〉裁判手続の案内〉家事事件〉相続財産清算人の選任）を参照した。

また、行政機関等による相続財産清算人の選任の申立てにおける申立書及び必要添付書類の記載例等は、次のとおりである。

○　相続財産清算人選任申立書（記載例１）

（添付書類）

①　滞納額明細書（書式省略）

②　被相続人の住民票除票（書式省略）

③　被相続人の出生から死亡までの戸籍（除籍）謄本（書式省略）

④　被相続人の父母の出生から死亡までの戸籍（除籍）謄本（書式省略）

⑤　遺産目録（記載例２）

⑥　相続放棄等に関する回答書（記載例３）

⑦　相続関係図（記載例４）

（記載例１）　相続財産清算人選任申立書

受付印		**相続財産清算人選任申立書（相続人不存在の場合）**
収入印紙　　　円		（この欄に収入印紙800円分を貼ってください。）
予納郵便切手　　　円		（貼った印紙に押印しないでください）

準口頭		関連事件番号　令和　　　年（家　　）第　　　　号

○○家庭裁判所 御中 令和○○年○○月○○日	申立人 （又は法定代理人など） の記名押印	○○市長　△△　△△　印

添付書類	被相続人の出生から死亡までの戸（除）籍謄本、被相続人の住民票除票、被相続人の父母の出生から死亡までの戸（除）籍謄本、相続放棄等に関する回答書、相続関係図、財産目録、不動産登記事項証明書、申立人の利害関係を証する書面（市税滞納額明細書）

申立人	住所	〒　○○○-○○○○ ○○県○○市○○町○丁目○番○号	
	連絡先	〒　○○○-○○○○ ○○県○○市○○町○丁目○番○号 ○○市○○部納税課（担当△△） 電話×××-×××-××××	
	フリガナ 氏名	○○シチョウ　△△　△△ ○○市長　△△　△△	
被相続人	本籍	○○県○○市○○町○丁目○番地	
	最後の住所	〒　○○○-○○○○ ○○県○○市××町×丁目×番×号	
	フリガナ 氏名	コウノタロウ 甲野　太郎	大正 昭和 平成　○○年○月○○日生
	死亡当時の職業	無職	

申　立　て　の　趣　旨
被相続人の相続財産の清算人を選任する審判を求める。

申　立　て　の　理　由
1　申立人は、別紙「市税滞納額明細書」のとおり、被相続人に対して徴収すべき地方団体の徴収金を有する租税債権者である。 2　被相続人は、令和〇〇年〇〇月〇〇日に死亡し、相続を開始したが、次のとおり、相続の放棄がなされたため、被相続人について相続人のあることが明らかでない。 ①　被相続人には配偶者及び子１人があるが、その両名は相続放棄をしている。 ②　被相続人の尊属は、被相続人の死亡前に死亡している。 ③　被相続人には弟が一人いるが、その弟は相続放棄している。 　以上により、被相続人の遺産から地方団体の徴収金を徴収する必要があるため、申立ての趣旨のとおり審判を求める。

（記載例２）　遺産目録

遺　産　目　録

1　土地

番号	所　在	地番	地目	地　積	備　考
1	〇〇市××町×丁目	2番1	宅地	平方メートル 50.00	建物1の敷地
2	〇〇市××町×丁目	2番2	宅地	平方メートル 30.00	建物1の敷地

2　建物

番号	所　在	家屋番号	種類	構造	床面積	備　考
1	〇〇市××町×丁目〇番地	2番1	宅地	木造瓦葺 2階建	平方メートル 1階　50.00 2階　30.00	土地1及び2上の建物

3　預貯金

番号	金融機関	種類	口座番号	残高	備　考
1	〇〇信用金庫 △△支店	普通	×××××××	1,234,567円	調査日： 令和〇年〇月〇日
2	ゆうちょ銀行	通常	×××－××××	876,543円	調査日： 令和〇年〇月〇日

（記載例３）　相続放棄等に関する回答書（配偶者及び子の例）

平成○○年○○月○○日

相続放棄等に関する回答書

○○家庭裁判所

庶務課長　○○○○

被相続人	別紙被相続人等目録のとおり
照会対象者	

下記 [1] のとおり回答します。

1　別紙のとおり、同目録１～３の者から ■相続放棄　□限定承認 が受理されています。

2　上記の被相続人につき、同目録　　　の者から相続の放棄及び限定承認の申述がなされているか否かを調査した結果、平成　年　月　日から平成　年　月　日までの間に、該当する事件は見当たりません。

被相続人等目録

被相続人	氏　名		甲野　太郎	死亡日	平成○○年○○月○○日
	本　籍		○○県○○市○○町○丁目○番地		
	最後の住所		○○県○○市××町×丁目×番×号		
1	相続人	氏　名	甲野　花子	続柄	妻
		※事件番号	平成○○年（家）第○○○○号	受理日	平成○○年○○月○○日
2	相続人	氏　名	甲野　一	続柄	子
		※事件番号	平成○○年（家）第○○○○号	受理日	平成○○年○○月○○日
3	相続人	氏　名	甲野　なみ	続柄	子
		※事件番号	平成○○年（家）第○○○○号	受理日	平成○○年○○月○○日
4	相続人	氏　名		続柄	
		※事件番号	平成　　年（家）第　　号	受理日	平成　　年　　月　　日

5	相続人	氏　名		続柄	
		※事件番号	平成　　年（家）第　　号	受理日	平成　　年　　月　　日
6	相続人	氏　名		続柄	
		※事件番号	平成　　年（家）第　　号	受理日	平成　　年　　月　　日

補足　「相続放棄等に関する回答書」の原本還付が必要な場合の手続は、事前に家庭裁判所に確認する（通常、原本とともに複写の提出を求められる。）。

（記載例４）　相続関係図

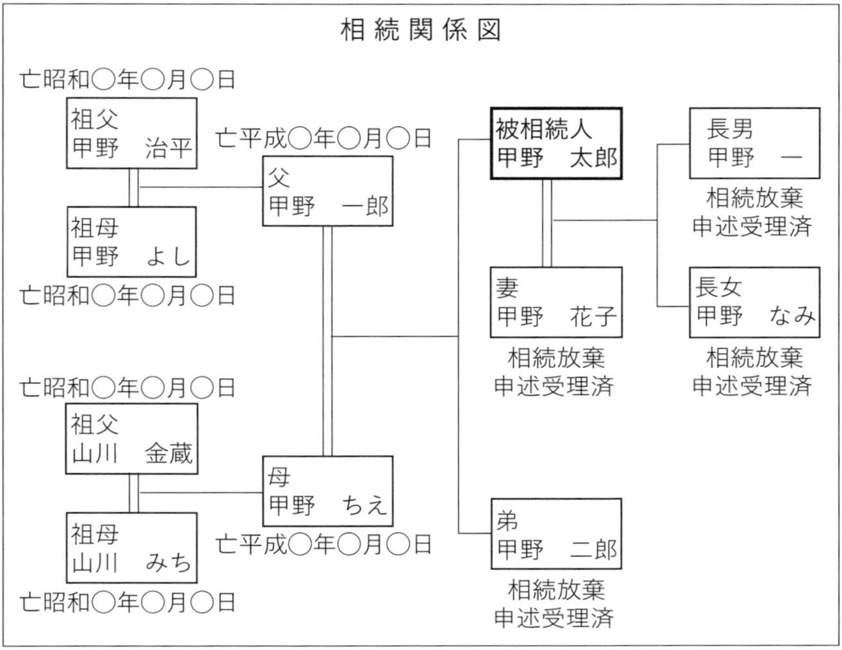

3　相続財産清算人選任後の手続

⑴　相続財産清算人への連絡（自庁が選任の申立てをしている場合）

相続財産清算人の選任審判があると、家庭裁判所から選任審判書謄本の送付により連絡を受ける。

この選任審判の連絡を受けたときは、速やかに、相続財産清算人と連絡をとり、①自庁の連絡先（担当者名・電話等）、②今後の滞納整理手続の予定（判明している各相続財産に対する差押えの予定の有無、公売する場合のスケジュール等）を連絡する。なお、相続財産清算人は、滞納法人の代表者に相当（正確には「法定代理人」）するため、守秘義務に抵触することは当然にない。

○　選任審判書謄本の例

令和○年（家）第○○○○号

審　　判

住　　　所　○○市○町１丁目２番３号
　申　立　人　　○○市長　××　××
本　　　籍　○県……
最後の住所　○○市……
　被相続人　　　亡　甲野　太郎
　　　　　　　　昭和○年○月○日生
　　　　　　　　令和○年○月○日死亡

上記申立人からの相続財産清算人選任申立事件について、当裁判所はその申立てを相当と認め、民法952条により次のとおり審判する。

主　　文

１　被相続人亡甲野太郎の相続財産清算人として、
　　事務所　　○○市……
　　　　　　　大鳥法律事務所
　　氏　名　　大鳥羽根子（弁護士）
　を選任する。
２　手続費用は、申立人の負担とする。
　　令和○年○月○日
　　○○家庭裁判所
　　　　裁判官　○○　○○㊞

これは謄本である。
同日当庁
裁判所書記官　○○　○○　印

⑵　相続財産清算人への債権届出

自庁が相続財産清算人の選任の申立てをしたときは、その申立書の添付書類である「滞納額明細書」により相続財産清算人の知るところとなるので、相続財産清算人に対して改めて滞納税金を届け出ることは要しない。また、仮に相続財産清算人から滞納税金の内容等について確認の問合せがあったときは、通常の滞納者に対する対応と同じく、滞納額明細書等を交付することにより対応する。

一方、自庁が相続財産清算人選任の申立人でなかった場合は、届出をしない限りは、相続財産清算人においては滞納税金の存在を知り得ない。そこで、相続財産清算人から弁済を受けるために、同清算人に対して、滞納額明細書を交付することにより債権の届出を行う。

補 足　交付要求の可否

相続財産清算人が選任されることにより、滞納税金は、相続財産清算人が相続財産を処分した処分代金から「配当を受ける」という考えの下に、相続財産清算人に対して交付要求（徴収法82）をしなければならないとの誤解が生じ易い。しかし、交付要求は、滞納者の財産について強制換価手続が行われた場合に、その執行機関に対して行うものであり、ここに強制換価手続とは、滞納処分（その例による処分を含む。）、強制執行、担保権の実行としての競売、企業担保権の実行手続及び破産手続をいうので、相続財産清算人の選任は、これら強制換価手続に該当しないことは明白である。また、執行機関とは、滞納処分を執行する行政機関等、裁判所、執行官及び破産管財人をいうので（徴収法２十二、十三）、相続財産清算人は執行機関に当たらないことも明らかである。相続財産清算人は滞納法人の代表者に相当するものであり、その選任は、いわば代表者を選任したにすぎないのである。したがって、相続財産清算人に対して交付要求をすることはできない。

もちろん、相続財産清算人が選任された場合は、相続財産清算人に納付を求めるため、又は事後の滞納整理を円滑に遂行するために、相続財産清算人に滞納税額を知らせる必要があるが、実務上は、上記のとおり、滞納額明細書等を交付するなどにより対応すればよいであろう。

なお、相続財産清算人は、相続債務を弁済するため相続財産を現金化する必要があるときは、原則として競売にかけなければならないものとされている（民法957②、932）。この競売は、清算のための原資を得ることを目的とするものであり（この競売を「形式競売」という。）、債権の回収を目的とする通常の競売とは異なるが、その競売は担保権の実行としての競売の例により行われるので、交付要求を許すのが当然であると解されている（注解民事執行法⑸386頁参照）。そこで、形式競売が開始されたときは、その競売手続から滞納税金について配当を受けるため、執行裁判所に交付要求をすることができる。

○　交付要求の可否

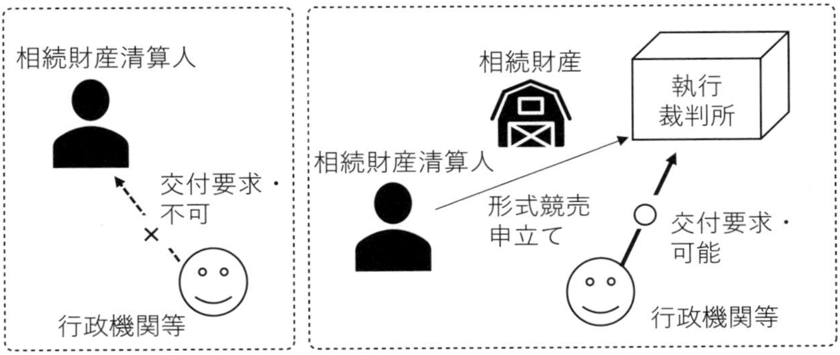

⑶　相続財産清算人が選任された場合の徴収方途

相続財産清算人が選任された場合の滞納税金の徴収方途には、次の３通りある。

①　滞納処分（相続財産の差押え・公売・配当）を執行するケース

相続財産法人に対する一般の相続債権者は、前記１⑸④・P295の請求申出期間内に債権の届出をすること等によらなければ弁済を受けることができない。一方、相続財産について特別の担保を有する相続債権者は、自らその権利（担保権）を実行することにより債権の回収をすることができる（民法957②、935ただし書）。そして、租税債権者も、租税債権の優先徴収権（徴収法８、地方税法14）に鑑み、この「特別の担保を有する者」に該当する（審判所裁決平26.２.19裁決事例集№.94参照）。したがって、徴収職員は、自ら滞納処分を執行すること（相続財産を差し押さえ、公売（預金等債権においては「取立て」）し、配当・充当すること）により、滞納税金を徴収することができる。

② 相続財産について強制競売、競売又は形式競売が開始された場合において、その執行裁判所に交付要求し、競売手続から配当を受けるケース

相続財産について、一般の相続債権者による強制競売の申立て、抵当権者等による抵当権の実行としての競売の申立て又は相続財産清算人による形式競売の申立てに基づき、執行裁判所が競売手続を開始したときは、その執行裁判所に交付要求し、競売手続から配当を受けることにより滞納税金を徴収する。この場合、交付要求に係る滞納税金は、徴収法又は地方税法に基づく他の債権との調整規定に基づいて配当を受けることになる。

③ 相続財産清算人から弁済を受けるケース

相続財産が預金等の債権であるときは、相続財産清算人は、その債権の取立てを行って、取り立てた金銭をもって相続債権者等に弁済する。また、相続財産が不動産等売却を要するときは、原則として上記②による形式競売に付すこととされているが、家庭裁判所の選任した鑑定人の評価に基づいて任意売却をすることが可能であり（民法957②、932ただし書）、その売却代金をもって相続債権者等に弁済することができる。

そして、その売却代金により、相続財産清算人が弁済をする際は、先ず、優先権を有する相続債権者に弁済し、その後、一般の相続債権者等に対して債権額に比例して弁済することとされている（民法957②、

929)。そこで、滞納額明細書等の交付により滞納税金の内容を相続財産清算人に知らせているか、又は滞納額明細書等の交付をしなくても相続財産清算人において滞納税金の内容を知っている場合で、かつ、行政機関等において相続財産に対して差押えをしていなかったときは、その滞納税金について優先権を主張することができるかどうかが問題となる。

この点につき、優先権を有する債権者とは、「相続財産を構成する財産の全部又は一部の上に先取特権、質権、抵当権又は留置権を有する債権者」であると解されており（新版注釈民法（27）336頁)、ここに相続財産の全部の上に成立する先取特権とは、一般の先取特権をいう。そうすると、租税債権は、この一般の先取特権に類似する性格を有するものであり（徴収法精解135頁参照)、したがって、相続財産清算人から弁済を受けるに当たり、当然に優先権を主張できると解することができる。形式競売が開始された場合においては交付要求をすることにより租税の優先権が認められることとの衡平からも、相続財産清算人からの弁済においても優先権が認められるべきであろう（前掲審判所裁決平26.２.19参照)。

しかしながら、実務上は、この租税の優先権が認められるか否かの取扱いが定まっておらず、個々の事案ごとに判断されているようである。また、優先権が認められたとしても、優先権を有する他の公租・公課や抵当債権者等との間の調整については、民法上、特に規定がないため、執行裁判所における配当手続のように徴収法・地方税法に基づく他の債権との調整規定に基づいて弁済の順位・額が定められるとは限らない。そのため、滞納税金の優先的納付につき確実性が認められないときは、例えば、任意売却の実行前に滞納処分による差押えをするなど上記①による方法を執ることを検討する。

4　相続財産清算人が選任される前の滞納処分の可否

⑴　相続財産清算人の選任前でも可能な差押え

相続財産法人に属する相続財産について、相続財産清算人の選任前でも差押えが可能なものは次のとおりである。

・　動産又は有価証券（徴収法56） ・　債権（同法62） ・　第三債務者等がある無体財産権等（同法73） ・　振替社債等（同法73の２）

動産又は有価証券の差押えは、徴収職員がこれを占有して行い、その占有時に差押えの効力が生ずる。また、債権等の差押えは、債権差押通知書又は差押通知書を第三債務者等に送達することにより行い、その通知書が第三債務者等に送達された時に差押えの効力が生ずる。したがって、これら財産の差押えにおいては、滞納者に書類を送達することは手続要件でも効力発生要件でもないので、相続財産清算人が選任されていない段階においても差押えをすることができる。

そこで、例えば、被相続人名義の相続預金があることを把握した場合は、その相続預金からの徴収を確実にするため、原則として、相続財産法人を名宛人として差押えを行う。この場合、差押調書謄本は、保管の上、相続財産清算人選任後に速やかに同清算人に交付することとする。

○　東京地裁判決平成７年４月26日判例タイムズ920号230頁

＊　本事件は、ＸがＡ１会社に貸付し、Ａ２が連帯保証をしたところ、Ａ２が死亡し、相続人全員が相続放棄をしたため、Ｘが債権者代位権に基づいて亡Ａ２相続財産法人がＹ銀行に対して有するＡ２名義の預金の払戻請求を行使したものである。

（判示事項）

相続財産管理人（編注：現行の相続財産清算人である。）は、相続財産法人の法定代理人であって、相続財産の帰属主体となるものではない。したがって、債権者が相続財産に属する権利を代位行使する場合には、債権者は相続財産管理人に代位してその権利を行使するものではなく、相続財産に属する権利を代位行使するものであるから、その権利行使のためには、相続財産法人が存在していれば足り、相続財産管理人の選任までは必要としないと言うべきである。

補 足　上記の財産について相続財産清算人選任前に差押えをした場合であっても、その後の手続である換価・配当処分を行うに当たっては、同清算人の選任を要する。例えば、相続預金について、亡甲野太郎相続財産（法人）として差押えを行った場合、その預金の取立ては、相続財産清算人選任後に行うこととし、配当計算書謄本を所定の期間内に清算人に対して発送しなければならない（徴収法131。同法171①四、地方税法19の４四参照）。

⑵　相続財産清算人の選任後にすべき差押え

相続財産清算人の選任後に差押えをすべき相続財産は次のとおり。

- 不動産（徴収法68）
- 船舶・航空機（同法70）
- 自動車・建設機械・小型船舶（同法71）
- 第三債務者等がない無体財産権等（同法72）

これら財産の差押えは、滞納者に差押書を送達することにより行い、その差押えの効力は、差押書が滞納者に送達された時に生ずる。したがって、差押書の送達を受領する権限を有する相続財産清算人が存在していなくては、差押えをすることができない。

補 足 相続財産である不動産の差押えの登記を嘱託するに当たっては、差押えの前提登記として所有権移転の代位登記（所有権の登記名義人を被相続人から相続財産法人に変更する代位登記）を嘱託することになるが、その変更証明情報（登記原因証明情報）として「相続財産清算人選任審判書謄本」が必要である。

5 相続財産清算人の選任後に相続不動産の差押えをする場合の前提登記

相続財産である不動産を差し押さえるに当たり、登記の名義人が被相続人のままであったときは、その名義を相続財産法人に変更する必要がある。この相続を原因とする所有権移転の登記は、通常は、相続財産清算人において行うことになるが、行政機関等は、差押登記をするための前提として、これを代位登記することができる。

その登記嘱託書の記載例と留意事項は次のとおりである。

㈡ 以下の「相続による所有権移転の代位登記嘱託書の記載例及び留意事項は、「不動産登記書式精義（1985年版）」669・670頁及び「一目でわかる登記嘱託書の作り方（全訂版）」（藤谷定勝著・日本加除出版）46〜49頁を参考とした。

⑴ 相続による所有権移転の代位登記嘱託書の記載例

登記嘱託書

登記の目的　　所有権登記名義人表示変更①
原　　　因　　令和何年何月何日相続人不存在②
変更後の事項③
　　何県何市何町何丁目何番何号
　　　　　　　亡甲某相続財産
被代位者　　　何県何市何町何丁目何番何号

亡甲某相続財産
代 位 者　何市④
代位原因　令和何年何月何日滞納処分の差押
添付書類
変更証明情報⑤　代位原因証明情報⑥
令和何年何月何日嘱託　何法務協何出張所　御中
嘱託者　何市長　何　某　㊞
連絡先　担当部署　○○市納税課
担当者名　○○○○
電話番号　×××（×××）××××
登録免許税　登録免許税法第５条第１号
不動産の表示
（以下、省略）

⑵　登記嘱託書の留意事項

①　登記の目的

相続人不存在により相続財産が法人となったときは、その登記は、所有権登記名義人の表示の変更の登記による（昭和10年１月14日民事甲三九通達）。

②　登記原因

登記原因は、「相続人不存在」等と記載する。

③　変更後の事項

相続人不存在の場合は、相続不動産は「相続財産」という法人が所有することになり、その場合の相続財産法人の表示は「亡○○○○相続財産」とする。

住所の表示は、登記名義人（被相続人）の死亡時の住所を記載する。なお、死亡時の住所が登記簿上の住所と異なるときは、その沿革を示す住民票の除票を添付情報とし、②の登記原因を次のように二段書することで足り、前提として住所変更の登記を嘱託することを要しない（昭和32年３月22日民事甲第423号民事局長通達）。

登記の原因	令和何年何月何日住所変更 令和何年何月何日相続人不存在

④　代位者

国又は地方団体の場合はその団体名を表示する。

⑤　変更証明情報（又は「登記原因証明情報」）

相続財産清算人選任審判書謄本を添付する。

なお、相続財産清算人の選任が「相続人不存在の場合であること及び死亡者の死亡年月日が明らかでないとき」は、相続財産清算人選任審判書謄本のほか、相続人のないことが明らかであることを示す戸籍（除籍）の謄本又は抄本を添付する必要がある（昭和39年２月28日民事甲第422号民事局長通達）。

補 足　相続財産清算人選任審判書謄本は、次により、家庭裁判所に交付請求する。

令和○年○月○日

○○家庭裁判所長　様

○○市長　○○　○○

相続財産清算人選任審判書謄本の交付について

お忙しいところ恐れ入りますが、市税滞納整理のため必要がありますので、下記の事件に係る審判書謄本の交付を請求します。

（根拠条文 地方税法第20条の11）

記

事件番号	令和○年（家）第××××号　相続財産清算人選任申立事件
申立人	株式会社○○○○ ○○市○○町５丁目６番７号
相続財産清算人	弁護士　大鳥　羽根子
事務所	○○市○○町１丁目２番３号

（連絡先）
○○市役所納税課 担当○○○○

⑥　代位原因証明情報

差押調書謄本又は差押登記原因証明書を添付する。

《相談事例》　債権者代位による相続財産法人への変更登記と固定資産税

質問１

次の事実関係において、令和４年度固定資産税は誰に課すべきでしょうか。

①　市税太郎は、当市内に甲不動産を所有していたが、平成21年６月25日に死亡した。

②　死亡後相続登記はなく、登記名義人は市税太郎のままであったが、令和４年１月19日に、相続人不存在を原因とする「亡市税太郎相続財産」法人への名義人氏名変更登記がなされた。なお、同変更登記は、XX銀行の債権者代位によるものである。

（登記事項）

順位番号	登記の目的	受付年月日	権利者等
１	所有権移転	平成14年 ７月10日	原因　平成13年９月24日売買 所有者　市税　太郎
付記１号	１番登記名義人氏名変更	令和４年 １月19日	原因　平成21年６月25日 相続人不存在 登記名義人　亡市税太郎相続財産 代位者　XX銀行 代位原因　令和３年11月９日判決
２	差押	令和４年 ４月１日	原因　令和４年３月30日 △△地方裁判所強制競売開始決定 債権者　XX銀行

（回答）

①　市税太郎の法定相続人をＡのみとし、Ａについて平成22年１月４日に相続放棄の申述が受理されたものと仮定します。

その場合の平成22年分以降の納税義務者は、次のとおりです。

・平成22年分　納税義務者Ａ（平成22年１月１日時点ではＡが現有者

となるので、同人に現有者課税がなされます。)。

・平成23年～令和４年分　納税義務者亡市税太郎相続財産法人（各年の賦課期日の納税義務者は、現有者である亡市税太郎相続財産法人になります。Ａは、家庭裁判所に平成22年１月４日に相続放棄の申述が受理されたことにより、相続人でなくなっているため、現有者にはなりません。)。

したがって、令和４年分の固定資産税は、令和４年１月１日時点の現有者である「亡市税太郎相続財産法人」が納税義務者となります。

なお、令和４年１月19日に相続財産法人名義に変更登記がありましたので、仮に令和５年分の固定資産税を課す場合は、令和５年１月１日時点の登記名義人として相続財産法人が納税義務者となります（現有者として課すのか、登記名義人として課すのかの違いです。)。

②　納税通知書等の書類の送達について

本件の相続財産法人への変更登記は、金融機関が強制競売をかけるために債権者代位によって行ったものですが、相続財産清算人が選任されていない可能性があります。その場合、特別代理人（民執法20、民訴法37、35）が選任されますが、特別代理人は強制競売に関しての代理権限しか有しておらず、相続財産法人に関する一般的な代理権限（税務関係書類の受領権限を含む。）は有していません。

相続財産法人に課税するためには、相続財産清算人が選任されていなければなりませんので、相続財産清算人の選任の有無を確認する必要があります。その確認方法ですが、裁判所からの強制競売についての債権届出の催告書（市に届いていると思います。）の添付資料の当事者目録をみれば、相続財産清算人が選任されているかどうかが分かると思います。分からない場合は、登記申請書類の閲覧等による方法もありますが、XX銀行に直接確認した方が早いかもしれません。

質問2

固定資産税令和4年分の納税通知を相続財産清算人にする場合の納税通知書の表記は、

納税義務者氏名	：「亡市税太郎　相続財産清算人」
納税通知書送付先宛名	：「相続財産清算人　〇〇　〇〇」

ということでしょうか？

回答

納税通知書の名宛人（納税義務者氏名）及び同通知書の送付先宛名は、ともに

「亡市税太郎相続財産　相続財産清算人〇〇〇〇」

となります。

（参考）　抵当権者が抵当権実行のために所有者名義を被相続人から相続財産法人に変更する場合の登記は、次のとおり。

順位番号	登記の目的	受付年月日	権利者等
1	所有権移転	平成14年7月10日第×××××号	原因　平成13年9月24日売買 所有者　市税　太郎
付記1号	1番登記名義人氏名変更	令和4年1月19日第△△△△△号	原因　平成21年6月25日 相続人不存在 登記名義人　亡市税太郎相続財産 代位者　XX銀行 代位原因　令和2年2月9日設定の抵当権実行による競売
2	差押	令和4年4月1日	原因　令和4年3月30日 △△地方裁判所不動産競売開始決定 債権者　XX銀行

第４　納税義務の承継手続

１　納税義務の承継に当たっての相続人への事前説明

相続人及び相続分の調査により納税義務を承継する者及びその承継割合を把握したときは、納税義務の承継手続を行う。

納税義務の承継手続に関しては、徴収実務上、①戸籍・住民票の調査により相続人を特定し、次に②その者が相続放棄の申述をしていないことを家庭裁判所に照会して確認する、というところまでを行ったところで調査を終え、その調査に基づいて把握した相続人に対して法定相続分により承継手続を行うというケースがみられる。この場合、その相続人は、被相続人の納付すべき租税の納税義務について自分が承継することを事前に知る機会がなく、納税義務の承継通知書等を受領して初めて知ることになる。そのため、このようにして行われた納税義務の承継においては、相続人が、納税義務の承継通知書等を受領した後に、相続放棄をするケース又は法定相続分とは異なる相続分を指定する内容の遺言書がある旨を申し立てるケースがあり、その場合、事後の徴収事務が煩雑になる。

そこで、このような事態を回避するため、納税義務の承継通知書等を相続人に発する前の段階において、次のような事前通知文書を交付するなどにより、「自身が被相続人の納税義務を承継することになること」を相続人に周知する機会を設けるべきである。

補足　熟慮期間の起算日を明らかにする観点から、事前通知文書の文面は、被相続人の滞納税金を承継することを明記する。また、郵送による場合は、受領日を明らかにする方法による。

○　相続人への事前通知文書の例

令和○年○月○日

○○　○○　　様

相続による納税義務の承継に係る事前の確認について

本市の税務行政につきましては、日頃からご協力を賜り厚く御礼申し上げます。

さて、あなた様の伯父である亡甲野太郎様（死亡日：令和○年○月○日、最後の住所地：○県○市○町○丁目○番○号）の市税の滞納の件につきまして、ご連絡させていただきます。

死亡された方に市税の滞納がある場合、地方税法の規定により、相続人の方がその滞納税金を納付する義務を承継することになります（地方税法第９条）。

そこで、当市で亡甲野太郎様の相続人の調査をしましたところ、あなた様が相続人に当たることが判明しました。

つきましては、亡甲野太郎様の滞納税金（別紙「滞納金目録」のとおり。）の納税義務の承継につきまして事前の確認をさせていただきたく、ご多忙中恐縮ですが、令和○年○月○日までに、下記の担当者までご連絡をいただきますようお願いをいたします。また、既に相続放棄又は限定承認をされている場合におきましても、お手数ですが、同日までにご連絡のほどお願いいたします。

○○市納税課

担当者　○○ ○○

2　納税義務の承継の手続

(1)　通達に定める承継手続

納税義務の承継の手続については、通達において要旨次の取扱いが定められている（通基通５－19・20、徴取通９(5)・(13)）。

ア　税額の確定前に相続があった場合（次図の①）

相続人に対して、被相続人を明示して納税の告知等をする（徴取通

9⑸オ）。この場合、相続人が二人以上あるときの納税の告知等は、各相続人に対し、その承継税額について行う。また、納税の告知書等に「国税通則法第５条第３項（又は地方税法第９条第３項）の規定による納付責任がある」旨の文言を付記する（通基通５－19、徴取通９⒀ア）。

イ　税額の確定後督促前に相続があった場合（次図の②）

相続人に対して、被相続人を明示して督促する（徴取通９⑸オ）。この場合、相続人が二人以上あるときの督促は、各相続人に対し、その承継税額について行う。また、督促状に「国税通則法第５条第３項（又は地方税法第９条第３項）の規定による納付責任がある」旨の文言を付記する（通基通５－19、徴取通９⒀ア）。

ウ　被相続人の死亡前に督促がされていた場合（次図の③）

相続人に対して差押えをしようとするときは、繰上請求又は繰上徴収の事由がある場合その他緊急の場合を除き、あらかじめ、その相続人の納付すべき承継税額及び納付責任の額について催告する。

エ　被相続人の財産を差し押さえた後に、被相続人が死亡した場合（次図の④）

納税義務の承継手続は、上記ウに同じである。

なお、被相続人の財産を差し押さえた後に被相続人が死亡した場合、その差押えの効力は相続人に引き継がれるので、差押替えをする必要はなく、そのまま換価等の滞納処分手続を続行することができる（徴収法139①）。この場合、例えば差押財産の登記名義が被相続人のままとなっている不動産のときは、換価に伴う買受人への権利移転に当たっては、その買受人に代わって相続人への権利移転の登記手続をした上で、買受人のための権利移転の登記手続を行うことになる（昭和43年６月５日民事甲第1835号民事局長回答）。また、差押財産を換価した場合の換価代金は原則として、被相続人の滞納税金（承継前のもの）に充当する（Q12・P400参照）。

《図》　納税者の死亡時期（①ないし④）に応じた納税義務承継手続

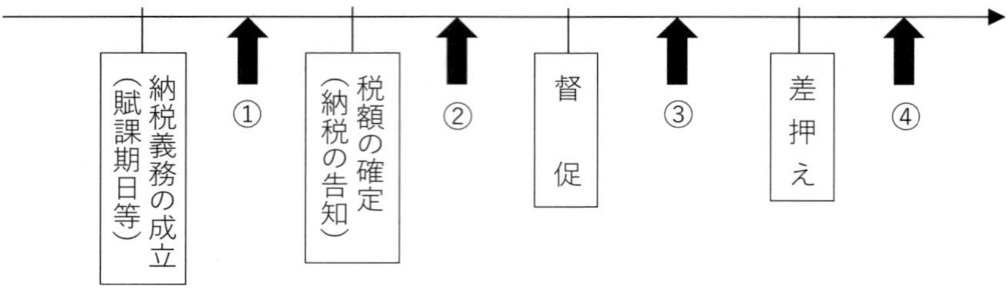

⑵　具体的な承継手続

上図の①から③における納税義務の承継の具体的な手続については、各行政機関等において、通達（通基通５、徴取通９）による取扱いを基に、次の例のような手続を定めている。

ア　上図の①・②の手続の例

納税通知書又は督促状等の「納税者」欄に承継人の氏名を本書し、被相続人の氏名をかっこ書で「（被相続人甲野太郎様分）」等と記載する。また、「課税標準額」・「税額」等の欄は被相続人に係るものを上段に「被相続人税額△△△△円」と記載し、承継人分を下段に「承継税額×××円」と記載する。更に、納税通知書等の欄外余白又は別紙に納付責任がある旨を付記する。

○　督促状の記載例

督　促　状

住所　（承継人の住所地を記載）
氏名　甲野　一郎　様
（被相続人　甲野太郎　様分）

右の税額の納期限は、令和○年○月○日でしたが未納となっております。ついては、至急あなたの承継税額を納付してください。

令和○年○月○日
○　○　市　長

令和○○年度 固定資産税 第３期分
税額　被相続人税額　△△△△円
承継税額　×××円
延滞金 ○市市税条例による金額

（注）　相続によって得た財産の価額が、承継税額を超えている場合には、地方税法第９条第３項の規定により、その超える価額を限度として他の相続人の承継税額についても納付責任があります。

イ　上図の③の手続の例

部内決議において各相続人が承継する納税義務の額等を明らかにした上で、相続人に対して納税義務承継通知書により通知する。なお、納税義務承継決議書の「相続財産の評価額」及び「納付責任額」の各欄は、承継通知書を作成する時点においては作成をしなくても差し支えがなく、具体的に納付責任額を追及することが明らかとなった時点で「納税義務承継決議書（補正分）」等として再決議の上作成してもよい。

○　納税義務承継通知書の記載例

納税義務承継通知書

○○第××××号

令和○年○月○日

○○　○○　様

○○市長　○○　○○　印

あなたは、地方税法第９条の規定により、下記の被相続人の相続人として、下記の被相続人が納付（納入）すべき金額のうち、下記の承継税額を納付しなければならないことになりましたので、納付してください。

なお、相続によって得た財産の価額がその承継税額を超えている場合には、地方税法第９条第３項の規定により、その超える価額を限度として他の相続人の承継税額についても納付（納入）責任がありますので、ご承知おきください。

<table>
<tr><td rowspan="2">被相続人</td><td>住　所</td><td>○○市○○町○番地の○</td></tr>
<tr><td>氏　名</td><td>○○　○○</td></tr>
<tr><td>被相続人の納付（納入）すべき金額</td><td colspan="2">*　年度、税目、期別、納期限、税額等を記載する。
*　被相続人が納付すべき税額を記載する。間違って、承継人（相続人）の承継税額を記載することのないように注意すること。</td></tr>
<tr><td colspan="2">上記被相続人の納付（納入）すべき金額のうち、あなたが納付（納入）すべき金額（承継税額）</td><td>7,000,000円及び延滞金（法律による金額）</td></tr>
<tr><td>備考</td><td colspan="2"></td></tr>
</table>

○　納税義務承継決議書の記載例

納税義務承継決議書

起案　年　月　日					担当課長	担当者
決裁　年　月　日						
被相続人	住　所	○○市○○町○番地の○				
	氏　名	○○　○○				
被相続人の納付（納入）すべき金額	（年度、税目、期別、納期限、税額等を記載）					
	合　計					
相続開始年月日	年　月　日					

相続人 住所／氏名	続柄	相続分	相続財産の評価額	納税義務承継税額	納付責任額	備考
○○市○○町○番地の○／A	妻	1/2	円 20,000,000	円 7,000,0000	円 13,000,000	
○○市○○町○番地の○／B	長女	1/4	円 10,000,000	円 3,500,000	円 6,500,000	
○○市○○町○番地の○／C	長男	1/4	円 10,000,000	円 3,500,000	円 6,500,000	

補足

1　納税義務承継決議書の様式

納税義務承継決議書の様式は、特に様式として定まっているものではないので、各行政機関等において適宜の様式を定めることになるが、相続人の相続分・相続財産の評価額・納税義務の承継税額・納付責任額が決議において明らかになるものとする必要がある。なお、本文記載のとおり、相続財産の評価額及び納付責任額については、当初の承継決議においては記載しないで、その後、納付責任を具体的に追及する時点で改めて決議の上記載することとしてもよい。

2　納税義務承継通知書の法的性質（納税義務の確定等の処分行為ではないこと）

納税義務承継通知書は、相続人に対して新たな法律効果（納税義務の確定等）を生じさせるもの（処分行為）ではなく、相続開始により当然生じた効果を知らせて納付を促すことを内容とした「事実の通知（又は意思の通知）」にすぎない（最判令2.6.26民集74－4－759）。

⑶　相続人が二人以上ある場合の納税義務の承継と納付責任

ア　承継税額の算出の基礎となる相続分

被相続人の滞納税金を相続人が承継する場合において、相続人が二人以上あるときは、相続分によりあん分した額を承継税額とする。なお、相続人らが限定承認をしたときは、相続人らは、相続によって得た財産の限度においてのみ納付する責任を負うことになるが、承継税額自体は、法定相続分であん分した額である。また、遺産分割協議が行われる場合は、法定相続分と異なる割合によって遺産分割がなされるケースが多いが、その場合も法定相続分によりあん分した額が承継税額となる。

その他、承継税額の算出に当たり留意すべき事項は、次のとおりである。

①　あん分の基礎となる相続分は、ⓘ相続分を指定する遺言書があるときは、その指定相続分により、ⓘⓘその遺言書がないときは、法定相続分により、ⓘⓘⓘ法定相続分による場合において代襲相続があるときは、それにより行う。

②　包括遺贈又は包括死因贈与がある場合は、その割合を指定相続分

とする。

③　指定相続分が他の相続人の遺留分を侵害するものであっても、遺留分を侵害された相続人は遺留分侵害額請求権という金銭債権を行使し得るにとどまり指定相続分を変更するものではないので、指定相続分によりあん分する。なお、遺留分の侵害があった場合の納税義務の承継について、第５の４・P370参照のこと。

④　相続分を指定する遺言書の効力に争いがあるときは、法定相続分によりあん分し、その後、指定相続分によることが確定したときは、納税義務の承継の変更を行う。この場合、納税義務の承継の変更は、当初の納税義務の承継に基づいてなされた納付等の効果には何ら影響を及ぼすものではない（通基通５－22、徴取通９⑽ア。民法784ただし書・同法909ただし書参照）。

イ　承継税額の計算

被相続人の滞納税金に複数の税目がある場合は税目ごとに計算し、また、同一税目の中に複数の年分・期別がある場合は、年分・期別ごとに計算する。

なお、計算によって承継税額に１円未満の端数があるときは、その端数を切り捨てる。この場合、切り捨てた端数分は不納欠損の処理をする。

ウ　納付責任

相続人は、相続分によりあん分した承継税額を納付する義務を負うほか、相続により取得した財産の価額が承継税額を超えているときは、その超える額を限度として他の相続人の承継税額を納付する責任を負う（通則法５③、地方税法９③）。これは、滞納税金の徴収においては、もともと被相続人の全財産が引当てとなっていて、そのいずれに対しても滞納処分をすることができたのに、相続の開始によってこの引当財産が各相続人に分離される結果、相続財産の全部又はその大部分を承継しない相続人が出現することにより、その者からの租税の徴収が困難となることを防止するためである。したがって、「相続により取得した財産」とは、相続財産のうち滞納税金の引当てとなる積極財産をいい、相続人が借入金等の消極財産を相続したかどうかは問題ではない。

なお、相続によって得た財産の価額の算定は、相続開始の時点を基準とする（通基通５－14）。

設例

被相続人Ａの滞納税金に係る承継税額と納付責任額を求めなさい。なお、相続分は法定相続分による。

・被相続人Ａの滞納税金

平成30年度固定資産税

１期：1,601,000円、２期から４期：各1,600,000円

合計6,401,000円

・相続人　子Ｂ、Ｃ及びＤの３名

・遺産分割の状況

①　不動産（時価1,000万円相当）　⇒　Ｂが相続

②　普通預金 80万円　⇒　Ｃが相続

③　定期預金300万円　⇒　Ｄが相続

④　借入金　100万円　⇒　Ｂが相続

［答え］

次表のとおり。

相続人	続柄	相続分	相続財産の評価額	納税義務承継税額	納付責任額
Ｂ	子	１／３	10,000,000円	2,133,665円	7,866,335円
Ｃ	子	１／３	800,000円	2,133,665円	－
Ｄ	子	１／３	3,000,000円	2,133,665円	866,335円

［解説］

①　Ａの滞納税金を期別に法定相続分であん分する。

（各期別の承継税額）

期別	Ａの滞納税額	承継税額	承継税額の算定
１　期	1,601,000円	533,666円	1,601,000×１／３＝533,666.666 （１円未満切捨て）
２期以降	各1,600,000円	各533,333円	1,600,000×１／３＝533,333.333 （１円未満切捨て）
合　計	6,401,000円	2,133,665円	

②　相続財産の評価額は積極財産について行うので、借入金100万円については考慮しない。

③　Ｃは、承継税額が相続によって得た財産の価額より多いので納付責任はない。

④　各期別のＡの滞納税額と承継税額の総額（３名分）との差額５円（２円＋１円＋１円＋１円）は不納欠損の処理をする。

（滞納税額と承継税額との差額）

期 別	Ａの滞納税額	承継税額総額	差　額
１期	1,601,000円	1,600,998円 （533,666円×３人）	２円
２期以降	各1,600,000円	1,599,999円 （533,333円×３人）	各１円
合計	6,401,000円	6,400,995円	５円

不納欠損

⑤　延滞税・延滞金の取扱い（算出方法）

納税義務承継に係る延滞税・延滞金の算出方法は、国税の実務取扱いと私見は異なる。

国税の実務取扱いでは、①原則として、未納の国税が相続により分割して承継された場合における延滞税は、その分割して承継された未納の国税を基礎として計算することとし、一方、②相続開始前に本税の一部が納付されている場合には、その一部納付の日までの期間の延滞税は、被相続人の本税について算出した額を相続分によりあん分した額とすることとしている（通基通60－４）。

この国税の実務取扱いによると、例えば、被相続人Ａの納付すべき住民税・令和２年第１期分100万円（納期限：令和２年６月30日）を、二人の相続人Ｂ・Ｃが２分の１ずつ承継する場合、Ｂ・Ｃが承継する延滞金は、本税50万円を基礎として、令和２年６月30日の翌日から相続開始の時までのものとなる。

また、Ａが生前に一部納付をした場合（例えば、令和２年８月31日に20万円を一部納付、令和２年11月30日に10万円を一部納付）の、Ｂ・Ｃがそれぞれ承継する延滞金は、次のとおりである。

ⓘ　本税100万円を基礎として令和２年８月31日までの延滞金(a)を算出する。

ⓘⓘ　本税80万円（100万円－一部納付20万円）を基礎として令和２年９月１日から令和２年11月30日までの延滞金(b)を算出する。

ⓘⓘⓘ　上記ⓘ及びⓘⓘにより算出した延滞金を２分の１ずつあん分する（(ａ＋ｂ）÷２）。

ⓘⓥ　本税35万円（一部納付後の本税70万円を２分の１ずつあん分）を基礎として令和２年12月１日から相続開始日までの延滞金(c)を算出する。

ⓥ　よって、Ｂ・Ｃがそれぞれ本税35万円と共に承継する延滞金は、ⓘⓘⓘとⓘⓥを合算した金額となる。

しかしながら、被相続人が納付すべき本税は、可分債権であるとしても、同人が生存している間はあくまでも１本の債権なのであり、相続の開始の時にはじめて相続人の人数に応じて分割されることになると解すべきであり、国税の実務取扱いのように、本税を納期限に遡って分割されたものとして延滞金を算出することについては疑問なしとしない。また、国税の実務取扱いの②（被相続人の生存中に一部納付があった場合は、その一部納付の時までの延滞税は被相続人の本税を基に算出する。）は同取扱いの①と整合しないばかりか、なぜ一部納付がある時を基準にして分割されるのかの理由が判然としない。

私見は、承継時において相続人が承継する延滞税・延滞金は、被相続人の本税を基として算出すべきと考える。

例えば、設例のＡの滞納税金１期分1,601,000円について、相続開始時における未確定の延滞金が34,567円であるときは、Ｂ・Ｃ・Ｄの各承継税額は、滞納税金533,666円に未確定延滞金11,522円（34,567円×１/３。１円未満端数処理）を加算した545,188円が本来の承継税額となる。

また、納税義務承継後の各承継人Ｂ・Ｃ・Ｄの滞納については、例えば、相続開始による承継時の１期分の滞納内訳は、本税額533,666円及び未確定の延滞金11,522円となる。そこで、Ｂが１期分の承継本税額を完納したときは、その確定した延滞金の額は、11,522円に相続開始後承継本税額完納日までの延滞金額（例えば、4,321円）を加算した金額15,800円（百円未満端数処理）となる。

納税義務の承継における滞納税金及び延滞税・延滞金の取扱い（設例の１期分の場合）

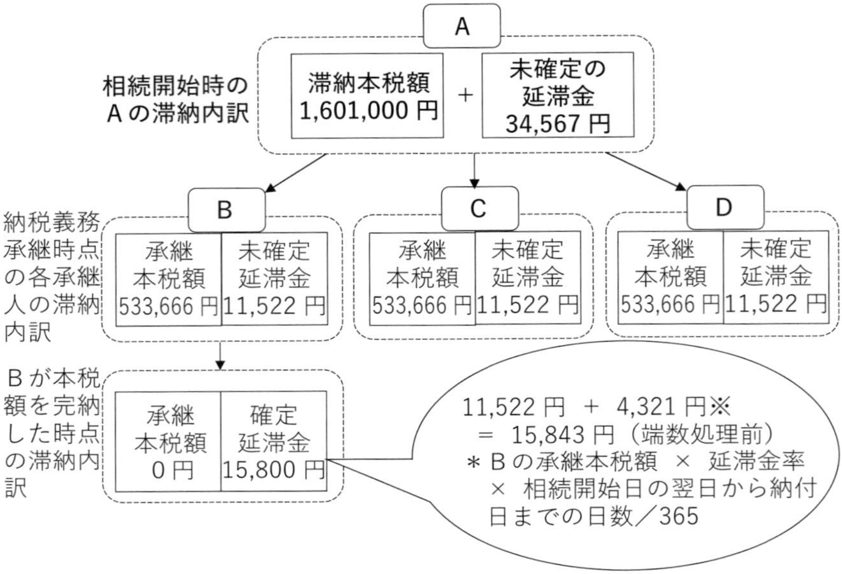

エ　納付責任の徴収手続

相続人が他の相続人の承継税額について納付責任を負う場合の納付責任の徴収手続については、実務取扱い上は、納税の告知書、督促状又は承継通知書に「納付責任がある」旨を付記することとしているのみで、具体的な徴収手続については特に定めがない。

そこで、前記の設例において、Bに対して、その承継税額の徴収に併せて納付責任を追及するために、同人の所有財産を差し押さえる場合の手続を検討する。

㈠　差押調書謄本等における納付責任額の表記

Bは、承継通知書に付記された文言によりC又はDの承継税額について納付責任を負う場合があることを抽象的に知ることができるが、その承継通知書からは、行政機関等がBの納付責任額を具体的にいくらと認識しているのかを知ることはできない。そこで、Bの権利・利益を保護する観点からは、Bの財産を差し押さえるに当たっては、その納付責任額を具体的に明らかにすべきである。その具体的方法として、例えば、滞納者であるBに交付する差押調書謄本（徴収法54）又は差押書（徴収法68①、70①、71①、72①）の「滞納金額」の明細として、Bの承継税額のほか、同人の負う納付責任の額を表記する方法が考えられる。

補足　差押調書謄本等に差押えに係る納付責任額を表記することについては、差押えの段階では、納税義務の承継通知書の記載と同様の「納付責任がある」旨の記載で足り、現実に納付責任が履行される段階（Bによる納付責任の履行時又は差押えに続く配当の時）で履行すべき具体的な納付責任額を開示すればよいとする見解がある。その理由は明らかではないが、納付責任額を徴収するために差押えをするのであるから、差押調書謄本等において、その責任額を具体的に明らかにすべきである（例えば、納付責任の金額についての行政機関等の認識とBの認識とが相違することがあり得るが、この見解による場合は、その行政機関等の認識が滞納処分の最終段階（配当）に至るまで表示されないことになり、Bの権利利益が著しく害されることとなろう）。

(イ)　差押調書謄本の記載例（債権を差し押さえた場合）

債権を差し押さえた場合の差押調書及び同謄本の記載例は、次のとおり。

（差押調書・同謄本の記載例）

○○第××××号

○○年○月○日

　Ｂ　様

○○市長　○○　○○

差押調書（謄本）

次のとおり、滞納金額を徴収するため次の財産を差し押さえましたので、国税徴収法第54条の規定によりこの調書を作ります。

なお、国税徴収法第62条第２項の規定により、この差押債権の取立てその他の処分を禁じます。

滞納者	住所	○市○町○○３－２－１
	氏名	相続人Ｂ（被相続人Ａ分）
滞納金額	別紙「滞納額明細書」のとおり 別紙１　納税義務承継分 別紙２及び３　納付責任に係る分	
差押財産	別紙目録のとおり（別紙目録：省略）	
履行期限	当市役所から請求があり次第即時	
（教示文） …（記載：省略）…		

㊟　第三債務者に送達する債権差押通知書の「滞納金額」欄についても、差押調書と同じく、滞納額明細書（別紙１ないし３）を添付する。

別紙１（納税義務承継分）

市税滞納額明細書

滞納者	住　所	○市○町○○３－２－１
	氏　名	相続人Ｂ（被相続人Ａ分）

年度	税　目	期別	納期限	税　額	延滞金 法律による金額	備考
××	固定資産税・都市計画税（土地・家屋）	１期	×.×.×	円 533,666	円 要す	
××	固定資産税・都市計画税（土地・家屋）	２期	×.×.×	533,333	要す	
××	固定資産税・都市計画税（土地・家屋）	３期	×.×.×	533,333	要す	
××	固定資産税・都市計画税（土地・家屋）	４期	×.×.×	533.333	要す	

別紙２（納付責任に係る分）

市税滞納額明細書

滞納者	住　所	○市○町○○３－２－１
	氏　名	相続人Ｂ（被相続人Ａ分）

年度	税　目	期別	納期限	税　額	延滞金 法律による金額	備考
30	固定資産税・都市計画税（土地・家屋）	１期	×.×.×	円 533,666	円 要す	
30	固定資産税・都市計画税（土地・家屋）	２期	×.×.×	533,333	要す	
30	固定資産税・都市計画税（土地・家屋）	３期	×.×.×	533,333	要す	
30	固定資産税・都市計画税（土地・家屋）	４期	×.×.×	533.333	要す	

備考１　この納付責任は、Ｃの納税義務承継分についてのものです。
　　２　別紙２及び３の納付責任の限度額は、○○○円です。※

※　納付責任の限度額がＣの納税義務承継額を超えるときは、２の記載を要しない（別紙３も同じ。）。

別紙３（納付責任に係る分）

市税滞納額明細書

滞納者	住　所	○市○町○○３－２－１
	氏　名	相続人Ｂ（被相続人Ａ分）

年度	税　目	期別	納期限	税　額	延滞金 法律による金額	備考
30	固定資産税・都市計画税（土地・家屋）	１期	×.×.×	円 533,666	円 要す	
30	固定資産税・都市計画税（土地・家屋）	２期	×.×.×	533,333	要す	
30	固定資産税・都市計画税（土地・家屋）	３期	×.×.×	533,333	要す	
30	固定資産税・都市計画税（土地・家屋）	４期	×.×.×	533.333	要す	

備考１　この納付責任は、Ｄの納税義務承継分についてのものです。

２　別紙２及び３の納付責任の限度額は、○○○円です。

（理由付記）

処　分　理　由
・　根拠法令 　　地方税法第373条第１項第１号及び同法第702条の８第１項 　　該当事実等 　　　別紙「市税滞納額明細書」の滞納金額が督促状を発した日から起算して10日を経過した日までに完納されないこと。 ・　根拠法令 　　地方税法第９条第３項 　　該当事実等 　　　相続によって得た財産の価額が承継税額を超えており、その超える価額を限度として他の相続人の承継税額について納付責任があること。

3　被相続人の租税に関する書類の受領の代表者（相続人代表者）

相続人が二人以上ある場合の相続において、相続人又は行政機関等は、被相続人の租税に関する書類を受領する代表者を指定することができる（通則法13、地方税法９の２）。なお、相続人代表者が受領することができる書類は、次のとおりであり、滞納処分に関する書類は除かれている点に注意する。

補 足　相続人の代表者に関する定めに関しては、国税と地方税とでいくつかの点において異なる規定振りとなっている。これは、相続人の代表者の規定を、通則法は書類の送達の特例として位置付けているのに対し、地方税法においては相続人からの徴収手続として位置付けているためであろう。

①　国税において対象となる書類

国税に関する法律の規定により税務署長が被相続人の国税に関し発する書類（滞納処分に関するものを除く）が対象となる。被相続人の国税の賦課、徴収（滞納処分を除く。）及び還付に関する書類のみならず、被相続人の国税に関し発する書類全般（滞納処分に関するものを除く。）について適用がある。

②　地方税において対象となる書類

被相続人の地方団体の徴収金の賦課徴収（滞納処分を除く。）及び還付に関する書類が対象となる。

代表相続人の権利

地方税法第９条の２第１項

納税者又は特別徴収義務者（以下本章（第 13 条を除く。）においては、第 11 条第１項に規定する第二次納税義務者及び第 16 条第１項第６号に規定する保証人を含むものとする。）につき相続があった場合において、その相続人が二人以上あるときは、これらの相続人は、そのうちから被相続人の地方団体の徴収金の賦課徴収（滞納処分を除く）及び還付に関する書類を受領する代表者を指定することができる。この場合において、その指定をした相続人は、その旨を地方団体の長に届け出なければならない。

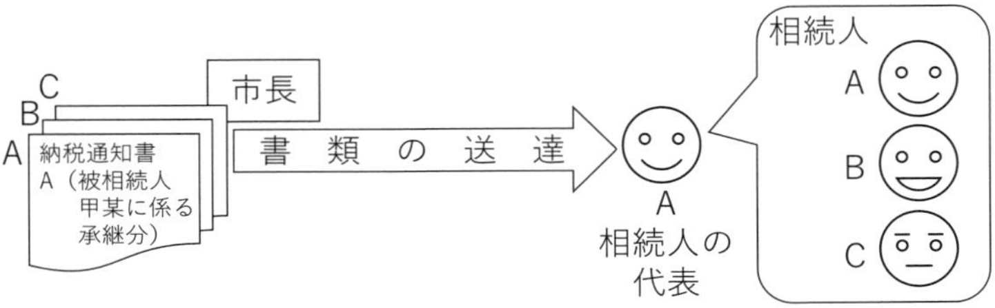

⑴　相続人による指定

相続人らは、当事者（指定をする相続人と指定される相続人）の合意により租税に関する書類を受領する代表者を指定することができ、その指定をしたときは、その旨を行政機関等に届け出なければならない。また、届出者は、国税においては、指定に係る相続人、すなわち指定をした相続人と指定された相続人の双方であり、地方税においては指定をした相続人である。また、届出者は代表者を変更することができる（通則令4⑥、地税令2⑥）。

なお、相続人の代表者は、当事者間の合意により定まるものであるが、その代表者となる相続人は、次のいずれかに該当する者でなければならない（通則令4①、地税令2①）。

① 被相続人の死亡時の住所又は居所と同一の住所又は居所を有する者

② 書類の受領又は被相続人の地方団体の徴収金の納付等につき便宜を有する者（被相続人の事業の承継者、被相続人と同一の納税地又は地方団体内に住所等を有する者など）

補 足 ②の「書類の受領につき便宜を有する者」は通則法上の規定であり、「地方団体の徴収金の納付等につき便宜を有する者」は地方税法上の規定であるが、実質的な違いはないであろう。

(2) 行政機関等による指定

ア 指定のための要件

相続人が二人以上ある場合において、相当の期間内に相続人代表者の届出がなく（共通要件）、かつ、次の要件（国税と地方税とで異なる。）に該当するときは、行政機関等は代表者を指定することができる。

○ 国税の場合

相続人のうちにその氏名が明らかでないものがあること（国税・要件）。

○ 地方税の場合

すべての相続人又はその相続分のうちに明らかでないものがあること（地方税・要件）。

共通要件の「相当の期間内」とは、一般に、熟慮期間内（相続人が相続の開始があったことを知った日から3か月以内）と解してよいであろう。なお、「届出がない」には、相続人の一部の者が代表者の届出をしたものの、残りの相続人らが届出をしなかった場合も含まれる（通則令4③、地税令2③）。この場合、その残りの者について国税又は地方税の要件を充足することを要する。

また、国税の要件の「相続人の氏名が明らかでない」とは、諸般の状況から相続人がいることは明らかであるが、その氏名が明らかでない場合をいう。一方、地方税の要件の「すべての相続人のうちに明らかでないものがある」とは、相続人のうち一部の者が相続人であるかどうかが明らかでない場合をいい、例えば、被相続人の婚姻又は離婚について無効確認訴訟が提起されている場合、被相続人について認知無効の訴えが提起されている場合などがこれに該当する（詳細につき徴取通９の２⑷イ参照）。このように国税と地方税とで要件が異なるが、いずれにおいても、相続人の生死不明の場合や住所又は居所が不明の場合は、その要件に含まないと解されている（このような場合は、公示送達をすることが可能であるため。）。

なお、地方税の要件の「相続分のうちに不明のものがあるとき」とは、例えば、指定相続分に係る遺言の効力について争いがある場合、遺言により相続分の指定を委託された第三者がその指定を行わない場合などがある（詳細につき徴取通９の２⑷ウ参照）。

イ　指定の通知

行政機関等は、代表者の指定をしたときは、その旨を関係の相続人に通知しなければならない。

⑶　相続人代表者の権限

相続人の代表として指定された者が有する権限は、各相続人に送達されるべき書類（滞納処分に関するものを除く。）を各相続人のために一括して受領するという、書類受領の権限である。したがって、納税義務の承継を要する被相続人の租税がある場合、相続人代表者が指定されたとしても、各相続人に対する納税義務の承継の手続を要することに変わりはない。例えば、被相続人に課すべき租税があるときは、行政機関等は、各相続人に対する納税通知書等を作成し、その通知書を一括して代表者あてに送達することになる。この点、賦課・徴収の実務においては、相続人代表者の指定があるときは納税義務の承継手続を要しないとの誤解が生じ易いので、注意を要する。

補足　賦課の実務において、賦課期日後納税通知までの間に納税者が死亡した場合においては、承継手続が間に合わないことから、相続人らに相続人代表者の届出を促した上で、その代表者あてに納税通知書（宛名を「相続人代表者○○○○（被相続人△△△△分）」と記載したもの）を送達する取扱いがなされている場合がある。便法として止むを得ない措置であるが、仮に、この納税通知書に係る租税が納付されないで滞納となった場合は、その課税処分が有効であることを前提として滞納処分を執行することはできないことに留意しなければならない。この場合は、相続人代表者あての納税通知を取り消し、改めて、各相続人あての納税通知書を一括して当該相続人代表者に送達することになる。

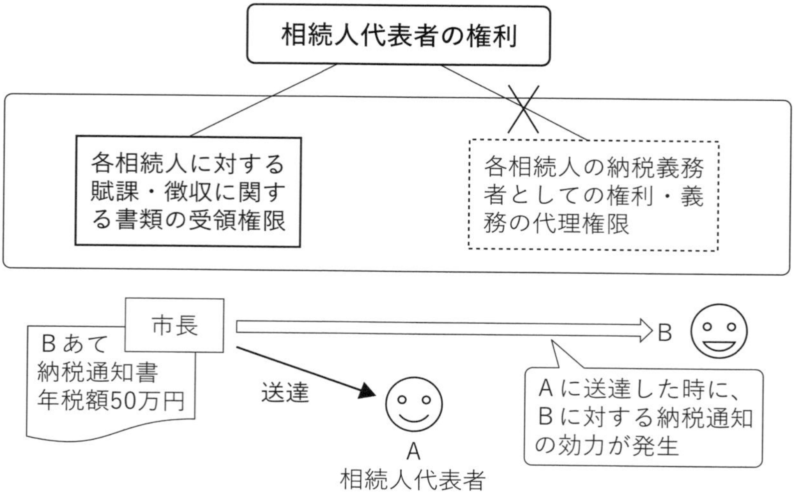

⑷　相続人代表者の届出を促すための対応

相続人からの相続人代表者の届出を受けることは、納税義務の承継手続等納税者死亡後の賦課・徴収事務を円滑に進める観点から重要である。そのため、納税者が死亡した事実を把握したときは、賦課担当において、適宜、例えば次の「市税相続人代表者届出の依頼文書の例」のような提出依頼書を活用するなどにより、相続人らに対して相続人代表者の届出を促すことが望ましい。また、その場合、納税義務の承継の対象となる租税が固定資産税及び都市計画税であるときは、翌年以降の納税義務者を明らかにする必要があるため、相続登記を促すことも必要であろう。そこで、これら対応が未だ定まっていない場合には、賦課担当と徴収担当との連携・協調の下、具体的な対応手続を策定することが望ましい。

○　市税相続人代表者届出の依頼文書の例

年　　月　　日

相続人代表者届の提出についてのお願い

本市の税務行政につきましては、日頃からご協力を賜り厚く御礼申し上げます。

また、この度は○○○○様がご逝去されたことにつきまして謹んでお悔やみ申し上げます。

死亡された方の市税の納税義務につきましては、地方税法の規定により相続人の方に承継されることになっておりますが、これに伴い本市から相続人の方々に送付する市税関係書類につきましては、相続人の中から代表となられる方を選んでいただき、その方に受領していただくことをお願いしております。

つきましては、同封しました「相続人代表者届」にご記入の上、提出いただきますよう、お願いいたします。

なお、死亡された方の市税に関しまして、次の事項につきましても、手続を進めていただきますよう、お願いいたします。

○　固定資産税・都市計画税について

土地又は家屋を相続した場合は、登記所に所有権移転の登記を行うことにより、登記受付日の翌年から相続人の方に固定資産税・都市計画税が課税されることになりますので、お早めに登記手続をされますよう、お願いいたします。

○　軽自動車税について

軽自動車等を所有されていた場合は、名義変更などの手続をされますよう、お願いいたします。

ご不明な点につきましては、次の担当係へお問い合わせください。

（担当係）

4　死亡者課税を解消するための対応策

(1)　死亡者課税の問題

死亡者課税とは、主として土地・家屋を課税客体とする固定資産税・都市計画税に関して、納税者が死亡した後においても、その死亡した者を名宛人として賦課決定を行い、その死亡した者の名で収納することをいう。存在しない者を相手方とする行政処分は無効であるから、死亡した者を名宛人とする賦課決定は無効であり、その結果、収納も原因を欠くものとなる。

補 足　死亡した者を名宛人とする賦課・徴収の処分が例外として有効となる場合について、通則法13条４項、地方税法９条の２第４項、徴収法139条２項参照のこと。

この死亡者課税を解消することは、納税者の高齢化が進んでいる現状において全国の行政機関等の喫緊の課題の一つというべきであるが、①相続人サイドの問題として、これまでは相続した土地・家屋に係る相続登記が進まないケースが多かったこと、②行政機関等サイドの問題として、相続人の調査に多大な事務量を要することなどから、即効性のある対応策がみい出し難い状況にある。

もっとも、被相続人の土地・家屋を相続人が引き継いでいる場合は、その被相続人名義で賦課決定をしていたとしても、その相続人において、特に異を唱えることなく納税通知書を受領し、かつ、納付をしている限りは、問題が顕在化することはない。しかし、相続人が被相続人を名宛人とする賦課決定を問題視せず、又は問題であることを認識していないとしても、その賦課決定が無効であることは変わらない。したがって、その相続人が納付しないことにより納税額が滞納となった場合は、賦課決定が無効であるために滞納処分ができないという事態が生ずることになる。

(2)　死亡者課税と正当処理

納税者の死亡後数年に及んで死亡者課税の状態にある場合は、課税処理の是正として、①相続人に対する納税義務の承継の処理、②相続人を現有者とする現有者課税の処理のいずれか又は双方を行う必要がある。このことを、賦課期日後に納税者が死亡した場合の当年度及び翌年度の課税処理について事例を基に検討する。

事例

① Aは、甲市内に土地（以下「本件土地」という）を所有し固定資産税を納税していた。

② Aは、令和5年2月1日に死亡し、その相続人は子B及び子Cの2名である。

③ B及びCは、法定相続分により相続したが、本件土地の相続登記手続を令和6年4月15日時点においても行っていない。

問 甲市長が本件土地に係る固定資産税の賦課決定を次により行う場合の相手方と税額はどのようになるか。

・令和5年度分固定資産税（年税額100万円） 賦課決定期日 令和5年4月15日

・令和6年度分固定資産税（年税額120万円） 賦課決定期日 令和6年4月15日

[検討]

納税者が、賦課期日には生存していたが賦課決定前に死亡したときは、地方税法9条により、その納税者の相続人が納税義務を承継するので、その相続人に賦課決定を行う。一方、納税者が賦課期日前に死亡している場合で相続登記が未了のときは、地方税法343条2項後段により、現に所有する者に対して賦課決定を行うことになる。

① 令和5年度分固定資産税の賦課決定について

令和5年度分固定資産税の納税義務者は、その賦課期日である令和5年1月1日において登記簿に所有者として登記されているAである。しかしながら、Aは賦課期日以後賦課決定前に死亡しているため、賦課決定時点における令和5年度固定資産税は、地方税法9条1項の「被相続人に課されるべき地方団体の徴収金」に該当する。

そのため、Ａの相続人に納税義務を承継させ、その相続人に対して賦課決定をすることになる。

そこで、甲市長は、「Ａに課されるべき令和５年度分固定資産税（年税額100万円）」を、Ｂ及びＣに法定相続分（各２分の１）により承継させ、各人に対して令和５年度分固定資産税（年税額各50万円）の賦課決定を行うことになる（地方税法９①②）。なお、Ｂを相続人代表者とする旨の届出があるときは、甲市長は、Ｂに対する納税通知書（年税額50万円）及びＣに対する納税通知書（年税額50万円）の計２通を作成の上、その双方をＢに送達する。

補 足　納税通知書等の記載については、前記２⑵ア・P322参照。

②　令和６年度分固定資産税の賦課決定について

所有者として登記されている個人が賦課期日前に死亡しており、その相続登記が未了であるときは、固定資産税の納税義務者は、「当該土地又は家屋を現に所有している者」となる（現有者課税。地方税法343②後段）。そして、法定相続分で相続する相続人が二人以上ある場合においては、相続があると相続財産は遺産分割がなされるまでは相続人全員の共有となるので、「現に所有している者」とは、共有者たる相続人らをいう。また、この場合、その相続人らは連帯納税義務者となる（地方税法10の２①）。

そうすると、本件土地は相続開始後も相続登記が未了となっているので、令和６年度固定資産税の納税義務者は、その賦課期日（令和６年１月１日）において本件土地を現に所有する者、すなわち、共有者Ｂ及びＣ（各持分２分の１）であり、両者は連帯して納税義務を負う。

そこで、甲市長は、Ｂ若しくはＣ又は両名に対して賦課決定をすることになる。その場合、Ｂに対して賦課決定をするときは「Ｂほか１名」とする納税通知書（年税額120万円）を、Ｃに対してするときは「Ｃほか１名」とする納税通知書（年税額120万円）を、また両名に対して賦課決定する場合は各人にその納税通知書（年税額各120

万円）を送達する。

このように、令和６年度分固定資産税の賦課決定は、現有者課税として行うものであり、被相続人Ａに課されるべき租税の納税義務の承継として行うものではない。

③ 「亡某相続人代表者○○○○」を名宛人とする賦課決定処分の問題点

令和５年度分及び令和６年度分の賦課決定において、例えば、Ｂを相続人代表者として「亡Ａ相続人代表者Ｂ」を名宛人とする納税通知書（年税額：令和５年度分100万円、令和６年度分120万円）をＢに送達した場合は、その賦課決定は違法となる（むしろ、名宛人が相違するため無効というべきであろう。）。相続人代表者は各相続人に対する賦課徴収・還付に関する書類を代表して受領する権限（書類受領権限）を有するにすぎず、各相続人を代表して納税義務を負うものではないためである。

《納税者死亡後の賦課決定の態様》

賦課期日以後に死亡したとき	⇨	亡納税者の納税義務を相続人が承継する
賦課期日前に死亡していたとき	⇨	現有者が納税義務者となる

補足 賦課期日である１月１日に納税者が死亡した場合、固定資産税はその納税者に課税するが、一方、個人住民税においてはその納税者に課税しない取扱いとされている。

《納税者Ａ死亡後の賦課決定》

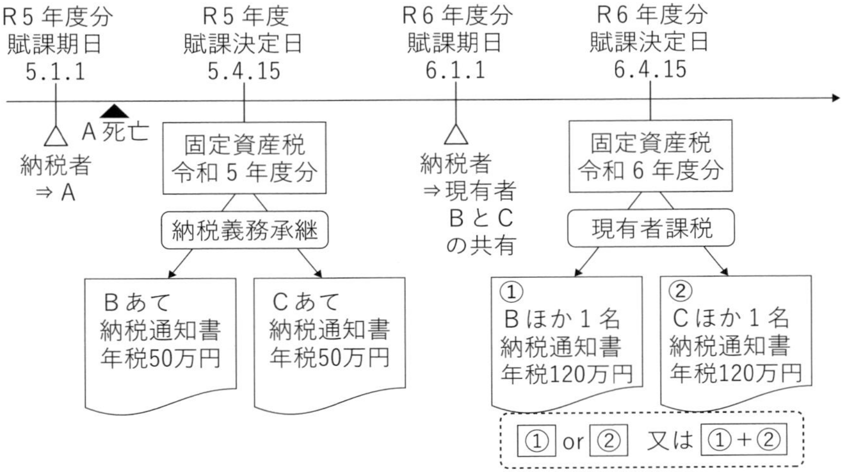

補　足　固定資産が共有名義の場合の固定資産税については、通常、納税通知書に「何某外何名」と記載しているが、必ずその記載によらなければならないとすると、登記名義人の死亡後、遺産分割が行なわれることなく登記名義も被相続人のままであるときは、行政機関等において相続人を逐一調査して全共有者を特定しなければれば課税できないことになり、相続関係が複雑である場合等においては課税ができない事態が生じ得る。そのようなケースにおいては、判明している特定の相続人を名宛人として賦課することとし、その納税通知書には、その者の氏名のみを記載することも許される（福岡地判平25.２.26判例地方自治381－21）。

（固定資産税課税処分無効確認等請求事件）

○　福岡地判平25.２.26判例地方自治381-21

共有物に対する固定資産税等については、共有者全員が連帯納付義務を負うので、一人が納付した場合に他の共有者への求償の便宜等のため、納税通知書に連帯納付義務者の氏名を列記し、あるいは「何某外何名」と記載することは、納税義務者にとっては有益である。しかしながら、本件のように、登記名義人の死亡後、遺産分割が行なわれることなく長期間放置され、その間に数次の相続が生じるなど、当該固定資産の共有関係を確定することが容易でない場合、地方団体の長において、その共有者を逐一調査してこれを全て明示することは困難を強いるものである。そもそも、固定資産税等において、共有不動産に対する課税に係る納税通知書に、他の連帯納付義務者の氏名を列記し、あるいは「何某外何名」と記載すること、また、共有物に対する課税であることを明示することは、法令上義務付けられていない。そして、納税通知書に納税者の氏名の記載を求めているのは、処分の名宛人を特定するためであるから、本件納税通知書に、具体的な租税債権を発生させる名宛人として原告の氏名が記載されていれば足りる。したがって、本件納税通知書に、原告以外の連帯納付義務者が記載されていなくとも、本件賦課決定が違法になるものではない。

(3) 死亡者課税を解消するための対応策

死亡者課税を解消するためには、相続人サイドに求められる対応と行政機関等内部に求められる対応とが考えられる。

ア　相続人サイドに求められる対応

死亡した納税者の相続人に求められる対応とは、相続登記の手続の速やかな履行である。そのため、行政機関等としては、相続人に対して相続開始後の適当な時期に相続登記の手続を促す方策を検討することが望ましい。

イ　行政機関等内部に求められる対応

仮に死亡者課税による賦課決定があったとしても、前述のとおり、相続人が特に異を唱えることなく納税通知書を受領している限りは、その賦課決定が問題となることはない。つまり、賦課決定の段階で死亡者課税の問題が顕在化することは比較的少ない。一方、その賦課決定に係る税額が納付されずに滞納になってしまうと、滞納処分による強制的な徴収ができないこととなり死亡者課税の問題が顕在化する。そのため、死亡者課税に対する行政機関等の危機意識が、賦課決定の段階と徴収の段階とで異なり、課税担当課と納税担当課とで死亡者課税を解消するための対応についての温度差が生じやすいこととなる。しかしながら、法令遵守の下で適正・公平な賦課徴収を実現することは賦課徴収全体の責務であり、違法・無効な賦課徴収を行うことは納税者に対する背信行為と言ってもよいであろう。死亡者課税の解消に努めることは、課税担当課としての当然の責務である。

以上を踏まえ、その職責を果たすべき課税担当課と現に対応に苦慮している納税担当課とが「死亡者課税を解消することは賦課徴収全体の共通課題である」との強い共通認識を持ち、相互に連携・協調して死亡者課税を解消していくことが重要かつ有効である。

ウ　具体的な連携・協調策

死亡者課税を把握したときは、現有者への賦課替え（そもそも死亡者への課税は無効であって、その課税処分の「取消し」はあり得ないので、本来は「賦課替え」にはならないのだが）の処理を行う必要があり、その前提として相続人を特定するための調査を要する。そして、相続人の特定のための調査は、相応の事務量とノウハウを要するため、本来は、専担の部署を設けることが望ましい。しかしながら、多くの行政機関等においては課税担当課及び納税担当課ともに事務量上の制約が厳しい状況にあり、死亡者課税の解消に十全の対応ができないのが実状であろう。

そのため、当面の対応策として課税担当課と納税担当課において次の協議をすることが考えられる。

① 死亡者課税の解消を要する対象件数の明確化

死亡者課税を解消すべき案件の年間の要処理件数を明確にする。

例えば、課税担当課において事務量の面から死亡者課税の解消に対応できる年間の処理件数を見積もり、また、納税担当課においては賦課替えを要する案件を抽出する。そして、課税担当課の処理可能な見込件数と納税担当課の要処理案件を基に両課において協議の上、実行可能な件数（要処理件数）を明確にする。

② 処理案件の選定・引継時期の明確化

課税担当課において死亡者課税の解消作業を計画的に行うためには、その作業を年間計画に盛り込むことが望ましい。そのため、年間計画の策定に間に合うものとなるよう、納税担当課から課税担当課への対象案件の引継時期を年度初に明確にしておく。

③ 納税担当課から課税担当課への引継事績の明確化

対象案件について課税担当課と納税担当課における認識の不一致を避けるため、対象案件を納税担当課が課税担当課に引き継ぐに当たり、その事績（対象案件の納税者氏名、賦課替えを要する年度、納税担当課における調査状況等）を両課において明確にしておく。

そのため、例えば「死亡者課税の解消案件の引継リスト」などの様式化を図る。

○　死亡者課税の解消案件の引継リストの一例

納税者（被相続人）	賦課替えを要する年度		納税通知先（納税課希望）	納税課の調査状況		納税課における折衝状況等（簡記）
	納税義務承継を要する年度	現有者の認定を要する年度		相続人調査	収集資料	
（住所）	○年度	○年度 ～ ○年度	□筆頭者 □その他 □連帯納税義務者全員	□済 □一部済 □未調査	（戸籍等） □被相続人分 □相続人分 □家庭裁判所回答書 □その他	
（氏名）						
（住所）	○年度	○年度 ～ ○年度	□筆頭者 □その他 □連帯納税義務者全員	□済 □一部済 □未調査	（戸籍等） □被相続人分 □相続人分 □家庭裁判所回答書 □その他	
（氏名）						

④　納税担当課における調査範囲の明確化

死亡者課税解消案件として選定した案件について、納税担当課が行うべき調査の範囲を明確にする。

例えば、対象案件を相続人調査が比較的容易なものと困難なものとに分類し、相続人の調査が比較的容易な案件の調査は課税担当課において行い、一方、相続関係が複雑で相続人調査が困難であることが想定される案件は、被相続人及び関係相続人の戸籍の収集までを納税担当課において行うこととする。なお、納税担当課の徴収職員には賦課権限がないので、納税義務者となるべき相続人に対しその者に賦課決定をすることを前提とした接触をすることができないことに留意する。

⑷　賦課替えを要する年度（期別）の税額に一部納付がある場合

賦課替えを要する年度（期別）の税額に一部納付の履歴がある場合、賦課替えに伴う課税取消しの結果生ずる「一部納付に係る還付金」を誰に返還すべきかが問題となる。その一部納付は、一般的には、納税通知書を受領し、その納付済の領収証書を所持している相続人において納付しているものと推定できようが、現行法上は納税通知書の名宛人である亡くなっている納税者に返還することが建て前であり、その相続人に返還することができないと考えられる（第三者が納付等した税金について生じた過誤納金の還付は、その第三者ではなく、納税者に還付する。通基通56－4、徴取通17⑷エ参照)。そうすると、実務上は還付先がない事態に陥ってしまうため、(便宜上の止むを得ない措置ではあるが）一部納付の履歴がある年度は賦課替えの対象から外さざるを得ないであろう（このような不都合を生じさせないためにも、死亡者課税を防ぐことが肝要である)。

補足　相続登記を促す法整備

「民法等の一部を改正する法律」(令和３年法律24号）及び「相続等により取得した土地所有権の国庫への帰属に関する法律」(令和３年法律25号）により、相続登記を促すための制度として、①相続登記の申請の義務付け、②相続人申告登記の創設、③登記名義人の死亡等の事実の公示（登記所が他の公的機関（住基ネット等）から死亡等の情報を取得し、職権で登記に表示するもの）などの措置が設けられた。その施行は，令和５年４月１日以降順次施行されることとなっているが、相続登記の申請の義務化関係の改正については令和６年４月１日に施行されている。

第５　相続法の改正と納税義務の承継

1　相続法の改正項目等

民法のうち相続法の分野については，長く大きな見直しがなされていなかったが、社会の高齢化の進展に伴い、相続開始時の生存配偶者の年齢が高齢化し、その保護の必要性が高まっていたことなどを背景として見直しが行われ、平成30年７月６日に「民法及び家事事件手続法の一部を改正する法律」（平成30年法律72号）が成立（同年７月13日公布）した。

その改正等の項目は次表のとおりであるが、ここでは改正等による納税義務の承継に関係する影響について検討する。

《相続法の改正項目と施行期日》

	改正項目等	施行期日
①	○　配偶者の居住権を保護するための方策 １．配偶者短期居住権の新設 ２．配偶者居住権の新設	2020年４月１日
②	○　遺産分割に関する見直し １．配偶者保護のための方策（持戻し免除の意思表示の推定規定） ２．遺産分割前の払戻し制度の創設等 ３．遺産の分割前に遺産に属する財産を処分した場合の遺産の範囲	2019年７月１日
③	○　遺言制度に関する見直し １．自筆証書遺言の方式緩和	2019年１月13日
	２．遺言執行者の権限の明確化	2019年７月１日
	３．公的機関（法務局）における自筆遺言証書の保管制度の創設（「法務局における遺言書の保管等に関する法律」制定）	2020年７月10日
④	○　遺留分制度に関する見直し	2019年７月１日

⑤	○　相続の効力等に関する見直し	2019年７月１日
⑥	○　相続人以外の者の貢献を考慮するための方策 　１．特別の寄与の制度創設	 2019年７月１日

2　相続分の指定がある場合の私法上の相続債務の承継と納税義務の承継

ケース①

1　亡Ａの相続人は、子Ｂ及び子Ｃの二人である。

2　亡ＡはＸ市に納付すべき租税100万円を滞納していたため、Ｘ市長は、Ｂ及びＣに、その滞納税金を法定相続分により承継させることとし、両名に対して、Ｂに承継税額50万円（100万円×１/２）、Ｃに承継税額50万円（100万円×１/２）とする納税義務の承継通知をした。

3　Ｃが承継税額のうち30万円を一部納付した。

4　その後、「Ｂの相続分を５分の４、Ｃの相続分を５分の１とする」旨の遺言書が判明した。

5　そこで、Ｘ市長は、Ｂに対して、亡Ａの滞納税金の残額70万円（100万円－30万円）の納税義務をＢが承継する旨の納税義務の承継の変更通知をした。

6　Ｂから、「自分が承継する納税義務は法定相続分によるべきである。したがって、承継税額は50万円であり、納税義務の承継の変更通知は納得できない」との申立てがなされた。

問　Ｘ市長は、Ｂの申立てを認めて納税義務の承継の変更通知を取り消すべきか。

ケース①の図

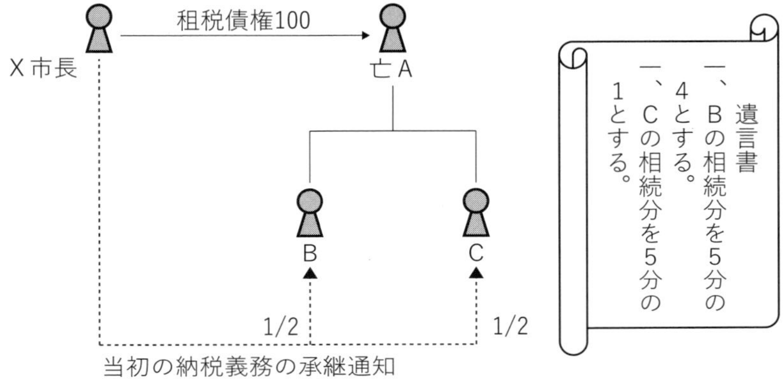

ケース①のＡの遺言は「相続分の指定」を内容としている。そうすると、Ｂ及びＣは、地方税法９条２項の規定に基づき、Ａの滞納税金を遺言により指定された相続分の割合であん分して計算した額の納税義務を承継することになる。したがって、亡Ａの滞納税金の現在額が100万円であるときは、Ｂに承継税額80万円、Ｃに承継税額20万円とする納税義務の承継通知を行うことになる。しかしながら、指定相続分に基づく納税義務の承継の変更通知の時点では、Ｃの一部納付により亡Ａの滞納税金の残額が70万円となっており、それはＢの本来の承継税額80万円の一部を構成するものである。したがって、Ｂに対して、亡Ａの滞納税金の残額70万円（100万円－30万円）の納税義務をＢが承継する旨の納税義務の承継の変更通知をすることになる。

よって、Ｘ市長の納税義務の承継の変更通知は正当処理であり、一方、Ｂの申立ては理由がない。

なお、Ｃは、本来は承継税額が20万円であるところ、30万円を納付している。そのため、Ｃとしては10万円の過納となっているが、その調整は相続人間の求償関係により解決することになる。すなわち、Ｃは、Ｂに対して10万円の求償請求権を行使し、これによりＢから10万円の返還を受けることになる。一方、Ｘ市長は、その10万円をＣに還付する必要はない（法制審議会民法相続関係部会資料（以下「部会資料」という。）５の９頁参照）。

補 足　本文の取扱いは、従前どおりのものであり、相続法の改正による影響はない（徴取通 9 ⑽ア(イ)参照）。

では、Bは、何を根拠として「承継税額は法定相続分によるべき」と主張しているのか。

改正相続法は、遺言により相続分の指定がされた場合であっても、相続債権者は、各共同相続人に対し、その法定相続分にしたがった権利を行使することができるとして、相続債務の承継は法定相続分によることを原則としている（民法902の2）。そこで、Bは、この規定を根拠として法定相続分によるべき旨を主張しているのである。

実は、改正前においても、多数説は、被相続人が遺言により相続債務の負担割合を変更した場合、その変更は、共同相続人間では有効であるとしても相続債権者には主張することはできないと解しており、判例も、同様の立場であった（最判決平21.3.24民集63－3－427）。民法902条の2は、この判例の考え方を明文化したものであり、したがって、改正によって相続債務の承継割合の取扱いが変更になったわけではない。

一方、租税の納税義務の承継を規定する通則法5条及び地方税法9条は、いずれも改正が行われていない。したがって、改正相続法の施行後においても、これまでどおり、相続人が二人以上ある場合の承継税額は、相続分の指定があるときは指定相続分により、その指定がないときは法定相続分により、その相続分であん分して計算した額を各共同相続人は承継することとなる。すなわち、租税債務の承継においては、従前からの指定相続分が法定相続分に優先する取扱いに変更がない（通基通5－8－2）。

このように相続債務の承継については、今般の相続法の改正前から、私法上は法定相続分を原則としているのに対して租税法上は指定相続分を優先しており、この関係は改正後においても変わらない。しかしながら、租税債務についても、民法902条の2の制定を機として、指定相続分によらずに、法定相続分によってあん分して計算した額を承継税額とすることとした方が、次の3の共同相続における権利の承継の対抗要件との関係においても明快であったように思料する。

なお、Bの主張が民法902条の2に基づくものであるとしても、同条は相続債権者サイドが主張し得る規定であり、相続債務を承継した相続人が同条を根拠として法定相続分によるべきことを主張し得るものではない。

補 足

1　相続法の改正の審議においては、相続債務の承継について、相続人は、指定相続分により相続債務を承継することの承諾を債権者に求めることができ、債権者が相当の期間内に確答しなかったときは承諾しなかったものとみなすこと（つまり、法定相続分により相続債務を承継すること）について検討されていた（部会資料９の９頁）。しかしながら、相続人がこのような催告権を有することについては、「相続分の指定によって多くの割合の財産を取得することとなった相続人が、債権者が確答しないことを狙って、あえて短期間の期間を設定して催告するといったように、催告の制度が濫用的に利用される可能性がある」との懸念が指摘されたことなどから、この催告制度については設けないことにしたという経緯がある（部会資料11の16頁）。

2　民法902条の２の規定は、相続債務について、法定相続分の割合によって一部弁済を受けた場合でも、禁反言の原則に反するような場合でなければ、残債務については指定相続分の割合によって履行を求めることができると考えられている。そして、指定相続分によることが禁反言の原則に反し認められない場合とは、相続債権者が遺言の内容を知った後に、相続人に対し、法定相続分による権利行使しかしない旨を明言していたような場合が考えられるとしている（部会資料22－２の32頁）。一方、租税の納税義務の承継においては、承継割合に係る相続分が法定化されているので、このような禁反言の原則が問題となることはない。

3　共同相続における権利の承継の対抗要件と納税義務の承継

（法定相続分で共同相続人に納税義務を承継し、その承継税額を徴収するため相続不動産の持分（法定相続分）を差し押さえたところ、後に相続分を指定する遺言が判明した場合の取扱い）

⑴ 改正前の対応

遺産の処理には、遺言によるものと遺産分割によるものとがある。また、遺言によるものには、相続分の指定、「相続させる」旨の遺言（遺産分割方法の指定）及び遺贈がある。そこで、これらにつき、改正相続法の施行（2019年７月１日）前に相続が開始した場合の対応を整理すると次のとおりである。

ア　相続分を指定する遺言が判明した場合の対応

ケース②

1　亡Ａの相続人は、子Ｂ及び子Ｃの二人である。

2　亡ＡはＸ市に納付すべき租税100万円を滞納していたため、Ｘ市長は、その滞納税金を法定相続分によってＢ及びＣに承継させることとし、Ｂに承継税額50万円（100万円×１/２）、Ｃに承継税額50万円（100万円×１/２）とする納税義務の承継通知をした。

3　Ｃが承継税額を納付しないため、Ｘ市長は、相続財産である甲土地について、相続登記が未だなされていなかったため、差押えの前提登記として法定相続分（持分各２分の１）により相続登記をした上で、Ｃの持分を差し押さえた。

4　差押え後、Ｂから亡Ａの遺言書の呈示があり、「Ｂの相続分を５分の３、Ｃの相続分を５分の２とする」旨の遺言があることが明らかとなった。

5　Ｂから、「Ｃの持分を２分の１とした差押えを取り消して欲しい」との申立てがなされた。

問　Ｘ市長は、Ｂの申立てを認めて、法定相続分でした差押えを取り消すべきか。

ケース②の図

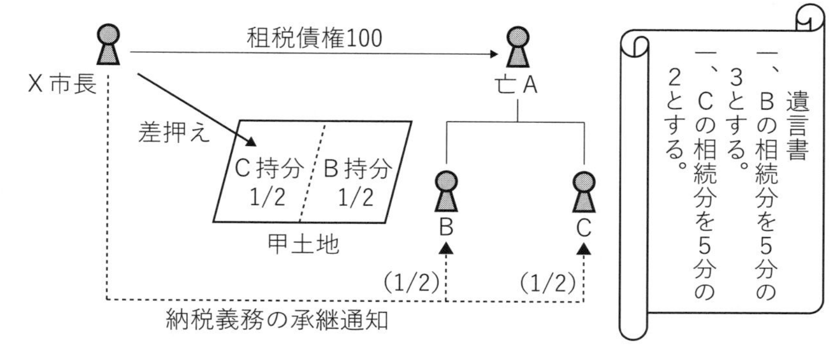

(ア)　納税義務の承継通知の変更

被相続人の納付すべき租税の納税義務を共同相続人に承継するに当たり、遺言により相続分の指定があるときは、その指定相続分によってあん分して計算した額を承継させなければならない。したがって、法定相続分を基とした当初の納税義務の承継通知を、指定相続分を基としたものに変更する必要がある。

そこで、Ｂに対しては承継税額を60万円とする納税義務の承継の変更通知書、また、Ｃに対しては承継税額を40万円とする納税義務の承継の変更通知書により、変更通知をする。

(イ)　相続財産である甲土地の権利関係

相続分を指定する遺言があるときは、相続人は、相続開始と同時に指定された割合による相続分を取得すると解されている。その結果、法定相続分を下回る相続分を指定された相続人について、法定相続分により相続登記をした場合は、その指定相続分を超える部分は無権利の登記となる（最判平５.７.19家庭裁判所月報46－５－23等）。

そうすると、ケース②において、Ｃの法定相続分は２分の１であるが、遺言により相続分を５分の２とする旨の指定がされているため、その指定相続分を超える部分10分の１（１/２－２/５）の相続登記は無権利の登記となる。その結果、法定相続分２分の１に対してした差押えについても10分の１部分が無効となる。一方、Ｂは、その10分の１の権利について登記なくして差押えをしたＸ市長に対抗することができる。

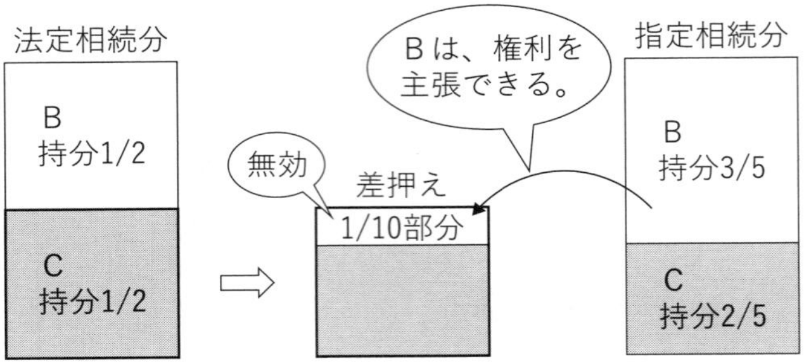

そこで、Ｂから差押えの取消しを求められた場合は、Ｘ市長は、Ｃの持分２分の１に対する差押えのうち10分の１部分を取り消す処分（差押えの一部取消処分）を行う必要がある。また、その前提として、Ｂは、自己の持分を２分の１から５分の３に、Ｃの持分を２分の１から５分の２に更正するための登記手続（ＢとＣの共同申請になる。）をＣに請求して行うことになるが、その登記申請に当たり、Ｘ市長は、更正の登記を承諾する旨の承諾書の提出を求められるので、その場合は同承諾書を提出する。

（参考判例等要旨）

○　共同相続人の一人が単独名義でした相続登記については、その者の法定相続分の限度で有効と解されるので、他の共同相続人を含めた全員の名義に更正登記をすることができる。（長野地裁諏訪支判昭31．8．24下民集７－８－2290）。

○　共同相続人甲、乙のうち、乙が単独名義で相続登記をして、さらに第三者丙への所有権移転登記が行われた場合には、甲は、乙・丙に対し、自己の持分（相続分）をもって対抗しうるものとされ、その持分についての一部抹消（更正）登記手続を請求することができる。（後掲最判昭38．2．22）

○　債権者代位によってされた共同相続の登記を単独相続のも

のとする更正の登記をするについては、代位債権者は登記上利害関係を有する第三者に該当するものと解され、その者の承諾書がなければ、更正登記の申請は却下すべきものとされる。（昭和39年４月14日付民甲第1498号民事局長通達）

イ　「相続させる」旨の遺言（遺産分割方法の指定）が判明した場合の対応

特定の遺産（例：甲土地）を特定の相続人（例：Ｂ）に単独で相続により承継させようとする遺言を「相続させる」旨の遺言と呼んでいたが、甲土地の価額がＢの法定相続分を超える場合には、その遺言は、相続分の指定を伴う遺産分割方法の指定であると解されている。また、「相続させる」旨の遺言による権利移転は、指定相続分又は法定相続分と本質的に異ならないので、相続開始と同時に効力が生じ、Ｂは甲土地の所有権を登記なくして第三者に対抗できると解されていた。

そのため、Ｘ市長が、Ｃに対して法定相続分により納税義務を承継させた上で、甲土地を法定相続分により相続登記してＣの持分を差し押さえた、という場合において、その後、「甲土地をＢに相続させる」旨のＡの遺言が判明したときは、ケース②と同様に、Ｘ市長は、次の対応をする必要がある。

①　Ｂ及びＣに対する法定相続分でした納税義務承継通知を、指定相続分によるものに変更する。

②　甲土地についてのＣの持分の差押えを取り消す（この場合は、差押えの全部取消しとなる。）。

③　Ｂ・Ｃによる甲土地についてのＣの持分を抹消する更正登記の申請に当たり、承諾書を提出する。

（指定相続持分を上回る相続登記をした場合のその上回る部分の対抗力）

○　最判平５.７.19家庭裁判所月報46－５－23等

原審の適法に確定した事実関係によれば、(1)Ｔの死亡によりＳ及びＹを含む４名の子が本件土地を共同相続し、Ｔが遺言で各相続人の相続分を指定していたため、Ｓの相続分は80分の13であった、(2)Ｓは、本件土地につき各相続人の持分を法定相続分である４分の１とする相続登記が経由されていることを利用し、Ｓ名義４分の１の持分をＸに譲渡し、Ｘは右持分の移転登記を経由した、というのである。

この事実関係の下においては、Ｓの登記は持分80分の13を超える部分については無権利の登記であり、登記に公信力がない結果、Ｘが取得した持分は80分の13にとどまるというべきである（最高裁昭和35年(オ)第1197号同38年２月22日第２小法廷判決・民集17巻１号235頁参照）。

（法定相続持分を上回る相続登記をした場合のその上回る部分の対抗力）

○　最判昭38.２.22民集17－１－235

相続財産に属する不動産につき単独所有権移転の登記をした共同相続人中の乙ならびに乙から単独所有権移転の登記をうけた第三取得者丙に対し、他の共同相続人甲は自己の持分を登記なくして対抗しうるものと解すべきである。けだし乙の登記は甲の持分に関する限り無権利の登記であり、登記に公信力なき結果丙も甲の持分に関する限りその権利を取得するに由ないからである（大正８年11月３日大審院判決、民録25輯1944頁参照）。そして、この場合に甲がその共有権に対する妨害排除として登記を実体的権利に合致させるため乙、丙に対し請求できるのは、各所有権取得登記の全部抹消登記手続ではなくして、甲の持分についてのみの一部抹消（更正）登記手続でなければならない（大正10年10月27日大審院判決、民録27輯2040頁、昭和37年５月24日最高裁判所第一小法廷判決、裁判集60巻767頁参照）。けだし右各移転登記は乙の持分に関する限り実体関係に符合しており、また甲は自己の持分についてのみ妨害排除の請求権を有するに過ぎないからである。

（「相続させる」旨の遺言と登記）

○　最判平14.６.10家庭裁判所月報55－１－77等

特定の遺産を特定の相続人に「相続させる」趣旨の遺言は、特段の事情のない限り、何らの行為を要せずに、被相続人の死亡の時に直ちに当該遺産が当該相続人に相続により承継される（最高裁平成元年(オ)第174号同３年４月19日第二小法廷判決・民集45巻４号477頁参照）。このように、「相続させる」趣旨の遺言による権利の移転は、法定相続分又は指定相続分の相続の場合と本質において異なるところはない。そして、法定相続分又は指定相続分の相続による不動産の権利の取得については、登記なくしてその権利を第三者に対抗することができる（最高裁昭和35年(オ)第1197号同38年２月22日第二小法廷判決・民集17巻１号235頁、最高裁平成元年(オ)第714号同５年７月19日第二小法廷判決・裁判集民事169号243頁参照）。したがって、本件において、被上告人は、本件遺言によって取得した不動産又は共有持分権を、登記なくして上告人らに対抗することができる。

（「相続させる」旨の遺言の解釈と当該遺産の承継）

○　最判平３.４.19民集45－４－477

①　被相続人の遺産の承継関係に関する遺言については、遺言書において表明されている遺言者の意思を尊重して合理的にその趣旨を解釈すべきものであるところ、遺言者は、各相続人との関係にあっては、その者と各相続人との身分関係及び生活関係、各相続人の現在及び将来の生活状況及び資力その他の経済関係、特定の不動産その他の遺産についての特定の相続人のかかわりあいの関係等各般の事情を配慮して遺言をするのである。

したがって、遺言書において特定の遺産を特定の相続人に「相続させる」趣旨の遺言者の意思が表明されている場合、当該相続人も当該遺産を他の共同相続人と共にではあるが当然相続する地位にあることにかんがみれば、遺言者の意思は、上記の各般の事情を配慮して、当該遺産を当該相続人をして、他の共同相続人と共にではなくして、単独で相続させようとする趣旨のものと解するのが当然の合理的な意思解釈というべきであり、遺言書の記載から、その趣旨が遺贈であることが明らかであるか又は遺贈と解すべき特段の事情がない限り、遺贈と解すべきではない。

そして、「相続させる」趣旨の遺言、すなわち、特定の遺産を特定の相続人に単独で相続により承継させようとする遺言は、上記の各般の事情を配慮しての被相続人の意思として当然あり得る合理的な遺産の分割の方法を定めるものであって、民法908条において被相続人が遺言で遺産の分割の方法を定めることができるとしているのも、遺産の分割の方法として、このような特定の遺産を特定の相続人に単独で相続により承継させることをも遺言で定めることを可能にするために外ならない。したがって、「相続させる」趣旨の遺言は、正に同条にいう遺産の分割の方法を定めた遺言であり、他の共同相続人も右の遺言に拘束され、これと異なる遺産分割の協議、さらには審判もなし得ないのである。

② このような遺言にあっては、遺言者の意思に合致するものとして、遺産の一部である当該遺産を当該相続人に帰属させる遺産の一部の分割がなされたのと同様の遺産の承継関係を生ぜしめるものであり、当該遺言において相続による承継を当該相続人の受諾の意思表示にかからせたなどの特段の事情のない限り、何らの行為を要せずして、被相続人の死亡の時（遺言の効力の生じた時）に直ちに当該遺産が当該相続人に相続により承継されるものと解すべきである。

ウ　遺贈が判明した場合の対応

遺贈には、包括遺贈（遺産の一定割合を与える旨の遺言）と特定遺贈（特定の遺産を与える旨の遺言）とがあるが、包括遺贈が判明した場合の納税義務の承継は、相続分を指定する遺言が判明した場合と同じ対応をとることとなる。

一方、特定遺贈があった場合においても、共同相続人間の納税義務の承継は指定相続分又は法定相続分により行うこととされているため、納税義務承継後に特定遺贈が判明したとしても、その納税義務の承継には影響を及ぼさない。

また、特定遺贈は、贈与の場合と同様に、対抗要件を備えなければ遺贈による権利取得を第三者に対抗することができない（最判昭39.３.６民集18－３－437）。したがって、法定相続分により甲土地のＣ持分について差押えの登記があった後に、「甲土地をＢに与える」旨の遺言が判明した場合であっても、先に登記を備えた差押えの方が勝つので、Ｂは遺贈による甲土地の取得をＸ市長に対抗することができない。

つまり、特定遺贈が判明した場合は、納税義務の承継を変更する必要はなく、また、法定相続分による持分に対してした差押えは有効であるため、差押えの取消し等の処分をする必要はない。

エ　遺産分割が行われた場合の対応

遺産分割とは、遺産を共同相続人の相続分に応じて分配することであり、その方法として、共同相続人の協議によるもの（民法907①）及び家庭裁判所の審判によるもの（同条②）とがある。なお、遺言により遺産分割の方法を指定することができるが（民法908）、その場合の対応については前記イ・P363のとおりである。

遺産分割の協議又は審判があった場合においても、共同相続人間の納税義務の承継は指定相続分又は法定相続分により行うこととされているため、納税義務承継後に遺産分割が行われたとしても、その納税義務の承継には影響を及ぼさない。

また、遺産分割が行われる場合は、相続開始後遺産分割までの間の遺産の権利状態は共同相続人の共有となっており、各相続人は法定相続分により持分を有する。そして、その共有持分に対して権利を有することとなった第三者を保護するため、民法は、遺産の分割は、相続開始の時にさかのぼって効力を有するが、第三者の権利を害することはできないとしている（民法909ただし書）。この場合、遺産分割により権利を取得した相続人と第三者とは対抗関係に立ち、登記を先に備えた方が自己の権利を主張できることとなる。そして、この第三者には租税債権者も含まれるので、法定相続分により甲土地のC持分について差押えの登記があった後に、「甲土地はBのものとする」旨の遺産分割が行われた場合であっても、先に登記を備えた差押えは有効なので、Bは遺産分割による甲土地の取得をX市長に対抗することができない。

(2) 改正相続法施行後の対応

ア 改正の概要

改正前においては、遺産の処理の態様によっては、相続人は相続により承継した権利の取得を登記なくして第三者に対抗できた。しかしながら、第三者の立場からは、遺言の有無やその内容を知り得ないにも関わらず、その遺言の内容次第で不利益を受けることとなるのは不合理というべきであり、取引の保護に欠けるとの指摘がなされていた。そこで、改正相続法においては、対抗要件主義を採ることとし、遺産の処理の態様いかんに関わらず、つまり、遺産の処理が、遺言による相続分の指定、「相続させる」旨の遺言（改正により「特定財産承継遺言」と呼称が変わった。民法1014②）、遺贈又は遺産分割のいずれであったとしても、法定相続分を超える部分の権利の承継は対抗要件を備えなければ第三者に対抗できないこととされた（民法899の２①）。

なお、この改正は、令和元年７月１日以後に開始した相続について適用される。

補 足 相続分の指定を対抗要件主義の適用対象とすることについて、部会資料19－１の12頁以下参照のこと。

イ　相続分の指定又は特定財産承継遺言（「相続させる」旨の遺言）が判明した場合の納税義務の承継通知の変更

通則法及び地方税法は、今般の改正相続法の制定に併せた改正がなされていないため、納税義務の承継に係る取扱いは従前と変わらない。そのため、共同相続人について法定相続分による納税義務の承継通知をした後に、相続分の指定又は特定財産承継遺言が判明したときは、従前どおり、各共同相続人に対する承継税額を指定相続分の割合によってあん分して計算し直した額に変更し、各共同相続人に対して納税義務の承継の変更通知を行うこととなる。

ウ　相続分の指定又は特定財産承継遺言が判明した場合の差押処分の取消しの要否

民法899条の２の「第三者」には相続債権者及び相続人の固有の債権者が含まれる。そこで、これら債権者に租税債権者が含まれるかどうかが問題となるが、対抗要件主義を採る民法177条の「第三者」として、租税債権者も他の債権者と同じく第三者に該当すると解するのが相当である。そうすると、ケース②において、Ｂは、Ａの遺言による指定相続分のうち自己の法定相続分を超える部分10分の１については先に差押えの登記をしたＸ市長に対抗することができないこととなる（部会資料24－２の36頁参照）。したがって、差押処分は有効であり、これを取り消す必要はない。

なお、この点について、私見では次の疑義がある。

租税債務が相続債務である場合は、各相続人は、指定相続分があるときはこれを基として納税義務を承継する。そのため、ケース②のように先に法定相続分による持分の差押えを行った場合は、各相続人は、相続債務である租税債務は指定相続分により承継するが、その引当てとなるべき積極財産たる相続財産は、先に対抗要件を具備した差押えが維持されることにより、結果的に法定相続分により承継することとなり、租税債務に係る相続分と相続財産に係る相続分とが一貫しない状態となる。このような状態、つまり、税法が納税義務の承継については指定相続分によることを認めつつ、具体的な強制徴収の場面では法定相続分による差押えを維持するという状態は、徴税側の態度として一見して矛盾しているようにも思料される。相続人としても「行政機関等は、相続債務たる租税債務について指定相続分による承継を認めているのであるから、相続財産についても指定相続分により承継することを認めるべき」と考えるのが一般的ではなかろうか。そこで、このような矛盾的状態が生じた場合には、行政機関等として柔軟な対応をすることが望ましいと思料する。例えば、民法899条の２は、相続人の権利と第三者の権利とが衝突する場合に対抗関係によって解決することを定めているにすぎないことを踏まえ、第三者としては差押えをした行政機関等のみであって他に相続人の権利取得を争う者が存在しない場合には、相続財産についての指定相続分による承継を認めることとして差押えの一部解除をすることを検討してもよいのではなかろうか。

4　指定相続分が遺留分を侵害する場合と納税義務の承継

⑴　遺留分の意義

例えば、相続人として配偶者Ａ、子Ｂ及び子Ｃがいるにもかかわらず、被相続人が「自分の全財産を第三者Ｄに与える」旨の遺言をした場合、その遺言どおりに相続財産の全てをＤが取得してしまうと、Ａらの生活が成り立たなくなってしまうであろう。そのため、法は、被相続人がこのような遺言をした場合であっても、Ａらに最低限の相続分を保障することとしており、その最低限の相続分のことを遺留分という。すなわち、遺留分とは、被相続人の意思（遺言）にかかわらず、一定範囲の相続人に相続財産の一定割合を留保させるものであり、これによって、相続開始まで被相続人の相続財産によって生活してきた一定範囲の法定相続人が、相続開始後も相続財産から生活の資を得ることができることを保障するものである。そして、この遺留分を有する「一定範囲の相続人」を遺留分権利者というが、具体的には、兄弟姉妹以外の法定相続人、すなわち、直系卑属（子及びその代襲者）、直系尊属及び配偶者をいう。また、その遺留分は次表のとおりである（民法1042）。

《遺留分》

遺留分権利者（兄弟姉妹以外の相続人）	遺留分
①　直系尊属のみが相続人である場合	被相続人の財産の３分の１
②　①以外の場合	被相続人の財産の２分の１

補足　配偶者Ａ、子Ｂ及び子Ｃが相続人の場合は、３人の遺留分は相続財産の２分の１である（上表の②）。そして、各人の遺留分は、Ａが４分の１（３人の遺留分１/２×配偶者の法定相続分１/２）、ＢとＣは、それぞれ８分の１（３人の遺留分１/２×子の法定相続分１/２×子２名平等分割１/２）となる。

(2)　改正前における遺留分の行使（令和元年６月30日以前に開始された相続）

ア　遺留分減殺請求により取り戻された財産の相続財産としての性質の有無

被相続人による贈与又は遺言によって相続人が実際に承継する相続分が遺留分に満たないこととなったときは、その相続人は、遺留分を保全するのに必要な限度で、贈与又は遺言の効力を失わせることを請求することができ、これを遺留分減殺請求権という（改正前民法1031）。

この遺留分減殺請求権が行使されると、贈与又は遺言により受贈者又は受遺者が取得した権利は、遺留分を侵害する限度で当然に減殺請求をした相続人に帰属する。つまり、遺留分減殺請求権を行使することにより贈与又遺贈の目的物は減殺者（遺留分減殺請求権を行使した相続人をいう。）と被減殺者（受贈者又は受遺者をいう。）との共有となる。この場合、減殺者が取得した権利（持分権）は、遺言の態様（相続分の指定、特定遺贈・包括遺贈、遺産分割方法の指定）によって相続財産となる場合とならない場合とがあり、相続財産となるときは、指定相続分により計算した納税義務の承継に変動を来すこととなる。

補足　減殺請求の対象が贈与又は特定遺贈の場合は、その対象となった目的物につき、減殺者と被減殺者とは物権法上の共有者となる（民法249以下。最判平８.１.26民集50－１－132

参照)。つまり、遺留分減殺請求によって減殺者が取り戻した財産は相続財産としての性質を有しないので、減殺者と被減殺者との共有状態は相続財産に係る共有には当たらないことになる。

⑺ 相続分の指定・割合的包括遺贈の場合（相続財産に該当）

相続分の指定は、相続人の法定相続分を変更する性質のものにすぎず、特定の相続財産を相続開始の時に特定の者に帰属させるようなものではない。したがって、遺留分減殺請求権が行使された場合に、減殺者に帰属する権利は相続財産としての性質を失わず、その結果、指定相続分の割合が修正されることになる。

割合的包括遺贈（財産の何分の何を遺贈するもの）の場合も同様に解すべきである（最判平24.1.26集民239－635)。

⑴ 特定遺贈、贈与又は財産全部の包括遺贈の場合（相続財産に非該当）

減殺請求の対象が特定遺贈又は贈与の場合は、その対象となった目的物は、特定遺贈又は贈与の効力が生じた時点で受遺者等に帰属するので、遺産分割の対象となることはない（つまり、相続財産ではない。)。したがって、その特定遺贈等について減殺請求権を行使したことにより減殺者に帰属した権利は、相続財産とはならない。

また、被相続人の財産の全部を特定の者に包括して遺贈する旨の包括遺贈は、遺贈の対象となる個々の財産を、個々に掲記する代わりに、これを包括して表記するものであり、その面では特定遺贈と性質を同じくするものといえる。そのため、特定遺贈の場合と同様に、遺留分減殺請求権の行使によって減殺者に帰属することとなった権利は、相続財産とはならない（前掲最判平8.1.26)。

⑼ 遺産分割方法の指定（相続財産に非該当）

遺産分割方法の指定とは「特定の財産を特定の相続人に相続させる」旨の遺言をいうが、その遺言があると、特段の事情がない限り、何らの行為を要せずして、被相続人の死亡の時に直ちにその特定の財産が特定の相続人に承継される（最判平3.4.19民集45－4－477）。したがって、特定遺贈の場合と同様、遺留分減殺請求権の行使によって減殺者に帰属することとなった権利は、相続財産とはならない。

イ　納税義務の承継の変更

相続分の指定又は割合的包括遺贈に対して遺留分減殺請求権が行使されるとその相続分が修正されることになるので、納税義務の承継についてもその修正に応じて変更することになる。

補足　権利者の一方的な意思表示で法律関係を変動させる権利を「形成権」というが、遺留分減殺請求権も形成権の一種と解されている。そのため、遺留分を侵害する相続分の指定がなされても、遺留分権利者が権利を行使するまではその指定相続分に変動はなく、遺留分減殺請求権を行使して初めて指定相続分が修正されることになる。したがって、納税義務の承継についても、遺留分減殺請求権が行使されていないときは、納税義務の承継を変更する必要はない（徴取通9(9)エ参照）。

ウ　遺留分減殺請求権が行使されたことによる承継分の修正事例

事例

被相続人　甲
相続人　妻乙、子A・B・C
甲の遺言　Aに全財産の6割、乙に3割、Bに残りの全財産を相続させる。

問　指定相続分により納税義務を承継させた後に、Cが遺留分減殺請求権を行使した場合は、これによる修正後の各相続人の承継分はどうなるか。

（相続関係図）

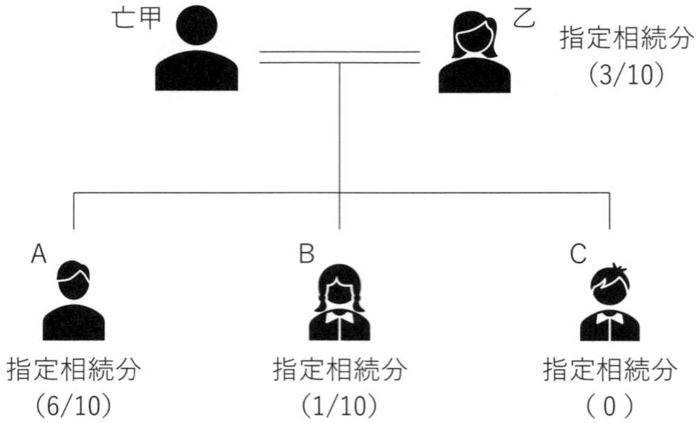

○　**修正後の承継分**

相続人	①指定相続分	②各相続人の遺留分	③侵害された遺留分（②－①）	④減殺分	⑤修正後の承継分
乙	3 /10	1 / 4 (1/2×1/2)	無し (①＞②)	3 /120 (1/12×3/10)	33/120 (①－④)
A	6 /10	1 /12 (1/2×1/2×1/3)	無し (①＞②)	6 /120 (1/12×6/10)	66/120 (①－④)
B	1 /10	1 /12	無し (①＞②)	1 /120 (1/12×1/10)	11/120 (①－④)
C	0	1 /12	1 /12		10/120

補 足　「④減殺分」は、Cの侵害された遺留分（③）を、侵害者全員の相続分に占める侵害者各人の相続分の割合に応じて減殺する。例えば、Aの減殺分 6 /120（④）は、次により算出する。

$$(\text{Cの③}) \times \frac{(\text{Aの①})}{(\text{乙ABの①の合計})}$$

(3)　改正相続法施行後における遺留分の行使（令和元年7月1日以後に開始された相続）

改正前においては、遺留分権利者は遺留分減殺請求権を行使することにより目的物上に権利（持分権）を取得することになるため、目的物は減殺者と被減殺者との共有状態になってしまう。その場合、①目的物の処分が困難となる（共有物全体を処分するためには共有者全員の同意が必要）、②事業資産が共有状態になることにより事業承継に問題が生じるリスクがある、③持分に応じて支払わなければならない管理費用の負担等共有者間での連絡を取り合わなければならない事項が多いというような問題が指摘されていた。

そこで、改正相続法においては、目的物の共有状態を生じさせないために、遺留分の侵害は金銭の支払で解決することとしている。すなわち、遺留分権利者は遺留分侵害額に相当する金銭の支払を求めることができるものとされた（民法1046①）。なお、この遺留分権利者が有する債権を遺留分侵害額請求権という。

したがって、改正後においては、遺留分を侵害する相続分の指定があった場合において、遺留分権利者が遺留分侵害額請求権を行使したとしても、それによって相続財産の権利関係に変動が生じることはないので、指定相続分が修正されることはない。そのため、指定相続分によって納税義務を承継した場合は、遺留分との関係でその変更をしなければならないという事態は全く無くなった（通基通5－10）。

5　その他滞納処分上留意すべき改正事項

(1)　配偶者居住権と滞納処分

ア　配偶者居住権の概要

配偶者居住権とは、共同相続において、配偶者である相続人（以下「居住配偶者」という。）が、居住建物の所有権を相続しない場合であっても、原則として終身の間、その居住建物に居住し続けられる賃借権に類似した権利である（民法1028以下）。この配偶者居住権は、遺産の分割で取得する方法、遺言で遺贈を受ける方法又は家庭裁判所の審判による方法により取得できる。

なお、配偶者居住権に関する規定は、令和２年４月１日以後に開始した相続について適用される（改正民法附則10)。

補 足　配偶者居住権の目的物は、居住建物のみであり、その土地に同居住権を設定することはできない。

イ　配偶者居住権の対抗力

配偶者居住権は登記することができる。そして、その登記を備えることにより、居住配偶者は、居住建物を取得した者その他第三者に対して同居住権を対抗することができることとされている（民法1031①、605)。

この配偶者居住権と対抗関係に立つ「第三者」には租税債権者も含まれると解されるので、配偶者居住権の登記を備えると、その後に居住建物について滞納処分による差押えがあった場合であっても、同居住権は滞納処分との関係では何らの影響を受けないことになる。

一方、滞納処分による差押えの登記の方が先であるときは、居住配偶者は、配偶者居住権を租税債権者に対抗することができない。したがって、法の建て前としては、租税債権者は、配偶者居住権を無視して、差押えに基づいて居住建物を公売することが可能である。もっとも、実務上の対応としては、居住配偶者の多くが高齢であり、現在の居住建物を終の棲家としていることを踏まえると、公売実施の可否を検討するに当たっては、居住配偶者の保護にも十分に配慮する必要がある。

補 足　配偶者居住権は、登記簿の「乙区（所有権以外の権利に関する事項）」に記録される。

○　配偶者居住権の登記の例

権利部（乙区）　（所有権以外の権利に関する事項）			
順位番号	登記の目的	受付年月日・受付番号	権利者その他の事項
1	配偶者居住権設定	令和○年○月○日 受付第○号	原因　令和○年○月○日遺産分割 存続期間　配偶者居住権者の死亡時まで 特約　第三者に居住建物の使用又は収益をさせることができる。 配偶者居住権者　○市○町○番○号 甲　野　　花　子

ウ　配偶者居住権に対する滞納処分の可否

居住配偶者が滞納している場合は「配偶者居住権を差し押さえることができるか」が問題となるが、配偶者居住権については譲渡が禁止されているため（民法1032②）、差し押さえることはできない。

エ　配偶者居住権の設定されている建物に係る固定資産税滞納の徴収

(ア)　配偶者居住権の設定されている建物の換価

配偶者居住権が設定されている建物に係る固定資産税の納税義務者は、その配偶者居住権が設定されている建物の登記簿に所有者として登記されている者であり、居住配偶者ではない。そこで、その建物を所有する納税者が固定資産税を滞納した場合は、徴収方途として、その建物を差し押さえて公売することが考えられる。しかしながら、前記イのとおり、配偶者居住権の設定登記のある不動産を差し押さえたとしても、その差押えは、配偶者居住権に対抗することができない。そのため、当該建物を公売する場合は、配偶者居住権付の財産として公売せざるを得ないこととなる。つまり、公売による買受人は、居住配偶者に建物の引渡しを求めることができないことになるので、市場性が相当劣ると言わざるを得ず、換価は困難であろう。

(イ) 居住配偶者からの徴収

上記(ア)のとおり、配偶者居住権が設定されている建物に係る固定資産税の納税義務者は、登記簿上の所有者であり、居住配偶者は納税義務を負わない。しかしながら、居住配偶者は、居住建物の通常の必要費を負担するものとされており（民法1034①)、この「通常の必要費」には、居住建物及びその敷地に賦課される固定資産税等の公租公課相当額が含まれると解されている。つまり、固定資産税の納税については、対外的には当該建物の所有者が納税義務を負うが、その所有者と居住配偶者との間の内部関係においては居住配偶者が負うべきものとされている。

したがって、当該建物所有者が固定資産税を滞納している場合には、その建物所有者（滞納者）を介して、居住配偶者に対し納税資金を提供することを求めることができると考えられる。

補 足 居住配偶者に対して行政機関等が直接納税を求めることができるかについては、①居住配偶者は納税義務者ではないため守秘義務に抵触するおそれがあること、②通常必要費の負担につき当事者間で異なる取り決めをしている場合もあり得ることなどから、消極的に解すべきであろう。

なお、事実関係によっては、居住配偶者を第三債務者とする「(通常必要費の）支払請求権」の差押え又は居住配偶者が固定資産税相当額の負担を免れたことによる利益に着目した第二次納税義務（地方税法11の８）の追及ができる場合がある。

⑵　法定相続分を超えて債権を相続した場合の対抗要件と滞納処分

相続財産が債権（可分債権）である場合、共同相続人の一人が法定相続分を超えてこれを相続したときの対抗要件については、改正前における対抗要件のほか、その共同相続人単独による承継通知による対抗要件の取得ができることとされた。すなわち、法定相続分を超えて相続した相続人が、債務者に対して、遺言の内容や遺産分割の内容を明らかにして「債権を相続した」旨の承継通知（確定日付のある書面による通知）をすると、その承継通知により、共同相続人の全員が債務者に通知したものとみなされるので、その法定相続分を超える権利取得を第三者に対抗できることとなる（民法899の２②）。

補 足　改正前においては、対抗要件として、①相続人全員からの債務者への通知（確定日付のある書面による通知）、又は②債務者による承諾（確定日付のある書面による承諾）が必要とされていた。

そこで、共同相続人の一人に滞納税金がある場合（以下、この相続人を「滞納相続人」という。）において、相続債権（可分債権）のうち滞納相続人の法定相続分に係るものを差し押さえた場合と、その相続債権につき法定相続分を超えて相続した者の、その法定相続分を超える部分の権利取得との優劣は、①相続人全員からの確定日付のある承継通知書、②第三債務者からの確定日付のある承諾書、又は③法定相続分を超えてその相続債権を承継した相続人単独による確定日付のある承継通知書について、これらいずれかの通知書が第三債務者（②の場合は相続人）に到達した日時と債権差押通知書が第三債務者に到達した日時との先後により決することとなる。例えば、①相続人は子Ａ及びＢの二人、②Ｂが租税を滞納、③相続財産は「被相続人が甲（第三債務者）に対して貸し付けた1,000万円の貸付債権」、④徴収職員がＢの滞納税金を徴収するため「1,000万円の貸付金の２分の１の返還請求権」を差し押さえる旨の債権差押通知書を甲に送達、⑤Ａが「遺言により1,000万円の貸付債権を単独で相続した」旨の承継通知書を内容証明郵便で甲に通知、という場合の優劣は、債権差押通知書と承継通知書のいずれが早く甲に到達したかにより決することになる。

この改正による民法899条の２第２項の規定は、令和元年７月１日以後に開始された相続について適用されるが、同日前（令和元年６月30日以前）に開始された相続につき、遺産の分割による債権の承継がされた場合において、令和元年７月１日以後に承継通知がされるときにも適用されることとされている（改正民法附則３）。

補 足　相続財産が不動産等である場合に法定相続分を超えて相続した者の対抗要件の取得については、前記３⑵・P368を参照のこと。

⑶　相続預貯金と滞納処分

相続財産が預貯金である場合、その預貯金の払戻請求権については、従来は可分債権であると解されていたが、最高裁は、相続に係る預貯金債権は、遺産分割の対象とされ、その遺産分割があるまでは共同相続人の準共有に属し、可分債権ではないとした（最決平28.12.19民集70－８－2121）。

そのため、相続人が２人以上あるときの被相続人名義の相続預貯金の差押えは、その預貯金債権に係る滞納者の持分（相続分）を債権差押えの手続により差し押さえることになる。

補 足　１　例えば、相続財産として普通預金1,000万円があり、相続人として子Ａ及びＢがある場合において、普通預金が可分債権と解されていた時は、法律上は、Ｂは遺産分割協議前であっても500万円を払い戻すことができたが、準共有であるとされたことにより、遺産分割協議が整うまではその払戻しができないことになった。

２　共同相続人がある場合の相続財産である預貯金を差し押さえる場合の債権差押通知書の「差押財産」欄の記載例は、次のとおりである。

<table>
<tr><td colspan="2">滞納者が、債務者に対して有する令和〇年〇月〇日現在の下記普通預金の払戻請求権及び債権差押通知書到達日までの約定利息の支払請求権に係る滞納者の持分〇分の〇
記
1　口座番号　△△△△△△△△
2　預金名義人　（被相続人の氏名を記載）
3　金額　〇〇〇,〇〇〇円
4　取扱店　〇〇銀行〇〇支店</td></tr>
<tr><td>履行期限</td><td>当市役所から請求あり次第即時</td></tr>
</table>

(4)　相続預貯金の仮払制度と滞納処分

ア　仮払制度の概要

相続預貯金が共同相続人の準共有財産であるとされたことにより、共同相続人の一人が相続預貯金の一部を必要としても、遺産分割前は、自己の法定相続分に相当する払戻しが認められないという不都合が生ずる。そこで、改正相続法においては、家庭裁判所の関与による場合（家事事件手続法200③）のほか、家庭裁判所の関与がない場合であっても、相続開始時の各預貯金額について、自己の法定相続分の３分の１（金融機関が複数ある場合は、金融機関ごとに150万円を上限とする。）の金額を引き出せることとされた（民法909の２）。

この仮払は、相続の開始が令和元年７月１日前の場合であっても適用されるため（改正民法附則５）、遺産分割未了の共同相続人各人は、同日以後であればこの仮払請求をすることができる。

イ　仮払に係る払戻請求権の差押えの可否

共同相続人の一人に滞納税金がある場合の徴収方途として、その滞納相続人が有する相続預貯金の仮払請求を「仮払に係る払戻請求権」と構成し、これを差し押さえることが考えられるが、解釈上、仮払に係る払戻請求権として差し押さえることはできないとされている。これは、①仮払制度は、上記アのとおり、相続預貯金の準共有としての性質から生ずる不都合を解消するために法律上設けられた便宜的な措置であり、これによって性質の異なる複数の預貯金債権を作り出すものではないこと（相続預貯金が準共有であることに変わりがないこと）、したがって、②仮払預貯金の払戻請求権それ自体を観念することができず、それゆえに、これを差し押さえることはできないことを理由とする。

もっとも、差押えができないとしても、仮払いされた預貯金については使途を問わないとされているため、実務上は、納税原資を捻出するための一方策として、滞納相続人に仮払による預貯金の払戻しを検討してもらうことは可能である。この場合、滞納相続人の相続預貯金に係る持分を差し押さえた場合は、その差押えの処分禁止効により、滞納相続人は仮払いによる払戻しを受けることができなくなることに留意する。

⑸　遺言執行者による遺言の執行と滞納処分

例えば、滞納相続人の滞納処分として相続財産である不動産を差し押さえたところ、後に、その不動産を第三者に遺贈する旨の遺言があり、かつ遺言執行者が指定されていた場合、その差押えは遺言執行者による遺言の執行に抵触することになるため、差押えの有効性が問題となる。

この点について、改正前においては、絶対的に無効とする考え方が有力であったように思われる（大判昭５.６.16民集９－550）。しかし、絶対的無効とすることについては、遺言執行者がいない場合の特定遺贈（受遺者は、遺贈により取得した旨の登記を先に備えなければ、差押えに対抗できない。前記３⑴ウ・P367参照）に比して、不当に租税債権者の地位を弱めていたといえよう。

一方、改正相続法においては、遺言執行者がいる場合においても、相続人の債権者（相続債権者を含む。）は、遺言執行者の有無の善意・悪意を問わずに、その権利行使が可能であるとしている（民法1013③）。したがって、上記のケースでは、差押えは有効なものとして維持されることになる。

なお、この改正は、令和元年７月１日以後に開始した相続について適用される。

Q６　納税義務の承継と現有者課税、共有連帯と延滞金

現在、当市では、固定資産税の納税者死亡後、相続人調査を実施のうえ、相続人代表者を指定し、その相続人代表者のみに納税通知書を送達しています。他の相続人には通知していません。

今回の事例の場合、納税者は令和２年２月に死亡しており、令和６年まで相続人代表者のみに納税通知を送付してますが、５年間全く納付がありません。

その場合に、他の相続人から固定資産税の納付の申出があったときは、どのように対応するのが適切でしょうか。

下記、２点の考え方が出ています。

Ａ案　納付を申し出ている相続人へ納税通知書を送達し、本税のみを納付していただき、延滞金は欠損させる。

Ｂ案　相続人代表者に通知は届いているため、延滞金を含め納付していただく。

（回答）

被相続人甲（令和２年２月死亡）

相続人子Ａ（相続人代表者）・子Ｂ

各年の固定資産税の年税額100万円

とした場合の納税義務者は次のとおりです。

１　本来の課税による場合

⑴　令和２年

甲に課すべき固定資産税をＡとＢに２分の１ずつ承継します。

⇒　Ａ（亡甲分納税義務承継税額50万円）、Ｂ（亡甲分納税義務承継税額50万円）

⑵　令和３年

ＡとＢを共有者とする現有者課税をします。

⇒　「Ａほか１名」としてＡに100万円を賦課

「Ｂほか１名」としてＢに100万円を賦課

この場合の賦課は、

① Aのみ賦課

② Bのみ賦課

③ 連帯納税義務者である共有者AとBの双方に賦課

のいずれかどれでもよいことになります。

⑶ 令和4年～令和6年

令和3年に同じです。

2 照会事項（次の点線記載部分）について

当市では、固定資産税の納税者死亡後、相続人調査を実施して、相続人代表者を指定し、相続人代表者のみに納税通知書を送付しています。

（答）

令和2年から令和6年までの納税通知書の宛名が「相続人代表者A 100万円（亡甲分）」である場合は、「甲の負う税金100万円について、Aが承継人（相続人）を代表して納付する」ということになるため、課税としては誤りとなります。

したがって、Bに納付させる必要がある場合は、本来の課税とすべく賦課替えの処理をすべきです。

下記、2点の考え方が出ています。

A案 納付を申し出ている相続人へ納税通知書を送達し、本税のみを納付していただき、延滞金は欠損させる。

B案 相続人代表者に通知は届いているため、延滞金を含め納付していただく。

（答）

上記1の本来の課税に賦課替えをした上で、Bから徴収します。

⑴ 令和2年

本来の課税（納税義務の承継）に賦課替えします。

この場合、Ｂに全額納付させたいときは、Ｂ自身の承継税額50万円に加えて、Ａの承継税額50万円を納付責任（地方税法９③）によって納付させることができる場合があります。

(2)　令和３年以降については、ABは、共に、現に所有する者かつ共有者として連帯納税義務を負っています。この場合、Ｂに納付させるためにはＢに対して課税処分をする必要があるので、Ａとは別にＢ宛に年税額100万の納税通知をします。

また、延滞金の取扱いについては、次のとおりです。

連帯納税義務者各人に対する税額確定手続に時間差がある場合は、各人ごとに延滞金の計算期間が異なることになるため、延滞金の確定額が相違することになります。例えば、Ａに対する納税通知をしてから６か月後にＢに対して納税通知をしたところ、Ｂが納期限内に完納したケースでは、Ｂについては期限内納付であるため延滞金は発生しませんが、ＡについてはＢの完納までの間について延滞金が発生することになります。連帯納税義務は、複数のものが別個に存在する納税義務であることから、課税時期の違いによって、ＡとＢの延滞金の確定額に異動が生ずるのはやむを得ません。

○　連帯納税義務と延滞金

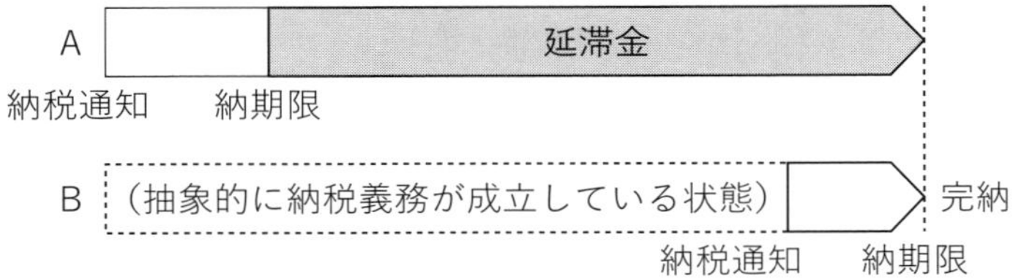

いずれにしても、相続人代表者は、他の相続人を代表して納税義務を負う権限を有していないので、名宛人を「相続人代表者Ａ」としてＡに年税額100万円の賦課をしても、それは間違いです。課税が間違っている以上、滞納処分もできないことになるので、賦課替えの処理が必要です。

Q７　賦課替え

甲土地に係る令和6年度の固定資産税（年税額100万円）について、「相続人代表者C（亡A分）」を名宛人とする納税通知書をCに送達しています。また、各期とも未納のため、いずれもCあてに督促状を送達しています。

今後、どのように処理したらよいでしょうか。

（事実関係等）

1　甲土地の名義人はAであり、同人死亡後も相続人等への移転登記はされていない。

2　平成28年、A死亡。

3　令和2年、B死亡。

4　令和3年、D死亡。

5　相続関係図

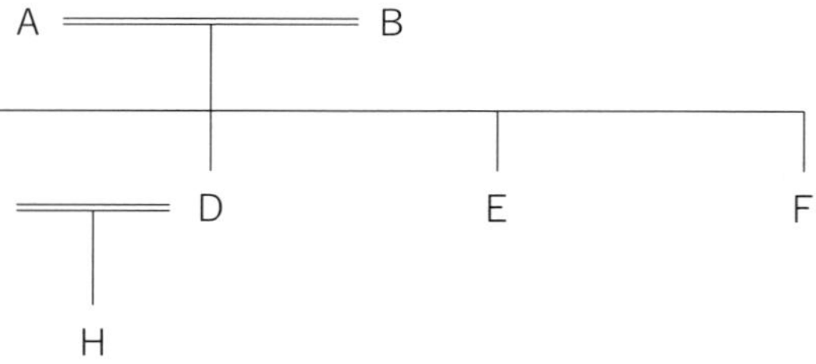

6

(1)　A及びBの相続については、遺言書はない。また、今日まで遺産分割が未了である。

(2)　Eは、Aの相続について平成28年に、また、Bの相続について令和2年に、それぞれ放棄している。

(3)　G及びHは、Dの相続について令和3年に相続放棄している。

7　固定資産税について、「相続人代表者C（亡A様分）」とする納税通知により、Cは、令和3年分までは納付していたが、令和4年分以降は納付がなく滞納となっている。

（回答）

1　事実関係を時系列で整理すると、次のとおりです。

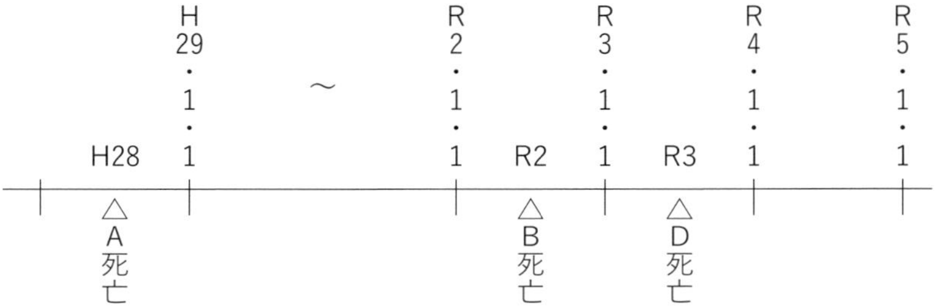

2　各賦課期日における現有者及び共有持分は、次表のとおりです。

各賦課期日	B	C	D	E	F
H29. 1. 1 ～R 2. 1. 1	○ 1/2	○ 1/2×1/3 ＝1/6	○ 1/2×1/3 ＝1/6	放棄H28	○ 1/2×1/3 ＝1/6
R 3. 1. 1	持分1/2	○ 1/2×1/3 ＋1/6 ＝1/3	○ 1/2×1/3 ＋1/6 ＝1/3	放棄R 2	○ 1/2×1/3 ＋1/6 ＝1/3
R 4. 1. 1 ・R 5. 1. 1		○ 1/3×1/3 ＋1/3 ＝4/9	持分1/3	○ 1/3×1/3 ＝1/9	○ 1/3×1/3 ＋1/3 ＝4/9

3　今後の処理方針として、令和４年分から令和６年分の固定資産税について、次のとおり賦課替えをして徴収します。

納税義務者	納税通知等の名宛人	年税額	参考
C	Cほか２名	1,000,000円	共有持分４／９
E	Eほか２名	1,000,000円	共有持分１／９
F	Fほか２名	1,000,000円	共有持分４／９

㈲　賦課は、裁量により、全員又は一部の者について行います。

Ｑ８　相続の放棄と賦課替え

納税者Ｘは平成28年５月に死亡し、相続人は６名います。Ｘ名義の不動産に係る固定資産税平成31年（令和元年）分から令和５年分合計60万円が滞納となっています。しかし、その納税通知はＸ宛（死亡者課税）であったため、相続人６名に承継させることとし、令和６年１月25日付で各相続人に対して納税通知（５年分の納税額計10万円）をしました（賦課替え）。

令和６年２月28日に、相続人Ａ及びＢの２名がそれぞれ自己の承継税額10万円を納付しました。

令和６年６月９日、Ａ・Ｂの２名を含む５名について相続放棄の申述が受理されました。

そこで、納付をしたＡ・Ｂの２名から当市に対して、「相続放棄をしたので納めた税金を返して欲しい」との申出がありました。

当市は、還付しなければならないのでしょうか。

（回答）

１　本来の正当な課税処理をした場合

⑴　平成31年（令和元年）から令和５年分の課税は、現有者課税となります。

したがって、納税額60万円の場合、相続人６名に対して共有者課税をしますので、例えばＡに対する納税通知は「Ａほか５名」、納税額は５年分計60万円となります。

⑵　相続放棄の申述受理が令和６年６月９日なので、Ａらは、それまでの各年分の賦課期日において現に所有していた者に当たります。相続放棄をした５名は、放棄をしたことにより相続開始時にさかのぼって相続人でなくなりますが、それは私法上のことであり、私法上の法律効果が公法たる租税法にもそのまま及ぶかどうかは、租税法規が定められた趣旨・目的や処分を受ける名宛人の権利利益の救済等を勘案して判断すべ

きです。そうすると、地方税法343条２項前段は、固定資産税の納税義務者につき台帳課税主義を採っていますが、これは、課税対象となる多数の固定資産につき限られた人員で短期間に徴税事務を行わなければならないにもかかわらず、個々の課税物件について私法上の所有権の帰属判定という複雑かつ困難な作業をしていたのでは徴税事務が成り立たないことから、登記簿又は土地補充課税台帳若しくは家屋補充課税台帳に所有者として登記又は登録がされている者をもって納税義務者としたものであり、徴税上の便宜を目的とするものです。そして、地方税法343条２項後段は、台帳課税主義の例外として、賦課期日における現有者をもって納税義務者としますが、その現有者の判定においても、課税対象となる多数の固定資産につき限られた人員で短期間に徴税事務を行わなければならないという要請は、当然にあてはまるものと言えるでしょう。したがって、賦課期日において相続放棄の熟慮期間中の者等権利の帰趨が不確定な者がいた場合に、その権利の確定を待たなければ課税できないというのでは、上記の徴税の要請に応えられないこととなります。また、本問のように、納税した後に相続放棄があると、納付額を還付しなければならないことになるとすると、税収の確保が極めて不安定なものとなるでしょう。

以上から、現有者課税は、地方税法343条２項後段の文理のとおり、賦課期日の時点において当該土地又は家屋を現に所有している者であればよく、その後に相続放棄をしても、納税義務を免れることはできないと解するのが相当です（横浜地判平12.２.21判例地方自治205－19参照）。

なお、賦課期日後に放棄をした現有者が納税義務を履行した場合は、本来の相続人に対して求償権を行使することができ、これにより、救済が図られます。

補 足　相続人を現有者として賦課決定をした後に、その者が相続を放棄した場合の固定資産税の課税実務は、二分しています。その一つは、「現有者に当たるかどうかは、賦課期日の時点において判定する。したがって、賦課決定後に相続放棄等があっても課税関係には影響しない」との見解に立つものです。他方は、相続放棄の絶対的遡及効を課税関係にも認めるものです。しかし、後者の相続放棄の絶対的遡及効を租税法に適用することは、本文記載のとおり問題があり、不合理というべきです。

2　本件の場合

令和６年１月25日に発した納税通知は、亡Ｘに課すべき税金をＡら相続人に承継させるものとして行っていますので、重大かつ明白な瑕疵があり無効というべきです。したがって、Ａ及びＢの納付は課税根拠のないものなので、両名に対して過誤納金として還付する必要があります。

Q 9　包括遺贈の放棄と賦課替え

甲土地及び建物の登記名義人Aは平成22年6月29日に死亡しており、令和2年分から令和6年分までの固定資産税（死亡者課税）が未納となっています。

相続人調査を実施したところ、法定相続人はB（長男）のみでした。

また、C（Bの長男）に全財産を遺贈（包括遺贈）する旨の遺言書があることが分かりましたが、Cは、その遺贈を放棄する旨を家庭裁判所に申述し、令和2年10月21日に受理されています。

当市ではBに納税義務があるとし、納税を促してきましたが、Bは、「Cは、Aの相続財産（積極財産）を受け取っており、Cの放棄は無効である。よって、Cにも催告すべき」と主張しています。

なお、甲土地及び建物の登記簿上の名義については、本日までA名義のままであり変更手続はなされていません。また、甲土地・建物には、現在Bが居住しています。

【当市の方針】

当市では、Bによる自主的な納付が見込めないため、本来の課税処理にするため賦課替えをする方針です。

その場合、Cは、包括遺贈の放棄の申述受理がなされていることから相続人とはせず、現所有者のB一人に対して賦課替えを行う予定です。

この方針に問題はないでしょうか。

（回答）

1　前提

① 平成23年度から令和5年度までの納税通知の名宛人は「A」とします（死亡者課税）。

② Aの遺言は「Aの財産の全てをCに与える」旨の包括遺贈とします。

③ Aの遺言については、B・C間で特に争いはないものとします。

2　法定単純承認について

包括遺贈については、民法990条により受遺者は相続人と同一の権利義務を有するとされていますので、相続の放棄・承認に関するルールが適用されます。したがって、放棄をする場合は、民法915条の定めにしたがうこととされ、3か月の熟慮期間（915条）、家庭裁判所での申述（938条）、放棄の遡及効（939条）とともに、法定単純承認（921条）の規定も適用されます。

また、家庭裁判所の申述の受理は、公証行為にすぎず、放棄自体を有効なものと確定するものではありません（第2の1(8)イ・P265参照）。

以上を踏まえると、Cについては、令和2年10月に家庭裁判所が放棄の申述を受理したとのことですが、相続開始後10年を経ての申述である点（民法921条2号の該当性）及びBの「Cは、Aの相続財産を受け取っている」旨の発言（同条1号該当性）から、法定単純承認に当たるか否かの検討が必要です。

したがって、Cについて、①Aの遺言書を知ったのがいつか、②Aの財産を取得又は処分した事実があるか等について調査すべきと考えます。

3　Cの放棄が無効である場合

上記1の調査の結果、法定単純承認に該当する事実が認められる場合は、Cの放棄は無効となります。したがって、Cは、はじめから相続人と同一の権利を有することになり、かつ、その指定相続分は100%となります。したがって、平成23年分から令和6年分までの固定資産税の納税義務者は、現有者課税によりCとなるため、Cに対して賦課替えを行います。

4　Cの放棄が有効である場合

現有者課税により、平成23年分から放棄するまでの間（令和2年分まで）の固定資産税の納税義務者はCであり（Q8参照）、また、放棄した後の課税である令和3年分以降の納税義務者は、Bとなります。したがって、令和2年分まではCに対して賦課替えし、令和3年分以降はBに対して行います。

Q10　相続財産清算人が選任されない場合の賦課・徴収

亡Xの住民税の未納があり、相続人等を調べたところ、相続人全員、相続放棄をしていました。

相続財産は土地及び建物ですが、金融機関からの借入の担保として抵当権が設定されています。なお、金融機関の方は、相続財産清算人を選任することはまだ考えていないとのことでした。

（質問）

①　相続人がいないことが判明した場合は、相続財産清算人の選任がなくとも当然に相続財産法人に相続財産が帰属するということで良いでしょうか？

また、納税義務も相続財産法人が承継するということで良いでしょうか？

②　私としては、納税通知書と督促状を公示送達により送達したいと考えています。

その場合、「亡X相続財産」を名宛人として公示送達をしたいと考えていますが、名称等になにか正式名称はあるのでしょうか？

㈲　「亡X相続財産」を名宛人としたのは、相続財産法人名で登記（相続を原因とする所有権移転登記）を行う場合の登記事例が「亡○○○○相続財産」であることを参考としました。

③　相続財産清算人が選任されない場合は、課税保留で不納欠損となるのでしょうか？

（回答）

照会事項等（次の点線記載部分）については、次のとおりです。

金融機関の方は、相続財産清算人を選任することはまだ考えていないとのことでした。

（答）　抵当権者は、通常、相続財産清算人選任の申立てはせず、抵当物件を競売するためだけの手続として「特別代理人」選任の申立てをします（民執法20、民訴法37、35）。その場合、特別代理人は納税関係の代理権限がないので、同人宛に納税通知・督促等をすることはできません。

相続人がいないことが判明した場合は、相続財産清算人の選任がなくとも当然に相続財産法人に相続財産が帰属するということで良いでしょうか？

（答）　相続人が全員放棄している場合は、相続財産は相続財産法人に帰属することになりますので、貴見のとおりです。

また、納税義務も相続財産法人が承継するということで良いでしょうか？

（答）　貴見のとおりです（地方税法９①）。

納税通知書と督促状を公示送達により送達したいと考えています。
その場合、「亡Ｘ相続財産」を名宛人として公示送達をしたいと考えていますが、名称等になにか正式名称はあるのでしょうか？

（答）　公示送達はできません。公示送達は、送達すべき者は存在（生存）しているもののその住所等が明らかでないときに行うことができます。相続財産法人における「送達すべき者」とは相続財産清算人になりますが、本件では、その相続財産清算人が欠けていますので「送達すべき者が存在していること」の要件を充たしていません。
　このようなことから、相続財産清算人がいない以上は課税したくてもできない状態となりますので、自庁で相続財産清算人の選任手続をして課税・徴収するか、それができない場合は課税保留をせざるを得ません。

Q11　相続財産清算人の選任手続等

相続財産清算人の選任について、次の質問があります。

① 申立てした際に１件あたり100万円程度の予納金が必要とのことですが、１人で３筆の土地を持っていた場合は、１件と３件のどちらになるでしょうか。

② 解散している法人が土地・家屋を所有している場合、相続財産ではありませんが、個人と同じように家庭裁判所に申し立てて、財産清算人を選任してもらうことになるのでしょうか。

③ 相続財産清算人の申立てに当たり、予算は予納金のみ計上すればよろしいでしょうか。そのほかに歳出する予算はありますか。

④ 予納金の支払は、財務会計上どこの科目で計上していますか（役務費・負担金等）。

⑤ 当庁としてはある程度予納金を回収できる見込みがある案件を選定して、選任の申立てを行いたいと考えています。しかしながら、被相続人がどれだけ債務を抱えているのか分からず、他の債務者の債務が高額なときは予納金が戻ってこない可能性があると思います。相続財産清算人が選任されると官報公告（相続財産清算人の選任及び相続権主張の催告）されますが、ほかの債権者はその公告に気づくものでしょうか。

⑥ 一回相続財産清算人が選任され清算手続が終了した後に、あらたに債務が見つかった場合、新たに相続財産清算人を選任することは可能なのでしょうか。

（回答）

照会事項等（次の点線記載部分）については、次のとおりです。

① 申立てした際に１件あたり100万円程度の予納金が必要とのことですが、１人で３筆の土地を持っていた場合は、１件と３件のどち

らになるでしょうか。

（答）　一申立てにつき100万円程度であり、物件数に関係ありません。

物件数が多いと、その処分のための期間が長くなるため、その分、予納金を費消することになります。したがって、場合によっては戻ってこない可能性が高くなるということになります。

②　解散している法人が土地・家屋を所有している場合、相続財産ではありませんが、個人と同じように家庭裁判所に申し立てて、財産清算人を選任してもらうことになるのでしょうか。

（答）　法人が解散したときは、清算人の下で清算手続が行われますが、清算人になる者は、①定款で定められている者又は株主総会の決議で選任された者、②①によらない場合は取締役です（会社法478①）。また、これらによっても選任できないときは、利害関係人の申立てにより、裁判所（その法人の所在地を管轄する地方裁判所）が選任することになります（会社法478②）。この利害関係人には、租税債権者も含まれます。

なお、法人が解散して清算結了していても、租税債務があるときは、租税との関係では清算したことになりません。したがって、会社の清算人であった者が依然として清算人となりますので、その会社の清算人を相手方として賦課徴収します。

③　相続財産清算人の申立てに当たり、予算は予納金のみ計上すればよろしいでしょうか。そのほかに歳出する予算はありますか。

④　予納金の支払は、財務会計上どこの科目で計上していますか。（役務費・負担金等）

（答）　予納金と官報掲載費用（数千円程度）が必要です。金額については、管轄の家庭裁判所に確認してください。

予算科目については、某市の場合は次のとおりです。

○　予納金は「補償金」として計上。

一般会計

款 項 目⇨総務費＞徴税費＞賦課徴収費

事　　業⇨滞納整理強化経費

節・細節⇨補償補填及び賠償金＞補償金

細 々 節⇨相続人不存在財産管理人選任予納金

○　官報公告掲載料は「役務費」として計上。

款 項 目⇨総務費＞徴税費＞賦課徴収費

事　　業⇨滞納整理強化経費

節・細節⇨役務費＞手数料

細 々 節⇨官報公告掲載料

⑤　当庁としてはある程度予納金を回収できる見込みがある案件を選定して、選任の申立てを行いたいと考えています。しかしながら、被相続人がどれだけ債務を抱えているのか分からず、他の債務者の債務が高額なときは予納金が戻ってこない可能性があると思います。相続財産清算人が選任されると官報公告（相続財産清算人の選任及び相続権主張の催告）されますが、ほかの債権者はその公告に気づくものでしょうか。

（答）　これぱかりは、分かりません。事案によると思います。その意味で、まだ差押えが未了の場合は、相続財産清算人選任後、速やかに差押えをしておくべきです（不動産等の差押えの場合。P311参照）。

⑥　一回相続財産清算人が選任され清算手続が終了した後に、あらたに債務が見つかった場合、新たに相続財産清算人を選任することは可能なのでしょうか。

（答）　相続財産法人はその清算手続の終了により消滅しますので、その後に、再度相続財産清算人を選任することはできないと考えます（①相続債権者等への弁済や特別縁故者への相続財産の分与等により残余財産が無くなったとき、又は②残余財産を国庫に引き継いだときに、相続財産清算人の任務が終了します。したがって、相続財産清算人の任務が終了した後に未だ相続債権があったとしても、もはや追及できる相続財産はないので、新たに相続財産清算人を選任する実益もありません。)。

なお、相続債権者は、請求申出期間内に相続財産清算人に債権の届出（民法957）をしなかったときは失権し、債権者としての権利を行使することができなくなります（同法958)。

Q12　差押え後に相続が開始された場合の滞納処分の続行

滞納者Ａの市税の滞納600万円の徴収のため差押え中の不動産を公売する方針です。そこで、公売予告通知書を送付したのですが、先月にＡが死亡していたことが判明しました。相続人は、子Ｂ、Ｃ及びＤの３名ですが、遺言書はなく、遺産分割協議も未だ行われていません。

このまま公売手続を進めることができるでしょうか。

（回答）

滞納者の財産を差押えした後、滞納者が死亡した場合は、その財産は相続人が承継することになります。しかし、その承継は包括承継なので、滞納処分はそのまま続行することができます（徴収法139①）。したがって、公売手続を進めることは可能です。この場合の公売手続等滞納処分の続行は、相続人（相続人が複数あるときは、相続人全員）を名宛人として行います。

具体的な滞納処分の続行手続についての定めはありませんが、例えば、次により行います。

1　公売関係書類（公売通知書、不動産等の最高価申込者の決定等通知書、売却決定通知書、配当計算書等）

⑴　各通知書の「滞納者」欄又は「所有者」欄の記載

滞納者欄又は所有者欄の上段に相続人全員の住所及び氏名を記載し、下段に被相続人の住所（最後の住所地）及び氏名をかっこ書します。

例えば、本件各通知書の滞納者欄又は所有者欄の「氏名」欄の上段の記載は、「被相続人Ａ相続人Ｂ、同相続人Ｃ，同相続人Ｄ」となります。

⑵　各通知書の「公売財産」、「売却した財産」又は「換価財産等」の記載

財産の名称等の記載のほか、相続人が複数ある場合は、各相続人の持分を併記します。この場合の持分は、相続分を指定する遺言がないとき、又は遺産分割協議が未了のときは、法定相続分によります。また、既に相続登記がなされているときは、その登記された持分によります。

したがって、本件では、Ｂ、Ｃ及びＤについて，各持分３分の１を併記します。

(3)　徴収法139条１項による旨の記載

各通知書の備考欄又は欄外余白に「国税徴収法第139条第１項の規定により滞納処分を続行する」旨を記載します。

(4)　公売通知書の「公売に係る租税の額」欄の記載

公売に係る租税の額は、各相続人に対する納税義務の承継前の被相続人の滞納税金（公売に係るもの）を記載します。したがって、本件では、滞納税金600万円の内容（年度、税目、納期限、本税等）を記載します。

2　換価代金の充当

換価代金の充当は、各相続人に対する納税義務の承継前の被相続人の滞納税金について行います。すなわち、滞納処分の続行として行うものなので、通則法５条２項・３項又は地方税法９条２項・３項《相続人が２人以上ある場合の承継税額の計算・納付責任額》の適用はありません。

したがって、本件において換価代金が480万円のときは、滞納税金600万円に充てるので、滞納残高は120万円（600万円－480万円）となり、その120万円は、Ｂ、Ｃ及びＤが法定相続分により３分の１ずつ承継することになります。

なお、既に被相続人の滞納税金を相続人に承継している場合等で、徴収上支障がないときは、通則法５条２項・３項又は地方税法９条２項・３項に準じて充当等の処理をしても良いと考えます。

3　所有権移転登記

公売財産が不動産の場合、買受人への所有権移転の登記の嘱託は、被相続人の名義を相続人名義にした上で、相続人から買受人へ所有権を移転する登記嘱託をする必要があります（昭43.６.５民事甲第1835号民事局長回答）。

そのため、本件では、市長が①買受人に代わって相続人への相続登記を嘱託し、②買受人のために権利移転登記の嘱託をするという順で、登記嘱託を行います。

補 足　滞納者の死亡を知らないでした差押えの効力

滞納者の死亡後、その死亡を知らないで、その滞納者名義の財産（不動産に限らない。）を差し押さえた場合は、本来は、差押えの効力は生じないはずですが、徴収法139条２項は、徴収職員が滞納者の死亡を知っていた場合を除き、その滞納者の滞納税金について、相続によりその財産を承継した相続人に対して行われたものとみなすとしています。

第6章 連帯納税義務・連帯納付責任

第1 連帯納税義務

1 連帯納税義務の意義

連帯納税義務とは、二人以上の納税者が同一の租税債務の納付について、それぞれ独立して全額を納付する義務を負い、その中の1人が納付すれば、他の者もその租税債務を免れるという関係にある多数当事者の租税債務をいう。なお、本書の「連帯納税義務」とは、通則法上の「連帯納付義務」並びに地方税法上の「連帯納付義務」及び「連帯納入義務」をいう。

この連帯納税義務については、民法の連帯債務の規定が準用されているが(通則法8、地方税法10)、ここに「連帯債務」とは、複数の債務者が同一内容の給付について、各自独立して債権者に全部の給付をする債務を負い、そのうちの1人が弁済すれば、他の者も債務を免れるという多数当事者の債務をいう。

2 連帯納税義務の態様

(1) 国税の連帯納税義務

国税の連帯納税義務には、次のものがある。

ア 共有物、共同事業又は当該事業に属する財産に係る国税の連帯納税義務（通則法9）

(ア) 共有物に係る国税

① 共有物自体を課税物件とする国税

② 共有物に関して課される国税

この税には、共有物について登記・登録の申請をした共有者が追徴される登録免許税等がある。

(イ) 共同事業に係る国税

① 共同事業自体を課税物件とする国税（現時点において該当する税はない。）

② 共同事業に関して課される国税

この税には、源泉徴収による所得税、課税資産の譲渡等及び特定課税仕入れに課される消費税、各種の消費税等で保税地域からの課税物品の引取りに係るもの等がある。

補 足 共同事業とは、事業に伴う権利義務が直ちに共同事業者に帰属する事業をいう。したがって、匿名組合については、匿名組合員は、営業者の行為について、第三者に対してなんらの権利義務を有しないので（商法536④)、共同事業に当たらない。

(ウ) 共同事業に属する財産に係る国税

この税には、共同事業により製造された酒類の移出に係る酒税等がある。

一方、共同事業によって生じた所得に対して課する所得税・法人税は、各人ごとに課されるものなので、この共同事業に属する財産に係る国税には該当しない。

イ 徴収法33条《合名会社等の社員の第二次納税義務》の規定による第二次納税義務が課された国税についての無限責任社員の連帯納税義務

ウ 自動車重量税法４条《納税義務者》の規定による自動車検査証の交付等を受ける者が二人以上ある場合の自動車重量税の連帯納税義務

エ 登録免許税法３条《納税義務者》の規定による登記等を受ける者が二人以上ある場合の登録免許税の連帯納税義務

オ 印紙税法３条《納税義務者》第２項の規定による一の課税文書を二人以上の者が共同して作成した場合の印紙税・過怠税の連帯納税義務

(2) 地方税の連帯納税義務

地方税の連帯納税義務には、次のものがある。

ア　共有物、共同使用物、共同事業又は共同事業により生じた物件又は共同行為に対する地方税の連帯納税義務（地方税法10の２①②）

(ア)　共有物に対する地方税

この税には、自動車税、鉱区税、固定資産税、軽自動車税、特別土地保有税（土地に対して課するもの）、都市計画税がある。

補足　共有物に対する固定資産税について、一定の区分所有に係る家屋及びその敷地の用に供されている土地の連帯納税義務が排除される場合がある（地方税法352①、352の２①）。

(イ)　共同使用物に対する地方税

この税には、所有者が非課税団体である場合に自動車、軽自動車又は固定資産を共同して使用している者に課される自動車税、軽自動車税、固定資産税、都市計画税がある。

(ウ)　共同事業に対する地方税

この税には、事業税、鉱産税、事業所税（ただし、地税令56の51参照）がある。

(エ)　共同事業により生じた物件に対する地方税（現時点において法定普通税としては該当するものはない。）

(オ)　共同行為に対する地方税

この税には、不動産取得税、自動車重量税、特別土地保有税（土地に対して課するもの）、新増設に係る事業所税（共同して一棟の建物を建築した行為は、この共同行為に該当する。東京地判昭63.11.８判例タイムズ707－144参照）がある。

イ　地方税法11条の２《合名会社等の社員の第二次納税義務》の規定に

よる第二次納税義務が課された地方税についての無限責任社員の連帯納税義務

ウ　地方税法144条の４《軽油引取税の補完的納税義務》第１項の規定による納税義務者を特定できないとき又はその所在が明らかでないときにおける軽油引取税の連帯納税義務

エ　地方税法195条《鉱区税の連帯納税義務》の規定による鉱業権の移転があった場合の鉱区税の連帯納税義務

3　連帯納税義務の内容・効果

連帯納税義務については、民法の連帯債務に係る規定が準用される。もっとも、民法は私人間の契約に基づく債務関係を規律しているため、その規定の中には租税債務に馴染まないものが存在する。そこで、その準用に当たっては、租税の性質に反する規定を準用から除外している。なお、民法（債権関係）の改正（平成29年法律44号・令和２年４月１日施行。以下、本章において単に「改正」という。）により、連帯債務に関する見直しが行われたことに伴い、次表のとおり、その準用の範囲及び内容が改正の前後において異なる。

《連帯納税義務に係る民法の準用規定》

改正前における準用規定	改正後における準用規定
第432条 《履行の請求》	第436条 《連帯債務者に対する履行の請求》
第433条 《連帯債務者の一人についての法律行為の無効等》	第437条 《連帯債務者の一人についての法律行為の無効等》
第434条 《連帯債務者の一人に対する履行の請求》	（注１）
第437条 《連帯債務者の一人に対する免除》	（注１）
第439条 《連帯債務者の一人についての時効の完成》	（注１）
第440条 《相対的効力の原則》	第441条 《相対的効力の原則》
第441条 《連帯債務者についての破産手続の開始》	（注２）
第442条 《連帯債務者間の求償権》	第442条 《連帯債務者間の求償権》
第443条 《通知を怠った連帯債務者の求償の制限》	第443条 《通知を怠った連帯債務者の求償の制限》
第444条 《償還をする資力のない者の負担部分の分担》	第444条 《償還をする資力のない者の負担部分の分担》
（新設）	第445条 《連帯債務者の一人との間の免除等と求償権》

㈡１　連帯債務者の一人に対する履行の請求及び免除並びに連帯債務者の一人についての時効の完成は、改正により、絶対的効力事由から相対的効力事由に変更された。そのため、改正前の434条、437条及び439条は、改正により削除された。

２　連帯債務者について破産手続開始決定があった場合は、破産法104条《全部の履行をする義務を負う者が数人ある場合等の手続参加》１項の適用により解決が図られているため、改正前の441条は、改正により削除された。

(1) 改正前の民法の規定が準用される連帯納税義務

改正民法の施行は令和2年4月1日であるが、施行日前（令和2年3月31日以前）に納税義務の成立した連帯納税義務については改正前の民法の連帯債務に関する規定が準用され、一方、同年4月1日以後に成立した連帯納税義務については改正後のものが準用される。

補 足 民法の一部を改正する法律の施行に伴う関係法律の整備等に関する法律（平成29年6月2日法律第45号）111条1項及び136条1項は、「施行日前に生じた連帯納税義務については、なお従前の例による」旨の経過措置を設けている。

そこで、令和2年3月31日以前に成立した連帯納税義務の内容及び効果は、次のとおりである。

ア 連帯納税義務者からの徴収

行政機関等は、連帯納税義務者に対して連帯納税義務に係る租税の全部又は一部について、納税の告知、督促及び滞納処分をすることができる。この場合の納税の告知等の徴収行為は、連帯納税義務者の一人に対して行ってもよいし、他の者に対して同時又は順次に行うこともできる（請求の独立性）。

イ 連帯納税義務者の一人について生じた事由の絶対的効力

絶対的効力とは、連帯納税義務者の一人について生じた事由の効力が全員に対して及ぶことである。

この絶対的効力を生ずる事由は、次のとおりである。

(ア) 納税義務の履行・還付金等の充当

連帯納税義務者の一人が、その連帯納税義務の全部又は一部を履行（換価代金等の充当を含む。）したときは、他の全員の連帯納税義務についても、その全部又は一部が消滅する。例えば、A、B及びCの3人が租税120万円の連帯納税義務を負っている場合において、Aが120万円のうちの一部である30万円を納付したときは、全員の連帯納税義務についても30万円が消滅する（3人は、各自、その残額である90万円の連帯納税義務を負うことになる。）。

同様に、連帯納税義務者の一人が還付金、過誤納金又は還付加算金を有する場合において、それらが連帯納税義務に係る租税に充当（通則法57、地方税法17の2）されたときは、他の全員の連帯納税義務も充当のあった限度において消滅する。

㈠　納税の告知

A　履行の請求としての納税の告知の絶対的効力

納税の告知（通則法36、地方税法13）は、①徴収決定又は調査決定により確定した税額を通知すること、及び②その税額の履行を請求することという二つの性質を有している。このうち、履行の請求としての面をとらえると、準用規定である改正前の民法434条が「連帯債務者の一人に対する履行の請求は、他の連帯債務者に対しても、その効力を生ずる」と規定していることから、連帯納税義務者の一人に対する納税の告知は、履行の請求として全員に対して効力を生ずることになる。そうすると、納税の告知は、租税債権についての消滅時効を中断することから（改正前の通則法73①一、改正前の地方税法18の2①一参照）、連帯納税義務者の一人に対する納税の告知により、全員の連帯納税義務について時効中断の効力が生ずることになる。

B　他の連帯納税義務者に係る徴収権の時効

例えば固定資産税の連帯納税義務者としてＡ及びＢがいる場合において、Ａに対して納税の告知をし、他方のＢには納税の告知をしていないケースでは、Ａに対する納税の告知による消滅時効の中断の効力がＢに対しても及ぶのかどうかが問題となる。このケースでは、そもそもＢの連帯納税義務が具体的に確定していない、つまり、消滅時効を中断すべき基となる租税債権が具体的に存在していないので、Ａに対する履行の請求の効力がＢにも及ぶということはあり得ないとも考えられるのである。

この問題は、賦課権と徴収権の関係を問うものである。

ここに賦課権とは、抽象的に成立している租税債権を具体的に確定する権限のことであり（その権限行使として、申告、更正、決定、賦課決定がある。）、一方、徴収権は、賦課権の行使によって具体的に確定した租税債権について、その履行を求める権限である。つまり、賦課権と徴収権とは「抽象的租税債権の成立⇒賦課権の行使⇒租税債権の確定⇒徴収権の行使」という関係にあり、したがって、徴収権は、賦課権の行使によって租税債権が具体的に確定しない限りは行使することができないものである。よく「賦課なくして徴収なし」と言われているのも、このことを意味する。

また、賦課権の行使と徴収権の行使とについては、それぞれについて期間的制約が設けられている。すなわち、賦課権については、原則として法定申告期限・法定納期限から５年（通則法70、地方税法17の５）を経過することによって当然に消滅し、その中断は認められない（このような期間のことを「除斥期間」という。）。一方、徴収権についても、原則として法定納期限から５年を経過することにより時効消滅する（通則法72①、地方税法18①）が、その時効を中断し、また更新される場合があること（改正前の通則法72③、73、改正前の地方税法18③、18の２）が特徴的である。

留意すべき点は、それぞれが法の定める規定にしたがって別個に進行することである。つまり、賦課権については法定申告期限・法定納期限から５年の除斥期間の経過によって消滅し、他方、徴収権についても、法定納期限から５年の経過によって時効消滅する。

この徴収権の消滅時効が「法定納期限」から進行するとしているのは、次の理由による。

すなわち、本来、消滅時効の進行が始まる起算日は、その時効に係る権利を「行使することができる時」であるとされているが、これを租税債権に当てはめると、法定納期限を過ぎてしまえば、行政機関等は自分でその租税債権の確定（賦課権の行使）をすることができ、それに併せて徴収権をも行使することができるので、徴収権は法定納期限を経過すれば既に「権利を行使することができる」状態にあると考えられるためである。このようなことから、徴収権の消滅時効は、賦課権が行使されていないとき（租税債権が具体的に確定していないとき）であっても、法の定めにしたがい、法定納期限から進行することになる。なお、このことは、次の事由からも明らかである。

① 国税について、通則法73条１項１号は、更正通知書又は決定通知書が納税者に送達されたときは、その更正又は決定により納付すべき国税について時効の完成が猶予されると規定し（通則法73①一)、また、地方税についても、地方税法18条の２第１項１号は、納付の告知に係る書面が納税者に送達されたときは、その納付の告知に係る部分の地方団体の徴収金につき時効の完成が猶予されると規定（地方税法18の２①一）しているが、これらの規定は、税額確定前であっても徴収権の消滅時効が進行していることを前提とするものである。すなわち、租税債権は、更正、決定又は納付の告知の効力が生ずる時（更正通知書等が納税者に送達された時）までは未確定であるところ、更正等の効力が生じた時点において消滅時効の完成が猶予されるということは、その更正等がなされていない間であっても、その未確定の租税債権について徴収権の消滅時効が進行することを前提事実としているということができる。

② 通則法73条３項及び地方税法18条の２第３項は、不正行為により免れた租税の徴収権の消滅時効は、法定納期限の翌日から起算して２年間は進行しない旨を規定しているが、これは、不正行為により免れた租税に係る賦課権の制限期間７年に合わせたものである。税額確定前は消滅時効が進行しないのであれば、この規定は意味のない無用のものとなる。

そうすると、Ａに対して納税の告知をし、他方のＢには納税の告知をしていないケースにおいても、Ｂの連帯納税義務に係る徴収権は、その法定納期限から消滅時効が進行している。そのため、Aに対する納税の告知による消滅時効の中断の効力は、Bにも及ぶことになる。もっとも、Bの徴収権の消滅時効が中断するとしても、Bの連帯納税義務が賦課権の行使によって具体的に確定していない以上は、その徴収権は、いわば絵に描いた餅であり、当然に発動（滞納処分の行使等）し得ないものであることは言うまでもない。

では、事例において、Bの連帯納税義務について納税の告知がないまま法定納期限から5年を経過した場合は、どのような法律関係になるであろうか。この場合は、Bに対する賦課権は、除斥期間の経過により消滅して行使し得ない状態である。そのため、徴収権の消滅時効が中断しているときであっても、前述のとおり、その徴収権は絵に描いた餅にすぎないことになる。「賦課なくして徴収なし」である。

賦課権と徴収権の関係

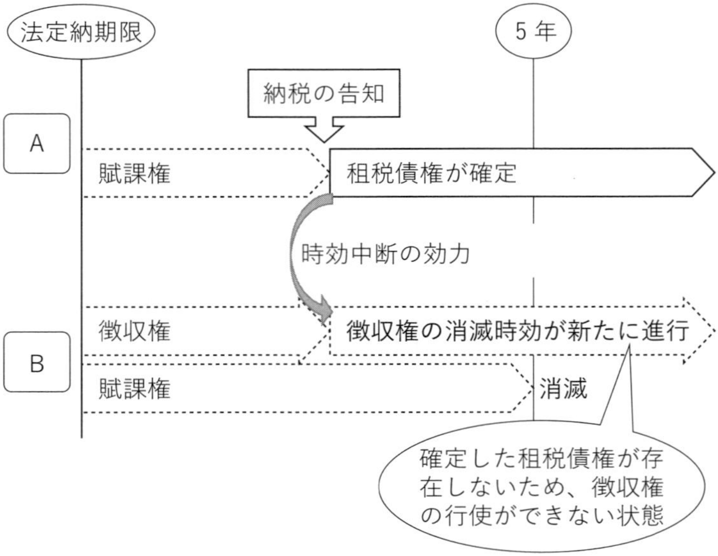

C 「Ａほか何名」を名宛人とする納税の告知の及ぶ範囲

前記Ｂの事例（固定資産税の連帯納税義務者としてＡ及びＢがいる場合において、Ａに対して納税の告知をし、他方のＢには納税の告知をしていないケース）においては、Ａに対して納税の告知をしたことによる税額確定の効力は、相対的効力にとどまるので、Ｂには及ばないことになる（改正前民法440）。

補 足　相対的効力とは、連帯納税義務者の一人について生じた事由の効力は、他の連帯納税義務者には及ばないことをいう。

したがって、Ｂに対して連帯納税義務の履行を求めるためには、Ａに対する納税の告知とは別に、Ｂに対して納税の告知をする必要がある（最判平元.7.14集民157－403）。

そこで、共有不動産の固定資産税の納税の告知において、「Ａほか何名」を名宛人とする納税の告知書をＡに送達した場合に、Ａ以外の他の共有者に対しても納税の告知をしたことになるのかが問題となる。例えば、先の事例において、「Ａほか１名」とする納税の告知書をＡに送達することによって、Ｂに対しても納税の告知をしたことになるのかという問題である。

この問題については、まず、行政法上の一般的問題としての行政処分と書類送達との関係を考える必要がある。そうすると、名宛人である相手方の受領を要する行政処分の場合は、その行政処分に係る書面が相手方に送達されない以上は効力を生じないので（最判昭57.７.15民集36－６－1146等）、Ｂを名宛人として同人に対して納税の告知書が送達されていない場合は、Ｂには納税の告知の効力は生じないことになる。

また、共有者の一人を代表者に選任し、その者に対して他の共有者に係る税務関係書類の送達をすることができる旨の規定は、法律上存しない。

以上から、「Ａほか１名」を名宛人とする納税の告知書をＡに送達しただけでは、Bに対して納税の告知をしたことにはならないと解するのが相当である（大阪高判昭58．３．30裁判所ウェブサイト掲載）

㈦　更正・決定

更正・決定は、課税標準等又は税額等を修正することを内容とする税額の確定処分であって履行の請求としての性質を有していない。そのため、連帯納税義務者としてＡ及びＢがいる場合には、各人ごとに更正・決定を行わなければならない。

㈡　督促

督促は、履行の請求としての面と滞納処分の前提要件としての面との二つの性質を有している。そのため、納税の告知の場合と同様に、履行の請求としての面では絶対的効力を有するので、連帯納税義務者の一人に対する督促は、その者の連帯納税義務の消滅時効を中断（通則法73①四、地方税法18の２①二）すると共に、他の者の連帯納税義務についても消滅時効を中断する。一方、滞納処分の前提要件としての面では相対的効力しか有しないので、他の連帯納税義務者に対して滞納処分を行うためには、その者に対して督促を行う必要がある。

㈥　免除

連帯納税義務者の一人に対して、その納税義務を免除したときは、その者の負担部分について、他の者も納税義務を免れる。例えば、ＡとＢが、租税10万円について、それぞれ平等の負担部分とする連帯納税義務を負っている場合、Ａについて10万円の納税義務を免除したときは、Ａの負担部分５万円についてＢもその納税義務を免れる。つまり、Ｂは、５万円の納税義務を免れた後の残額５万円（10万円－５万円）を納付すればよいことになる。

ここに負担部分とは、共有物に係る持分（民法253）、共同事業についての損益分配割合（民法674）、無限責任社員についての定款に定められた損益分配割合等により、各人の負担に属するものとして算出された税額の部分をいうが、負担割合が明らかでないときは、各人の負担割合は平等なものとして取り扱うこととしている（民法250参照）。

なお、連帯納税義務に関係する納税義務の免除としては、共有不動産の一人についての固定資産税の減免（地方税法367等）が適用事例として多い。その他、国税では通則法63条の規定による延滞税の免除等、地方税では地方税法15条の９の規定による納税の猶予の延滞金の免除、同法72条の45第４項の規定による法人の事業税の延滞金の免除等がある。もっとも、延滞税・延滞金については、各人に対する本税の課税時期の相違により算出期間が異なるため、その算出期間のうち各人に共通する期間に係るものに限ることになる。

㈎　時効の完成

連帯納税義務者の一人に消滅時効が完成したときは、その者の負担部分について他の者も納税義務を免れる。例えば、A、B及びCの３名が、租税30万円について、それぞれ平等の負担部分とする連帯納税義務を負っている場合、Aについて消滅時効が完成したときは、Aの負担部分10万円については、B及びCもその納税義務を免れる。つまり、B及びCは、10万円の納税義務を免れた後の残額20万円を納付すればよいことになる。

ウ　連帯納税義務者の一人について生じたその他の事由の相対的効力

連帯納税義務者の一人について生じた事由で、上記イに掲げるもの以外のものは、相対的効力を有するにとどまるので、他の者には効力を及ぼさない。その主な事由は、次のとおりである。

①　連帯納税義務者の一人に対する更正、決定、賦課決定による税額確定効

②　連帯納税義務者の一人に係る差押え、交付要求、承認等による時効中断効

③　連帯納税義務者の一人に係る納税の猶予（通則法46）、徴収の猶

予（地方税法15）、換価の猶予、滞納処分の停止の効果

⑵　改正民法の規定が準用される連帯納税義務

改正民法の下においては、連帯債務者の一人について生じた事由のうち、改正前において絶対的効力として他の連帯債務者にも及ぶとされていた「連帯債務者の一人に対する履行の請求（改正前民法434）」、「連帯債務者の一人に対する免除（同法437）」及び「連帯債務者の一人についての時効の完成（同法439）」が、相対的効力を有するにとどまることとなった。その結果、連帯納税義務についても、これら事由は相対的効力を有することとなった。

絶対的効力から相対的効力へ

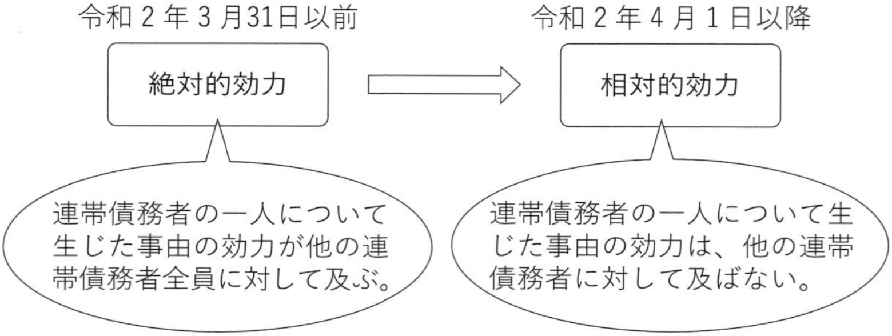

改正前434条	連帯債務者の一人に対する履行の請求は、他の連帯債務者に対しても、その効力を生ずる。
改正前437条	連帯債務者の一人に対してした債務の免除は、その連帯債務者の負担部分についてのみ、他の連帯債務者の利益のためにも、その効力を生ずる。
改正前439条	連帯債務者の一人のために時効が完成したときは、その連帯債務者の負担部分については、他の連帯債務者も、その義務を免れる。

この相対的効力になることに関する留意点は、次のとおりである。

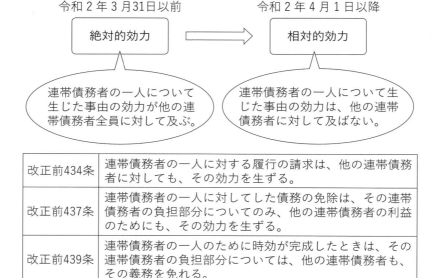

ア　適用

連帯納税義務についての改正後の民法の準用は、施行日以後に成立（課税要件の充足）した連帯納税義務となる。例えば、固定資産税においては、賦課期日（毎年１月１日）が成立時点となるので、改正後の民法が準用されるのは、令和３年分の固定資産税からとなる（令和２年分までの固定資産税については、これまでどおり改正前の民法が準用される。）。

改正前・後の民法の準用

改正前民法の準用	改正民法の準用
令和２年度分までの固定資産税	令和３年度分以後の固定資産税

民法改正に伴う地方税法改正の施行日（令和２年４月１日）前に生じた連帯納税義務については、なお従前の例による（民法の一部を改正する法律の施行に伴う関係法律の整備等に関する法律111条１項）。

イ　連帯納税義務者の一人に対する履行の請求の相対的効力

改正民法が、連帯債務者の一人に対する履行の請求を絶対的効力から相対的効力に変更したのは、絶対的効力を有するとした場合は、履行の請求を受けていない連帯債務者について、その者が知らない間に、履行遅滞に陥ったり又は消滅時効が中断したりするなどの不利益が大きく、問題があるとの指摘がなされていたことによる。租税債務においても、履行の請求（納税の告知、督促）を受けていない連帯納税義務者の利益を保護する観点からは、連帯納税義務者の一人に対する履行の請求の効力は、他の者には及ばないとすることは妥当というべきであろう。

ところで、租税債権については、賦課権は時効の完成猶予について効力がない除斥期間であり、一方、徴収権はその効力がある。改正前においては、連帯納税義務者の一人(A)に対する納税の告知や督促によって他の者(B)の徴収権の時効が中断していた（現行法上は、時効の完成が猶予されていた）ため、理屈の上では、他の者(B)について、その賦課権が除斥期間の経過により消滅しても、徴収権は依然として時効消滅せずに存在し得た。一方、改正後においては、連帯納税義務者の一人(A)に対する履行の請求によっても、他の者(B)の徴収権の時効の完成は猶予されることはない。そこで、他の者(B)の徴収権の時効の完成を止めるためには、その者(B)自身に対して，納税の告知をし督促等の処分をするしかないこととなる。そのため、他の者(B)に対しては、その除斥期間内に賦課権が行使されない場合は、法定納期限の翌日から起算して５年を経過することによって、賦課権が消滅すると同時に、徴収権も時効消滅することとなった。

連帯納税義務者の一人に対する納税の告知・督促（改正後）

⇨ 連帯納税義務者の一人に対する履行の請求（納税の告知・督促）によっても、他の連帯納税義務者の消滅時効の進行を止めることはできない。

○　他の連帯納税義務者に対して除斥期間内に賦課権が行使されない場合
　⇨　法定納期限の翌日から起算して５年を経過することによって、賦課権が消滅すると同時に、徴収権も時効消滅

○　他の連帯納税義務者の消滅時効の進行を止めるためには
　⇨　その者自身に対して納税の告知をし、督促等の処分をする必要

ウ　連帯納税義務者の一人に対する免除の相対的効力

改正民法が、連帯債務者の一人に対する免除を絶対的効力から相対的効力に変更したのは、債権者が連帯債務者の一人に対して債務の免除をする場合は、他の連帯債務者についても免除をするという意思を有していないのが通常であり、絶対的効力を認めることは債権の効力を弱めるものであるとの批判があったことによる。租税債務において

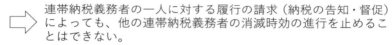

も、連帯債務者ごとに免除事由の有無を判断して免除しているのであり、その免除の効果が、免除事由を有しない他の者にも及ぶとすることには疑問があるというべきであろう。

ただし、免除の相対効化による他の連帯債務者の救済を図るための求償規定（改正後の民法445）が創設されたことにより、次のとおり、多少の疑義がある。

免除が相対的効力に変更されると、これまで絶対的効力の恩恵を受けていた他の連帯債務者の利益が損なわれることになる。例えば、ＡとＢが負担をそれぞれ５万円とする連帯納税義務10万円を負っていた場合において、Ａに対して５万円を免除したときは、Ｂは、改正前においては５万円を納付すればよかったが、改正後においては、10万円全額を納付しなければならないことになる。そこで、Ｂが10万円を納付したときは、Ｂは、Ａに対してＡの負担部分である５万円の求償を請求できることとされた（改正後の通則法８・地方税法10による民法445の準用）。そうすると、Ａは、租税債権者に対しては５万円の納税義務が免除されたのに、Ｂに求償金として５万円を支払わなければならないこととなり、いわば支払先が租税債権者から他の連帯納税義務者に代わったにすぎず、結局は負担部分５万円を負担することには変わりがないということになる。これでは、何のために租税債権者から免除を受けたのかが分からないというべきであろう。なお、Ａが５万円を求償金としてＢに支払ったときは、Ａは、租税債権者に対して不当利得返還請求をすることができないかが問題となるが、改正民法が、連帯債務者の一人に対する免除を相対的効力に変更した趣旨（絶対的効力は債権の効力を弱めるものとの批判に応えること）からして、不当利得返還請求は認められないと解するのが相当である。

補 足　免除の相対的効力を絶対的効力とする旨の合意

改正後の民法441条の本文は、連帯債務の相対的効力の原則を定めるが、そのただし書において「債権者及び他の連帯債務者の一人が別段の意思表示をしたときは、当該他の連帯債務者に対する効力は、その意思にしたがう。」と定めており、債権者と他の連帯債務者との間で合意した場合は、相対的効力を絶対的効力にすることができるとしている。そして、このただし書の規定は連帯納税義務にも準用されているので、例えば、AとBが負担部分をそれぞれ5万円とする連帯納税義務10万円を負っていた場合において、Aに対して5万円を免除するに当たり、行政機関等とBとの合意（合意の相手方はAではないことに注意）により、免除の効力を絶対的効力とすることができるとの考え方がある。課税実務をみても、Aの納税義務を免除（地方税法367条参照）するに当たり、行政機関等においてBに絶対的効力にすること（納税義務を5万円とすること）の意思があるか否かを確認する、又はAが減免申請書を提出するのに併せてBから絶対的効力にする（納税義務を5万円とする）旨の申立書を提出させるなどの対応をとっている行政機関等もある。

確かに、通則法及び地方税法は、民法441条ただし書を連帯納税義務についての準用規定から除いていないので、文理上は、行政機関等が他の連帯納税義務者との合意により免除の効力を絶対的効力とすることは可能であろう。しかしながら、連帯納税義務について民法441条ただし書を準用することについては、次の点で疑義がある。

① 他の連帯納税義務者との間で絶対的効力とする旨の合意をするか否かは行政機関等の裁量によるが、連帯納税義務の効力について、法は相対的効力を原則としているにもかかわらず、行政機関等の裁量によって絶対的効力とすることについて、合理的な説明ができるのか。例えば、Bは納税資力が十分あり、本来はBから10万円を徴収できるはずなのに、5万円しか徴収しないことになるような合意を、行政機関等の裁量で行ってよいのであろうか。

② 行政機関等と他の連帯納税義務者とが合意した場合は絶対的効力となり、一方、合意がなかった場合は相対的

効力となるが、合意の有無によって租税負担の内容が異なってもよいのか。租税負担の内容は法によって定まるべきものであり、課税庁と納税者との合意によって定まることは合法原則に反するのではなかろうか。また、合意の有無によって納税者間で租税負担の内容が異なることになるのは平等原則に反しないだろうか。

エ　連帯納税義務者の一人についての時効の完成の相対的効力

改正民法が、連帯債務者の一人に対する時効の完成を絶対的効力から相対的効力に変更したのは、絶対的効力を認めると、債権者が連帯債務者のうちの資力のある者から弁済を受けるつもりで、その者に対する債権が消滅時効にかからないように努めているにもかかわらず、他の者について消滅時効が完成したことにより、資力のある連帯債務者に対する債務も影響を受けることとなるのは疑問であるとの批判があったことによる。

連帯納税義務者の一人の消滅時効の完成（改正後）

連帯納税義務者の一人についての徴収権の消滅時効の完成
⇨　消滅時効完成の効果は、他の連帯納税義務者に及ばない。

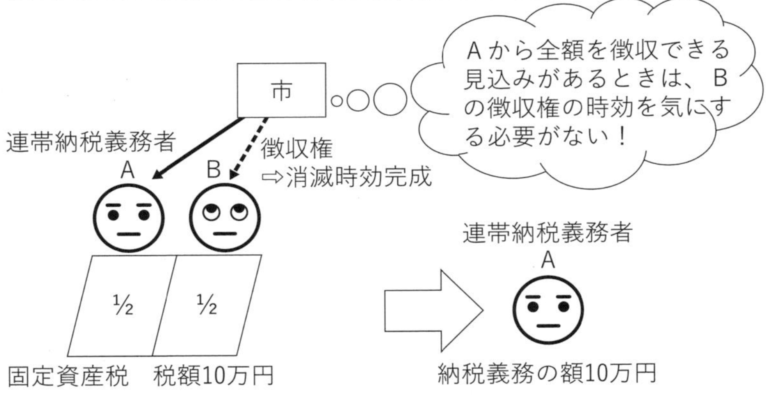

時効の完成の相対効化により、上の図においては、Bに対する徴収権の時効完成の効果はAには及ばないので、租税債権者は、Bに対する徴収権が消滅した後も、Aに対して固定資産税10万円全額の徴収をすることが可能となる。

なお、免除の場合と同様に、時効の相対効化により、これまで絶対的効力の恩恵を受けていた他の連帯債務者のために求償権が認められた。そのため、連帯納税義務の一人について徴収権が時効消滅したとしても、その連帯納税義務者は、他の者からの求償権の行使を受けることになるという問題が生ずることとなる。

⑶　求償関係（民法442・443）

連帯納税義務者の一人による租税の納付により他の連帯納税義務者が免責を受けたときは、納付をした者は、他の連帯納税義務者に対し、それぞれの負担部分につき求償権を取得することができる。この場合、その納付が一部納付であったときも、その納付をした連帯納税義務者は、他の連帯納税義務者に対して各自の負担部分の割合に応じて求償できる（民法442①）。例えば、租税1,500万円についてA、B、Cの3名が平等の負担割合（各3分の1）により連帯納税義務を負っている場合に、Aが一部弁済として600万円を弁済したときは、Aは、B及びCに対して、納付をした600万円の3分の1ずつ、各200万円を求償できる。

なお、連帯納税義務者の一人が納付をするに当たり、共同の免責を得ることを他の連帯納税義務者に通知することを怠ったときは、求償権の範囲が制限される（民法443①）。

4　連帯納税義務に対する税額確定・徴収の手続

⑴　税額確定の手続

連帯納税義務は、各々が複数・別個の納税義務である。つまり、連帯納税義務者のそれぞれが、本来の納税義務者である。例えば、租税10万円についての連帯納税義務者としてA及びBの2名がいる場合、各人が別々に租税10万円の納税義務を負うので、Aの納税義務10万円、Bの納税義務10万円となる。そのため、税額の確定手続も、Ａ及びＢに対して個々に行う必要がある。

(2)　徴収の手続

徴収の手続も、税額確定の手続と同じく、Ａ、Ｂ各人ごとに行われる（もちろん、徴収手続の前提として、各人について納税の告知等税額確定手続が行われていることを要する。）。つまり、差押えの要件の有無や、超過差押え・無益な差押え等の差押禁止事由の有無などは、各人ごとに判断することになり、その判断にあたり、他の者の状況を考慮することはしない。

(3)　延滞税・延滞金

連帯納税義務者各人に対する税額確定手続に時間差がある場合は、各人ごとに延滞税・延滞金の計算期間が異なることになるため、延滞税・延滞金の額が相違することになる。例えば、地方税の連帯納税義務において、Ａに対する納税の告知をしてから６か月後にＢに対して納税の告知をしたところ、Ｂが納期限の日に完納したというケースでは、Ｂについては期限内納付であるため延滞金は発生しないが、ＡについてはＢの完納までの間について延滞金が発生することになる。連帯納税義務は、複数のものが別個に存在する納税義務であることから、課税時期の違いによってＡとＢの延滞金の額が異なることになるのは当然のことである。もっとも、このケースでのＡの負う延滞金の取扱いについては、Ｂによる本税の完納をもってＡの延滞金も消滅（？）するとの見解がある。その理由とするところは、連帯債務関係における弁済の絶対的効力にあるようであるが、元本部分の弁済の効力が利息等の部分にも及ぶと解することには疑問なしとしない。Ａの延滞金を徴収しないことにつき法律上根拠となる規定は存しないところであり、Ａの負う延滞金については、Ｂによる本税完納後も、未納として存在するので、その徴収をする必要があろう。なお、Ａが延滞金を納付等した場合に、ＡはＢに対してその負担部分に応じて求償することができるかどうかについては、Ｂの連帯納税義務は、告知によって具体的に確定するとしても、Ａに対する告知時点では既に抽象的に成立していることから、積極的に解して良いと思料するが、なお検討を要する。

表2　連帯納税義務と延滞金

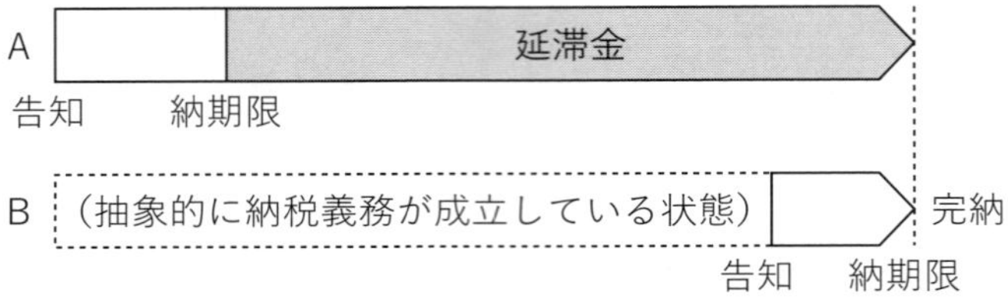

第２　連帯納付責任

１　連帯納付責任の意義

連帯納税義務と連帯納付責任とは、用語が類似しているため混同し易いが、連帯納税義務の場合は、同一の租税債務について連帯納税義務者の各人が「納税義務者」であるのに対して、連帯納付責任の場合は、その責任を負う者は納税義務を有せず、他の納税義務者の租税（本来の納税義務）について納付する責任のみを有するものである。そこで、連帯納付責任においては、連帯納付責任者がその責任の履行として納付すると、本来の納税義務も、その納付に相応して消滅するが、本来の納税義務者が納付しても、連帯納付責任者の納付責任は影響を受けないことになる。

《本来の納税義務と連帯納付責任の関係》

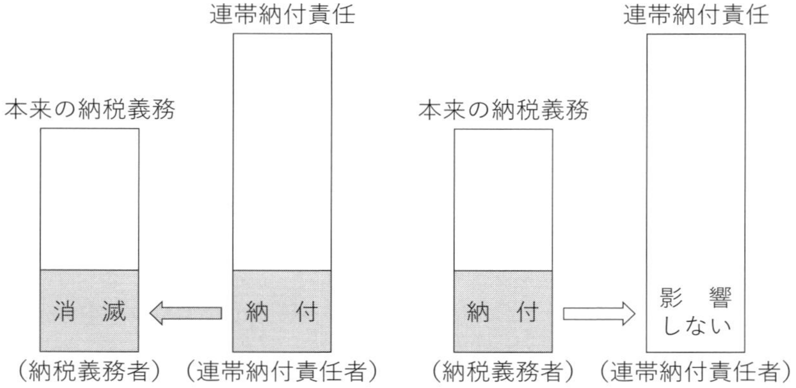

この連帯納付責任には、通則法５条３項・地方税法９条３項（相続による納税義務の承継）、通則法９条の３・地方税法10条の４（法人の分割に係る連帯納付責任）、相続税法34条（相続税等の連帯納付責任）などがある。

2　連帯納付責任の確定手続・徴収手続

連帯納付責任は、課税手続ではなく徴収上の措置の一つである。したがって、納税義務の成立・確定という概念はなく（納税義務を有しない。）、連帯納付責任の要件を充足すれば、本来の納税義務者に対する納税義務の確定に照応して、法律上当然に生ずるものである。したがって、格別の確定手続を要しない。

なお、徴収手続として、例えば、連帯納付責任に係る国税を分割法人又は分割承継法人から徴収するに当たっては、連帯納付責任者に対して、納税の告知及び督促をした上で滞納処分を行うこととしている。また、相続税法34条の連帯納付責任については、同条に徴収手続が定められている（同条⑤から⑧）。

第7章　第二次納税義務

第二次納税義務は、納税者以外の者から滞納税金を徴収するものであるが、これを適用するためには法律の定める要件を充足する必要がある。そのため、その要件充足性を判定するための調査をしなければならないが、その調査の相手方は、滞納者に加えて、第二次納税義務者となるべき者も該当するなど広範囲に及ぶことがある。また、調査の内容も、単に聴き取りをするだけではなく、要件を充足していることを示す帳簿書類を収集することが重要である。そのため、誰にどのようなことを聴取すればよいのか、また、どのような書類を収集したらよいのか等に迷う場合があり、「第二次納税義務は難しい」と感じるきらいがある。しかし、第二次納税義務は、租税負担の公平を実現するために滞納者以外の者からの徴収を可能としている制度であることに留意して欲しい。本来は、第二次納税義務を適用して滞納者以外の者から徴収できる案件について、「難しい」との思いからその調査を敬遠して第二次納税義務の賦課を避けることは、徴収職員自らが租税負担の公平を損なっていることになる。例えば、一般論であるが、「滞納者が滞納処分を免れるために唯一の所有財産を家族に贈与した」というようなケースがある場合、租税負担の公平を確保するうえで、このような滞納者は許してはいけない。何としてでも滞納税金を徴収する方法を考えなければならないが、その徴収のためのツールとして用意されているのが第二次納税義務である。是非、その理解に努めていただき、第二次納税義務を使いこなせるようにして欲しい。

第1　第二次納税義務の通則

1　第二次納税義務制度の意義

例えば、次の滞納事案について、どのように滞納税金を徴収したらよいであろうか。

設例

① 6月10日、市は、Aに対して、各期100万円、年税額400万円とする住民税の納税通知書を送達した。

② 6月25日、Aは、自身の唯一の財産である宅地（1000万円相当）を子供に贈与した。

③ 6月30日、1期100万円の納期限。Aの納付がなく滞納になる。

④ 7月20日、1期分について、市は、督促状を発付した。

⑤ 8月1日、X徴収職員が、Aに対して、このまま納付がない場合には財産を差し押さえることになる旨を申し渡した。しかし、Aは、「現在は仕事をしていないので無収入であり、納付できない。また、差押えができるような財産もない」と申し立て、納付する意思がまったく認められなかった。

⑥ そこで、X徴収職員は、直ちに財産調査を行ったが、Aの申立てのとおり、Aは無収入であり、また、差押えできる財産を発見することができなかった。

このような案件では、滞納者が無収入・無財産であるため、その者から滞納税金を徴収することはあきらめるしかない。しかし、もし、Aが子供に宅地を贈与しなかったならば、Aは、その宅地を担保にして借入れをするか、又は売却するかして、納税原資を捻出できたはずである。そして、納税義務の履行に真摯に対応している納税者ならば、宅地を基に納税することを優先し、子供に贈与することは後回しにしたはずである。つまり、Aがした贈与は、一般の納税者からみると不当なものであり、租税負担の公平を損なうものといえる。

このように考えると、徴収上は、子供への贈与をなかったものとして、その宅地をＡのものとして差し押さえることができるようにすべきである。しかし、私法上は、宅地の所有権はＡから子供に適法に移転しているので、税金徴収のために、その所有権の移転を「なかったもの」とすることはできない。そこで、徴収上のテクニックとして、Ａの納税義務を子供にも負わせ、子供を滞納者とすることにより、子供名義になっている宅地について滞納処分を可能としたのが、第二次納税義務の制度である。

この第二次納税義務の制度の意義について、租税徴収制度調査会は次のように述べている。

> 第二次納税義務の制度は、形式的に第三者に財産が帰属している場合であっても、実質的には納税者にその財産が帰属していると認めても、公平を失しないときにおいて、形式的な権利の帰属を否認して、私法秩序を乱すことを避けつつ、その形式的に権利が帰属している者に対して補充的に納税義務を負担させることにより、徴税手続の合理化を図るために認められている制度である。
>
> （昭和33年12月８日「租税徴収制度調査会答申」より）

2　第二次納税義務の性質

大雑把な表現になるが、第二次納税義務は、主たる納税者の租税について、その納税者からは徴収が困難であるときに、他の者に二次的に納税義務を負わせることを内容とする。二次的なものなので、主たる納税者の租税について生じた事由の効力が第二次納税義務に及ぶという「付従性」を有し、また、主たる納税者の納税義務の履行が確保できない場合にはじめて適用することができるという「補充性」を有する。

補　足　付従性とは、ある債務について、主たる債務が成立しなければ成立せず、主たる債務が消滅すれば同時に消滅するというように、成立、存続、態様（性質や内容）、消滅において主たる債務と運命を共にする性質をいう。

そこで、主たる納税者の租税について生じた主な事由と第二次納税義務への影響について、この第二次納税義務の性質を基に整理すると、次のとおりである。

(1) 納付及び充当

主たる納税者がその租税の全部又は一部を履行（納付）した場合には、それに応じて第二次納税義務の全部又は一部も消滅する。同様に、主たる納税者の租税が過誤納金等の充当によりその全部又は一部が消滅した場合も、第二次納税義務の全部又は一部が消滅する。

ただし、第二次納税義務の限度額が主たる納税者の租税の額よりも小さいときは、主たる納税者の租税について一部納付があっても、第二次納税義務の限度額が減少しない場合がある。例えば、主たる納税者の租税100万円について、第二次納税義務者が70万円を限度として第二次納税義務を負う場合において、主たる納税者が一部納付として30万円を納付しても、第二次納税義務の限度額には影響がないことになる。

主たる租税の一部納付と第二次納税義務との関係

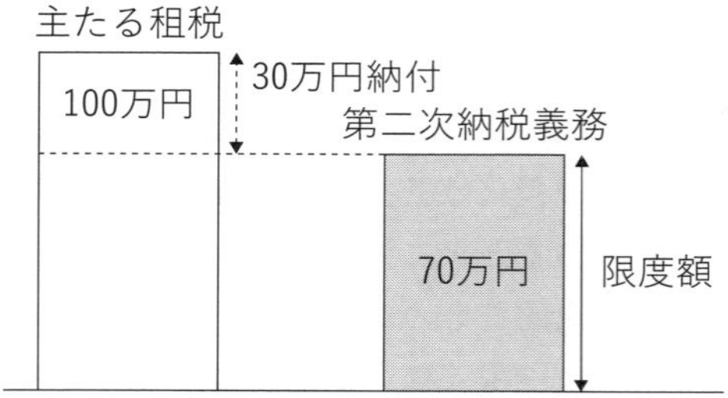

主たる納税者の租税について30万円までの納付があっても、第二次納税義務の限度額には影響がない。一方、主たる納税者の租税が30万円を超えて納付されると、その超える部分に相当する第二次納税義務の限度額が減少する。

(2) 免除

主たる納税者の租税の全部又は一部が免除された場合は、第二次納税義務も全部又は一部が消滅する。

ただし、第二次納税義務の限度額が主たる納税者の租税の額よりも小さいときは、主たる納税者の租税について免除があっても、上記(1)の納付・充当の場合と同様に、第二次納税義務の限度額が影響しない場合がある。

⑶　納税の猶予等

主たる納税者の租税について納税の猶予・徴収の猶予又は国税の徴収の猶予（通則法23⑤ただし書、105②⑥）をした場合は、付従性により第二次納税義務についてもその猶予の効果を受ける。したがって、主たる納税者の租税の猶予期間中は、第二次納税義務者に対して納付通知書若しくは納付催告書を発し又は滞納処分をすることができない。

一方、主たる納税者についての換価の猶予は、特定の財産の換価を猶予するものにすぎず、主たる納税者の租税債務の内容に変更を来すものではないので、付従性の問題は生じない。したがって、主たる納税者の租税について換価の猶予が適用された場合であっても、第二次納税義務者に対して納付通知書・納付催告書を発し、さらには滞納処分をすることは妨げられない。

なお、補充性から、第二次納税義務者に対する滞納処分による換価は、主たる納税者の財産を換価に付した後でなければ行うことができないとされている（徴収法32④、地方税法11③）。

⑷　滞納処分の停止

滞納処分の停止は、それにより租税債務を徴収するための滞納処分の執行を停止するものであることから、租税債務の内容を変更するものと解してもよいように思える。その場合は、付従性により、主たる納税者について滞納処分の停止を行ったときには、第二次納税義務もその停止の効果を受けて滞納処分の執行が停止されることになるが、滞納処分の停止が租税債務の内容を変更するものと解することについては反対の見解もある。

一方、主たる納税者の租税について滞納処分の停止をしたことにより納税義務が消滅した場合（徴収法153④、地方税法11の７④）は、付従性により、第二次納税義務も消滅する。

そこで、実務上は、主たる納税者の租税についての滞納処分の停止は、第二次納税義務者についても滞納処分の停止事由がある場合に限り行うこと、つまり、主たる納税者と第二次納税義務者の双方について滞納処分の停止を行うこととしている（二次提要11）。

⑸　時効の完成猶予及び更新の効力

主たる納税者について生じた時効の完成猶予及び更新の効力は、付従性により第二次納税義務に及ぶ。

また、主たる納税者の納税義務が時効の完成により消滅した場合には、第二次納税義務もその付従性に基づいて消滅するものと解するのが相当であろう。ただし、第二次納税義務の制度の趣旨・目的から反対意見がある（徴収法精解322頁）。

なお、実務上は、主たる納税者の納税義務が時効の完成により消滅するおそれがある場合には、その納税義務の存在確認の訴えの提起等時効の完成猶予及び更新の措置を採ることとしている（徴基通32－28なお書）。

補足　納税義務の存在を確認する判決があると、主たる納税者の租税の徴収権の時効は10年になる（通則法72③、地方税法18③、民法169①）。

⑹　限定承認・会社更生法による免除

限定承認（民法922条）は、責任が相続財産に限定されるだけであり、相続人の負う「債務」が限定されるものではない。そのため、主たる納税者が死亡し、その納付義務を承継した相続人が限定承認をした場合（通則法５①後段、地方税法９①後段）でも、第二次納税義務の額には増減がない。

また、株式会社である納税者が会社更生法の規定により主たる納税義務に係る租税債務について免責を受けた場合、その免責の効力は、更生会社と共に債務を負担する者に対して有する権利には影響を及ぼさないことから（会社更生法203②）、第二次納税義務の額には増減はない。

⑺　主たる納税者に対する督促前の納付の告知

主たる納税者の租税について督促状を発付する前の段階であっても、

第二次納税義務の成立要件を充たしているときは、第二次納税義務者に対して納付通知書を発することができる。例えば、課税処分の時点において、既に休業等により主たる納税者（法人）の実態がなくなっており徴収不足であることが明らかな場合が、これに該当する。

⑻　主たる納税者に対する差押え前の第二次納税義務者に対する差押え

主たる納税者に対する財産の差押え前の段階であっても、徴収不足であること等第二次納税義務の成立要件を充たしているときは、上記⑺のとおり、第二次納税義務者に対して納付の告知をし、その後続処分として、納付催告書による督促及び差押えを行うことができる。また、交付要求（参加差押えを含む。）をし、交付要求により受け入れた金銭を租税に充当することも問題ない。

ただし、補充性の観点から、実務上は、第二次納税義務者に対する差押えは、なるべく主たる納税者の財産を差し押さえた後に行うものとしている（二次提要３）。

補 足　第二次納税義務に生じた事由の効力と主たる納税義務への影響

1　第二次納税義務者がその義務の履行として納付した場合は、主たる納税者の納税義務もその納付部分について常に消滅する。第二次納税義務について過誤納金等の充当があった場合も同様である。

2　第二次納税義務の延滞税・延滞金を免除した場合、その免除の効果は、主たる納税者には及ばない。

なお、延滞税・延滞金の免除のうち、①納付委託の場合の委託を受けた先日付小切手等の取立期日の翌日から納付があった日までの期間に対応する部分の免除（通則法63⑥一、地方税法20の９の５②一）、②納税貯蓄組合預金からの納税を預金先金融機関に委託した場合における納付委託があった日の翌日から実際に納付があった日までの期間に対応する部分の免除、③交付要求により他の執行機関から金銭の交付を受けた場合における他の執行機関が金銭を受領した日の翌日から交付を受けた金銭を租税に充てた日までの期間に対応する部分の免除（通則令26の２一、地税令６の20の３一）については、「免除」といっても、その実質は、納付等が取立期日等の日にされたものとみることによる措置であるといえる。したがって、第二次納税義務者についてこれらの事由により延滞税・延滞金を免除したときは、実務上、主たる納税者の租税に係る延滞税・延滞金についても免除することとしている（二次提要17なお書）。

3　第二次納税義務者について納税の猶予・徴収の猶予又は国税の徴収の猶予をした場合、その効力は主たる納税者に及ばない。

4　第二次納税義務者について滞納処分の停止をした場合、その効力は主たる納税者に及ばない。また、滞納処分の停止に伴い納税義務が消滅しても、その効力は主たる納税者に及ばない。

5　第二次納税義務者について生じた時効の完成猶予及び更新の効力は、主たる納税者には及ばない。

3　第二次納税義務の徴収上の特質

第二次納税義務の徴収には、次のような特質がある。

⑴　第二次納税義務者は主たる納税者の納税義務と同一の範囲の納税義務（第二次納税義務）を負うが、その責任の範囲が限定されており、①財産の価額等の限度において第二次納税義務を負うもの、②特定の財産を限度として第二次納税義務を負うもの、③特定の者について第二次納税義務を負うものとがあり、①に該当する第二次納税義務を金銭的第二次納税義務、②に該当するものを物的第二次納税義務、③に該当するものを人的第二次納税義務という。

⑵　第二次納税義務の適用は、主たる納税者の財産につき滞納処分を執行しても徴収すべき租税が不足すると認められる場合に限られる（補充性）。

⑶　第二次納税義務者の財産の換価は、主たる納税者の財産を換価に付した後でなければ行うことができない（補充性）。

⑷　第二次納税義務者が第二次納税義務の納付の告知、納付催告又はその滞納処分の取消しを求める訴えを提起している間は、第二次納税義務者の財産を換価することができない。

4　第二次納税義務の徴収手続

第二次納税義務に係る租税の徴収手続は、まず納付通知書又は納入通知書（以下、納付通知書を基に述べる。）による告知をし、次に納付の期限までに完納しない場合は納付催告書が発せられ、その後、滞納処分が執行されることになる（徴収法32、地方税法11）。

第二次納税義務の徴収手続の流れ

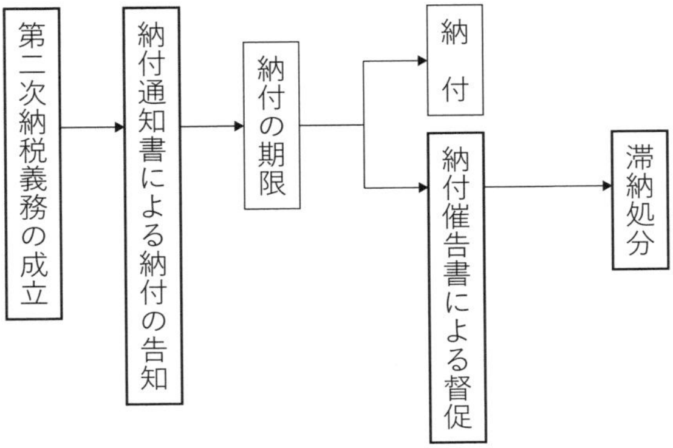

⑴　納付通知書による納付の告知

ア　手続

主たる納税者の租税を第二次納税義務者から徴収しようとするときは、次表に掲げる事項を記載した納付通知書により納付の告知をしなければならない（徴収法32①前段、徴収令11①。地方税法11①、徴取通11⑷）。

<table>
<tr><td rowspan="4">納付通知書の記載事項</td><td>①　納税者の氏名及び住所又は居所</td></tr>
<tr><td>②　滞納に係る租税の年度、税目、納期限、金額</td></tr>
<tr><td>③　第二次納税義務者から徴収しようとする金額、納付の期限及び場所
(注)「納付の期限」
納付の期限は、国税では納付通知書を発する日の翌日から起算して１月を経過する日（徴収令11④）とし、地方税では納付の期限の10日前までに納付通知書を交付するものとしている(徴取通11(4)ウ)。なお、繰上請求・繰上徴収の規定が準用される場合がある（徴収法32③、地方税法11②)。</td></tr>
<tr><td>④　適用される第二次納税義務の規定</td></tr>
</table>

第二次納税義務者から徴収しようとする金額は、金銭的第二次納税義務の場合は財産等の価額を限度とし、物的第二次納税義務の場合はその財産を限度とする。したがって、上表の記載事項の③の第二次納税義務者から徴収しようとする金額には、「財産等の価額」又は「その財産」を記載する必要があり、その記載を欠く場合は、第二次納税義務者が負うべき責任の範囲が不明であるから、その納付通知書による納付の告知処分は違法となる。なお、徴収しようとする金額は、納付通知書の「上記納税者の滞納金額及び滞納処分費につき、あなたが第二次納税義務者として納付すべき金額」欄に、次のとおり記載する(徴基通32－４)。

第二次納税義務の区分	記載内容
合名会社等の社員の第二次納税義務（人的第二次納税義務）	主たる納税者の滞納税金の全額
財産等の価額を限度とする第二次納税義務（金銭的第二次納税義務）	その財産等の価額（金額で表示する）を限度として主たる納税者の滞納税金の全額
財産を限度とする第二次納税義務（物的第二次納税義務）	その財産（財産自体を表示する）を限度として主たる納税者の滞納税金の全額 ㈤　一つの財産が、物的第二次納税義務に係る財産と他の財産とで構成されている場合における納付通知書に記載する「徴収しようとする金額」には、「追及財産が一つの財産に対して占める割合を限度とする」旨付記する。

㈤「主たる納税者の滞納税金」は、第二次納税義務の基因となった税金に限られる。

○　納付通知書の例

〇〇市納税第11号
令和〇年〇月〇日

（第二次納税義務者）
住所　＿＿＿＿＿＿＿＿
氏名　＿＿＿＿＿＿＿＿　様

〇〇市長　〇〇　〇〇　㊞

納付通知書

あなたは、下記の法律の規定により、下記納税者の滞納金額及び滞納処分費につき、下記金額の第二次納税義務を負うこととなりましたので、納付の期限までに納付してください。

<table>
<tr><td rowspan="2">納税者</td><td>住　所</td><td colspan="4"></td></tr>
<tr><td>氏　名</td><td colspan="4"></td></tr>
<tr><td>滞納金額等</td><td colspan="5">（年度、税目、年区、期別、納期限、税額、延滞金（法律による金額）、滞納処分費等）</td></tr>
<tr><td colspan="4">上記納税者の滞納金額及び滞納処分費につき、あなたが第二次納税義務者として納付すべき金額</td><td colspan="2">1,000,000円を限度として主たる納税者の滞納金額等の全額</td></tr>
<tr><td colspan="2">納付の期限</td><td>令和　年　月　日</td><td>納付場所</td><td colspan="2">当市役所、〇〇銀行、××××（注：納付場所を記載）</td></tr>
<tr><td colspan="3">あなたがこの第二次納税義務を課されることの根拠となる法律の規定</td><td colspan="3">地方税法第11条の８</td></tr>
<tr><td colspan="2">備　考</td><td colspan="4"></td></tr>
</table>

㈵　滞納処分費として掲げた金額は、この通知書作成の日までのものです。

イ　納付の告知の法的性質

㈠　課税処分としての性質

第二次納税義務の納付の告知は、抽象的に成立していた第二次納税義務を具体的に確定するものなので、課税処分としての性質を有する。

このことを課税処分と徴収処分との違法性の承継の遮断の面からとらえると、次のとおりである。

第二次納税義務者に対して納付通知書により告知をし、その後、第二次納税義務者の財産について差押えが執行された場合において、第二次納税義務者が、その差押処分の取消しを求める不服申立てにおいて、「納付の告知処分が違法だから、それに続く差押処分も違法である」旨の主張をしても、その主張は認められない。課税処分としての性質を有する納付の告知処分と徴収処分である差押処分とは、それぞれ目的及び効果を異にし、別個の行政処分というべきであるから、納付の告知処分の違法性は滞納処分に承継されないことを理由とする。

㈡　徴収処分としての性質

A　告知処分は、上記㈠のとおり課税処分としての性質を有するものであるが、実質面では主たる納税者の納税義務の徴収手続上の一処分としての性質を有している。

このことを課税処分と徴収処分との違法性の承継の遮断の面からとらえると次のとおりである。

主たる納税者の租税が更正処分等課税処分による場合において、第二次納税義務者が納付の告知処分の取消しを求める不服申立てにおいて、「主たる納税者に対する更正処分が違法であるから、第二次納税義務の納付の告知処分も違法である」旨の主張をすることは認められない。第二次納税義務の告知処分は徴収処分であるから、主たる納税者の租税に係る課税処分の違法性は徴収処分には承継されないことを理由とする。

B　課税処分については、これを行うことができる期間について一定の制限が設けられている（通則法70、地方税法17の５）。そこで、第二次納税義務の納付告知処分の取消しを求める争訟において、その納付の告知処分の課税処分としての性格をとらえて、「納付の告知処分は課税処分であるから期間制限に関する規定が適用又は類推適用されるべきである。そうすると、納付の告知処分は、既にその期間を経過した後になされたものであるから違法である」旨の主張がなされることがある。しかしながら、納付の告知処分は、その実質において徴収処分にほかならないことから、課税処分に関する期間制限の規定を類推適用することはできないと解されている。つまり、主たる納税者の租税が滞納となっている間は、いつでも第二次納税義務を適用することができることになる（最判平６.12.６民集48－８－1451）。

⑵　納付催告書による督促

ア　手続

第二次納税義務者が納付の告知に係る租税をその納付の期限までに完納しないときは、繰上請求・繰上徴収をした場合を除き、次の事項を記載した納付催告書により督促をしなければならない（徴収法32②前段、徴収令11③。地方税法11②、徴取通11⑸イ）。

（納付催告書の記載事項）

①　納税者の氏名及び住所又は居所

②　第二次納税義務者から徴収しようとする金額、納付の期限及び場所。なお、「第二次納税義務者から徴収しようとする金額」欄の記載は、納付通知書における「第二次納税義務者から徴収しようとする金額」欄の記載と同じである。

イ　納付催告書を発する時期

納付催告書を発する時期は、国税では、別段の定めがあるものを除き、納付の期限から50日以内（徴収法32②後段）、地方税では、納付の期限から20日以内（地方税法11②）である。しかし、納付催告書の発付時期に係る規定は訓示規定であるから、その後にされた督促であっても有効と解されている（福岡地判昭53. 3 .31租税徴収関係裁判例集№.114）。

ウ　納付催告の法的性質

納付催告書による納付催告は、督促と同一の法的性質を有している。したがって、①納付催告書を発した日から起算して10日を経過した日までになお完納とならないときは、第二次納税義務者に対する財産の差押えを執行することができ（徴収法47③、地方税法331②等）、②納付催告書を発した日から起算して10日を経過した日までの期間は、時効は完成せず、その経過した時から新たに進行を始めることになり（通則法73①四、地方税法18の２①二）、③納付催告書を発した日から起算して10日を経過した日までの間に、第二次納税義務者について繰上請求・繰上徴収の事由が生じた場合は直ちに財産の差押えをすることができる（徴収法47②、地方税法331③）。

○　納付催告書

○○市納税第11号
令和　年　月　日

（第二次納税義務者）
住所　＿＿＿＿＿＿＿＿＿
氏名　＿＿＿＿＿＿＿＿＿　様

○○市長　○○　○○　印

納付催告書

あなたに前に納付通知をした第二次納税義務に係る滞納金額等が下記のとおり滞納となっています。つきましては、納付書で、当市役所、○○銀行、××××（注：納付場所を記載）に、至急納付してください。

納税者	住　所	
	氏　名	
上記納税者に係る第二次納税義務者としてあなたが納付すべき滞納金額	1,000,000円を限度として主たる納税者の滞納金額等の全額	

5　換価の制限

(1)　第二次納税義務者の財産を差し押さえた場合において、その財産の換価は、その財産の価額が著しく減少するおそれがあるときを除き、主たる納税者の財産を換価に付した後でなければ、行うことができない（徴収法32④、地方税法11③）。

この換価の制限に関する留意事項は、次のとおりである。

ア　「換価に付した」とは、具体的には、公売の日時（随意契約により売却する場合には、その売却をする日）に公売を実施したことをいう（徴基通32－14(1)）。公売期日に公売を行うことであるから、公売を実施した結果、現に入札・買受申込みがあったかどうかは問わない。なお、「第二次納税義務者の財産の換価は、主たる納税者の差押えできる財産をすべて換価し、なお徴収すべき税に不足するときに限って行うべき」とする見解があるが（総則逐解141頁)、主たる納税者の差押えできる財産をすべて換価に付す必要があるが、その換価手続が結了することまでは要しない（徴収法精解326頁)。

イ　主たる納税者の財産について、法令上の換価制限の適用があるために換価に付すことができない場合は、その換価制限が解かれるまでは、第二次納税義務者についても換価ができないことになる。

ウ　「換価」は、いわゆる「狭義の換価」のことであり、金銭債権等の取立ては含まない（徴収法89)。したがって、主たる納税者の差押財産が不動産等の換価を要するものであり、他方、第二次納税義務者の差押財産が債権等の金銭の取立てをするものであるときは、換価制限の適用がないので、主たる納税者の差押財産を換価に付す前であっても第二次納税義務者の差押財産の金銭取立てをすることができる。

なお、実務上は、換価制限の適用がない場合においても、第二次納税義務の補充性の観点から、主たる納税者と第二次納税義務者の各差押財産の換価の要否に応じて、次の取扱いをすることとしている（徴基通32－14)。

区分	主たる納税者の差押財産の換価等	第二次納税義務者の差押財産の換価等	第二次納税義務者の差押財産からの徴収についての対応
①	換価を要する	金銭の取立て	先に金銭取立て可能。ただし、支払督促の申立て、給付の訴え等強制的な取立ては、時効消滅のおそれがある場合等やむを得ないときを除き行わない。
②	金銭の取立て	換価を要する	先ずは、主たる納税者の差押債権について履行請求（催告）をする。その結果、その取立てが困難と認められる場合に限り、第二次納税義務者の差押財産を換価する。
③	金銭の取立て	金銭の取立て	先ずは、主たる納税者の差押債権について履行請求（催告）をする。その結果、その取立てが困難と認められる場合に限り、第二次納税義務者の差押債権の取立てをする。

エ　主たる納税者について差押えが可能な財産がないときは、この換価制限の適用を受けない。

オ　「その財産の価額が著しく減少するおそれがあるとき」とは、その差押財産を速やかに換価しなければその価額が著しく減少するおそれがあるときをいうが、保存費を多額に要する場合も、これに含まれる(徴基通32－15)。

(2)　第二次納税義務について不服申立てがされたときは、その不服申立中は第二次納税義務者の差押財産の換価をすることができない。なお、①差押財産の価額が著しく減少するおそれがあるとき、又は②不服申立人から申出があるときは、その財産の換価をすることができる（通則法105①、地方税法19の７①）。

また、実務上は、第二次納税義務者の差押財産の価額が著しく減少するおそれがあると認められるときにおいて、次に該当する合は、その財産の差押えを解除することとしている（二次提要20⑴、19⑴）。

① その不服申立中に当該財産の価額が著しく減少することを防ぐために多額の費用を要するため、その財産から配当を受ける見込みがないとき（徴収法79①二該当）。

② 第二次納税義務者に別の財産があり、その別の財産から第二次納税義務の額以上の金額を徴収することができるとき（徴収法79②一該当。滞納者から別の財産の提供があった場合は徴収法79②二該当）。

⑶ 第二次納税義務者が、その第二次納税義務に係る納付通知書による納付の告知処分、納付催告書による督促処分又は滞納処分について取消訴訟等の訴えを提起したときは、その訴訟の係属する間は、第二次納税義務者に対する滞納処分としての換価をすることができない（徴収法90③、地方税法11④）。これは、第二次納税義務が主たる納税義務を二次的に担保するものであることの性格上、その手続の慎重を期したものである。

なお、実務上は、その訴訟の係属期間中に当該財産の価額が著しく減少することを防ぐために多額の費用を要するため、その財産から配当を受ける見込みがないときは、徴収法79条１項２号により、その財産の差押えを解除することとしている（二次提要20⑵）。

⑷ 主たる納税者の租税についての争訟は、第二次納税義務者の換価を制限するものではないが、実務上は、特に第二次納税義務者の差押財産の換価をしないことが適当と認められるときは、その争訟の解決があるまでの間は換価しないものとしている（二次提要20⑶）。

また、実務上は、その財産の価額が著しく減少するおそれがあると認められる場合において、上記⑵①又は②に該当するときは、差押えの解除をすることとしている。

6　徴収不足

第二次納税義務は、次のとおり、徴収法上は９種類、地方税法上は10種類ある。

①　合名会社等の社員の第二次納税義務（徴収法33、地方税法11の２）

②　清算人等の第二次納税義務（徴収法34、地方税法11の３）

③　同族会社の第二次納税義務（徴収法35、地方税法11の４）

④　実質課税額等の第二次納税義務（徴収法36、地方税法11の５）

⑤　共同的な事業者の第二次納税義務（徴収法37、地方税法11の６）

⑥　事業を譲り受けた特殊関係者の第二次納税義務（徴収法38、地方税法11の７）

⑦　無償又は著しい低額の譲受人等の第二次納税義務（徴収法39、地方税法11の８）

⑧　偽りその他不正の行為により租税を免れた株式会社の役員等の第二次納税義務（徴収法40、地方税法11の９）

⑨　人格のない社団等の第二次納税義務（徴収法41、地方税法12の２②③）

⑩　自動車等の売主の第二次納税義務（地方税法11の10）

これらの第二次納税義務を適用するためには、各条項に定める成立要件を必ず充足しなければならないが、その成立要件には、各第二次納税義務に共通するものとして、次のもがある。

《共通の成立要件》

主たる納税者の財産について滞納処分を執行しても、なお徴収すべき租税の額に不足すると認められること。

この共通の成立要件を「徴収不足」というが、徴収不足かどうかは、第二次納税義務を適用する時点（具体的には、第二次納税義務者に対して納付通知書を発する時である。）における、滞納者の所有財産の価額と徴収しようとする租税の額とを比較して判定することになる。

⑴　滞納者の財産

徴収不足の判定は、滞納者の財産からどの程度租税を徴収することができるかどうかという「徴収見込額」の問題であるから、その判定の基礎となる「滞納者の財産」は、滞納処分が可能なものであることを要する。したがって、差押禁止財産等滞納処分ができない財産は除外する必要がある。一方、租税について徴している担保財産で第三者が所有しているもの（物上保証）を含める。また、保証人による納税保証がある場合は、保証に係る租税の額の範囲内において、その保証人の所有財産からの徴収見込額も含めるべきである（二次提要21、24⑺参照）。

実務上は、財産の価額の算定方法が問題となるが、国税の実務においては、基準価額（時価に相当する。徴基通98－２⑵）を原則とし、明らかに徴収不足である場合など徴収上支障がないと認めるときは概算の価額によっても差し支えないこととしている（二次提要24）。基準価額によって算定する場合は、例えば、財産が不動産のときは、通常、不動産鑑定士による鑑定評価を参考とすることになるので、鑑定謝金の予算手当て等を要する場合があろう。概算評価については、滞納処分編357頁参照のこと。

なお、徴収見込額は、租税に充てることができる見込額であるから、租税に優先する被担保債権等がある場合には、これを算定した評価額から控除することになる。

⑵　徴収しようとする租税

徴収しようとする租税は、徴収不足を判定する時点における主たる納税者の租税の全額である。したがって、判定時までの未確定の延滞税・延滞金、滞納処分費及び納期未到来分を含める。

7　第二次納税義務者に対する差押え等の手続上の留意点

⑴　納付書の記載

第二次納税義務に係る租税をその第二次納税義務者が納付する際の納付書をみると、主たる納税者の住所及び氏名のみを記載し、第二次納税義務者自身の住所及び氏名はどこにも記載されていない納付書を目にすることがある。

しかし、そのような納付書によって納付した場合は、その納付書の記載内容からは第二次納税義務の履行として納付したものとは認められず、原則として、主たる納税者の納税義務の履行として扱われることになる。例えば、主たる納税義務者（滞納者）Aの滞納税金100万円について、第二次納税義務者Bが70万円を限度として第二次納税義務を負っている場合において、Bが第二次納税義務の一部納付として20万円を納付すると、本来は、Bの責任の限度額の残りは50万円（70万円－20万円）となるはずであるが、Aの住所及び氏名のみを記載した納付書により納付した場合は、Aが自分の滞納額100万円のうち20万円を一部納付したものとして扱われるので、Bの責任の限度額は70万円で変わらないことになる（大阪高判昭62.9.29行集38－8・9－1038参照）。

したがって、第二次納税義務者からその義務の履行として納付をするために納付書を発行して欲しい旨の申出等があった場合は、その納付書に第二次納税義務者の住所・氏名を明記することに留意しなければならない。なお、国税においては、通則法施行規則別紙第1号書式（納付書・領収済通知書の様式）の備考7において、納税者の「納税地及び氏名」欄に第二次納税義務者の住所及び氏名を記載し、納期等の区分欄又は余白に主たる納税者の住所及び氏名を記載することとしている（もっとも、実務上は、納税者の「納税地」欄に第二次納税義務者の住所及び氏名を記載し、「氏名又は名称」欄に主たる納税者の住所及び氏名を記載するなどの取扱いがされているものと思われる。）。地方税においても、納付書の記載から、第二次納税義務の納付であることが明らかに判明できるような措置を講ずる必要がある。

(2) 第二次納税義務の履行が完結した場合の主たる納税者への通知

納税義務の履行が次の事由により完結した場合、その旨を主たる納税者（滞納者）に通知する規定は法令上存しない。しかし、第二次納税義務者は、主たる納税者に対して求償権を行使することを妨げられないとされているので（徴収法32⑤、地方税法11⑤）、実務上は、主たる納税者に対し、適宜の方法により通知するものとしている（二次提要47）。

ア　金銭的第二次納税義務の場合

第二次納税義務者が限度額までの履行（第二次納税義務者の差押財産の換価及び取立てによる場合を含む。）をしたこと。

イ　物的第二次納税義務の場合

責任の限度となる追及財産の換価をしたこと（共同的な事業者の第二次納税義務（徴収法37、地方税法11の６）においては、第二次納税義務者が追及財産の価額に相当する金銭の全額を納付した場合を含む。）。

(3)　差押調書等の記載上の留意点

第二次納税義務者の財産の差押え等に当たっては、次のように、その差押え等の処分が第二次納税義務に係る処分であることを差押調書等において明らかにする必要がある。

ア　差押調書等

①　「滞納者」欄に第二次納税義務者の住所及び氏名を記載し、主たる納税者（滞納者）の住所及び氏名は、差押調書等の右方余白に記載する（二次提要46(1)イ参照）。

②　「滞納金額」欄は、先に主たる納税者の滞納金額を記載し、次に納付通知書の「上記納税者の滞納金額につきあなたが第二次納税義務者として納付すべき金額」欄の記載に準じた事項を記載する（二次提要46(1)ロ。前記４(1)ア・P435参照）。

(注)　アの「差押調書等」とは、差押調書（徴収法54）、債権差押通知書（同法62①、62の２①）、差押書（同法68①、70①、71①、72①）及び差押通知書（同法73、73の２①）をいう。

（差押調書）

○○市納税第○号
令和○年○月○日

○○市長　○○　○○　印

差押調書

下記の滞納金額を徴収するため、下記の財産を差し押さえましたので、国税徴収法第54条の規定により、この調書を作ります。

納税者	住　所	第二次納税義務者を記載
	氏　名	
滞納金額	（年度、税目、年区、期別、納期限、税額、延滞金（法律による金額）、滞納処分費等） 主たる納税者の滞納金額を記載	
上記の滞納金額につき、あなたが第二次納税義務者として納付すべき金額		1,000,000円を限度として主たる納税者の滞納金額の全額
差押財産	（差押財産の名称、数量、性質及び所在）	
備　考		

納付通知書の記載に準ずる。

主たる納税者
住所　○○県○○市○○町・・・
氏名　甲某

主たる納税者（滞納者）を余白に記載

イ　徴収法55条《質権者等に対する差押えの通知》の規定による質権者等に対する差押通知書

上記アの記載のほか、納付通知書を発した日を付記する（二次提要46(1)ハ参照）。これは第二次納税義務と質権等との優劣の基準となる

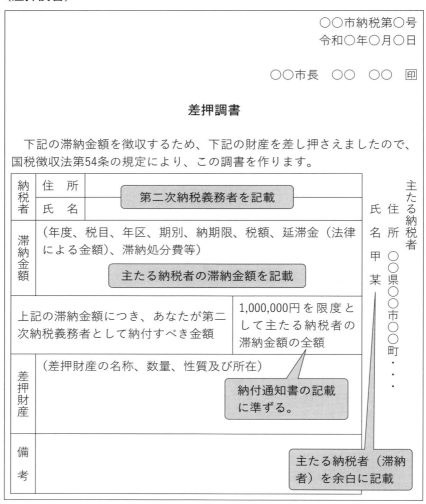

「法定納期限等」が、第二次納税義務の納付通知書を発した日（徴収法15①十一、地方税法14の９①九）であることから、これを質権者等に通知することにより、その者の権利行使に資することを目的とするものである。

ウ　交付要求書等

第二次納税義務者の財産について強制換価手続が行われた場合において、第二次納税義務につき交付要求をする場合の交付要求書の記載は、上記アの記載に準ずる。同様に、第二次納税義務者の財産について滞納処分による先行差押えがある場合の参加差押書又は第二次納税義務者について捜索をした場合に作成する捜索調書の記載についても、上記アに準ずる（二次提要46⑵参照）。

エ　公売通知書、売却決定通知書等の換価事務に関する書類

㈠　公売通知書等の「滞納金額」欄の記載

「滞納金額」欄の記載は、上記アの②に準ずる。

㈡　㈠以外の書類

売却決定通知書、配当計算書等公売通知書以外の書類の記載は、主たる納税者の場合と同様に記載する（二次提要46⑶参照）。

8　租税間における第二次納税義務の競合

⑴　金銭的第二次納税義務の競合と納付責任の限度

ある滞納者の滞納税金が、国税と地方税である場合又は道府県税と市町村税である場合等においては、複数の行政機関等においてそれぞれの滞納税金の徴収行為が行われるため、次の事例のように、同一の事由に基づく金銭的第二次納税義務をそれぞれの行政機関等が追及するケースが生じ得る。

事例

① 甲は、A国税（滞納額800万円。徴収の所轄庁A税務署長）とB市税（滞納額400万円。徴収の所轄庁B市長）とを滞納している。

② 令和6年5月1日、甲は、両税を納付しない一方で、唯一の所有財産である土地（時価1000万円）を子供乙に無償で贈与した。

③ 令和6年7月1日、A税務署長は、②の乙への贈与が徴収法39条《無償又は著しい低額の譲受人等の第二次納税義務》に該当するとして、乙に対して、第二次納税義務額800万円・責任の限度額800万円とする第二次納税義務の告知をした。

補足 乙が贈与により受けた利益は1,000万円であるため、乙が負う第二次納税義務の額800万円全額につき責任を負うことになる。

④ 令和6年8月1日、B市長は、②の乙への贈与が地方税法11条の8《無償又は著しい低額の譲受人等の第二次納税義務》に該当するとして、乙に対して、第二次納税義務額400万円・責任の限度額400万円とする第二次納税義務の告知をした。

補足 乙が贈与により受けた利益は1,000万円であるため、乙が負う第二次納税義務の額400万円全額につき責任を負うことになる。

㈲ 事例では、延滞税・延滞金を考慮しない。

徴収法39条の第二次納税義務と地方税法11条の8の第二次納税義務は、共に、①徴収不足であること、②無償譲渡等の行為が行われたこと、③無償譲渡等の行為が行われた時点が法定納期限の1年前の日以後であること、④徴収不足であることが無償譲渡等の行為に基因していることを成立要件としている。そして、事例の甲から乙への無償による贈与という行為は、②の成立要件に該当する。そのため、「甲から乙への無償による贈与」という同一事由を共通の成立要件として、A税務署長とB市長が、それぞれにおいて徴収法39条の第二次納税義務又は地方税法11条の8の第二次納税義務を追及することとなる。

金銭的第二次納税義務の競合

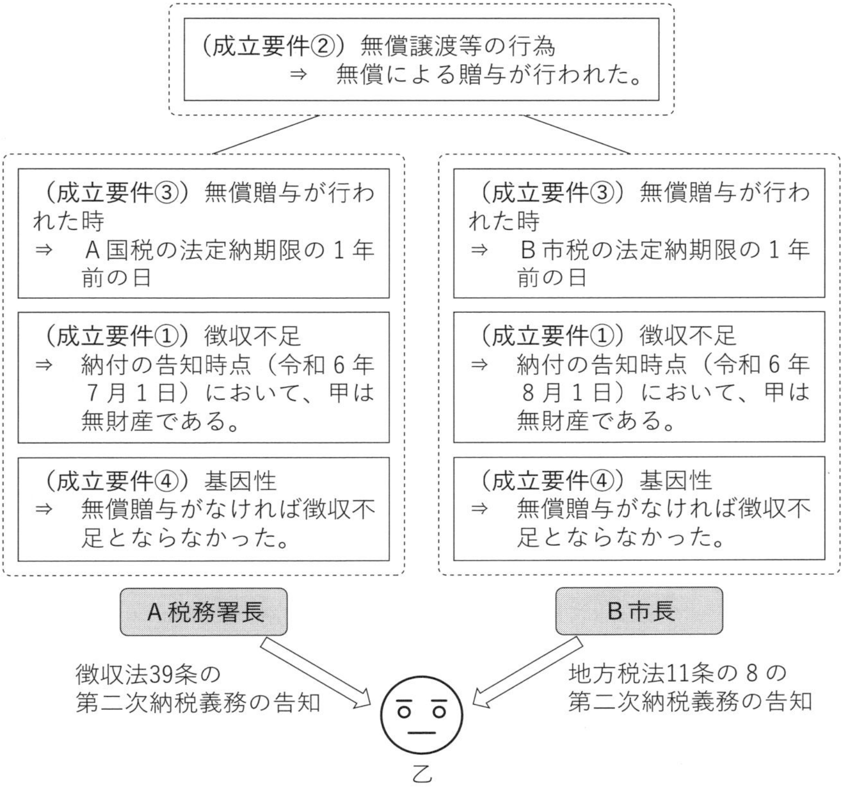

乙は、甲から土地を無償で譲り受けたことを理由としてＡ税務署長のみならずＢ市長からも第二次納税義務を負わされることになるが、Ａ税務署長とＢ市長による第二次納税義務の告知は、それぞれにおいて徴収法39条又は地方税法11条の８に定める成立要件を充足しているので、いずれも適法である。しかし、それぞれの第二次納税義務の告知の内容をそのまま適用した場合は、乙が負う責任の限度は、Ａ国税について800万円、Ｂ市税について400万円とされているから、乙は合計1,200万円の納付責任を負わなければならないことになる。これでは、乙は、実際に

受けた利益の額1,000万円を超えて納付責任を負わされることとなり不合理と言わざるを得ない。そのため、実務は、租税間において第二次納税義務を競合して追及すること（これを「第二次納税義務の重複賦課」という。）を認めつつ、重複賦課を受けた第二次納税義務者の責任は、その処分等により受けた利益等の限度額の範囲内としている（二次提要32、東京地判昭45.7.29判例時報605－58参照）。

もっとも、「乙は受けた利益の限度額1,000万円以上に納付責任を負うことはない」としても、その1,000万円の範囲内でＡ税務署長とＢ市長とによる第二次納税義務の追及が競合した場合の調整規定が法令上存在しない。そのため、例えば、乙がＸ銀行に800万円の預金とＹ銀行に400万円の預金を有しているときは、Ａ税務署長がＸ銀行の800万円の預金を差し押さえ、一方、Ｂ市長はＹ銀行の400万円の預金を差し押さえることが想定されるが、その場合、乙はどのようにして救済を受けることができるのかが明らかでない。また、乙が第二次納税義務につき1,000万円を任意納付するときは、①先に第二次納税義務の告知をしたＡ国税に全額800万円を納付し、残り200万円をＢ市税に納付するのか、②責任の限度額で按分して納付（800万円と400万円の割合で、1000万円を按分して納付）するのか、それとも、③乙の意思に委ねるのかが明らかでない。この点につき、国税の実務では、先に第二次納税義務の告知をした後に、他の行政機関等が重複賦課したことを知ったとき又は先に他の行政機関等が第二次納税義務の告知をした後に国税において重複賦課をしたときは、その徴収方法等につき、その行政機関等と協議をした上で処理するよう努めるものとしている（二次提要33）。地方税においても同様の取扱いをすべきと考えるが、その場合の協議における調整は、原則としては、「第二次納税義務の告知を先にした行政機関等による徴収」を優先するとの考えを基本としつつ、租税・公課の優先順位、差押先着手等の諸事情を総合勘案して調整することが妥当であろう。もっとも、この行政機関等間の協議は、あくまでも行政機関等同士の“取決め”にすぎないので、第二次納税義務者が自主納付する場合の納付順序等に係る意思までをも制限する効果はない（乙がＢ市税につき先に完納したいとの意思で1,000万円のうちＢ市税400万円を先に納付することは、Ｂの自由意思であり、法令上の規定がない限り、これを行政機関等が制限することはできないであろう。）という問題が依然として残る。結局は、立法的な解決を待つしかないということになろう。

⑵　物的第二次納税義務の競合と責任の限度

徴収法37条・地方税法11条の６《共同的な事業者の第二次納税義務》においては、その第二次納税義務者は、事業の遂行に欠くことができない重要財産を限度として第二次納税義務を負う。このように特定の財産を責任の限度として負う物的第二次納税義務においては、その滞納処分の対象は特定の財産のみであり、他のものについては差押え等の処分をすることができない（徴基通32－16⑴、徴取通11の６⑻ア等参照）。したがって、例えば、甲の滞納（Ａ国税800万円、Ｂ市税400万円）につき、乙に対して、Ａ税務署長とＢ市長が物的第二次納税義務を追及している場合において、その追及の対象となる財産が土地（時価1000万円）であるケースでは、Ａ税務署長もＢ市長も滞納処分を行使し得るのはその土地のみであるから、乙は、責任の限度を超えて第二次納税義務を追及されることはない。そして、この場合のＡ国税とＢ市税の徴収の優劣は、その土地に対する滞納処分の先後（差押先着手による優先。徴収法12、地方税法14の６）によることとなるので、例えば、Ａ税務署長が先に差押えをすると、Ｂ市長は参加差押え（又は交付要求）をすることになり、その後、公売して売却代金1,000万円となったときの配当は、①Ａ税務署長800万円、②Ｂ市長200万円となる。その結果、Ｂ市税は配当金の受入れによってもなお200万円の滞納税金が残るが、追及の対象となる財産（土地）は換価によって既に存しないため、乙への第二次納税義務をこれ以上追及できないこととなる。

なお、徴収法37条に関する実務においては、第二次納税義務者が追及の対象となる財産の価額に相当する金銭を一回で全額納付した場合で、徴収上特に支障がないと認められるときは、その後は第二次納税義務を追及しないこととしている（徴基通32－16⑵ただし書）。そうすると、乙が第二次納税義務の額800万円を全額納付することにより（追及の対象となる土地の価額は1,000万円であるが、乙が負う第二次納税義務は800万円のため、乙が実際に納付責任を負う額は800万円となる。)、A税務署長による第二次納税義務の追及は終了する。その場合、乙は、B市税に200万円(土地の時価に相当する額1000万円からA国税に納付した800万円を控除した金額)を納付すれば、B市長から第二次納税義務を追及されることはないのか(ケース①)、また、②B市長が土地を差し押さえて換価した場合に、換価代金が1,000万円であるときのB市長への配当は400万円なのか(ケース②)が問題となる。実務取扱いが「追及の対象となる財産の価額に相当する金銭を一回で全額納付した場合で、徴収上特に支障がないと認められるときは、その後は第二次納税義務を追及しない」とするのは、その財産を換価して第二次納税義務を徴収する場合と実質的に異ならないことを理由とするが、そうすると、乙は、1,000万円の限度を超えて責任を追及されることはないと解するのが妥当であろう。したがって、ケース①では、乙はB市税を200万円納付することにより、残りの第二次納税義務額200万円については納付責任を免れることになり、ケース②では、B市長が受ける配当は200万円であると解することになろう。

⑶　人的第二次納税義務の競合

人的第二次納税義務である徴収法33条・地方税法11条の２《合名会社等の社員の第二次納税義務》の第二次納税義務は責任の限度額がないので、租税間で競合して第二次納税義務を追及することとなったとしても重複賦課の問題は生じない。例えば、合名会社甲の滞納(A国税800万円、B市税400万円)につき、無限責任社員乙に対して、A税務署長とB市長がそれぞれ人的第二次納税義務を追及する場合、A税務署長はA国税800万円の全額について、またB市長はB市税400万円の全額について、乙から徴収できることになる。

9　第二次納税義務者を主たる納税者とする第二次納税義務

例えば、甲の滞納税金400万円について、乙が300万円を限度とする第二次納税義務を負っている場合において、乙がその第二次納税義務の履行をしないまま、その唯一の財産（時価200万円）を第三者丙に贈与した場合は、乙を主たる納税者（滞納者）として、丙に対し、200万円を限度とする第二次納税義務を負わせることができる（徴基通32－30）。これは、第二次納税義務者も「納税者（つまり滞納者）」であることに変わりがないこと（徴基通２－10⑶、地方税法９の２①）、その者の負う第二次納税義務は国税を納める義務（徴収法２六参照）又は地方団体の徴収金を納付等する義務（地方税法９の２①参照）に他ならないことを理由とする。

なお、丙に第二次納税義務を追及するに当たっては、次に留意する。

⑴　法定納期限

第二次納税義務の成立要件において、法定納期限からの一定時点をその要件の一部としている場合（例えば、徴収法39条・地方税法11条の８は「無償譲渡等が行なわれた時期が法定納期限の１年前の日以後であること」を要件の一つとしている。）、その法定納期限とは、甲の滞納税金につき乙に第二次納税義務の告知をした際の納付通知書において指定された「納付の期限」をいう（徴基通２－14⑹）。

⑵　徴収不足の判定

徴収不足かどうかは、乙の財産につき滞納処分を執行してもなお乙の負う第二次納税義務に不足するかどうかにより判定する。したがって、本来の滞納者である甲の財産状況については考慮しない。

補 足　徴収不足の判定においては、乙の財産と乙が負う租税の総額（乙の負う第二次納税義務を含む。）との比較で判断する（二次提要21参照）。

⑶　乙の負う第二次納税義務が物的第二次納税義務である場合に、丙に金銭的第二次納税義務を負わせることの可否

例えば、甲の滞納税金400万円について、乙が特定の不動産（時価300万円）を限度とする物的第二次納税義務を負っている場合において、乙が第二次納税義務を履行しないまま、その特定の不動産を第三者丙に贈与した場合は、乙を主たる納税者（滞納者）として、丙に対し、300万

円を限度とする金銭的第二次納税義務（徴収法39条・地方税法11条の８）を追及することができるかが問題となる。

これは、乙の負う第二次納税義務が特定の不動産のみを追及の対象としていることから、丙に対する追及もその特定の不動産のみに限るべきではないかとの疑義があるためであるが、法律上、金銭的第二次納税義務が成立している場合に、その責任の限度を金銭的なものから物的なものに変ずる措置は認められていない。したがって、事例では、丙に対して300万円を限度として徴収することができると解すべきである。

主たる租税とその物的第二次納税義務、物的第二次納税義務とその金銭的第二次納税義務との関係

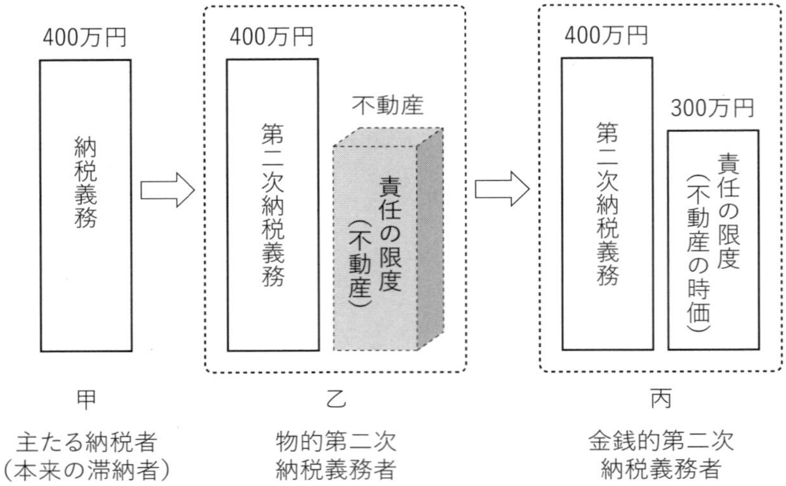

⑷　第二次納税義務の成立要件との関係

第二次納税義務の成立要件との関係から、次のように、第二次納税義務者を主たる納税者とする第二次納税義務が成立しない場合がある。なお、本来の滞納者を甲、その第二次納税義務者を乙、乙を主たる納税者として第二次納税義務を負う者を丙とする。

①　乙が合名会社等の社員の第二次納税義務（徴収法33、地方税法11の２）を負う場合は、丙に対して、同族会社の第二次納税義務（徴収法35、地方税法11の４）又は無償又は著しい低額の譲受人等の第二次納税義務（徴収法39条、地方税法11条の８）を追及できる場合があるが、他の第二次納税義務については追及できるもの（成立要件を充足するもの）がない。

②　主たる納税者の特定の租税についてのみ成立する第二次納税義務（徴収法36から38、地方税法11の５から11の７及び11の10）は、丙については成立要件を充足する余地がない。これは、乙が負っている第二次納税義務は、その特定の租税に該当しないためである。例えば、共同的な事業者の第二次納税義務（徴収法37、地方税法11の６）では、特定の者が主たる納税者の事業の遂行上重要な財産の所有者である場合において、納税者が「その重要財産が供されている事業に係る租税」を滞納したときに、その租税を徴収するために、その特定の者に対して重要財産を限度として課す物的第二次納税義務である。しかし、乙の負っている第二次納税義務は甲の納税義務についてのものであるから、「(丙の所有する）重要財産が供されている事業に係る租税」に該当することはないので、丙がその第二次納税義務を負うことはないこととなる。

③　人格のない社団等の財産の名義人の第二次納税義務（徴収法41①、地方税法12の２②）は、人格のない社団等に帰属する財産が第三者の名義となっている場合において、その名義人に対して、その財産を限度として課す物的第二次納税義務である。したがって、例えば、甲（人格のない社団等）の財産の名義人乙に対して、この第二次納税義務を課した後、その財産の名義が乙から丙に移転した場合は、今度は、甲を主たる納税者として、直接、現在の名義人である丙にこの第二次納税義務を追及すればよいこととなるので、乙の第二次納税義務を徴収するために乙を主たる納税者として丙に第二次納税義務を課す、という徴収手続をとる必要はないこととなる。

第2 合名会社等の社員の第二次納税義務

1 第二次納税義務の追及のための着眼点

この第二次納税義務は、滞納者が合名会社等である場合に、その会社の無限責任社員に対して第二次納税義務を課すものである。そこで、滞納者が合名会社等である場合において、その滞納税金の徴収が困難になっているときは、この第二次納税義務の追及の可否を検討する。

《追及のための着眼点》
☞ 滞納者が合名会社等であるか。

《第二次納税義務の適用を検討するケース》

合名会社甲社は、法人税257万円を滞納していたが、同会社の財産は什器備品（処分予定価額50万円）以外にないため、徴収困難になっている。

そこで、甲社の商業登記簿を調査したところ、会社設立以来Ａ及びＢの２人が無限責任社員として就任していることが判明した。

2 第二次納税義務の成立要件

会社法等においては、合名会社等の無限責任社員は、一定の要件の下でその会社の債務を連帯して弁済する責任を負うこととされている。そこで、この会社法等の規定を前提として、合名会社等の租税債務についても、一定の要件の下で、無限責任社員は第二次納税義務を負う（徴収法33、地方税法11の２）。

《成立要件》
1 合名会社等が租税を滞納したこと。

2　合名会社等に対して滞納処分を執行してもなお徴収すべき租税の額に不足すると認められること（徴収不足）。

3　合名会社等とその無限責任社員等

この第二次納税義務における「合名会社等」とは、次表に掲げる合名会社、合資会社及び士業法人をいう。

また、「無限責任社員」とは、次表の「会社の債務につき連帯して責任を負う者」に掲げる無限責任社員又は社員をいい、これらの者は、会社法等において、①その会社の財産をもって同社の債務を完済することができないとき、又は②その会社の財産に対する強制執行がその効を奏しなかったときは、連帯して、その債務を弁済する責任を負うこととされている。なお、①の要件（債務超過）は、第二次納税義務の「徴収不足」要件に共通するものとして理解されている。

○　合名会社等とその法人の債務を連帯して責任を負う者

合名会社等	社員の責任に関する私法上の規定	会社の債務につき連帯して責任を負う者
①合名会社	会社法580①、576②	無限責任社員
②合資会社	会社法580①、576③	無限責任社員
③税理士法人	税理士法48の21①（会社法580①を準用）	社員（社員は税理士に限られる・同法48の４①）
④弁護士法人	弁護士法30の15①～③	社員（社員は弁護士に限られる・同法30の４①）
⑤外国法事務弁護士法人 弁護士・外国法事務弁護士共同法人	外国弁護士による法律事務の取扱い等に関する法律67②（弁護士法30の15を準用）	社員（社員は外国法事務弁護士に限られる・同法58①）
	外国弁護士による法律事務の取扱い等に関する法律80①（弁護士法30の15を準用）	社員（社員は弁護士又は外国法事務弁護士に限られる・同法70①）
⑥監査法人	公認会計士法34の10の６①～③、⑦	社員（社員は公認会計士又は特定社員に限られる・同法34の４①）
⑦弁理士法人	弁理士法47の４①～③	社員（社員は弁理士に限られる・同法39①）
⑧司法書士法人	司法書士法38①～③	社員（社員は司法書士に限られる・同法28①）
⑨行政書士法人	行政書士法13の21①（会社法580①を準用）	社員（社員は行政書士に限られる・同法13の５①）
⑩社会保険労務士法人	社会保険労務士法25の15の３①～③	社員（社員は社会保険労務士に限られる・同法25の８①）
⑪土地家屋調査士法人	土地家屋調査士法35の３①～③	社員（社員は土地家屋調査士に限られる・同法28①）

4　無限責任社員とその第二次納税義務の範囲

無限責任社員から徴収することができる金額は、合名会社等の滞納税金の全額であるが、具体的には、無限責任社員に就任した時期又はその退任の時期に応じて、次のとおりである。

⑴　会社成立後引き続き現に無限責任社員である者の場合

会社成立後引き続き現に無限責任社員である者は、合名会社等の滞納税金の全額につき、第二次納税義務を負う。例えば、合名会社等の滞納税金が100万円である場合において、徴収不足の要件を充たしているときは、その会社の成立時から引き続いて無限責任社員である者は、会社の滞納税金100万円の全額について第二次納税義務を負うことになる。この場合、無限責任社員が負う第二次納税義務の責任の限度は、合名会社等の滞納税金の全額100万円である（徴基通33－８、徴取通11の２⑶ウ）。

補 足　現行の徴収法施行前の旧徴収法は、その29条において「会社に対し滞納処分を執行する場合において、会社財産をもって督促手数料、延滞金、滞納処分費及び税金に充てなお不足あるときは、無限責任社員につきこれを処分することができる」旨を規定しており、その内容は現行の徴収法33条及び地方税法11条の２とほぼ同様である。この旧徴収法29条の解釈につき、最高裁は、事例判決ではあるが、「無限責任社員の第二次納税義務は、会社財産に対する滞納処分を執行してなお不足ある場合に、その不足額について生ずるものであって、会社の租税債務全額について生ずるものでないことは、旧徴収法29条の明定するところである」旨を述べている（最判昭38.6.25民集17－５－781）。この判決にしたがうと、滞納会社の滞納税金100万円に対して、徴収可能な会社財産が20万円であるときは、80万円が徴収不足となるので、無限責任社員はその80万円を限度として第二次納税義務を負うことになる。しかし、旧徴収法29条は、無限責任社員に対する滞納処分の要件として「徴収不足であること」を規定しているのであり

（つまり、責任の限度を規定しているのではない。）、このことは、この第二次納税義務の前提とする会社法上の無限責任社員の責任（会社法580①）においても、「会社の財産をもって同社の債務を完済することができないとき」を成立要件としていることからも明らかである。したがって、徴収不足の額いかんにかかわらず、無限責任社員は会社の租税債務の全額について第二次納税義務の責任を負うと解するのが相当である。

⑵　会社成立後に無限責任社員となった者の場合

合名会社等の会社が成立した後に無限責任社員となった者は、無限責任社員になる前に納税義務が成立した会社の租税債務についても法律上当然に責任を負うことになる（会社法605、583①、税理士法48の21①、弁護士法30の30①、外国弁護士による法律事務の取扱い等に関する法律67②、同法80①、公認会計士法34の22①、弁理士法55①、司法書士法46②、行政書士法13の21①、社会保険労務士法25の25①、土地家屋調査士法41②）。

すなわち、会社成立後に無限責任社員となった者の責任は、上記⑴の会社成立後引き続き現に無限責任社員である者と同一である。

なお、会社の成立後に無限責任社員となる場合とは、次の場合である。

①　新たに無限責任社員として加入する場合

②　合資会社又は有限責任監督法人の有限責任社員が無限責任社員となる場合

③　無限責任社員の持分を譲り受ける場合

④　定款の定めるところにより、被相続人に代わってその相続人が無限責任社員となる場合

⑶　退社した社員等の場合

ここに「退社した社員等」とは、①会社を退社した無限責任社員、②持分の全部を譲渡した無限責任社員、③合資会社又は有限責任監査法人の無限責任社員から有限責任社員となった者をいう。これらの者は、合名会社等の租税で、退社の登記又は責任変更の登記をする前に納税義務が成立したものについて責任を負う。

もっとも、この責任は、その登記後２年以内に納付通知書による告知又はその予告をしなかった場合には、登記後２年（除斥期間）を経過した時に消滅することとされている（会社法612、586、583③④、税理士法48の21①、弁護士法30の15⑦、30の30①、外国弁護士による法律事務の取扱い等に関する法律67②、80①、公認会計士法34の10の６⑪、34の22①、34の23③、弁理士法47の４⑦、55①、司法書士法38⑥、46②、行政書士法13の21①、社会保険労務士法25の15の３⑥、25の25①、土地家屋調査士法35の３⑥、41②）。

また、その予告は、実務上は、「第二次納税義務に関する予告通知書」により、将来納付通知書による告知をすることがある旨を記載して行うこととしているが（徴基通33－５）、合名会社等の租税の納税義務が成立した後であれば、その確定前においても予告をすることができる。

ところで、退社した社員等の登記前の責任と第三者との善意・悪意との関係については、次のような疑義がある。

例えば、合名会社や合資会社の無限責任社員の退社の場合を例にとると、会社法612条１項は、「退社した社員は、その登記をする前に生じた持分会社の債務について、従前の責任の範囲で（つまり無限の責任で）これを弁済する責任を負う」としているが、この場合、その会社の債務に係る債権者が、無限責任社員が退社したことを、その退社の登記前に知らなかったこと（これを「善意」という。）を要するのか、又は知っていた場合（これを「悪意」という。）であっても無限責任社員は責任を負うことになるのかに関しては特に定めていない。一方、会社法908条１項前段は「この法律の規定により登記すべき事項は、登記の後でなければ、これをもって善意の第三者に対抗することができない」と規定している。つまり、たとえ登記すべき事実・権利が現に存在していたとしても、登記前においては、その事実・権利が存在することを善意の第三者に主張することができないが、他方、その反対解釈として、悪意の第三者には主張することができるとされている。

そこで、①無限責任社員が退社、②会社の納税義務が成立、③退社の登記という事実関係がある場合において、行政機関等が退社の登記前に無限責任社員が既に退社していることを知っていたときは、会社法908

条１項前段の規定が適用されるのか、すなわち、②の会社の租税債務につき、無限責任社員は、悪意の行政機関等に対して、既に退社していることを主張して第二次納税義務を免れ得るのかが問題となる。

補 足 士業法人について、会社法908条１項に相当する規定として、税理士法48条の７第２項、弁護士法30条の７第２項、外国弁護士による法律事務の取扱い等に関する法律67条２項、80条１項、公認会計士法34条の６第２項、弁理士法42条２項、司法書士法31条２項、行政書士法13条の７第２項、社会保険労務士法25条の10第２項、土地家屋調査士法30条２項がある。

この問題に関して、私法上の事件において直接判断したものとして、大判昭14．2．8大審院判決全集６－826は、「第三者の善意・悪意を問わずに責任を負い、会社法908条１項前段の規定は適用されない」としている。

しかしながら、例えば、大判昭10．3．9法律新聞3840－５は、「合名会社の退社員は本来退社後の会社に生じた債務について責任を負うべき理由はないのであるが、退社したにもかかわらずその旨の登記がなされず社員としての登記が依然として元のまま存するときは、登記を信じて会社と取引した者に不測の損害を与えるおそれがあるので、かかる者を保護するため商法73条１項（編中：現行の会社法612条１項に相当）が設けられたもの」と述べており、この判決では、商法73条１項は善意の第三者を保護するものであると解しているように思料される。したがって、前掲大判昭14．2．8が言うように、「取引の相手方の善意・悪意に関らずその登記前に生じた会社の債務につき責任を負うことは商法73条１項（現行の会社法612条１項に相当）の解釈上明白」であるとは、必ずしもいえないのではなかろうか。この点につき、実務取扱いにおいては、この問題に触れているものは見当たらないが、徴収法精解334頁は、前掲大判昭14．2．8を引用して、「退社等の登記前の会社の債務に関する責任は、租税債権者である国が、その登記前に社員が退社等をしていたことを知っていた場合においても、免れることができない」としており、実務も、同様の見解を採っているものと思われる。

おもうに、私法上は、登記を信じて会社と取引をした債権者の保護と退社員の利益とが対立するため、その利益の比較衡量において取引の相手方の善意・悪意が問題となるものと考えるが、租税債権に関しては、租税債権者の善意・悪意に関らず、租税法上の課税要件を充足することにより当然に納税義務が成立するのであるから、私法上のような第三者の保護と退社員の利益とを比較衡量すべき事情は存しないというべきである。したがって、会社法908条１項前段が適用されることはなく、また、会社法612条１項の適用においても行政機関等の善意・悪意を問うことはないと解するのが相当であろう。以上から、たとえ行政機関等が悪意であったとしても、退社した無限責任社員は、その登記前に成立した会社の租税債務について第二次納税義務を負うことを免れないと解する。

○　第二次納税義務に関する予告通知書

令和○年○月○日

＿＿＿＿＿＿＿＿＿＿＿　様

会社法○○市長　○○　○○　印

第二次納税義務に関する予告通知書

あなたが下記について地方税法第11条の２の規定により第二次納税義務を負うことがありますので、あらかじめ通知します。

納税者	所在地	
	名　称	
（上記の納税者に課される租税の内容）		

(注)「上記の納税者に課される租税の内容」は、主たる納税者に課される見込みの租税の税目、課税期間等を記載する。例えば、「法人市民税。ただ

し、事業年度が令和５年６月１日から令和６年５月31日に係るもの」と記載する。

⑷　死亡した無限責任社員の相続人の場合

無限責任社員の死亡は法定退社事由（会社法607等）であり、無限責任社員は死亡と同時に退社する。したがって、その相続人が、社員たる被相続人の地位を承継することは、あり得ないことになる（大判大６.４.30民録23－765）。

補足　例外として、合名会社又は合資会社においては、定款に「相続人がその社員の地位（持分）を承継する」旨の定めがあるときは、相続人はこれを承継するものとされている（会社法608①）。その場合の第二次納税義務の適用については、後記９参照のこと。

そうすると、相続開始時点において既に会社が負っている債務（それは、被相続人が無限責任社員として責任を負うべきものなので、相続財産（消極財産）となる。）については、相続人は、その債務を承継することになるが、他方、相続開始後退社登記前の間に会社に生じた債務は、相続財産には当たらないので、その責任を負うことは当然にないというべきである（大判昭10.３.９大審院民事判例集14－291）。なお、無限責任社員が死亡した場合と相続人に対する徴収との関係について、後記９・P474参照のこと。

5　無限責任社員相互間の連帯納税義務

無限責任社員が二人以上いる場合は、これらの者全員に対して、合名会社等の租税について第二次納税義務を追及することができるが、その場合、無限責任社員らは互いに連帯して納付する義務を負うことになる（徴収法33後段、地方税法11の２後段）。

なお、無限責任社員が二人以上いる場合の納付通知書による告知及び納付催告書による督促に関する実務取扱いは、原則として、全員に対し同時に行なうこととしている（二次提要53参照）。この取扱いは、連帯納税義務については民法の連帯債務に関する規定が準用されるので（通則法８条、地方税法10条）、民法（債権関係）の改正（平成29年法律44号）前においては、連帯債務者の一人の時効消滅等が絶対的効力を有していたこととの関係上、徴収上有益であったものと思料される。しかしながら、その改正後においては、時効消滅等は相対的効力を有することとなったので、必ずしも、無限責任社員全員に対して同時に徴収手続を進める必要性はないように思われる（第６章第１の３⑵エ・Ｐ421参照）。したがって、実務上は、複数の無限責任社員に対して同時に徴収手続を行うのか、それとも特定の者に対してのみ徴収手続をとるかは、個々の案件ごとに判断すればよいであろう。

6　合名会社等の解散による無限責任社員の責任の消滅

この第二次納税義務は、会社の存続を前提とするものではないので、合名会社等が解散した後においても適用することができる（大判大12.12.19行判・行録34－1076）。ただし、解散の登記をした場合、その解散登記後５年以内に納付通知書による告知又はその予告をしなかったときは、無限責任社員の責任は、その登記後５年（除斥期間）を経過した時に消滅することとされている（会社法673①、税理士法48の21②、弁護士法30の30②、外国弁護士による法律事務の取扱い等に関する法律67②、80①、公認会計士法34の22②、弁理士法55②、司法書士法46③、行政書士法13の21②、社会保険労務士法25の25②、土地家屋調査士法41③）。

したがって、滞納した合名会社等が解散した場合は、この５年の除斥期間に留意して、無限責任社員に対する第二次納税義務の追及の要否を速やかに調査する必要がある。

なお、この除斥期間内にこの第二次納税義務を追及できる場合は、これによるが、除斥期間を経過してしまったためにこの第二次納税義務が追及できない場合でも、解散に伴い会社財産の分配又は引渡しをした事実が認められるときは、清算人及びその分配等を受けた者（これらの者の中には無限責任社員も含まれる。）に対して清算人等の第二次納税義務（徴収法34、地方税法11の３）を追及できる場合がある。

7　無限責任社員であるか否かの調査

合名会社等は定款を作成しなければならず、社員の氏名及び住所は定款の絶対的記載事項である。また、合名会社等は登記しなければならないが、社員の氏名及び住所も登記事項である。なお、定款は、登記申請における添付書類とされており、法務局における保存期間は、申請受付の日から10年間である（商業登記規則34④四）。

補 足　定款の絶対的記載事項

定款の記載事項には、絶対的記載事項（又は「必要的記載事項」ともいう。）、相対的記載事項及び任意的記載事項がある。これらのうち、相対的記載事項は、定款に記載しなくても定款自体の効力には影響がないが、記載がないとその事項について効力が認められないものをいい、また、任意的記載事項とは、定款に記載がなくてもその事項の効力には関係がないが、その変更には定款変更の手続が要求されるものをいう。一方、絶対的記載事項の場合は、その事項のうち一つでも定款に記載を欠くと、その定款は無効とされるものをいう。

○　社員の氏名・住所について、定款への記載の根拠条項及び登記事項の根拠条項

合名会社等	定款の絶対的記載事項	商業登記事項
①　合名会社	会社法576①	同法912
②　合資会社	会社法576①	同法913
③　税理士法人	税理士法48の８③	同法48の７
④　弁護士法人	弁護士法30の８③	同法30の７
⑤　外国法事務弁護士法人 弁護士・外国法事務弁護士共同法人	外国弁護士による法律事務の取扱い等に関する法律60②、72②（弁護士法30の８③を準用）	同法67②、80①
⑥　監査法人	公認会計士法34の７③	同法34の６
⑦　特許業務法人	弁理士法43の２	同法42
⑧　司法書士法人	司法書士法32③	同法31
⑨　行政書士法人	行政書士法13の８③	同法13の７
⑩　社会保険労務士法人	社会保険労務士法25の11③	同法25の10
⑪　土地家屋調査士法人	土地家屋調査士法31③	同法30

㈹　③ないし⑪の士業法人の登記は、各法において政令（組合等登記令）に委ねられている。そして、社員の氏名及び住所を登記事項とすることについては、組合等登記令２条２項４号、６号及び別表の「登記事項」に具体的に定められている。

そこで、無限責任社員であるか否かの調査は、原則として、定款又は商業登記事項証明書を確認することにより行うが、なお、次に留意する。

①　会社成立後に無限責任社員となった者に該当するかどうかの調査

合名会社等が成立した後に新たに無限責任社員として加入した者、合資会社若しくは監査法人の有限責任社員から無限責任社員となった者又は無限責任社員の持分を譲り受けた者に該当するか否かは、原則として定款又は商業登記事項証明書から確認するが、会社成立後に無限責任社

員となった場合の効力の発生は、総社員の同意があれば足りることとされている。したがって、定款の変更及びその登記が未了である場合は、聞き取りによる調査又は議事録等の検査により確認する。

補足 新たに無限責任社員となったことの定款の変更及びその登記は、無限責任社員であることの効力発生要件ではない。

② 無限責任社員が退社等をした者に該当するかどうかの調査

退社した無限責任社員、持分の全部を譲渡した無限責任社員又は合資会社若しくは監査法人の無限責任社員から有限責任社員となった者の責任は、退社の登記又は責任変更の登記をする前に納税義務が成立した合名会社等の租税に限られるので、これらの者に該当するかどうかは、もっぱら登記事項証明書を確認することで足りる。

8 不実の登記への対応

(1) 氏名を冒用されて無限責任社員の登記がなされた場合の効力

無限責任社員が複数ある場合、これらの者は親子間・親族間等相互に親近的関係にある場合が多い。そのため、例えば、子供が無限責任社員に就任する意思がないのに、本人の知らない間に、勝手に親が子供を無限責任社員に加えるなど、当事者が知らない間に無限責任社員としての登記がなされているケースがある。そのような場合、登記事項証明書の記載を基に、無限責任社員として登記されている者に対して第二次納税義務を適用したところ、その者から「自分は無限責任社員になった覚えはない」旨の主張がなされることとなる。

本来は登記事項が実在しなければ登記があっても何らの効力も生じないはずであり、無限責任社員としての登記があったとしても、実際に無限責任社員でないときは、その登記は無効であり、その者は無限責任社員としての責任を負うことはない。しかし、それでは、不実の登記が真実であると信頼して取引をした第三者が、保護されずに不測の損害を被ることになってしまい、商取引上重要な事項を公示することを目的とする商業登記制度の意義が失われてしまう。そこで、商法9条2項（商人の場合）及び会社法908条2項（会社の場合）は「故意又は過失によって不実の事項を登記した者は、その事項が不実であることをもって善意の第三者に対抗することができない」と規定している。

もっとも、商法9条2項又は会社法908条2項の「不実の登記をした者」とは、その登記の申請者（登記義務者）である商人又は会社をいう。したがって、自己が知らないうちに会社（登記の申請者）によって無限責任社員となる登記をされてしまった者は、この「不実の登記をした者」に該当しないが、判例は、不実の取締役の就任登記につき、取締役でない者が故意又は過失により不実の登記について承諾を与えていたときは、その者は、会社法908条2項の類推適用により、取締役でないことをもって善意の第三者に対抗することができないとする（最判昭47.6.15民集26－5－984）。

⑵　氏名を冒用された者に故意又は過失が認められない場合の対応

本人の知らない間に無限責任社員として就任登記がなされ、そのことにつき本人に故意又は過失が認められない場合は、無限責任社員の就任としての効力を有せず、その登記は無効である。したがって、その者に対して、この第二次納税義務を適用することはできない（函館地判昭59.3.29判例時報1128－41）。

⑶　氏名を冒用された者に故意又は過失が認められる場合の対応

氏名を冒用された者に故意又は過失が認められる場合は、私法上の取引においては、会社法908条2項の類推適用により、その冒用された者は、善意の第三者に対抗できないこととなる。しかし、会社法908条2項は、上記⑴に述べたとおり、私法上の取引を保護することを目的としていることから、第二次納税義務を適用する場合において、同条を類推適用できるのかについては見解が分かれている。この点については、今後の争訟の帰結に委ねられるところであるが、会社法上の無限責任社員の責任の要件である債務超過と第二次納税義務の要件である徴収不足とは相共通するものであり（前記4⑴の補足・P463参照）、債権の徴収という面からは、私法上の債権者も租税債権者も変わるところがないというべきであるから、肯定的に解すべきと思料する。

9　無限責任社員が死亡した場合の相続人への徴収

(1)　相続人が無限責任社員の地位を承継した場合

合名会社又は合資会社の無限責任社員が死亡した場合は、相続人は被相続人の無限責任社員の地位を承継しないが、その例外として、定款に定めがあるときは、相続人は無限責任社員の地位（持分）を承継する（会社法608①）。この場合、その相続人を合名会社等成立後に無限責任社員となった者として、この第二次納税義務を適用することができる（前記４(2)のなお書④・P464）。

(2)　相続人が無限責任社員とならなかった場合

相続人が無限責任社員とならなかった場合は、相続による納付義務の承継（通則法５、地方税法９）の問題として、被相続人が有していた無限責任社員としての責任を相続人が承継することになる。すなわち、無限責任社員である被相続人の死亡前において、①合名会社等に課されていた租税（税額の確定分）、②合名会社等に課されるべき租税（納税義務の成立した未確定分）を相続人は承継することとなる。

なお、無限責任社員の死亡後、その退社登記の前に成立した合名会社等の租税については弁済の責めを承継しない（前記４(4)・P468）。

第３　清算人等の第二次納税義務

1　第二次納税義務の追及のための着眼点

この第二次納税義務は、滞納者である法人が解散した場合において、清算人が滞納税金を納付しないまま残余財産を分配したことに着目して、その清算人及び残余財産の分配を受けた者に対して第二次納税義務を課すものである。そこで、滞納者が法人であって、かつ解散している場合において、その滞納税金の徴収が困難になっているときは、この第二次納税義務の追及の可否を検討する。

《追及のための着眼点》

☞　・　滞納者が法人であるか。

　　・　解散しているか。

《第二次納税義務の適用を検討するケース》

1　甲株式会社は、事業不振により、株主総会で解散を決議し、清算人として取締役Ａ、Ｂ、Ｃを、代表清算人としてＡを選任した。

2　代表清算人Ａは、清算人Ｂ及びＣと話し合い、次のように甲社の財産を清算した。

①　不動産の売却　１億円

②　債務の返済　５千万円

③　残余金５千万円は、株式の所有数の割合に応じて、Ａに3,000万円、Ｂに1,000万円及びＣに1,000万円ずつ配分

3　甲社の清算結了の登記後に、法人住民税につき随時課税がなされ、これが滞納となっている。

㈱　納付すべき租税がありながら清算結了の登記をしても、まだ清算は終了したことにはならないので、その登記は無効である。

2　第二次納税義務の成立要件

法人が解散すると、その法人（以下「清算法人」という。）は、清算人の下で清算手続に入るが、会社法等においては、株主等への残余財産の分配は、清算法人の債務を完済した後でなければすることができないとされている（会社法502、664条等）。これは、清算法人の債権者を保護するためであり、清算人が債務を弁済しないまま分配をすると、その清算人は、会社債権者に対して損害賠償責任を負い（会社法487条、653条等）、また清算人としての任務懈怠により清算法人に対しても損害賠償責任を負うことになる（会社法486条、651条等）。租税債務についても、この私法上の規定と同様に、租税を納付せずに分配が行われた場合は、租税の徴収の確保を図るため、清算人及び分配を受けた者に対して第二次納税義務を負わせることとしている（徴収法34①、地方税法11の３①）。

《成立要件》

1　法人が解散した場合であること。

2　その法人に課されるべき又はその法人が納付（納入）すべき租税を納付しないで、清算人が残余財産の分配又は引渡しをしたこと。

3　その法人に対して滞納処分を執行してもなお徴収すべき租税の額に不足すると認められること（徴収不足）

⑴　法人が解散した場合であること

この第二次納税義務は、納税者である法人が解散した場合であることを要するが、例えば、株式会社の場合は、次に掲げる事由によって解散する（株式会社以外の法人の解散事由について、会社法471条、472条、一般社団法人及び一般財団法人に関する法律148条、中小企業等協同組合法62条１項、82条の13第１項、宗教法人法43条、会社更生法178条、218条等）。

①　定款で定めた存続期間の満了

②　定款で定めた解散事由の発生

③　株主総会の解散決議

④　合併（合併により株式会社が消滅する場合）

⑤　破産手続開始の決定
⑥　解散を命ずる裁判（会社法824①、833①）
⑦　休眠会社のみなし解散

(注)　これらのうち、合併による解散及び破産手続開始の決定を原因とする解散については、この第二次納税義務の要件とする「解散」には該当しない（会社法475一かっこ書、644一かっこ書等参照)。

(2)　清算手続の流れ

清算には、通常清算と特別清算とがある。通常清算は、清算法人の資産によって債務の全額を支払うことができる場合（つまり、残余財産が生じて株主等への分配の可能性があり得る場合）にとられる清算手続である。一方、特別清算は、株式会社である法人が債務超過である場合（つまり、その会社の資産によっては全ての債務を完済できず、残余財産が生じないおそれがある場合）にとられる清算手続である（会社法510以下参照)。

この第二次納税義務は、残余財産の分配が行われた場合に適用されるものであるから、清算法人について外形上は通常清算の手続がとられていることになる。そこで、以下、株主総会の決議により解散した株式会社を例として通常清算の流れの概略を整理する。

[通常清算の流れ]

①　株主総会による解散決議及び清算人の就任

株式会社が解散した場合は清算人を置かなければならないが（会社法477)、誰が清算人となるのかについては、会社法上はあらかじめ定款で定められている者又は株主総会の決議によって選任された者としている（同法478①。通常は、株主総会の決議により選任されている場合が多いであろう。)。また、定款にその定めがなく、株主総会でも選任がなかった場合は、解散時の取締役がそのまま清算人となる。

②　解散及び清算人の登記

株式会社が解散したときは、解散の日から２週間以内に、解散の登記及び清算人の登記をしなければならない（会社法926、928③①）。

また、解散の効力は、上記(1)の解散事由が発生したことにより生ずるのであり、解散の登記がなされたことは効力要件ではない（東京地判昭47.9.18訟務月報18－12－1908）。

③　債権の届出を求める官報公告（会社法499）

債権者に対し、一定の期間内（２か月を下ることができない。）に債権を申し出るべき旨を官報に公告し、また、会社が認識している債権者には、各別に債権申出を催告する。

なお、この催告に関する会社法499条の規定は、租税債権については適用がないものと解されている（行判明治38.10.11行政裁判所判決録16－726、大阪高判平元.2.22裁判所ウェブ掲載）。

④　財産目録及び貸借対照表の作成と株主総会の承認（会社法492）

清算人は、就任後遅滞なく財産目録及び貸借対照表を解散日現在の処分価格を基に作成し、株主総会の承認を受けなければならない。

⑤　会社資産の換価・債権の回収と債務の弁済

換価・回収した資産によっては全ての債務の弁済ができないと判明した場合は、以後、倒産手続に移行しなければならない。この場合、清算人は、裁判所に対し、特別清算又は破産の申立てをすることになる（会社法510、511、破産法19②）。

⑥　残余財産の分配（会社法502、504以下）

全ての債務を完済した後なお残余財産があるときは、清算人は、これを出資者である株主に分配することになる。

この完済すべき「全ての債務」には、本来は会社の負う租税も当然に含まれることになる。そのため、この第二次納税義務の要件における「残余財産」については、租税を納付しないまま分配が行われたときの財産（積極財産）をいうものとされている（二次提要58(2)ロの注２、徴取通11の３(2)イ）。

⑦　決算報告の作成と株主総会による承認

現務を結了（取引先との取引契約及び従業員との雇用契約の解除などをいう。）し、債権の取立て及び債務の弁済をし、そして、残余財産の分配を終えると清算事務は終了することになる（会社法481）。この場合、清算人は、遅滞なく決算報告を作成して、株主総会に提出し、その承認を受けなければならない（会社法507）。

この株主総会において決算報告が承認されることにより、会社の法人格は消滅する（次の⑧の清算結了の登記によって法人格が消滅するのではない。）。

⑧　清算結了の登記

上記⑦により決算報告が承認されたときは、その承認の日から２週間以内に清算結了の登記がなされる（会社法929）。

この清算結了の登記に関しては、それが会社消滅の効力要件ではないことに留意する必要がある。すなわち、清算株式会社は株主総会の承認によって消滅することとされており、清算結了の登記は、その会社の消滅を事後的に登記するものであり、いわば報告的なものとされている。したがって、清算結了の登記がなされた場合であっても、現に会社の資産や債務が残っているときは、清算は未だ結了しておらず、会社の資産を分配し又は債務の弁済を終えるまでは、清算株式会社は清算の目的の範囲内においてなお存続することとなる（大審院判決大正５年３月17日民録22－364、前掲大阪高判平元.2.22等）。

(3)　事実上の解散状態にある場合

法人が、法令又は定款に定める解散事由により解散したのではなく、事実上解散状態にある場合は、「法人が解散した場合であること」の要件を充たさないため、この第二次納税義務を適用することができない。もっとも、納付すべき租税債務がありながら株主等に対して分配に相当する処分が行われたときは、その処分が無償譲渡等に該当するとして「無償又は著しい低額の譲受人等の第二次納税義務」（徴収法39、地方税法11の８）を適用することができる場合がある（徴基通34－１の注書１、徴取通11の３(2)アの注書）。

(4)　一人会社的会社における解散の決議

一人の株主が会社を実質的に支配している、いわゆる一人会社的会社においては、会社の解散について、株主総会の招集につき所定の手続がとられることはなく、実質的に支配している者の意見にしたがって会社の解散が決まってしまう場合がある。しかし、そのような場合であっても、これまでも株主全員が集まっている場で実質支配者の意見が述べられ、それにしたがって会社の経営方針等が決められてきたという状況の下で、解散についても、他の株主が同席している場で決まったのであれば、実質上は株主総会が開催されたものとして扱うことが妥当である（最判昭52.２.14訟務月報23－３－570）。

なお、一人の株主が発行済株式の全部を所有する会社（いわゆる「一人会社」）である場合は、その一人の株主が出席すればそれで株主総会は成立し、株主総会の召集の手続を要しないと解されている（最判昭46.６.24民集25－４－596）。

(5)　法人に課されるべき又はその法人が納付等すべき租税

法人に課されるべき又はその法人が納付等すべき租税とは、その法人が納付等しなければならないこととなる全ての租税をいう。そして、その租税等は残余財産の分配時に成立していることを要しないので（徴基通34－２。神戸地判平４.８.５租税徴収関係裁判例集№344）、この第二次納税義務は、いわば結果責任に近い面も有している。

(6)　残余財産の分配又は引渡し

ア　残余財産の分配とは、残余財産を株主、社員、組合員、会員等（以下「株主等」という）に、原則として出資額に応じて分配することをいう（会社法504、505、666等）。また、引渡しとは、残余財産を一般社団法人及び一般財団法人に関する法律239条《残余財産の帰属》等の規定により処分することをいう（宗教法人法50、医療法56等）。

なお、この第二次納税義務においては、出資額の割合と異なる分配がされている場合であっても、「分配」に当たると解されている。

イ　残余財産の分配又は引渡しは、必ずしも法人が解散した後に行ったものに限られず、あらかじめ解散を予定していたことが認められる場合には、その解散を前提にそれ以前に行ったものも含まれる（前掲東京地判昭47.９.18、福岡地判平５.３.26徴収関係裁判例集No.362）。

○　福岡地判平５.３.26徴収関係裁判例集No.362

法人の解散決議や解散登記がなされる前であっても、法人が、納付すべき国税を完納することなく、解散を前提としてその有する財産の分配等をした場合には、徴収法34条にいう残余財産の分配に当たるものと解するべきである。

本件においては、本件土地及び本件建物の売却は、滞納会社の唯一の事業用財産を処分するものであった上、同社は、その駐車場経営が赤字続きであったため、右売却の約半年前頃には既にその駐車場経営を廃止して唯一の従業員も退職扱いとしていたのであり、しかも、右売却代金でもって同社の経営者でありかつ資金元であった原告に対する債務を清算した上、その後解散決議に至るまでその事業を再開したり新たな事業に着手することもなかったというのであるから、滞納会社は、本件土地及び本件建物を売却し、本件仮払金を原告に交付した時点において、その解散を予定していたものと認めるのが相当である。

そして、本件土地及び建物の売却代金から仲介手数料等及び同社の原告に対する債務を清算した残金である2900万円を仮払金として原告に交付した行為は、他に特段の反証がない限り、徴収法34条にいう残余財産の分配に当たるものというべきである。

ウ　会社法等においては、残余財産の分配を行った清算人が会社債権者に対して損害賠償責任を負うのは、悪意又は重大な過失があったときである（会社法487①、653等）。一方、この第二次納税義務においては、清算人に悪意又は重過失があることを要件としていない。これは、この第二次納税義務は、「①清算人は、清算法人の内部の機関として租税債務を含めた全ての会社債務を弁済するように努めなければならない立場にある、②それにもかかわらず、本来は租税債務等に充てるべき清算法人の財産を残余財産として株主に分配し、③その結果、債務を完済することができないような事態に陥った」というようなケースにおいては、このような事態を引き起こした原因を作り出した当事者である清算人に対し、清算法人（主たる納税義務者）と同一の責任を負わせても公平を失しないとの考えに基づいており、故意又は重過失に基づいて残余財産を分配したことを問題とするものではないからである（前掲神戸地判平４.８.５参照）。

エ　清算中の法人の財産を株主等に交付した場合であっても、それが株主等に対する正当な債務の弁済であるときは、その交付は残余財産の分配に当たらないことになる。

この点で問題となりやすいのが、株主等が役員である場合において、解散に伴い同人に対して支給される退職慰労金の相当性である。すなわち、退職慰労金が職務執行の対価として支払われる報酬として正当なものであるか、それとも、退職慰労金とは名ばかりでその実質は残余財産の分配とみるべきであるか、という問題である。

退職慰労金は、取締役の在職中における職務執行の対価として支給されるものである限り、会社法361条にいう報酬に含まれ（最判昭39.12.11民集18－10－2143）、また、定款又は株主総会の決議（会社法361①）は、退職慰労金請求権の効力発生要件であると解されている（最判平４.９.10資料版商事法務102－143）。

したがって、定款に定めがなく、また株主総会の決議もない場合には、正当な退職慰労金の支給とは認められず、残余財産の分配であると評価できることになる。

　また、退職慰労金の支給が正規の手続を経て決定されたものであったとしても、その額が相当に高額であり職務執行の対価とはいえない場合には、その不相当に高額な部分については、その対価性を否認して分配であると認めることができよう。その場合、その退職慰労金の支給額が適正かどうかの判断が問題となるが、平均功績倍率法（最終月額報酬×勤続年数×平均功績倍率）によって求めた金額（退職慰労金の支給として適当なものと評価できる金額）と実際の支給額との乖離の程度、当該役員の職務又は功労の内容、程度、勤務年数等を考慮して判断することになろう。もっとも、一般的な会社においては、退職慰労金の支給額等の適正性を担保するため、事前に「退職慰労金支給規程」を定めている場合が多いので、実務上は、先ずは、実際の支給金額がその支給規程に従ったものであるかどうかを調査すべきである。

役員退職慰労金支給規程（例）

（総則）

第１条　本規程は、退職した取締役又は監査役（以下「役員」という）の退職慰労金について定める。

（退職慰労金額の決定）

第２条　退職した役員に支給すべき退職慰労金は、次の各号のうち、いずれかの額の範囲内とする。

⑴　本規程に基づき、取締役会が決定し、株主総会において承認された額

⑵　本規程に基づき、計算すべき旨の株主総会の決議に従い、取締役会が決定した額

（退職慰労金の額の算出）

第３条　役員の退職慰労金の額は次の算式によって得た範囲内とする。

⑴　退職慰労金の額＝退職時の報酬月額×役員在任年数×功績倍率

⑵　各役員の功績倍率は次のとおりとする。

会　長	2.8	取締役（常勤）	2.0
社　長	3.2	取締役（非常勤）	1.5
副社長	2.8	取締役（使用人兼務）	1.5
専　務	2.6	監査役（常勤）	2.0
常　務	2.3		

⑶　第２項において、役位に変更ある場合は、役員在任中の最高位をもって最終役員とする。また、役位の変更等によって報酬月額に減額が生じた場合も、退職時の報酬月額は役員在任中の最高報酬月額を基準とすることができる。

（役員在任年数）

第４条　役員在任年数は、１か年を単位とし、端数は月額とする。ただ

し、１か月未満は１か月に切り上げる。

（功労加算金）

第５条　取締役会は、特に功績顕著と認められる役員に対しては、第３条により算出した金額にその30％を超えない範囲で加算することができる。

…以下省略…

オ　次に退職慰労金の支給に関して問題になりやすいものとして、一人会社的会社において、実質的な支配者の意向に沿って退職慰労金の支給が決定された場合がある。

裁判例は、継続会社の退任役員からの退職慰労金支給請求事件に関してではあるが、報酬等を株主総会の決議事項とした趣旨が取締役のいわゆるお手盛りの弊害を防止し株主の利益を保護することにあることから、実質的支配者によって退職慰労金の支給が決定されたときは、実質上、株主保護が図られ取締役のいわゆるお手盛りは防止されることを理由として株主総会の決議があったと同視することができると解する傾向がある（東京高判平７.５.25判例タイムズ892－236、京都地判平４.２.27判例時報1429－133）。

清算法人においても、継続会社における場合と同様に、実質的支配者によって退職慰労金の支給が決定されたときは株主総会の決議があったと同視してもよいように思料する。

ただし、会社の経営状況や解散に至った事情、例えば、会社が営業不振により多額の損失を計上し、解散せざるを得なくなったという事情（このようなケースは、通常、債務超過により残余財産が生じることはなく、本来は、特別清算か破産に移行すべきものであろう。）があるにもかかわらず、実質的支配者の一存で退職慰労金名目での支給がなされた場合は、その支給は株主に対して分配するための仮装のものにすぎず、実質的には「分配」がなされたものと認めることができよう（東京高判平26.12.８税資（徴収関係）順号26－43）。

⑺ 成立要件の調査における留意点

ア 滞納法人の解散の有無の調査

滞納法人が解散したことを伝聞調査等により把握した場合は、まず商業登記簿に解散の登記がされているかどうかを確認する。そして、商業登記簿上、解散が未登記である場合は、次に、株主総会等の議事録を調査することになる。これは、法令上は、解散事由は複数あるものの、実務上、解散は、株主総会の決議による場合が大部分であり、その場合、株主総会によって解散決議がなされると解散としての効力が生ずることになるためである。

イ 残余財産の分配の調査

分配の事実を確認する資料としては、清算人が清算事務終了にともない作成する決算報告、清算人から株主等に宛てた残余財産分配通知書、清算人が清算開始時及び清算事務終了時に作成する財産目録・貸借対照表などがある。これらの書類がない場合には、清算法人の法人税確定申告書に添付されている貸借対照表や勘定科目内訳書を基に財産の移動状況（処分状況）を確認することになる。

3 第二次納税義務を負う者と第二次納税義務の範囲等

ここに第二次納税義務を負う者とは、①残余財産の分配又は引渡し（以下「分配等」という）をした清算人、②残余財産の分配等を受けた者であり、①の清算人は分配等をした財産の価額を限度として、②の分配等を受けた者はその受けた財産の価額を限度として、主たる納税者の租税の全額について第二次納税義務を負う。

第二次納税義務を負う者	第二次納税義務の範囲	責任の限度
残余財産の分配又は引渡しをした清算人	主たる納税者の租税の全額	分配又は引渡しをした財産の価額
残余財産の分配又は引渡しを受けた者	主たる納税者の租税の全額	分配又は引渡しを受けた財産の価額

⑴　残余財産の分配等をした清算人

残余財産の分配等をした清算人とは、解散法人（合併により解散した法人及び破産手続が終了していない法人を除く。）の清算事務を執行する者であって、分配等をした当事者をいう（徴基通34－５、徴取通11の３⑶ア）。したがって、納付通知書を発する時においては清算人でなくなっている者も、この第二次納税義務の対象者となる。

また、「分配等をした当事者」とは、現実に分配等の実行行為をした清算人はもちろんとして、分配等についての清算人会の決議に賛成した清算人等分配等に関与した者、更には清算事務を事実上執行していなくても清算人としての職務遂行上の義務違反の責めを負うことになる者も該当すると解すべきである（最判昭52.２.14訟務月報23－３－570）。

なお、自分が清算人として登記されていたことを知らず、清算事務に全く関与していなかった者の場合は、この第二次納税義務を負わないというべきであろう（大阪地判昭47.３.28判例タイムズ285－308）。

⑵　残余財産の分配等を受けた者

残余財産の分配等を受けた者とは、残余財産の分配を受けた株主、社員、組合員若しくは会員又は定款若しくは寄附行為により帰属すべき権利者と定められた者で引渡しの方法により残余財産を取得した者をいう（二次提要60⑴ロ、徴取通11の３⑶イ）。

なお、合名会社及び合資会社においては、会社法に定められた清算（法定清算）の手続をとらずに、定款又は総社員の同意で会社財産の処分方法を定めて行う清算（任意清算）が認められている（会社法668）。この任意清算においては、清算人を置くか置かないかも任意であるが、清算人が置かれない場合であっても、分配等を受けた者に対してこの第二次納税義務を適用することができる。

補 足　合名会社及び合資会社に任意清算が認められているのは、これらの会社には無限責任社員がいるので、会社財産の処分方法が任意に定められても、会社債権者を害するおそれが少ないと考えられるためである。そのため、同じ持分会社であっても、無限責任社員がいない合同会社の場合は、会社債権者は会社の財産だけが頼りなので、任意清算は認められていない。

また、合名会社及び合資会社の無限責任社員が清算人である場合は、清算人として自身に対して残余財産の分配等を行うケースが生ずるが、そのときは、同人に対して、この第二次納税義務と合名会社等の社員の第二次納税義務（徴収法33、地方税法11の２）とが競合する。しかし、このような場合は、合名会社等の社員の第二次納税義務を適用することとしている（徴収法34①かっこ書、地方税法11の３かっこ書）。

⑶　財産の価額

ア　財産の価額の算定の基準時

この第二次納税義務は、清算人については分配等をした財産の価額を限度とし、また分配等を受けた者については、これにより受けた財産の価額を限度とするが、その財産の価額とは、分配等が行われた時点におけるものをいう（徴基通34－８）。

イ　価額

分配等が金銭で行われている場合は、その金額であり、また、金銭以外の財産で行われている場合は、その財産の基準価額（時価）である。

⑷　分配等をした清算人又は分配等を受けた者が複数いる場合

分配等をした清算人が２人以上いる場合又は分配等を受けた者が２人以上いる場合は、それぞれ、その全員に対して第二次納税義務を適用する（二次提要61）。

また、例えば清算人としてＡ及びＢの２人がいて、Ａが1,000万円、Ｂが2,000万円を別々に分配したときは、それぞれが分配をした財産の価額を限度として第二次納税義務を負う。すなわち、Ａは1,000万円、Ｂは2,000万円を限度としてそれぞれ第二次納税義務を負う。他方、Ａ及びＢが共同で分配等をしたときは、分配等をした財産の価額の全額である3,000万円がそれぞれの責任の限度額となる（徴基通34－９）。

⑸　清算人と分配等を受けた者との関係

株主Ａが清算人である場合において、Ａが残余財産1,000万円を分配するにあたり、自分に700万円を分配したときは、清算人としても、また分配等を受けた者としても第二次納税義務を適用することができるが、その場合は、清算人として1,000万円を責任の限度とする第二次納税義務を適用する（両方を併せて適用することはしない）。

また、主たる納税者の租税が2,000万円ある場合において、清算人Ａが残余財産1,000万円をＢに分配すると、第二次納税義務者としてＡ及びＢが負う責任の限度額は２人併せて2,000万円（Ａは分配をした清算人として1,000万円、Ｂは分配を受けた者として1,000万円）となるが、行政機関等が２人から徴収できるのは、２人併せて1,000万円を限度とすべきである。

もともと分配が行われなかったのならば、行政機関等は1,000万円しか徴収できないことを理由とする。

第４　清算受託者等の第二次納税義務

1　第二次納税義務の追及のための着眼点

この第二次納税義務は、信託が終了した場合において、清算受託者が信託に係る租税を納付しないまま残余財産を給付したことに着目して、その清算受託者及び残余財産の受益者等に対して第二次納税義務を課すものである。そこで、租税が信託に係るものであって、かつ、その信託が終了している場合において、その滞納税金の徴収が困難になっているときは、この第二次納税義務の追及の可否を検討する。

《追及のための着眼点》
☞　・　徴収すべき租税が信託に係るものであるか。
　　・　信託が終了しているか。

2　信託の概要

この第二次納税義務を検討するためには、信託の理解が必要である。

⑴　信託の基本的仕組み

信託とは、契約等により、特定の者が、一定の目的にしたがい財産の管理又は処分及びその他の当該目的の達成のために必要な行為をすべきものとすることをいう（信託法２①）。例えば、賃貸マンションを所有するＡが老齢又は病気等により賃貸事業が困難となった場合において、ＡとＢで「Ｂは、①賃貸マンションの管理及び運営をする、②賃貸マンションからの利益をＡの子Ｃに与える。」という契約をし、その目的を実行するためにＡからＢに賃貸マンションを譲渡した上で、Ｂにおいてその契約を履行するというものである。そして、このＡを「委託者」、Ｂを「受託者」、Ｃを「受益者」といい、また、賃貸マンションを「信託財産」という。

ア　委託者

委託者とは、自分の特定の財産を「信託財産」として他の財産と切り離し、信託の目的を定めて、その目的に沿って財産の管理処分等を受託者にさせるよう信託をする者をいう（信託法２④）。

イ　受託者

受託者とは、委託者から信託財産を引き受け、委託者によって定められた目的にしたがって管理処分等をする者をいう（信託法２⑤）。受託者は、信託の目的の範囲内で、信託財産を所有者として管理・処分することができる。そのため、信託財産の所有権は委託者から受託者に移転するが、所有者として振る舞えるのは信託目的の範囲内においてなので、その所有権は形式的・制約的なものということができる（いわば、信託の目的を遂行するために委託者から財産を預かっているにすぎないということである。）。

また、受益者を害することのないように、受託者は自己の財産と信託財産とを分別して管理することが義務付けられている（信託法34）。

ウ　受益者

受益者とは、信託財産から生ずる利益を受ける者をいう（信託法２⑥）。受益者は、その利益を受けることを受託者に請求する権利があり、これを「受益権」という（信託法２⑦）。

委託者、受託者及び受益者の三人の関係をみると、委託者は、受益者のために自分の財産を信託し、受託者は、受益者のために、委託者から信託財産を託され、委託者の定めた目的にしたがって管理処分し、そこから生じた収益を受益者に還元するという関係にある。

エ　信託の方法

信託は、信託契約、遺言又は信託宣言のいずれかによる（信託法３、４）。

信託契約は、委託者と受託者との間で信託契約を締結して信託を設定する方法である。この場合、信託の効力の発生は、信託契約が締結された時点である。

遺言は、委託者が遺言を作成する時に、遺言書の中に信託の内容を定める方法である。この場合の信託の効力の発生は、遺言の効力が発生した時点（遺言者の死亡の時・民法985）である。

信託宣言は、委託者自らが受託者となって、公正証書等に、特定の目的の達成のために必要な行為を自らすべき旨を記載することにより、自ら信託することを宣言するものである。そのため、自己信託とも言われている。

信託の基本的な仕組み（信託契約の方法による場合）

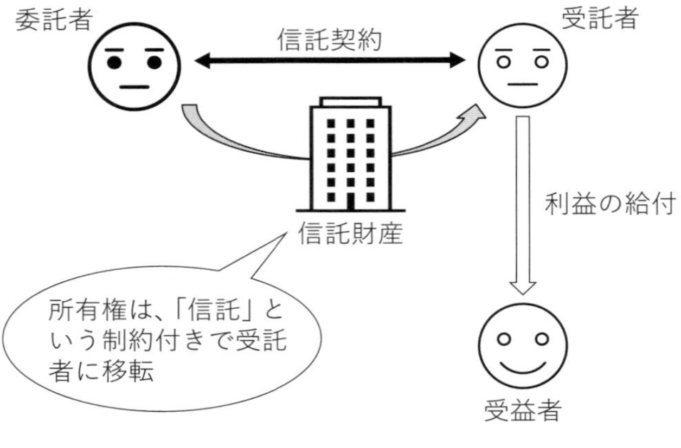

⑵　信託財産の独立性

信託財産は、委託者の固有財産及び受託者の固有財産とは分別管理される。例えば、賃貸マンションの所有権を信託目的で受託者に移転する場合は、登記簿の「登記の目的」欄には、①受託者に所有権が移転したこと、②信託であることの２点を記録することとされており、これにより信託財産であることを公示し、第三者に対抗できるようにしている（信託法14）。その結果、委託者が支払不能になっても、信託財産は受託者名義になっているので委託者の債権者はこれを差し押さえることができない。同様に、受託者が支払不能になっても、信託財産は信託としての対抗力を備えているので、受託者の債権者は、これを差し押さえることができないことになる（これを信託の「倒産隔離機能」という）。

（信託の登記の例）

権利部（甲区）　（所有権に関する事項）			
順位番号	登記の目的	受付年月日・ 受付番号	権利者その他の事項
1	所有権移転	平成○年○月○日 第１２３４５号	原因　平成○年○月○日売買 所有者　○市○町○一丁目２番３号 甲野　華子 順位○番の登記を移記
2	所有権移転	令和○年○月○日 第５４３２１号	原因　令和○年○月○日信託 権利者　○市○町○二丁目３番４号 大山　太郎
	信託	余白	信託目録第○○○号

順位２番で、所有権移転と信託とが同時に登記される。

委託者、受託者、受益者に関する事項及び信託の内容が記録されているので、信託目録を請求することにより、信託の内容を把握できる。

⑶　信託に係る債務と受託者の責任

受託者が信託財産に属する財産をもって履行する責任を負う債務を「信託財産責任負担債務」といい（信託法２⑨）、例えば、受託者が信託財産のためにした行為によって生じた債務や信託時の処理によって生じた債務がこれに該当する（信託法21①)。

この信託財産責任負担債務については、「受託者は、信託財産に属する財産のみをもって履行すればよく、受託者の固有財産は責任を負わない」との誤解が生じやすい。しかし、受託者は、原則として、無限の責任を負っているので、信託財産責任負担債務であっても、受託者の固有の財産も責任の対象となる。そのため、信託財産をもって債務の全額を履行できないときは、受託者は、自己の固有の財産をも処分しなければならないことになる。

しかし、これでは受託者のリスクが高すぎるので、受託者の固有の財産に責任が及ばない制度が設けられている。

① 限定責任信託

受託者が、その信託の全ての信託財産責任負担債務について信託財産に属する財産のみをもってその履行の責任を負う信託である（信託法２⑫)。

② 新受託者の責任

前受託者の任務の終了又は辞任により新受託者が就任した場合、新受託者は、前受託者から引き受けた債務については、信託財産に属する財産のみをもって履行する責任を負う（信託法76②。なお、租税につき通則法７の２⑥、地方税法９の４⑥参照)。

③ 信託財産限定責任負担債務

信託財産責任負担債務の中で信託法の定める特定の債務や特約により当事者が合意した債務については、受託者は信託財産に属する財産のみをもって履行の責任を負うことができ、この債務を「信託財産限定責任債務」という（信託法21②)。①の限定責任信託に係る債務及び②の前受託者から引き受けた債務も、この信託財産限定責任負担債務である。

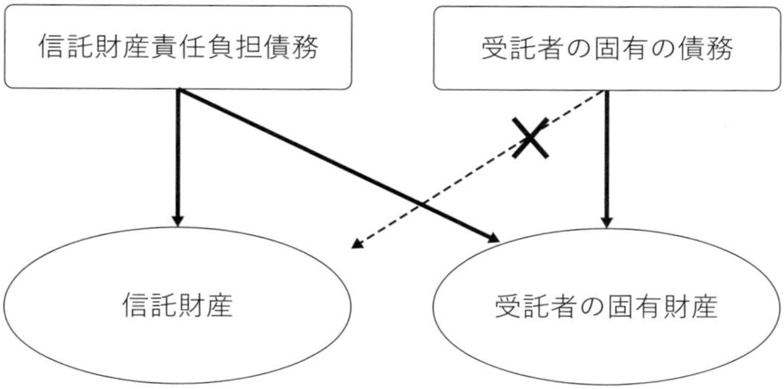

⑷　信託財産責任負担債務となる租税の例

国税では、信託段階で課される法人課税信託（法人税法２二十九の二）に係る法人税及び消費税、受益者等が存在しない一定の信託について受託者に課される相続税又は贈与税（相続税法９の４）、信託事務を処理するに当たり支払った報酬に係る源泉所得税などがある。

地方税では、信託財産に課税される固定資産税、信託段階で課税される法人課税信託に係る法人の住民税及び事業税、信託事務を処理するに当たり支払った報酬に係る個人住民税の特別徴収分などがある。

⑸　信託の終了

信託契約等において定めた信託の終了事由が生じたなどの一定の終了事由が生ずることにより信託が終了すると、信託は、清算受託者の下で清算手続に入り（信託法175、177）、その清算が結了することにより消滅する（信託法176）。

ア　信託の終了事由

清算を開始しなければならない信託の終了とは、次の事由をいう（信託法175）。

①　信託の目的を達したとき、又はその目的を達することができなくなったとき（信託法163一）

②　受託者が受益権の全部を固有財産で有する状態が１年間継続したとき信託法163二）

③　受託者（受託者が２人以上あるときはその全員）が欠けた場合であって、新たな受託者が就任しない状態が１年間継続したとき（信託法163三、87①）

④　受託者が２人以上ある信託の受託者の一部が欠けた場合において、信託行為の定めによりその欠けた受託者の任務が他の受託者によって行われず、かつ、新たな受託者が就任しない状態が１年間継続したとき（信託法87②）

⑤　信託財産が不足しているため受託者が支出した信託事務処理費用の償還等を受けることができなかったこと、又は委託者及び受益者が現に存しないことにより、受託者が信託を終了させたとき（信託法163四、52、53②、54④）

⑥　信託の終了を命ずる裁判があったとき（信託法163六、165、166）

⑦　信託財産についての破産手続開始の決定があったとき（信託法163七、175）

⑧　委託者が破産手続開始の決定、再生手続開始の決定又は更生手続開始の決定を受けた場合において、破産管財人等により、未履行の信託契約が解除されたとき（信託法163八、破産法53①、民事再生法49①、会社更生法61①、金融機関等の更生手続の特例等に関する法律41①、206①）

⑨　信託行為において定めた事由が生じたとき（信託法163九）

⑩　委託者及び受託者が信託の終了について合意したとき（信託法164①）

⑪　受益者の定めのない遺言信託において、信託管理人が欠けた場合であって、信託管理人が就任しない状態が１年間継続したとき（同法258⑧、３二）

補足　信託の終了事由が信託の併合によって終了する場合及び信託財産について破産手続中である場合は、信託法175条の信託が終了した場合に該当しない。

イ　清算手続

信託が終了すると、清算受託者が選任され、現務を結了し、信託財産に属する債権の回収と債務の弁済をし、残った残余財産があればこれを給付するという清算手続が行われる。このうち、残余財産の給付については、債務の弁済をした後でなければすることができない（信託法181）。

なお、清算受託者の選任について、信託法は、特殊な場合（信託法173）を除いて定めていないので、信託契約等において定められた者（通常は、従前の受託者）が就任する。

ウ　残余財産の給付を受ける者

残余財産の給付を受ける者を残余財産受益者等というが（信託法182②）、①残余財産受益者（その受益内容が、残余財産の給付を受けることを目的とするもの）、又は②帰属権利者（信託契約等において残余財産の帰属すべき者として指定された者）が残余財産受益者等となる（信託法182①）。

また、信託契約等において、これらの者の定めを置いていない場合又はこれらの者がその権利を放棄した場合は、信託契約等に「委託者」又は「その相続人その他の一般承継人」を帰属権利者として指定する旨の定めがあったものとみなし、それでも定まらないときは、残余財産は清算受託者に帰属することになる（信託法182②③）。

3　第二次納税義務の成立要件

上記２のとおり、信託が終了すると、その信託は、清算受託者の下で清算手続に入るが、残余財産受益者等への残余財産の給付は、信託に係る債務を完済した後でなければすることができない。そのため、信託の清算においても、前記第３の清算人等の第二次納税義務の場合と同様に、所定の要件の下、清算受託者及び残余財産受益者等に対して第二次納税義務を負わせることとしている（徴収法34②、地方税法11の３②）。

《成立要件》

１　信託が終了した場合において、その清算受託者に課されるべき又はその清算受託者が納付等すべき租税を納付しないで、信託財産に属する残余財産を残余財産受益者等に給付したこと。
2　清算受託者に対して滞納処分を執行してもなお徴収すべき租税の額に不足すると認められること（徴収不足）。

(1)　信託の終了とは、上記2の(5)のア・P495に掲げる事由をいう。

(2)　清算受託者に課されるべき又はその清算受託者が納付等すべき租税とは、信託財産責任負担債務となるものに限られる（前記2の(4)・P495）。

(3)　徴収不足の判定において、清算人が2人以上いる場合で、その中に清算受託者と特定清算受託者（次の4(1)参照）があるときは、徴収すべき租税の額と次の①及び②の総額とを比較して徴収不足かどうかを判定する。

①　信託財産に属する財産で滞納処分により徴収できるものの価額

②　清算受託者（特定清算受託者以外の者）の固有の財産で滞納処分により徴収できるものの価額

4　第二次納税義務を負う者と第二次納税義務の範囲等

ここに第二次納税義務を負う者とは、①残余財産の給付をした清算受託者のうちの特定清算受託者、②残余財産の給付を受けた残余財産受益者等であり、①の特定清算受託者は給付をした財産の価額を限度として、②の残余財産受益者等はその受けた財産の価額を限度として、主たる納税者（清算受託者）の信託財産責任負担債務である租税の全額について第二次納税義務を負う。

第二次納税義務を負う者	第二次納税義務の範囲	責任の限度
特定清算受託者	主たる納税者（清算受託者）の信託財産責任負担債務である租税の全額	給付をした財産の価額
残余財産受益者等 ・残余財産受益者 ・帰属権利者	主たる納税者（清算受託者）の信託財産責任負担債務である租税の全額	給付を受けた財産の価額

(1)　特定清算受託者とは、信託財産責任負担債務となる租税について信託財産に属する財産のみをもって納付する義務を負う清算受託者であり、具体的には、前記2の(3)の①（限定責任信託）及び②（新受託者の責任）に係る清算受託者をいう。

補 足　清算受託者は、信託財産責任負担債務（信託財産限定責任負担債務を含まない。）である租税については、自己の固有財産からも納付する責任を負うので、この第二次納税義務を適用する必要がない。

　一方、特定清算受託者は、この第二次納税義務が適用されると、その責任の限度額において自己の固有財産をもって租税を納付する義務を負うことになる。

(2)　残余財産受益者等とは、前記2の(5)のウ・P497の残余財産の給付を受ける者である。

第5　同族会社の第二次納税義務

1　第二次納税義務の追及のための着眼点

個人で事業を営んでいる納税者が、①税金を滞納している、又は②今後1年以内に納付すべき税金が発生する見込みがあるという状況の下で、会社を設立し、その会社に事業を譲渡してしまうケースがある。そのような場合、個人で所有していた事業上の財産（預貯金、売掛金、商品等）は会社に移転してしまうので、会社設立後においてもその納税者が税金を納付しない場合は、もはや差し押さえることができる個人の財産がほとんどないこととなる。もっとも、会社設立に伴い、納税者はその会社の株式又は出資（以下「株式等」という。）を取得するので、これを差し押さえることができるが、そのような株式等は一般に市場性が乏しいので換価は困難である。この第二次納税義務は、その換価困難な株式等に着目して、その株式等の価額相当額について会社に第二次納税義務を課すものである。

そこで、滞納者が会社の代表者等役員である場合（一般的には、株主兼代表者等の役員であることが多い。）で、滞納税金の徴収が困難になっているときは、この第二次納税義務の追及を検討する。

《追及のための着眼点》

☞　・　滞納者が会社（中小企業の同族会社）の代表者等の役員であるか。

・　滞納者が税金を滞納している期間において、会社が設立されているか。

又は、滞納税金が発生する直前の1年以内に、会社が設立されているか。

《第二次納税義務の適用を検討するケース》

1　甲は、個人で内装工事を業としていたが、住民税を一度も納付していない。

2　そこで、内装工事代金の入金があった預金を差し押さえることにより、滞納税金の一部を徴収した。しかし、なお多額の滞納税金があるため、更に預金又は内装工事代金の差押えを続行することとしていた。
3　そうしたところ、甲は、内装工事業を法人成りし、取引先を含む事業用の財産を全て会社名義に移した。
4　甲は、法人成りした会社の100％株主であり、代表取締役となっている。甲の財産は、役員報酬と法人成りした会社の株式（資本金100万円）のみであるが、役員報酬は少額であり、かつ、差押えをしても取立てが困難である。

2　第二次納税義務の成立要件

次に掲げる要件のいずれにも該当するときは、会社に対し、第二次納税義務を負わせることができる（徴収法35①、地方税法11の４①）。

《成立要件》
1　滞納者が同族会社の株式等を有していること。
2　滞納者が有する株式等に次に掲げる事由のいずれかがあること。
(1)　差し押さえた株式等を再度換価に付してもなお買受人がないこと。
(2)　差し押さえた株式等の譲渡につき法律若しくは定款に制限があること又は株券の発行がないため譲渡することにつき支障があること。
3　滞納者に対して滞納処分を執行してもなお徴収すべき租税の額に不足すると認められること（徴収不足）。

(1)　同族会社

ア　同族会社の意義

同族会社とは、滞納者を、同族会社の判定の基礎となる株主又は社員（以下「株主等」という。）として選定した場合に、法人税法２条10号《同族会社の定義》に規定する会社に該当する会社をいう。具体的には、「滞納者」及び「持株数又は出資金額が最も大きい者から順次選定した株主等の２人以下の者」が有する株式又は出資金額の合計が、その会社の発行済株式の総数又は出資金額の合計額の100分の50を超える会社をいう。また、滞納者又は株主等には、これらの者の親族等（法人税法施行令４）が含まれる。

なお、ここに「会社」とは、株式会社又は持分会社（合名会社、合資会社又は合同会社）をいい、また、「出資」とは、持分会社の持分をいう。

（同族会社の例）

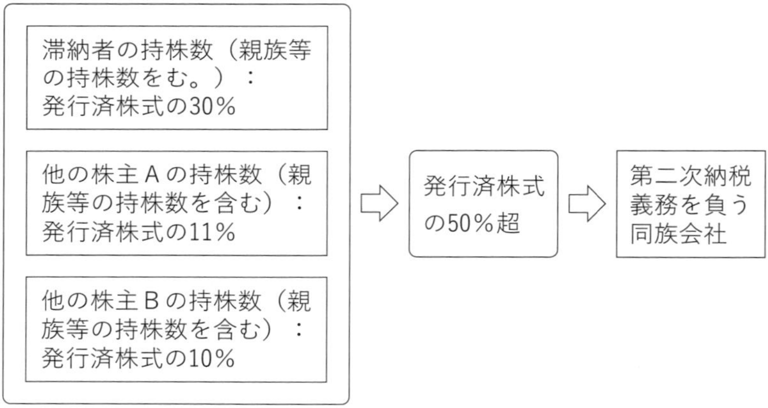

イ　同族会社に該当すること及び滞納者の持株数の確認

調査対象会社が同族会社であるかどうか、また、滞納者の持株数又は出資金額がどの程度であるのかは、次により調査する。

①　調査対象会社が税務署に提出している法人税確定申告書の別表二「同族会社等の判定に関する明細書」により確認する。

②　法務局において、会社設立の登記申請書に添付されていた設立時定款（「原始定款」ともいう。）を閲覧することにより確認する。なお、

添付書類の保存年限は、10年である。

③　その他の確認方法として、滞納者及び会社の役員等に直接聴取する方法や、調査対象会社において備えている株主名簿及び定款を調査する方法がある（徴収法141四参照）。ただし、小規模の会社においては株主名簿が整備されていない場合がある。

ウ　株主の認定

同族会社の判定の基礎となる株主又は社員とは、株主名簿又は社員名簿の記載にかかわらず実質上の株主をいう（徴基通35－２なお書）。したがって、株主名簿に記載されている株主が単なる名義人である場合（いわゆる「名義株」である場合）、又は株式の譲渡があったにもかかわらず株主名簿上の変更手続が行われていない場合など、実質上の株主又は社員が株主名簿又は社員名簿と異なるときは、当事者からの聴取りを行い、実質上の株主を確認する必要がある。

○　同族会社等の判定に関する明細書

同族会社等の判定に関する明細書

事業年度	・・ ・・	法人名	

別表二　令六・四・一以後終了事業年度分

区分	項目	番号	金額等	区分	項目	番号	金額等
同族会社の判定	期末現在の発行済株式の総数又は出資の総額	1	内 10,000	特定同族会社の判定	(21)の上位1順位の株式数又は出資の金額	11	
	(19)と(21)の上位3順位の株式数又は出資の金額	2	7,000		株式数等による判定 $\frac{(11)}{(1)}$	12	%
	株式数等による判定 $\frac{(2)}{(1)}$	3	70 %		(22)の上位1順位の議決権の数	13	
	期末現在の議決権の総数	4	内		議決権の数による判定 $\frac{(13)}{(4)}$	14	%
	(20)と(22)の上位3順位の議決権の数	5			(21)の社員の1人及びその同族関係者の合計人数のうち最も多い数	15	
	議決権の数による判定 $\frac{(5)}{(4)}$	6	%		社員の数による判定 $\frac{(15)}{(7)}$	16	%
	期末現在の社員の総数	7			特定同族会社の判定割合（(12)、(14)又は(16)のうち最も高い割合）	17	
	社員の3人以下及びこれらの同族関係者の合計人数のうち最も多い数	8		判定結果		18	特定同族会社 （同族会社） 非同族会社
	社員の数による判定 $\frac{(8)}{(7)}$	9	%				
	同族会社の判定割合（(3)、(6)又は(9)のうち最も高い割合）	10	70				

判定基準となる株主等の株式数等の明細

順位 株式数等	順位 議決権数	判定基準となる株主（社員）及び同族関係者 住所又は所在地	判定基準となる株主（社員）及び同族関係者 氏名又は法人名	判定基準となる株主等との続柄	被支配会社でない法人株主等 株式数又は出資の金額 19	被支配会社でない法人株主等 議決権の数 20	その他の株主等 株式数又は出資の金額 21	その他の株主等 議決権の数 22
1			大川　花子	本　人			2,000	
1			大川　二郎				1,000	
2			高野　誠一				2,000	
3			豊岡　洋子				2,000	

○　会社設立時定款（原始定款）の確認事項

定　　　款

・・・・・・・・・・・・・・

（発行可能株式総数）
第○条　当社の発行可能株式総数は、10,000株とする。

（設立に際して出資される財産の価額）
第○条　当会社の設立に際して出資される財産の価額は、金1,000万円とする。

（設立後の資本金の額）
第○条　当会社の設立に際して出資される財産の全額を成立後の資本金の額とする。

（発起人の氏名ほか）
第○条　発起人の氏名、住所及び設立に際して割当てを受ける株式数並びに株式と引き換えに払い込む金銭の額は、次のとおりである。

○○県○○市○○町１－２－３
発起人　大川　花子　2,000株　金200万円
○○県○○市○○町１－２－３
発起人　・・・・・

補足　名義株

名義株とは、名義上の株主と真の株主とが不一致となっている状態の株式をいう。現行の会社法の下においては、会社設立に当たり発起人は必ずしも複数である必要はないが、旧商法下では３名（商法の平成２年改正前においては最低でも７名）の発起人が必要とされていた。そのため、会社を設立する際において、実質上の発起人は創業者１人であるにもかかわらず、人数合わせのために兄弟等親族又は親しい第三者から名義を借用して発起人とするケースが多く発生し、名義株が存在するようになった。

エ　同族会社に該当するかどうかの判定の時期

調査対象会社がこの第二次納税義務の同族会社に当たるかどうかの判定は、第二次納税義務の納付通知書を発する時の現況により行う(徴収法35③、地方税法11の4③)。実務上は、設立時定款及び納付通知書を発する時に最も近い時期に税務署に提出された法人税確定申告書の別表二「同族会社等の判定に関する明細書」を基に判定する場合が多いであろう。

⑵　再度換価に付しても買受人がないこと

「再度換価に付しても買受人がない」とは、株式等を差し押さえた上で、これを2回以上公売に付し、それでも買受人がないことをいう。また、「買受人がない」とは、買受希望者が全くいない場合のほか、入札等があったものの最高価申込者とならなかったため売却決定を受けた者がいない場合、売却決定はなされたが買受代金の納付がなかったこと等により売却決定が取り消された場合等をいう(徴基通35－5)。

⑶　差し押さえた株式等の譲渡につき法律又は定款に制限がある場合

ア　持分会社の持分の譲渡制限

持分会社の持分の譲渡は、他の社員の全員の承諾(業務を執行しない有限責任社員については、業務を執行する社員の全員の承諾)がなければすることができない(会社法585)。そのため、差し押さえた持分を換価する前に、社員の一人(業務を執行しない有限責任社員については業務を執行する社員のうちの一人)でも換価による持分の譲渡に反対している者がある場合は、この「法律に制限がある場合」に該当する。

イ　定款に譲渡制限の定めがある場合

通常、同族会社は株主である代表者を中心とした家族的経営であり、その家族的経営を維持するため、好ましくない者が経営に参画することを防ぐ必要がある。そこで、一般的には、「譲渡による株式の取得については会社の承認を要する」旨の定めを定款に設けている。このような定款で譲渡を制限している株式のことを譲渡制限株式というが、滞納処分との関係では、その株式を差し押さえることに何らの支障はなく、また、その換価においても、行政機関等は、譲渡制限があることを特段考慮することなく換価手続を進めることができる。これは、①公売により譲渡制限株式を取得した買受人は、会社に対して株式の取得承認請求を行うことができ（会社法137①）、②その承認請求に対して会社が承認しない旨の決定をしたときは、当該会社自らその株式を買い取るか、又は株式を買い取る者を指定しなければならないこと（会社法140①④）とされており、買受人の投下資本回収の機会を会社法が保障しているためである。

したがって、株式が譲渡制限株式である場合は、この「定款に制限がある場合」に該当しない。

補 足　「日刊新聞紙の発行を目的とする株式会社の株式の譲渡の制限等に関する法律」（昭和26年法律212号）は、第1条（株式の譲渡制限等）で「一定の題号を用い時事に関する事項を掲載する日刊新聞紙の発行を目的とする株式会社にあっては、定款をもって、株式の譲受人を、その株式会社の事業に関係のある者に限ることができる。この場合には、株主が株式会社の事業に関係のない者であることとなったときは、その株式を株式会社の事業に関係のある者に譲渡しなければならない旨をあわせて定めることができる。」と規定している。したがって、この規定により株式等の譲渡について定款で制限をしている場合には、この「定款に譲渡制限の定めがある場合」に該当することになる。

(4)　株券の発行がないため譲渡することにつき支障があること

「株券の発行がないため譲渡することにつき支障があること」について、実務取扱いは、次のとおりである（徴基通35－7）。

①　「株券の発行がないため譲渡することにつき支障がある」とは、「株券を発行する旨の定款の定めがある株式会社（会社法214）について、株券の作成及び交付がされていないために、株式を差し押さえて換価

することにつき支障があることをいう。

② ただし、「合理的な期間内に株券が発行される見込みがあるとき（会社法215参照）及び株式の申込証拠金領収証等の書面を株券に準じて差し押さえて換価できるとき（徴基通56－15参照）は、「株券の発行がないため譲渡することにつき支障があること」には当たらないものとして取り扱う。

③ 株券が発行されていない場合は、その株式を差し押さえた上で、その取立権に基づき株券の発行及び交付を請求する。この場合において、指定した期限までに会社が株券を発行しないときは、この「株券の発行がないため譲渡することにつき支障があること」に該当する。

ところで、この③の実務取扱いに関して、判例は、「会社が株券の発行を不当に遅滞することにより、事実上、株式譲渡の自由を奪う結果になることは信義則上容認できず、そのような場合には、株主は意思表示のみによって有効に株式を譲渡することができる」とする（最判昭47.11.8民集26－9－1489）。そこで、民事執行の実務においては、株券の発行がされていない株式の執行手続は、その他の財産権（民執法167）としての「株式」の差押えの方法によっている（民事執行の実務［第3版］債権執行編（下）249ページ。東京地決平4.6.26判例タイムズ794－255）。滞納処分においても、株式を差し押さえた場合は、上記③にいう「株券の発行及び交付の請求」をするまでもなく、その株式を換価することが可能と考えられるが、この見解によった場合は、「株券の発行がないため譲渡することにつき支障があること」という事由に該当するケースは無くなるであろう。

3 第二次納税義務を負う者と第二次納税義務の範囲等

ここに「第二次納税義務を負う者」とは、上記2の(1)の同族会社であり、その同族会社は、主たる納税者（滞納者）の租税の全額について、滞納者の有する株式等（滞納に係る租税の法定納期限の1年以上前に取得したものを除く。）の価額を限度として、第二次納税義務を負う。

第二次納税義務を負う者	第二次納税義務の範囲	責任の限度
滞納者を判定の基礎となる株主等として選定した場合に同族会社に該当することとなる株式会社又は持分会社	主たる租税の全額	滞納者の有する株式等（滞納に係る租税の法定納期限の１年以上前に取得したものを除く。）の価額を限度

⑴　法定納期限の１年以上前に取得した株式を除く

「法定納期限の１年以上前に取得した株式を除く」とは、法定納期限の１年前の応当日以前に取得した株式等は責任の限度額の算定の対象から除かれることを意味する。

⑵　株式等の価額

株式等の価額は、第二次納税義務者に対する納付通知書を発する時における当該同族会社の資産の総額から負債の総額を控除した額を、その株式等の価額で除した額を基礎として計算した額による（徴収法35②、地方税法11の４②）。その具体的な計算式は、次のとおりである。

$$\frac{\boxed{\text{資産の総額－負債の総額}}}{\boxed{\text{発行済株式総数又は出資の総額}}} \times \boxed{\text{滞納者の所有株式数又は出資の額（法定納期限の１年以上前に取得した株式等を除く）}} = \boxed{\text{同族会社の第二次納税義務の限度額}}$$

⑶　資産及び負債の額の計算

ア　上記⑵の資産及び負債の額の計算は、納付通知書を発する時における客観的に正当な時価を標準として計算する（高知地判昭31.３.19行集７－３－610等）。ただし、実務上は、資産及び負債について著しい増減がないなど、特に徴収上支障がない限り、その日の直前の決算期（中間決算を含む。）の貸借対照表又は財産目録等を参考として行っても差し支えない（徴基通35－13なお書、徴取通11の４⑷ウ）。

イ　貸借対照表等を参考にして資産及び負債の額を求めるに当たっては、貸借対照表等に計上されている資産等の価額は「簿価」（当該資産を取得した時の取得価額が基になっている。）なので、計算に当たっては、時価に評価し直す必要がある。例えば、貸借対照表上は、貸付金500万円が計上されていても、実際には回収できないものである場合は、時価評価はゼロとすべきである。また、土地の価額として1,000万円計上されていても、その価額は土地を購入した時の取得価格なので、改めて時価評価する必要があることになる。

ウ　会社に簿外の資産又は負債があることが判明している場合は、これらを含めて計算する必要がある。もっとも、これら簿外資産等の存在は、責任の限度額を求めるための調査等の過程において確認できたものにとどめてよく、簿外の資産等の有無につき、ことさら積極的に調査する必要はない。

エ　負債については、同族会社固有の租税債務は含まれるが、これから徴収しようとする第二次納税義務の額は当然に含まれないことになる。

⑷　出資の数

持分会社の出資につき、現物、労務又は信用をその出資の目的としている場合、実務上は、定款で定められた出資の価額又は評価の基準（会社法576①六）によって出資の価額を計算し、当該価額を現金による出資の価額と同様に取り扱って出資の数を計算することとしている（徴基通35－14、徴取通11の４⑷のエ）。

4　株式等を差し押さえた後に会社が増資をした場合

株式等の価額は、納付通知書を発する時点の価額であるため、株式の差押え後納付通知書を発するまでの間に、増資（新たに株を発行すること）がなされると、上記３⑵の計算式の分母である「発行済株式総数又は出資の総額」が大きくなるため、結果として、差押えに係る株式等の価額が差押え時に比して下がり、第二次納税義務の納付責任額にも影響を及ぼすことが起こり得る。そのため、増資は、差し押さえた株式の価値を減少させる不利益処分に該当し、差押えの処分禁止効により許されないのではないかとの疑義が生ずるが、差押えは、差し押さえた株式自体の不利益処分を禁止するものであり、一方、増資は、差押えに係る株式自体に対する処分行為ではないので、差押えの処分禁止効には抵触しないと解される（審判所裁決平25.12.9 裁決事例集No.93）。

5　株式等の差押えについて

この第二次納税義務を適用するためには、先ずは、滞納者が有する株式等を差し押さえる必要があるが、その差押えは、次により行う。

(1)　株式の態様

ア　株券不発行会社

会社法が施行された平成18年５月１日以降に設立された株式会社は、株券を発行しないことを原則としており、株券を発行するためには、その旨を定款で定めなければならない（会社法214）。したがって、調査対象会社が平成18年５月１日以降に設立された会社であり、登記事項証明書の「株券を発行する旨の定め」欄に株券を発行する旨の記録がない場合は、その会社は、株券を発行しない会社（この会社を「株券不発行会社」という。）である。

イ　株券発行会社

商法の平成16年改正前においては、全ての株式会社は株券を発行することとされていた。また、平成16年改正後から会社法施行前までの間においては、株券を発行することを原則とし、株券を発行しないこととするためには、その旨を定款で定めなければならないとされていた（旧商法226①、227①）。したがって、会社法施行前、すなわち、平成18年４月30日以前に設立された同族会社は、原則として、株券を発行する会社（この会社を「株券発行会社」という。）である。そして、この株券発行会社については、会社法の施行に伴い、登記官の職権により、商業登記簿に株券を発行する旨の登記をすることとされた（会社法の施行に伴う関係法律の整備等に関する法律76条４項、113条４項）。そこで、調査対象会社が株券発行会社であるかどうかは、登記事項証明書により確認することができる。

○　登記事項証明書の「株券を発行する旨の定め」欄（職権による登記の例）

株券を発行する旨の定め	当会社の株式については、株券を発行する。 平成17年法律第87号第136条の規定により平成18年５月１日登記

ウ　準株券廃止会社

イのとおり、会社法施行前に設立された会社は、原則として株券発行会社であるが、株券発行会社であるにもかかわらず、現実には株券を発行していない会社があり、このような会社を「準株券廃止会社」という。

準株券廃止会社となるのは、①全ての株式について株主から株券不所持の申出がある場合（会社法217①）、②譲渡制限会社において株主から株券発行請求がされていない場合（会社法215④）、③単に会社が株券の発行を遅延している場合などが考えられる。同族会社の場合は、法人成り等家族経営の延長として設立されたものが多く、そのような会社においては、もともと株式の流通を必要としていない。そのため、一般的には、株主からの株券発行請求が行われないことを前提としている。このようなことから、会社法施行前に設立された同族会社の大部分は、準株券廃止会社であると考えられる。

⑵　株式の態様に応じた差押え

ア　株券不発行会社の場合

差押えは「株式」自体を対象として、徴収法73条の規定により、会社に対して「差押通知書」を送達することにより行う。また、滞納者に対しては差押調書の謄本を交付する（徴収法54）。

差押通知書の「差押財産」欄には、滞納者が所有する株式に係る会社の所在地、名称、差押えに係る株式数を記載する。

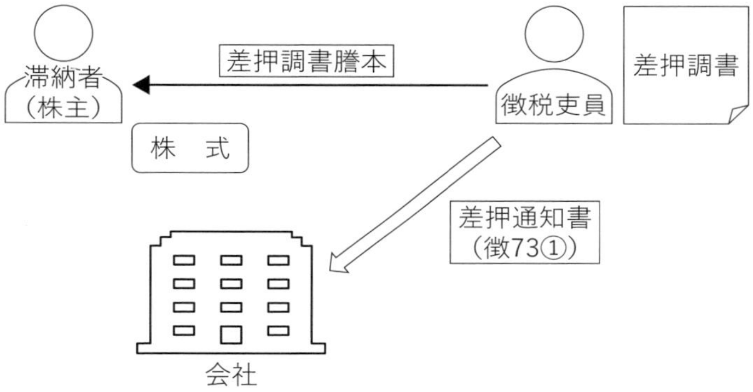

○　**「差押財産」欄の記載例（株式の差押え）**

○○市○○町○丁目○番○号　△△株式会社の株式10株

イ　株券発行会社で株券を発行している場合

株主である滞納者が所有する「株券」を有価証券として差し押さえる（徴収法56）。

したがって、その差押えは、徴収職員が株券を「占有すること」により行う。この場合、徴収法上は、徴収職員は、差し押さえた株券を滞納者に保管させることも可能であるが（徴収法60）、実務上は、その株券を庁舎等に持ち帰るのが一般的である（差押財産の搬出。徴収令26の２参照）。

また、滞納者に対しては、差押調書の謄本を交付しなければならないが（徴収法54）、他方、株券の発行主体である会社に対しては、徴収法上、差押えがあったことを通知すべき旨の規定がないので、株券を差し押さえた旨の通知はしない。

差押調書の「差押財産」欄には、差し押さえた株券の枚数、株券番号、株式数、券面額を記載するとともに、徴収職員が占有した場合は、「差押財産」欄の余白に「本職が占有した」旨を記載する。

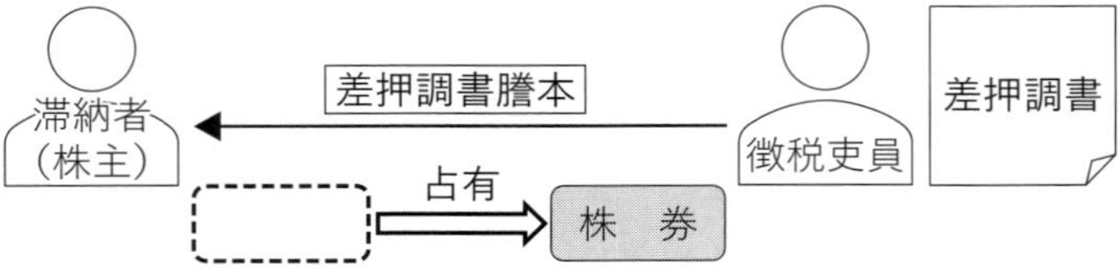

○　「差押財産」欄の記載例（株券の差押え）

△△株式会社株券　5枚 株券番号　自××第123456号〜至××第123460号 株券に係る株式数　10株 券面額　1,000,000円 本職占有

ウ　準株券廃止会社の場合

準株券廃止会社も株券発行会社であることに変わりがなく、また、株券発行会社においては、株式の譲渡について株券の交付が効力要件とされている（会社法128①）。したがって、差押えは、滞納者の有する株式について会社から株券の交付を受けた上で、その株券を差し押さえることになる。そのため、①徴収職員は、会社を第三債務者として、滞納者（株主）が会社に対して有する「株券の交付請求権」（会社法215①④）を差し押さえる、②株券の交付請求権の差押えを受けた会社は、株主（滞納者）が有する株式について株券を発行し、これを徴収職員に交付する、③株券の交付を受けた徴収職員は、その株券を有価証券として差し押さえ（徴収法67条2項）、これを換価に付す、という手順で滞納処分を進めることになる（徴基通73－35(2)）。また、株券の交付請求権を差し押さえる場合の「差押財産」欄の記載は、次のとおりである。

<table>
<tr><td colspan="2">滞納者が債務者に対して有する下記株式のうち滞納者所有に係る
○株分の株券交付請求権
記
1　発行会社　△△株式会社＊債務者
2　発行可能株式総数　100株
3　発行済株式総数　　10株
4　資本金の額　　　100万円</td></tr>
<tr><td>履　行　期　限</td><td>即時</td></tr>
</table>

なお、徴基通35－７⑵は「株券が発行されていない場合において、その株式を差し押さえた上で、その取立権に基づいて株券の発行及び交付請求権を行使」するとしているので、第二次納税義務を追及するに当たっては、この方法により、株式を差し押さえることが妥当である（前記２⑷・P507参照）。

⑶　持分会社の持分の差押え

持分会社（合名会社、合資会社、合同会社）の持分の差押えは、上記⑵アと同じ手続により行う。その場合の「差押財産」欄の記載は次のとおりである。

○　「差押財産」欄の記載例（持分の差押え）

$\frac{\text{滞納者の出資額}}{\text{出資の総額}}$

○○市○町○丁目○番○号　△△会社の社員の持分　$\frac{20}{100}$

第6　実質課税額等の第二次納税義務

1　第二次納税義務の追及のための着眼点

租税の賦課は、私法上の権利関係（登記簿上の所有者であること又は契約書上の当事者となっていること等）にかかわらず、所得が実質的に帰属する者に対して賦課するという実質課税によっているが、徴収面では、私法上の権利関係を前提として徴収手続が進められる。そこで、この賦課と徴収との調整を図るために設けられたのが、実質課税額等の第二次納税義務である。

《追及のための着眼点》

☞　滞納税金の課税原因が次のいずれかによるものであるか。

- 実質所得者課税の原則等が適用されて課されたこと。
- 同族会社等の行為計算の否認等により課されたものであること。

2　第二次納税義務の成立要件

⑴　成立要件

この第二次納税義務は、共通要件である「徴収不足」に加えて、滞納に係る租税が「実質所得者課税の原則等」又は「同族会社等の行為計算の否認等」により課されたものであることを要する（徴収法36、地方税法11の5）。

《成立要件》

1　滞納者に対して滞納処分を執行してもなお徴収すべき租税の額に不足すると認められること（徴収不足）。

2　滞納に係る租税が次によるものであること。

⑴　実質所得者課税又は実質享受者課税により課された租税

《国税》

次の規定により課された所得税又は法人税であること。

- 所得税法12条（実質所得者課税の原則）

・　所得税法158条（事業所の所得の帰属の推定）

・　法人税法11条（実質所得者課税の原則）

・　消費税法13条（課税資産の譲渡等を行った者の実質判定。ただし、課税資産の貸付を行った者が名義人である場合の、その貸付に係る対価を享受する者の実質判定による課税に限る。）

《地方税》

①　次の規定により課された住民税の所得割に係る部分であること。

・　地方税法24条の２の２（収益の帰属する者が名義人である場合における道府県民税の納税義務者）

・　地方税法294条の２の２（収益の帰属する者が名義人である場合における市町村民税の納税義務者）

・　法人税法11条の規定により課された法人税に基づいて課された法人住民税

②　地方税法72条の２の３（収益の帰属する者が名義人である場合における事業税の納税義務者）の規定により課された事業税

③　地方税法701条の33（事業を行う者が名義人である場合における事業所税の納税義務者）の規定により課された事業所税

④　地方税法72条の79（課税資産の譲渡等のうち貸付を行う者が名義人である場合における地方消費税の譲渡割の納税義務者）の規定により課された地方消費税

⑵　同族会社等の行為計算の否認等により課された租税

《国税》

次の規定により課された所得税、法人税、相続税又は地価税であること。

・　所得税法157条（同族会社等の行為又は計算の否認等）

・　所得税法168条の２（非居住者の恒久的施設帰属所得に係る行為又は計算の否認）

・　法人税法132条（同族会社等の行為又は計算の否認）

・　法人税法132条の２（組織再編成に係る行為又は計算の否認）

・　法人税法132条の３（通算法人に係る行為又は計算の否認）

・　法人税法147条の２（外国法人の恒久的施設帰属所得に係る行為又は計算の否認）
・　相続税法64条（同族会社等の行為又は計算の否認等）
・　地価税法32条（同族会社等の行為又は計算の否認等）

《地方税》

次の規定により課された住民税（法人住民税）の所得割（法人税割）に係る部分、事業税又は事業所税であること。

・　所得税法157条の規定によって計算された所得に基づいて課された住民税又は個人の事業税
・　法人税法132条、132条の２又は132条の３の規定によって計算された所得に基づいて課された法人住民税又は法人の事業税
・　地方税法72条の43（同族会社の行為又は計算の否認）の規定によって課された法人事業税

(2)　実質所得者課税が適用される場面

資産から生ずる収益（賃料等）又は事業から生ずる収益（売上代金等）は、通常は、その資産の名義人又は法形式上事業主とされる者（例えば、法によって営業許可が与えられている者）に帰属するが、これらの者が単なる名義人にすぎず、真の所有者又は事業主として実際に収益を得ている者が別に存在するケースがある。その場合、課税上は、実際にその収益によって所得を得ている真の当事者を納税義務者として課すこととしており、これを実質所得者課税の原則という。

実質所得者課税の原則が適用される場面としては、次のケースがある。

①　ＡがＢと通謀して、Ａの所有する賃貸不動産をＢに売買したように装い（仮装売買）、その登記名義もＡからＢに移転した場合において、その不動産から生ずる賃料収入をＡが依然として取得しているケース
⇒　Ａがその賃貸による所得の帰属者とされる。

②　営業の許可申請・届出、店舗の賃貸借契約、取引先との契約等を全てＢ名義で行うなど、外形上はＢが事業主とみられるが、実際の経営（資金管理、従業員管理、利益の享受等）はＡが行っているケース

⇒　Ａが真の事業主としてその事業による所得の帰属者とされる。

③　ＡがＢから賃貸用不動産を購入したものの登記名義をＢ名義のままにしておいた場合において、その不動産から生ずる賃料収入をＡが取得しているケース

⇒　Ａが真の所有者としてその賃貸による所得の帰属者とされる。

⑶　実質享受者課税が適用される場面

法形式上は資産の譲渡等を行った者とみられる者が、実際には単なる名義人にすぎず、その資産の譲渡等による対価を享受している者が別に存在するケースがある。この場合、消費税及び地方消費税の課税上は、その実質的に対価を享受している者を資産の譲渡等を行った者とみなして、消費税及び地方消費税を課すこととしている。そして、ここに資産の譲渡等とは、国内において事業として行った商品の販売、サービスの提供及び資産の貸付等の取引をいうが、実質課税額等の第二次納税義務は、これら取引のうち資産の貸付を対象としている。

したがって、この第二次納税義務が関係する実質享受者課税の適用場面としては、上記⑵の①及び③のケース（ただし、賃貸用不動産が店舗・事務所等事業用である場合）がある。

補 足　消費税及び地方消費税が課される資産の貸付とは、賃貸借契約、消費貸借契約等に基づき、資産を他の者に貸し付けたり、使用させる行為をいい、これには、資産に権利を設定すること、その他資産を使用させる一切の行為を含むものとされている（消費税法２②）。

○　資産に係る権利の設定又は資産を使用させる一切の行為の例

区　分	主　な　例
資産に係る権利の設定（消費税法基本通達５－４－１）	・土地に係る地上権又は地役権の設定 ・工業所有権（特許権、実用新案権、意匠権及び商標権をいう。）に係る実施権又は使用権の設定 ・著作物に係る出版権の設定
資産を使用させる一切の行為（消費税法基本通達５－４－２）	・工業所有権の使用、提供又は伝授 ・著作物の複製、上演、放送、展示、上映、翻訳、編曲、脚色、映画化その他著作物を利用させる行為 ・工業所有権の目的になっていないもので、生産その他業務に関して繰り返し使用し得るまでに形成された創作の使用、提供又は伝授

(4)　同族会社の行為計算の否認が適用される場面

「同族会社」とは、３人以下の株主等によって発行済株式（持分会社の場合は出資）の50％超を所有されている会社をいう。いわば少人数の株主等によって支配されている会社であり、そのため、株主（通常はその会社の代表者等の役員に就任している。）又はその親族と当該会社との取引や同一株主に支配されている会社同士の取引において、株主等の所得税又は当該会社の税の負担を不当に減少させる行為や計算が行われやすい。そこで、租税負担の公平を維持する観点から、当該株主等又は当該会社の税負担を不当に減少させる結果となると認められる行為計算が行われた場合は、たとえ私法上は適法な行為計算であったとしても、税法上は、その行為計算を否認し、正常な行為計算に引き直したところで税額の計算をすることができるとされており、これを同族会社の行為計算の否認という。

この同族会社の行為計算の否認が適用される場面としては、例えば、次のものがある。

①　賃貸建物を所有者である役員Ａが同族会社Ｂ社に賃貸した上で、Ｂ社が転貸しをしているケースにおいて、ＡがＢ社から得る賃料収入が、

Ｂ社が得る転貸賃料に比し余りにも低額と認められる場合　⇒　Ａの不動産所得に係る税負担を不当に減少させる行為に該当するため、Ａが得る賃料収入を適正な額に引き直した上で税額計算が行われる。

②　賃貸建物の所有者である役員Ａが同族会社Ｂ社に、賃貸建物の管理を委託して管理手数料を払っているケースにおいて、その管理手数料が不相当に高額であると認められる場合　⇒　Ａの不動産所得に係る税負担を不当に減少させる行為に該当するため、Ａが支払う管理手数料を適正な額に引き直した上で税額計算が行われる。

⑸　実質所得者課税等の適用による課税の確定の態様と第二次納税義務の適用

ア　実質所得者課税等の原則の適用対象となる租税が申告納税方式（所得税・法人税・消費税及び地方消費税・法人住民税・法人事業税等）によるものである場合は、その租税が、申告、更正又は決定のいずれにより課されたものであるかを問わない（ただし、所得税法158条の規定により課された所得税を除く。徴基通36－５）。

また、地方税においては、①所得税又は法人税の課税標準を基準として課された道府県民税・市町村民税の所得割又は事業税、②法人税の課税に基づいて課された住民税の法人税割については、その所得税又は法人税が申告、更正又は決定のいずれによるかを問わない（徴取通11の５⑶ア）。

イ　同族会社等の行為計算の否認等の規定によって課された国税は、更正又は決定によるものをいい、申告によるものは該当しない（徴基通36－７）。

また、地方税法72条の43の規定により課された法人事業税も、更正又は決定によるものをいい、申告によるものは該当しない（徴取通11の５⑷ア）。

⑹　実質所得者課税の原則等の規定によって課された租税が一つの租税の一部である場合

ア　実質課税額に係る部分の算定方法

実質所得者課税の原則等の規定により課された租税が一つの租税の一部である場合は、この第二次納税義務の対象となる租税の額は、次の算式により求める（徴収令12①、地税令４①）。

$$A = B \times \frac{C - D}{C}$$

A　実質課税額に係る税額

B　一つの租税の税額（実質課税額に係る税額を含む租税）

C　一つの租税の額に対応する課税標準額又は納付すべき消費税額

補足　一つの租税の額に対応する課税標準の額とは、例えば、租税の額が更正によるものである場合は、更正により増加した部分の課税標準額をいう。

D　実質課税額がないものとした場合における租税の課税標準額又は納付すべき消費税の額

イ　租税の一部について納付等があった場合の取扱い

㋐　租税の一部について納付等があった場合

租税の一部について納付、充当又は免除があった場合は、その納付又は充当は、実質課税額以外の部分についてされたものとする（徴収令12②、地税令４②）。

なお、免除が実質課税額についてされたことが明らかであるときは、その部分が免除されたものとする取扱いがなされている（二次提要76⑴ロ㈺、徴取通11の５⑵ア㈹なお書）。

租税の一部に実質課税額がある場合の一部納付

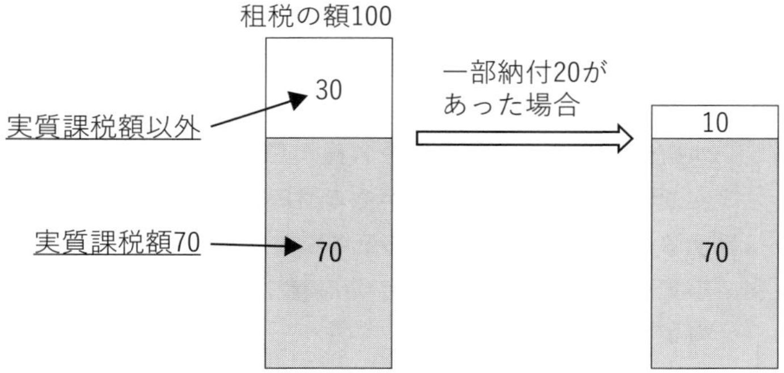

(イ)　租税の一部につき減額があった場合

租税の一部について更正の取消し、軽減等があったことにより税額が減少した場合の取扱いは、上記(ア)に準ずる。

3　第二次納税義務を負う者と第二次納税義務の範囲等

(1)　実質所得者課税の原則等の規定により課された租税の場合

この第二次納税義務を負う者は、

①　法形式上、収益が帰属するとみられる者

②　法形式上、貸付を行ったとみられる者

であり、これらの者から徴収することができる金額は、

ⅰ　①の者が名義人となっている、その収益が生じた財産（その財産の異動により取得した財産及びこれらの財産に基因して取得した財産（以下、これらの財産を「取得財産」という。）を含む。）

ⅱ　②の者が名義人となっている、その資産の貸付に係る財産（取得財産を含む。）

を限度として、主たる納税者の滞納税額の全額である。

この第二次納税義務を負う者とその第二次納税義務の範囲等について留意すべき主な事項は、次のとおりである。

ア　第二次納税義務を負う者

第二次納税義務を負う者は、具体的には、次の者をいう（徴基通36－8、9、徴取通11の5(3)イ）。

① 実質所得者課税の原則による場合

所有権の名義人又は事業の名義人（営業許可を受けたとされる者等）等、通常であれば、その者がその財産又は事業から生ずる収益を享受する者であるとみられる者

② 事業所の所得の帰属の推定（所得税法158）による場合

事業所の属する法人

③ 実質享受者課税の原則による場合（消費税法13、地方税法72の79）

単なる名義人であって、その資産の貸付に係る対価を享受していない者

イ　収益が生じた財産

収益が生じた財産とは、①資産から生じた収益に関する実質所得者課税の場合は、その資産、②その事業から生じた収益に関する実質所得者課税の場合は、その事業に属する資産（滞納処分の時において事業に属していればよく、課税の時又は第二次納税義務の納付通知の時において事業に属していることを要しない。）、③法人の事業所の所得の帰属の推定による場合は、その事業所の事業に属する資産をいう（徴基通36－11、徴取通11の5(3)エ）。

なお、これら資産が、譲渡等により、滞納処分の時において、第二次納税義務者に法律上帰属すると認められない場合は、これら資産に対して第二次納税義務を追及することができない（取得財産については、次のウ参照）。

補　足　この第二次納税義務は、収益が生じた財産を責任の限度とするが、このようにある特定の財産を責任の限度する第二次納税義務を物的第二次納税義務という。この物的第二次納税義務においては、滞納処分の対象となる財産は、責任の限度である財産に限られるので、その第二次納税義務者の他の財産に対して滞納処分を行使することはできず、

仮に差押えをしたときは、それは違法処分となる。したがって、責任の限度である財産が滅失した場合には、その取得財産がある場合を除き、もはやこの第二次納税義務を追及することはできない。

ウ　異動により取得した財産

異動により取得した財産とは、収益が生じた財産又は資産の貸付に係る財産を交換した場合のその交換によって取得した財産、売却した場合のその売却によって得た代金又はこれら財産が滅失した場合のその滅失によって取得した保険金等をいう（徴基通36－12、徴取通11の５(3)オ）。

また、売却によって得た代金で他の財産を購入していることが明らかな場合等２回以上の異動により取得した財産がある場合は、その異動の経過が明らかなものについては、その財産も異動により取得した財産となる。

エ　基因して取得した財産

基因して取得した財産とは、収益が生じた財産又は異動により取得した財産から生ずる天然果実、又は法定果実及び権利の使用料等をいう（徴基通36－13、徴取通11の５(3)カ）。

(2)　同族会社等の行為計算の否認等の規定により課された租税の場合

この第二次納税義務を負う者は、同族会社等の行為計算の否認等の規定により否認された納税者の行為（否認された計算の基礎となった行為を含む。）について利益を受けたものとされる者であり、その者から徴収することができる金額は、その受けた利益の額を限度として主たる納税者の滞納税金の全額である。

否認された納税者の行為について利益を受けたものとされる者については、次に留意する（徴基通36－10、徴取通11の５(4)イ）。

ア　否認された計算の基礎となった行為とは、同族会社等の行為に係る計算を否認した場合における、その計算の基礎となった行為をいう(同族会社等の行為自体は否認していない。)。例えば、同族会社がその役員に資産（時価1,000万円）を低額（400万円）で譲渡した行為が同族会社等の行為計算の否認等に該当する場合、その譲渡行為が計算の基礎となった行為に該当する。この場合、税法上、その譲渡行為自体は否認せず、その譲渡代金の計算（譲渡代金を400万円と算定したこと）を否認して適正価額（時価）で売却がなされたものとする。その結果、役員は、適正価額と譲渡代金の差額600万円の利益を受けたことになるので、その600万円を限度として第二次納税義務を負うことになる。

補 足　受けた利益の額については、現存しているかどうかは問題とならない。

イ　利益を受けたものとされる者とは、行為計算の否認の理由との関係からみて不当な経済的利益を受けたと認められる者をいう。上記アでの例では、同族会社から資産を譲り受けた役員がこれに該当する。また、例えば、同族会社が交際費として損金処理をしたものについて、社長の個人的な支出であること（つまり、会社の業務と関係がないこと）を理由にその損金処理が否認された場合、その社長は、否認された額について不当な利益を受けていると認められることになる。

4　賃貸を目的とする不動産の名義人と賃貸借契約の貸主とが異なっている場合において、その貸主が滞納した場合の徴収方途

例えば、「賃貸を目的とする甲不動産の名義人はＡであるのに、その甲不動産を賃貸して賃料収入を現に得ている者はＢである」というように、不動産の名義人と賃貸借契約の貸主とが異なっている事例がある。この場合、Ｂがその賃料収入に係る不動産所得を課税原因とする住民税を滞納したときは、Ａに対して第二次納税義務を課すことができるか（ここでは、第二次納税義務の成立要件の「徴収不足」は問題としないこととする。)。

⑴　Ａが単なる名義人である場合

Ａが単なる名義人にすぎず、真の所有者はＢである場合、例えば、①

ＢがＡから甲不動産を購入したが、所有権の移転登記をしていないためＡ名義のままとなっているケース、又は②ＢがＡと通謀して、売買したように仮装してＢの所有する甲不動産の名義をＡに移したケースである。

このようなケースにおいては、甲不動産の賃貸による不動産所得の帰属は、実質所得者課税の原則により、真の所有者であるＢとされる。そこで、Ｂがその不動産所得に基づく所得税・住民税を滞納したときは、Ａを第二次納税義務者（徴収法36条・地方税法11条の５の実質課税額等の第二次納税義務を負う者）とした上で、Ａ名義となっている甲不動産について滞納処分することができる。

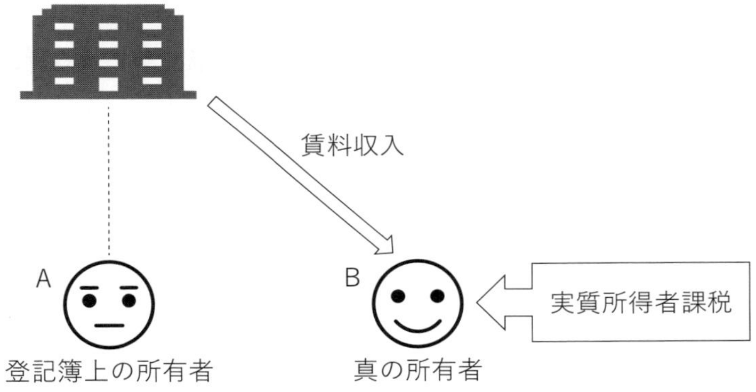

⑵　Ａが真の所有者である場合

Ａが甲不動産の真の所有者であるにもかかわらず、Ｂがそこから賃料収入を得ている場合（ＢがＡから賃借した上で転貸している場合を除く。）は、課税上の処理は、実質所得者課税の原則により、真の所有者であるＡが賃料収入を得ているものとされ、Ａがその不動産所得の納税義務者となる（所得税基本通達12－１参照）。したがって、Ｂが住民税の納税義務者となっているときは、本来的な処理としては、Ａに対する賦課替えをすべきである。

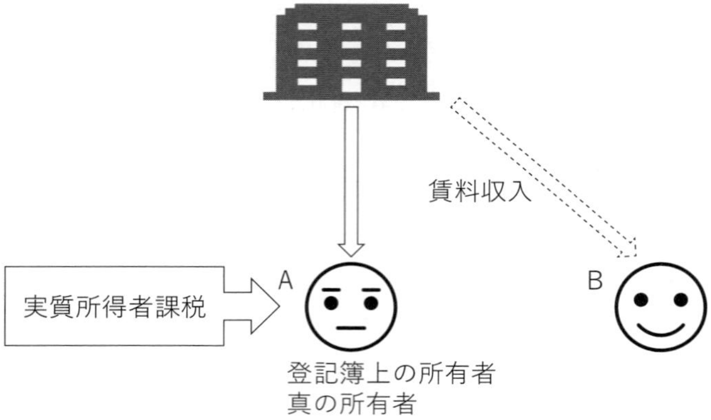

仮に、Ｂに対する課税が維持されることを前提とした場合は、Ａに対してはこの第二次納税義務を追及することはできない。この第二次納税義務は、単なる名義人にすぎない法形式上の権利者に第二次納税義務を負わせる制度であるため、法形式上の所有者が真の権利者でもあるときは、適用することができないからである。

補 足　Ａが甲不動産の真の所有者であるにもかかわらず、Ｂが賃料収入の全部を自分のものとして享受し、Ａに対しては何の対価も支払っていない場合において、Ａが固定資産税等を滞納しているときは、Ｂから徴収する方法ができないか。

このケースでは、本来は、賃料収入はＡが享受すべきものと考えられるので、その賃料収入をＢが対価なく受け取っているときは、賃料収入相当額についてＡからＢに贈与（又は利益を与える処分）があったものと考えることができる（課税上は、贈与税が発生する。）。そこで、Ａが固定資産税等を滞納している場合、徴収不足等所定の要件を充たすときは、Ｂに対して、無償又は著しい低額の譲受人等の第二次納税義務（徴収法39、地方税法11の８）を追及できる場合がある。

第７　共同的な事業者の第二次納税義務

1　第二次納税義務の追及のための着眼点

滞納案件の中には、滞納者が飲食業等を営んでいるものの、滞納者自身には差し押さえるべき財産がなく、店舗もその配偶者が所有しているというような事例があり、徴収困難となっているケースが多くみられる。徴収の観点からは、本当は、店舗を差し押さえることができると良いのであるが、もちろん配偶者名義のため差し押さえることができない。

しかし、このようなケースの場合、納税者がその店舗で商売をすることによって、配偶者自身の生計も成り立っているわけなので、配偶者も、「店舗」という事業を営む上での重要な財産を提供することを通じて、納税者と共に商売を行っているということができる。そこで、この共同的に事業を行っているとみることのできる者が事業上の重要な財産を所有している点に着目して、その者（事例では、配偶者）を第二次納税義務者とし、その者が所有する重要な財産（事例では、店舗）を追及できることとしたのが、この共同的な事業者の第二次納税義務である。

《追及のための着眼点》

☞・　納税者は事業を営んでいるか（個人の場合）、又は同族会社であるか。

・　納税者の事業の遂行に不可欠な財産の名義人が、納税者の親族（納税者が個人の場合）又は株主・出資者（納税者が同族会社の場合）であるか。

《第二次納税義務の適用を検討するケース》

Ａは、配偶者Ｂが所有するビルの１階の店舗でクリーニング業を営んでいるが、納税意識が希薄であり住民税を累積して滞納している。そのため、滞納処分により強制的に徴収することとし、捜索を行ったが、釣銭程度のレジ金を差し押さえることができただけで、他に滞納処分を執行できる財産は発見できなかった。

2　第二次納税義務の成立要件

⑴　成立要件

この第二次納税義務は、共通要件である「徴収不足」に加えて、納税者と特殊な関係にある者が納税者の事業の遂行に欠くことができない重要な財産（以下「重要財産」という。）を有していることを要する（徴収法37、地方税法11の６）。

《成立要件》
1　納税者と特殊な関係にある者が重要財産を有していること。
2　重要財産に関して生ずる所得が納税者の所得となっていること。
3　納税者が、重要財産が供されている事業に係る租税を滞納していること。
4　滞納者に対して滞納処分を執行してもなお徴収すべき租税の額に不足すると認められること（徴収不足）。

⑵　納税者と特殊な関係にある者

納税者と特殊な関係にある者とは、次の者をいう。

ア　納税者が個人である場合

納税者と生計を一にする配偶者その他の親族で、その納税者の経営する事業から所得を受けている者をいう。

㋐「納税者と生計を一にする配偶者その他の親族」とは、納税者と有無相助けて日常生活の資を共通にしている親族のことであるが、納税者と日常起居を共にしていると否とを問わない。すなわち、納税者とは別に生活している場合であっても、常態的に生活費、学資資金又は療養費等の送金を受けるなどの扶養関係が認められるときは生計を一にする親族に該当する。

なお、親族とは、民法725条各号に掲げる者（配偶者、六親等内の血族又は三親等内の姻族）をいう。特に配偶者については、事実上婚姻関係と同様の事情にある者であっても婚姻の届出をしていない場合は、この第二次納税義務においては配偶者とならないことに留意する（二次提要91⑴イ㈧、徴取通11の６⑼イ）。

補足　配偶者について、徴収法の他の規定では、事実上婚姻関係と同様の事情にある者を含めているが、この第二次納税義務においては、法律上の婚姻関係にある者に限定している。これは、この第二次納税義務が所得税法の所得計算と関係を有するところ（後記⑸・P533参照）、所得税法においては、内縁関係にある者を配偶者に含めていないので、その者をこの第二次納税義務の対象とする余地がないためである。

㈠「納税者の経営する事業から所得を受けている」とは、納税者の経営する事業から給料、賃貸料、配当、利息又は収益の分配等の実質的な対価の支払を受けていることをいう。この場合、「納税者の経営する事業」とは、納税者が経営する事業の全てをいい、重要財産が供されている事業のみをいうものではない（二次提要91⑴イ㈡、徴取通11の６⑼エ）。なお、実務上は、生計を一にする親族が負担すべき固定資産税、自動車割賦代金等を、納税者が支払っているときは、「所得を受けている」ものとして取り扱っている（二次提要91⑴イ㈥Ｂ）。

㈢「納税者の経営する事業から所得を受けている」かどうかの認定は、一般的には、納税者が記録している賃金台帳、経費内訳書等の帳簿書類を検査することにより行うが、これらによっても判明しない場合には、納税者又は所得を受けていると認められる親族に聴取することにより認定する。なお、聴取した場合には、証拠書類として聴取書を作成しておく。

㈤　重要財産を有している者がこの第二次納税義務者に当たるかどうかは、その財産に関して生ずる所得が納税者の所得となっている時期の現況において判定する（徴基通37－10、徴取通11の6⑼カ）。

イ　納税者が同族会社である場合

同族会社の判定の基礎となった株主又は社員をいう。

また、重要財産を有している株主又は社員がこの第二次納税義務者に当たるかどうかの判定は、その重要財産に関して生ずる所得が納税者の所得となっている事実があった時期による（徴基通37－11、徴取通11の6⑽ア）。

⑶　「財産」の該当性

この共同的な事業者の第二次納税義務は、親近性の強い関係にある滞納者と第二次納税義務者とが実質的に共同事業を営んでいるものと理解し、その共同事業を構成する重要財産を、その事業に係る租税の責任財産として把握するものである。

そうすると、この第二次納税義務の「財産」と言い得るためには、実際にその事業活動を行うために必要な財産の一部を構成し、その事業活動に現に使用されているものであることを要すると解すべきである。したがって、単に、滞納会社が第三者から融資を受けるために、その株主が所有財産を担保提供したというだけでは、その担保提供財産は、滞納会社の事業活動に現に使用されているものとはいうことができず、この第二次納税義務の「財産」に当たらないことになる。滞納案件の中には株主である代表者が自宅不動産を滞納会社のために担保提供している事例がある。その場合、株主の自宅不動産がないと融資を受けることができず、ひいては事業が成り立たなくなってしまうので、この自宅不動産はこの第二次納税義務の対象とする重要財産に該当するのではないかとの疑義が生じやすい。しかしながら、この自宅不動産は「滞納会社の事業活動に現に使用されている」わけではないので、この第二次納税義務の対象とする「財産」に該当しない。

(4)　重要財産の判定

納税者の事業に供されている財産がその事業の遂行に必要な重要財産であるかどうかは、一般的には、その財産がないものとした場合に、その事業の遂行ができなくなるか、又はできないおそれがある状態になると認められる程度にその事業の遂行に関係を有する財産をいい、これに該当するか否かは、納税者の事業の形態を基準にして、当該財産の事業に対する貢献度を合理的・客観的に解釈することにより決する（東京高判平25.４.24裁判所ウェブ掲載）。

なお、重要財産は、その供されている事業にとって欠くことができない重要なものであることを要するが、そのことは、財産の不代替性を意味するものではない。現に供されている財産が代替可能なものであっても、現に供されている事業の状況からみて重要財産に該当するときは、第二次納税義務の追及の対象となる。

(5)　重要財産に関して生ずる所得が納税者の所得となっていること

「重要財産に関して生ずる所得が納税者の所得となっていること」とは、重要財産から直接又は間接に生ずる所得が、①納税者の所得となっている場合、②所得税法その他の法律の規定又はその規定に基づく処分により納税者の所得とされる場合をいう。

これに該当する場合として、実務取扱いは、次のような場合を例示している（徴基通37－２、徴取通11の６(5)ア）。

①　所得税法56条（事業から対価を受ける親族がある場合の必要経費の特例）の規定により、納税者と生計を一にする配偶者その他の親族がその納税者の経営する事業で不動産所得、事業所得又は山林所得を生ずべきものから対価の支払を受ける場合で、その対価に相当する金額が納税者の所得とされる場合

②　法人税法132条（同族会社の行為又は計算の否認）の規定により、同族会社の判定の基礎となった株主又は社員の所得が同族会社の所得とされる場合

③　同族会社の判定の基礎となった株主又は社員の所有する財産をその同族会社が時価より低額で賃借しているため、その時価に相当する借

賃の金額とその低額な借賃の金額との差額に相当するものが同族会社の実質的な所得となっている場合

④　納税者と生計を一にする配偶者その他の親族が所有する公債、社債、無記名の株式又は無記名の貸付信託若しくは証券投資信託の受益証券について、納税者が利子、配当、利益又は収益の支払を受けている場合

⑤　納税者の事業の収支計算では損失が生じているが、重要財産から直接又は間接に生ずる収入が納税者の収益に帰属している場合

これらは、いずれも例示であるので、これらに該当しない場合であっても、納税者の所得がその重要財産から生ずるものであればよい。したがって、例えば、重要財産が店舗である場合に、その店舗の物的設備を利用して店頭売買を主とする事業を営むことによって所得を得ていた場合（前掲東京地裁判決昭和37年12月25日における事例）、重要財産が特殊浴場又はホテルである場合の特殊浴場業又はホテル業の経営によって所得を得ていた場合（仙台地判平29.8.8税資（徴収関係）順号29－26における事例）、重要財産が養鶏場である場合の滞納会社による養鶏場の経営が同社の液卵及び冷凍卵の販売取引並びに鶏卵の販売取引と不可分一体の事業を成して、滞納会社の所得となっていた場合（前掲東京高判平25.4.24）なども、重要財産に関して生ずる所得が納税者の所得となっている場合に該当する。

⑹　事業に係る租税と重要財産が供されている事業に係る租税

ア　事業に係る租税

「事業に係る租税」とは、納税者の事業の遂行に伴って当該事業が負担すべき税金をいう。したがって、重要財産に関して生ずる所得につき課される所得税及び法人税並びに住民税及び事業税のみに限定されず、納税者が同族会社である場合はその全ての租税が、個人である場合は事業を経営している上で納付等すべき全ての租税が含まれる。一方、納税者が個人である場合で、事業活動に関係のない租税は、この「事業に係る租税」に該当しない。

イ　重要財産が供されている事業に係る租税

「重要財産が供されている事業に係る租税」とは、次のものをいう。

①　納税者が事業を２以上営んでいる場合は、事業に係る租税のうち重要財産が供されている事業に係る部分の租税をいう。また、この場合の「重要財産が供されている事業に係る租税」の額の算定は次による。

$$A = B \times \frac{C - D}{C}$$

Ａ：重要財産が供されている租税の額
Ｂ：全事業に係る租税の額
Ｃ：全事業に係る課税標準額
Ｄ：重要財産が供されている事業に係る租税がないものとした場合における租税の課税標準額

②　重要財産が供されている期間が一部であるときは、その重要財産が事業に供されていた期間に対応する部分の租税の額に限定される（前掲東京高判平25.４.24）。

③　重要財産を提供していた者が、納税者の親族等でなくなったときは、その時以後の納税者の事業に係る租税については第二次納税義務を負わない。例えば、重要財産を提供していた配偶者が離婚したときは、婚姻中の期間に対応する部分の租税につき第二次納税義務を負い、離婚した後の期間に対応する租税については第二次納税義務を負うことはない。

3　第二次納税義務を負う者と第二次納税義務の範囲等

ここに「第二次納税義務を負う者」とは、前記２(1)・P530に述べたとおり、納税者が個人である場合は、納税者と生計を一にする配偶者その他の親族であり、また、納税者が同族会社である場合は、同族会社の判定の基礎となった株主又は社員である。

これらの者は、納税者の租税（重要財産が供されている事業に係る租税に限る。）の全額について、その納税者の事業に供されている重要財産を限度として、第二次納税義務を負う。

第二次納税義務を負う者	第二次納税義務の範囲	責任の限度
（納税者が個人の場合） 　生計を一にする配偶者その他の親族 （納税者が同族会社の場合） 　同族会社判定の基礎となった株主又は社員	主たる租税（重要財産が供されている事業に係る租税に限る。）の全額	納税者の事業に供されている重要財産を限度

(1)　この第二次納税義務は、重要財産を責任の限度とする物的第二次納税義務である。

(2)　重要財産には、取得財産（その重要財産の交換によって取得した財産、売却によって取得した代金、滅失によって取得した保険金等をいう。）が含まれる。

また、売却によって得た代金で他の財産を購入していることが明らかな場合等２回以上の異動により取得した財産がある場合は、その異動の経過が明らかなものについては、その財産も取得財産となる。

4　重要財産が一個の財産の一部又は一定割合である場合

①重要財産が５階建ての建物のうち１階にある店舗部分である等一個の財産の一部を構成している場合や、②親族等が、重要財産である工場を1,000万円で売却し、これに1,000万円を加えて区分所有建物を取得した場合等一個の財産の一定割合（②の例では、取得財産である区分所有建物の２分の１）である場合の第二次納税義務の追及は、次による。

⑴　納付通知書の「納付すべき金額」欄の記載

重要財産が一個の財産の一部を構成している場合の限度額の記載は、例えば「建物のうち○○部分を限度とする」等とし、また、一個の財産の一定割合である場合の限度額は、例えば「建物の2分の1を限度とする」等とする。

○　「納付すべき金額」欄の記載例（重要財産が一個の財産の一部を構成している場合）

上記納税者の滞納金額及び滞納処分費につき、あなたが第二次納税義務者として納付すべき金額	家屋番号○○番の建物のうち1階の店舗部分を限度として主たる納税者の滞納金額の全額

⑵　差押え

重要財産が一個の財産の一部又は一定割合である場合は、その一個の財産全体を差し押さえることができる（徴基通32－16⑴なお書）。しかし、その差押えは、一個の財産の一部だけを差し押さえることができないために行うものであり、いわばやむを得ない措置というべきであるから、一個の財産が分割されて重要財産と他の財産とに区分できるときは、その重要財産のみを差し押さえることが望ましい。

そこで、実務上は、次の対応をすることとしている。

ア　一個の財産が不可分物でなく、しかも第三者が有する権利の目的となっていないときは、当該財産に対する差押えの前後を問わず、親族等の第二次納税義務者に対して重要財産と他の財産とに分割又は区分するよう勧奨する（二次提要25なお書）。

イ　一個の財産全体を差し押さえた後、公売期日（随意契約により売却する場合には、その売却をする日）の前日までに、親族等の第二次納税義務者が、その財産を重要財産と他の財産とに分割し、その旨及び差押えを解除すべき旨の申出をしたときは、他の財産の部分について差押えを解除する（徴基通32－16⑴なお書）。

⑶　換価代金の処理

一個の財産全体を換価した場合の換価代金の処理は、次により行う（二次提要27）。

ア　重要財産に係る換価代金は、一個の財産全体の見積価額のうちに占める重要財産の価額の割合を売却代金に乗じて計算する（換価事務提要41－２、43、124⑴）。

イ　一個の財産上に配当すべき抵当権等の被担保債権がある場合及び交付要求がされている場合は、換価代金の配当は、一個の財産に係る換価代金として配当を行う。なお、この被担保債権の配当額については、その内訳として、重要財産に係る部分とそれ以外の部分とに、アの見積価額の割合で按分する。

ウ　直接の滞納処分費があるときは、重要財産に係るものとして（つまり、一個の財産に係る換価代金から優先して配当を受けるものではないものとして）取り扱う。

エ　重要財産以外の部分に相当する換価代金は、残余金に類するものとして、徴収法129条《配当の原則》の規定による配当手続に準じて、第二次納税義務者に交付する。

（換価代金の配当計算例）

設例

配当は、どうなるか。

第二次納税義務に係る租税　500万円
換価代金　5,000万円
重要財産の占める割合　５分の１
他の財産の占める割合　５分の４
直接の滞納処分費　100万円
優先抵当権の被担保債権　3,000万円

（回答）

①　換価代金5,000万円について

（内訳）

重要財産に係る換価代金

5,000万円×１／５＝1,000万円…ａ

他の財産に係る換価代金

5,000万円×４／５＝4,000万円…ｂ

②　優先抵当権の被担保債権への配当　3,000万円について

（内訳）

重要財産に係る換価代金からの配当部分

3,000万円×１／５＝600万円…ｃ

他の財産に係る換価代金からの配当部分

3,000万円×４／５＝2,400万円…ｄ

③　第二次納税義務に係る租税への配当について

1,000万円(a)－100万円（直接の滞納処分費）＝900万円

900万円－600万円(c)=300万円（租税への配当額）

④　第二次納税義務者への交付額について

4,000万円(b)－2,400万円(d)＝1,600万円

よって、配当は次のとおりである。

優先抵当権の被担保債権　3,000万円

滞納処分費　100万円

第二次納税義務に係る租税　300万円

第二次納税義務者への交付　1,600万円

※　この配当によると、第二次納税義務に係る租税への配当は300万円であるため、なお200万円が徴収できないことになるが、その200万円は、他の財産に係る部分からは徴収できない。この第二次納税義務は物的第二次納税義務であるから、重要財産に係る部分からのみしか徴収できないためである。

⑷　第二次納税義務者からの納付の申出があった場合の取扱い

第二次納税義務者は、本来は、重要財産の価額にかかわらず、主たる納税者の租税（重要財産の供されている事業にかかるもの）の全額を納付しない限り、その第二次納税義務の責めを免れない。しかしながら、実務上は、第二次納税義務者から重要財産の価額（第二次納税義務者から納付の申出のあった時における時価）に相当する額の納付の申出があった場合は、徴収上特に支障がないと認められるときは、その申出を認めることとし、その後は、第二次納税義務について追及しないものとしてよい（徴基通32－16⑵ただし書）。

物的第二次納税義務においては、責任の対象となる財産の実質的な帰属者が主たる納税者（滞納者）である場合には、本来の処理どおり、主たる租税の全額の納付がない限り、（完納なき限り滞納者の財産について滞納処分を遂行するのは当然のことなので）当該財産への追及を免れないと解することが妥当である。一方、この共同的な事業者の第二次納税義務の場合は、重要財産の帰属者は、（第二次納税義務者が共同事業者として同人の所有財産を事業に供したにすぎないので）名実ともに第二次納税義務者である。そのため、本来の処理を適用すると、第二次納税義務者の所有者としての権能を否定することとなり、妥当性を欠くものとなる。このようなことから、実務上は、重要財産の時価に相当する額の納付をもって、それ以上は第二次納税義務を追及しないこととしている。

なお、この場合の第二次納税義務者の納付は、重要財産の時価に相当する額を納付額とすることから、原則として、一時に納付させる必要があるが、実務取扱いは、時価に著しい変動が生じないと見込まれるときは、適宜の分割納付を認めることも可能としている（二次提要28⑵ロ）。

第８　事業を譲り受けた特殊関係者の第二次納税義務

１　第二次納税義務の追及のための着眼点

滞納者が事業を営んでいる場合は、その事業から得られる収入によって納税原資が確保され、また、その納付がない場合は、事業上の財産（主として売掛金）を差し押さえて徴収することが可能である。しかし、売掛金を差し押さえようとしたところ、その事業を配偶者に譲渡してしまい、今度は、配偶者において事業を行うというケースがある。このような事例においては、事業主体が配偶者に変わっても、配偶者と滞納者とは密接な関係があるので当事者間においては特段の不都合は生じない。しかし、租税徴収の面では、事業上の収入は配偶者に帰属し、また、売掛金は配偶者のものとなるので、もはや徴収方途がなくなってしまう。

私債権の場合は、事業の譲渡に伴い、その事業上の債権債務も譲受人に移転するのが一般的である（債権を引き継がないと譲受人の事業資金がなくなるであろうし、債務を引き継がないと仕入先等から取引を打ち切られてしまう。）。また、事業を譲り受けた後に譲渡人と同一又は類似の商号を使用する場合は、譲渡人の債務につき譲受人も連帯して責任を負うことになる（商法17①、会社法22①。なお、譲渡人の商号「Ｅ組」・譲受人の商号「株式会社Ｅ組」というような商号の同一性が認められる場合の類推適用について、最判昭47.３.２民集26－２－183等裁判例が多数ある。）。これに対して、租税債務は、税法によって納税義務者が定められており、これを私人間の契約で変更することはできない。また、事業譲渡が行われる場合は、通常は、譲受人から譲渡人に相応の対価が支払われているため、譲受人に対し、一律的に譲渡人の租税債務を負わせることは取引を著しく阻害することとなり、不適当である。

そこで、納税者が租税を滞納していながら（又は納付すべき租税が生ずることを予見できたにもかかわらず）事業を譲渡した場合で、納税者である譲渡人と譲受人とが極めて近い関係にあるときは、その譲受人を第二次納税義務者とし、事業譲渡により譲り受けた財産の価額を限度として追及できることとしたのが、この事業を譲り受けた特殊関係者の第二次納税義務である。

《追及のための着眼点》

☞・　納税者が事業を譲渡したか。

・　事業の譲受人が配偶者など納税者と親近性が強い関係にある者であるか。

《第二次納税義務の適用を検討するケース》

1　甲社は、Ａが100％出資して設立した合同会社であり、「Ａ化粧品」の商号で化粧品のインターネット販売により高収益を挙げていた。

2　しかし、過少申告であったため、税務調査が入り、高額の法人税、事業税及び法人住民税が課され、そのいずれもが滞納となっている。

3　Ａは、多額の税金が発生したことにより事業継続が困難と判断し、新たに乙合同会社を設立し、甲社の事業を乙社に譲渡した上で、乙社において「Ａ化粧品販売」の商号で化粧品のインターネット販売を始めた。

なお、乙社に譲渡された主な財産は、甲社の預貯金500万円及び商品（化粧品類）2,000万円である。

4　甲社は、現在は休業状態であり、また、滞納処分を執行できる財産がない。

2　第二次納税義務の成立要件

(1)　成立要件

この第二次納税義務は、共通要件である「徴収不足」に加えて、事業譲渡の時期、譲渡人と譲受人との親近性、事業の継続性について所定の要件が定められている（徴収法38、地方税法11の７）。

《成立要件》
1　納税者が生計を一にする親族その他の特殊関係者等に事業を譲渡したこと。
2　事業譲渡の時期が、租税（譲渡した事業に係るもの）の法定納期限の１年前の日後であること。
3　譲受人が同一又は類似の事業を営んでいること。
4　納税者が譲渡した事業に係る租税を滞納していること。
5　滞納者に対して滞納処分を執行してもなお徴収すべき租税の額に不足すると認められること（徴収不足）。

⑵　生計を一にする親族その他の特殊関係者

生計を一にする親族その他の特殊関係者とは、次に掲げる者をいう（徴収令13、地税令５）。

①　納税者の配偶者その他の親族で、納税者と生計を一にし、又は納税者から受ける金銭その他の財産により生計を維持しているもの

ア　配偶者には、婚姻の届出をしていないが、事実上婚姻関係と同様の事情にある者を含む。共同的な事業者の第二次納税義務（徴収法37、地方税法11の６）の場合は、事実上婚姻の関係にある者は配偶者に含まれなかったが、この事業を譲り受けた特殊関係者の第二次納税義務においては含まれることになる（第７の２⑵ア㋐・P530参照）。

イ　親族とは、民法725条に規定する六親等内の血族及び三親等内の姻族をいう。

ウ　生計を一にするとは、有無相助けて日常生活の資を共通にしていることをいう。

エ　生計を維持しているとは、給付を受けた金銭その他の財産及びその金銭その他の財産の運用によって生ずる収入を日常生活の資の主要部分（おおむね２分の１以上）としていることをいう（徴基通38－５）。

オ　生計を維持している場合の具体例として、次の場合がある（二次提

要96⑵注書)。

ⓘ　納税者の事業から生ずる製品の販売を任され、その一部又は販売代金の一部を報酬として受け、これにより生計を維持している場合

ⓘⓘ　納税者の営む事業の使用人として納税者から給料を受け、これにより生計を維持している場合

ⓘⓘⓘ　納税者所有の不動産の管理を任され、その地代等の収入の全部又は一部を報酬として受け、これにより生計を維持している場合

ⓘⓥ　納税者から生計費を受け、これにより生計を維持している場合

カ　生計を一にする親族等に該当するかどうかの判定の時期は、納税者が事業を譲渡した時点である（徴収令13②、地税令５②)。したがって、事業譲渡後に生計を一にする親族等に該当しないことになっても、この第二次納税義務が適用される（徴基通38－１)。

②　①に掲げる者以外の納税者の使用人その他の個人で、納税者から受ける特別の金銭その他の財産により生計を維持しているもの

ア　特別の金銭とは、対価性のない金銭をいう。したがって、給料、俸給、報酬、売却代金は特別の金銭に該当しない。もっとも、給料等として受けたものであってもその対価以上に受けている場合には、特別の金銭に該当する場合がある。

イ　その他の財産も、アと同様である（徴基通38－６)。

③　納税者に特別の金銭その他の財産を提供してその生計を維持させている個人（①に掲げる生計を一にする親族を除く。)

財産を提供するとは、財産を与えること（譲渡すること)、及び賃貸等により利用させることをいう（徴基通38－７)。

④　納税者が法人税法67条２項《被支配会社の意義》に規定する被支配会社である場合は、その判定の基礎となった株主又は社員で

ある個人、及びその者と①から③までのいずれかに該当する関係がある個人

被支配会社とは、株主又は社員の一人（その者の特殊関係者を含む。）がその会社の発行済株式又は出資の総数又は総額の50％超を有する場合の、その会社をいう。

⑤　納税者を判定の基礎として被支配会社に該当する会社

納税者が50％超の株式を所有する会社がこれに該当する。

⑥　納税者が被支配会社である場合において、その判定の基礎となった株主又は社員（これらの者と①から③までに該当する関係がある個人、及びこれらの者を判定の基礎として被支配会社に該当する他の会社を含む。）の全部又は一部を判定の基礎として被支配会社に該当する他の会社

例えば、Ａが甲社とＢ社のそれぞれについて50％超の株式を所有している場合、Ａは甲社と乙社を意のままに動かすことができる。つまり、Ａの意向で甲社の事業を乙社に譲渡することが簡単に行える。被支配会社に該当する他の会社とは、このようなＡ（Ａと特殊な関係にある者及びその者が支配する会社を含む。）によって支配されている会社をいう。

被支配会社に該当する会社

（滞納会社を甲社、甲社の株式の50％超を有する株主をＡ、Ａと①から③までに該当する関係がある個人をＢ、Ａ又はＢが50％超の株式を有する会社を丙社、これらの者を判定の基礎として被支配会社に該当する会社を乙社とした場合）

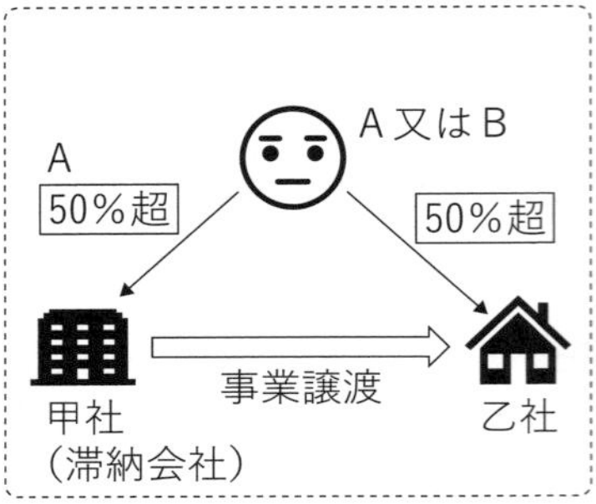

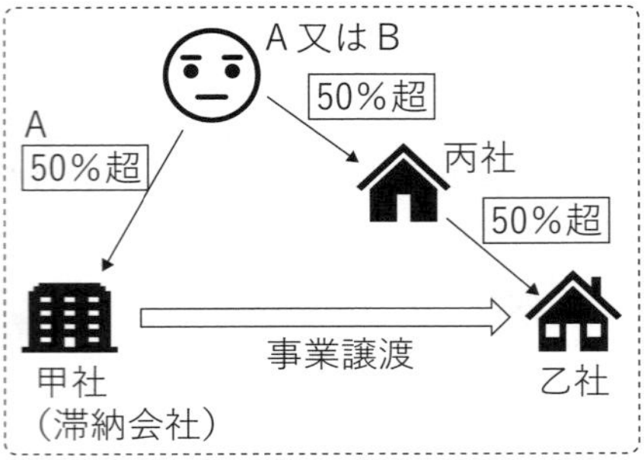

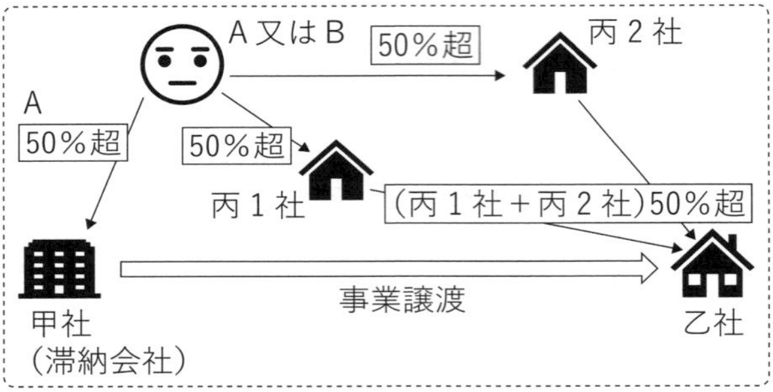

⑶　事業の譲渡

ア　事業の譲渡は、納税者が、一つの債権契約で一定の事業目的のために組織化され、有機的一体として機能する財産の全部又は重要な財産の一部を納税者の親族その他の特殊関係者に譲渡することをいう（最判昭46.４.９判例時報635－149）。なお、事業の譲渡が一個の債権契約によらないものであっても、社会通念上同様と認められるものは、これに該当する（徴基通38－９、徴取通11の７⑶ア）。

イ　事業譲渡は、「一定の事業目的のために組織化され、有機的一体として機能する財産」の譲渡であり、事業としての継続性があること（ゴーイング・コンサーン）が求められている。したがって、譲渡人の事業上のノウハウ等が譲受人に引き継がれることが重要な要件であると解されるので、単に、工場、店舗等の事業用財産だけを譲渡した場合は、この事業の譲渡に該当しない。

ウ　最判昭40.９.22民集19－６－1600は、一定の事業目的のために組織化され、有機的一体として機能する財産には「得意先関係等の経済的価値のある事実関係を含む」として、事業譲渡というためには得意先が引き継がれる必要性がある旨を述べているが、得意先が引き継がれない態様の事業譲渡、例えば、衣服の製造・販売を業としていた会社が、その製造部門を別会社化した場合（注：新設法人を設立して、そこに製造事業を譲渡する事例などがある。）においては、譲渡元の製造部門はもともと取引先を有していないので、得意先が譲渡されたかどうかは、必ずしも事業譲渡を認定する上での必要な要件ではないと考えられる。むしろ、事業譲渡によってゴーイング・コンサーンを実現する上では、事業上のノウハウが譲渡されていることの方が重要というべきであるから、事業譲渡に際し取引先が引き継がれない場合であっても、事業用財産とともに製造・販売等のノウハウが移転している場合には「一定の事業目的のために組織化され、有機的一体として機能する財産」の譲渡であると解すべきである。従業員が引き継がれるかどうかも、同様に事業譲渡を認定する上での必要な要件ではないと解される（江頭憲治郎著「株式会社法　第７版」960頁参照）。

エ　株式会社にあっては、その事業の全部を譲渡する場合は、原則として株主総会の特別決議によってその譲渡契約の承認を得る必要がある（会社法467①一。なお、特別清算をする清算会社の事業譲渡につき会社法536参照）。また、持株会社においても、原則として社員の過半数の同意が必要である（会社法590②、650③）。

この株主総会の決議又は社員の同意のない譲渡契約は、原則として無効であるため、その場合は、この第二次納税義務を適用することはできない。そして、この無効は何人との関係においても常に無効であるから（最判昭61.９.11集民148－445）、滞納処分においても、その譲渡財産を譲渡人（滞納者）のものとして差し押さえることができる。

補足　事業譲渡をした後に臨時株主総会等において承認決議がなされた場合は、この第二次納税義務を適用できる（二次提要93⑴ハ㈺Ｂ）。

オ　いわゆる一人会社における株主総会の特別決議は、実質上その者の意思決定をもってこれに代置し得るものと解するのが妥当であるから、正規の株主総会の決議を経ずにその者の決定に基づきなされた事業の譲渡契約は有効と解される（大阪地判昭44.3.18判例時報562－71）。

一人会社的色彩が濃く、所定の手続を経て正規の株主総会を開いたこともない一人会社的会社において、正規の手続を経ることもなく実質上の株主全員が出会い、出資の大部分を占める者の意見に従い全員の合致する結論が出された場合も、一人会社の場合と同様に解される（最判昭52.2.14訟務月報23－3－507）。

カ　譲渡会社が株式会社である場合、その事業の譲渡が、事業の重要な一部の譲渡であるときも、全部譲渡の場合と同様に、株主総会による特別決議が必要である（会社法467①二）。ただし、譲渡する資産の帳簿価額がその譲渡会社の総資産額（注：その算定方法について会社法施行規則134参照）の5分の1（定款で下回る割合を定めることができる。）を超えない場合は、株主総会の特別決議を要しない（会社法467①二かっこ書）。

問題は、譲渡資産の価額が総資産額の5分の1を超える一部譲渡が行われる場合に、それが株主総会の特別決議を要する譲渡に当たるかどうかという点である。例えば、滞納会社が、譲渡資産の価額が総資産額の5分の1を超える事業の一部を譲渡した場合において、その譲渡が事業の重要な部分に当たらないときは、株主総会の特別協議がなくても有効な事業譲渡がなされたことになるので、この第二次納税義務を追及できるが、重要な部分に当たるときは、特別決議がない譲渡は無効なので、この第二次納税義務を追及することはできない。そのため、事業の一部譲渡が事業の重要な部分に当たるかどうかによって、徴収方途が大きく異なってしまうことになる。

この事業の重要な一部に該当するかどうかの判定は、量的基準と質的基準によって行うものとされている。量的基準とは、譲渡資産の帳簿価額（純資産額の30%未満であるかどうか。）、譲渡に係る事業の売上高（総売上高の10%未満であるかどうか。）、利益、従業員数等を総合的に勘案して事業全体の10％を超えない場合は、原則として、重要な一部譲渡に当たらないとするものである（金融商品取引法166②一ワ、有価証券の取引等の規制に関する内閣府令49八参照）。また、質的基準は、譲渡対象部分が量的に小さくても、沿革等から企業イメージに大きな影響がある場合等は重要な一部譲渡に当たるとするものである（前掲江頭・961頁参照）。

キ　会社分割により事業の譲渡が行われた場合も、事業譲渡に該当するものと解されている（徴基通38－９⑷。審判所裁決平20.10.１）。

ク　事業譲渡が離婚による財産分与（民法768、771）として行われた場合は、実務取扱いは、次により処理するとしている（徴基通38－９⑸、二次提要98）。

㈠　財産分与としての事業譲渡が家庭裁判所により定められている場合には、この第二次納税義務を適用しない。

㈡　財産分与としての事業譲渡が当事者の協議により定められた場合において、事業譲渡が財産分与として相当である場合には、この第二次納税義務を適用しない。この場合の事業譲渡が財産分与として相当であるかどうかは、婚姻生活中に得た財産状況、相手方の扶養料、子の養育費、離婚有責者の損害賠償等を考慮した上で、社会通念上財産分与として相当であるか否かにより判断する。

しかし、実務取扱いに関しては、

①　この第二次納税義務は、事業譲渡に伴う対価の有無を要件としていないこと

②　事業譲渡時点において納税者と生計を一にする親族等に該当していれば、その譲渡後に離婚により該当しなくなったとしても、この第二次納税義務は適用されること

を考慮すると疑問なしとしない。

補 足　事業譲渡が財産分与として不相当に高額である場合は、この第二次納税義務のほか、無償又は著しい低額の第二次

納税義務（徴収法39、地方税法11の８）が適用される場合がある。

ケ　この第二次納税義務を適用するためには、事業譲渡があったことを認定する必要があるが、事業譲渡があったことを証する書類として、事業譲渡契約書、株主総会等の議事録がある。また、事業譲渡により不動産を移転した場合には、所有権移転登記申請書に添付された登記原因証明情報も有用な資料である。なお、これら資料を把握できない場合は、当事者への質問により確認せざるを得ないが、その場合は、聴取書を作成する。

補 足　事業譲渡の有無を認定するに当たっては、契約書、議事録、登記原因証明情報及び聴取書が重要な資料となるが、これらに加えて、事業内容の同一性又は類似性の有無、役員・従業員の同一性の有無、取引先の同一性の有無等を総合勘案して判断することが望ましい。また、商号は営業とともにする場合又は営業を廃止する場合に限り譲渡することができるので（商法15①）、商号続用の有無についても確認する（ただし、商号の続用がない場合であっても、事業譲渡があり得ることに留意する）。

(4)　事業譲渡の時期

ア　租税の法定納期限の１年前の日後とは、事業譲渡が滞納に係る租税の法定納期限の一年前の応当日の翌日以後に行われたことをいう。例えば、滞納に係る租税の法定納期限が令和６年３月15日である場合は、事業譲渡が令和５年３月16日以降に行われたときは、この第二次納税義務を負うことになるが、その譲渡が令和５年３月15日であるときは、この第二次納税義務を負わない。

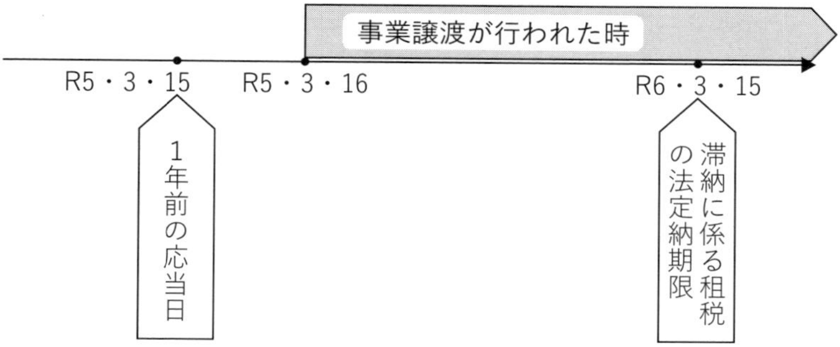

イ　事業の譲渡の時期とはどの時点をいうのかについて、法令上規定がない。

(ア)　事業譲渡は事業譲渡契約に基づいて行われるが、通常、その事業譲渡契約においては、事業の譲渡日が定められる。そして、事業譲渡に伴う個々の譲渡財産の引渡時期、所有権移転登記申請・債権譲渡通知等の手続の時期、従業員の引き継ぎの時期及び租税公課の負担は、通常は、譲渡日を基準として定められる。したがって、事業譲渡契約において定められた譲渡日をもって事業の譲渡の時期と解してよいであろう。

補 足　譲渡財産が不動産である場合の所有権移転登記申請書には、登記原因は「事業譲渡」と記載し、原因日付は事業譲渡契約に定められた「譲渡日」を記載することとされている。

もっとも、事業譲渡契約書が確認できず、当事者からの聴取によって事業譲渡の内容を調査している場合は、譲渡日を確定できないこともあり得る。その場合は、当事者からの聴取内容とともに、登記・登録・承認のための手続において記載された譲渡日（所有権移転登記申請書の登記原因日付、債権譲渡通知書に記載された事業の譲渡日等）、従業員の異動状況又は租税公課の負担割合の取り決め等を参考にして事業の譲渡日を確認していく。

なお、この事業の譲渡の時期について、実務取扱いは、「現実に事業が譲渡された時によるもの」とした上で、この「現実に事業が譲渡された時」については、不動産登記簿等の公簿における所有権移転の登記年月日、取引先に対する事業譲渡の通知年月日等客観的な資料を参考として判定することとしている（二次提要93(1)イなお書、97なお書）。

（事業譲渡契約書の例）

事業譲渡契約書（抜粋）
株式会社甲（以下「甲」という）及び株式会社乙（以下「乙」という）は、事業の譲渡につき、次のとおり契約を締結する。
第１条（目的）　甲は、甲の事業の全部（以下「本事業」という）を乙に譲渡し、乙はこれを譲り受ける。
第２条（譲渡財産）　前条により譲渡すべき資産及び負債（以下「譲渡財産」という）は、譲渡日現在における甲の本事業に関する資産及び負債の一切とし、その詳細については、本契約締結後、甲乙協議の上、これを決定する。
第３条（譲渡価格）　甲が乙に譲渡する本事業の対価は金〇〇円とする。 ２　乙は甲に対し、次条に定める譲渡日に、本事業の対価を甲の指定する銀行口座に振り込む方法により支払うものとする。
第４条（譲渡日）　甲は、令和〇年〇月〇日（以下「譲渡日」という）をもって、本事業を乙に譲渡し、乙はこれを譲り受けるものとする。ただし、手続上の事由その他必要があるときは、甲乙協議の上、譲渡日を変更することができる。
第５条（引渡時期）　譲渡財産の引渡時期は譲渡日とする。ただし、手続上の事由により必要があるときは、甲乙協議の上、引渡時期

を変更することができる。

第６条（譲渡手続等）　譲渡財産の移転に関する登記、通知、承諾の取得等の手続については、乙が甲の協力を得て、譲渡日に行うものとする。

第７条（従業員の引き継ぎ）　乙は、本事業に従事する甲の従業員を、譲渡日において引き継ぐものとする。

第８条（租税公課等の負担）　譲渡財産に係る公租公課、保険料等は、日割計算により、譲渡日の前日までの分は甲が、譲渡日以後の分は乙が、負担するものとする。

第９条（株主総会の承認）　甲及び乙は、令和○年○月△日までに、それぞれ株主総会を開催し、本契約の締結及びその履行につき、株主総会の承認を得るものとする。

…以下、略…

補 足　事業譲渡契約においては、通常、①譲渡対象事業、②譲渡日（注：個々の財産の引渡期日が別に定められることもあるので注意を要する。）、③対価及びその支払方法、④譲渡財産、⑤財産移転手続及びその費用負担（登記・登録の手続、租税公課の負担等）、⑥従業員の引き継ぎ、⑦競業避止義務、⑧株主総会決議の期日等が定められる。

(イ)　会社分割における「事業の譲渡の時期」に相当する時期は、一般的には、①吸収分割のときは吸収分割契約において定められた効力発生日であり、②新設分割のときは分割によって事業を承継する新設会社の設立登記の日（会社法49）である。

なお、高松高判令４.８.30税資（徴収関係）順号2022－22は、午前中に新設分割（「承継対象資産なし」とする新設分割計画に基づくもの)、その日の午後に資産譲渡契約に基づく事業資産の譲渡が各別になされたケースにおいて、両者を一体として「事業譲渡」に該当するとしつつ、事業を受け継いで営業活動を行うためには、事業のために用いる財産（有機的一体として機能する財産）の譲受けが完了している必要があるから、徴収法施行令13条２項の「事業の譲渡の時」とは、有機的一体として機能する財産の全部又は一部の譲渡による財産移転の効力が生じた時と解するのが相当であるとし、午後になされた資産譲渡の時をもって「事業の譲渡の時」であると判示している。また、同判決は、「事業の譲渡の時とは、会社法764条及び49条の規定により、新設会社の設立登記の日である」旨の国の主張に対し、新設分割の効力発生時期に関する会社法の規定をもって、事業の譲渡の「時」との文言を用いている徴収法施行令13条２項を、事業譲渡の「日」と解することは、同条項の文理上容認することができないとして、国の主張を排斥している。

会社分割を用いた事業買収においては、①滞納会社（分割会社）が新設会社に事業を承継、②新設会社から滞納会社に分割対価として新設会社の株式を交付、③滞納会社が買収会社に同株式を売却（これにより、新設会社は買収会社の完全子会社となる。）というスキームが採られることがある（拙著「徴収・滞納処分で困ったときの解決のヒント」（大蔵財務協会発行）177頁以下参照）。本事件もこのスキームに類するものであるが、滞納会社が取得した新設会社の株式は、午後になされた資産譲渡の時よりも先に、滞納会社から買収会社に売却されていたため、その資産譲渡の時においては、もはや新設会社は滞納会社の被支配会社ではなくなっていたというものである。本判決は事例判決ではあるものの、今後の事業買収において同様のスキームが採られることが想定されるところであり、事業譲渡の時期については、本判決の判断を踏まえた更なる検討が必要であろう。

⑸　類似の事業

ア　類似の事業とは、譲り受けた事業につき重要な事業活動の施設又は態様の変更をその事業内容に加えることなく事業活動が行われているような場合の、その譲り受け後の事業をいう（徴基通38－11、徴取通11－７(3)ウ）。その例として、旅館が料亭となった場合がある。もっとも、類似の事業を「同一とみられる場所において営むこと」はこの第二次納税義務の要件となっていないので、事業活動の「施設」について変更が加えられたかどうかは、必要不可欠な判断要素ではない。例えば、販売形態が、事業譲渡前は店頭販売、譲渡後は通信販売という場合であっても、取扱商品が事業譲渡前と同一または類似のものであるときは、この「類似の事業」に該当すると解してよいケースもあろう。

イ　同一又は類似の事業かどうかの判定の時期は、納付通知書を発する時の現況による（徴基通38－12）。

(6)　事業に係る租税

事業に係る租税とは、譲渡人である主たる納税者の租税のうち、その譲渡した事業に係る租税をいい、その租税の範囲は、共同的な事業者の第二次納税義務と同様である（前記第７の２(6)・P534参照）。

3　第二次納税義務を負う者と第二次納税義務の範囲

この第二次納税義務者は、前記２(2)・P543の「生計を一にする親族その他の特殊関係者等」であり、これらの者は、譲受財産の価額を限度として、主たる納税者の滞納税金の全額について第二次納税義務を負う。

第二次納税義務を負う者	第二次納税義務の範囲	責任の限度
納税者から事業を譲り受けた生計を一にする親族その他の特殊関係者等	主たる租税の全額	譲受財産の価額を限度

(1)「譲受財産」とは、譲受けに係る事業に属する積極財産をいう（徴基通38－16）。この第二次納税義務は、事業の譲渡に伴い、譲渡人の租税の引当てとなっていた財産が譲受人に譲渡されたことによって、租税の確保に支障が生じることから設けられたものであることを理由とする。したがって、「譲受財産」とは、本来、滞納処分の対象となるべき積極財産をいい、消極財産は含まない。

(2) 譲受財産の価額は時価（基準価額）により算定するが、その算定の基準時は、事業を譲渡した時点である（徴基通38－17）。納税通知書を発する時点ではないことに留意する。

Q13　滞納会社が会社分割した場合の承継会社からの徴収方途

滞納会社が会社分割をしたとの情報を入手しましたが、そもそも会社分割とはどのようなものですか。また、今後、どのように滞納整理を進めて行けばよいですか。

（回答）

会社分割は、複数の事業部門を有する法人が倒産に瀕した場合において、その生き残り策として、赤字の事業を自社に残したまま、好況の事業のみを別会社に移転させるというスキームにおいて使用されることが多い。その場合、滞納会社の租税債務は事業を承継した別会社に承継されず、一方、優良資産は別会社に移転されてしまうので、滞納会社に滞納処分をしようとしても徴収可能な財産がほとんどないという状態に陥ることになる。そのため、その別会社から租税を徴収できるかどうかが滞納整理上の重要ポイントとなる。

1　会社分割の概要

⑴　会社分割の意義

会社分割とは、会社の事業に関する権利義務の全部又は一部を、既存の他の会社又は新たに設立する会社に承継させることをいい（会社法２二十九、三十）、事業に関する権利義務を他の会社に承継させる会社を「分割会社」と、承継する会社を「分割承継会社」（以下、単に「承継会社」という）という。この会社分割は、会社法及び法人税法において次のように類型化されている。

分類		概要
会社法上の分類	吸収分割	分割会社の事業に関する権利義務の全部又は一部を、既存の他の承継会社に承継させるもの（会社法２二十九）。
	新設分割	１又は２以上の会社が分割会社となって、事業に関する権利義務の全部又は一部を、新たに設立する承継会社に承継させるもの（会社法２三十）。
法人税法上の分類	分社型分割	分割の対価として、承継会社が発行する株式その他の資産が分割会社に割り当てられ、当該分割の日に株主等には交付されないもの（法人税法２十二の十）。
	分割型分割	分割の対価として、承継会社が発行する株式その他の資産の全てが当該分割の日において当該分割法人の株主等に交付されるもの（法人税法２十二の九）。

⑵　会社分割の手続等の概要

会社分割は次の手続により行われる。

①　吸収分割契約の締結又は新設分割計画の作成（会社法757、762）

②　分割契約・分割計画の内容についての開示（会社法782①、815③）

③　株主総会の特別決議による承認（会社法783①、795①、804①、309②十二。なお、承認が不要の場合として、会社法784、796、805参照）

④　反対株主の株式の買取請求等の手続（株式の買取請求について会社法785、797、806。新株予約権の買取請求について会社法787、808）

⑤　債権者保護手続（債権者の異議について会社法789、799、810。異議を述べることができる旨の催告を受けなかった債権者の保護措置として会社法759②③、761②③、764②③、766②③）

⑥　分割登記（会社法923、924）

⑦　事後の備置書類による開示（会社法791、801、811、815）

これらの手続のうち、①の吸収分割契約の締結は、吸収分割において締結されるものであるが、契約上定めなければならない事項が法定されている（会社法758）。同様に、新設分割において分割会社が作成しなければならない新設分割計画においても、その計画上定めなければならない事項が法定されている（会社法763）。その内容は、吸収分割契約の法定事項と類似しているが、吸収分割では、承継会社が分割会社に分割の対価として交付するのが「金銭等」であるのに対し（会社法758四）、新設分割では必ず「株式」を交付しなければならないとされている（会社法763①六）。

また、分割会社から承継会社への権利義務の承継の時期は、吸収分割の場合は、吸収分割契約で定めた「吸収分割がその効力を生ずる日（会社法758七）」であり、新設分割の場合は、承継会社の成立の日、すなわち設立登記の日である（会社法759一、764一、49、579等）。

2　分割型分割における承継会社からの徴収

⑴　分割型分割の概要

例えば、①甲社は、自社が営むＡ事業とＢ事業のうちＢ事業のみを吸収分割により乙社に承継させる、②乙社は、その対価として自社の株式を甲社に交付する、③甲社は、分割の日に、乙社から受け取った株式を自社の株主丙に分配するというケースのように、分割の対価としての承継会社の株式その他の資産全てが、分割の日に、分割会社からその株主に対し分配される分割を分割型分割という。

分割型分割（吸収分割の場合）

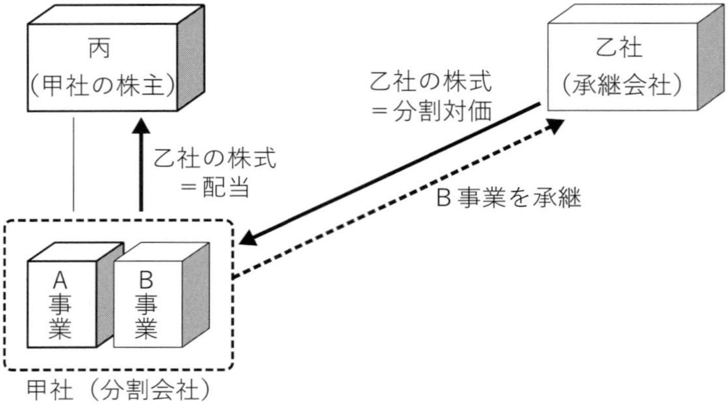

⑵　承継会社への徴収方途

分割型分割により会社分割がなされた場合は、分割会社の分割前の租税について、承継会社に対して、その分割会社から承継した財産の価額を限度として連帯納付責任を負わせることができる（通則法９の３、地方税法10の４）。これは、分割により、分割会社の責任財産（租税の引当てとなる財産）が承継会社に移転してしまい、これに対して分割会社は対価を取得しない（対価としての株式は株主に移転してしまうため。）ことから、その租税の徴収の確保を確実に図るための措置として設けられたものである。

補 足　分社型分割による会社分割の場合は、分割会社は、分割の対価として、承継会社に移転した財産の額を表章する承継会社の株式等を取得するので、分割後においても分割会社の責任財産は減少しない（次の３⑴）。そのため、承継会社に対して、分割会社の租税について連帯納付責任を負わせることはできない。

この連帯納付責任についての留意点は、次のとおりである。

ア　分割会社の分割前の租税

分割会社の分割前の租税とは、分割会社の次に掲げる租税（その納付義務が通則法７条の２第４項又は地方税法９条の４第４項の規定により受託者としての権利義務を承継した法人に承継されるもの及びその納付義務が信託財産責任負担債務となるものを除く。）をいう。

①　分割の日前に納税義務の成立した租税（次の②に係る租税を除く。）。すなわち、納税義務が成立していればよく、税額が確定していることを要しない。

②　分割の日の属する月の前月末までに納税義務の成立した移出に係る酒税等及び航空機燃料税並びに申告納付に係るたばこ税

イ　連帯納付責任の限度額

承継会社の負う連帯納付責任の限度額は、分割会社から承継した財産の価額を限度とする。例えば、分割会社の納付すべき租税が100である場合において承継した財産の価額が70であるときは、承継会社は、70を限度（100ではない。）として納付責任を負うことになる。

この連帯納付責任の限度額である「財産の価額」は、分割があった時における承継会社が承継した積極財産の価額をいう（通基通９の３－２）。具体的には、原則として、分割会社に備え置かれた開示書面に記載された承継財産の価額がこれに当たる（次のウに記載の平成13年８月23日付法令解釈通達の４⑴ロ④参照）。ただし、承継会社が連帯納付責任に係る他の租税を既に納付し、又は会社法の弁済責任に係る債務を弁済している場合は、承継した積極財産の価額からそれら納付又は弁済した額を控除した残額を、責任の限度額とする。もっとも、行政機関等サイドにおいて、その控除すべき額があることを把握することは一般的に困難であるため、実務上は、原則として、開示書面に記載された承継財産の価額を限度額として履行を求めることとし、これに対して、承継会社から連帯納付責任に係る他の租税の納付等を既にしている旨の申立てがあったときは、その連帯納付責任の額を調整することとなろう（通則法精解209頁は、限度額の立証責任は承継会社が負うとする。）。

ウ　連帯納付責任の確定手続と徴収手続

この連帯納付責任は、分割会社に係る租税の徴収を確保するために承継会社に課した特別の責任であり、分割会社の分割前の租税の納税義務の確定という事実に照応して、法律上当然に生ずると解されている（通基通９の３－１）。したがって、この連帯納付責任については格別の確定手続を要しない。

しかしながら、確定手続を要しないとしても、承継会社に連帯納付責任を求めるに当たっての一定の徴収手続は必要である。参考として、国税の徴収手続は、次のとおりである（平13.８.23徴徴４－５ほか１課共同「国税通則法第９条の２の規定による連帯納付責任について（法令解釈通達）」参照）。

(ア)　承継会社に対して「連帯納付責任がある」旨を通知する。

なお、賦課課税方式による租税等（通則法36①）については、連帯納付責任者に対して「連帯納付責任がある旨」を付した「納税告知書」により通知する。

補 足　この承継会社に対する「納税告知書」は税額確定としての効力を有するものではない。この連帯納付責任は、分割会社の分割前の租税の納税義務の確定という事実に照応して、法律上当然に生ずるものと解されているためである。

(イ)　上記(ア)の通知を発した日からおおむね１月を経過した日までに分割会社に係る租税が完納されないときは、承継会社に対して督促状を発付する。なお、督促状には、納付責任の限度額を記載する。

(ウ)　差押えは、連帯納付責任の追及としてのものであることが明らかになるようにする。そのため、差押調書に、次の事項を記載する。

①　本来の納税義務者（分割会社）の本店所在地及び名称

②　分割前の租税の納期限

③　②の納期限が分割前の租税のものである旨

④　分割前の租税につき、通則法９条の３の規定に基づき、本来の納税義務者と連帯して納付すべきものである旨

⑤　連帯納付責任の限度額（本来の納税義務者から承継した財産の価額）

○　承継会社の財産を差し押さえた場合の差押調書の記載例

○○市納税第○号
令和　年　月　日

上段には、連帯納付責任者（承継会社）に対する納税告知書の「徴収金の額」欄の内容を記載

○○市長　○○　○○　印

差押調書

下記の滞納金額を徴収するため、下記の財産を差し押さえましたので、国税徴収法第54条の規定により、この調書を作ります。

滞納者	所在	承継会社の所在と名称を記載								
	名称									
主たる納税者	所在	分割会社の所在と名称を記載								
	名称									
滞納金額	年度	税目	年区	期別	納期限	税額	延滞金 法律による金額			
	○ (△)	*** (***)	○ (△)	○ (△)	**.**.** (**.**.**)	*.***.*** (*.***.***)	要す 要す			
				( )						
上記の滞納金額につき、あなたが地方税法第10条の４に規定する連帯納付責任（又は連帯納入責任）として納付すべき金額							本来の納税義務者から承継した財産の価額			
差押財産	（差押財産の名称、数量、性質及び所在）									
備考	「滞納金額」欄の徴収金は、地方税法第10条の４第１項第１号に規定する地方税であり、同欄のかっこ書は、主たる納税者に対する納税告知書にかかるものです。									

エ　承継した財産以外の財産に対する差押えの可否

承継会社の財産に対して連帯納付責任に基づく差押えを行う場合、その差押対象となる財産は、分割会社から承継した財産に限られることはなく、納付責任額を限度として承継会社の全財産に及ぶ。

また、分割会社からの徴収と承継会社からの徴収のどちらを先にすべきかについては、法令上定めはないが、実務上は、滞納処分の執行に支障がない限り、まずは分割会社から徴収するように努めるべきである。

3　分社型分割における分割会社からの徴収（事業を譲り受けた特殊関係者の第二次納税義務の追及）

⑴　分社型分割の概要

分社型分割は、分割会社に割り当てられた承継会社の株式等が当該分割会社の株主には分配されない会社分割をいう。例えば、甲社の営むＢ事業を新設分割により乙会社に承継しようとする場合において、①甲社が乙社を設立して同社にＢ事業を承継する、②乙社は分割の対価として自社株式の全てを甲社に割り当てる、③甲社は割り当てられた乙社株式全てを保有する（株主である丙社に分配しない。）というものである。

分社型分割（新設分割の場合）

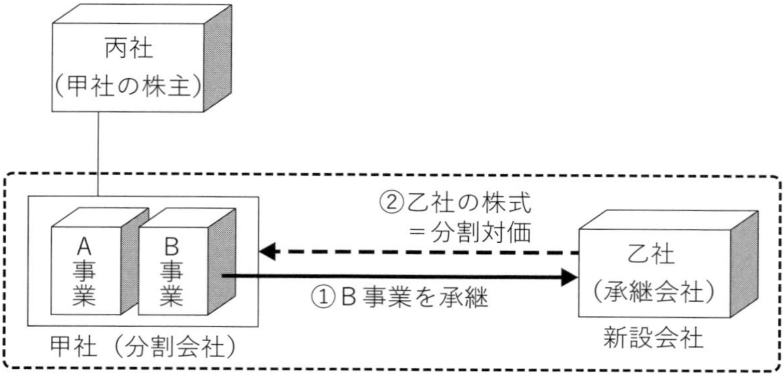

⑵　承継会社への「事業を譲り受けた特殊関係者の第二次納税義務」の適用

例えば、甲社のＢ事業を分社型新設分割により乙社に承継させようとする場合において、甲社にＢ事業に係る滞納税金があるときは、乙社に対して、事業を譲り受けた特殊関係者の第二次納税義務（徴収法38、地方税法11の７）の適用を検討することができる。

承継会社に対して、この第二次納税義務を適用できるかどうかを検討する上では、この第二次納税義務である「事業の譲渡」に会社分割が該当するかどうか、及び承継会社は滞納者の特殊関係者に該当するかどうかがポイントである。

ア　事業の譲渡と会社分割

「事業の譲渡」とは、前記第８の２⑶・P546のとおり、「納税者が一つの債権契約で一定の事業目的のために組織化され、有機的一体として機能する財産の全部又は重要な財産の一部を納税者の親族その他の特殊関係者に譲渡すること」であるが、実務取扱いは、会社分割によって事業の承継が行われた場合も、この「事業の譲渡」に該当するものとしており（徴基通38－９⑷）、また審判所の裁決も同様に解している（新設分割の場合につき裁決平20.10.１、吸収分割の場合につき裁決平25.６.５裁決事例集№91）。

補 足　「事業の譲渡」と「会社の分割」とは、文字通り、「譲渡」と「分割」という異なる概念であるため、「会社分割も事業譲渡に該当する」と解することについては多少の違和感がある。

実務上、会社分割を事業の譲渡に該当するとしているのは、会社分割と事業の譲渡とは、ともに法律行為によって事業の全部又は一部が別の会社に承継されるという点においては同じであること、つまり、事業の移転という同一の効果を有することを理由とする。そうすると、両者の関係は、異なる概念であるものの同一の効果を有する関係ということであるから、いわば似た者同士ということになり、それは法の解釈適用においては「類推適用ができる関係」

ということになる。したがって、「会社分割は、事業の譲渡に該当するものとする」という実務取扱いは、より正確には、「会社分割が行われた場合は、徴収法38条・地方税法第11条の7の規定を類推適用することができる」というべきであろう。しかし、類推適用することについては、第二次納税義務の成立要件の充足性を左右する用語（事業の譲渡）に類推適用を認めてよいのかという、租税法律主義との関係からの問題があるように思料される。

イ　承継会社の「特殊関係者」該当性

第二次納税義務を負う特殊関係者等には、納税者の被支配会社も該当する。また、特殊関係者等に該当するかどうかは、事業を譲渡した時の現況により判定することとしている（徴収令13②、地税令5②）。そうすると、滞納会社から事業を譲り受けた会社の株主構成が、その事業を譲り受けた時点において、滞納会社だけで発行済株式総数の50%を超えているときは、その譲受会社は、滞納者の被支配会社として第二次納税義務を負う者に該当することになる。

これを会社分割の場合に当てはめると、分割対価として承継会社の株式の全てが滞納会社（分割会社）に交付されるので、乙社は、甲社の被支配会社に当たることになる。問題は、特殊関係者に該当することの判定の基準時であるが、分割会社は、会社分割が効力を発生すると同時に承継会社の株主になるので（会社法764④、759④）、一般的には、新設分割の場合は承継会社の成立の日（設立登記の日）が、吸収分割の場合は吸収分割契約で定めた「吸収分割がその効力を生ずる日」が判定の基準時となると解してよいであろう。そうすると、例えば上記(1)の事例では、乙社の設立登記の日に、甲社は乙社の100%株主になるので、乙社は、会社分割をした時点において、甲社の被支配会社に当たることになる（ただし、第8の2(4)イ(イ)なお書・P553に留意のこと。）。

（吸収分割契約書の例）

吸収分割契約書（徴収上関係ある条項を抜粋）

株式会社＊＊（以下「甲」という）及び株式会社＊＊（以下「乙」という）は、甲の営む＊＊事業（以下「本事業」という）に関して有する権利義務のすべてを乙に承継させるための吸収分割（以下「本分割」という）に関し、次のとおり吸収分割契約（以下「本契約」という）を締結する。

第１条（吸収分割）
　甲は、本契約にしたがい、甲が本事業に関して有する権利義務のすべてを乙に承継させ、乙は、これを承継する。
第○条（承継する権利義務）
　乙は、本分割により本効力発生日（第○条において定義される）において、別紙「承継権利義務明細表」記載の資産、負債、契約関係（以下「承継対象権利義務」という）を甲から承継する。ただし、承継する資産及び負債の評価については、令和○年○月○日現在の本事業に係る貸借対照表を基礎とし、これに本効力発生日までの増減を加除した上で確定する。
第○条（吸収分割に際して発行する株式）
　乙は、本分割に際して、普通株式＊＊株を新たに発行し、そのすべてを甲に割当交付する。
第○条（効力発生日）
　本分割がその効力を生ずる日（以下「本効力発生日」という）は令和○年○月○日とする。

別紙

承継権利義務明細表

第１　資産
　効力発生日の前日時点において、甲が本事業に関して有する一切の資産。
第２　負債
　効力発生日の前日時点において、甲が本事業に関して有する一切の負債。
第３　契約関係
　本事業に属する一切の契約上の地位、及びこれに基づく権利義務。

（新設分割計画書の例）

新設分割計画書（徴収上関係ある条項を抜粋）

株式会社＊＊（以下「甲」という）は、新たに設立する株式会社＊＊（以下「乙」という）に、甲の＊＊事業（以下「本事業」という）に関する権利義務を承継するため新設分割（以下「本分割」という）を行うこととし、以下のとおり新設分割計画書（以下「本計画書」という）を作成する。

第１条（新設分割）
甲は、甲が本事業に関して有する第〇条に定める権利義務を、本分割により乙に承継させるために、本計画書の定めるところにより本分割を行う。

第〇条（乙の定款で定める事項等）
乙の目的、商号、本店所在地、その他乙の定款において定めるべき事項については、別紙定款記載のとおりとする。

第〇条（乙に承継する権利義務）
乙は、本分割により本効力発生日（第〇条において定義される）において、別紙「承継権利義務明細表」記載の資産、負債、契約関係（以下「承継対象権利義務」という）を甲から承継する。ただし、承継する資産及び負債の評価については、令和〇年〇月〇日現在の本事業に係る貸借対照表を基礎とし、これに本効力発生日までの増減を加除した上で確定する。

第〇条（新設会社が本分割に際して交付する株式の数）
乙は、甲に対し、本分割に際して、普通株式＊＊株を発行し、そのすべてを承継する権利義務の対価として、甲に対して交付する。

第〇条（効力発生日）
乙の成立の日（以下「効力発生日」という）は、令和〇年〇月〇日とする。

第〇条（本計画書の効力）
本計画書は、効力発生日までに甲の株主総会の承認又は法令に定める関係官庁等の承認が得られない場合には、その効力を失う。

第９　無償又は著しい低額の譲受人等の第二次納税義務

1　第二次納税義務の追及のための着眼点

私法上、ＡがＢから1,000万円を借りている場合において、Ａが唯一の財産であった甲土地をＣに贈与してしまうと、Ａは無資力の状態になってしまうので、Ｂが1,000万円を回収することは困難になってしまう。このような場合、Ｂは、民法424条《詐害行為取消請求》以下の規定に基づいて、Ｃへの贈与を取り消して甲土地をＡ名義に取り戻すことが可能である（取り戻した後は、甲土地を強制競売して1,000万円を回収する。なお、この詐害行為取消請求をすることのできる債権者の権利を「詐害行為取消権」又は「債権者取消権」という。）。租税の徴収においても、民法の詐害行為取消権の規定が準用されているので（通則法42、地方税法20の７）、Ａが税金を滞納している場合は、Ｃへの贈与を取り消して甲土地をＡ名義に取り戻すことが可能である（取り戻した後は、甲土地を滞納処分により差し押さえ、それを換価して徴収する。）。

しかしながら、詐害行為取消権を行使するためには、次のとおり、いくつかの成立要件を充足しなければならない。

《民法424条の成立要件》

（客観的要件）

①　債権者を害する行為があったこと（詐害行為）

②　債務者に対して債権を有していること（被保全債権の存在）

③　その行為によって債権者を害すること（債務者の無資力）

（主観的要件）

④　債務者が、債権者を害する行為であることを知っていること（悪意）

⑤　受益者（贈与を受けた者等）に悪意があること

また、この詐害行為取消権は、既になされた行為を取り消すことから取引の安全に重大な影響を及ぼすため、債権者がこの権利を行使する場合には、裁判所に詐害行為取消訴訟を必ず提起しなければならない（民法424①）。そして、その裁判においては、債権者は、成立要件の①から④について立証責任を負うことから、先の事例において、Cへの贈与を取り消して甲土地をA名義に取り戻すためには、多大な労力と時間を要することとなる。

補 足 成立要件⑤については、裁判においては、受益者の側が「債権者を害することを知らなかったこと」を主張（これを「抗弁」という）することによって争われるが、その立証責任は受益者が負う。

このようなことから、租税の徴収においては、この詐害行為取消権に代えて、より簡易・迅速に租税の徴収を図るものとして「無償又は著しい低額の第二次納税義務」の制度が設けられている。したがって、この第二次納税義務の適用事例の多くは、私法上の詐害行為取消権の対象となる事例と共通する。

補 足 この第二次納税義務は、詐害行為取消権と共通する点が多いが、その実現方法、成立要件等において次の相違がある。

① 行政機関等は、裁判手続によることなく、受益者を第二次納税義務者として、直接、その者から徴収することができる。

② 債務者（滞納者）が、債権者を害する行為であることを知っているかどうかは問わない。

③ 第二次納税義務の徴収の限度を受益額又はその現存額としており、受益財産そのものを取り戻すものではない（私法秩序の尊重）。

《追及のための着眼点》

☞・ 滞納者が財産を贈与するなど相手方に利益を与える処分行為をしたか。

・ 滞納者が、その財産の処分等に対して正当な対価を受けていないか。

《第二次納税義務の適用を検討するケース》

滞納者Ａの唯一の所有財産であった自宅不動産（土地・建物）を差し押さえるため、登記事項証明書を確認したところ、最近になって、子Ｂに所有権が移転されていたことが判明した。 登記事項証明書の登記原因欄には「贈与」と記録されている。

Ａは、唯一の所有不動産の売却に基づく高額の住民税につき、譲渡代金を全額費消したことを理由に滞納している。 そこで、譲渡代金の使途を確認したところ、譲渡代金の一部である500万円が子Ｂの配偶者Ｃの預金口座に振り込まれていることが判明した。 その理由について、Ａ、Ｂ及びＣに確認したところ、子夫婦の事業資金としてＡが与えたものであることが判明した。

滞納者Ａは、兄Ｂが設立した甲株式会社の株式（時価1,000万円相当）を有していたが、Ｂから、甲株式会社の事業承継策としてＡの所有株式をＢの長女Ｃに譲って欲しい旨の依頼を受け、500万円で譲渡した。 Ａは、売却代金500万円を遊びに使ってしまい、現在、滞納処分を執行できる財産がない。

2　第二次納税義務の成立要件

(1)　成立要件

この第二次納税義務は、共通要件である「徴収不足」に加えて、滞納者による財産等の処分行為、無対価性又は対価の著しい低額性、その処分行為と徴収不足との因果関係等について所定の要件が定められている（徴収法39、地方税法11の８）。

《成立要件》

1　滞納者が、その財産につき、無償又は著しく低い額の対価による譲渡（担保の目的でする譲渡を除く。）、債務の免除、その他第三者に利益を与える処分（以下「無償譲渡等」という。）をしたこと。

2　無償譲渡等の処分の時期が、租税の法定納期限の１年前の日以後であること。

3　滞納者に対して滞納処分を執行してもなお徴収すべき租税の額に不足すると認められること（徴収不足）。

4　徴収不足と認められることが、無償譲渡等の処分に基因すると認められること。

(2)　無償譲渡等の意義（成立要件の１）

ア 「譲渡」とは、滞納者から第三者に対して、贈与、特定遺贈、売買、交換、債権譲渡、出資、代物弁済等による財産権の移転が行われることである。

財産権の移転であっても、①一般承継による財産権の移転（相続等）、②強制換価手続による財産権の移転、③生計を一にする親族の生活費、学費等に充てるためにした社会通念上相当と認められる範囲の金銭・物品の交付は、この第二次納税義務の対象となる「譲渡」には当たらない（徴基通39－３の注書）。なお、一般承継による財産権の移転が「譲渡」に当たらないとしているのは、このような場合は被承継人（被相続人等）の納税義務は承継人（相続人等）に承継されるためである。一方、相続人固有の租税との関係では、遺産分割協議がこの第二次納税義務の「譲渡」に該当する場合がある（後記クの①・P578参照）。

イ　担保の目的でする譲渡と租税との関係については、譲渡担保権者の物的納税責任（徴収法24、地方税法14の18）により調整されるので、この第二次納税義務の「譲渡」に当たらない。

ウ 「対価」とは、一般的には財産権の移転に対する反対給付をいうが、その反対給付は、それが財産権移転に係る契約等の成立要件に基づいている場合（例えば、売買契約は「品物を売る」という財産権移転約束と

「お金を支払う」という代金の支払約束により成立するので、反対給付（売買代金の支払）は売買契約の成立要件に基づく行為である。民法555）に限らず、その契約等の成立要件に基づく行為ではない場合であっても、財産権の移転との間に「相当の代償的なもの又は負担」が認められるときは、その代償的なものや負担も、この反対給付に含めてよいであろう。例えば、賃借権の設定に当たり返金を要しない権利金・礼金を支払った場合（賃貸借契約においては、賃料の支払約束が成立要件である（民法601)。権利金・礼金の支払約束は、賃貸借契約の成立要件ではなく賃貸借契約に付随するものである。）も、その権利金・礼金は反対給付たる対価というべきである。この点につき、実務取扱いも、次の③の権利金、礼金等を対価としているので、同様に解しているものと思料される。

①　売買、交換又は債権譲渡については、それにより取得した金銭又は財産が、出資については、それにより取得した持分又は株式が、代物弁済についてはそれにより消滅した債務が、それぞれ対価となる（徴基通39－３）。

②　債務の免除については、債務の免除と対価関係にある反対給付が対価になる（徴基通39－４）。

③　①及び②以外の処分行為のうち、地上権の設定等第三者に利益を与えることとなる処分については、地上権の設定等により受けた反対給付（例えば、権利金、礼金等）が対価となる（徴基通39－５）。

補足　代物弁済とは、債権者と債務者との合意（契約）により、債務者が本来負担していた給付の代わりに他の給付をすることとして、これにより債務を消滅させることをいう（民法482)。例えば、ＡがＢに1,000万円を貸し付けると、Ｂは1,000万円を返還する債務を負うが、1,000万円を返還する代わりにＢの所有不動産をＡに給付する旨の合意をすると（この合意を「代物弁済契約」という。)、Ｂがその所有不動産をＡに引き渡すことにより1,000万円の借入債務が消滅することになる。この場合、Ｂが滞納者であるときは、所有不動産をＡに給付することがこの第二次納税義務の「譲渡」行為に当たり、その給付により消滅した1,000万円の債務が「対価」に当たる。

代物弁済による譲渡行為と第二次納税義務

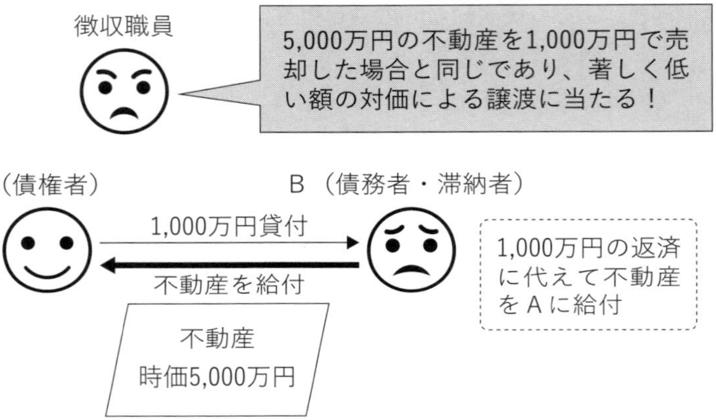

エ　「著しく低い額の対価による譲渡」かどうかは、画一的に判断すべきものではなく、財産の種類及び財産の価額の大小等に応じて個々具体的に判断する必要がある。すなわち、上場株式のように時価が明確である財産については、価額の差が比較的僅少であっても「著しく低い額」であると判断できる場合があり、一方、不動産のように、通常は人によって評価額を異にし、値幅のある財産については、価額の差がある程度開いていても直ちに「著しく低い額」とは認められない場合がある。

　この値幅のある財産については、実務取扱いは、対価が時価のおおむね２分の１に満たない場合は、特段の事情のない限り、「著しく低い額」と判定して差し支えないこととしている（徴基通39－７⑵、徴取通11の８⑵オ）。また、その「おおむね２分の１」という基準は、文字通り幅のある概念であり、その財産の種類、数量の多寡、時価と対価との差額の大小等諸般の事情によっては、対価が時価の２分の１を超えている場合であっても、「著しく低い額」に該当すると判断できる場合がある。

もっとも、時価の２分の１を超える対価が「著しく低い額」に該当するかどうかの判断は、実務上、難しい場合がある。例えば、時価１億円の不動産を6,000万円で譲渡した場合（対価は時価の60％である）、対価との差額が4,000万円と大きいことから「著しく低い額」に該当すると判断しても差し支えないように思えるが、一方で、「60％」という数値が「おおむね２分の１」の範疇に入るとすることには疑問なしとしない。

補 足　審判所裁決平12.５.31裁決事例集№59－435は、時価165百万円の不動産を対価１億円で譲渡した事件（時価と対価との差は約61％、差額65百万円）において、対価が時価の約61％である場合は、時価の２分の１を相当超えているので「著しく低い額の対価」に該当しないと判断している。

また、同裁決は、対価が時価のおおむね２分の１に該当しない場合であっても、特段の事情が認められるときは「著しく低い額の対価」に該当し得るとする法令解釈を示しているが、その特段の事情の存否につき、対価と時価の比較に加えて、売買に係る①売主の動機（売り急ぎの事情の存否）②買主の動機（購入の必要性）といった当事者の主観的事由をも判断要素としている点が注目される。

なお、福岡地判平27.６.16税資（徴収関係）順号27－20は、対価２億8120万円が時価４億1973万円の67％である場合は、「時価の約３分の２となるから、もはや２分の１をある程度上回るにすぎないとはいえない」としている。

ところで、この「おおむね２分の１」については、所得税法59条（贈与等の場合の譲渡所得等の特例）１項２号を受けた同法施行令169条が「著しく低い価額の対価」を「資産の譲渡の時における価額の２分の１に満たない金額」と定めていることから、この第二次納税義務においても、これを類推適用等して、「対価が時価の２分の１を超える場合は著しく低い額に当たらないと解すべき」との考え方がある。しかし、譲渡所得に係る課税の趣旨・目的と徴収制度としての第二次納税義務の趣旨・目的は、それぞれ異なるので、この第二次納税義務の「著しく低い額の対価」の解釈として、所得税法施行令169条の規定を類推適用等により適用することは認められない（広島地判平２.２.15判例時報1371－82）。

補 足 所得税法59条は、資産の値上がりによる増加益が譲渡の時に発現したものとみなして課税することができる場合を定めるものであり、これにより、増加益に対する課税が繰り延べられることを防止することを目的としている。一方、この第二次納税義務は、衡平の理念に基づいて租税債権者と利益を享受している譲受人との調整を図るものである。

オ 「著しく低い額の対価」であるかどうかの判定は、その対価についての権利義務が発生する時、すなわち、その譲渡等の処分の基因となった契約が成立した時点をもって判定する（徴基通39－８）。したがって、契約成立時と財産の処分時とが異なる場合（条件付契約、予約契約、効力発生要件が別にある場合の契約等の場合）であっても、契約が成立した時をもって判定する。

なお、当初の契約時に具体的な対価の額が定まっていない場合は、その後、具体的に対価の額を定めた時をもって判定する（二次提要100⑴ハ(ロ)Ｂ）。

カ 「債務の免除」とは、通常は、債権を無償で消滅させる債権者の単独行為（民法519）をいうが、この第二次納税義務においては、契約による債務の免除も含まれる（徴基通39－４）。民法519条の規定による債務の免除は、免除を無償で行うことを要件とするので、この第二次納税義務の「無償による債務の免除」に該当する。一方、契約による債務の免除の場合は、当事者間で、免除の対価としての反対給付を定めることができるので、その場合は、免除に係る債権の時価評価額と反対給付の額を比較して、その債務の免除が「著しく低い額の対価による債務の免除」に該当するかどうかを検討することになる。

補 足　債務免除が債務者の資力の喪失等を理由とする場合は、免除を受けた債務者に対して第二次納税義務を課したとしても、徴収困難な場合が多い。その場合は、債務者に対して第二次納税義務を追及しても実益がないと判断して、第二次納税義務を課さないこととする。

キ 「第三者に利益を与える処分」とは、譲渡及び債務免除以外の処分で、滞納者の積極財産の減少の結果（滞納者の身分上の一身専属権の行使又は不行使の結果によるものを除く。）、第三者に利益を与えることとなる処分をいう。事例としては、地上権、抵当権、賃借権等の設定行為、遺産分割協議、株主に対する剰余金の配当がある（徴基通39－５）。

もっとも、実務上は、第三者に利益を与える処分としていかなる処分行為があったのかを認定することが困難な場合が多い。例えば、滞納会社の所有不動産の売却代金をその会社の役員が受領し個人資産としているケースにおいては、売却代金を役員個人のものとしたことについて、贈与等の滞納会社の積極的な処分行為が認められない場合は、滞納会社は、役員に対して、どのような利益を与える処分をしたのかが判然としなくなる。つまり、滞納会社の積極財産の減少という事実と役員の利益の享受という事実が存在するものの、両者を結びつける会社の行為が判然としないのである。そこで、このような利益を与える処分が具体的に何なのかが明らかでない場合は、①滞納者の積極財産の減少の事実、②第三者が利益を享受した事実、③第三者の利益の享受が滞納者の積極財産の減少に基づくものであるという事実（因果関係）、④滞納会社が、役員が受領した売却代金の返還を求めていないという事実、⑤その他第三者に利益を与える処分があっことを推認させる事実等を勘案して、これらにより「第三者に利益を与える処分があった」と認定（推認）することになろう（広島地判昭46.５.６訟務月報17－８－1354等参照）。

ク　無償譲渡等の例

① 遺産分割協議による遺産分割

遺産分割は、相続財産が相続開始時に法定相続分による共有持分としていったん各共同相続人の財産となった後に、分割協議により他の相続人に実質的に譲渡されるという関係にある。したがって、遺産分割協議により滞納者が法定相続分に満たない財産を取得し、その結果、他の共同相続人が法定相続分を超える財産を取得することとなった場合は、滞納者の積極財産の減少の結果、第三者が利益を享受するという関係が成立するので、遺産分割協議による遺産分割は、無償譲渡等の「第三者に利益を与える処分」に該当する。

例えば、

ⅰ 滞納者Ａ、その配偶者Ｂ、子Ｃ及びＤの４人家族において、Ｂが死亡

ⅱ 相続財産２億円を、法定相続分により相続（Ａ：２分の１、Ｃ及びＤ：各４分の１）

ⅲ その後、遺産分割協議を行い、Ａは2,000万円（10分の１）、Ｃは5,000万円（４分の１）、Ｄは１億3,000万円（20分の13）を取得

ⅳ Ａが法定相続分による持分の大部分をＤに譲ったのは、滞納税金の徴収を免れるとともに、Ｄに面倒をみてもらうためであった

という事例の場合、遺産分割協議によりＡの財産は8,000万円減少し（相続財産の２分の１の持分１億円から、遺産分割により取得することとなった2,000万円を控除した額）、それにより、Ｄは法定相続分を超える額8,000円の利益を受けたことになるので、ＡはＤに対して「利益を与える処分」をしたことになる（最判平21.12.10民集63－10－2516）。

補足　相続の放棄と第二次納税義務

滞納者が相続放棄をすると、その者の相続分を他の相続人が取得することになるので、相続放棄は「第三者に利益を与える処分」に該当するかのようにみえる。しかしながら、相続放棄は、相続人としての資格を遡及的に消滅させるものであり、相続放棄をした者は、

もともと相続財産を取得していない（この点が、遺産分割協議の場合と異なる。）ので、相続放棄をしても、その者の積極財産が減少したことにはならない。したがって、滞納者の積極財産の減少によって第三者が利益を享受するという関係がないので、相続放棄は「第三者に利益を与える処分」には該当しない（詐害行為取消権との関係において同旨を述べている判例として、最判昭49.９.20民集28－６－1202参照）。

②　財産分与

離婚に伴う財産分与には裁判によるものと協議によるものとがあるが、実務上、裁判による財産分与の場合は、この第二次納税義務の無償譲渡等には当たらないこととしてよい（二次提要100(1)ロ(イ)Aなお書、98(1)）。これに対して、協議による財産分与の場合は、それが民法768条３項の規定の趣旨に反して不相当に過大と評価し得るときは、この第二次納税義務の無償譲渡等の行為に該当することになる（財産分与が詐害行為取消権の行使の対象となることにつき判断したものとして、最判昭58.12.19民集37－10－1532、最判平12.３.９民集54－３－1013参照）。

そして、財産分与は、①婚姻期間中に夫婦で協力して得た財産の実質的清算としてのもの（清算的要素）、②離婚により生活が困窮する一方配偶者の扶養としてのもの（扶養的要素）、③離婚原因となった暴行、虐待、又は不貞等悪質性の高い有責性に対する慰謝料としてのもの（慰謝料的要素）を内容とすることから、財産分与が民法768条３項の規定の趣旨に反して不相当に過大であるかどうかは、次の事由を考慮して、清算的要素、扶養的要素及び慰謝料的要素の別に財産分与としての相当な額を求め、その相当な額と実際の財産分与の額とを比較することによって判断することになる。

ⅰ　夫婦双方の協力によって得た財産の額及びその財産を得るに当たっての貢献度の状況等

ⅱ　婚姻期間の長短や婚姻期間中の生活状況等

ⅲ　離婚後の扶養の必要性
ⅳ　離婚の原因

なお、その具体的な判断の一例として、東京高判平30. 2 .28税資（徴収関係）順号2018－ 5 （第一審東京地判平29. 6 .27税資（徴収関係）順号29－20の判断を引用。上告不受理）は、次の事由を基に判断しており、実務上の参考となる。

《清算的要素》
① 清算的財産分与の対象となる財産は、原則として夫婦が婚姻中に有していた実質上の共同財産である。
② 共同財産を形成するに当たっての夫婦の寄与度は、通例は平等である（つまり、50%を基準として、次の③により寄与度の軽重を勘案する。）。
③ 寄与度の軽重について、本事件の事実関係の下では、婚姻生活が29年間と長いことを前提として、その間における次の事情を考慮して判断する。
　ⅰ　分与を受けた者（以下「受分与者」という。）において、子供を養育し、分与をした者（以下「分与者」という。）の両親の看護や介護を行い、分与者の家業やパートタイムの仕事をして家計を支えていたという事情があること。
　ⅱ　分与者においては、定職につかず、両親の介護をすることはなく、子供の面倒をみることもなかったという事情があること。
　ⅲ　受分与者は、分与者の父（父死亡後は分与者）の所有する土地及び建物に無償で居住していたこと。

補 足　寄与度の軽重の度合いは、事件ごとに、その事実関係に即して各別に判断すべきものである。なお、本事件では、裁判所は、ⅰからⅲの事情を勘案した上で、受分与者の寄与度は、 6 割を下らない一方で多くとも 7 割を超えるには至らない旨の判断をしている。

《扶養的要素》

受分与者の離婚後の扶養の要否とその程度について、離婚後における収入の見込み、財産状況、未成年の子の養育の要否等を総合勘案して決める。

①　生活保護の支給基準に照らした最低生活費の額の３年分をベースとして、次の②から⑦の事情を勘案する。

㈲「３年分」としているのは、一般に離婚後に自ら生計を立てて自活するまでの相当期間は３年とされているためである。

②　受分与者の年齢

③　受分与者の離婚時に至るまでの就労等による収入状況

④　受分与者の特有の財産（預貯金等）の有無（民法762①参照）

⑤　清算的財産分与として受ける額の程度

⑥　子供の養育の要否

⑦　離婚後の住居に要する費用

《慰謝料的要素》

離婚原因である分与者の有責性の程度により判断する。

本事件では、裁判所は、分与者に仮に不貞行為があるとしても、強度の継続的な暴力や虐待等の極めて悪質性の高い有責行為はうかがわれないとした上で、一切の事情に鑑みれば、慰謝料的財産分与として相当な額は、1,000万円を超えるものではないとしている。

③　利益剰余金の配当

株主に対する利益剰余金の配当は、会社法上、分配可能額が定められており、その可能額を超える配当は禁じられている（会社法461）。

そこで、利益剰余金による配当額が会社法に定められた分配可能額の範囲内であるときは、この第二次納税義務の無償譲渡等の行為に該当しないが、他方、分配可能額を超えて配当がなされた場合は、その超えた部分の配当は、無償譲渡等の行為のうちの「第三者に利益を与える処分行為」に該当することになる。

また、分配可能額の算出に影響を与える損益計算書に合理性を欠く収益や費用が計上されると（つまり、売上げの過大計上、費用の過少計上や計上漏れがあった場合）、利益が過大となって剰余金が膨らみ、それを基に配当が行われることになるが、その配当が株主に異常な利益を与えるものであって不合理であると評価されるときは、その配当も「第三者に利益を与える処分」に当たることとなる（東京高判平26.11.26裁判所ウェブ掲載。第一審である東京地判平26.6.27裁判所ウェブ掲載の判断を引用）。

④　認定賞与、認定配当、過大役員退職金

納税者が法人である場合において、その会社資産を役員に低額で譲渡すると、課税上は、その役員に対する報酬と認定して課税処理（損金算入の否認及び所得税の源泉徴収）が行われる。また、株主に対して「○○祝い」・「○○記念」等の名目で金銭を支給すると、配当として課税処理される。更に、退職役員に支給した退職慰労金が不相当に高額である場合は、その高額であるとされる部分の金額の損金算入が否認される。このように、課税上、認定報酬、認定配当又は過大役員退職金として処理されたものの中には、もちろん、それが役員の役務提供に対する対価又は株主の投下資本の対価としての性質を有するものも存在するが、他方で、対価性がなく、役員等からすれば贈与を受けたようなものもある。そして、その対価性がないものは、課税上は「賞与」、「配当」又は「退職慰労金」として処理されるとしても、徴収上は、それは単なる名目にすぎず、その実質は無償譲渡等の行為に該当するとして、この第二次納税義務の追及の対象となる（二次提要100(1)ロ(ロ)。なお、認定賞与について東京地判昭50.3.24訟務月報21－5－1158、認定配当について東京高判昭55.9.18裁判所ウェブ掲載（第一審東京地判昭52.4.24訟務月報23－6－1132を引用）、過大役員退職金について東京地判平9.8.8判例時報1629－43参照）。

⑤　生命保険の保険料の払込み

保険金の受取人を第三者とする生命保険契約に基づき保険契約者が保険料の払込みを行う場合、保険契約者と保険金受取人の関係は、保険契約者の保険料の払込みという積極財産を減少させる行為によって、保険金受取人は無償で保険金支払請求権を取得し、利益を受けたという関係が認められるので、この第二次納税義務の無償譲渡等の行為のうちの「第三者に利益を与える処分」に該当する。

もっとも、保険金受取人が保険料払込者である保険契約者以外の第三者である場合には、全てこの第二次納税義務の対象となると解するのは妥当ではない。すなわち、この第二次納税義務が積極財産の減少によって第三者に異常な利益を与えることに着目した制度であること、また、生命保険金が遺族の生活保障として機能していることなどを考慮すると、保険料の払込みと保険金の支払とによって保険金受取人に異常な利益を与えることになる場合に限り、この第二次納税義務の対象となると解すべきである。

補 足　保険契約者の保険料の払込みは、保険会社に対するものであるから、保険契約者と保険金受取人との間に処分行為は存在していない。また、保険金支払請求権は、保険事故の発生により保険金受取人が保険会社に対して有することになるものであるから、保険金受取人は、保険契約者から直接利益を受けていない。このようなことから、保険契約者から保険金受取人に対する「利益を与える行為」としていかなる処分行為があったのかが判然としないので、この第二次納税義務の成立要件を充たすと認定することには多少の疑義があるが、この点につき、審判所は、徴収法39条の条文からすれば、保険契約者の財産処分行為と保険金受取人の受けた利益との間に基因関係が認められれば足りると判断しており、実務上の参考となる（審判所裁決平12．3．9 裁決事例集№79)。

保険契約者から保険金受取人への処分行為は？

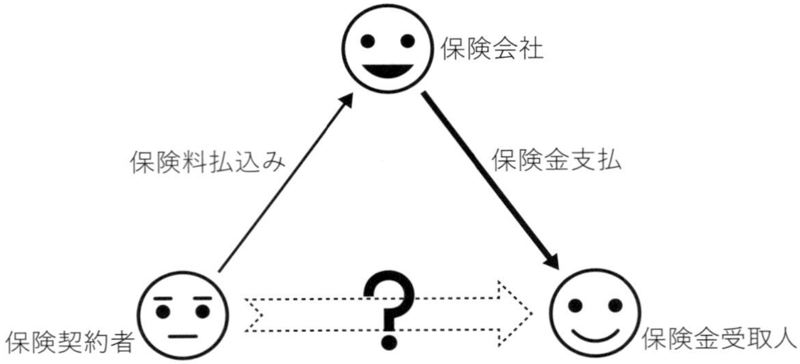

(3)　無償譲渡等の処分の時期（成立要件の２）

ア　無償譲渡等の処分の時期が、租税の「法定納期限の１年前の日以後」であるとは、法定納期限の１年前の応当日以後をいい、応当日の当日にされた処分もこの第二次納税義務の対象となる（徴基通39－２）。したがって、例えば、租税の法定納期限が令和６年６月30日である場合は、その１年前の応当日である令和５年６月30日の当日にされた無償譲渡等の処分も、この第二次納税義務の適用対象となる。

この点について、確かに、徴収法39条・地方税法11条の８の文理からは、法定納期限の１年前の応当日にされた処分も、この第二次納税義務の適用対象となる。しかしながら、租税の法定納期限との関係を問題としている他の第二次納税義務をみると、次のように、いずれも租税の法定納期限の１年前の応当日当日のものを第二次納税義務の適用対象から除外している。したがって、徴収法39条・地方税法11条の８の第二次納税義務だけが、第二次納税義務者にとって不利なものとなっている。

① 同族会社の第二次納税義務（徴収法35、地方税法11の４）は、法定納期限の１年以上前（注：地方税法では「１年前まで」と規定されているところ、徴取通11の４関係(3)ウは、法定納期限の１年前の応当日以前をいうことを明らかにしている。）に取得した株式又は出資につい

てはその第二次納税義務を適用しないとして、法定納期限の１年前の応当日当日に取得した株式又は出資を第二次納税義務の対象から除外している。

②　事業を譲り受けた特殊関係者の第二次納税義務（徴収法38、地方税法11の７）は、事業の譲渡が法定納期限より１年以上前にされている場合はその第二次納税義務を適用しないとして、法定納期限の１年前の応当日当日にされた事業譲渡を第二次納税義務の対象から除外している。

③　人格のない社団等の財産払戻等の場合の第二次納税義務（徴収法41②、地方税法12の２③）は、払戻又は分配が法定納期限より１年以上前にされている場合はその第二次納税義務を適用しないとして、法定納期限の１年前の応当日当日にされた払戻又は分配を第二次納税義務の対象から除外している。

このように「法定納期限の１年前の応当日当日の処分」を徴収法39条・地方税法11条の８の第二次納税義務だけが適用対象とすることは、他の第二次納税義務と整合性がとれないことから、国税の以前の実務取扱いでは、「法定納期限の１年前の応当日にされた譲渡、債務の免除その他第三者に利益を与える処分については、徴収法39条の規定を適用しない」（平成19年５月16日改正前の徴基通39－２）としていた。この取扱いは、租税法律主義の原則に立ち戻って、平成19年５月16日付徴収法基本通達の一部改正により現行に改められることとなったものであるが、その改正に際して、他の第二次納税義務との整合性をとるような措置は何ら講じられなかったため、この第二次納税義務を負う者の立場からは不公平を生ずるものとなっている。

一方、地方税の取扱いをみると、平成22年４月１日付総務大臣通知「地方税法の施行に関する取扱いについて」（道府県税関係）及び（市町村税関係）の17は、「法定納期限の１年前に譲渡等の処分が行われているもの」については、無償又は著しい低額の譲受人等の第二次納税義務を適用しないとしているので、法定納期限の１年前の応当日にされた処分行為を適用対象としないとしているように思料される。

イ　この第二次納税義務は、本来は滞納税金の引当てとなるべき財産が滞納者の下から離脱して第三者に移転したことを問題とするものであるから、無償譲渡等の処分の時期とは、その財産が第三者に帰属した時、言い換えれば、その第三者が租税債権者等に対して自己の所有権を主張（対抗）できることとなった時を基準とする。

したがって、無償譲渡等の処分が契約に基づく場合は、原則として、その契約の成立した日（民法176参照）が無償譲渡等の処分の時であり、その例外として、契約において無償譲渡等の処分の時期が別途定められている場合は、その契約による処分日となる。例えば、契約条項として「本契約成立の日から１月後に権利を移転する」旨の定めがある場合は、１月後の日である。また、無償譲渡等の処分について、その登記・登録を対抗要件又は効力要件とするものについては、その登記・登録をした日が無償譲渡等の処分の時期となる。例えば、不動産の売買契約をした日が７月１日であっても、その権利移転の登記をした日が７月５日であるときは、登記をした７月５日が無償譲渡等の処分の時となる（大阪地判昭49.10.25訟務月報21－２－464、東京地判昭56.10.６訟務月報28－３－635等）。

もっとも、「無償譲渡等の処分について、その登記・登録を対抗要件とするものについては、その登記・登録をした日が無償譲渡等の処分の時期となる」と解することについては、次のとおり疑問なしとしない。

例えば、滞納者が第三者Ａに甲不動産を譲渡する旨の売買契約をした場合を考えると、当事者間で譲渡の効力が生ずるのは、民法176条《物権の設定および移転》の意思主義の原則にしたがい、売買契約をした日である。滞納者からＡへの所有権移転の登記をどの時点で行うかという登記申請行為と甲不動産の売買行為とは別のものであり、売買契約の成立により甲不動産の所有権がＡに移転したにもかかわらず、その後の所有権移転登記の時期の早い・遅いによって、第二次納税義務の発生が左右されるのは不合理のようにも思料されるのである。この点につき、大阪高判平29.11.17税資（徴収関係）順号29－50は、「疑問の余地はあるも、財産の譲受人の第二次納税義務の制度が徴収の確保のための制度である以上、第二次納税義務の発生には対抗要件の具備を要する、すなわち義務を負うか否かは一律に対抗要件の具備で判断するという方が整合性があることは確かである」とする。

なお、所有権移転の仮登記とそれに基づく本登記がある場合は、本登記の日が無償譲渡等の処分の時であり、また、処分禁止の仮処分の登記とその仮処分により保全された登記請求権に基づく登記がある場合は、その登記請求権に基づく登記の日が無償譲渡等の処分の時である（徴基通39－２⑵）。

⑷　徴収不足と無償譲渡等の処分との基因関係（成立要件の４）

ア　この第二次納税義務が成立するためには、無償譲渡等と現在（納付通知書を発する時点をいう。）における徴収不足との間に基因関係があることを要するが、この基因関係とは、無償譲渡等の処分がなかったならば現在の徴収不足は生じなかったものと認められるような関係である（徴基通39－９。東京高判昭52.４.20訟務月報23－６－1117）。

徴収不足と無償譲渡等の処分との基因関係

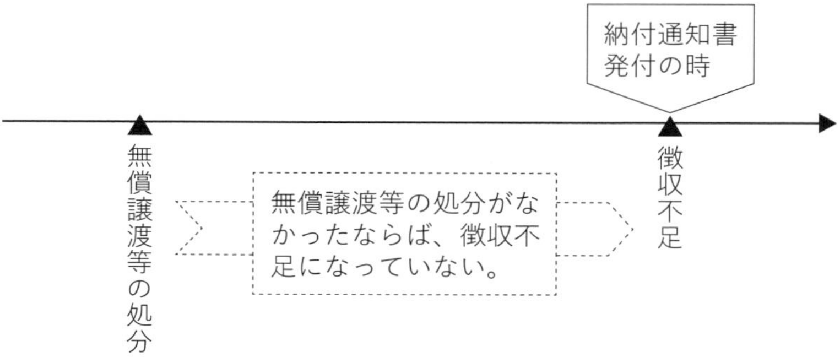

イ　この基因関係は、徴収不足の状態が無償譲渡等の処分の時から納付通知書を発する時まで継続していることを要しない。例えば、滞納者が無償譲渡をした当時、他にも財産を有しており、その財産が滞納税金を十分に充足するものであったとしても、結果的に納付通知書を発する時において徴収不足になっているのであれば、その無償譲渡と徴

収不足との間に基因関係が認められることになる（大阪地判昭50. 3 .14 第二次納税義務関係判例集追録Ⅰ－141）。

そうすると、基因関係については、この第二次納税義務の成立要件の1（無償譲渡等の処分）と成立要件の3（徴収不足）の2つを充足すると、自動的にこの成立要件の4を充たすことになる。

ウ　上記イのように、この第二次納税義務の成立要件の1（無償譲渡等の処分）と3（徴収不足）を充たせば自動的に成立要件の4（基因関係）を充たすということであれば、そもそも成立要件の4は不要ということになる。しかし、この第二次納税義務が、基因関係をあえて成立要件の一つとしていることを勘案すると、無償譲渡等の処分の時から納付通知書を発する時までの間にその基因関係を遮断する事実が認められる場合は、この成立要件の4は成立しないと解するのが妥当であろう。実務取扱いも、無償譲渡等の処分をした後に、滞納者がその国税の総額を徴収できる財産を取得している場合には、当該無償譲渡等の処分について、基因関係がないものとして取り扱って差し支えないとしている（二次提要100⑵イのただし書）。

基因関係の遮断

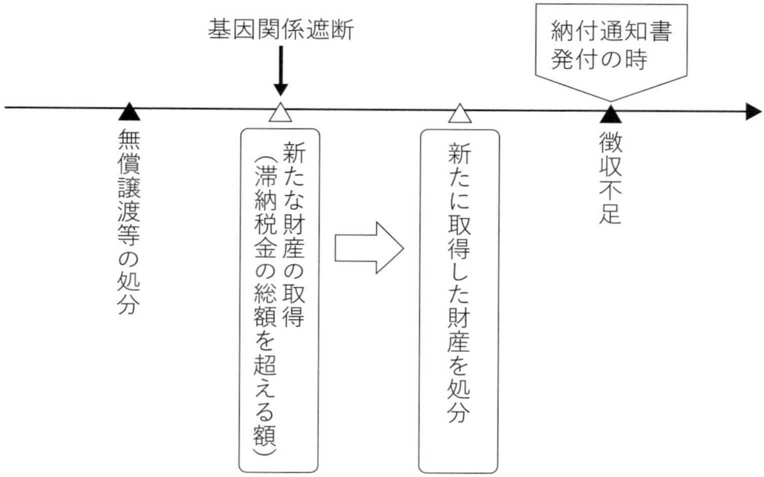

エ　租税に優先する債権を被担保債権とする担保権が設定された財産について、その被担保債権額が譲渡時に当該財産の価額を上回っている場合は、特段の事情がない限り、当該財産の譲渡と徴収不足との間には基因関係がないこととなる（二次提要100⑵イの注書）。これは、租税に優先する被担保債権があるために滞納税金を徴収することができない財産は、もともと滞納税金の徴収の引当てとなる財産にはならないので、その財産が譲渡されたとしても、その譲渡がなければその後の徴収不足が生じなかったという関係が認められないことを理由とする（福岡地判平27. 6 .16税資（徴収関係）順号27－20）。

オ　滞納者が滞納税金の法定納期限の１年前の日以後に２以上の無償譲渡等の処分をしている場合は、原則として次により第二次納税義務を追及する（二次提要100⑵ロ）。

(ア)　無償譲渡等の処分が、親族その他の特殊関係者（Ａグループ）とそれ以外の第三者（Ｂグループ）にされている場合には、まずＡグループから第二次納税義務を負わせる。

(イ)　2以上の無償譲渡等の処分が、Aグループ内でなされている場合又はBグループ内でなされている場合は、納付通知書の発付時に最も近いものから第二次納税義務を負わせる。

3　第二次納税義務を負う者と責任の範囲

この第二次納税義務を負う者は、滞納者の親族その他の特殊関係者とそれ以外の者とに区分され、滞納者の親族その他の特殊関係者は無償譲渡等の処分により受けた利益を限度として、また、それ以外の第三者は無償譲渡等の処分により受けた利益が現に存する限度において、それぞれ主たる納税者の滞納税金の全額について第二次納税義務を負う。

第二次納税義務を負う者	第二次納税義務の範囲	責任の限度
親族その他の特殊関係者	主たる租税の全額	無償譲渡等の処分により受けた利益の限度
それ以外の第三者		無償譲渡等の処分により受けた利益が現に存する限度

(1)　滞納者の親族その他の特殊関係者

滞納者の親族その他の特殊関係者とは、次の者をいう（徴収令14②、地税令6②）。

ア　滞納者の配偶者、直系血族及び兄弟姉妹

これらの者は、滞納者と生計を一にしているかどうかは問わない。

イ　アに掲げる者以外の滞納者の親族で、滞納者と生計を一にし、又は滞納者から受ける金銭その他の財産により生計を維持しているもの

(ア)「滞納者の親族」とは、アを除いた六親等内の血族及び三親等内の姻族をいう。

(イ)「生計を一にする」とは、有無相助けて日常生活の資を共通にしていることをいう。

(ウ)「生計を維持している」とは、前記第8の2(2)①エ・P543と同じ

である。

ウ　ア又はイに掲げる者以外の滞納者の使用人その他の個人で、滞納者から受ける特別の金銭その他の財産により生計を維持しているもの

ここに「特別の金銭」とは、前記第8の2⑵②ア・P544と同じである。

エ　滞納者に特別の金銭その他の財産を提供してその生計を維持させている個人（ア及びイに掲げる者を除く）

この「財産を提供している場合」とは、前記第8の2⑵③と同じである。

オ　滞納者が同族会社である場合には、その判定の基礎となった株主又は社員である個人及びその者とアからエまでのいずれかに該当する関係がある個人

なお、同族会社の株主又は社員の1人又は2人の有する株式又は出資が、発行済株式又は出資の総数又は総額の50%を超える場合等においては、同族会社の「判定の基礎となった株主又は社員」は、その1人又は2人の株主又は社員に限る。

カ　滞納者を判定の基礎として同族会社に該当する会社

キ　滞納者が同族会社である場合において、その判定の基礎となった株主又は社員（これらの者とアからエまでに該当する関係がある個人及びこれらの者を判定の基礎として同族会社に該当する他の会社を含む。）の全部又は一部を判定の基礎として同族会社に該当する他の会社

この「同族会社に該当する他の会社」に当たるかどうかの考え方は、前記第8の2⑵⑥・P545の場合と類似しており、滞納会社と他の会社とは、その同族会社の判定の基礎となった株主によって滞納会社から他の会社に無償譲渡等の行為を容易に行うことができる関係である。

同族会社に該当する他の会社

（滞納会社を甲社、同族会社の判定の基礎となった株主をA、Aとアからエまでに該当する関係がある個人をB、A・Bを判定の基礎として同族会社に該当する他の会社を丙社、これらの者を判定の基礎として同族会社に該当する会社を乙社とした場合）

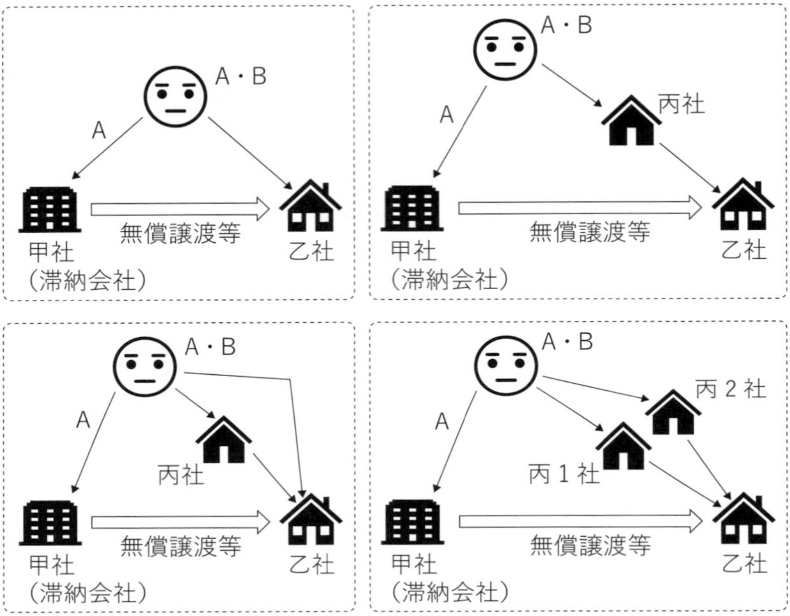

（注）［A・B］：①Aのみ、②Bのみ、③A及びB

(2) 「滞納者の親族その他の特殊関係者」の判定の基準時

「滞納者の親族その他の特殊関係者」に該当するかどうかは、無償譲渡等の処分が契約によるものである場合は、その契約が成立した時を基準として判断する。したがって、無償譲渡等の処分に係る契約が成立した後に特殊関係者に該当しなくなっても、契約成立時に特殊関係者であった場合は、この「滞納者の親族その他の特殊関係者」に該当することになる（徴基通39－10、徴取通11の８(4)）。

(3) 滞納者の親族その他の特殊関係者の責任の限度

滞納者の親族その他の特殊関係者の責任の限度は、無償譲渡等の処分により受けた利益の額である。

ア　「受けた利益の額」は、無償譲渡等の処分により得た財産（以下「受益財産」という）の価額から、対価及び利益を受けるために要した費用の額を控除して求める。

受益財産の価額	－	対価 利益を得るために 要した費用	＝	受けた利益の額

イ　受けた利益の額の算定の基準時は、その譲受けの時（無償譲渡等の処分についての契約成立時）である。

したがって、無償譲渡等の処分後において、受けた利益が滅失等により現存しない場合、受益財産について費用を支出した場合、受益財産に用益物権・担保権・賃借権等を設定した場合、又は受益財産から生じた果実がある場合等であっても、これらの事情は考慮しない（徴基通39－16⑵、徴取通11の８⑸㈠㈡）。

ウ　「受益財産の価額」は、次のとおりである（徴基通39－16⑴）。

㈠　受益財産が「金銭」であるときは、その額。

㈡　受益財産が「金銭以外のもの」であるときは、無償譲渡等の処分がされた時点におけるそのものの時価。

㈢　受益財産が「担保権付財産」であるときは、㈡と同様、無償譲渡等の処分がされた時点におけるそのものの時価。この場合、被担保債務の額は、譲受人が被担保債務を引き受けていると認められる場合（実質的に引受けをしたと認められる場合を含む。）を除き、控除しない。

㈣　受けた利益が「債務の免除」であるときは、債務が免除された時のその債権の価額。

㈤　受けた利益が「地上権の設定等」であるときは、その設定等がされた時の地上権等の時価。

なお、㈢において、原則として被担保債務の額を控除しないことと

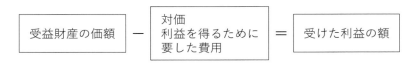

しているのは、①担保権が実行されるか否かは不確実であること、②担保権が実行されたとしても債務者に求償することが可能であることを理由とする。また、「実質的に被担保債務を引受けをしたと認められる場合」とは、贈与を受けた時に債務者が弁済不能の状態にあるため担保権を実行されることが確実であり、かつ、債務者に求償しても弁済を受ける見込みがないという場合などをいう（審判所裁決平20.10.22裁決事例集№76）

しかしながら、受益財産が、例えば、租税に優先する抵当権（被担保債権80万円）の付いた不動産（時価100万円）である場合、仮に無償譲渡等の処分がなかったならば、つまり、その不動産が滞納者の手元にあった場合は、その財産からの租税の徴収は20万円（時価100万円－優先被担保債権額80万円）しかできないところ、その財産が無償譲渡等の処分により譲受人に移転した場合は、その譲受人に対して、100万円全額を追及できることになるとするのは、第二次納税義務を課した行政機関等に著しく有利なものとなり、譲受人との関係において衡平を欠くように思料される。また、無償譲渡等の処分と徴収不足との間の基因関係においては「租税に優先する債権を被担保債権とする担保権が設定された財産について、その被担保債権額が譲渡時に当該財産の価額を上回っている場合は、特段の事情がない限り、当該財産の譲渡と徴収不足との間には基因関係がない」（前記２⑷エ・P589参照）とする実務取扱いとの整合性についても検討が必要のように思料される。

また、㈤における債権（債務）の価額は、債務者の支払能力、弁済期等を考慮して算定するが（二次提要105⑴ハ）、債権の回収が不可能又は著しく困難であると見込まれるような事情が認められない限り、その債権の額面上の金額により評価してよいであろう（審判所裁決平30.６.７裁決事例集№111）。

エ　受益財産から控除する「利益を受けるために要した費用」は、受益財産の取得のために支払った費用及びこれに類するもののうち、その譲受けに直接関係のあるものに限られ、また、その受益の時においてその存否及び数額が法律上客観的に確定しているものであることを要する（最判昭51.10.８訟務月報22－10－2479）。これに該当するものとして、例えば、契約に要した費用、贈与税、不動産取得税、登録免許税、源泉徴収された所得税などがある。これらに対し、保管料、譲受人に課された固定資産税、その譲受けに基因して課された道府県民税及び市町村民税等は「利益を得るために要した費用」に該当しない（二次提要105⑵、同104⑴ロ(ロ)）。

補足　受益財産の取得により課される法人税、所得税、道府県民税及び市町村民税は、当該財産の取得による所得のみならず、その課税期間中に生じた他の所得及び損失等との関連において課税標準及び税額が異動するものであって、受益の時においてはその納税義務の存否及び数額を法律上客観的に確定することができないものである。したがって、たとえ受益後に税額が確定しこれを納付したとしても、その納付税額は、受益財産の価額から控除することはできない（前掲最判昭51.10.８参照）。

⑷　第三者の責任の限度

この第二次納税義務を負う第三者は、主たる納税者の滞納税金について、無償譲渡等の処分により受けた利益の現に存する額を限度として責任を負う。

ア　受けた利益が金銭である場合の「現に存する額」

受けた利益が金銭である場合は、原則として、受けた利益の額がそのまま「現に存する額」となるが、なお次に留意する。

(ア)　受けた利益の額

受けた利益が金銭である場合、その金銭の額から次に掲げる額を控除したものが受けた利益の額となる。

①　その金銭を受領するために要した対価の額

例えば、滞納者から1,000万円を譲り受けるに当たり、その対価として時価100万円相当の骨とう品を滞納者に譲り渡した場合は、その骨とう品の時価相当額100万円がこれに当たる。

② その金銭を受領するために要した費用等で、金銭受領と直接関係のあるものの額

例えば、滞納者から1,000万円を貰ったことにより贈与税231万円を納付した場合、その額がこれに当たる。

⑴ 現存推定

受けた利益が金銭である場合、その後に減少した事実がない限りは、現存するものと推定される（大判明39.10.11民録12－1236）。そこで、実務においては、受けた利益が金銭である場合は、受益後に減少した事実が明らな場合（次の㈦参照。なお、その立証責任は第二次納税義務の適用を受けるおそれのある者が負う。）を除き、受けた金銭の額をそのまま「現に存する額」とし、現存の有無についての調査は特にする必要はない（二次提要104⑵イ参照）。

㈦ 受益後の減少が明らかな場合

受益後の減少が明らかな場合は現存推定は崩れる。ただし、受益後に受けた金銭の使用が事業や生活に必要な出費のために使われたものであるときは、受けた利益は依然として現存するものと解される。この点については、民法703条の不当利得の返還義務における現存利益の考え方が参考となる。

A 不当利得における金銭の現存利益の考え方

民法703条は、不当利得した者（不当利得について善意である者に限る。）は現存利益を返還しなければならない旨を規定している。

例えば、100万円の支払債務がないにもかかわらず債務があると勘違いして100万円を支払ってしまった場合は、その支払を受けた者（善意の受益者）は、法律上の原因なく100万円を利得し、一方、支払ってしまった者は100万円を損したことになる。そこで、このような場合は、受益者は返還義務を負うこととされるが、その返還の範囲は100万円が現に存する限度である。

この場合、受益者が受領した100万円を使わずに保管していた

ときは、受けた利益がそのまま現存しているので、受益者は100万円全額を返還しなければならない。

他方、使ってしまった場合は、次のように解されている。

(A)　その金銭を借金の返済その他必要な出費に充てた場合

借金の返済は、もともとは受益者自身の財産から返済すべきものである。したがって、受領した100万円で返済した場合は、その分だけ自分（受益者）の財産の減少を免れたという利益が残っていることになる（自分のサイフから支払わないで済んだので、100万円がそのまま自分のサイフの中に残っている。）。

同様に、生活や事業に必ず必要な出費（水道光熱費など）にその100万円を使用した場合も、それによって本来ならば自分のサイフから出すべき出費を免れたのであるから、その分だけ利益（100万円）が自分（受益者）の手元に残っているとみることができる。

したがって、このような場合は、受益者は、「現に存する額」として100万円を返還しなければならない。なお、このような考え方を「出費の節約」と呼んでいる。

(B)　必要な出費に当たらないものに使用した場合

例えば、受益者が100万円を手にしたのをよいことに、前々から欲しいと考えていた100万円の腕時計を購入した場合は、腕時計の購入費用は必要出費には当たらない。この場合は、受益者は、購入した腕時計の現在の価額の限度で返還する義務を負う。また、100万円を全額遊興費に使いきってしまった場合は、現存額はないので返還義務が生じないことになる。

Ｂ　この第二次納税義務における金銭の「現に存する額」の考え方

この第二次納税義務においても、次のとおり、民法の不当利得の場合と同様の考え方をとっている。

①　金銭等を受益し、その金銭等を飲食等のために費消した場合

は、その金銭等に相当する利益は現存するものとする（徴取通11の8(3)イ(イ))。

② 「現に存する額」の算定に当たっては、「受けた利益の額」から、「金銭を譲り受けたことを直接の理由とする特別の消費（例えば、金銭を譲り受けたことを直接の理由として浪費した場合）及びこれに類する財産の減少の額」を控除する（第二次納税義務関係104(2)、104(1)ロ(ハ))。

補足 この取扱いでは、「特別の消費及びこれに類する財産の減少額」を受けた金銭の額から控除するとしているので、事業又は生活に必要な出費は控除しないことになる。

③ 金銭を受けたことを直接の理由として特別に財産を取得した場合（例えば、金をやるから土地を買っておけと言われ、金銭の贈与を受けて土地を購入した場合）には、算定した額からその取得に要した金銭の額を控除したものに、その取得した財産のうち現に存するものの額（納付通知書を発する時の現況による通常の時価）を加えて、現に存する利益の額を算定する（二次提要104(2)ハ。名古屋地判平成24.3.8税資（徴収関係）順号24－14)。

なお、受けた金銭と自身の金銭等とを合わせて財産を取得した場合は、その「現に存する額」の算定は、その取得した財産の現存額に、その取得費の合計額のうち受けた金銭の額が占める割合を乗じて求めるのが合理的である（二次提要104(2)ニ参照)。例えば、受けた金銭600万円、自身の金銭400万円で財産を取得した場合、その財産の納付通知書を発する時の時価が800万円であるときは、「現に存する額」は、480万円（800万円×（600万円／1000万円)）となる。

④ 受けた金銭が特定されている間（例えば、贈与を受けた金銭を封筒に入れて封をしておいた場合）にその全部又は一部について滅失、盗難等により現存しないこととなった事実が証明されたときは、その現存しないこととなった額を控除する（二次提要104(2)ロ)。

補 足　現存しないこととなった事実の証明は、実務上、第二次納税義務の適用を受けるおそれのある者に書面で行わせることとしている。

イ　受けた利益が金銭以外のものである場合の「現に存する額」

受けた利益が金銭以外のものである場合は、それぞれ次により「現に存する額」を求める（二次提要104⑴）。

㋐　受けた財産が現存する場合

受けた財産が現存する場合は、納付通知書を発する時の現況によるその財産の時価（注：無償譲渡等の処分がされた時の時価ではない。）から、次に掲げるものを控除した額が「現に存する額」となる）。

①　そのものを譲り受けるために支払った対価の額

対価の額が金銭以外のものである場合は、無償譲渡等がされた時のそのものの時価であり、金銭の場合はその金額である。

②　そのものを譲り受けるために支払った費用及びこれに類するもののうち、そのものの譲受けと直接関係のあるものの額（前記⑶エ・P594参照）

③　そのものを譲り受けたことを直接の理由とする特別の消費及びこれに類する財産の減少の額（前記ア㋒Ｂ②参照）。

受益財産の納付通知書を発する時点の時価　－　①対価
②譲り受けるために支払った費用等
③譲り受けたことを直接の理由とする特別の消費等　＝　現に存する額

㋑　受けた財産が加工等により価額が増加した場合

例えば、建物の贈与を受けた後に、その第三者が修繕や造作を加えたことにより建物の価値が増加したケースであるが、その場合は、納付通知書を発する時におけるその財産の時価から価額を増加させるために支払った費用（修繕費、改良費等）を減算し、これに上記

(ア)に掲げた①から③の額を控除した額が「現に存する額」となる。

受益財産の納付通知書を発する時点の時価

－

価値を増加させるために支払った費用（修繕費、改良費等）

＋

①対価
②譲り受けるために支払った費用等
③譲り受けたことを直接の理由とする特別の消費等

＝

現に存する額

(ウ)　受けた財産に地上権や抵当権等が設定された場合

例えば、土地の贈与を受けた後に、その第三者が、その土地上に地上権、賃借権、抵当権等を設定したケースであるが、その場合は、納付通知書を発する時におけるその財産の時価に、①地上権等の設定等により得た利益（権利金、礼金、賃借料等）のうち現に存するものの額を加算し、②地上権等の設定等に要した費用（契約費用等）を減算し、これに(ア)に掲げた①から③の額を控除した額が「現に存する額」となる。

受益財産の納付通知書を発する時点の時価

＋

地上権の設定等により得た利益の現存額

－

地上権の設定等に要した費用

－

①対価
②譲り受けるために支払った費用等
③譲り受けたことを直接の理由とする特別の消費等

＝

現に存する額

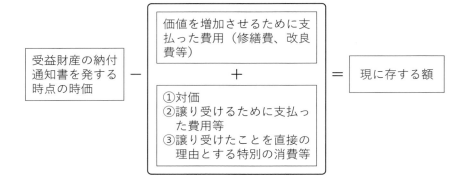

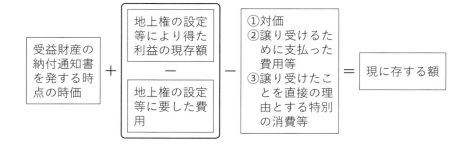

㈡　受けた財産の全部又は一部が現存しない場合

例えば、受けた財産の全部又は一部について、受益後に、譲渡、毀損、盗難又は火災等があったケースであるが、その場合は、納付通知書を発する時におけるその残存する財産の時価に、①現存しないことに伴い得た利益（売却代金、保険金、損害賠償請求権等）のうち現に存するものの額を加算し、②その利益を得るために要した費用（売買費用、保険料、損害賠償請求のための通信費、交通費等）を減算し、これに㈠に掲げた①から③の額を控除した額が「現に存する額」となる。

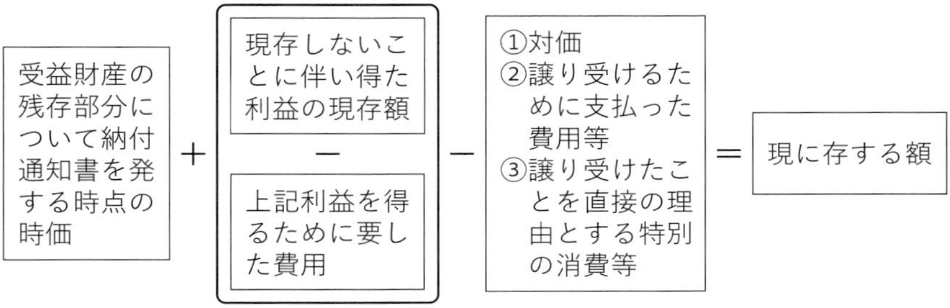

ウ　受けた利益が債務の免除である場合の「現に存する額」

受けた利益が債務の免除である場合は、債務の免除がされた時点におけるその債権の価額を求め、これをアの受けた利益が金銭である場合のその「金銭の額」に当たるものとして「現に存する額」を定めることとしている。

なお、対価及び譲り受けるために支払った費用があるときは、これを控除する。

エ　受けた利益が地上権の設定等である場合の「現に存する額」

受けた利益が地上権等用益権の設定、賃借権の設定、抵当権等担保権の設定等である場合は、上記イに準じて「現に存する額」を定めることとしている。この場合、例えば、無償譲渡等の処分が抵当権等の担保権の設定処分であるときは、滞納者（物上保証人）に通常支払われるべき保証料の額が受けた利益の算定の基礎となる。そして、この保証料の算定については、実務上は信用保証協会の保証料を参考にすることとしている（二次提要104⑷）。

補足 信用保証協会の信用保証料は、貸付金額、信用保証料率、保証期間及び分割係数（分割返済回数と分割方法を考慮した係数）によって算出され、その保証料の概算額は、信用保証協会のホームページにある「保証料計算シミュレーション」により求めることができる。しかしながら、その算出に必要な信用保証料率は、保証区分別及び料率区分別により種々定められており、かつ、9段階に区分されている料率区分の料率は区分1と区分9との階差が大きいものとなっているところ、その適用に当たってはCRD（中小企業信用リスクデータベース）協会のリスク評価システムを用いて判定するとされているなど、徴収職員自身で保証料率を求めることは事実上困難である。したがって、信用保証協会の協力を得ることが望ましいが、それが困難な場合は、抵当債務者の経営状況に特段の問題がない限り、保証料率の中央値によることとして差支えないであろう（信用保証協会によると、保証料率については、中小企業の多くが中央値に集まるよう設計されている。）。

オ　受けた利益から生ずる果実と「現に存する額」

「受けた利益の額」の算定に当たり、無償譲渡等の処分による受益財産から生ずる果実（民法88）をどのように取り扱うのかについては、次のとおり、国税の実務取扱いと地方税の実務取扱いとで見解が分かれているようである。

㋐　国税の実務取扱い

原則として、受けたものから生じた果実は「現に存する額」には加えないとしている（徴基通39－12⑴、二次提要104⑴イ㈠の注書）。

なお、その例外として、果実が受益財産の一部となっている場合

（その例として、「みかんの木の贈与を受けた場合においてみかんが成熟し、木に付着しているとき」がこれに当たる。）には「現に存する額」に加算するものとする。

(イ)　地方税の実務取扱い

利益から生じた果実（収穫物、地代、家賃等）は、「現に存する額」に含まれるとしている（徴取通11の８(3)イ(エ)）。ただし、利益を受けた者が受益物の果実を取得している場合において、その者から、その果実に係る利益についての第二次納税義務の責任の免除の申出がある場合には、その申出に応ずるものとして、実務的な調整を図っている。

この点については、果実は、受益財産があってこそ初めて取得できるものなので、理論上は、地方税の実務取扱いのように、果実を「現に存する額」に含めるのが正当と考える。問題は、果実を「現に存する額」に含めるといっても、正確には、取得した果実の額から、その取得に要した費用等（受益者の投下した労力、経営力等）を控除した額を受けた利益の額とすべきであろう。そうすると、取得に要した費用等の額を算出する必要があるが、受益者の投下した労力や経営力等を数値化するのは困難と言わざるを得ない。したがって、現実的な対応としては、国税の実務取扱いによることが妥当であろう（浅田久次郎等共著「第二次納税義務制度の実務と理論（平成５年版）」182頁参照）。

第10 偽りその他不正の行為により租税を免れた株式会社の役員等の第二次納税義務

1　第二次納税義務追及のための着眼点

法人が脱税や消費税等の不正還付を受けた場合において、その不正行為によって得た財産を代表者等の役員が処分等をした上で、その法人を廃業してしまうケースがある。税務機関の課税調査や徴収の段階ではもはやその法人の実体がなく、滞納処分を行う段階では税金の徴収が困難な状態である。そこで、このような場合に、不正行為によって得た法人の財産を処分した法人の役員等を第二次納税義務者とし、処分をした価額を限度として追及できることとしたのが、この偽りその他不正の行為により租税を免れた株式会社の役員等の第二次納税義務である（徴収法40、地方税法11の９）。

《追及のための着眼点》

☞・　法人の滞納か。

・　租税が、犯則事件に関わるものか。

・　脱税によって得た財産や不正還付による還付金を、代表者等が受け取ったり、第三者に渡していないか。

補 足　この第二次納税義務は、令和６年の税制改正（徴収法につき令和６年法律８号、地方税法につき令和６年法律４号）により新たに整備されたものであり、令和７年１月１日以降に偽りその他の不正行為により免れ、又は還付を受けた租税について適用される。

偽りその他不正の行為により租税を免れた株式会社の役員等の第二次納税義務

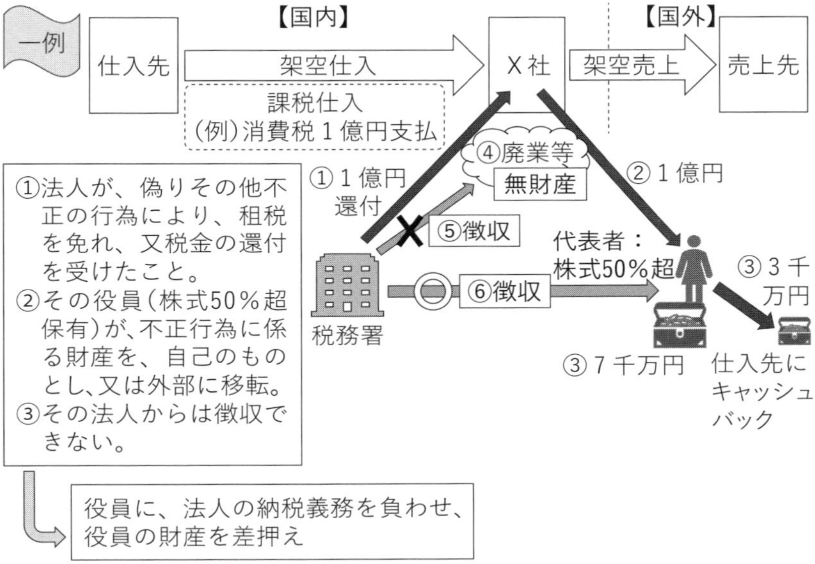

2　第二次納税義務の成立要件

⑴　成立要件

《成立要件》

1　納税者は、株式会社、合資会社又は合同会社（以下、「株式会社等」という。）であること。

2　株式会社等が、偽りその他の不正行為により免れ、又は還付を受けた租税を納付していないこと。

3　株式会社等に対して滞納処分を執行してもなお徴収すべき租税の額に不足すると認められること（徴収不足）。

4　その株式会社等の役員等が、偽りその他の不正行為があった時以後に、会社から財産の移転を受け、及び他に移転したこと。

5　その株式会社等は、その役員等を判定の基礎とした場合の被支配会社であること。

⑵ 納税者（成立要件の１）

納税者は、株式会社、合資会社又は合同会社に限られる。合名会社は、全ての役員が無限責任社員で構成されているので、役員に対しては、合名会社等の社員の第二次納税義務（徴収法33、地方税法11の２）により追及できるため、この第二次納税義務を適用するまでもない。合資会社の場合も、まずは、無限責任社員に対し「合名会社等の社員の第二次納税義務」により追及し、それでもなお徴収不足であるときに限り、この第二次納税義務を適用することになる（徴収法40、地方税法11の９）。

⑶ 偽りその他の不正行為により租税を免れ、又は租税の還付を受けたこと（成立要件の２）

「偽りその他の不正行為」とは、通常、ほ脱の意図をもって、その手段として税の賦課徴収を不能又は著しく困難とするような偽計その他の工作を行うことをいうが、この第二次納税義務では、ほ脱の意図があることまでは要せず、また、重加算税の課税要件である「隠蔽」又は「仮装」も、一般的には、これに該当すると解されている（徴基通40－１）。

⑷ 財産の移転を受け、及び他に移転したこと（成立要件の４）

具体的には、役員等が、株式会社等の財産（不正行為によって創出したもの等）を自己のために移転（贈与、売買、報酬等）している場合や不正行為に加担した取引先に加担料としてその財産を移転した場合など、その役員等による会社財産の流出行為をいう（徴基通40－10）。

⑸ 役員等の被支配会社であること（成立要件の５）

会社財産の流出行為をした役員等が、その株式会社等の発行済株式又は出資の総数又は総額の百分の五十を超える数又は金額の株式又は出資を有していることである。つまり、株式会社等が流出行為をした役員等の支配下にあることを要件とするものである。

補 足　「役員等」とは、株式会社の役員（会社法329①、402）、合資会社・合同会社の業務を執行する有限責任社員をいう。

3　第二次納税義務を負う者と第二次納税義務の範囲等

この第二次納税義務者は、被支配会社の財産（不正行為により創出したもの）を社外に流出（自己のものとし、及び他の者に移転すること）させた当事者である役員等であり、その役員等は、免れた租税等（不正行為により免れた租税又は還付を受けた租税をいう。）の額と流出した財産の価額のいずれか低い額を限度として、主たる租税（免れた租税等）の全額について第二次納税義務を負う。

第二次納税義務を負う者	第二次納税義務の範囲	責任の限度
偽りその他不正の行為があった時以後に、その株式会社等の財産の移転を受け、及び他に移転した役員等（その株式会社等の発行済株式又は出資の総数又は総額の百分の五十を超える数又は金額の株式又は出資を有している者であること。徴基通40－６参照）	主たる租税の全額	次の①と②のいずれか低い額 ①　偽りその他不正の行為により免れ、若しくは還付を受けた租税の額 ②　その株式会社等の財産のうち、その偽りその他不正の行為があった時以後に、その役員等が移転を受けたもの及びその役員等が他に移転したものの価額

補 足　責任の限度の②の「役員等が他に移転したもの」には、通常の取引に基づくものは含めない（徴収法40、徴収令14の２、地方税法11の９、地税令６の２、徴基通40－13）。

第11　人格のない社団等の財産の名義人の第二次納税義務

1　第二次納税義務追及のための着眼点

人格のない社団等が営利行為を行うと納税義務が発生し、その納付がない場合はその人格のない社団等の財産に対して滞納処分を執行することになる。しかし、不動産等の登記・登録できる財産については、人格のない社団等の名義で登記・登録することができないため、その代表者等第三者の名義で所有権の登記・登録をしている。そのため、その財産は、法形式上は、その代表者個人の所有物となっているので、これを直接差し押さえることができない。そこで、この財産の名義人に対して第二次納税義務を負わせ、その名義人に対する滞納処分としてその不動産を差し押さえることができるようにしたのが、この人格のない社団等の財産の名義人の第二次納税義務である。

《追及のための着眼点》

☞・　滞納者が人格のない社団等であるか。

・　人格のない社団等が不動産等登記・登録できる財産を有しているか。

2　第二次納税義務の成立要件

⑴　成立要件

この第二次納税義務も共通要件である「徴収不足」を成立要件としている（徴収法41①、地方税法12の２②）。しかし、他の第二次納税義務の場合とは異なり、第二次納税義務者名義の財産は、滞納者である人格のない社団等の所有物であり、ただ登記・登録の必要上、形式的に第二次納税義務者の名義を借用しているにすぎないのであるから、「徴収不足」をあえて要件とする必要性は乏しいのではなかろうか。

《成立要件》
1　人格のない社団等が租税を滞納したこと。
2　滞納者に対して滞納処分を執行してもなお徴収すべき租税の額に不足すると認められること（徴収不足）。

⑵　人格のない社団等の意義

人格のない社団等とは、法人でない社団又は財団で代表者又は管理人の定めがあるものをいう（徴収法３、地方税法12）。私法上の「権利能力のない社団又は財団」がこれに該当する。

ア　法人でない社団

法人でない社団とは、多数の者が一定の目的を達成するために結合した団体のうち法人格を有しないものであり、単なる個人の集合体でなく、団体として組織を有して統一された意思の下にその構成員の個性を超越して活動を行うものをいう（徴基通３－１、徴取通12⑵ア）。一般的には、団体としての組織を備え、代表の方法、総会の運営、財産の管理、その他社団としての主要項目が規則によって定められていることを要するとされており、例としては、学校卒業生から構成される学友会など相互扶助・親睦を目的とした団体や、法人となるべき一定の手続をしていない又はその手続を申請中の団体が該当する。

社団である以上、民法上の組合（民法667）とは峻別される。また、匿名組合（商法535）も「法人でない社団」ではない。

㈱　匿名組合とは、名前を出さないで出資者（「匿名組合員」という）が特定の営業者のために出資し、その営業から生ずる利益の分配を受ける契約であり、①匿名組合員が出資したものは営業者の財産となり、②匿名組合員は、その営業の業務執行権がなく、さらには、営業者の行為について第三者に対して権利・義務を有しない（商法536）。

○　社団と組合の違い

	社　　　団	組　　　合
実体面	構成員たる個人が重要性を失い、団体が個人を超えた独自の存在として単一体をなしている。	構成員たる個人がなお重要性を有し、団体が個人を超えた独自の存在をなしていない。
団体活動の方法	団体の活動は、代表機関によって行われることが予定されている。構成員は、総会を通じて（多数決原則による意思表明によって）参加できるにすぎない。	団体の活動は、構成員全員又は構成員全員から代理権を与えられた者によって行われることが予定されている。
権利義務の帰属	団体の権利義務は団体に帰属し、構成員には帰属しない。	団体の権利義務は、構成員全員に「共有」的に帰属し、団体には帰属しない。

イ　法人でない財団

法人でない財団とは、一定の目的を達成するために出えんされた財産の集合体で、特定の個人又は法人の所有に属さないで、一定の組織による統一された意思の下にその出えん者の意思を実現すべく独立して活動を行うもののうち法人格を有しないものをいう（徴基通３－２、徴取通12⑵イ）。

ある「一定の目的を達成するために出えんされた財産の集合体」が存在する場合に、それが「法人でない財団」に該当するというためには、その財産が出えん者の所有から離れて独立した存在として活動していなければならない。

ウ　代表者又は管理人の定め

「法人でない社団又は財団で代表者又は管理人の定めがある」とは、

当該社団又は財団の定款、寄付行為、規約等によって代表者又は管理人が定められている場合をいうが、そのような定款等による定めがない場合であっても、事実上管理者であると認められる者、つまり、当該社団又は財団の業務に係る契約を締結し、その金銭、物品等を管理するなどの業務を主宰する者が事実上いる場合は、この「法人でない社団又は財団で代表者又は管理人の定めがある」に該当する（徴基通３－３、徴取通12(3)）。

(3)　徴収不足

徴収不足かどうかは、滞納者である人格のない社団等に属する財産について滞納処分を執行してもなおその徴収すべき滞納税金の額に不足すると認められるかどうかにより判定するが、人格のない社団等に属する財産であっても登記・登録上第三者が名義人となっているものは除いて判定する。

3　第二次納税義務を負う者と第二次納税義務の範囲等

この第二次納税義務者は、人格のない社団等の所有財産の登記・登録上の名義人となっている第三者であり、その第三者は、自己が名義人となっている財産を限度（物的第二次納税義務）として、主たる租税の全額について第二次納税義務を負う。

第二次納税義務を負う者	第二次納税義務の範囲	責任の限度
人格のない社団等が有する財産で登記・登録を要するものについて、その登記・登録上の名義人（法律上、その財産が帰属するとみられる第三者）	主たる租税の全額	その法律上帰属するとみられる財産を限度

第12 自動車等の第二次納税義務

1 第二次納税義務の追及のための着眼点

納税者が自動車又は軽自動車等（以下「自動車等」という）を購入する際に、その購入代金につき販売会社との間で月払のローン契約を組む場合がある。その場合、自動車等は、買主である納税者に現実の引き渡しがなされるものの、その所有権は、ローンが完済するまで販売会社に担保として留保される。つまり、法形式上は、販売会社が依然として所有者としての地位にある。一方、自動車税又は軽自動車税（種別割によるものをいい、以下「自動車税等」という）の課税関係は、本来は、所有者が納税義務者となるのであるが（地方税法146①、443①）、所有権を留保している販売会社は実質的には担保権者にすぎない（所有権の留保は、ローン債権を担保することを目的としている。）ので同社に課すことは適当ではない。そこで、このような場合は、買主を所有者とみなし、同人に対して課すこととしている（地方税法147①、444①）。

そうすると、買主が自動車税等を滞納した場合は、法形式上は、その自動車等の所有権は販売会社に帰属しているため、その自動車等に対し直接滞納処分を執行することができないという徴収上の不都合が生ずることになる。そこで、その自動車等の法形式上の所有者である販売会社から自動車税等を徴収できるようにしたのが、この第二次納税義務である。

《追及のための着眼点》

☞ ・ 滞納税金が種別割に係る自動車税等であるか。

・ 代金債権の担保として所有権が留保されているか。

2 第二次納税義務の成立要件

(1) 成立要件

この第二次納税義務は、共通要件である「徴収不足」に加えて、自動車等の売主がその自動車等の所有権を留保していることを要する（地方税法11条の10)。

《成立要件》
1　滞納税金が自動車税等であること。
2　滞納者が、①の課税対象となった自動車等の買主であること。
3　売主が、①の課税対象となった自動車等の所有権を留保していること。
4　滞納者に対して滞納処分を執行してもなお徴収すべき額に不足すると認められること（徴収不足）。

補足　令和6年の税制改正（令和6年法律4号）により、「偽りその他不正の行為により地方団体の徴収金を免れた株式会社の役員等の第二次納税義務」が地方税法11条の9として整備された。これにより、改正前の「11条の9」の自動車等の売主の第二次納税義務が、改正後は「11条の10」に改正されている。また、地方税法施行令の「6条の2」（自動車等の譲渡価格）も、「6条の2の2」に改正された（令和6年政令136号）。なお、この改正の施行日は、令和7年1月1日である。以下、改正後の条項による。

⑵　自動車税等（成立要件の1）

自動車税又は軽自動車税には、環境性能割によって自動車等の取得者に対して課すものと、種別割によって自動車等の所有者に対して課すものとがある。そのうち、この第二次納税義務を適用できるのは種別割によって課す自動車税又は軽自動車税である（地方税法146①、443①)。

また、対象となる自動車税等は、売主が所有権留保している自動車等の買主をその自動車等の所有者とみなして課したものに限られる（地方税法147①、444①。以下、これらの条項による課税を「みなす課税」という。)。

⑶　自動車等の買主の意義（成立要件の2）

自動車等の買主とは、自動車等の売買契約の当事者である買主をいうが、その認定は、自動車については自動車登録ファイルに「使用者」として登録された者を、また、原動機付自転車及び小型特殊自動車については課税標識の交付を受けた者を、通常、買主としている。

⑷　所有権留保の意義（成立要件の３）

売買契約においては、買主への目的物の引渡しを先に行い、代金の支払は引渡し後に行うというケースがあるが、その場合、代金債権を担保する手段として、代金の完済まで目的物の所有権を売主に留保するという方法が採られることがあり、これを「所有権留保」という。

この所有権留保には、売主自身が所有権を留保する売主留保型と、信販会社等の第三者が所有権を留保する第三者留保型とがあるが、売主留保型の所有権留保がこの第二次納税義務の対象となることは地方税法147条１項及び444条１項の文理上明らかである。また、第三者留保型の所有権留保がこの第二次納税義務の対象となるかどうかについても、後記３⑵のとおり、積極的に解すべきであろう。

3　第二次納税義務を負う者と第二次納税義務の範囲

第二次納税義務を負う者は、みなす課税に係る自動車等の所有権を留保している「売主」であり、その売主は、主たる納税者（買主）にみなす課税により課した自動車税等の全額について、その課税に係る自動車等の譲渡価額を限度として、第二次納税義務を負う。

第二次納税義務を負う者	納税義務の範囲	責任の限度
滞納に係る自動車税等の課税原因となった所有権留保付の自動車等の売主	主たる納税者に、みなす課税により課した自動車税等の全額	自動車等の譲渡価額を限度

⑴　第二次納税義務者の範囲

第二次納税義務者となる「所有権留保付の自動車等の売主」については、実務上、次のように取り扱っている。

ア　この第二次納税義務の告知は、当該自動車等について売主が所有権を留保している間に限り行うことができるものとすること（地方税法の施行に関する取扱について（道府県税関係）18⑵本文、（市町村税関係）18⑵参照）。

イ　売主が自動車の登録上所有者とされている場合であっても、すでにその所有権留保付自動車等に係る賦払金等が完済されているときは、売主に対し、この第二次納税義務を課さないものとすること（地方税法の施行に関する取扱について（道府県税関係）18⑵なお書参照）。

⑵　第三者留保型における第二次納税義務の適用の可否

地方税法147条１項及び444条１項は、「売買契約において売主が所有権を留保している場合」にみなす課税を適用する旨を規定し、また、地方税法11条の９第１項は「当該自動車等の売主」にこの第二次納税義務を適用する旨を規定しているので、売主留保型については、買主にみなす課税が適用され、そして、売主にこの第二次納税義務が適用されることは問題がない。

一方、課税実務においては、第三者留保型の場合も、自動車等の買主に対してみなす課税を適用している。みなす課税の制度は自動車等の所有の実態に着目したものであることから、この課税実務の取扱いは妥当である。そして、その課税実務を前提とした場合、所有権を留保している信販会社等の第三者に対しても、その者を「売主」としてこの第二次納税義務を適用することが可能となろう。

ところで、この課税実務の取扱いを肯定するためには、信販会社等の第三者が、①地方税法147条１項又は444条第１項に規定する「売買契約」の当事者であること、②「売主」に該当することの２点をクリアする必要があるが、これらの点についての公的な見解は見当たらない。この点につき、私見は次のとおりである。

地方税法147条１項又は444条１項（以下本項において「これら条項」という。）の解釈に当たっては、みなす課税の制度が自動車等の所有の実態に着目した制度であることを踏まえて検討すべきであり、そうすると、これら条項の「売買契約」及び「売主」の意義についても私法上の概念をそのまま適用するのは妥当ではなく、みなす課税の制度趣旨の観点からの検討が必要である。

このように解した場合、これら条項に規定する「売買契約」とは、私法上の売主と買主との二者間による売買契約のみをいうのではなく、自動車等を取得するために必要な諸契約を一体としてとらえたものをいうと解するのが相当である。そうすると、自動車等のローン契約も、そのローン契約がなければ売買契約が成り立たないのであるから、売買契約の一部を構成するものとしてとらえることができる。また、「売主」についても、私法上の売買契約において売主が買主に対して有する権利（代金支払請求権）と義務（自動車等の引渡義務）を備えた者をいうと解するのが相当である。そうすると、信販会社等は、立替金又は保証債務の履行等として売買代金を販売会社に支払った段階で、販売会社の購入者に対する売買代金債権とこれを担保するため留保されていた所有権を法律上当然に所有することになるので（最判平29.12.7民集71－10－1925参照）、信販会社等もこれら条項の「売主」に該当すると解することができる。

㈴　売主の義務である自動車の引渡義務は、販売会社によって履行済である。

以上から、第三者留保型の所有権留保においてもこれら条項の適用があり、したがって、みなす課税に係る自動車税等を徴収するために、信販会社等の第三者に対してこの第二次納税義務を追及することも可能であると解する。

⑶　責任の限度である「譲渡価額」

「譲渡価額」とは、「所有権留保付自動車等の引渡しと同時にその代金の全額の受渡しを行うものとした場合の価額である（地税令6の2の2）。つまり、販売価額のことであって、ローン手数料を加算した割賦販売価額ではないことに留意する。

4　第二次納税義務に係る納付義務の免除

この第二次納税義務を自動車等の売主に対して課すことができる場合であっても、貸倒れにより売買代金の取立てができない事情があるときは、売主に対してこの第二次納税義務の履行を求めることは酷であるとも考えられる。そこで、このような場合は、一定の要件の下に売買代金の取立てができなくなった額を限度として第二次納税義務に係る租税の納付義務を免除するものとしている（地方税法11の10②③）。

⑴　納付義務の免除の要件

ア　要件

次の３つの要件を充足した場合は、納付義務を免除する。

①　自動車等の所在と買主の所在（住所又は居所）とが、ともに不明であること。

②　売主が、自動車等の売買代金の全部又は一部を受け取ることができなくなったと認められること。

③　売主から第二次納税義務の納付義務免除の申告があること。

イ「受け取ることができなくなったと認められる」の意義

要件の②の「受け取ることができなくなったと認められる」とは、実務取扱いでは、一般的には、受け取ることができなくなった賦払金について税務計算上損金又は必要経費として処理された場合をいうとしている（地方税法の施行に関する取扱について（道府県税関係）18⑷本文、（市町村税関係）18⑷本文参照）。この点につき、税務計算上損金又は必要経費として処理するためには、賦払金の取立てが、買主（債務者）の資産状況、支払能力等からその全額が回収できないことが明らかになった場合において、その明らかになった事業年度において貸倒れとして損金経理する必要がある。そのため、自動車等の所在や買主の所在等が不明であったとしても、例えば、自動車等以外に強制執行可能な財産があるときは、税務上は貸倒れの処理をすることはできないことに留意する必要があろう。

なお、実務上、売主からの申出により税務計算上損金又は必要経費として処理するまでに相当の日時を要すると認められる場合は、納付の催告書の発付を留保する等適切な措置を講ずることとしている（地方税法の施行に関する取扱について（道府県税関係）18⑷なお書、（市町村税関係）18⑷なお書参照）。

もっとも、税務計算上の損金又は必要経費として処理したかどうかによる認定は、「受け取ることができなくなったと認められる」かどうかを認定する際の一例であるから、税務計算上の処理が未だなされていない場合であっても、現に買主（債務者）の資産状況、支払能力等からその全額が回収できないことが客観的に認められる事実が存するときは、「受け取ることができなくなったと認められる」と判断することができよう。

ウ　納付義務免除の申告

この第二次納税義務に係る納付義務の免除は、売主から、納付義務免除の申告がなければ行うことができない。この申告は、法令上は書面による旨の規定がないが、実務上は、書面（第二次納税義務に係る納付義務免除申告書）により行うこととしており、かつ、申告書の提出と併せて免除の認定に関し必要と認められる書面又はその写しを提出させることとしている（地方税法の施行に関する取扱について（道府県税関係）18⑸、（市町村税関係）18⑸参照）。

（提出書類の例）

・売買契約書
・自動車の所在が不明であることを証明する書面
・買主の住所等が不明であることを証明する書面
・売買代金を受け取ることができないことを証明する書面

⑵　免除する第二次納税義務の額

免除する第二次納税義務の額は、免除時点の対象となる自動車税等の未納額のうち「その自動車等の売買に係る代金の全部又は一部を受け取ることができなくなったと認められる額」を限度とする。したがって、自動車税等の未納額50万円で受け取ることができなくなった代金額が30万円のときの免除額は30万円であり、また、自動車税等の未納額50万円で受け取ることができなくなった代金額が60万円のときの免除額は50万円となる。

第8章　譲渡担保財産からの徴収

滞納者が融資を受ける場合、通常、金融機関は融資金に見合う担保を要求するが、その一手段として滞納者の有する財産を譲り受ける方法がある。このように、担保の目的で、債務が弁済し終わるまでの間、債務者（滞納者）の所有財産を債権者に譲渡するという形式をとる担保を「譲渡担保」という。

滞納者の所有財産が譲渡担保の目的となっている場合、その財産は、返済が終了するまでの間、債権者に単に預けられているようなものである。したがって、その財産の所有権は、実質的には、依然として滞納者が有しているといえるので、本来は、その財産に対して滞納処分を執行できるようにすべきである。しかし、法形式上は、所有権が債権者（以下「譲渡担保権者」という。）に移転しているため、これを滞納者の財産として差し押さえることはできない。そこで、徴収上のテクニックとして、所定の要件の下で、譲渡担保権者を第二次納税義務者とみなすこととし、その者を滞納処分の相手方（滞納者）にした上で、その者の名義となっている譲渡担保の目的物を差し押さえることができるようにしている。

補 足　譲渡担保権者の受任義務

この譲渡担保財産からの徴収制度は、譲渡担保の目的物に対して滞納処分を執行することを目的としたものであり、この制度の適用を受けた譲渡担保権者は、譲渡担保財産について滞納処分が執行されることを受任する義務を負うことになる。他方、本来の第二次納税義務とは異なり、主たる納税者の租税についての納税義務は負わないので、譲渡担保権者に対して、主たる納税者の租税について納付を求めることはできず、また、その者の固有の財産についてまで滞納処分を行うことはできない。

第8章

第1　譲渡担保の概要

1　担保目的による財産権の移転

譲渡担保を設定すると、担保目的物の所有権は、債務者から債権者に移転する。しかしながら、その移転は、担保のためという制約があるので、債権者は担保目的の範囲を超えて担保目的物を処分してはならないという義務を負う。一方、債務者は債務を弁済すれば目的物を取り戻すことができるが、債務不履行になった場合は、その担保目的物は完全に債務者の手を離れて債権者のものとなる。

2　譲渡担保の目的となる財産

譲渡担保の目的となる財産は、不動産、動産（商品等）、債権（売掛金等）、無体財産権等その他財産権である。これらのうち、売掛債権を担保目的とする譲渡担保のことを一般に「債権譲渡担保」というが、担保価値のある財産を有していない中小の事業者にとって重要な資金調達手段となっている。

3　財産権移転の方式

譲渡担保の設定は、当事者間において譲渡担保設定契約を締結することにより行われる。もっとも、実務上、必ずしも契約書を作成しているとは限らず、また、売買（買戻特約付売買等）の形式を採っている場合もある。

したがって、売買によって財産権が移転している場合であっても、その移転が担保目的で行われている場合は譲渡担保であると認めることができる。そのため、譲渡担保が想定される案件（例えば、譲渡の相手方が金融業者である場合）においては、滞納者の財産が売買名目で譲渡されている場合であっても、その譲渡が真の売買によるものなのか、又は担保目的なのかについての実態をよく確認する必要がある。

補 足　買戻特約付売買契約と譲渡担保

買戻特約付売買契約とは、売主に契約解除権がある売買契約であり、売主は、一定期間内に買主が支払った代金を返還すれば、その売買契約を解除して目的物を取り戻すことができる（民法579以下）。

この買戻特約付売買契約の形式が採られていても、目的物を借入の担保とする目的で締結された契約は、譲渡担保契約と解され、現に金融実務においては、この買戻特約付売買契約の形式により譲渡担保契約を行う場合が多い。そのため、徴収実務においては、滞納者の財産が買戻特約付売買契約により第三者に売却されていることを確認した場合は、まず、それが真に買戻特約付売買契約なのか、それとも譲渡担保契約なのかの調査が必要となる。

判例は、目的物が不動産の場合について、「真の買戻特約付売買契約であれば、売主から買主への目的不動産の占有の移転を伴うのが普通であるから、買戻特約付売買契約の形式が採られていても、目的不動産の占有の移転を伴わない契約は、特段の事情のない限り、債権担保の目的で締結されたものと推認され、その性質は譲渡担保契約と解するのが相当である」としている（最判平18.2.7民集60－2－480）。したがって、真に買戻特約付売買契約なのか、それとも譲渡担保契約なのかの調査においては、売主から買主へ目的不動産が現実に占有移転しているか否かが重要な判断要素となる。一方、目的物が債権の場合は、真の債権売買契約か譲渡担保契約かの区別が問題となるが、譲渡担保契約の場合は、譲渡担保の実行がされるまでの間は、譲渡担保設定者に取立権が留保され、取り立てた金員を譲渡担保設定者の事業資金に費消されることが認められているので、その事実の有無が重要な判断要素となる。

4　債権譲渡担保の概要

売掛債権を譲渡担保とする場合は、一般には、現有する売掛債権に加えて、将来に発生する売掛債権も担保目的とする。そうすると、債務者は、借入金を返済するまでの将来にわたり販売先から売上代金を回収することができず（売掛債権は譲渡により譲渡担保権者のものとなっているため。）、資金繰りに窮することになってしまう。そこで、債権譲渡担保においては、借入金の弁済期が経過するなど一定の期限の利益喪失事由が生じるまでは、債務者は、通常の営業の範囲内で譲渡債権を取り立てることができ、取り立てた金員を自己の営業の運転資金に使用することができることとされている。

債権譲渡担保を利用した融資スキーム

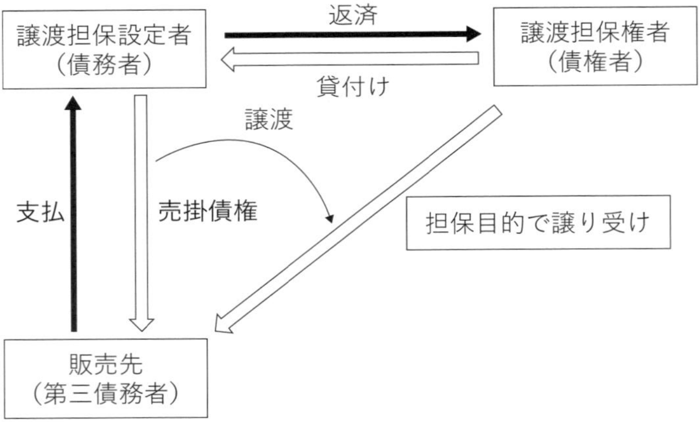

債務者が弁済期を過ぎても借入金の返済をしないなど期限の利益喪失事由が発生したときは、譲渡担保権者は、譲渡担保権の実行をして、貸付金の回収のために譲受債権の取立てを行うことができる。この場合、民法467条の規定に基づき、債務者（譲渡人）から第三債務者に対して債権譲渡通知を行う必要があるが、期限の利益喪失事由が発生した時は、債務者

（譲渡人）は倒産状態にあるなど危機的状況にあるため、同人が速やかに債権譲渡通知書を発する可能性は低い。そこで、通常は、債権譲渡担保権設定契約時に、債務者（譲渡人）の氏名・押印のある債権譲渡通知書を債権者（譲受人）が預かるとともに、同契約において「期限の利益喪失事由が発生したときは債務者（譲渡人）を代理して譲渡担保権者（譲受人）が債権譲渡通知書を発信する」旨の合意がなされる。これにより、譲渡担保権者は、譲渡担保権の実行に当たり、債務者（譲渡人）の代理人として、譲渡人の名前で債権譲渡通知書を速やかに発信することが可能となり、貸付金の回収が図られる。

補 足　譲渡担保権者による債権譲渡通知書の発信は、債務者（譲渡人）に代理して行うものなので、債務者（譲渡人）が債権譲渡通知をするのと同じ効果を有する（民法467、99参照）。

（債権譲渡担保設定契約書の例）

譲渡担保設定契約書

（前文）

△△△（譲渡担保設定者。以下「甲」という。）と株式会社金融商事（譲渡担保権者。以下「乙」という。）は、甲が乙に対し負担する債務を担保するため、甲が有する債権につき譲渡担保権を設定するべく、以下のとおり取り決める（以下「本契約」という。）。

第１条　（被担保債権の表示）

本契約によって設定される譲渡担保権により担保される債権は、甲乙間の令和〇年〇月〇日付金銭消費貸借契約証書に基づき、乙が甲に対して貸し付ける金△△△円の貸付元本債権及びこれに付帯する利息・損害金その他一切の債権とする。

第２条　（本件譲渡担保権の設定）

甲は、乙に対し、前条に定める債権を担保するため、甲が現在

有し、将来発生する別紙記載表示の第三債務者に対する債権を譲渡し、乙はこれを譲り受ける。……　（注）別紙省略

第３条　（必要書類の交付）

甲は、乙に対し、別紙記載の債権の譲渡通知をなすのに必要な書類を遅滞なく交付する。

ただし、乙は、本契約書第４条記載の事由が発生するまではこの書類を発信せず、かつ第三債務者に対し債務履行を請求する等、甲の信用を損なう行為は一切行わない。

第４条　（期限の利益喪失）

甲につき、以下の一の事由が発生したときは、第１条記載の債権は、乙による何らの意思表示を要することなく全て乙に移転するものとする。この場合、乙は、甲に代わって、受領済の債権譲渡通知書に金額及び日付を記入し発信できるものとする。

⑴　第１条記載の債務につき不履行があったとき

⑵　手形不渡りが発生したとき

⑶　他から差押え、仮差押え等がなされたとき

……

⑹　その他本契約上の違反があったとき

第５条　（取立委任）

乙は、甲に対し、本件譲渡債権の取立てを委任する。

甲は、自己の営業の目的の範囲で本件譲渡債権を取り立てること、及び取り立てた金員を自己の運転資金として使用することができる。ただし、甲が第４条により期限の利益を喪失した場合は、この限りでない。

(以下　省略)

第2　譲渡担保権の実行と滞納処分

1　譲渡担保財産から徴収するための要件

譲渡担保財産が債権の場合は、滞納者（債務者）と金融機関（債権者）との間で債権譲渡担保契約が締結されると、滞納者と金融機関との間では、担保の目的債権が滞納者から金融機関に譲渡されることになる。しかし、この段階では、滞納者名の債権譲渡通知書が第三債務者に送達されていないため、その債権譲渡を第三債務者や他の債権者に対抗することができない（前掲債権譲渡担保設定契約書の例の第3条参照)。したがって、滞納者の債権としてこれを差し押さえることが可能である。

一方、期限の利益喪失事由の発生により譲渡担保権が実行され、滞納者名の債権譲渡通知書が内容証明郵便等により第三債務者に送達されると、債権譲渡は、その段階で対抗要件（民法467）を具備することになるため、譲渡担保権者は、債権譲渡を第三債務者や他の債権者等に主張することができる。したがって、債権譲渡通知書が第三債務者に送達された後に滞納処分による差押えをした場合は、その差押えを維持することができないことになってしまう。

しかしながら、滞納者から譲渡担保権者への債権譲渡は、通常の売買等による「譲渡」とは異なり、担保として行われたものである。担保である以上は、その譲渡債権は、実質的には滞納者のものと考えられるので、その債権について滞納処分を行うことができないというのでは不合理である。もっとも、法形式上は、適式な債権譲渡が行われたことにより譲渡債権は譲渡担保権者のものとなっているので、その債権を滞納者のものとして差し押さえることができない。そのため、譲渡債権を追及するためには何らかの調整規定が必要である。

このようなことから、徴収法24条・地方税法14条の8は、次の要件に該当する場合には、譲渡担保権者を第二次納税義務者とみなし、その譲渡担保財産に対して滞納処分を行うことができることとしている。

《要件》

①　納税者等が税金を滞納していること。

② 納税者等が譲渡した財産で、その譲渡により担保の目的となっているもの（譲渡担保財産）があること。

③ 納税者等の財産につき滞納処分をしても、なお徴収すべき滞納税金に不足すると認められること。

④ この譲渡担保の設定が、滞納税金の法定納期限等後にされたものであること。

要件④の譲渡担保の目的とされた財産が滞納税金の法定納期限等後にされたものであるかどうかを判定するに当たっての「譲渡担保の設定」の時期とは、債権の場合は、譲渡担保権設定契約が締結され、その債権譲渡について第三者対抗要件を具備した時であると解されている（最判平19.2.15民集61－1－243）。したがって、債権譲渡通知書（内容証明郵便等による確定日付があること。）が第三債務者に送達された時が法定納期限等よりも後である場合は、要件④を充足することになる。

2 徴収手続

上記1の要件を充足する事実がある場合は、譲渡財産を次の手続により差し押さえることができる。

⑴ 告知書による告知

譲渡担保権者に対して、徴収しようとする金額その他必要な事項を記載した告知書（P631）により、譲渡担保財産から徴収する旨を告知する（徴収法24②前段、地方税法14の18②前段）。

また、納税者等に対して「譲渡担保権者に対する告知済通知書」（P632）により譲渡担保権者に告知した旨を通知する（徴収法24②後段、地方税法14の18②後段）。同様に、国税においては、譲渡担保権者の住所又は居所（事務所及び事業所を含む。）の所在地を所轄する税務署長にも通知する（徴収法24②後段）。

⑵ 譲渡担保財産に対する滞納処分

告知書を発した日から10日を経過した日までに徴収しようとする金額

が完納されていないときは、譲渡担保権者を第二次納税義務者とみなして、その譲渡担保財産に対して滞納処分をすることができる（徴収法24③前段、地方税法14の18③））。この場合、督促状・納付催告書を発付する必要がない。

譲渡担保財産からの徴収手続

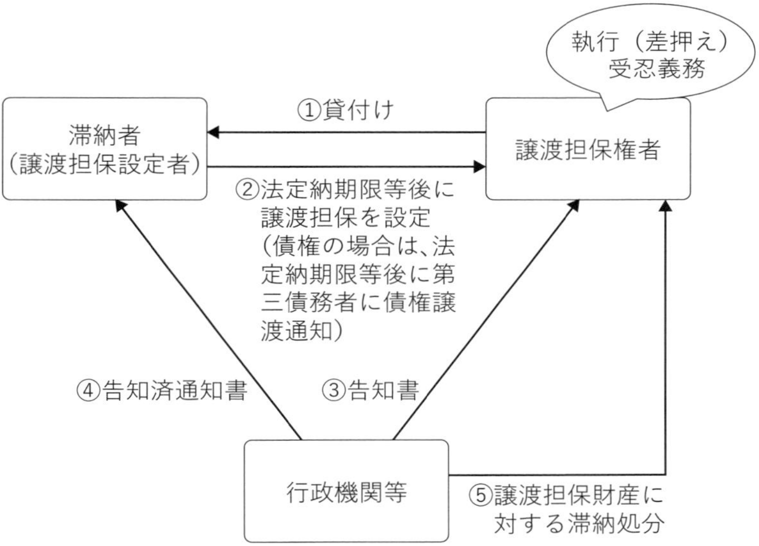

なお、「告知書を発した日から10日を経過した日」とは、次のとおり、告知書を発した日を第１日目とすると12日目となる。したがって、その翌日（13日目）から譲渡債権を差し押さえることができる。

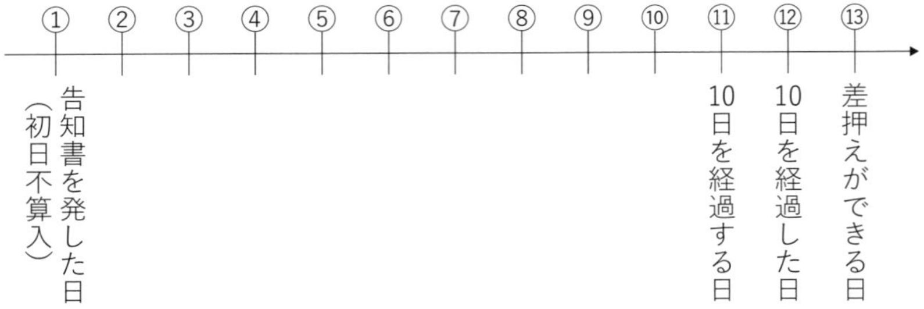

⑶　納税者等の財産として差押えをした場合（差押先行型）

実務上、譲渡担保財産が債権である場合において、その債権譲渡の有効性に疑義があるときは、滞納者（譲渡担保設定者）の財産としてその債権を差し押さえる。そして、その後の調査により、譲渡担保であることが明らかになったときは、その債権は譲渡担保権者に移転していることから、差押えは不適法となる。そこで、本来ならばその差押えを取り消した上で、上記⑵の徴収手続により、譲渡担保権者の財産として差押えをやり直すべきことになる。しかしながら、結果的にはその債権を差し押さえることに変わりがない。また、差押えを取り消したり、告知書を発したりしている間に、譲渡債権が他の第三者に更に譲渡されてしまうことが起こり得る。そこで、滞納者の財産として行った差押えを活かし、その差押えを譲渡担保権者の財産として行った差押えとして滞納処分を続行することができることとしている（徴収法24④前段、地方税法14の18⑤前段）。なお、当然のことであるが、この取扱いは、上記１の要件を充たす場合に限られる。

この取扱いを行う場合、遅滞なく、譲渡担保権者に上記⑴の告知を、納税者等（国税の場合は譲渡担保権者の住所地等を管轄する税務署長を含む。）に上記⑴の譲渡担保権者に告知した旨の通知を行うとともに（徴収法24④後段、地方税法14の18⑤後段）、第三債務者に対しても、譲渡担保財産に対する差押えとして滞納処分を続行する旨を「譲渡担保財産に係る滞納処分続行通知書」（P633）により通知しなければならない（徴収法24⑤、地方税法14の18⑥）。また、徴収法55条１号（質権者、抵当権者等）又は３号（仮差押え又は仮処分をした保全執行裁判所等）に掲げる者のうち知れている者があるときは、これらの者に対し、納税者等の財産としてした差押えを徴収法24条３項・地方税法14条の18第３項の規定による差押えとして滞納処分を続行する旨を通知しなければならない（徴収法24⑥、地方税法14の18⑦）。

差押先行型の徴収手続

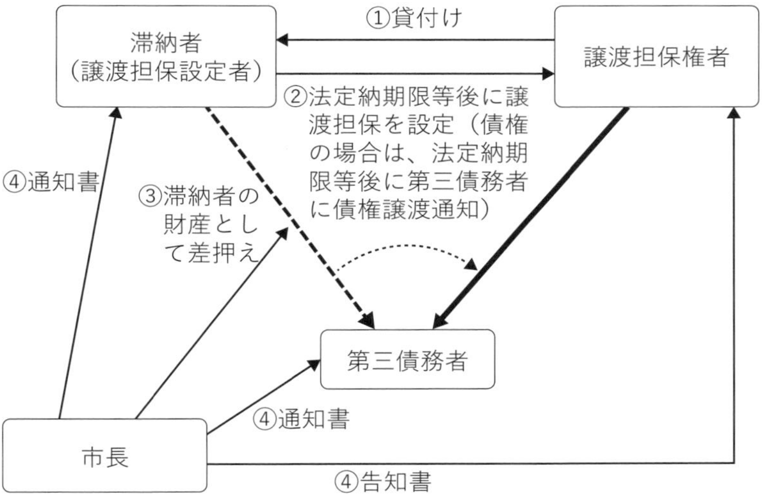

3　譲渡担保財産が確定的に譲渡担保権者に移転した場合と滞納処分

譲渡担保に係る被担保債権が債務不履行になると、譲渡担保権者は、譲渡担保権を実行する。そして、譲渡担保財産の所有権は、譲渡担保設定者に対して「譲渡担保権の実行通知」をした時に、譲渡担保権者に移転することになる。しかしながら、譲渡担保権者に対する告知又は譲渡担保財産を納税者の財産としてした差押えをした後に、この譲渡担保権の実行通知があったときは、なお譲渡担保財産として存続するものとして、その告知又は差押えに係る滞納処分を続行することができる（徴収法24⑦、地方税法14の18⑧）。

ただし、その差押えの前に、譲渡担保財産が譲渡担保権者から第三者に更に譲渡された場合は、その譲渡担保財産を差し押さえることはできない。

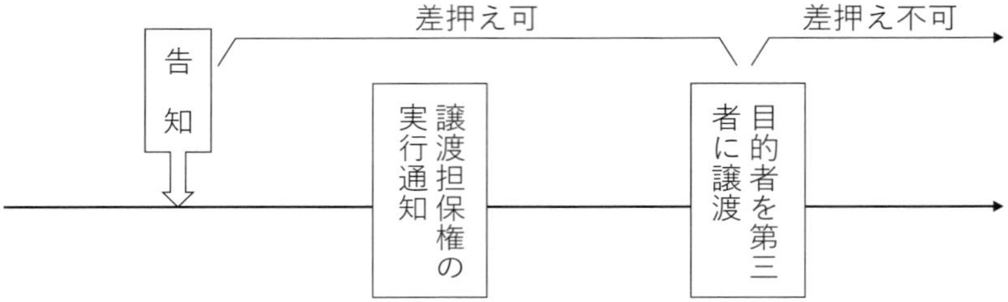

（譲渡担保権者への告知書）

第　　　　　　号
令和 ○ 年 ○ 月 ○ 日

＿＿＿＿＿＿＿＿＿＿＿＿＿＿＿＿様

○○市長　○○　○○　印

地方税法第14条の18の規定による告知書

次の納税者（特別徴収義務者）の滞納金額のうち地方税法第14条の18第１項の規定によりあなたから徴収する金額は次のとおりです。

<table>
<tr><td rowspan="2">納税者
〔特別徴収義務者〕</td><td>住所
（所在地）</td><td>○○市○○町３－２－１</td></tr>
<tr><td>氏名
（名称）</td><td>○○　○○</td></tr>
</table>

<table>
<tr><td rowspan="7">滞納金額</td><td rowspan="2">税目</td><td>調年</td><td>課年</td><td>期（月）</td><td rowspan="2">税額（円）</td><td rowspan="2"></td><td rowspan="2">税額（円）
（法律による金額）</td><td rowspan="2">計（円）
（法律による金額）</td><td rowspan="2">納期限</td><td rowspan="2">備考</td></tr>
<tr><td colspan="3">通知書番号</td></tr>
<tr><td></td><td colspan="3"></td><td></td><td></td><td></td><td></td><td></td><td></td></tr>
<tr><td colspan="10">別紙市税滞納金額明細のとおり</td></tr>
<tr><td></td><td colspan="3"></td><td></td><td></td><td></td><td></td><td></td><td></td></tr>
<tr><td></td><td colspan="3"></td><td></td><td></td><td></td><td></td><td></td><td></td></tr>
<tr><td colspan="6">合　　計（法律による金額）</td><td colspan="4">円</td></tr>
</table>

<table>
<tr><td>上記の金額のうち徴収しようとする金額</td><td>全額</td></tr>
<tr><td>譲渡担保財産〔名称、数量、性質及び所在〕</td><td>別紙財産目録のとおり</td></tr>
<tr><td>備考</td><td>教示文あり</td></tr>
</table>

（滞納者に対する告知済通知書）

第　　　　　　号
令和 ○ 年 ○ 月 ○ 日

（滞納者氏名）　　　　様

○○市長　○○　○○　印

譲渡担保権者に対する告知済通知書

あなたの滞納税金を徴収するため、地方税法第14条の規定により、譲渡担保財産から滞納税金を徴収することとしたので、同条第２項の規定によりこの旨を通知します。

譲渡担保権者	住　所（所在地）	△△市△町９－７－５
	氏　名（名　称）	△△金融株式会社

	税目	調年	課年	期（月）	税額（円）		税額（円）（法律による金額）	計（円）（法律による金額）	納期限	備考
滞納金額		通知書番号								
	※別紙市税滞納額明細書のとおり									
	合　計（法律による金額）						円			

上記の金額のうち譲渡担保財産から徴収しようとする金額	全額
譲渡担保財産（性質及び名称、数量、所在）	別紙財産目録のとおり
譲渡担保権者に告知書を発した日	令和 ○ 年 ○ 月 ○ 日
備考	

（譲渡担保財産に係る滞納処分続行通知書）

第　　　　　号
令和 ○ 年 ○ 月 ○ 日

あて先は、占有する第三者
第三債務者等
質権者等

様

○○市長　○○　○○　印

譲渡担保財産に係る滞納処分続行通知書

さきの納税者の財産としてした差押えは、地方税法第14条の18第５項の規定により譲渡担保権者の譲渡担保財産に対する差押えとして滞納処分を続行しますから、同法第６項(第７項)の規定により通知します。

納税者〔特別徴収義務者〕	住所（所在地）	○○市○○町３－２－１
	氏名（名称）	○○　○○

滞納金額	税目	調年	課年	期（月）	税額（円）		税額（円）（法律による金額）	計（円）（法律による金額）	納期限	備考
		通知書番号								
	※別紙市税滞納額明細書のとおり									
	合　計（法律による金額）						円			

上記の金額のうち譲渡担保財産から徴収しようとする金額		全額
譲渡担保財産〔名称・数量・性質及び所在〕		別紙財産目録のとおり
譲渡担保権者	住所（所在地）	△△市△町９－７－５
	氏名（名称）	△△金融株式会社
譲渡担保権者に告知書を発した日		令和 ○ 年 ○ 月 ○ 日
納税者又は特別徴収義務者の財産として差押えをした日		令和 ○ 年 ○ 月 △ 日
備考		

第9章　早期保全措置

納付すべき税額の確定や納期限を待っては租税の徴収の確保ができないと認められる場合は、できるだけ早期に滞納者の財産を保全する必要がある。そのため、次のような保全措置が設けられている。

早期保全措置（国税の場合）

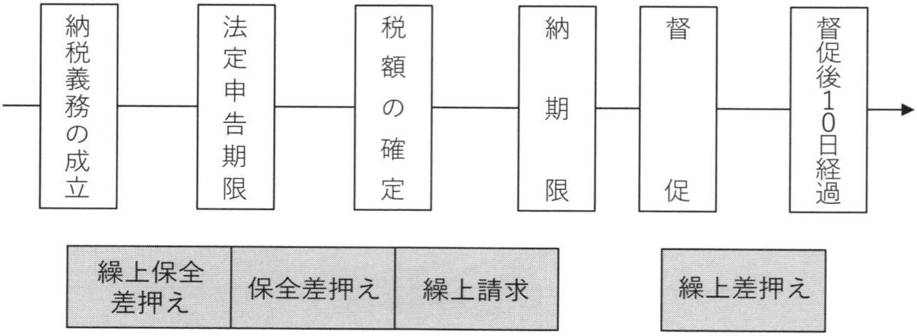

1　繰上保全差押えの概要

(1)　意義

繰上保全差押えは、納税者に繰上請求・繰上徴収の客観的要件の一に該当する事実がある場合等において、租税の納付すべき額が具体的に確定する前に、その納税者の財産を差し押さえることができる制度である（通則法38③、地方税法16の４⑫）。

(2)　要件

ア　国税の場合

①　繰上請求の客観的要件の一に該当する事実があること。

②　納税義務の成立後確定前の国税（課税資産の譲渡等に係る消費税に

ついては、中間申告に係るものを除き課税期間が経過したもの）で、その確定後においては、その国税の徴収を確保することができないと認められること。

イ　地方税の場合

①　所得税、法人税又は消費税について繰上保全差押えがされたこと。

②　その国税の課税を基礎として課する一定の地方税につき、その納付義務の確定後において、その地方税の徴収を確保することができないと認められること。

補 足　一定の地方税とは、次のものである。

①　所得税の課税標準を基準として課する道府県民税又は市町村民税の所得割（これらと合わせて課する均等割を含む。）

②　法人税の課税に基づいて課する道府県民税又は市町村民税の法人税割（これらと合わせて課する均等割を含む。）

③　所得税又は法人税の課税標準を基準として課する事業税

④　消費税の課税に基づいて課する地方消費税

(3)　繰上保全差押金額の範囲

繰上保全差押金額の決定は、国税の場合は、通則法38条３項の規定に基づき、その国税の法定申告期限（課税標準申告書の提出期限を含む。）前に、その確定すると見込まれる国税の金額のうちその徴収を確保するため、あらかじめ、滞納処分を執行することを要すると認める金額を決定する。地方税の場合は、保全差押えに準じて、繰上保全差押金額を決定することとしている。

その他の手続、効果及び損害賠償責任等は、国税及び地方税ともに保全差押えに準じて行う（通則法38④、地方税法16の４⑫）。

2　保全差押えの概要

(1)　意義

通則法11章・地方税法１章16節１款（犯則事件の調査及び処分）又は刑事訴訟法の規定により強制調査又は捜査をした場合において、納税義務があると認められる者が、租税の徴収を免れようとするおそれがあるときは、その調査に係る租税の確定前においても、仮に税額を決定して、その金額を限度として、その者の財産を直ちに差し押さえることができ、これを「保全差押え」という（徴収法159、地方税法16の４）。

(2)　要件（徴収法159①、地方税法16の４①）

①　納税義務があると認められる者が、不正に租税を免れ、又は租税の還付を受けたことの嫌疑に基づき、通則法11章・地方税法１章16節１款の規定による差押え、記録命令付差押え若しくは領置又は刑事訴訟法の規定による押収、領置若しくは逮捕を受けたこと。

②　その処分に係る租税の納付すべき額の確定後においては当該租税の徴収を確保することができないと認められること。

なお、納付すべき額の「確定」とは、①国税の場合は、申告、更正又は決定による確定（源泉徴収等による国税についての納税の告知を含む。）を、②地方税の場合は、納付等の告知、申告、更正又は決定による確定をいう。

(3)　徴収手続

ア　保全差押金額の決定（徴収法159①、地方税法16の４①）

保全差押えに係る租税の納付すべき額の確定前に、その確定をすると見込まれる租税の金額のうちその徴収を確保するためあらかじめ滞納処分を執行することを要すると認める金額（以下「保全差押金額」という。）を決定する。

イ　保全差押金額の通知（徴収法159③、徴収令56、地方税法16の４②、地税令６の12①）

保全差押金額を決定するときは、その保全差押金額等所要事項を納税義務があると認められる者に書面（保全差押金額決定通知書）により通知しなければならない。この通知は、保全差押金額の決定の効力発生要件である。

ウ　保全差押え

保全差押金額の通知後、徴収職員は、その保全差押金額を限度として、直ちに保全差押金額の通知を受けた者の財産を差し押さえることができる（徴収法159①後段、地方税法16の４①後段）。差押えの方法等は、次のとおり差押調書の記載に所要の補完・訂正を要する以外は、通常の差押えと異ならない。

（差押調書の記載の留意点）

① 「滞納者」を「納税義務があると認められる者」に訂正する。

② 「滞納金額」を「保全差押金額」に訂正する。

③ 「保全差押金額欄（滞納金額欄を訂正したもの）」に、年度、税目及び金額を記載する。

④ 「徴収するため」を「徴収を確保するため」に訂正する。

なお、次の場合には、差押えが制限される。

ⅰ　納税義務があると認められる者がその通知に係る保全差押金額に相当する担保を提供してその差押えをしないことを求めた場合（徴収法159④、地方税法16の４③）

ⅱ　保全差押金額に相当する額について予納（通則法59①二、地方税法17の３①二）があった場合（徴基通159－15、徴取通16の４(3)ケ）。

(4)　保全差押えの効果

ア　換価の制限

差し押さえた財産は、その差押えに係る租税について納付すべき額が確定した後でなければ、換価することができない（徴収法159⑧、地方税法16の４⑧）。

イ　差押え又は取立てをした金銭の供託

ⅰ差し押さえた金銭、ⅱ有価証券、債権又は無体財産権等の差押えにより第三債務者等から取り立てた金銭がある場合は、その差押えに係る租税について納付すべき額の確定がされていないときは、これを供託しなければならない（徴収法159⑩、地方税法16の４⑩）。

ウ　納付すべき額が確定した場合

差押え又は担保の提供があった場合において、その差押え又は担保の提供に係る租税について納付すべき額が確定したときは、その差押え又は担保の提供は、その租税を徴収するためにされたものとみなされる（徴収法159⑦、地方税法16の４⑥）。この場合、保全差押金額1,000万円に対して確定額が1,500万円であるときは、1,500万円全額について差押えの効力が及ぶ（徴基通159－21(1)）。

エ　租税の優先権

保全差押金額に係る租税については、保全差押金額決定通知書を発した日を法定納期限等として被担保債権との優劣を判定する（徴収法15①六、地方税法14の９①四）。この場合、租税が優先するときは、その租税の優先の範囲は、保全差押金額を限度とし、確定税額が保全差押金額を超えるときは、その超える部分は、被担保債権に劣後することになる（徴基通15－６(4)，徴取通14の９(2)オ(イ)）。

同様に、差押先着手及び交付要求先着手についても、保全差押えが他の租税に優先する場合は、その優先の範囲は、保全差押金額を限度とする。この場合、確定税額が保全差押金額を超えるときは、その超える部分は、その租税が確定した時（交付要求の場合は、その租税が確定した旨の通知が執行機関に到達した時）に交付要求があったものとして、他の租税との優劣を判定する。また、担保を徴した租税の優先についても、その租税の優先の範囲は、保全差押金額を限度とする（徴基通159－23）。

⑸　損害賠償責任

確定金額が保全差押金額に満たない場合において、その差押えを受けた者がその差押えにより損害を受けたときは、国・地方団体は、その差押えにより通常生ずべき損失の額につき、損害賠償責任を負う（徴収法159⑪、地方税法16の4⑪）。この損害賠償責任は、無過失責任であると解されている。

3　繰上請求・繰上徴収

⑴　意義

納期限は、納税者の利益のためにある（民法136①参照）。したがって、租税債権者が勝手にその納期限を変更することは許されない。しかしながら、納税者の財産について強制換価手続が開始されるなど財産散逸のおそれがある場合は、納期限を待っていては租税債権の徴収確保が図れないこととなる。そのような場合には、行政機関等は納期限を変更できることとされており、通則法上で「繰上請求（通則法38①）」、地方税法上で「繰上徴収（地方税法13の2①）」という。

この繰上請求・繰上徴収により、その変更後の納期限までに租税が完納されないときは、督促を要しないで直ちに滞納処分をすることができる（徴収法47①二、地方税法331①二等）。

⑵　手続

ア　国税の場合

納付すべき税額、繰上げに係る期限及び納付場所を記載した繰上請求書（納税告知のされていない源泉徴収等による国税（通則法2二）であるときは、繰上請求をする旨を付記した納税告知書）を送達して行う。

イ　地方税の場合

納付等の告知書に繰上徴収をする旨及びその期限を記載することにより行う。

また、既に納付等の告知をしているとき及び納付等の告知を要しないときは、納期限変更告知書により納期限を変更する旨を告知する。(地方税法13の２③、地税令６の２の３、徴取通13の２(5))。

⑶　変更後の納期限

繰上請求・繰上徴収による変更後の納期限は、地方税の実務においては日を単位として定めているようであるが、時刻をもって指定することも許されるべきである。そこで、国税においては、繰上請求をする場合等速やかに納付の確認を要するときは、その国税の収納を行う税務署の職員又はその納付の確認に便宜な特定の日本銀行（日本銀行歳入代理店を含む。）を納付場所として指定する（通基通36）とした上で、繰上げに係る期限につき、「国税の収納を行う税務署の職員を納付場所とする場合には、時刻をもって指定することができる」（通基通38－２）としている（静岡地判昭51.10.26訟務月報22－11－2660)。この場合の時刻の指定は、実務上、繰上請求書を送達（交付送達で行う。）してから「30分後」等極めて短時間で定められることが多い。繰上請求・繰上徴収は、それに続いて直ちに財産差押えをすることを目的とする。したがって、繰上請求・繰上徴収の書面を交付送達し、その送達後の短時間内を納期限とし、引き続いて差押処分に移行することが、本来の姿である。

⑷　要件

繰上請求・繰上徴収ができるのは、①租税の納付ができないような特定の事由が生じたこと（客観的要件)、②既に納付等すべき税額の確定した租税が、その納期限までに完納されない（徴収できない）と認められること（主観的要件）の二つの要件に該当する場合である（通則法38①、地税法13の２①)。

①　要件となる事由（客観的要件）

繰上請求・繰上徴収ができる事由は、次のとおりであり、このうちのいずれかに該当すれば客観的要件を充足する。

１号	納税者の財産につき強制換価手続が開始されたとき（仮登記担保の実行通知がされたときを含む。）。 （説明）①　「強制換価手続」とは、滞納処分（その例による処分を含む。）、強制執行、担保権の実行としての競売、企業担保権の実行手続及び破産手続をいう（通則法２十、地税法13の２①一参照）。 ②　仮登記担保法２条１項（同法20条において準用する場合を含む。）に規定するいわゆる仮登記担保の実行通知は、実質的に強制換価手続の開始と同様の意味をもつので、ここに強制換価手続に含めている。 ③　「開始された」とは、破産手続の場合は、破産手続の開始の決定があったことをいう。また、他の強制換価手続の場合は差押えの効力が生じたこと（滞納処分による捜索において差押えをしたときは、その捜索に着手したこと。）をいう。
２号	納税者等が死亡した場合において、その相続人が限定承認をしたとき。 （説明）①　「限定承認をしたとき」とは、限定承認の申述が家庭裁判所に受理されたときをいう。 ②　繰上請求・繰上徴収できる租税は、被相続人から承継した租税に限られる。相続人固有の租税は当然に含まない。

<table>
<tr>
<td>3号</td>
<td>法人である納税者等が解散したとき。
（説明）①「法人が解散したとき」とは、次のとおりである。
<table>
<tr><td>株主総会その他これに準ずる総会等で解散の日を定めたとき</td><td>その日が経過したとき</td></tr>
<tr><td>株主総会その他これに準ずる総会等で解散の日を定めなかったとき</td><td>解散決議をしたとき</td></tr>
<tr><td>定款で定める解散事由の発生により解散したとき</td><td>その事由が発生したとき</td></tr>
<tr><td>裁判所の命令又は裁判により解散したとき</td><td>その命令又は裁判が確定したとき</td></tr>
<tr><td>主務大臣の命令によって解散したとき</td><td>その命令が効力を生じたとき</td></tr>
<tr><td>休眠会社</td><td>みなし解散となったとき</td></tr>
</table>
②　法人の組織変更等があると、形式的に解散の登記がなされるが、清算手続が行われるわけではないので、ここに「法人が解散したとき」には含まれない（会社法921（吸収合併の登記）、922（新設合併の登記）、919（持分会社の種類の変更の登記）等参照）。</td>
</tr>
</table>

４号	その納付等する義務が信託財産責任負担債務である租税に係る信託が終了したとき（信託法163条５号（信託の終了事由）に掲げる事由によって終了したときを除く。）。 （説明）①　信託が終了すると清算手続により信託財産が散逸する等租税の徴収が困難となるので、法人の解散と同様に、信託の終了を繰上請求・繰上徴収の事由としている（信託法163条５号に該当する場合を除く。） ②　信託財産責任負担債務である租税について、納税者等（受託者）の解散があった場合は、それは、単に受託者の任務が終了しただけであって、その納付義務は、新受託者に引き継がれる。つまり、信託そのものは存続する。そのため、信託財産責任負担債務である租税については、受託者の解散は、繰上請求・繰上徴収の事由にならない（通則法38①柱書、地方税法13の２①柱書）
５号	納税者等が納税管理人を定めないで、国税の場合は法施行地内に、地方税の場合はその地方団体の区域内に、それぞれ住所、居所、事務所又は事業所を有しないこととなるとき。 （説明）①　国税の場合、この事由は、納税者が法施行地内に住所等を有しなくなることが確実と認められる場合（例えば、旅券の交付を受けたとき）に、その者がまだ納税管理人を定めていないときが、該当する。 ②　地方税の場合、この事由は、納税者等が納税管理人を定めないで、他の地方団体に住所等を移すことが確実であると認められるとき（例えば、転出届の提出があったとき）をいうが、徴収上支障がないため納税管理人を定めることを要しない場合は、繰上徴収事由に該当しない。

6号	納税者等が不正に、租税の賦課・徴収（滞納処分の執行を含む。）を免れ、若しくは免れようとし、又は租税の還付を受け、若しくは受けようとした、と認められるとき。 （説明）① 具体的には、次の事由などが該当する。 i ほ脱行為について、有罪の判決が確定したとき。 ii ほ脱容疑で通則法11章・地方税法1章16節1款の規定に基づく臨検、捜索、差押えを受け、又は刑事訴訟法の規定に基づく捜査、押収、逮捕を受けたとき。 ② 通則法38条1項6号は、繰上請求の事由の一つとして「納税者が国税の滞納処分の執行を免れ、若しくは免れようとしたと認められるとき」を明記しているが、地方税法13条の2第1項には同様の規定がない。しかし、同項6号の「不正に地方団体の徴収金の賦課徴収を免れ、若しくは免れようとし」には、滞納処分の執行を免れ、若しくは免れようとしたことも含まれると解することができよう。 ③ 租税が重加算税の対象にかかるものであるときに、繰上請求ができるか否かについては、重加算税の賦課要件と繰上請求事由の要件との相違を踏まえると、少なくとも「重加算税の対象＝繰上請求事由該当」ととらえるべきではないであろう。

② 主観的要件

通則法38条1項の「納期限までに完納されないと認められる」と地方税法13条の2第1項の「納期限においてその全額を徴収することができないと認められる」とは、現に有する納税者等の資力が、租税の全額（繰上請求・繰上徴収の請求又は告知をする時における納付等すべき租税の全額をいう。）を履行するのに不足すると認められる場合をいう（通則法精解507頁参照）。したがって、納税者の財産が、租税の全額を徴収するのに充分であり、かつ、その散逸するおそれもないときは、この主観的要件を充足しないので、繰上請求・繰上徴収をすることはできない。

なお、この主観的要件を判断するにあたり、納税者等の納税誠意の有無を勘案する考え方があるが、平常時ならばともかくとして、客観的事由として納税者の財産の散逸のおそれが生じている状況下においては、もっぱら徴収確保の観点から、納税者の資産状態とその財産散逸のおそれの2点から主観的要件の充足性を判断すべきである。

☞考えてみよう！

納税者について、繰上請求・繰上徴収の客観的要件に該当する事由があるが、租税の全額を徴収するのに充分な預金があることが判明している。

このような場合は、繰上請求・繰上徴収をすることはできないだろうか。

ヒント・考え方はP655

4　繰上差押え

租税の納期限後督促状又は納付催告書を発した日から起算して10日を経過した日までに、督促を受けた滞納者について、繰上請求・繰上徴収の客観的要件（前記3⑷①・P641）の一に該当する事実が生じたときは、その租税につき直ちに滞納者の財産を差し押さえることができる（徴収法47②，地方税法331③等）。

ここに「直ちに」とは、督促状又は納付催告書を発した日から起算して10日を経過した日以前であっても差押えをすることができるということである（徴基通47－14⑴）。また、繰上請求・繰上徴収の客観的要件の一に該当する事実は、督促後に生じた場合に限られず、督促以前に生じていた場合であっても、それが督促後まで継続しているときは、この繰上差押えをすることができる（徴基通47－14⑵）。

なお、繰上差押えをする場合は、差押調書又は差押書の「備考」欄にその旨を明記する。

（滞納処分編第2章第1の2⑵参照）

『考えてみよう！』のヒント!!

10ページ

☞**考えてみよう！**

滞納者が督促を受け、その督促状を発した日から起算して10日を経過した日までに完納しないときは、差押えが可能となりますが（徴収法47①一、地方税法331①一等）、その「10日を経過した日」が休日等に該当する場合は、その翌日に期限が延長されると考えるべきでしょうか。

《ヒント》

期限の特例を認めることの基本的考え方は何か。

☞**考え方**

通則法10条２項・地方税法20条の５第２項の期限には、次に掲げる期間の末日等は含まれない（通基通10－３）。

① 単に計算の基準となっている期間の末日
② 課税内容を定めるにつき基準となる期間の末日
③ 一定事実の判断の基準としている特定の日又は期間の末日
④ 行政処分により定められた期限

差押えの要件である「10日を経過した日」については、上記①の差押えのための計算の期間の末日にすぎないと解することもできないではないように思われる。しかしながら、期限の特例が認められることにつき、通則法10条２項は、「国税に関する法律に定める申告、申請、請求、届出その他書類の提出、通知、納付又は徴収に関する期限」であるとし、地方税法上も、原則として、①納税者等がその日までに一定の行為を行うことを地方税法（条例を含む。）において直接的に定めている期限、②納税者等がその日までに一定の行為を行うことが期待されている期限、③納税者等がその日までに一定の行為を行うことを猶予している期限に限るとしている（総則逐解640頁）。そうすると、差押えができるのは、「督促状を発した日から起算して10日を経過した日までに納税者が滞納税金を完納するか否か」にかかっており、その「10日を経過した日」は納付に関する期限ではないとしても、ある意味で、10日を経過した日までに滞納税金を完納するという納税者による行為が期待されていると解することもできる。そこで、10日を経過した日が休日等に該当する場合は、その日の翌日が期限となるものと取り扱うことができるであろう（徴取通20の5⒃(ウ)参照）。なお、10日を経過した日が期限の特例の適用を受けるか否かは、差押えの可能日の判定のほか、徴収権の時効の関係で問題となる（通則法73①四、地方税法18の2①二）。

14ページ

☞考えてみよう!!

当市は、納税者Aに対して、同人の所有する市内の甲土地に係る令和6年分固定資産税の納税通知書（年税100万円）を令和6年4月15日に発しました。その後、Aの長男Bから、Aは令和5年10月に死亡している旨、遺産分割協議が未了である旨及び上記令和6年分納税通知書はBが受領している旨の連絡を受けました。Aは、当市とは遠方の甲町に本籍・住所を有しているため、当市は、Bから連絡を受けるまで、同人の死亡の事実を知りませんでした。なお、Aの相続人は、長男Bと長女Cの2名です。

当市としては、地方税法9条の2第4項の規定に基づき、Aを名宛人とする上記納税通知書の送達は有効と解していますが、よろしいでしょうか。

《ヒント》

通則法13条4項・地方税法9条の2第4項の規定が適用される租税とは？

☞**考え方**

通則法13条４項は「被相続人の国税」につき被相続人の名義でした処分に係る送達を有効とするものであり、また、地方税法９条の２第４項も、同様に、「被相続人の地方団体の徴収金」につき被相続人名義でした処分に係る送達を有効とするものである。

事例における令和６年分固定資産税の納税義務者は、Ａは賦課期日前に死亡していることから、賦課期日において甲土地を現に所有している者、すなわち、Ａの相続人であるＢ及びＣ（遺産分割協議が未了のため、それぞれ２分の１の共有持分を有していることになる。）であって（地方税法343②後段）、Ａは納税義務者ではないことになる。すなわち、令和６年分固定資産税は、そもそも「Ａの地方団体の徴収金」ではないので、地方税法９条の２第４項の規定を適用して、納税通知書の送達を有効なものとして取り扱うことはできない。

貴市としては、Ｂ若しくはＣのいずれか、又は両名を名宛人として、それぞれ令和６年分固定資産税の納税通知書（年税額100万円。地方税法10条の２の規定によりＢ及びＣは連帯納税義務を負うため。）を出し直す必要がある。

48ページ

☞**考えてみよう！**

次の場合の配当は？

①　滞納者所有の甲土地を○○市が差押え（滞納金額200万円）。

②　Ｙ市長が参加差押え（滞納金額300万円）。
　　○○市の参加差押書受領日Ｒ３.10.１、参加差押登記の日Ｒ３.９.28

③　Ｋ税務署長が参加差押え（滞納金額600万円）。
　　○○市の参加差押書受領日Ｒ３.９.30、参加差押登記の日Ｒ３.９.30

④　甲土地を公売し、売却代金700万円。

《ヒント》

参加差押え相互間の優劣を決する基準は、参加差押えの登記の先後か、それとも、差押処分庁が参加差押書を受領した時の先後か。

☞考え方

参加差押えの本質は交付要求である（徴収法86①）。よって、地方税法14条の７（交付要求先着手主義）の適用がある。なお、参加差押えの登記の先後は、差押えの効力が生ずる参加差押えを定める場合の基準である（徴収法87①かっこ書）。

50ページ

☞考えてみよう！

甲土地の換価代金が1,600万円であった場合の配当は？

① Ｒ２.５.１　滞納者丙所有の甲土地に某銀行がＡ抵当権設定（債権額1,000万円）。

② Ｒ２.９.１　Ｙ市長が滞納者丙の滞納税金につき換価の猶予をするため、甲土地に抵当権設定（滞納金額300万円。法定納期限等Ｒ２.３.15）。

③ Ｒ２.12.１　Ｋ税務署長が甲土地を差押え（丙の滞納国税の額500万円。法定納期限等Ｒ２.５.31）

④ Ｒ３.９.15　換価の猶予が不履行となり、Ｙ市長は、甲土地につき担保物処分による参加差押えを執行。

《ヒント》

租税の徴収のため滞納者の所有財産について抵当権を設定した場合の租税相互間及び私債権との調整はどうなるか（徴収法16、14、地方税法14の10、14の８）。

☞考え方

Ｙ市税は、Ａ抵当権に優先し（法定納期限等がＡ抵当権の設定前）、かつ、

Ｋ税務署の国税にも優先（担保を徴した地方税の優先）している。

国税は、Ａ抵当権に劣後する（抵当権の設定が法定納期限等以前）。

したがって、配当順位は、①Ｙ市税、②Ａ抵当権の被担保債権、③国税となる。

50ページ

☞考えてみよう！

甲土地の換価代金が1,600万円であった場合の配当は？

① Ｒ２.５.１ 第三者乙所有の甲土地に某銀行がＡ抵当権設定（債権額1,000万円）。

② Ｒ２.９.１ Ｙ市長が滞納者丙の滞納税金につき換価の猶予をするため、甲土地に抵当権設定（滞納金額300万円。法定納期限等Ｒ２.３.15）。

③ Ｒ２.12.１ Ｋ税務署長が乙の滞納国税を徴収するため甲土地を差押え（滞納国税の額500万円。法定納期限等Ｒ２.５.31）

④ Ｒ３.９.15 換価の猶予が不履行となり、Ｙ市長は、甲土地につき担保物処分による参加差押えを執行。

《ヒント》

租税徴収のため第三者の所有財産について抵当権を設定した場合の租税相互間及び私債権との調整はどうなるか（民法373、徴収法14、地方税法14の８）。

☞考え方

Ｙ市税とＡ抵当権との優劣は抵当権の設定の順となる。したがって、Ａ抵当権が優先する。

Ｙ市税と国税との優劣はＹ市税が優先する（担保を徴した地方税の優先）。

国税は、Ａ抵当権にも劣後する（抵当権の設定が法定納期限等以前）。

したがって、配当順位は、①Ａ抵当権の被担保債権、②Ｙ市税、③国税となる。

102ページ

☞**考えてみよう！**

納税者Aは、令和６年５月10日に、次の申告所得税について期限後申告をしました。

令和３年分　税額100万円（法定納期限：令和４年３月15日）
令和４年分　税額110万円（法定納期限：令和５年３月15日）
令和５年分　税額120万円（法定納期限：令和６年３月15日）

同日、Aから、現在納付可能額がないので、修正申告により納付すべき税額合計330万円について分納したい旨の相談がありました。

徴収職員Xさんは、猶予の適用を考えていますが、Aに対して、どのような猶予制度があるかを説明したらよいでしょうか。なお、Aについて、通則法46条２項（地方税法15①参考）に該当する猶予該当事実はありません。

《ヒント》

期限後申告のうち、一定期間経過後に税額が確定した場合の納税の猶予・徴収の猶予（通則法46③、地方税法15②）を適用することができるものとできないものとがある。適用できない期限後申告に係る税額について、どのような猶予制度が考えられるか。

☞**考え方**

期限後申告のうち、令和３年分及び令和４年分については法定納期限から１年を経過した日以後に税額が確定したので、通則法46条３項の納税の猶予（地方税法15②参考）を適用することができる。一方、令和５年分については、まだ法定納期限から１年以内であるから、この納税の猶予を適用することができないので、他の猶予制度の適用を検討することになる。具体的には、令和５年分については、申請による換価の猶予（徴収法151の２。なお、地方税法15の６参照）を適用できる可能性がある。そこで、納税者に対しては、期限後申告のうち、令和３年分及び令和４年分については通則法46条３項の納税の猶予を、令和５年分については徴収法151条の２

の申請による換価の猶予の制度について説明する。

また、納税の猶予と申請による換価の猶予の適用が可能な場合は、Ａは、その両方の猶予について申請書等の作成をそれぞれしなければならない。そこで、納税者の負担の軽減の観点から、令和３年分、４年分及び５年分の全てについて申請による換価の猶予が可能かどうか（要件を充足するかどうか）を検討し、それが可能な場合は、その３年分について申請による換価の猶予をアドバイスすることが望ましい（通則法46条３項の納税の猶予と徴収法151の２の申請による換価の猶予については、実質的にその効果において差がないので、納税者の負担軽減の観点からは申請による換価の猶予のみで処理できるようにすることが望ましいであろう。）。

195ページ

☞**考えてみよう！**

当市は、滞納者Ａについて、現在、換価の猶予中ですが、今般、Ａから「所得税の還付申告により還付金が発生したので、これを市で差押えして滞納税金に充ててもらいたい」旨の申出があり、市としてもその差押えをしたいと考えています。

しかし、換価の猶予中であるため、滞納処分はできないと考えますので、一度換価の猶予を取り消し、還付金の差押え・取立てをした後で、再び換価の猶予をすることを検討しています。

このような処理でよいでしょうか。

《ヒント》

換価の猶予には、どのような効果があるか。

☞**考え方**

換価の猶予中であっても新たな差押えは可能である。①法律上は「換価」を猶予するだけであり、督促や差押えは制限されないこと、②徴収法152条２項、地方税法15の５の３第１項及び15条の６の３第１項は、「必要あると認めるときは、差押えを猶予する」と規定しており、この規定は、差押えができることを前提としていること、③徴収法152条３項及び同条４項は通則法48条１項（新たな滞納処分の禁止）を準用していないこと、同様に、地方税法15条の５の３第２項及び15条の６の３第２項も、15条の２の３第１項（新たな滞納処分の禁止）を準用していないことを理由とする。

また、債権の取立ては換価の猶予における「換価」には該当しないため、換価の猶予中であっても、還付金請求権を差し押さえて取り立てることが可能である（徴収法152④、通則法48③④、地方税法15の５の３②、15の６の３②、15の２の３③④）。

なお、換価の猶予中の新たな差押えが可能であるとしても、換価の猶予は、計画的な分割納付による完納を意図しているので、実務上は、換価の猶予期間中の新たな差押えは、徴収上特に必要があると認められる場合を除き、原則として、行わないものとしている（納税の猶予等の取扱要領23のただし書）。本件については、滞納者本人からの申出に基づき、いわば、本人の自主納付に代えて差押えをするものといえるので、差押えをすることにつき支障はない。

231ページ

☞考えてみよう！

Ａは独身の在留外国人であり、住民税及び国民健康保険税の滞納が２年分合計60万円となっている。預貯金等の調査をするも差押可能な財産はない。また、Ａが勤務する会社（親族が経営）に給与照会をしたところ、その親族から連絡があり、Ａは既に帰国しており、日本に戻ってくるかどうかは分からないとのことであった。徴収職員Ｘが調査したところ、Ａはみなし再入国許可により出国していることが判明した。

徴収職員Ｘは、国内に滞納処分を執行できる財産がなく、かつＡは既に本国に帰国していることから、１号停止と納税義務の即時消滅をしたいと考えているが、問題はないだろうか。

《ヒント》

納税義務の即時消滅を、いつの時点で行うのがよいだろうか。

☞考え方

一般的には、外国人が税金を滞納している場合において、①国内に滞納処分を執行できる財産がないこと（国税の場合は、租税条約等の相手国等に対する共助対象国税の徴収共助の要請による徴収をすることができる財産がないことを含む。）、かつ、②その滞納者が出国して再入国の見込みがないことが調査により確認できたときは、その時点で、１号停止及び納税義務の即時消滅（徴収法153⑤、地方税法15の７⑤）をしてよい。

しかし、「みなし再入国許可」は、在留外国人が、入国審査官に対し、再び入国する意図を表明して出国するものであるから（出入国管理及び難民認定法26の２①）、みなし再入国許可により出国した外国人については、再入国しないことが明らかである場合を除き、「再入国の見込みがない」と判断することはできない。ただし、再入国の許可の有効期間が、出国の日から１年（在留期間の満了の日が出国の日から１年を経過する日前に到来する場合は、在留期間満了までの期間）とされており、かつ、その有効期間は延長されることはないので（出入国管理及び難民認定法26の２②③）、その滞納者が出国したまま再入国の許可の有効期間が経過したときは、その時点で、納税義務の即時消滅をしてよいであろう。

264ページ

☞考えてみよう！

Ａは住民税100万円を滞納しているが、納税誠意がなく、また差し押さえることができる財産もない。最近になって、Ａの親Ｂが亡くなり、唯一の相続人であるＡが限定承認をしたことが分かった。また、相続財産として預金があることが判明している。

そこで、徴収職員Ｘは、Ａの住民税100万円を徴収するため、Ａが相続した預金を差し押さえたいと考えている。

このＸの徴収方針に何か問題があるだろうか？

《ヒント》

亡Ａの債権者（相続債権者）の立場になって、考えてみよう。

☞考え方

相続債権者は、限定承認があると、相続人の固有財産に対して強制執行をすることができないのに、相続人の債権者は、相続人の固有財産に加えて相続財産に対しても執行することができるとするのは、相続債権者に一方的な不利益を与えることとなり不衡平である。この点につき民法は特に定めを設けていないが、学説は、財産分離における相続債権者と相続人の債権者との間の優劣を定める規定（民法948、950）を類推して、相続人の債権者は、限定承認の手続が終了するまでは、相続財産に対して執行することができないと解している。

この学説の見解は、相続債権者と相続人の債権者との衡平を考慮するものであり、租税の徴収の場面にも妥当するのではなかろうか。

645ページ

☞考えてみよう！

納税者について、繰上請求・繰上徴収の客観的要件に該当する事由があるが、租税の全額を徴収するのに充分な預金があることが判明している。

このような場合は、繰上請求・繰上徴収をすることはできないだろうか。

《ヒント》

租税の全額を徴収するのに充分な預金がある場合は、繰上請求・繰上徴収の主観的要件を充足しないことになるのか。

☞**考え方**

繰上請求・繰上徴収の主観的要件の充足性は、主に①租税の全額を徴収するのに充分な財産があるかどうか、②租税の全額を徴収するのに充分な財産があるとしても、その財産について散逸のおそれがあるかどうかの2点により判断する。そうすると、預金は流動性が極めて高く、それだけ散逸するリスクが高いといえるので、たとえ預金が租税の全額を徴収するのに充分なものであるとしても主観的要件を充足する。したがって、繰上請求・繰上徴収をして差し支えない。

一方、納税者等の財産が租税の全額を徴収するのに充分な不動産である場合は、その不動産の処分が進行しているなどの事情がない限り、財産散逸のおそれはないものと判断することになろう。

索　引

〔た〕

［著　者］

中山　裕嗣（なかやま　ひろし）

税務大学校教授、国税不服審判所審判官、東京国税局徴収部課長（特別整理総括第二課長、同一課長、徴収課長）、東京国税局徴収部次長、横浜中税務署長等を経て平成26年退官。現在、税理士、東京地方税理士会税法研究所研究員、川崎市滞納整理指導嘱託員。前東京国際大学非常勤講師。

著書に、「租税徴収実務と民法（三訂版）」「租税徴収処分と不服申立ての実務（二訂版）」「租税徴収における事実認定の実務」「徴収・滞納処分で困ったときの解決のヒント～納税相談の現場から～」（いずれも大蔵財務協会）、「租税徴収実務講座（改正民法対応版）全３巻」（共著、ぎょうせい）。

必携　租税徴収の実務
～通則編～

令和７年２月14日　初版印刷
令和７年３月３日　初版発行

不　許
複　製

著　者　中　山　裕　嗣

（一財）大蔵財務協会　理事長
発行者　木　村　幸　俊

発行所　一般財団法人　大　蔵　財　務　協　会
〔郵便番号　130-8585〕
東京都墨田区東駒形1丁目14番1号
（販　売　部）TEL03(3829)4141・FAX03(3829)4001
（出版編集部）TEL03(3829)4142・FAX03(3829)4005
https://www.zaikyo.or.jp

乱丁・落丁はお取替えいたします。　　印刷　恵友社
ISBN978-4-7547-3307-0